Seán Ó Dálaigh

Éigse agus Iomarbhá

Is le cabhair deontais chun tograí Gaeilge a d'íoc an tÚdarás um Ard-Oideachas trí Choláiste na hOllscoile i gCorcaigh a cuireadh an leabhar seo ar fáil.

Seán Ó Dálaigh
Éigse agus Iomarbhá

Proinsias Ó Drisceoil

CORK UNIVERSITY PRESS

An Chéad Chóiriú 2007
Cló Ollscoile Chorcaí
Coláiste Ollscoile
Corcaigh d'fhoilsigh

ISBN: 978-1-85918-407-3

An t-údar, le cúnamh
Redbarn, An Sciobarín a chlóchuir
ColourBooks, Baile Átha Cliath, a chlóbhuail

www.corkuniversitypress.com

Do Mhary, Chóilín, Eoghan agus Mhac Dara
an leabhar seo.

Clár an Ábhair

Buíochas

Táim faoi mhórchomaoin ag an Oll. Ruairí Ó hUiginn, Roinn na Nua-Ghaeilge, Dámh an Léinn Cheiltigh, Ollscoil na hÉireann, Maigh Nuad a stiúraigh an taighde seo, an dara huair dó taighde de mo chuidse a stiúriú.

Táim faoi mhórchomaoin freisin ag an Dr. Tadhg Ó Dubhshláine, Ollscoil na hÉireann, Maigh Nuad agus ag an Dr. Nollaig Ó Muraíle, Ollscoil na hÉireann, Gaillimh.

Phléigh mé gnéithe den tráchtas go mion is go minic leis an Dr. Máirín Nic Eoin, Coláiste Phádraig, Droim Conrach agus leis an Dr. Liam Mac Peaircín Coláiste Mhuire gan Smál, Luimneach.

Tá mo chuid buíochais tuillte chomh maith ag na daoine seo leanas a phléigh gnéithe áirithe den taighde liom: an fhoireann ar fad i Roinn na Gaeilge, Ollscoil na hÉireann, Maigh Nuad; an tOll. R.V. Comerford, Ollscoil na hÉireann, Maigh Nuad; an Dr. Bernard Cullen, Cartlannaí, Ord na bProinsiasach, Baile Átha Cliath; an tSiúr Gabriel, Clochar na nUrsalach, Brentwood, Essex; an Dr. Mary Harris, Ollscoil Náisiunta na hEireann, Gaillimh; an tOll. Emeritus Hugh Kearney, Ollscoil Pittsburgh; an Dr. Colette Moloney, Institiúid Teicneolaíochta Phort Láirge; an Dr. Úna Nic Éinrí agus an Dr. Eilís Ní Dheá, Coláiste Mhuire gan Smál, Luimneach; an tOll. Aoibheann Nic Dhonnchadha agus an tOll. Pádraig Ó Macháin, Scoil an Léinn Cheiltigh, Institiúid Ard Léinn Bhaile Átha Cliath; Áine Ó Ceallaigh, Ciarán Ó Gealbháin agus na cairde sin ar fad a bhíonn im' fhochair ag 'Sean-nós Beo na Rinne'; an Dr. Éamonn Ó hÓgáin, Acadamh Ríoga na hÉireann; Micheál Ó Diarmada, Cill Chainnigh agus an Dr. Brian Sayers, Ollscoil na hÉireann, Maigh Nuad. Roinn Pascal Power agus David Hourican liom an cur amach atá acu ar an gceantar arbh as dóibh féin agus don Dálach beirt. Tá buíochas ar leith tuilte ag foirne na leabharlann a bhfuil liostáil déanta orthu sa bhibleagrafaíocht.

Táim thar a bheith buíoch do Chló Ollscoile Chorcaí: don Oll. Tom Dunne a threoraigh obair na foilsitheoireachta, do Máire Ní Shíocháin a léigh na profaí agus don bheirt léitheoir gan ainm a chuir comhairle nár bheag orm.

Ná leagtar ar dhuine ar bith eile ach orm féin lochtanna an tsaothair, áfach!

Réamhrá

Rugadh Seán Ó Dálaigh i bhFearnán, baile fearainn i bparóiste Leic Dhobhráin i mbarúntacht Dhéise lasmuigh den Drom in 1800 (?). Cailleadh i mBaile Átha Cliath é in 1878 agus saol fada tairbheach caite aige mar scríobhaí, mar bhíoblóir, mar eagarthóir, mar fhoilsitheoir, mar bhunaitheoir cumann agus mar shiopadóir leabhar.

Chaith sé a dhúthracht le trí cinn de chumainn, ceann i ndiaidh a chéile: the Irish Society; the Celtic Society (an Cumann Ceilteach) agus the Ossianic Society (an Cumann Oisíneach). Bunaíodh an Irish Society in 1818 agus é mar aidhm aige daoine fásta a chur ag léamh an Bhíobla Gaeilge. Mhúinfí léamh na teanga do lucht a labhartha chun na críche sin. Bhí an Dálach mar chigire ag an gcumann in Eochaill agus ina dhiaidh sin i gCill Chainnigh. An Dálach féin a bhunaigh an dá chumann eile. Cumann léinn a chuir roinnt mhaith téacsanna réamh-nua-aoiseacha i gcló ab ea an Cumann Ceilteach. Bunaíodh in 1845 é agus ba i mBaile Átha Cliath a d'áitigh an Dálach ó fhómhar na bliana 1845 ar aghaidh. Sa Nua-Ghaeilge a bhí a dhúil agus níor bhronn na Ceiltigh an scóip air a theastaigh uaidh chuige sin ná ní mó ná sásta a bhí sé le foilseacháin an chumainn ná leis an gcuma inar phléigh siad leis féin. Dá thairbhe seo ar fad, bhris sé leo agus bhunaigh an Cumann Oisíneach in 1853. Ba ghaire go mór dá chroí an t-ábhar Fiannaíochta a chuir na hOisínigh i gcló agus chaith sé a dhúthracht leis an gcumann sin go dtí go raibh a sheal tugtha in 1863.

D'fheidhmigh sé mar fhoilsitheoir agus mar eagarthóir ar son an dá chumann agus b'eagarthóir-fhoilsitheoir fuinniúil bisiúil freisin é sa mhargadh príobháideach. Bhí sé i mbun siopa leabhar i gCill Chainnigh go dtí gur bunaíodh an Cumann Ceilteach agus lean sé air i mbun reicthe i mBaile Átha Cliath, áit ar méadaíodh ar an ngnó le himeacht na mblianta.

Is tóchar é an Dálach idir ré na lámhscríbhinní agus réimeas an chló. Ar lámhscríbhinní a bunaíodh foilseacháin na gcumann agus foilseacháin an Dálaigh i ngort na foilsitheoireachta príobháidí araon. Ní beag an plé a bhí aige le breacadh agus tiomsú lámhscríbhinní le linn dó a bheith i mbun na gcúraimí sin agus bhíodh síorthóir ar lámhscríbhinní aige thar ceann a chuid eagarthóirí.

Ba i bhfilíocht na Mumhan a bhí a phríomhdhúil ach is mó gné eile de litríocht na Gaeilge a shaothraigh sé sna lámhscríbhinní a tháinig óna lámh. Bhí an mórtas Dálach go tréan ann agus bhí flúirse ábhair ó fhilí na nDálach, chomh maith le ginealaigh agus tagairtí Dálacha eile, ina shaothar.

Is fánach go maith iad na tagairtí cló atá déanta ag scoláirí dó. Sa chéad leath den fhichiú haois, idir 1901 agus 1943, foilsíodh gearrailt agus nótaí scríofa ag Colm Ó Lochlainn, James Coleman, Patrick Power, J. Buckley agus Séamus Ua Casaide san *Irish Book Lover* agus san *Waterford Archaeological Journal* ar ghnéithe de bheathaisnéis an Dálaigh nó ar obair na gcumann lenar bhain sé. B'iondúil gur cúpla líne, leathanach nó dhó ar a mhéid, a bhí sna hailt seo. Mar sin féin, sholáthraigh siad bunachar eolais dúinn ar an Dálach agus ar a chomhthéacs.

Foilsíodh an tsraith aistí le Torna, 'Congantóirí Sheáin Uí Dhálaigh' in *Éigse* idir 1939–40 agus 1943–4 agus foilsíodh cuid eile den tsraith i bh*Féilsgríbhinn Eoin Mhic Néill* (1940). Bunaíodh an tsraith ar lámhscríbhinn Ollscoil na hÉireann, Corcaigh, Cnuasach Thorna T. lix. Cnuasach litreacha a chuir comhfhreagraithe chuig an Dálach i dtaobh filí agus filíochta, aistriúchán agus leabhar é. Ba leis an Ollamh James Goodman na litreacha tráth. Chuir Torna in eagar iad ar chuma nach raibh thar moladh beirte ach is foinse fíorluachmhar ina dhiaidh sin í an tsraith ar fad. Shíl Torna gur chuig an Dálach a scríobhadh gach uile ceann acu, ach is léir, mar atá áitithe ag Pádraig de Brún (1967, 151), gur chuig Goodman féin a scríobhadh ceann nó dhó de na litreacha ó Standish Hayes O'Grady.

Caitheadh léas nár bheag ar fhoinsí agus ar chur chuige an Dálaigh in ailt le Breandán Ó Buachalla (*Studia Hibernica* 1965) agus Tomás Ó Concheannain (*Éigse* 1971–2). Leagan an Dálaigh de bheathaisnéis Pheadair Uí Dhoirnín agus an t-amhrán, 'Slán Chum Pádraic Sáirséal' faoi seach a bhí faoi thrácht acu. Léiríonn an dá alt gur chaith an Dálach go cáiréiseach lena chuid foinsí agus le gnó na heagarthóireachta trí chéile. Thug Tomás Ó Concheanainn a bhreith ar ghnóthúlacht an Dálaigh:

> Is léiriú maith an t-amhrán seo ar an mbealach a bhíodh ag an Dálach le téacsanna amhrán, á mbailiú agus á n-athscríobh, á gcur i gcomparáid agus á n-eagrú ó thaobh leagan amach na rann, agus ag cur nótaí leis na tagairtí spéisiúla. Bhailigh sé cnuasach mór lámhscríbhinní Gaeilge, idir ceanna a bhreac sé féin agus ceanna a tháinig ar a sheilbh. Dá mhéid le rá an Dálach i gcúrsaí foilsiú téacsanna Gaeilge, agus poiblíocht a thabhairt don teanga, is é a shaothar ar lámhscríbhinní an oidhreacht is fearr a d'fhág sé ina dhiaidh. Ach rinneadh cion faillí i gcuimhne a choinneáil ar a shaothar. (1971–2, 217).

Chomh maith leis na hailt sin, d'fhoilsigh Ronald Black aiste eolasach in *Éigse* (1992) faoi cheithre cinn de lámhscríbhinní Dálacha atá i seilbh phríobháideach. Agus caitheadh léas ar an leabhar *Tribes of Ireland* (a d'fhoilsigh an Dálach in 1852) in alt le Peter MacMahon san *Irish University Review* in 1978.

Ina leabhar *Modern Irish Literature: Sources and Founders* (1994), thug Vivian Mercier aitheantas do thábhacht an Dálaigh agus an Chumainn Oisínigh i bhfás na litríochta Angla-Éireannaí sa naoú haois déag. Phléigh

Mercier an neamart a rinneadh in éacht an Dálaigh agus thuairimigh gurbh í an tréimhse a chaith an Dálach mar bhíoblóir Anglacánach ba chionsiocair leis seo. An rud ba mhó ar chuir Mercier suntas air ná an leas a bhain Yeats, an Bhantiarna Gregory agus scríbhneoirí eile na hAthbheochana Angla-Éireannaí as foilseacháin an Chumainn Oisínigh.

Leabhar eile a bhfuil roinnt éigin eolais le fáil ann i dtaobh an Dálaigh is ea *Changing States: Transformations in Modern Irish Writing* le Robert Welch (1988). Staidéar é seo ar stair an aistriúcháin liteartha in Éirinn agus caitheann an t-údar tuairim ar na haistritheoirí éagsúla a thiontaigh na bunleaganacha Gaeilge a bhí i ndíolamaí an Dálaigh agus tugann cuid mhaith eolais ina dtaobh.

Dá ghiorracht mar chuntas é, éiríonn le R.V. Comerford ina leabhar *Inventing the Nation (Ireland)* (2003, 139) anailís ghéarchúiseach a dhéanamh ar thábhacht an Dálaigh. Creideann Comerford go bhfuil bunidirdhealú le déanamh idir leagan amach Thomas Davis agus leagan amach an Dálaigh. Mhol Davis an teanga go spéir ach chuir sé in iúl freisin nár mhian leis go gcuirfí an Béarla dá bhonnaibh. Ní mar sin a thuig an Dálach an cheist: dar leis siúd go mba theanga í an Ghaeilge a chuirfeadh féiniúlacht na hÉireann i láthair an tsaoil mhóir ach í a fhorleathnú.

Dealaíonn Comerford an Cumann Oisíneach amach ó chumainn eile an naoú haois déag de bharr go raibh na hOisínigh ag iarraidh an teanga féin a chur chun cinn. Níor chumann léinn amháin é. Leagann sé béim ar an gcontrárthacht idir ballraíocht na nOisíneach agus ballraíocht na gcumann eile ar fad agus deir gur bhain tábhacht ar leith le cúlra pearsanta na mball. Dream iad a raibh stádas meánaicmeach bainte amach acu ach a shíolraigh go minic ó iardheisceart na tíre mar a raibh an Ghaeilge á tréigint go tiubh. Bhain an Fhiannaíocht lena n-óige agus ba thábhachtach leo í a bheith á caomhnú agus á foilsiú.

Foilsíodh gearrchuntas beathaisnéiseach ar an Dálach i m*Beathaisnéis 1782–1881* (Ní Mhurchú, Breathnach 1999, 98–100) agus d'fhoilsigh Pádraig de Brún gearrchuntas eile air (1986, 73) mar chuid de shraith fhíorluachmhar ar mhúinteoirí an Irish Society a foilsíodh in *Éigse* idir 1983 agus 1991, sraith a sholáthraíonn comhthéacs don obair a rinne an Dálach thar ceann an chumainn.

Foilsíodh aiste le R. Sommerville-Woodward, dar teideal, 'The Dublin Ossianic Society 1853–1863' in *The Remaking of Modern Ireland: Beckett Prizes in Irish History,* a chuir Raymond Gillespie in eagar in 2004. Tá an aiste bunaithe ar thráchtas dochtúireachta a scríobhadh in Ollscoil na hÉireann, Baile Átha Cliath i 1988, " 'Language Without a Mouth': the Development of an Irish Language Consciousness c. 1800–1878". Pléann Sommerville-Woodward an tarraingt téide idir na cumainn éagsúla léinn agus leagann béim ar ról William Smith O'Brien mar uachtarán ar an gCumann Oisíneach. Mar dhuine nach mbíodh aithint mairge air nuair a bhítí á sciolladh is á leadhbairt a fheiceann sé an Dálach. Dar leis gurbh é an col a bhí ag an Dálach leis na galluaisle agus ina theannta sin an faltanas idir é féin agus Eoghan Ó Comhraí faoi ndear dó an Cumann Ceilteach a thréigint agus an Cumann Oisíneach a bhunú.

File é James Clarence Mangan a bhfuiltear ag scríobh ina thaobh ó cailleadh in 1849 é. In 1897 d'fhoilsigh D.J. O'Donoghue *Life and Writings of James Clarence Mangan* agus i 1996 d'fhoilsigh Elizabeth Shannon-Mangan *James Clarence Mangan: a Biography.* An bhliain chéanna sin, foilsíodh *Clarence Mangan: a Bibliography* le Jacques Chuto. Tá teacht ar eolas ar an Dálach anseo is ansiúd sna trí cinn, ach is is luachmhaire é staidéar bibleagrafaíochta Chuto mar fhoinse eolais ar an Dálach ná aon staidéar eile acu. Drochmheas tríd is tríd a léiríonn Shannon-Mangan ar an Dálach; dar léi go mba 'blatherskite' é a bhí 'slap-dash in his work' (lch. 274). Ós cosúil í a bheith dall ar fad ar na foinsí Gaeilge, ní léir cén bunús atá leis an mbreith seo. Léiríonn sí drochmheas freisin ar an mbíoblóireacht agus cuireann síos go tarcaisneach ar an Irish Society agus ar an bplé a bhí aige leis.

Pléadh Mangan agus Edward Walsh i gcomhthéacs fhilíocht an Bhéarla in *James Clarence Mangan, Edward Walsh and Nineteenth Century Literature in English* (2000) le hAnne MacCarthy, leabhar a thugann eolas luachmhar ar Edward Walsh. Tá an t-údar den tuairim go leagtar i bhfad an iomarca béime ar cheist ábaltacht na n-aistritheoirí sa Ghaeilge, tuairim a mbeadh glacadh ag Walsh agus Mangan féin leis dá mairfidís, is dócha.

Is fada staidéar leanúnach ar Sheán Ó Dálaigh in easnamh ar an nGaeilge, staidéar a sholáthródh buneolas air, a dhéanfadh anailís agus comhthéacsú ar an eolas sin, a dhéanfadh iarracht lena chuid treallúis ar fad a chur i léire agus a chuirfeadh an fear féin ina cholgsheasamh.

Iarracht atá sa staidéar láithreach le cúiteamh a dhéanamh as na heasnaimh sin. Ceanglaítear ar chuir sé i gcrích i ngort na litríochta agus na teanga lena eispéaras saoil agus le dálaí agus comhthéacs a linne. Leagfar béim láidir ar bhunfhianaise a thiomsú is a mheá. Díreofar ar an bplé a bhí ag an Dálach le gach ceann de na trí chumann a luadh thuas, déanfar iarracht ar ollchomhthéacs an phlé a bhí aige leis na cumainn sin a chur i láthair agus leagfar béim ar leith ar an bhfoilsitheoireacht phríobháideach a bhí idir lámha aige in éineacht le hobair na gcumann. Déanfar iarracht ar na foilseacháin ar leith a chur i léire agus ina theannta sin lena dhúchas Déiseach, dúchas léinn idir lámhscríbhinní agus fhilíocht, a thabhairt chun grinnis. Bhain tábhacht leis an gcúlra seo i gcaitheamh a shaoil ar fad agus cuirfear san áireamh é sa chíoradh a dhéanfar ar gach gné dá shaol. Sa chomhthéacs seo, déanfar cúram ar leith den saol as ar fáisceadh é i bparóiste Leic Dhobhráin i gContae Phort Láirge.

Díreofar i gcaibidlí ar leith ar an dá fhoilseachán is iomráití ar a raibh sé mar eagarthóir/fhoilsitheoir, *Reliques of Irish Jacobite Poetry* (1844), a d'aistrigh Edward Walsh, agus *Poets and Poetry of Munster (*1849), a d'aistrigh James Clarence Mangan. Ba é *Poets and Poetry of Munster* an chéad díolaim amhrán Gaeilge a chuir an ceol ar fáil i dteannta na bhfocal. Scrúdófar an cóiriú ceoil a rinne John Edward Pigot don díolaim, na foinsí a bhi aige agus na tuiscintí a bhí laistiar dá chur chuige. Críochnófar le caibidil bibleagrafaíochta a dhéanfaidh liostáil ar fhoilsitheoireacht uile an Dálaigh, chomh fada agus is eol dúinn í. Liostálfar ann chomh maith na lámhscríbhinní a bhreac sé; an t-ábhar a d'fhoilsigh sé; dátaí agus foinsí na litreacha agus na gcatalóg dá chuid atá ar marthain agus an t-ábhar ar fad arbh é féin a scríobh, chomh maith le foilseacháin uile na gCumann Ceilteach agus Oisíneach.

Beidh ceithre cinn d'aguisíní i dteannta an staidéir. Tabharfar téacs óráid athbheochana teanga, 'Language and Means Suggested for its Revival', a thug an Dálach don Chónaidhm Éireannach ar 8 Samhain 1847; cuntas ar an stoc a bhí aige ina shiopa leabhar i gCill Chainnigh agus ar phraghsanna na leabhar ann; liostáil ar na héagsúlachtaí atá idir leaganacha na mbunlámh-scríbhinní agus na leaganacha cló de na hamhráin atá curtha i gcló in *Reliques of Irish Jacobite Poetry* (1844) agus liostáil mar é do *Poets and Poetry of Munster* (1849).

Tabharfar chomh maith gearrchuntas ar shaol agus ar fhoilseacháin an Dálaigh ó shíothlú an Chumainn Oisínigh go dtí 1878.

Stair intleachtach agus chultúrtha atá sa staidéar seo. Féachfar leis na téamaí, coincheapanna, idéanna agus idéil, saoldearcadh agus *mentalité* a bhí ag an Dálach i dtaobh shaol agus litríocht a linne a fhí le chéile, a mheá is a scagadh i bhfianaise na bhfoinsí atá ar marthain agus do réir chomhthéacs a linne.

Tá roinnt de na fadhbanna a bhaineann leis seo cíortha ag Johan Huizinga in aiste dar teideal 'The Task of Cultural History' – gníomh cruthaíoch/athchruthaithe atá i gceist agus dá bharr sin baineann an tábhacht chéanna le pé gaisneas a bhaintear as ceisteanna a ardaítear agus a bhaineann le pé eolas a chuirtear ar fáil:

> Only when the scholar turns to determining the patterns of life, art and thought taken all together can there actually be a question of cultural history. The nature of those patterns is not set. They obtain their form only beneath our hands. (1959b, 28)

Cruthaíonn an staraí cultúrtha deilbheolaíocht an ama atá thart. Baineann contúirt áirithe leis seo agus ní féidir an t-earra cultúrtha a dhealú amach ón suíomh sainiúil sóisialta agus stairiúil inar gineadh é:

> Once one recognises the task of history in general as that of creating morphology of the human past, there remains an alarming question. Can cultural history, which has to create most of the names for the forms in which it views the cultural process, escape the danger of its morphology degenerating into

> mythology? Cultural history has for the moment more than enough to do in determining the specific forms of historical life. Its task is to determine a morphology of the particular before it can make bold to consider the general. For pure literary history the final object of study continues to be either the specific poem in its own right or the general concept of literature. For cultural history, on the other hand, the forms of the past are expressions of a spirit it attempts to understand, always viewing them in the thick of events. Cultural history directs its attention toward objects, but is continually turning back from those objects to the world in which they had a place. (1959b, 60, 64, 65)

I dtaca le staidéir ar litríocht na Gaeilge de, is í tuairim Bhreandáin Uí Bhuachalla 'go dtagann an tsintéis chun cinn go rímhinic róluath, sula mbíonn an fhianaise uile foilsithe nó meáite agus go gcloítear feasta leis an tsintéis sin mar léamh údarásach ortadocsach' (1998, 3). Más ea, is breith shealadach atá á tabhairt sa staidéar láithreach: ní sárinsint dhoshéanta í agus beifear ag súil le guthanna eile a chloisint ar ball.

CAIBIDIL 1

Na Déise/Eochaill

Ní éasca a rá le cinnteacht cén uair a rugadh 'Seaghan, mac Eamoinn, mhic Muiris, mhic Domhnaill Uí Dhálaigh; ó Pharraiste Lice Odhrain, a g-Conntae Phortláirge, a n-Déiseachaibh Mumhan' (O'Daly 1871b, 64).[1] Mar seo a chuireann lámhscríbhinn ón mbliain 1846 dáta agus láthair a bhreithe i láthair:

> Ar na sgríobh as leabhar Eoghain Uí Chaoimh liomsa Seaghan ó Dála a mBaile Ath Cliath, agus m'ionadh dúthchais Fearnán a bparoiste Modeilge a cconntae mar a rugadh me in Feabhradh 1801 (ARÉ 23 E 14)

I lámhscríbhinn eile dá chuid, deir sé go mba é 25 Eanáir 1825 'an dara bliadhain air fhithchid dam aois féin chum lae fheil Brighde 1825' (Ollscoil na hÉireann, Corcaigh T xiv). I litir dá chuid, deir sé gur rugadh é ar 'the fifth of February, 1800, which leaves me 76 just now' (litir dar dáta 28 Feabhra 1876 ón Dálach chuig seolaí nach n-ainmnítear, Leabharlann na Breataine 011902.g.10; Buckley 1912, 179) agus is é an dáta céanna seo a tugadh mar dháta breithe dó in 'Historical Sketch of the Family of O'Daly' a thagann i dtús réamhrá an leabhair, *Tribes of Ireland*, leabhar a d'fhoilsigh an Dálach agus ar dócha gurbh é féin a scríobh an cuntas ar mhuintir Dhálaigh ann (O Donovan 1852, 5).[2] I litir chuig an ársaitheoir Corcaíoch, John Windele, dar dáta 28 Feabhra 1862 (ARÉ 4 B 22) chuir sé an colafan seo lena ainm:

> John O'Daly. Born 5th Feby. 1800. Is it not time to go to rest. J.OD.[3]

Is é an dáta breithe céanna sin arís, 1800, a thug sé i lámhscríbhinn dá chuid ón mbliain 1853 (Ollscoil na hÉireann, Corcaigh, Ó Murchú 7) agus is 1800 atá le tuiscint mar dháta breithe dó ó thaifead a bháis i dtaifid an 'Dublin Cemeteries Committee' (litir). In 1857 rinne an t-ealaíontóir, T. James greanadóireacht den Dálach agus faoina bhun bhí an mana, 'Aois an tan so lvii./ 1857' (Cnuasach Phriontaí na Leabharlainne Náisiúnta), á thabhairt le fios arís gur in 1800 a rugadh é. Ó tharla gan teacht a bheith ar thaifid bhaistí cheantar Mhaigh Dheilge roimh 28 Iúil 1846 (bunachar eolais, Oifig na nGinealach, LNÉ), is le 1800 is fearr glacadh.

Déanann *Tribes of Ireland* (O'Donovan 1852) ginealach na nDálach a rianadh siar go dtí 'Adan or Adhamh, a quo Corca Adain, or Corca

Adhaimh' agus deich nglúin eile ar aghaidh go dtí 'Aenghus, the common ancestor of all the O'Daly's extant'. Bhain Aenghus leis an aonú glúin Dálach déag agus ba óna mhac siúd, Tadhg, do réir ghinealach *Tribes of Ireland,* a shíolraigh 'John O'Daly of Bréifne d. 1490 ancestor of John O'Daly of 9, Anglesea street'. Do réir thuairisc *Tribes of Ireland,* bhain fear 'Anglesea street' le Dálaigh Bhreifne, ach go háirithe le 'Donnell O'Daly . . . who migrated from Ballinamuck, County Longford, about 1730 and settled at Ballyhack, County of Wexford, where he got married and had issue'. Áirítear seisear mac le Donnell O'Daly', duine acu:

> Edmund (the father of John O'Daly,) settled at Farnane, parish of Modeligo, County of Waterford, in the year 1798; and in 1799 married Bridget Kyley of Kilbryan, same County; by whom he had issue:-
> 1. John (of 9, Anglesea-st), born in 1800.
> 2. Maurice, born in 1803.
> 3. Mary, born 1806.
> 4. James, born in 1808.
> 5. Bridget born in 1810.
> 6. Ellen, born in 1819. (O Donovan 1852, 5)

Ba léir go mba mhór é mórtas Dálach an té a bhí faoi thrácht i *Tribes of Ireland* agus is léir go mba mhór é ina theannta gaisce an Dálaigh as féin mar dhuine a d'fhan dílis don oidhreacht liteartha a tháinig chuige mar bhraon ó bhroinn ó Chorca Adhaimh, más fíor.[4] Tharla gan aon Dálach clúiteach eile a bheith suas lena linn, is cosúil go raibh an chraobh ghinealaigh ag tabhairt le tuiscint go mba é John O'Daly mór-Dhálach liteartha a linne féin. Ní buntaighde de chuid an Donnabhánaigh í an chraobh ghinealaigh seo agus níor mhór a bheith san airdeall fúithi. Ba mhinic a chuid féin á cur ag an Dálach leis an ábhar a thugtaí dó le foilsiú agus tá gach aon seans ann gur chuir sé féin an chraobh ghinealaigh le réamhrá an Donnabhánaigh. Caithfear a rá go mba shloinne coitianta go maith i mbarúntacht Dhéise lasmuigh den Drom é 'Daly' (Bunachar Sonraí LNÉ ar Luacháil Griffith 1854: Déise lasmuigh den Drom), rud a mhúsclaíonn amhras i dtaobh na géige.[5]

Baile fearainn de chuid sheanpharóiste sibhialta Leic Dhobhráin i mbarúntacht Dhéise lasmuigh den Drom é Fearnán (Griffith 1854; Power 1952, 156–7). Bhí fearann fairsing ag Gearaltaigh na Scairte i bhFearnán sa seachtú haois déag (Redmond 1912, 167–176). Maíonn an Canónach de Paor 456 acra ar fad a bheith ann agus é roinnte 'in two divisions' (Power 1952, 156–7). Ba i bparóiste Leic Dhobhráin a bhí 'the greatest proportion of small holdings' i gceantar Shliabh gCua. Bhí cúig ghabháltas is fiche i mbaile fearann Laidhir Aitinn ach gan níos mó ná dhá scór acra a bheith in aon ghabháltas ar leith acu (Kiely 1994, 115).

Dhá pharóiste shibhialta éagsúla iad Leic Dhobhráin agus Maigh Dheilge (LNÉ *Parish Index Civil to Catholic,* údar nach n-ainmnítear, gan dáta; Brainse na Logainmneacha 1991, 3; Power 1952, 156, 158). Baineann Fearnán le paróiste Caitliceach Mhaigh Dheilge agus Thuar an Fhíona i ndeoise na Leasa Móire (LNÉ *Parish Index Civil to Catholic,* údar nach n-ainmnítear, gan dáta; Power 1937, léarscáil). Dhéanadh an Dálach tagairt do Leic Dhobhráin nó do Mhaigh Dheilge ar nós cuma leis agus é ag trácht ar ainm an pharóiste breithe aige féin. Le casadh eile a chur sa scéal, tá tagairt ag an Dálach in ARÉ 24 C 43, do 'Lic-abhráin a pparáiste Shléibhe gCuadh' agus Sliabh gCua á áireamh mar ainm paróiste aige. In eagrán 1849 de *Poets and Poetry of Munster* (O'Daly 1849, 2) deir sé gur 'a mountain district lying midway between the towns of Clonmel and Dungarvan' é Sliabh gCua. Mhaígh sé gur mhair an logainm beo i gcónaí: 'The name is still preserved, but applied to the parish of Seskinan'. Mar 'a wild and mountaineous district' a chuireann sé sios ar Shliabh gCua sa réamhrá a ghabhann le *Adventures of Donnchadh Ruadh Mac Con-Mara* (O'Grady 1853, 4).

'The most Irish county I have yet traversed' a thug Seán Ó Donnabháin ar an gceantar ó Shliabh gCua go Gleann na hUidhre agus é ag scríobh chuig an gCaptaen Larcom ar 7 Iúil 1841 (Kiely, Nolan 1992, 466). I bhfonóta in *Annála Ríoghachta Éireann,* lean sé an sainmhíniú a bhí tugtha ag an Dálach:

> *Sliabh Cua.* – Now Sliabh Gua, *anglice* Slieve Gua, in the parish of Sheskinan, barony of Decies-without-Drum, and county of Waterford. The more elevated part of this mountain is now called Cnoc Maoldomhnaigh; but the whole was originally called Sliabh Cua. (O'Donovan 1856, 48)

Mar cheantar a bhí teanntaithe ag sléibhte Chnoc Mhaoldomhnaigh agus na gComarach agus a bhain le paróistí sibhialta Seisceannáin agus Leic Dhobhráin ach go háirithe a chuireann Brendan Kiely síos air (1994, 3), cé go ndeir sé go bhfuil 'cultural hinterland' ag an gceantar a chuimsíonn Paróiste Mhuire, Inis Leamhnachta, Cill Rónáin, An Caisleán Nua, Maigh Dheilge, Cill Ghobnait agus Coilleagán. Ag deireadh thiar, ba mhó de *pays* ná de limistéar beacht geografach é Sliabh gCua, fearacht Bhoirinn an Chláir nó Rinn Duáin Loch Garman nó Sliabh Luachra nó Glinntí Aontroma.[6]

Aithnítear fós an láthair ag ar sheas an teach inar tógadh an Dálach agus svíomhann sruthán ina aice a bhfuil 'Srutháinín Dálaigh' (sic) mar ainm air i gcónaí. Thar fhothrach séipéil a dtugtar 'Teampaillín' air a shníomhann sé agus tá fothrach a d'fhéadfadh a bheith ina fhothrach tí ina aice. Thairis sin ní léir go maireann aon chuimhne i bhFearnán anois ar mhuintir Dhálaigh.[7] Tráchtann Nioclás Ó Cearnaigh (agus é ag tarraingt gan amhras ar an aithne a bhí aige ar an Dálach) ar 'the lands of Mr. Edmund O'Daly of Farnane' in 1854 (O'Kearney 1854, 109–110), ach ní luaitear Dálaigh Fhearnáin i Leabhar Cionroinnte na nDeachúna 1834 (LNÉ Tithe Applotment Books 1834 29/21, Lickorin) ná i Luacháil Griffith, 1854 agus níl aon fhianaise againn go raibh bunús le háiteamh an Chearnaigh: tá gach cosúlacht ar an scéal nach raibh gabháltas talún dá gcuid féin acu.[8]

'Srutháinín Dálaigh' a tháinig chun a chuimhne, b'fhéidir, i litir a chuir sé chuig John Windele i gCorcaigh ar 16 Eanáir 1856:

> I received the Fualacht Fian this morning which is a very curious document. I remember two of these being on my father's land beside a small rivulet, which were never explored or looked after as there was no taste for archaeology at the time (1808). (ARÉ 4 B 16)

Mhair cuimhní go leor aige ar an áit agus bhain tábhacht ar leith lena chuimhní ar Chathaoir na Baibhe:

> In the locality where I was born, a huge rock in the shape of a chair, overhung a river; and on this chair, which had another stone, in the shape of a cushion, at the foot, the Bean Sighe was reported to be seen seated . . . Many a pleasant hour I spent on this chair (Daly 1844b, 9)

An t-ulán céanna a bhí faoi thrácht ag Nioclás Ó Cearnaigh nuair a rinne sé athinsint ar eolas a bhí tugtha ag an Dálach dó:

> Even at present day, the belief in the existence of the Bean Sighe is far from being extinct, nor is it altogether confined to the lower classes of society. In the parish of Modeligo, and townland of Mountain Castle, in the county of Waterford, so late as in the begining of the present century, a Badhb, Bo Chaointe, or Bean Sighe, was in the habit of appearing just before the death of any member of the old Milesian families resident in the parish. Her chair which was made of rough stone, was placed on an elevation over the Finnisk river, on the lands of a small farmer named Brown, and opposite the lands of Mr. Edmund O'Daly, of Farnane, on the other side of the river and unless it has been removed very lately, the Bean Sighe's chair is still to be seen there. There are hundreds of persons, now living, who have heard her mournful wails, and who can bear testimony to the warning by which she hearlded the death of those only who belonged to the Milesian race. (Kearney 1854, 109–10)[9]

An Lios Mór agus Ceapach Choinn an dá bhaile mór ba neasa don pharóiste ach ní orthu siúd ach ar dhroichead Eochaille a bhí bóthar an rí ag triall ó Leic Dhobhráin agus leanfadh an Dálach an bóthar sin ar ball (Beaufort 1797). 'A small and unimportant division' i mbarúntacht Dhéise lasmuigh den Drom é paróiste Leic Dhobhráin, do réir thuairisc an Phaoraigh (Power 1952, 156–7).[10] Ach má ba shuarach é tábhacht Leic Dhobhráin i dtuairim an Phaoraigh, ní beag í an chuimhne a mhair in aigne an Dálaigh ar fhilí agus ar fhilíocht ón gceantar. An cuntas seo ar Dhonncha Rua san *Irish Language Miscellany,* cuir i gcás:

> In person Donnchadh was tall and athletic; but becoming blind towards the close of a life considerably extended beyond the average term allotted to man, and being rather straitened in pecuniary circumstances, he was compelled to appeal to the beneficence of the schoolmasters of his neighbourhood, who imposed a

> 'Rate-in-Aid' for him on the scholars. We saw him ourselves in 1810, and paid our mite of the impost. He died about the year 1814, and his remains lie interred in Newtown churchyard, within half a mile of the town of Kilmacthomas, on the Waterford road, where no stone has yet been placed to commemorate his name, or indicate his last resting place to the passer-by . . . (O'Daly 1849, 7)
>
> MACNAMARA (Donnchadh Rua) named after the red colour of his hair, and whom we remember meeting about 1808, at the parish of Modeligo, which he visited to impose an "Income Tax" on both master and scholar; and a host of others, who led an itinerant life, following the bardic profession, as was generally the case with their elder brethren, the bards of ancient Eirinn, whose beautiful and soul-stirring effusions are so sadly neglected, and left mouldering in some corner of a smoky cabin, to rot and decay. (O'Daly 1876, iii-iv)

Chaith Seán Pléimeann amhras ar an gcuntas seo, áfach:

> Adeir Seaghan Ó Dálaigh go raibh Donnchadh ag gabháil timchill aig iarratas san mbliadhain 1810, agus gur dhíol sé féin cuid den chíos iarratais. Níl focal den fhírinne 'san ráidhteachas so. Is uaimse do fuair o Dálaigh a raibh d'fhios aige i d-taoibh Dhonnchadha agus ní bhfuair sé an fios so uaim nó ó aon neach eile. (Fleming 1897, 31)

Is léir gur ag tarraingt ar sheanchas na bhfilí óna cheantar dúchais a bhí sé nuair a scríobh sé an méid seo faoi Dhonnchadh Rua in *Poets and Poetry of Munster:*

> He had not long sojourned in this county before he became acquainted with one William Moran, a kindred spirit, celebrated in bardic lore among the peasantry of his native county. Moran kept a classical hedge-academy at Knockbee, in the parish of Sliabh Cua, a village within an hour's walk of the birth-place of the writer of this sketch; and here, he and his friend laboured conjointly for the enlightenment and edification of the young students who attended their school . . . (O'Daly 1849, 2)

Ba leabhar é an *Irish Language Miscellany* a thug deis don seanfhear breathnú siar ón mbliain 1876 go dtí blianta a óige. Mhair a chuimhne fós ar an té a chum an t-amhrán, *Bearna na Gaoithe:*

> Tomas O'Modhrain or Tomas an Bhoghrain, so called from his propensity as an expert player on the tambourine, and on that account was present at every social and merry-making meeting in the country, principally May Boys, to which he was particularly attached . . . We happen to know O'Morain well, he having spent a day at our house in Lickoran in 1820. In appearance he was low-sized, about five feet high, but very stoutly built, and always spoke and conversed in allegorical language. (O'Daly 1876, 53)

Sé bliana déag roimhe sin, chuir an t-amhrán dar tús 'Ding dong didero' – ar ar thug sé *The Smith's Song* – ceárta Leic Dhobhráin i gcuimhne dó:

> This version (as internal evidence partly shows) was the favourite song of no less a personage than long Jack Farrell better known by the cognomen of 'Seaghan

> Gobha', i.e. Jack the Blacksmith, who kept his forge at Lickoran, in the county of Waterford, early in the present century; and who, aided by a choir of the Farnane boys, chaunted the song in full chorus whilst hammering into shape with their sledges the red-hot iron on the anvil. (O'Daly 1860, xv)

Bhí an t-eolas seo aige faoin gcúlra a ghabh leis an dán ''S mo shlán don phrionsa léaghanta' le Tadhg Gaelach:

> This was the Rev. Richard Morrissey P.P. of Ballylane – near Stradbally, whose house was always open for the bards and the minstrels of the county, and who never saw them in want of food or raiment. (O'Daly 1868b, 54)

Ná ní taobh le seanchas na bhfilí fireanna amháin a bhítí:

> A poetess named Maire Ni Dhonogain was contemporaneous with Moran and resided in this parish also. Her compositions are as numerous as those of Moran's . . . There was also another poetess named Lucas, who was no less gifted than Donegan, but her muse was entirely devoted to keening at wakes, of which she made a regular profession and earned a sufficient livelihood by it. (O'Daly 1860, 211–12)[11]

Cé nach mór é líon na lámhscríbhinní a bhreac an Dálach ina cheantar dúchais, bhí caidreamh fós aige le duine amháin ar a laghad de scríobhaithe an cheantair scór éigin bliain i ndiaidh dó an ceantar a fhágáil. Maireann lámhscríbhinn le Seán Ó Muiríosa ó Mhuine an tSeabhaic i bparóiste Sheisceannáin, Déise lasmuigh den Drom, i Mainistir Chnoc Mellerí (Cnoc Mellerí 11) ar a bhfuil liosta leabhar a bhí ar díol ag an Dálach i mBaile Átha Cliath breactha.[12] Ar dháta éigin i ndiaidh an Drochshaoil a breacadh an liosta (Ó Macháin 1997, 95). B'acmhainn don Mhuiríosach a bheith ag ceannach leabhar mar gur ceapadh mar shaoiste é ar scéim fhóirithinte le linn an Drochshaoil agus ba fheirmeoir é ina theannta sin (Ó Macháin 1997, 95).

Luann litir ó Shamhain na bliana 1846 chuig an Dálach seanchairde leis:

> All your friends and former neighbours are well. Your friend Paddy Nugent is well. I met him the other day and he felt very thankful to you for sending him a Dictionary. (LNÉ G 389)[13]

Do réir áireamh Garret Fitzgerald, bhí labhairt na Gaeilge ag 86% acu siúd a rugadh sa tréimhse 1801–1811 i mbarúntacht Dhéise lasmuigh den Drom. Ní ag seargadh ach ag fás a bhí an líon sin mar gur ag 94% acu siúd a rugadh sa tréimhse 1811–1821 a bhí labhairt na teanga – cé go mba láidre fós an Ghaeilge i mbarúntachtaí eile i gContae Phort Láirge.[14] Sa *Parochial Survey* (1814, iml. 3, 383) a rinne William Shaw Taylor in 1813 ar thrasghearradh paróistí, suirvé a bunaíodh ar eolas a chuir ministéirí chuige ó pharóistí áirithe, 'the language mostly used is Irish' sa Sráidbhaile i mbarúntacht Dhéise lasmuigh den Drom. Do réir dhaonáireamh na bliana 1851, bhí Gaeilge ag 63% de phobal Phort Láirge trí chéile agus gan roimhe ach Contaetha na Gaillimhe agus Maigh Eo (Fitzgerald 1984, 134;

Ó Súilleabháin 1992, 300). Mar sin, bhí an Ghaeilge in uachtar mar theanga choitianta na dúiche agus Seán Ó Dálaigh ag teacht in inmhe; an teanga 'I lisped in my cradle', mar a dúirt sé féin (LNÉ G 416). Agus mhair rian na Gaeilge ar Bhéarla an Dálaigh sa chaoi is gur scríobh an file John Keegan faoi i litir atá anois ar iarraidh, go raibh aige 'the most magnificent Munster brogue that I ever had the luck to hear' (Coleman 1924, 66). Is cosúil go mbíodh an chanúint a bhí ar a chuid Béarla ag déanamh buartha dó mar chosain sé í i léacht a thug sé don Chónaidhm Éireannach ar 8 Samhain 1847:

> The intermixture of Irish and English, so common throughout most parts of Ireland, has been the original cause of this seeming defect in the English accent of the generality of Irishmen, and more particularly in those who, like myself, are reared in the Irish-speaking districts where little or no English at all have (sic) ever been spoken by the peasantry, but I for one, am not ashamed of it. This defect in pronunciation is very improperly denominated 'the Irish Brogue,' with which, in all appearance, the natives of this country are no more affected, than those of any other nation who endeavour to imitate the English Cockney Accent, for which the Irish organs of articulation were never framed or fitted; and in order to prove that the defect so contemptuously laid to the charge of Irishmen and the barbarity of their language, is utterly untrue. (LNÉ G 416)

Saothraíodh lámhscríbhinní go raidhsiúil i bPort Láirge sa naoú haois déag agus tá liostáil déanta ar sheachtar scríobhaí is dhá scór ón gcontae sin (Ó Súilleabháin 1992, 265–308). Tá clárú déanta ar chéad lámhscríbhinn is tríocha seacht ó Phort Láirge agus is leis an naoú haois déag a bhain siad ar fad ach 33 cinn acu (Ó Súilleabháin 1992, 297–8). Ina theannta sin, bhí ceantar na Leasa Móire agus Cheapach Choinn – an ceantar lenar bhain Seán Ó Dálaigh – ar cheann de cheithre cheantar arbh iontu ba mhó a shaothraítí lámhscríbhinní i gContae Phort Láirge (Ó Súilleabháin 1992, 298).

Maireann sé lámhscríbhinn ón tréimhse dá shaol a chaith an Dálach ina cheantar dúchais.[15] Má bhí pátrún aige, ní fios cérbh é féin. Tá 1824 mar dháta le 23 K 46 san Acadamh Ríoga, ar i 'Láighireadhting' a scríobh 'Seághan Ó Dáladh' nó 'John Daly' é. (Baile fearann i bparóiste Leic Dhobhráin sna Déise lasmuigh den Drom é Ladhar Aitinn.) 1826 agus 1827 na dátaí a ghabhann le 23 L 6 ón leabharlann chéanna agus 'Seaghán Ó Dála', 'Seaghán Ó Deala' agus 'John Dealy' leo mar ainm an scríobhaí. I Leic Dhobhráin a breacadh: 'A Lic-abhráin a pparáiste Shléibhe gCuadha' freisin a scríobh 'Seaghan Ó Dála, feithmheoir Gaodhailge ag Eochaill, 1828' an lámhscríbhinn ARÉ 24 C 43. Is in Ollscoil na hÉireann, Corcaigh anois atá T. xiv mar a bhfuil 'December 9th 1828' agus 'December 12th 1828' mar dhátaí aige agus an scríobhaí á chur i láthair arís mar 'feithmheoir Gaoidheilge ag Eochuill'. An Bibliothèque Nationale i bPáras atá mar áras buan anois ag Fonds Celtique et Basque 4 a scríobhadh 'le luadhas lámha agus le droich ghléas gan teannta Boird na Binnse aig an laighirradhting a ccontae phortlairgeadh a cuigiudhaigh la déag de December 1824' agus a bhfuil na dátaí 1817 agus 1824 leis, léiriú ar a óige is a bhí an Dálach nuair a chuaigh sé i mbun cheird an scríobhaí. Luaitear Eochaill mar log scríofa don lámhscríbhinn ar a bhfuil Coláiste na Rinne 1 (CR 1) anois. 9 Márta 1829 an dáta a ghabhann léi.[16]

Dá luaithe ina shaol a breacadh an t-ábhar atá sna lámhscríbhinní seo, ba léir dúspéis a bheith cheana féin aige sna réimsí ábhair a shaothródh sé ar ball: scéalta Fiannaíochta, filíocht na Mumhan agus filíocht mhuintir Dhálaigh. Is é *Oisín, is fada do shúan* (ARÉ 23 K 46 a) an saothar is túisce a bhreac sé. Tá na scéalta *Feis Tighe Chonáin Cínn tSléibhe, Bruighinn Bheag na hAlmhuinne* agus *Bruighenn Chéise an Chorruinn,* chomh maith le *Ceisneamh Inghine Ghoile Atha Loich,* in T. xiv. In ARÉ 23 L 6 tá amhráin le Seán Ó Tuama, Aogán Ó Rathaille, Eoghan Rua Ó Súilleabháin, Eoghan Mac Cárrtha an Mhéirín agus Labhrás Ó Séaghdha. (File Corcaíoch ab ea Labhrás Ó Séaghdha ar léir ar fhlúirse an ábhair uaidh caidreamh ar leith a bheith ag an Dálach leis). In ARÉ 24 C 43 tá amhráin le hAindrias Mac Cruitín, Éamonn de Bhál, Uilliam Mac Cartáin an Dúna, Uilliam Rua Mac Coitir, Piaras Mac Gearailt, Micheál Óg Ó Longáin agus leis an Athair Eoghan Ó Caoimh. (File é Eoghan Ó Caoimh a chuaigh i gcion go mór ar an Dálach i gcaitheamh a shaoil.) Agus bhí go leor eile d'fhilí na Mumhan ina dteannta siúd sa dá lámhscríbhinn seo, chomh maith le dánta a bheith iontu le triúr mórfhile Dálach: Fionn, Aonghas na nAor agus Donncha.

Bhí an spéis a chuir sé san Fhiannaíocht agus i bhfilíocht na Mumhan ag teacht le claonadh coitianta scríobhaithe na nDéise ag an am. Do réir anailís Eoin Uí Shúilleabháin ar scríobhaithe Phort Láirge, bhí an dá sheánra réamhráite ar na seánraí ba choitianta i lámhscríbhinní an cheantair, iad sin agus ábhar eile a mbíonn teacht air go fairsing i luathlámhscríbhinní an Dálaigh: an fhilíocht chráifeach, scéalta laochais agus beathaí na naomh, Beatha Naomh Maighréad, ach go háirithe (Ó Súilleabháin 1992, 293). Ach más léir gur ag tarraingt ar ghnáthstóras liteartha na dúiche a bhí an Dálach, ní heol dúinn ina dhiaidh sin conas a thug sé ceird an scríobhaí abhaile leis, nó, go deimhin, cé mhúin ar scoil é, cé go raibh traidisiún láidir léinn sa cheantar (Fleming 1897, 2–3). Áitíonn John S. Crone (1937, 182) go ndearna an Dálach freastal ar 'hedge school' agus deir Eoin Ó Súilleabháin (1992, 280) 'gur ó mháistir taistil' a fuair sé a chuid scolaíochta ach ní sholáthraíonn ceachtar den bheirt fianaise i leith a áitimh.[17] Chlis ar an gCanónach de Paor teacht ar ainm aon mhúinteora sa pharóiste i ndiaidh na bliana 1800 nuair a bhí scoil sa Pholl Báite ag Pádraig Denn, an file ón gCúil Rua, ach bhog seisean go Ceapach Choinn tamall gairid ina dhiaidh sin (Power 1937, 225/6). Ní mórán achair a thug an Dálach i mbun scolaíochta, i bhfianaise air sin litir a chuir sé chuig John Windele ar 26 Deireadh Fómhair 1846:

> I am but a novice at either English or Irish having never spent much of my time at school and therefore whatever little smattering I have of either I owe to my own industry since I came to the year of manhood. (ARÉ 4 B 6)

Níor thapaigh an Craoibhín Aoibhinn deis a bronnadh air le haithne a chur ar ainm an mhúinteora:

> Dubhairt Micheál Ó Caomhánaigh liom . . . go bhfuair a mháthair féin teagasg i n-aon sgoil le Seán Ó Dálaigh agus go raibh eólas an-mhaith aici ar Ghadhilg, agus gur fhéad sí na sean-lámhsgríbhinní do léigheadh . . . Fairior níor fhiafruigh mé cia an sgoil a raibh Seán Ó Dálaigh agus a mháthair le chéile innti. (de hÍde 1937, 153/4)[18]

D'fhéadfaí an chiall a bhaint as caint an Chraoibhín gur ar scoil a tháinig máthair an Chaomhánaigh i dtír ar léamh na lámhscríbhinní ach is gá a chur san áireamh an fuarmholadh a thug an Dálach dá chuid scolaíochta. I léacht a thug sé don Chónaidhm Éireannach ar 8 Deireadh Fómhair 1847, chuir sé é féin i láthair mar dhuine a raibh síleáil faighte aige ó chóras an bhata scóir le linn a chuid scolaíochta:

> At the close of the last century the Irish language found more dangerous enemies than the blackest Act of Parliament. I mean the hedgeschoolmasters (sic). I myself am a living witness to the vile attempt made by this strange crop of beings to put down the language that I am almost ashamed to declare it. Such was their anxiety perhaps more for the sake of fashion than even a prejudice against their native tongue that they used to prepare a small piece of square timber about an inch long which they tied to the pupil's neck by a string when leaving the hedge school in the afternoon – and the parents at home would be instructed by the master to put a notch in the piece of square timber which they called a 'Tally' for every Irish word spoken by the pupil at home and for which he was punished on his return to school next day. (LNÉ G 416)

I dtuairisc eile cuireann an Dálach in iúl nach raibh aon duine a mhúin léann na Gaeilge dó:

> To the student of Irish the language will at first appear rather difficult; but such is not the case – frequent reading and a little application of the rules, will remove every doubt of this kind. I myself am a living witness to the fact; I never got a lesson from a master – yet I feel inclined to think that I have made some progress in the study of the venerated tongue of my ancestors. (O'Daly 1853a, 4)

Níor mhór a bheith san airdeall faoin bhféintuairisceoireacht seo. Ba fhada Leic Dhobhráin fágtha aige nuair a scríobhadh iad agus tá beagán de shás mórtha na n-umhal le brath orthu. Bhí traidisiún láidir léinn agus lámhscríbhinní sa cheantar agus mar atá ráite ag Louis M. Cullen (1995, 188) 'mhair na scoileanna a bhí tugtha suas do mhúineadh na Gaeilge chomh déanach leis na 1830í i gCúige Mumhan'. Is dócha gur éirigh leis an Dálach teacht i dtír ar an traidisiún seo. D'fhéadfaí cuntas atá tugtha ag

Breandan Ó Conchúir ar mhúnlú Mhichíl Uí Longáin a thagairt don Dálach chomh maith céanna, b'fhéidir:

> É féin, mar sin, a mhúin ceird na scríbhneoireachta dó féin (scríbhneoireacht na Gaeilge, ach go háirithe), ag saothrú ar lámhscríbhinní i dtithe na ndaoine ina cheantar dúchais féin, agus ba dhóigh le duine go dtiocfadh sé isteach go tapaidh ar an gceird – ó bheith go rialta os cionn na lámhscríbhinní, á n-athscríobh. Ní foláir nó bhí greim fachta roimis sin aige, ar an gcuma gcéanna, ar léamh na Gaeilge. (2004, 228)

Pé scéal é, ní raibh sé i ndán don Dálach a shaol a chaitheamh ina cheantar dúchais:

> D – of whom F- speaks, is I think a very honest well conducted man; he says he has been obliged to leave his residence in the County Waterford, as he could not withstand the opposition; he now appears very anxious for improvement. (de Brún 1986, 74; *Irish Society Quarterly Extracts* 27, Eanáir 1828)

An Rev. William Halloran, 'superintendent' an Irish Society in Eochaill, a chuir an méid seo in iúl agus is léir uaidh gur glacadh col leis an Dálach i Leic Dhobhráin de bharr a dhíograsaí is a bhí sé i mbun obair an Irish Society, é sin i gceantar a bhí Caitliceach go smior: níor mhair ach ceathrar Anglacánach i Maigh Dheilge agus triúr i Seisceannán (Commissioners of Public Instruction 1835, iml. 33, xxxiii, 13C-37C).

Is deacair a rá go baileach cén uair a d'iompaigh Seán Ó Dálaigh ina Anglacánach ach is cosúil ó litir leis a foilsíodh sa *Kilkenny Journal* ar 28 Eanáir 1843 go raibh sé iompaithe nuair a ceapadh mar mhúinteoir in Eochaill é i Samhain na bliana 1826 – é sin nó gur iompaigh sé tráth a cheaptha.[19] Tagraíonn sé dó féin sa litir mar dhuine a bhí 'tossed about on the broad unsettled principles of Protestantism for upwards of seventeen years', rud a d'fhágadh gur am éigin sa bhliain 1826 a d'iompaigh sé. Ni hionann is an Eaglais Chaitliceach, níor ghabh deasghnátha insealbhaithe ar leith le hiompú chun Anglacánachais. Ba leor freastal ar sheirbhís nó ar shacraimint de chuid na hEaglaise Bunaithe le go ndearbhódh duine é féin ina Phrotastúnach. Agus na péindlíthe ar ceal, ligeadh i léig na taifid leanúnacha iompaithe.

Tagraíonn Halloran ar 22 Deireadh Fómhair 1827 do dhíograis an Dálaigh i leith a reiligiúin nua:

> He a few days ago purchased a pocket Bible here for himself and a Testament for one of his Scholars, both in the Authorised Version. (*Irish Society Quarterly Extracts* 27, Eanáir 1828)

Cumann ab ea an Irish Society a bunaíodh i mBaile Átha Cliath in 1818 le bonn eagraithe a chur faoi obair a bhí ar bun le dhá bhliain roimhe sin le léamh an Bhíobla a chur chun cinn sa teanga dhúchais (de Brún 1983c, 134). Lean an rian a d'fhág an cumann ar mhúineadh na Gaeilge ar feadh i bhfad: Protastúnaigh ab ea 80% acu siúd a cláraíodh mar mhúinteoirí

Gaeilge i ndaonáireamh 1861 (Hume 1864, gan uimhir leathanaigh).[20] Bhronnfadh an cumann neart scóipe ar an té a bheadh inniúil ar an obair:

> The Irish Society teaches all its Scholars primarily to read the Irish language. It seeks out the Irish speaking people as the sole object of its care, and teaches English only in the way of translation from the Irish. (de Brún 1983c, 135; *Irish Society 14th Report*, 1832)

Aidhm dhíreach fhollasach a bhí ag an Irish Society for Promoting the Education of the Native Irish through the Medium of their Own Tongue (lena theideal a thabhairt ina iomláine):

> The Irish Society's task was a simple one – to bring the Bible in Irish to the people, in hope that with its help they would find their own way to the Christian faith. The supporters of the Irish Society were sure that once people could read the Bible its power was such that it would 'steadfastly root out prejudice, bigotry and intolerance', substituting truth, love, mercy, tenderness, forbearance, and long suffering. (Bowen 1978, 228)[21]

Dar le Monck Mason in 1829 go gcaithfí ceithre aidhm a chur i gcrích:

> These are 1, The publishing of the Irish Scriptures – 2, The affording to the people of facilities in acquiring the means of reading it – 3, The preaching to them in that tongue by ordained Ministers 4, The sending out (sic) Irish Missionaries among them. (Mason 1838, 3)

Ní réamhathbheochainteoirí Gaeilge a bhí iontu ach a mhalairt. Dhírigh siad an misean ar chainteoirí Gaeilge mar gur chreid siad 'that Irish-speaking Catholics; like the speakers of 'backward' indigenous languages elsewhere, were in a pristine volatile state and ripe for evangelization, whereas the English-speaking Catholics of Ireland were seen to be fixed securely within a set politico-religious framework' (Comerford 1989, 24). Ba bheag a bhí cur chuige tréadach trí mheán na Gaeilge – ná díocas chun misinéireachta – le sonrú i measc thréithe Eaglais na hÉireann roimh an 'Dara Reifirméisean' sa chéad leath den naoú haois déag:

> . . . the Church of Ireland . . . made no effort to produce clergy proficient in Irish, since most of their own laity were not Irish speaking and missionary activity among Irish-speaking Roman Catholics was not on the agenda. Indeed all Protestants in Ireland had seen the decline of Irish and the growth of English as part of the civilizing process of the Irish peasantry and had no wish to reverse this process. There had therefore, initially, been hostility to the distribution of bibles in Irish as well as in English, but this initial hostility was abandonded in the recognition that making the scriptures available to people in a language they understood was more likely to secure conversions. (Yates 2006, 271–2)

Chuir an chéad riail de chuid an Society in iúl go raibh an Ghaeilge á múineadh acu mar nach raibh an dara rogha acu dá mbeifí leis an mBíobla a chur chun cinn:

> That the exclusive object of this Society, be to instruct the Native Irish, who still use the vernacular how to employ it as a means for obtaining an accurate knowledge of English; and for this end, as also for their moral amelioration to distribute among them the Irish version of the Scriptures by Archbishop Daniell and Bishop Bedell, the Irish Prayer Book, where acceptable, and such other works as may be necessary for school books, disclaiming at the same time, all intention of making the Irish language a vehicle for the communication of general knowledge. (*Eleventh Report of the Irish Society*, 6)

Agus chuir na 'Objects of the Society' dearcadh naimhdeach an Society i leith na teanga i láthair go follasach:

> It forms no part of the design of the Society to preserve and perpetuate the Irish tongue, it is used simply as a medium; and the apprehension that such use of it will retard the acquisition of English, is conceived by the promoters of the plan, to rest on a mistake, and to be contradicted by experience. *According to the evidence which has been furnished to us, the establishment of Irish Schools has been the means of extending the knowledge of English in the districts where they are situated* which corresponds to the effect of similar Schools in Scotland and Wales. (*Eleventh Report of the Irish Society,* 28)

Bunaíodh an Edinburgh Society for the Support of Gaelic Schools in 1811 agus é mar aidhm aige a chur ar chumas chainteoirí Gáidhlige 'to read the Sacred Scripture in their Native Tongue'.[22] Ach oiread leis an Irish Society, ní raibh aidhm ar bith eile thairis sin ag an gcumann. 'Gaelic schools' a tugadh ar na scoileanna sin ar tugadh 'Irish schools' orthu abhus (Withers 1984, 137). Bhí stair reiligiúnda na nGarbhchríocha agus Inse Gall mar eiseamláir ag an Irish Society mar gur éirigh le miseanaigh an creideamh Caitliceach a dhíothú i nGaeltacht na hAlban agus rútaí doimhne an Phreisbitéireachais a chur i gcré ann de dheasca léamh an Bhíobla dúchais a chothú:

> The western Highlands and islands had been converted to evangelical Protestantism earlier in the nineteenth century . . . (Devine 1999, 369)

Cruthaíodh nasc láidir siceolaíochtúil idir an Gháidhlig agus an creideamh leasaithe:

> . . . Gaelic schools in using Gaelic scriptural texts, not only helped to reinforce Gaelic's place as a church language but further influenced Gaelic conciousness in making a distinction between Gaelic as the language of spiritual affairs, English of worldly advances. (Withers 1988, 151)

Ach oiread le scoileanna an Irish Society, áfach, ní ag cothú na teanga ar a son féin a bhí na 'Gaelic schools' in Albain agus forleathnaíodh an Béarla dá mbarr:

> . . . Gaelic schools, directly and indirectly were also important agencies of anglicisation. Indeed, although it was not stated in as many words, such an aim was apparent from the beginning. The teaching of Gaelic reading only was strictly adhered to in these schools, a policy which was indirectly responsible for

> the indirect anglicising effects, but the annual report of 1811 noted that the teaching of Gaelic would serve to incite a desire for knowledge which could only be pursued through English. (Withers 1984, 146)

Ba sna ceantair iargúlta in Éirinn freisin–ceantair ar nós cheantar Mhaigh Dheilge–ba mhó a bhí lucht an chumainn lena n-aird a dhíriú faoi riail a sé dá gcuid rialacha:

> That the situations selected by the Committee for the establishment of Schools, whether permanent or circulating, shall be in the remotest and least instructed parts of the country, where Irish prevails most, and where fewest schools of any kind are to be found. (*Eleventh Report of the Irish Society*, 7)

Bhí feidhm mhorálta ag obair an chumainn agus d'fhéadfaí é a léamh mar ghrúpa éilíteach arbh é a fheidhm shóisialta an nuachóiriú a chur chun cinn trí cheansú agus smachtú an chultúir choitinn. Bhí seo déanta cheana ag an Reifirméisean i dtíortha Protastúnacha na hEorpa mar chuid den nuachóiriú, rud a chuir Weber in iúl trí choincheap an 'Protestant ethic'. Ritheadh an rún seo leanas ag cruinniú a tionóladh i nDún an Rí ar 28 Nollaig 1825:

> 2nd, Resolved–That it is not true that the *native Irish:* are careless and indifferent towards education–on the contrary they are most *anxious* and *solicitous* for every moral and religious instruction . . . in many places we have seen those who formerly spent part of the Lord's Day at Footballs, Dances, Card-playing and Whiskey-houses, now resorting to the Irish Teacher's house, to learn lessons of wisdom from the Book of God. (Mason 1829, 22)[23]

Bhí seo ag teacht leis an gcaoi ina raibh díothú á dhéanamh ar an gcultúr coiteann ag grúpaí éilíteacha na hEorpa sa naoú haois déag mar chuid den phróiseas nuachóirithe:

> The nineteenth century witnessed the culmination of a process going back to the Reformation whereby elites withdrew from participation in popular culture to form a separate learned culture based on print, as opposed to popular culture which remained largely oral . . . Drink, violence and licentiousness remained essential elements of popular life . . . Cultural provision therefore became an arena for social control . . . In Britain street football was banned and turned into a commercial spectator sport . . . (Belcham, Price eag. 1994, 488)

Nó mar atá ráite ag Kevin Whelan:

> Throughout Europe in the late eighteenth century élite groups began to distance themselves from popular culture. In Ireland the sharpening political divides sundered the links, especially in the late eighteenth and early nineteenth centuries. (Whelan 1999, 160)

Bhí an Irish Society neamhspleách ar an gcumann misinéireachta Protastúnaí, an Irish Church Mission agus faoi rialacha an Irish Society ní cheadófaí do mhúinteoirí an chumainn dul thar cailc leis an mbíoblóireacht:

> You are carefully to avoid exciting a prejudice against the objects of the Society by entering into discussions, either public or private of an irritating or controversial character. Remember that you are not employed to interpret Scripture to the people, or to instruct them in the doctrines of religion, but to insist in your peculiar department of the work of enabling your own fellow-countrymen to read in their own tongue wherein they were born, the wonderful works of God. (*Kilkenny Journal,* 15 Feabhra 1843)

Mar gur bhain an cumann leis an Eaglais Bhunaithe, aistríodh Leabhar na hUrnaí Coitinne go Gaeilge chomh maith leis an mBíobla ach ba é an Bíobla amháin a scaipeadh – chuirfí Leabhar na hUrnaí Coitinne ar fáil dóibh siúd a d'iarrfadh é agus dóibh siúd amháin (Bowen 1978, 225).[24]

Do réir na dtaifead oifigiúil, eagraíodh an Irish Society de réir córais shistéamaigh:

> The plan of operation of this Institution is very simple indeed; a proper person, who is styled a Circulating Master or Inspector, is in the first instance employed to seek for individuals in a particular district, who are competent to instruct in the primer of the Irish language; these are then engaged to teach their neighbours when and how they can, generally in the hours of relaxation from labour, and in the cabins of the peasantry; and they are furnished with elementary books and portions of Scripture for the purpose. At the end of three months an inspection by the person who engaged them takes place; and the teachers are paid one shilling per head for each pupil passing this inspection . . . The teaching of a pupil is generally completed within a year from his first commencing with the primer . . . (*Eleventh Report of the Irish Society,* 28).

Ceithre aicme foghlaimeora a bhí sna ranganna: *spellers, readers, translators* agus *juniors.* Roinneadh na 'translators' do réir 'translators of Gospels – translators of Epistles, Repititioners which signifies a person competent to read and translate any portion of the Irish Bible, and to repeat three chapters of the Old and three chapters of the New Testament from Memory' (*Kilkenny Journal,* 15 Márta 1843). Íocadh scilling in aghaidh na bliana leis an múinteoir as gach 'reader' agus scilling is réal as gach 'translator' sa bhliain 1838. Scilling is réal a d'íoctaí go minic ar na 'readers' freisin 'and you may calculate at the rate of 1s. a head though they invariably allow 1s 6d' (*Kilkenny Journal,* 18 Márta 1843).[25] Ina theannta sin, 'when masters bring in scholars they are entitled to a certain remonstration, sixpence for juniors, and one shilling for adults' (*Kilkenny Journal,* 8 Márta 1843). Ba mhinic, áfach, trí aicme fostaí a bheith ag an gcumann: 'masters' nó 'teachers', 'inspectors' nó 'circulating masters' (nó 'feithmheoirí' mar a thug an Dálach féin orthu) agus 'superintendents'.[26] Is cosúil gur beag 'teacher' a chuaigh le Protastúnachas ach gur Anglacánaigh (ar nós an Rev. William Halloran) a bhíodh mar 'superintendents'. Protastúnaigh freisin a bhíodh mar 'inspectors' go minic, cé nár ghá sin i ngach cás. Chothaigh dearcadh fulangach seo an Irish Society teannas idir iad féin agus agus an Irish Church Mission faoi stiúir Alexander Dallas, a bhí i mbun an 'Second Reformation':

> One ICM supervisor reported to Dallas that to his horror he found that out of sixty-four Irish teachers in the old society [the Irish Society] only four had left the Roman Catholic Church . . . The least that the ICM demanded of any Irish teacher was that he have an 'enquiring mind', and one that 'progressed favourably' or he would be of no use to the Protestant mission. Men like Lieutenant-Colonel A.G. Lewis, who was chairman of the Irish Society in Dublin, or J.W. Haskett, the honorary secretary, knew from their knowledge of the Irish people, however, that 'open aggression' would accomplish nothing. (Bowen 1978, 227/8)

Bhí an cumann thar a bheith sásta leis an dul chun cinn a bhí déanta aige faoin mbliain 1829, nuair a mhaígh Mason gur mar seo a sheas sé:

> Districts: 24
> Inspectors: 28
> Masters: 472
> Pupils: 17,512 – of which:
> Adults:13,546
> Females: 2493 (Mason 1829, 30).

Agus bhí ioncam acu a d'íocfadh as an obair ar fad. Bhí trí chéad is a naoi déag 'collection box' acu sa Bhreatain Mhór in 1824 agus ceann fiú in Van Diemen's Land. Bhí £819/13/3 mar theacht isteach ag an gcumann ó leagáidí in 1824 agus £5,550 7s 6d óna gcuid 'collection boxes' i nGlascú – gan trácht ar áit ar bith eile – in 1829 (*Irish Society Contribution Records 1824 Onwards*). Le cumann a bhí eagraithe go sistéimeach agus a raibh dul chun cinn le déanamh ann ag duine óg uaillmhianach a bhí an Dálach gafa.

Tréimhse fháis don Eaglais Chaitliceach ina pharóiste dúchais ab ea na blianta sula ndeachaigh an Dálach i mbun obair an Irish Society. An tAthair John Phelan a bhí mar shagart paróiste i Maigh Dheilge idir 1798 agus 1819. Tógadh séipéal nua ann sa bhliain 1816 (Power 1937, 225/6) ach fiú sa bhliain 1843, ní raibh ach 50% de phobal Caitliceach an pharóiste a bhíodh ag freastal ar an Aifreann (Kiely, Nolan 1992, 485). Mar sin féin, ba sa tréimhse sin ba mhó a bhí 'na leasuithe Triontacha á gcur i bhfeidhm' san Oirdheisceart (Nic Éinrí 2001, 69) agus bhí buaite ag Villiers Stuart ar chumhacht mhuintir Dhún na Sméar, teaghlach Beresford, i dtoghchán 1826, bua a cuireadh síos do chumhacht na cléire (Beckett 1981, 301). Mar atá ráite ag staraí ghluaiseacht na bíoblóireachta in Éirinn, Steward J. Brown:

> By mid 1827 there was a new confidence in the Catholic community, a growing feeling that Providence was on the side of Catholic Ireland in its struggle against an alien protestantism. Catholics increasingly turned upon the scripture education societies. In some districts, night marauders burned the schools; in others, parents simply removed their children and left them empty shells. In the face of renewed

> Catholic solidarity, the cost of conforming to the established church grew heavy. Catholics who conformed were denounced by priests, the Catholic Association and the liberal press for having sold their birthright, their church and community, for money or promises of employment. They found themselves cut off from their families and communities, and figures of contempt. (2000, 204)

Níor thráth é don Dálach le dul in aghaidh stoith ar leac a theallaigh féin, pé acu é a bheith i mbun oibre leis an Irish Society nó é a bheith iompaithe ina Phrotastúnach de chuid na hEaglaise Bunaithe. Ina theannta sin, bhí deartháir leis an Dálach ag múineadh don Irish Society i gCluain Meala (litir ó Robert Bell, *Kilkenny Moderator*, 11 Márta 1843; LNÉ 5455) agus ní dócha gurbh é Seán an t-aon duine amháin i measc a mhuintire a raibh amhras na sagart air.[27]

In 1824 d'eisigh na heaspaig Chaitliceacha tréadlitir in aghaidh na bíoblóireachta, ag tathaint ar an bpobal Caitliceach 'to exclude from your houses these pernicious books, as by accepting of them, or retaining them, you would keep in your presence artful and designing enemies, who, sooner or later, might deceive you to your ruin . . .' (údar gan ainm, 1824, 55–6). D'eisigh James Doyle, easpag Chill Dara agus Leithghlinne, 'the dominant figure of the Catholic hierarchy in relation to religion, politics and education in the era of Catholic Emancipation' (McGrath 2004, 1), tréadlitir in 1824 á rá i dtaobh 'Bibles or testaments, or tracts' na mbíoblóirí: 'the use, perusal, the reading, or retaining of them, is entirely, and without any exception, prohibited to you' (McGrath 2004, 172). Bhí cath á fhógairt ag na heaspaig ar léamh an Bhíobla gan treoir sagairt agus is léir ó thuairisc dar dáta 1 Meitheamh 1827 de chuid an Irish Society go raibh bagairt san aer i ndúiche an Dálaigh:

> The 3 masters mentioned by Rev. William Halloran to be paid 6d.for each scholar Owens said could be produced *if opposition and watchfulness of priest did not make it inadvisable at present.* (de Brún 1986, 108)

'Owens' nó Micheál Ó hEoghain, an té atá luaite san athfhriotal sin, ba dhuine é a tháinig go hEochaill ón 'Kingscourt District' den Irish Society ar 27 Iúil 1826 tar éis don chumann é a cheapadh mar 'fheitheoir' nó mar chigire i ndúiche Eochaille an mhí chéanna sin.[28] Léiríonn taifid an chumainn £1 5s. 10d a bheith á íoc leis an Dálach i Mí na Samhna 1826 (de Brún 1986, 73). Má thosaigh sé mar mhúinteoir leis an gcumann thart faoin dáta sin, tá gach seans ann gur bhain teacht an Eoghanaigh go hEochaill i Mí Iúil na bliana céanna sin leis an scéal.

Maireann dhá dhán ón tréimhse 1826/7 a chuir fáilte roimh an Eoghanach go hEochaill ('Suirim is glaodhaim aon Mhac cailce na hÓighe' agus 'Ten times welcome from Meath to Youghal's mild shore') le Labhrás Ó Séaghdha in ARÉ 23 L 6 agus ó tharla go mba é an Dálach féin a rinne tras-scríobh orthu, is cinnte go mba dhíol suntais ag an Dálach agus an

Séaghach araon é teacht an Eoghanaigh. Is é is dóichí ná go mbeadh freastal á dhéanamh ag an Dálach ar rang éigin de chuid an chumainn agus é ag teacht chun coinlíochta agus go n-aithneofaí é mar dhuine tréitheach éirimiúil a mbeadh Béarla aige chomh maith le Gaeilge agus a bheadh i gceist mhór ach a bhfaigheadh sé an deis.

Is féidir glacadh leis go raibh Béarla éigin aige mar go raibh eolas ar an mBéarla riachtanach do mhúinteoirí an chumainn faoi uimhir a ceathair de na 'General Rules':

> That the Schoolmasters employed by this Society shall, if possible, be instructed in the late improvements of education; and that none be engaged but such as are able to instruct their pupils to translate Irish into English. (*Eleventh Report of the Irish Society*, 6)[29]

Bhí a chúlra ag teacht le cúlra na múinteoirí eile a bhí ag an gcumann sa cheantar. I nDeireadh Fómhair 1830 scaipeadh ceisneoir ón Hibernian Bible Society i dtaobh staid na Gaeilge agus obair na bíoblóireachta chuig 'Patrons, Clergyman, Gentlemen, &c.' timpeall na tíre. Mar fhreagra ar na ceisteanna 'Is such school a stated and regularly kept school? Or is it only kept occasionally? Mention if possible how long it is held? And how the Masters and Scholars are employed at other times?' tugadh an freagra seo i dtaca le hEochaill:

> The masters instruct as opportunity offers, after work hours, on Sundays, and on Holy-days. Masters are in general small farmers, or labourers, a few Schoolmasters. (de Brún 1983c, 150)[30]

Mar is léir ón dán fáiltithe, 'Suirim is glaodhaim aon Mhac cailce na hÓighe', ní tuiscint an Reifirméisin ar an diagacht a bhí ag an Séaghdhach ná ag an Eoghanach! Chosain Ó Séaghdha é féin orthu siúd a chuir a mhalairt ina leith – ach léirigh sé freisin nach go réidh a glacadh le hobair na bíoblóireachta i gceantar Eochaille:

> Tá go leor insan áit so dhá rá gur Sagsanach mé,
> 's mo mhallacht 'na ndáil 's nár dhéanamh a leas in aon chéim –
> níor dhiúltas aon tráth im phráinnbhruid Aifreann Dé
> nó flaitheas na ngrás air fháltas Chalvinists claon. (de Brún 1989, 82)[31]

Bhí dán Uí Shé ag teacht le tuairisc an Irish Society féin ar cheantar Eochaille. Do réir an *Eleventh Report of The Irish Society . . . for the Year Ending 17th March 1829* bhí '7 Schools – 247 total passed – 174 Adults –, 13 above 50 – 42 Females' in Eochaill in 1829. An doicheall a bhí rompu ag an gcléir Chaitliceach, áfach:

> The Schools in this neighbourhood had kept up a fair proportion of pupils until this last quarter, but in this one, as will appear from the return, they have been most considerably reduced in number. The powerful cause of all this, we need

> scarcely repeat it, is the indefatigable enmity and consequently violent exertion of the priesthood. In consequence of several alleged cases of imposition, some few of which we admit to have been true, the Superintendent was determined to have the inspection, in each instance, checked by a resident gentleman or Protestant clergyman. But alas! That such a condition amounts also to a prohibition, and it has therefore happened that very few of the Schools or Scholars could comply with it . . . 'I was informed very lately' says the Superintendent 'that a certain Rev. Gentleman was seen flogging one of our Masters close to the town, in the noon day, and on enquiry into the circumstance, found from the young man himself that such was actually the fact, and that the cause of his being treated thus, was in consequence of his refusing to comply with a command, to remain no longer in connexion with the Society. (*Eleventh Report of the Irish Society*, 19)

Ní raibh 'superintendent' an cheantair gan dóchas, áfach, as an dul chun cinn a bhí á dhéanamh:

> I am . . . assured by my Inspector . . . that some of the schools and scholars are in the habit of assembling on Sundays at the houses of their respective Masters, either to hear the Scriptures read, or to receive instruction in reading. (de Brún 1986, 74; *Irish Society Quarterly Extracts 30*, Eanáir 1829)

Titim siar ab ea an seacht scoil a bhí ag an gcumann i gceantar bhaile Eochaille in 1829 ó thrí mhúinteoir is tríocha a bheith ag an gcumann i gceantar bhaile Eochaille i bhFeabhra 1827. Ach an bhliain dár gcionn, in 1830/1, bhí biseach tagtha agus ocht múinteoir déag fostaithe ann, an líon ba mhó i gCúige Mumhan (de Brún 1983b, 322; 1983c, 136). Toradh ar obair an Eoghanaigh ab ea an fás seo. Eagraí ábalta ab ea é a raibh an cumann curtha chun cinn aige i nDún an Rí agus in Iorras sular ceapadh mar chigire in Eochaill é. Bhí plé aige le scríobhaithe Gaeilge agus is dócha gurbh é faoi ndear do dhán le Labhrás Ó Séaghdha a bheith i lámhscríbhinn de chuid Pheadair Uí Gheallacáin i gContae na Mí (LNÉ 100; de Brún 1983b, 288; 1986, 108).[32] Ní féidir, áfach, lániontaoibh a chur sna figiúirí freastail lena linn. Bhíodh Halloran thar a bheith géar i dtaobh bheaichte na bhfigiúirí freastal ranga a d'fhoilsíodh an cumann. Nuair a chuir sé i leith an Eoghanaigh go raibh áibhéil sna figiúirí, ba léir go raibh a chaiscín seisean meilte. Dá bhíthin sin cuireadh an tEoghanach ar fionraí óna phost in Eochaill sular aistríodh go Cluain Mhic Nóis é ar 2 Deireadh Fómhair 1827 (de Brún 1986, 109).

Do réir thaifid an chumainn, bhí £1 5s. 10d agus £2 15s. 5d agus '11s 7d at half price' á thuilleamh ag Seán Ó Dálaigh faoi Fheabhra na bliana 1827 (de Brún 1986, 73). Méadaíodh an tuarastal tuilleadh faoi Bhealtaine nuair a cláraíodh £3 0 0 'and 6s. at half price' a bheith á thuilleamh aige (de Brún 1986, 73). Ar 3 Aibreán 1828, ocht mí déag i ndiaidh a cheaptha mar mhúinteoir, rinneadh cigire de chuid dhúiche Eochaille den Irish Society de. Ach ní léir cé mhéad a íocadh leis (de Brún 1986, 74).

Is cosúil go raibh ábhar eile chomh maith leis an mBíobla á mhúineadh ag múinteoirí áirithe in Eochaill, rud a bhí in aghaidh rialacha an Society. Tarraingíodh raic ina thaobh seo (Mason 1838, 3). Ritheadh rún ag an gcruinniú cinnbhliana den chumann in 1827 ina thaobh:

> Resolved – That it is our general opinion that the Bible is the most proper book to be read for our families, and that any other, *if it is not agreeing with the same,* cannot impart such consolation either to reader or hearer.
> *Youghal, 3rd Feb.* 1827 – Signed by 22 Masters (Mason 1829, 25)

Deir Mason gur rún é seo a rith 'persons almost exclusively of the Roman Catholic persuasion' (Mason 1829, 25). Ó tharla gur tugadh ardú céime ar ball dó, is cinnte go mba dhuine de na '22 Masters' é an Dálach. Is dearcadh coimeádach soiscéalach na hÍoseaglaise atá á chur chun cinn sa rún. Ba é meon na hÍoseaglaise a bhí in uachtar sa chumann agus ba faoi thionchar eite na hÍoseaglaise, bunchreidmhigh Anglacánacha, a d'iompaigh an Dálach.

Mar fhreagra ar an gceist i gceisneoir 1830, 'Are there many persons in your neighbourhood who speak only Irish' tugadh mar fhreagra i dtaobh Eochaille: 'In my opinion at least half' (de Brún 1983c, 150). I dtaobh na ceiste 'Is the proportion of persons in your neighbourhood who speak only Irish, increasing or diminishing?', tugadh an freagra 'I think, diminishing' – thug an 'I think' le fios nach ag titim ar gcúl go suaithinseach a bhí an teanga. Bheadh seo ag teacht le háireamh Garret Fitzgerald go mbeadh Gaeilge ag 48% de mhuintir an bhaile mhóir san aoisraon 10–29 sa bhliain 1851 agus Gaeilge ag 73% acu siúd san aoisraon 60–79. Sa bharúntacht máguaird (Uí Mhic Coille) bhí Gaeilge ag 63% san aoisraon 10–29 agus 76% san aoisraon 60–79 (Fitzgerald 1984, 149). Ní beag an moladh a thug an Dálach féin do chanúint na Barúntachta:

> The Barony, near Youghal where the Irish language some time ago was spoken more purely and correctly than in any other part of the county. (O'Daly 1868, vi)[33]

Ní mhaireann lámhscríbhinn ar bith de chuid an Dálaigh ón tréimhse idir 1829 nuair a bhreac sé CR 1 agus ARÉ 23 B 14 agus 1843 nuair a thiomsaigh sé LNÉ 3978. Ba sa bhliain chéanna sin, 1843, a bhris sé leis an Irish Society agus leis an Anglacánachas araon, rud a mhúsclaíonn amhras faoin nglacadh a bhí ag an gcumann le saothrú lámhscríbhinní.[34] Reiligiún an fhocail chlóscríofa é an Protastúnachas agus ghlac an leabhar clóbhuailte áit chroílárnach i misean an Reifirméiseain. D'fhéach na miseanaigh Phrotastúnacha le tuiscint ar an reiligiún a bhí fréamhaithe sa Bhíobla clóscríofa a chur chun cinn. Ba léir ar a gcuid foilseachán meas a bheith ag an Irish Society ar an bhfocal clóbhuailte, meas a bhí ag teacht leis an gceangal a bhí idir an focal clóbhuailte sa teanga bheo agus an Reifirméisean. D'fhágfadh seo nach mór an meas a bheadh acu ar an lámhscríbhinn, reamhtheachtaí an leabhair chlóbhuailte. Ní raibh saothrú lámhscríbhinní crosta go follasach sna rialacha, áfach. Raon teoranta foilseachán a tháinig ón Society: níor mhaith leis an gcumann ábhar ar bith a bheith á sholáthar i nGaeilge nár bhain go díreach leis an mBíobla agus bhris Tadhg Ó Coinnialláin leis an gcumann dá bharr seo.[35]

Is iontuigthe ó litir a scríobhadh in 1833 chuig T. Crofton Croker ó David Murphy, fear a bhí ag obair mar 'Irish Scripture Reader' i Londain, nár mhian leis an gcumann é a bheith ag plé le lámhscríbhinní:

> *November 8th*, 33
> 3 Moor Street, Soho:
> Sir, I have to inform you, that I did not succeed in regard of forming a little Society to enable us to get up an Irish Library. A scripture reader belonging to our Society said it would injure the cause we are advocating in bringing people to read the holy Scriptures. And as I am obliged to conform to the rules of the Irish Society, I must not be obstinate tho' I cannot be prevented of gathering any remains of the old sagas I can come across. I think my plan would do more good than harm. When people would read one book they would read another, and if a man is fond of reading Irish, he will read the Bible. I know I never would read the Bible myself if it were not in Irish . . . (ARÉ 1207)

Tréimhse rathúil i saol an Dálaigh ab ea na blianta a thug sé in Eochaill. Sa bhliain 1827 a phós sé:

> John married (1st) in 1827, Ellen Shea ó Dungourney, County of Cork (who died in 1849) by whom he had issue . . . (O'Donovan 1852, 5)

Níl taifead den phósadh i gclár bhaisteadh agus phósadh Eaglais na hÉireann, Eochaill (Parish Registry: Youghal, Leabharlann Choiste Ionadaíochta na hEaglaise), clár a coinníodh go slachtmhar. Is dócha gur mar Anglacánaigh a phós siad, áfach, tharla gur cláraíodh baisteadh 'Mary, of John Daly Irish Teacher and Ellen his wife' sa chlár céanna faoin dáta 16 Nollaig 1828.[36]

Deir Pádraig de Brún nach léir aon bhunús a bheith ag *Fáinne an Lae* (5 7 1919, 3) lena áiteamh go mba dheirfiúr í le Labhrás Ó Séaghdha, an té a bhí ag obair mar mhúinteoir leis an Irish Society in Eochaill ó Bhealtaine 1825 ar aghaidh agus a bhfuil saothar leis in ARÉ 23 K 46. Is cosúil, mar sin féin, go raibh gaol éigin acu lena chéile (de Brún 1986, 76; 1991, 128).

Is mar chomharba ar Joseph Power (fear a ceapadh ar 7 Meán Fómhair 1827 in áit Mhichíl Uí Eoghain) a ceapadh an Dálach ina chigire ar 3 Aibreán 1828. Dúnadh an scoil bhíobloireachta a bhí aige de bharr a cheaptha mar chigire (*Irish Society Quarterly Extracts* 27, Eanáir 1828). Duine eile a bhí tagtha go hEochaill ó cheantar Dhún an Rí ab ea Power ach d'easlánaigh seisean agus gan ach sé mhí caite sa phost aige agus briseadh ar fad é ar 21 Feabhra 1833 (de Brún 1986, 74).

William Halloran faoi ndear don Dálach a bheith ceaptha ina chigire (de Brún 1986, 73). I bhfianaise líomhaintí Halloran i leith Mhichíl Uí Eoghain, is féidir glacadh leis gur grinnscrúdaíodh an Dálach sular glacadh leis mar dhuine a bhí ag teacht leis na slata tomhais a bhí leagtha síos ag an Irish Society dá chuid cigirí:

> They must of necessity, be men of tried good character, zealous in the cause, actuated by religious motives, and animated by religious hopes. (de Brún 1983b, 320)

Bhí léamh Halloran ar an Dálach mar 'a man of excellent character, and anxious for the success of the Society' ag teacht le critéir an chumainn (de Brún 1986, 74; *Irish Society Quarterly Extracts 30,* Eanáir 1829).

Bhí an Dálach ag iarraidh obair an Society a leathnú soir go Tulach an Iarainn agus bhíothas le Halloran a cheadú ar 2 Bealtaine 1828 faoin tuarastal a íocfaí leis an Dálach agus na cúraimí breise seo air (de Brún 1986, 73).[37] Chuir imeacht Joseph Power le gradam an Dálaigh sa chumann agus ceadaíodh do Halloran athchigireacht a dhéanamh ar obair Power ar 23 Bealtaine 1828 (de Brún 1986, 73). Ach, mar a tharla, bhí deireadh ag teacht le gníomhra an Dálaigh in Oirthear Mumhan.

Caibidil 2

Cill Chainnigh

1

Ar 30 Deireadh Fómhair 1829, mhol an Rev. William Halloran, an té a bhí mar 'superintendent' ar an Irish Society in Eochaill, go gcuirfí an Dálach ar aghaidh go Cill Chainnigh mar chigire de chuid an chumainn. Thoiligh sé a dhul ann:

> . . . in 1829 when I arrived in Kilkenny . . . (Litir go JGA Primm, Cnuasach Primm, Roinn Bhéaloideas Éireann)

Ag dul ó cheantar réasúnta láidir de chuid an Irish Society go dtí ceantar nach raibh chomh láidir céanna leis a bhí sé agus ag dul, ó cheantar a bhí ag teacht leis an aidhm a bhí ag an Society scoileanna a bhunú in 'the remotest and least instructed parts of the country, where Irish prevails most' (*Eleventh Report of the Irish Society,* 7), go ceantar Normanach a raibh cathair mar lár aige. Do réir an *Report of the Irish Society* don bhliain 1829, bhí an Society fann go maith i gcathair Chill Chainnigh:

> We cannot form any opinion as yet respecting the probability of success in this district; that our operations are much required in it appears plain from the following view which the Superintendents of it present to us: – 'I regret that I cannot state any material progress in the work of spiritual instruction. Some few individuals, in despite opposition of the priests, are notwithstanding reading the Scriptures, but they form only exceptions to a general rule. The general character of the population here retaining the uniform features of spiritual ignorance and immorality, evinced by a great disregard to the Sabbath, drunkeness, and disrepect for the law of the land. (*Eleventh Report of the Irish Society,* 22)

Mar sin féin bhí a dhúthracht caite le hobair an chumainn ag 'superintendent' an cheantair, Simon C. Foot, reachtaire Chnoc an Tóchair.[1] Ochtar múinteoir déag a bhí in Eochaill sa bhliain 1830/31, ach ní raibh ach seisear i gCill Chainnigh (de Brún 1983c, 136; *Irish Society Thirteenth Report,* 1831). Ocht scoil a bhí i gceantar 'Carrick-on-Suir, and Mullinavat, in Waterford and Kilkenny' agus trí scoil a bhí i gcathair Chill Chainnigh féin (*Eleventh Report of the Irish Society, 20, 22*); seacht scoil a bhí i gceantar Eochaille (*Eleventh Report of the Irish Society,* 19). Maidir leis na múinteoirí, fir iad a bhí 'in a humble sphere of life' do réir an Dálaigh féin, fearacht mhúinteoirí eile an chumainn gan dabht (*Kilkenny Journal,* 15 Márta 1843). Is cosúil go mbíodh méid áirithe múinteoireachta ar bun ag an Dálach féin. Cuireann John Keegan síos (i litir atá anois ar fán) ar an Dálach mar mhúinteoir a bhí ag múineadh Gaeilge do Mhodhaigh:

> I first met O'Daly in Kilkenny in 1833, when he kept the school there for teaching Irish to the Wesleyans of that city. (Coleman 1924, 65)[2]

Níorbh ionann agus in áiteanna eile, bhí an Irish Society san 'Carrick-on-Suir, and Mullinavat, in Waterford and Kilkenny District' ag plé le hoideachas a chur ar Phrotastúnaigh, rud a thabharfadh le fios go raibh dealramh lena raibh le rá ag Keegan. Do réir an *Eleventh Report of the Irish Society,* 1829:

> The gentleman who superintends this district has given much of his attention to the teaching of Protestants in the Schools, with the reasonable expectations, which he puts forth, in his returns for November last;- 'There are a number of farmers very anxious to learn Irish, in and about J– . . . (*Irish Society* 1829, 20)

Bhí ceanncheathrú ag an gcumann i gcathair Chill Chainnigh ag 'Society House, William-street' (*Kilkenny Journal,* 18 Feabhra 1843).[3] £20 sa bhliain a bhí á íoc leis an Dálach i gCill Chainnigh ar 30 Aibreán 1830 agus cuireadh £10 leis seo ar 12 Márta 1833 (de Brún 1986, 74).

Bhíothas ag íoc 'ceithre tuistiun agus gloinne d'fhear corain' i gCallainn ar 17 Lúnasa 1831 do réir Chín Lae Amhlaoibh Uí Shúilleabháin (McGrath 1936, 67). Dá n-íocfaí an méid seo le fear corráin ar feadh bliana bheadh £20 16/- aige (ach é a thuilleamh sé lá sa tseachtain), rud a fhágfadh nach tuarastal iontach ard a bheadh á thuilleamh ag an Dálach. Ach, ní hionann is fear an chorráin, d'íocfaí go leanúnach leis an Dálach é.

Do réir áireamh Garret Fitzgerald, bhí labhairt na Gaeilge ag 8% de dhaonra na cathrach sa tréimhse 1821–31 agus an líon sin féin ag titim go mear sa chaoi is gur ag 0% a bhí labhairt na Gaeilge sa tréimhse 1861–71. Maidir leis an tuath máguaird, is ag 49% a bhí labhairt na Gaeilge sa tréimhse 1821–31 sa cheantar ba ghníomhaí ag an Society, barúntacht Chnoc an Tóchair. Bhí an Ghaeilge chomh láidir sin i gCnoc an Tóchair 'that the Carmelites found it necessary to have ready material available in that language' (Ó Néill 2001, 298). Ach thit líon na gcainteoirí Gaeilge ann go tapaidh sa naoú haois déag: faoi 1831–41 bhíodar tite go dtí 30% den daonra agus go dtí 2% sa tréimhse 1861–71.

John Walsh a bhí mar chigire i gCill Chainnigh roimh theacht don Dálach ach dála Mhichíl Uí Eoghain, briseadh an Breatnach as a phost leis an Irish Society as ucht áibhéil a bheith déanta aige sa tuairisciú oifigiúil ar líon na mac léinn (litir ó 'Committee' an Irish Society, *Kilkenny Journal,* 15

Feabhra 1843). Mar thoradh ar bhriseadh Walsh a ceapadh an Dálach. Nuair a briseadh Walsh, tapaíodh an deis le ceantair Mhuileann an Bhata agus Chill Chainnigh a nascadh le chéile agus ba é an Dálach a bhí mar chigire ar an gceantar nuanasctha, meascán den chathair is den tuath. Dúirt an tOirmhinneach Tenison Cuffe ar 30 Aibreán 1830 go rabhthas sásta le hobair an Dálaigh i gCill Chainnigh agus go mbíodh scoil á múineadh aige nuair nach mbíodh sé i mbun cigireachta (de Brún 1986, 73). In 1832 rinneadh tagairt don Dálach mar 'the Inspector in whose honesty and uprightness I place great confidence' (de Brún 1986, 75; *Irish Society 14th Report,*1832, 14). Bhíothas fós sásta leis ag deireadh na bliana 1834 nuair a cláraíodh an rún seo san 'committee book of the South Eastern Association of the Irish Society':

> Nov 11, 1834 – 'That Mr. John Daly be continued Inspector to the Kilkenny, Clonmel and Knocktopher district alone at a yearly salary of 40£. (*Kilkenny Moderator,* 4 Márta 1843)

Bhí a leagan féin ag an Dálach den chúiteamh a fuair sé:

> I had a 'salary of 40£ a year' from 1830 to 1836, when I consented to reduce it to *30£* on account of the depressed state of the funds of the Society at that period. (*Kilkenny Journal,* 18 Feabhra 1843)

Chaith roinnt de ghalluaisle Anglacánacha Chill Chainnigh a ndúthracht leis an Irish Society agus leis an nGaeilge araon agus labhrann an Dálach i litir chuig John Windele faoin gcuimilt a bhí aige le duine acu, an Tiarna Clifden:

> . . . his Excellency the Lord Lieutenant since I lived in Kilkenny as I was giving some lessons in Irish at Gowran Castle to his brother Lord Clifden. (21 Aibreán 1855, ARÉ 4 B 15)

Bhí roinnt eile i measc na nAnglacánach a bhí ciniciúil go maith i dtaobh na teanga ar fhianaise thuarascáil sa *Kilkenny Journal* (16 Deireadh Fómhair 1833) ar chruinniú de chuid an Society:

> He too (the Rev. Mr. Winning was also in a like predicament) was at the outset adverse to the objects of the Society . . .[4] 'I thought it ah-ah foolish to think of perpetuating the Irish language. I attempted to learn the Irish language myself but being – modest creature – a bad scholar (a poor scholar!) and finding it surrounded by many difficulties I gave it up. 'The utmost' continued the kind-hearted and benevolent divine 'that I could ever pick up was, "Nean, ane, airgid, a gum" ' (a laugh)
>
> The English of the above words is – "I have no money" and this sentence the Rev. Mr. Caulfield learned in order to enable him with comparative satisfaction to the party appealing to reply to any beggar who might stand in need of his charity and solicit an alms!!! 'I found' continued the prudent and most economical Samaritan 'that the poor beggar by being refused in the Irish language went away satisfied and making some expression even of acknowledgement!!!

> It was no wonder that the Rev. Gentleman's prejudice should be removed against the Irish language! Profitable language! 'Nean ane airgad agum' thus, in Irish, to a beggar is equal to sixpence in English.

I Samhain na bliana 1836 cláraíodh rún sa 'committee book of the South Eastern Association of the Irish Society', ceann a ghearr tuarastal an Dálaigh siar ó £40 go £20:

> Feb. 3 1836 – That Mr. John Daly be continued Inspector to the Kilkenny, district alone at a yearly salary of 20£. (*Kilkenny Moderator,* 4 Márta 1843)

Bhí cruinniú ag an gcumann i bPort Láirge ar 23 Feabhra 1836 ag ar cláraíodh rún eile fós sa 'committee book of the South Eastern Association of the Irish Society':

> That Mr. Patrick McTighe be appointed Inspector to the Knocktopher district at a yearly salary of Ten Pounds. (*Kilkenny Moderator,* 22 Feabhra 1843)

Thagair an cruinniú seo uair eile don Dálach a bheith mar 'Inspector to the Kilkenny, district alone' agus an £20 sa bhliain aige (*Kilkenny Moderator,* 22 Feabhra 1843) ach cuireadh leis an méid seo:

> That in the event of his declining the situation, the Secretary, together with Superintendent of the Kilkenny district, be empowered to appoint another. (*Kilkenny Moderator,* 22 Feabhra 1843)

D'fhoilsigh 'committee' an chumainn cuntas sa *Kilkenny Moderator* ar 22 Feabhra 1843 á rá go raibh an Dálach mar 'Inspector General' sa tréimhse idir Feabhra agus Iúil 1836, 'which appointment while it continued his regulations of inspection to the Kilkenny district, left him at the command of the committee to send him wherever they thought fit, but he was *not* sent to Knocktopher at that period'.

Bhí iomarca callshaotha ag roinnt leis an obair, áfach, agus b'éigean dó í a roinnt ar 1 Meitheamh 1836, do réir fhianaise Robert Bell, 'Superintendent' cheantar Chluain Meala. Is cinnte go raibh ualach mór cigireachta sa mhullach air:

> Mr. Daly having found the duties too onerous, a person named Foley was associated with him, and to him was allocated a separate portion of the District, and in the inspection of part of it he was accompanied by Daly. The combined returns of these two Inspectors were in Daly's walk – 14 schools, 646 scholars; and in Foley's walk – 5 schools, 148 scholars, making a total in the Clonmel District of 19 schools and 794 scholars . . . In the period ending Nov. 17, 1836, Mr. Daly was as before – only partially employed . . . At this period, Mr. Daly's connection with the Clonmel district ceased . . . (*Kilkenny Moderator,* 11 Márta 1843)

I mBealtaine 1836 cláraíodh an rún seo sa 'committee book of the South Eastern Association of the Irish Society':

> May 23, 1836 – A representation having been made that Mr. John Connolly does not discharge his duties satisfactorily, it was resolved that immediately after the inspection terminating the 17th July, Mr. John Daly be deputed to reinspect the Dungarvan District; and in the event of Mr. John Connolly being detected in making incorrect returns, the Reverend Messers Cooke, Buck, and Green have power to dismiss him. (*Kilkenny Moderator,* 4 Márta 1843)
>
> May 25, 1836 – 'That Mr. John Daly's salary be allowed to remain as before, viz. – 30£ on condition of his being at the command of the Committee as an Inspector-General, and in case of his being sent out of the limits of the Kilkenny and Clonmel districts, his expenses shall be paid him'. May 25, 1836 – 'That Mr. John Daly's salary be allowed to remain as before, viz. – 30£. (*Kilkenny Moderator,* 4 Márta 1843)

Faoi Lúnasa 1840 ní rabhthas sásta leis an gcaoi ina raibh cigireacht á déanamh ag an Dálach ach oiread is a bhí le Connolly. Tugadh 'reprimand' dó agus ordaíodh dó gan 'any scholar whom he had not seen and examined' a chlárú:

> Mr. Daly being employed as an Inspector General at a salary of thirty pounds per annum, the committee were after some time of opinion that he did not devote as much time and labour as was requisite, and as might fairly be expected, and they accordingly resolved in August, 1840 'That the secretary do apply to Mr. John Daly to know if he will comply with the desire of the Committee to visit the teachers of the Knocktopher district twice between such inspections, and that if he declines doing so, the Secretary do apply to Mr. Moriarity or Mr. Winning for one to support his place. Mr. Daly did not comply and the Committee having retained him until a successor was provided, resolved in February 1841, 'that his services be dispensed with'. This resolution of the Committee was communicated by the Secretary to Mr. Daly in a letter . . . the Committee and Officers distinctly assert that they intended it for a dismissal. (*Kilkenny Journal*, 15 Feabhra 1843)

Ní léir go baileach cén dáta atá faoi thrácht sa chomhrá ar a bhfuil trácht sa litir seo leanas a scríobh C.K. Bushe chuig Simon C. Foot[5]:

> Gowran, Saturday, February 4 1843
>
> My Dear Foot – I have a distinct recollection of Mr. Daly mentioning to me in his shop in John street, a short time before he removed to Rose-Inn street, that he would willingly give up his book establishment, and resume the duties of the situation he held in connexion with the Irish Society, if he got a salary of £40 or £50 a year.
>
> Yours faithfully,
>
> C.K. Bushe
>
> (*Kilkenny Journal,* 15 Feabhra 1843)[6]

Níor bhris an Dálach go hiomlán leis an gcumann, áfach, agus iarradh air na figiúirí tinrimh a chur i dtoll a chéile don bhliain 1840, in ainneoin é a bheith éirithe as an gcigireacht:

> Indeed, Sir, he was quite correct with regard to the dates of the returns for the Kilkenny District for the period ending 17th Nov. 1840 as I resigned the inspectorship the August previous, and did not expect the duty to devolve upon me till I got a polite note from Mr. Foot to that effect on the 6th of November 1840 . . . (*Kilkenny Journal,* 15 Márta 1843)

Pé ar bith rud a tharla, bhí an Dálach fós bainteach leis an gcumann in 1841 agus bhí ceisteanna i dtaobh a cheantair oibre fágtha gan réiteach. Cláraíodh rún eile sa 'committee book':

> Feb. 25 1841 – 'That as Mr. John Daly has declined acceding to the arrangement entered into by the Committee, viz. that he should visit the Knocktopher District twice between the periods of inspection, his services are for the future dispensed with'. (*Kilkenny Journal*, 15 Márta 1843)

Is cosúil go raibh ag éirí idir an Dálach agus an cumann sa chéad leath de 1840 agus go raibh sé ag smaoineamh ar éirí as ar fad:

> DEAR DALY,
>
> I enclose you an extract from the committee proceedings relative to your salary, and the duties the committee require of you as Inspector General.
>
> With respect to your proposition of *resigning,* your own judgment must direct you. I will bring the matter under consideration, and of course you will watch over the interests of the Society until you know the decision.
>
> Yours truly,
> Simon C. Foot
> Vicarsfield, May 2, 1840 (*Kilkenny Moderator,* 22 Feabhra 1843)

Go deimhin ba é a áiteamh féin go raibh sé ag iarraidh éirí as chomh fada siar le 1833:

> . . . in truth and honesty . . . I repeatedly endeavoured to leave the Society so early as 1833 and at other subsequent periods, when Mr. Foot wanted me to violate my rules . . . (*Kilkenny Journal*, 18 Márta 1843)

Faoi Mheitheamh 1841 bhí faoin gcoiste comharba ar an Dálach a cheapadh:

> June 1, 1841 – That Mr. McLoughlin be appointed Inspector to the Counties Kilkenny and Waterford, at the yearly salary of 50£, and 10£ travelling expenses. (*Kilkenny Journal,* 18 Márta 1843)

Ba léir go raibh trá tagtha ar an bhfiuchadh foinn a rinne cigire san Irish Society den Dálach tráth. Dhéanfaí na cúiseanna a bhí leis an tréigint sin a chíoradh go mion is go fíormhion i bpáipéir Chill Chainnigh i dtús na bliana 1843.

Ba é an *Kilkenny Journal* nuachtán na gCaitliceach agus an *Kilkenny Moderator* nuachtán na bProtastúnach agus bhídís de shíor ag gabháil ar a chéile faoi chúrsaí creidimh. Ar 30 Deireadh Fómhair 1841, foilsíodh litir sa *Journal* faoin teideal 'Great Meeting of the Irish Bible Society – Wonderful 'Sairmint' in the Church of Knocktopher – Conversion of Paddy the Piper' a rinne ball séire de Foot. Ina theannta sin ar fad, d'fhoilsítí ailt sa *Journal* faoi chonspóidí creidimh i gceantair eile sa tír. Bhí alt ann ar 3 Samhain 1841 faoi 'Sanctimonious Swindlers in Kerry and their Dupes and Abbetors in Kilkenny', alt a bhí ag séideadh faoin *Moderator,* chomh maith le lucht an 'Ventry Mission' i gCiarraí. (D'fhreagair Foot an t-alt sin ar 10 Samhain 1841). Ag magadh faoi 'Saint Simon' a bhíothas ar 6 Samhain 1841. Foilsíodh litreacha eile ag séideadh faoin Irish Society ar 5 Feabhra 1842 (péire), ar 15 Feabhra 1842 agus ar 23 Feabhra 1842.

D'fhoilsítí litreacha (e.g. 1 Deireadh Fómhair 1842) sa *Journal* a bhí scríofa ag an Athair Luke Walsh faoin gconspóid idir é féin agus an Home Mission, leagan Preisbitéireach den Irish Society, i nGlinntí Aontroma. Bhí eagarfhocal ina thaobh ar 1 Deireadh Fómhair 1842 faoin teideal 'The Home Mission Fraud in the North'. Rinneadh athchló ar litir fhada ó Walsh ann.[7] Ba i gcliarscoil Choláiste Chiaráin, Cill Chainnigh, a cuireadh oideachas ar Walsh (O'Laverty 1878–1895, iml. 4, 500) agus ní foláir nó go raibh lucht teagmhála aige i gcónaí ann. Is cinnte gur chabhraigh litreacha Walsh le cúraimí Ghlinntí Aontroma a chur i gcion ar Chill Chainnigh.

Ó 20 Samhain 1841 go dtí 29 Márta 1842, bhí ceisteanna creidimh i gcaingean idir 'Peter Dens, one of the Catholic curates of Ballyhale' agus 'Simon C. Foot, Catholic (sic) Rector of Knocktopher'.[8] D'fhoilsigh Foot agus 'Dens' ocht litir déag an ceann le linn na cointinne, gach ceann acu ina litir bhreá fhada.[9] Foilsíodh litreacha Foot i bhfoirm leabhair sa deireadh.[10] Bhí an chonspóid seo mar chúlra ag an gconspóid nuachtán idir an Dálach agus an Irish Society sa chéad leath de 1843 agus bheadh Foot go mór chun tosaigh sa chonspóid chéanna.[11] Ba é Foot a bhí mar 'superintendent' ar an Irish Society i gCill Chainnigh agus ba chomharba i gCnoc an Tóchair é ar an Dr. Hamilton a theith go Sasana i Samhain 1831 i ndiaidh 'chath' na ndeachúna ag Carraig Seac (Foot 1898, 73–4). Ní faoi chúrsaí an Irish Society a bhí Foot agus 'Peter Dens' ag sárú ach faoi stair an chreidimh.[12] Thar aon ní eile ba é an focal 'Catholic' a tharraing achrann eatarthu.[13] Is cosúil go raibh ráchairt ar chnuasach litreacha Foot (e.g. fógrán *Kilkenny Journal,* 9 Iúil 1842) agus chuir an chonspóid go mór leis an drochfhuil a bhí idir an dá aicme creidimh. Bhí sé i ndán don chonspóid in 1843 cur tuilleadh leis an drochintinn seo agus an mhioscais idir an dá aicme creidimh a méadú.

Chomh maith leis na conspóidí seo ar fad, bhíodh eagarfhocail rialta ag an *Journal* ag tabhairt faoin 'Irish Society Humbug'. Foilsíodh eagarfhocail faoin teideal 'The "Irish Society" Humbug' ar 28 Meán Fómhair 1842 agus ar 24 Nollaig 1842 agus alt faoi 'Proselytism' ar 29 Deireadh Fómhair 1842 a raibh an focal 'humbug' ina orlaí tríd mar ba ghnách. Bhí litir ar 5 Feabhra 1842 ag 'J.M.' faoin gceannteideal 'The Irish Society Further Unmasked' – agus freagra ó Foot air. Bhíodh trácht riamh is choíche in eagarfhocail an *Kilkenny Journal* ar an dallamullóg a bhíothas a imirt ar lucht tacaíochta an chumainn i Sasana, dar leis an *Journal;* deirtí go mbíodh bréagfhigiúirí tinrimh i dtuarascálacha an chumainn chun na críche sin. Bhí an drochluach a bhí á fháil ag na Sasanaigh ar a gcuid airgid mar ábhar eagarfhocail ('The Irish Society and English Morality') ar 25 Bealtaine 1842. Bhí litir ó 'L.C.' ar 9 Márta 1843 faoi bhréagfhigiúirí tinrimh agus faoin 'system of fraud, deception and humbug practised by the Agents of the "Irish Society" ar an 'Christian public of Great Britain and Ireland too'.

Cé go raibh Foot mar 'superintendent' ag an Irish Society, ba le Stevenson a chuaigh an Dálach chun spairne sa tsraith litreacha idir an bheirt acu a foilsíodh i dtús na bliana 1843.[14] Litreacha príobháideacha a bhí iontu seo ach shocraigh an Dálach ar iad a fhoilsiú. Mar chnámh spairne eatarthu, bhí cúrsaí an Irish Society, ceisteanna diagachta, ministrí a d'iompaigh ó Eaglais Shasana go dtí an Eaglais Chaitliceach agus roinnt den ghangaid phearsanta measctha tríd. Bhí plé déanta cheana sa pháipéar ar roinnt de na hábhair a bhí i dtreis eatarthu. Cuir i gcás, ar 28 Meán Fómhair 1842 rinne eagarfhocal sa pháipéar mionchíoradh ar liostaí tinrimh an Irish Society, á rá go mba 'one of the greatest frauds ever perpetuated (sic) in the name of Christianity' é an cumann. Mar gheall ar an gcomhthéacs confach nimhneach a bhí cothaithe ag a raibh scríofa ag Foot, Stevenson, 'Peter Dens', 'Lime Tree', 'L.C.' agus 'J.M.' agus ag na heagarfhocail sa *Journal* féin, bhí a lámh á cur i mbéal an mhadra ag an Dálach. Daoine a bhí iontu ar fad – Seán Ó Dálaigh ina measc – a chreid go daingean ina raibh á áiteamh acu agus bhain siad leas as modh na litreach foilsithe lena chur i láthair. Ó tharla gur ag scríobh i bpáipéir a chlaon go neamhbhalbh le taobh amháin nó le taobh eile a bhí siad, bhí sé le tuiscint gur comhrac go himirt anama a bheadh ann.

Ar 28 Eanáir 1843 sa *Kilkenny Journal* mhaidhm tonn thart ar an Dálach. Faoin gceannteideal, 'Irish Society Controversial Correspondence' a foilsíodh litir na maidhme:

> DEAR SIR – Notwithstanding the pressure of business far more important to the public than the following correspondence which has taken place between me and the Rev. CB Stevenson, Rector of Callan (sic). Yet, I hope you will allow a space in your next paper for its publication.
>
> A few days ago, the Rev. gentleman waited on me in my shop, where he stopped in his zeal for restoring 'a stray sheep' for about three hours and before parting requested I 'would state my reasons for leaving the Protestant Church and that he would get a man in Callan to answer me' or 'if I was not able to do so myself, to get one of my priests to do it for me' I told him in reply that I would state my reasons without applying to any priest, but that I did not feel

> inclined to do so, being perfectly satisfied with the step I had taken without making any noise whatsoever about it. But this did not satisfy him as he wanted to draw me out before the public some way or other as appears from the following letter which was lying here for me on my return from Dublin, accompanied by a 'newspaper scrap' purporting to be a contradiction of the Rev. B. Smith's conversion to the Catholic Faith. The correspondence here is marked in regular order, and let the public see whether I have been provoked or not. (*Kilkenny Journal,* 28 Eanáir 1843)

Eachtra ab ea 'conversion' an Rev. Bernard Smith a raibh poiblíocht fhorleathan faighte aige. Reachtaire de chuid Eaglais Shasana in Leadenham, Linconshire ab ea é agus i litir a foilsíodh sa *Journal* i measc áiteanna eile – ar 11 Eanáir 1843, shéan sé (más é féin a scríobh) go raibh sé iompaithe agus chuir sé i leith 'some miscreants' gur cheap siad an rud ar fad. Mar dhuine a d'iompaigh chun Anglacánachais, níorbh aon ionadh é caidéis a bheith á chur ag Seán Ó Dálaigh i gconspóidí iompaithe.[15] Ar ndóigh, níor dhíol iontais a leithéid agus cumainn ar nós an Irish Society go crua i mbun bíoblóireachta in Éirinn mar chuid den 'Second Reformation' ar thaobh amháin agus an Eaglais Chaitliceach ag baint cinseal amach i measc an mhóraimh ar an taobh eile (Larkin 1985, passim; Bowen 1978, passim).

Más le 'Dear Sir' a chuir an Dálach ceann ar a litir, ba le 'Daly' a chuir Stevenson ceann ar a fhreagra seisean, ag cur a stádais uachtaraigh in iúl (*Kilkenny Journal,* 28 Eanáir 1843).[16] Do réir litir Stevenson, dhá ní ba chionsiocair le hiompú an Dálaigh:

> Your two main reasons seem to be, that we also countenance the worship of angels at (sic) exhibited in the Collect of St. Michael and All Angels and that there were in the present day numbers of Protestant clergymen leaving our communion, of whom you particularly named a Mr. Smith as being of the number. (*Kilkenny Journal,* 28 Eanáir 1843)[17]

Maidir leis na haingil:

> I believe you were convinced from what passed personally between us, that the collect addresses itself not to St. Michael but to Almighty God, and that no intercessory power is attributed to the angels, but simply that God would use them as servants for the good of his people . . . (*Kilkenny Journal,* 28 Eanáir 1843)

D'fhreagair an Dálach Stevenson le litir a scríobhadh de chéaduair ar 20 Eanáir 1843:

> On my return from Dublin on last Saturday I found a note from you bearing the 'post mark' of Callan on the 10th inst., accompanied by a newspaper scrap purporting to be a letter from the Rev. B. Smith contradicting the report of his recent conversion to the Catholic faith. You must be easily lead when you place such implicit reliance on such documents, as you cannot but well know of the many instances of forgery foisted on the community for self-interested purposes

> through the medium of the press . . . I beg to refer you to the *Nation* of last Saturday, page 221, col 1, where you will find a different version of the story . . . (*Kilkenny Journal,* 28 Eanáir 1843)

Chuaigh an Dálach ansin go croí na ceiste:

> . . . whilst in communion with the Established Church, I must admit I felt myself in a peculiarly 'strange position' – living as it were 'without God in the world' – 'tossed about by every wind of doctrine' under the ministry of the leaders of various Protestant sects, who 'like the raging waves of the sea foam out their own shame' and are like 'wandering stars to whom is reserved the blackness of the darkness for ever'. (*Kilkenny Journal,* 28 Eanáir 1843)

Maidir leis na haingil:

> . . . I quoted 'the Collect of St. Michael and all the angels' to show that every Protestant who offers up the Collect to God must pray, 'as his holy angels always do him service in heaven, so by his appointment they may succour and defend him here on earth'. Besides, Sir, I could not ask better proof, if proof were wanting, than the very passage you quote from Heb. 1, 14, where the apostle tells us that 'they are all ministering spirits sent forth to minister for them who shall be heirs of salvation' . . . I beg to refer you also to Rev. viii., 4 . . . Zec i 12. (*Kilkenny Journal,* 28 Eanáir 1843)

Más le háitiús a d'aisiompaigh an Dálach, ba léir ina dhiaidh sin go raibh na blianta a thug sé mar Anglacánach imithe abhaile air, é mioneolasach ar an mBíobla agus in ann téacsanna a chíoradh. In ainneoin é a bheith feasta ina Chaitliceach, ní scarfadh aigne théacsúil shistéamach fhocal-lárnach chlóbhunaithe an bhíoblóra riamh leis, ná an claonadh a bhí ann chun athfhriotail.

Is cóir a chur san áireamh freisin go raibh teipthe go follasach ar an 'Second Reformation' faoin am gur iompaigh an Dálach ar ais. Mar atá ráite ag Steward J. Brown:

> Reformation missionaries remained active through the Victorian era and had some localised success . . . The movement of the 1820s, however, with its aim of securing the conformity of the large majority of the Irish population to the established church, could not be revived. (2000, 207)

Dúirt an Craoibhín Aoibhinn gur 'chualas gur' é an tAthair Ó Miodhcháin do sgríobh *The Flight of the Earls* do chuir ar bhealach a leasa é!' (de hÍde 1937, 16, nóta). Níl anseo ach scéal scéil ach d'fhéadfadh bunús fírinne a bheith leis tharla a raibh de ghradam ag C.P. Meehan i measc scríbhneoirí náisiúnacha na linne. Sagart cúnta in Eaglais Mhichíl agus Eoin i mBaile Átha Cliath ab ea Meehan agus tharlódh go raibh spéis aige dá bharr seo i ndiagacht Naomh Micheál.[18]

Bhítí ag dul go crua air ar shráideanna Chill Chainnigh i dtaobh an Anglacánachais agus níorbh é laethúlacht Meehan a bhíodh roimhe ó dhailtíni na sráide:

> O'Daly was not loved by certain of his countrymen on account of his having in his youth enrolled himself in the ranks of 'the soupers' in Kilkenny. When the little boys in the street upbraided him, he would say – 'Aisy, boys; amn't I going to lave them'. (O'Donoghue 1897, 168; Coleman 1924, 65)

Cé gur iarr Stevenson air filleadh ar an gcreideamh leasaithe, ba léir ar an tuin tharcaisneach a bhí in uachtar i litir Stevenson nach raibh sin le tarlú, rud a chuir an Dálach in iúl dó go neamhleithscéalach:

> You earnestly admonish me to 'retrace my steps' which I trust, I have finally done, after being tossed about on the broad, unsettled principles of Protestantism for upwards of seventeen years – and can assuredly tell you that, I have proved all things and will with God's blessing, henceforth, 'hold fast that which is good'. The insinuation that you throw out regarding as you say 'the means used by your new friends of encreasing (sic) the stock in my shop, or promising future prospects of prosperity' come with a bad grace from the Rector of Callan . . . you know very well that the parties I have left were better qualified for that purpose . . . I can tell you that I have not been 'tutored' as you call it, neither did any human being intimate to me that I should pursue the steps which I have taken – be assured further that I have not been motivated by motives of personal pique, or worldly advantage . . . (*Kilkenny Journal,* 28 Eanáir 1843)

Níor fhág sé an Irish Society gan a lua:

> If you would take a bit of an advice from me, you would write up to your friends in Kerry, telling them to stop the supplies so abundantly sent in from the dupes of your native country – Britain, for at least one year and then you will see the happy result on the converts . . . (*Kilkenny Journal,* 28 Eanáir 1843)

Léiriú ar Stevenson a bheith as a chraiceann é an *argumentum ad hominem* a tharraing sé chuige féin sa litir fhada a bhí scríofa aige ar 20 Eanáir 1842 mar fhreagra ar an Dálach:

> As to the workings of the Irish Society . . . if it was your conviction that it was an imposition it speaks little for the character of the individual, who could for seventeen years have hired himself out to advance it. And certainly from all that I have heard since your dismissal, with regard to making out the returns of scholars, as stated by some of the masters to your respectable successor, it was not your fault it was not an imposition . . . It would hardly be worth writing to an individual who cannot distinguish between angels being used by Jehovah as his servants and as intercessors by his people. (*Kilkenny Journal,* 28 Eanáir 1843)

Sa bhfreagra a scríobh sé, leag an Dálach síos an clár a bheadh ag díospóireacht an Irish Society ar feadh i bhfad:

> DEAR SIR . . . In the first paragraph of your second letter, you virulently assail my character as Inspector of the Irish Society's Schools, on the report of the masters to my 'respectable successor' in no very measured terms. You charge me as being a party to imposition and dismissed the situation I held under the Irish

> Society. Now, Rev. Sir, what will you say if I tell you that your friend the Secretary had been cognizant of the fact and that the only thing that he always dreaded was the danger of getting 'unprincipled men' as masters who would disclose his proceedings? What will you say if I inform you that I declared before your committee at one of their meetings that the masters had no scholars, yet that I should retain them in order to keep the business standing; to which they assented? What will you say, if I tell you that your friend the Secretary, or the committee in Dublin for a period of five years, kept upwards of forty eight schools and three thousand scholars more or less on the face of their printed reports, though they could not actually boast of twelve schools, or two hundred scholars. Do you call this imposition, and if so, I ask you who is the imposter, whether your friend the Secretary, your committee among whom, I presume you took a prominent part; or the committee in Dublin? . . . with regard to my 'dismissal', I suppose you are not aware that for five or six years previous to my resignation I endeavoured to resign my situation . . . and finally that on the 12th of August 1840, I tendered my resignation into the hands of the committee in Waterford and yet had been retained till April or May following . . . You say that I cannot distinguish between Saints and Angels, and by your right of private interpretation, fling all the passages I quoted to the four winds . . . I will not say more on the subject. I must candidly admit the Lord gave me over to a strong delusion to believe a lie when I joined the ranks of the Irish Society; and from the manner in which you have assailed my character, I shall in justice to my injured reputation publish this correspondence, with all the documents I have in hands from Mr. Foot, and let the public draw its own inference . . . (*Kilkenny Journal,* 28 Eanáir 1843)

Bhí buille na sní ag Stevenson:

> As this letter may be of use to you in the plan you propose and can be of none to me, I send it back to you and wish you well through the business in hand and if any person ever desired you to make a false return, I feel it quite right that they should bear their proportion of blame. (*Kilkenny Journal,* 28 Eanáir 1843)

Níl sé soiléir cén litir a bhí faoi thrácht ag Stevenson ach is dócha go mba litir de chuid Foot é. Ar aon chaoi, d'fhoilsigh an Dálach tri ghearrlitir de chuid Foot laistigh de théacs na litreach aige féin. Bhí faoin Dálach a léiriú 'that I had not been dismissed the service of the Society' agus mar chruthúnas, thosaigh sé le mír 'from Committee proceedings August 1840':

> Resolved – That the Secretary be directed to apply to Mr. John Daly to know if he will accede to the desire of the Committee that he visit the teachers in the Knocktopher district, twice between each inspection. If he declines the Secretary is authorised to apply to Mr. Moriarity and Mr. Winning for an inspector.
> (Signed)
> Simon C. Foot (*Kilkenny Journal,* 28 Eanáir 1843)[19]

(Cé nach raibh dáta leis an rún, chuir an Dálach in iúl gur 7 Meán Fómhair 1840 a bhí mar phostmharc ar an gclúdach.)

Ina theannta d'fhoilsigh sé téacs nóta a cuireadh chuige ar 6 Samhain 1840:

> Dear Daly – You need not inspect the Knocktopher district, but I suppose you must Kilkenny.
> Yours truly,
> S.C. Foot (*Kilkenny Journal,* 28 Eanáir 1843)

Dúirt sé gur cuireadh rún eile faoina bhráid ar 16 Márta 1841:

> Dear Daly – I am directed by the Committee of the South Eastern District of the Irish Society to inform you that they do not require your services as inspector any longer as they consider that a person filling that important station should give more time amongst the teachers than you can consistently with your other avocations give.
> I remain yours very truly,
> Simon C. Foot (*Kilkenny Journal,* 28 Eanáir 1843)

Nuair a bhí litreacha Foot foilsithe aige, chuir an Dálach (a thug 'Rose Inn-street, Kilkenny' mar sheoladh agus 26 Eanáir 1843 mar dháta) a chás os comhair an eagarthóra:

> Thus, Mr. Editor, you have seen that I have been wantonly provoked to come before the public by the Rector of Callan, having no other course to adopt to vindicate my character from his assaults . . . a sense of duty impels me to it; besides the above documents, a period of fifteen years as Inspector of the Irish Society's Schools is a test of good conduct, whereas I have seen several dismissed during that time for drunkenness and other licentious habits, and afterwards taken back by the Irish Society. As for the Principles of the Society, as far as my opinion leads me (and I must have had considerable experience for the time I had been with them) I must confess that it is a system – the most foul, the most dishonest, and the most deceptive that could be adopted; and that by Secretaries, Superintendents, Committees and Inspectors.
>
> Hoping that I have now shown the Rector of Callan, from the letters of his friend, the Secretary, that I was not 'dismissed' (sic) the services of the Society; and that if I were to comply with that *very moderate request* 'to visit the Knocktopher district, twice between each inspection' and 'give more time than your other avocations allowed me amongst the teachers (sic), I need not leave them; and that I have therefore refuted his wanton attacks on my character . . . (*Kilkenny Journal,* 28 Eanáir 1843)

Tháinig foilsiú an chomfhreagrais sna sála ar ollchruinniú de chuid an Athar Maitiú i gCill Chainnigh ar 11 Eanáir 1843 a d'fhág Caitlicigh an cheantair caithréimeach go maith (*Kilkenny Journal,* 11 Eanáir 1843).[20] Ó ba thráth misnigh é ag Caitlicigh Chill Chainnigh, seans go mba thráth freisin é ag a bhféadfadh an Dálach é féin a chur i láthair mar Chaitliceach a d'fhill ar a dhúchas creidimh. D'fhéadfaí léamh ar eachtraí áirithe le linn na himchuairte go mbeadh faoi lucht an Athar Maitiú athghabháil a dhéanamh ar an nGaeilge thar ceann na gCaitliceach agus dúshlán an Irish Society a thabhairt. Bhí meirge Gaeilge ag cur fáilte roimhe go Muileann na hUamhan agus foilsíodh dán Gaeilge ina onóir sa *Kilkenny Journal* (4 Feabhra 1843).[21]

In ainneoin go rabhthas á ghriogadh chun gnímh, ní raibh fonn ar an *Moderator* i dtús na callóide aighneas a chur ar an *Journal* de bharr go raibh 'matters . . . in training which will fully vindicate the character of the Society' (*Kilkenny Moderator,* 4 Feabhra 1843). Ach níor éirigh leis an nuachtán guaim a choinneáil air féin ar feadh i bhfad. Faoi eagrán 22 Feabhra 1843 bhí an *Moderator* i dtine bhruite agus alt acu faoin teideal 'Mr. Daly's Letter – the Irish Society'. Ba mhinic amach anseo a dhéanfaí athrá ar phríomhphointí an ailt:

> . . . the question appears to be simply this, notwithstanding the elaborate commentary on the original text furnished by our local contemporary – A Mr. John Daly is employed as Inspector by the Irish Society – he received their money for several years, and, finding that he can do better and cannot squeeze more money out of his indulgent patrons, or extort a higher salary, he resolves to go back to the Church of Rome, and offer his services to revile his former acquaintances in that market . . .
>
> Had it not become necessary to reduce the salary of Daly he would have continued as the *Officer of a Society* which he now describes *'as a mystery of iniquity, as well as the most foul, the most dishonest, and most deceptive'*. He would gladly have continued to deceive his patrons, and have persevered in his evil career in connection with that 'mystery of iniquity'. Oh! simple Mr. Daly.
>
> . . . At all events one good will result from this discussion – it will teach the Protestant Clergy how they repose confidence in men of Daly's stamp, who pretend to be converts, and who profess a burning zeal for Religion, but who turn on them the moment they can do so with convenience and advantage to themselves.
>
> . . . The Documents referred to in that letter have been placed in our hands for the inspection of any person who may wish to see them. As to Daly . . . we wish his present friends joy of him: and we can assure them that if they were aware of the manner in which he used to speak of them and their superstition and their Confessional, their confidence in his sincerity would not be boundless. (*Kilkenny Moderator,* 22 Feabhra 1843)

San eagrán céanna den pháipéar foilsíodh litir (a foilsíodh sa *Journal* ar 15 Feabhra 1843) ón Dálach chomh maith le litir ó choiste an Irish Society, litir ó Stevenson (a foilsíodh sa *Journal* an lá céanna) agus cóip de litir a chuir Foot chuig an Dálach ar 2 Bealtaine 1840 (agus a foilsíodh sa *Kilkenny Journal* ar 18 Feabhra 1843).

Bhí dúshlán an Irish Society tugtha ag an Dálach nuair a chuir sé ina leith gur bhréaguimhreacha tinrimh a bhíodh á bhfoilsiú acu. Bhí sé ráite aige gur '4 schools, 31 spellers, 47 readers, 72 translators – making a return of 150 scholars' a bhí sna 'returns' aige i dtaca leis an 'Knocktopher District' don tréimhse dár críoch 17 Iúil 1836. Ach mhaígh rúnaí an chumainn

(Foot) gur '6 schools, 65 spellers, 58 readers, 123 translators – making a return of 246 scholars' a bhí ag déanamh freastail ar ranganna an chumainn sa cheantar sin. Shéan an cumann aon bhunús a bheith le líomhaintí an Dálaigh ar siocair go raibh sé ina chigire don 'Kilkenny district *alone*' ó 23 Feabhra 1836 ar aghaidh agus gur Partick Mc Tighe a bhí mar chigire ar an gceantar lenar bhain na líomhaintí. Dúirt siad nach raibh aon phlé ag an Dálach leis an 'Knocktopher District' sa tréimhse a thug sé mar 'Inspector General' ó Mhí Feabhra go Mí Iúil 1836.[22] Mar bhuile scoir chuir siad an fhianaise faoi bhráid an phobail:

> We leave our Committee book with the returns and receipts above quoted in the hands of Mr. Denroche, at the *Kilkenny Moderator* Office, who will allow them to be inspected . . . (*Kilkenny Moderator,* 22 Feabhra 1843)

Thug abairt dheiridh na litreach le tuiscint nach dtógfaí cás dlí in aghaidh an Dálaigh:

> We have resolved to take no further note of any slanders which he has written, or may write hereafter. (*Kilkenny Moderator,* 22 Feabhra 1843)

Bhí an litir sínithe ag seachtar ministir, oifigigh de chuid an chumainn, 'S.C. Foot, Secretary' ina measc.[23] Ní raibh ainm Stevenson le litir sin an chumainn ach bhí litir uaidh san eagrán céanna á chur in iúl nach raibh sé láthaireach ag an gcruinniú a bhain le hábhar ach gur thacaigh sé le gach a dúradh i dtaobh 'one who for so long a period had consented to receive their wages' (*Kilkenny Moderator,* 22 Feabhra 1843).

In eagrán 4 Márta 1843 den *Moderator* agus eagrán 8 Márta 1843 den *Journal,* bhí litir ón Dálach agus eagarfhocal á fhreagairt. D'oscail litir an Dálaigh le sliocht as na Seanfhocail:

> "The man that with a stiff neck despiseth him that reproveth him, shall suddenly be destroyed, and health shall not follow him". – Proverbs, 29,1V.
>
> DEAR SIR, I could not adopt a better or more appropriate motto for the subject I am going to lay before you and the public, than the above, which I quote from the sayings of the wisest of men – Solomon. It is so truly characteristic of the conduct of a party professing to be 'ministers of the Gospel and preaching that "without holiness no man can see the Lord", towards an individual who, 'without malice or hatred in his heart' towards any human being, wishes to lay their evil deeds before them, hoping that for the rest of their days they may '*put on sackcloth and ashes*', for all the mischiefs and all the evil that has emanated from them.
>
> In my letter of the 18th inst., I quoted a few of the returns of schools and scholars from the various districts, which I compared with the *corresponding* printed reports, thereby showing the world the awful – the monstrous discrepancy in round numbers. In this letter I challenged the 'Officers' of the Society to controvert a single fact of what I stated. But how do the 'Officers'

meet this challenge? They come forward with their books and the returns of ONE district for ONE period, *four* of which are *genuine,* and two others *fabricated,* in order to make up the number of schools and scholars published by their Secretary on the very face of his printed reports, and these they leave in your hands for inspection. Now, Sir, how does the real fact of the case turn out? The schools for which the fabricated returns were produced, have not been inspected at all for the period ending 17th July, 1836, and the two returns produced were those of the previous quarter; as I will be able to show the public in my next letter . . . I now repeat the challenge already given, and call upon the 'twelve' including the Secretary, to produce the genuine original returns for the Carrick-on-Suir and Mullinavat districts, for the period ending 17th day of July, 1838, also, the returns for the Kilkenny district for November, 1838, and July, 1839; and if these are found to agree with the printed reports, I shall forfeit my character with the public and pledge myself to recal (sic) what I have said about the Irish Society . . . St Paul tells us in his Epistle to the Ephesians, 5th ch. and 11th v., to have no fellowship with the unfruitful works of darkness, but rather reprove them; and St. Augustine saith, in his epistle to Vincentius, on the Rogatian heresy, that, 'it is better to love and be severe, than to be lenient and act the deceiver'. But, Sir, what signifies a lie or a contradiction to the managers of the Irish Society, who now stand self-convicted of having handed over to the Irish Masters, large sums of money, with which 'the Christian public' kindly supplied them, for services they never performed? . . .

And remain, Mr Editor;
Yours respectfully,
John Daly.
Kilkenny, Feb, 28, 1843. (*Kilkenny Moderator,* 4 Márta 1843)

Bhí an t-eagarfhocal díreach le hais litir an Dálaigh. Ní dhearnadh idirdhealú ar bith idir an Irish Society agus an *Moderator,* arae tá trácht ann ar 'six Returns which *we* produced to him', áit a dtagraíonn an forainm 'we' don 'Society'. Rinne an t-eagarfhocal liostáil ar na rúin a rith an cumann ó uair go chéile i dtaobh an Dálaigh, á léiriú 'that the Officers of the Society have acted all through in a spirit of uprightness and good faith' (*Kilkenny Moderator,* 4 Márta 1843):

If they were guilty of the scandalous charges brought against them by Daly they must have been aware that they were in his power; and with the consciousness they would not be likely to reduce his salary or to dismiss him from their employment, but would have made any sacrifice sooner than have given him cause for offence. (*Kilkenny Moderator,* 4 Márta 1843):

Bhí ceisteanna ardaithe ag an Dálach i dtaobh na dtaifead a bhí fágtha ag an Society in oifig an *Kilkenny Moderator:*

Daly . . . in order to get out of the dilemma . . . stoutly denies the genuineness of two of the six Returns which we produced to him . . . and had the hardihood to designate them as 'fabrications', because, forsooth, he had not duplicate copies

> . . . we may state that McTighe was the Inspector, during the period these Returns refer to, and *not* Daly; and each of them is signed by McTighe, as Inspector and by the Masters of the schools . . . Daly calls for other returns. (*Kilkenny Moderator,* 4 Márta 1843)

Leag an t-eagarfhocal béim ar an gcuma inar briseadh John Connolly mar chigire in 1836 'for making false returns':

> Here again, O'Daly's unblushing effrontery is made manifest. (*Kilkenny Moderator,* 4 Márta 1843):

Bhí litir in eagrán 8 Márta 1843 den *Moderator* ón Oirmheanach Samuel Madden, cisteoir an Irish Society sa 'Kilkenny District' agus duine acu siúd a shínigh an litir ón Society a foilsíodh san eagrán roimhe sin. D'admhaigh sé nár tháinig athrú dá laghad ar na figiúirí oifigiúla tinrimh 'don Kilkenny District' i dtaca leis na blianta 1838, 1839 agus 1840 agus dúirt gur le 'some nerve, aye, and a consciousness of honesty too' a tháinig sé os comhair an phobail lena rá go raibh cuid den cheart ag an Dálach:

> I do not believe that these returns fairly represent the state of the Schools of the Irish Society in the Kilkenny District during the years 1838, 1839 and 1840 . . .
>
> . . . And now, Sir, I come to the second charge . . . This charge of embezzlement the Editor of the *Journal* does not put fairly and openly . . . But Mr. Daly is more to the point; and in his letter of the 16th edt. puts the matter very plainly. For instance, referring to the period ending 17th November 1838, he stated that between the printed and the correct returns there was a discrepancy of 83 scholars 'to be paid for by the *dupes*' of the Irish Society for this period.[24] (*Kilkenny Moderator,* 8 Márta 1843)

Ni raibh na 'returns' ar fad, áfach, ag Madden – bhí cuid acu i ngreim docht ag an Dálach:

> . . . in such a way as to prevent any carping or quibbling I yesterday waited twice on Mr. Daly to request that he would give copies of the returns for the years 1838, '39 and '40, which he says that he has in his hand – but this, at my second visit, when I was accompanied by Mr. William Aikenhead of the Parade, he refused to do. I then asked him to allow me to copy them – to which he replied that he would not let them out of his hand. I then asked him to stand inside his counter to read numbers to me that I might take them down myself – and *this he also refused*. Such conduct needs no comment . . . (*Kilkenny Moderator,* 8 Márta 1843)[25]

Lean litir le Foot ceann Madden. Ar nós na coda eile, leag sé béim ar McTighe a bheith mar chigire ar an gceantar a bhí faoi thrácht ag an Dálach.[26] Bhí míniú dá chuid féin ag Foot ar na figiúirí tinrimh, ar na 'returns' céanna a bheith ag teacht bliain i ndiaidh bliana ón 'Kilkenny District' ach – dála Madden – ghéill Foot cuid mhaith talaimh don Dálach:

> The duty of forwarding the returns from the South Eastern Districts, to the Secretary in Dublin, devolved upon me in my official capacity . . . Now, it frequently occurred that the returns from the adjacent districts did not reach me until long after the time specified for their arrival in Dublin . . . I was taken ill of fever at Waterford, and upon my recovery . . . was removed to a distant part of the country, where I was subsequently involved in domestic affliction . . . There is the most ample proof that the payments as advanced by the Treasurer have always corresponded with the Returns furnished by the Inspector, a fact which no one is more competent to inform you of than Mr. Daly, who almost invariably attended at the payment of the teachers with the counterparts of the Returns to check any irregularities which might occur. (*Kilkenny Moderator,* 8 Márta 1843)

Ó tharla go raibh calaois curtha ag an Dálach i leith an 'Clonmel District', chomh maith leis an 'Kilkenny District', sa *Kilkenny Journal* (ar 18 Feabhra 1843) agus sa *Kilkenny Moderator* (ar 22 Feabhra 1843), bhí dualgas ar an gcumann i gCluain Meala é a fhreagairt. Rinne Robert Bell, 'Superintendent of the Clonmel District' é seo sa *Moderator* ar 11 Márta 1843.[27] Chuir Bell mar chuspóir roimhe 'that I have not, as Mr. Daly more than insinuates, appropriated to my own use a portion of the funds of a religious society with which, as Superintendent of the Clonmel District, I have been entrusted':

> Such is Mr. Daly's attack and (though, as I believe, intended to fall upon the head of the Rev. S.C. Foot for obvious reasons), as I am really the person implicated, as the Superintendent of the Clonmel District, I now come forward to meet the charge . . . (*Kilkenny Moderator,* 11 Márta 1843)

Chuaigh Bell isteach go mion sna figiúirí tinrimh agus dúirt nach raibh aon 'competent authority' ag an Dálach i ngnó an chumainn ó 17 Samhain 1836 ar aghaidh agus faoi dheireadh, bhain sé croí na líomhaintí amach – agus, oiread le Madden agus Foot, níor shéan sé bunús a bheith ag an amhras a bhí caite ag an Dálach ar fhigiúirí nár athraigh puinn ó bhliain go bliain:

> I am ready to bear my portion of the blame, which attaches to this incorrectness . . . My returns not being called for I neglected to furnish them; and thus, as far as my district is concerned irregularity crept in which continued much too long . . . However, as the charge of *misappropriation* of the funds is the matter I am most concerned to refute; I am happy to be able to state on a comparison of my returns with the Treasurer's account that the payments to the Teachers were made correctly according to the periodical returns. (*Kilkenny Moderator,* 11 Márta 1843)

D'fhéach sé leis an Dálach a bhréagnú as a bhéal féin:

> He was bound not to return any scholar without seeing and passing him as competent, and I heard that he violated the rule. I reported the matter and an enquiry took place after much conversation. Mr. Daly acknowledged the charge,

> but with this explanation – that he never returned a scholar without having previously seen him, and without being *assured* that he *continued under instruction* He was informed that his violation of the rule was improper – that he had no option allowed him, and was warned to be more precise in his duties for the future. (*Kilkenny Moderator,* 11 Márta 1843)

Agus bhí an tríú litir san eagrán céanna, litir (gan ainm údair) ó 'Mediator':[28]

> Perhaps you will say that the blushing effrontery with which he [an Dálach] still persists in reiterating his diabolical falsehoods, as displayed in his letter published last Saturday, would still justify his opponents in wishing what they consider to be a proper share of punishment; but I am really of opinion that Mr. Daly is not answerable for all the matter contained in his epistle. I do not mean to say that he did not write it – of this I feel perfectly sure – but in the flowers of rhetoric and poetical similes with which it is so plentifully garnished, the assistance of the master-hand of *Mr. Professor* Flood may easily be recognised. (*Kilkenny Moderator,* 11 Márta 1843)[29]

An litir a d'fhoilsigh an Dálach sa *Kilkenny Moderator* ar 4 Márta 1843 agus sa *Kilkenny Journal* ar 8 Márta 1843 a bhí faoi thrácht ag 'Mediator' agus níl aon amhras ach go raibh stíl na litreach sin thar a bheith mórfhoclach agus gaotúil.[30] Tá seans maith ann go raibh luaidreán cloiste ag 'Mediator' i dtaobh Flood a bheith ag tabhairt cúnaimh don Dálach. Ní amháin go raibh cúnamh á fháil aige ach ní raibh seasamh ar bith aige i measc a phobail féin dar le halt sa *Moderator* ar 25 Márta 1843: '. . . no one who can see beyond his nose will believe MR. DALY'S testimony, and that of the other Neophytes' (*Kilkenny Moderator,* 25 Márta 1843)[31].

Bhí an *Moderator* de shíor á chur i leith an Dálaigh agus na múinteoirí gur ghlac siad le cúiteamh an Irish Society in ainneoin é a bheith anois á áiteamh acu gurbh fhigiúirí bréige a soláthraíodh. D'fhill siad ar an argóint seo in eagarfhocal san eagrán dar dáta 5 Aibreán 1843, ach anois bhí móramhras á chaitheamh ar Patrick McTighe chomh maith leis an Dálach:

> . . . two of the men who were, and acknowledged that they were, employed as Irish teachers by Mr. FOOT in the Carrick-on-Suir and Mullinavat districts are ready and have offered to make oath that they never produced any scholars to Mr. P. MCTIGHE, while he was inspector in said district. (*Kilkenny Moderator,* 5 Aibreán 1843)

Ar ndóigh, ní ina thost a bhíodh an *Journal* le linn don *Moderator* a bheith ag seanchas. In eagrán dar dáta 4 Feabhra 1843, bhí siad ag tabhairt faoin namhaid go buacach dána:

> . . . Mr. Daly's *expose* still brightly burns, revealing to public gaze the secret frauds of an institution, whose impudent pretensions to the support of the 'Christian

public' are only equalled by its hollow-hearted hypocrisy, and rottenness . . . We have demonstrated the frauds of the Society from their own documents, and condemned them out of their own mouths. (*Kilkenny Journal,* 4 Feabhra 1843)

Bhíodh sé de nós ag an dá pháipéar litreacha a cuireadh chucu a fhoilsiú i gcorp eagarfhocal agus alt. Bhí litir le Stevenson ('our jocular correspondent') i gcorp an eagarfhocail san *Journal* ar 4 Feabhra 1843:

As a sort of corollary to this correspondence in your paper, a person signing himself Healy, has been pressed to send me a letter, hoping that I would give up the Irish Society as a humbug, since his friend Daly has so beautifully diddled its managers for seventeen years . . . (*Kilkenny Journal,* 4 Feabhra 1843)[32]

Ag séideadh faoi Foot ('the prophet of Knocktopher'), coiste an Irish Society ('the twelve') agus a raibh d'airgead le caitheamh acu a bhí eagarfhocal an *Journal* ar 15 Feabhra 1843.[33] Más mar fhear faille a chuir an *Moderator* an Dálach i láthair, ba mar fhear ionraic a rabhthas ag tromaíocht air go héagórach a cuireadh i láthair léitheoirí an *Journal* é.[34] Istigh i gcorp eagarfhocal an nuachtáin ar 15 Feabhra, bhí litir fhada sínithe ag na 'Members of the Committee' den Irish Society san Oirdheisceart. Mhaígh an litir go raibh 'unwarrantable attack' ar an Irish Society foilsithe ag an Dálach in eagrán 28 Eanáir 1843 den *Journal.* Do réir na litreach sin, bhí an líomhain gur bréagnaíodh na 'returns' éagórach, í 'altogether false and calumnious':

Mr. Daly is well aware that the person who preceded him as Inspector of this district, together with several masters, were dismissed for the very crime in which he says he was countenanced by the Committee . . . (*Kilkenny Journal,* 15 Feabhra, 1843)

Tráchtann litir an 'Committee' (*Kilkenny Journal,* 15 Feabhra 1843) ar chruinniú a tionóladh i Lúnasa 1838 'in Mr. Roe's house . . . that on that occasion he [an Dálach] was reprimanded and ordered to adhere strictly to the rules of the Society, and return no scholars whom he had not seen and examined'. Dúirt siad go raibh 'Mr. Daly most anxious to persuade the public that he was not *dismissed* from the service of the Irish Society' ach 'the public may judge of the true state of the case'. D'áitigh an 'Committee' gurbh amhlaidh gur briseadh an Dálach ag an gcruinniú sin. D'fhágfadh seo, ach é a bheith fíor, gur 'ligean ort' a bhí in 'his conscientious resignation of the office of Inspector'.

Le cóip de litir ón Dálach go Stevenson (dar dáta 10 Feabhra 1843) a chríochnaigh an t-eagarfhocal ar 15 Feabhra 1843. Ba chosúil ar thagairtí neamhthipiciúla do '*Geoffrey Wagstaff* – or the celebrated *Chevalier de Fableaux*' go bhfuair sé cúnamh lena scríobh – ó Warden Flood is dócha:

Rev. Sir – From the position in which my correspondence with you, as published in the JOURNAL of Saturday the 28th ult., has placed the managers of the Irish Society, I feel called on to address you another letter of *consolation*. I expected before this time that you or some other officer of the society would step forward to vindicate its character, and repel the charges which I advanced against it, if in their power – This they have not done, nor indeed attempted a refutation which shows clearly how their affairs stand when brought to the test of public opinion. However the facetious Rector of Callan cannot divest himself of the sting, and again assails me to (sic) the JOURNAL of last Saturday, where you, rev. sir, very wantonly state that 'my conduct is marked more by ingenuity than honesty'. From such an imputation as this, if you had any sense of decorum – any feeling of shame – or a particle of that charity which, you say 'covereth a multitude of sins', in your bosom you should have abstained. I am at a loss to know what infatuation came upon you in the first onset, when you steered headlong in from Callan to call me to account for 'leaving the Protestant Church'. But desperate men will often fall over precipices out of which they cannot so easily extricate themselves. It must be highly amusing to those of your friends who have read your epistles; but as for my part, I really thought you were just after reading the 'life and adventures of *Geoffrey Wagstaff* – or the celebrated '*Chevalier de Fableaux*', instead of the written word of God which you adopt as your 'sole rule of faith and practice' . . . as to the threatening prosecution, the sooner it comes the better; as I am ready to put facts into counsels hands which cannot fail to develop the dark deeds of the Society and its agents in the South eastern districts . . .

In the year 1833 when I was placed under the superintendence of your friend the Secretary, as Inspector of the Knocktopher District I had printed rules from the Society for my guidance but the Secretary insisted on my violating the 12th of these of these rules by pursuing a different course, to which I would not assent, and consequently endeavoured to resign the situation till persuaded by another superintendent to hold on and that Mr – would not be long in the neighbourhood. The rule referred to is as follows:

'You are carefully to avoid exciting a prejudice against the objects of the Society by entering into discussions, either public or private of an irritating or controversial character. Remember that you are not employed to interpret Scripture to the people, or to instruct them in the doctrines of religion, but to insist in your peculiar department of the work of enabling your own fellow-countrymen to read in their own tongue wherein they were born, the wonderful works of God'. In order to show you the Rev. Gentleman's anxiety for *prosleytism,* and wantonly tampering with the faith of the people, I beg to quote one extract from his *correspondence* with the Committee, Dublin, dated November, 1837, and given at page 33 'Annual Report for the year ending March 1838'. 'I had' says the Superintendent, 'my teachers together lately; I brought them boldly to the subjects which I think it is high time now to press upon their conscience in studying and teaching others to study the word of truth?' . . .

In my next I shall give you and the public an exact copy of the duplicates of the returns of inspection for each district throughout the South East, and also the corresponding returns in your printed reports, and where the world cannot

> fail to see the awful, the monstrous discrepancy in round numbers, published by your Society, for no other purpose but that of deceiving the 'gulls' of your native land . . .
>
> I remain, Rev. Sir,
> J. DALY
> Kilkenny, Feb. 16, 1843 (*Kilkenny Journal,* 15 Feabhra 1843)[35]

An bhagairt dlí nár fíoradh a bhí san 'threatening prosecution' agus tá seans maith ann go mba chliste ag an Dálach é an muinín a bhí aige as a chás féin a chur go dána os comhair a chuid naimhde.

Bhí eagarfhocal sa *Journal* ar an Satharn ina dhiaidh sin, ar 18 Feabhra 1843 ('Mr. Daly and the Irish Society'), inar áitíodh nach raibh sé cruthaithe ag an Society gur briseadh an Dálach as a phost agus fiú dá gcruthófaí sin, 'it was not for anything that would lessen his credit . . .': Bhí litir fhíorfhada ag an Dálach san eagrán céanna. Ní chorródh sé cos. Ghrinnigh sé na figiúirí tinrimh don 'Carrick-on-Suir and Mullinavat Districts, viz., Foot's own', don 'Kilkenny District' agus don 'Clonmel District'. Rinneadh na fíorfhigiúirí do 'Schools', 'Spellers', 'Readers' agus 'Translators' i ngach cás a chur i gcomparáid leis na figiúirí foilsithe. I gcás an 'Carrick-on-Suir and Mullinavat Districts', do réir áireamh an Dálaigh, go raibh '96 scholars' idir an dá áireamh don 'period ending 17th day of June, 1836', '136 scholars' don 'period ending 17th day of November 1836' agus '79 scholars' don 'period ending 17th day of July, 1838'. I gcás an 'Kilkenny District' do réir áireamh an Dálaigh, bhí '83 scholars' idir an dá áireamh don 'period ending 17th day of November 1838', '186 scholars' don 'period ending 17th day of July, 1839', '81 scholars' don 'period ending 17th day of Nov. 1839' agus 233 scoláire don 'period ending 17th day of March 1840'. I gcás an 'Clonmel District', do réir áireamh an Dálaigh, bhí '245 scholars' idir an dá áireamh don 'period ending 17th day of Nov. 1836' agus níor tháinig athrú ar bith ar na figiúirí do Chluain Meala 'for three periods in each successive year, from the 17th of November 1836 up to the 17th of January 1840':

> I need not dwell any farther, Mr. Editor, on this public fraud; neither need I refer to the *minor* districts of the Irish Society – viz. Tramore, Dungarvan, Tallow &c., which were equally polluted by the pious and unholy humbug. (*Kilkenny Journal,* 18 Feabhra 1843)

Ar 22 Feabhra 1843 d'fhreagair an Dálach an litir a bhí foilsithe ag coiste an Irish Society sa *Kilkenny Journal* ar 4 Feabhra 1843:

> After a long repose, that formidable body, 'the Committee of the Irish Society, in the South Eastern district' has started into light with an article which they stile (sic) a 'distinct denial of my statements' regarding the charges of fraud and

imposition which I fastened on the managers or rather on the 'officers' of the Irish Society . . . I now ask these gentlemen of the Committee whether they recollect that at their meeting in a certain gentleman's house in this city, in August 1836, they heard me declare that 'the masters had no scholars, except very few, and unless scholars were returned for them, they would not remain in connexion with the Society' to which the 'officers' or gentlemen of the Committee did not object. I now recognise the following names at the foot of their solemn declaration as being on the Committee that very day, Rev. F. R. Sandys, Rev. R. Butler, Rev. S. C. Foot and as far as I can recollect, Rev. R. Graves and Rev. C.B. Stevenson. On another occasion I went to inspect an Irish School which was conducted by a teacher in this city, who is since dead; he had no scholars to show, a circumstance which I reported to the Superintendent, a Clergyman too and one of the Committee who ordered me to 'make a return of scholars for him' which I did to the amount of 30s. for which he was actually paid by the very Superintendent . . . In the next paragraph these 'Officers' state that I am 'well aware that the person who preceded me as Inspector of this district, together with several masters, were dismissed for the very crime in which I say he was countenanced by the Committee'. I now distinctly state, that I am not 'aware' of any such thing, and that I yet know a single instance of a Master, or Inspector being 'dismissed' by the Committee for other reason than that of habitual drunkenness or other licentious habits, which I need not particularize now; and as to the Inspector whose returns were 'nullified in 1836', there were stronger reasons than that for making false returns, which I now refrain from mentioning being rather too sublime for ears polite. With respect to the 'reprimand' given to me at Mr. Roe's house for 'certain mal-practices on my part', I must say that one of your Committeee was so confused at the statement he brought forward and the debate so stormy, that the honest man, Mr. Roe, absolutely walked out of the room, and said 'he would not remain where such commotion existed'; and on this also, Mr. Editor, the 'Officers' of the Society must admit I have been victorious. Next, Sir, comes the the grand blast from artillery of the 'Officers' of the Society – I mean my dismissal and anxiety to remain in connexion with the Irish Society, if I got a salary of 40£ or 50£ a year, supported by the *ipse dixit* of a *Bushe* who, if his light ever shined in darkness did not 'put it under a *Bushel*' on this occasion. Perhaps, Mr. Editor, it would not be amiss to inform you of the cause of this gentleman's *ire* against me in the present instance. He engaged taking the *new* edition of the Waverly Novels from me at 4s. per vol. On its appearance, and with which I supplied him till (sic) my correspondence with Mr. Stevenson had been discussed by the twelve 'officers' at the Society House, William-street, where he attended on the day before its publication – the result of which debate moved him to pay me a visit, and ordered me to 'stop supplying the work in future, as he considered it his duty to deal elsewhere on account of the steps which I had recently taken . . . as for my 'giving up my book establishment for a salary of 40£ a year', he ought to make further enquiries before venturing on such an assertion. Does he know that I had a 'salary of 40£ a year' from 1830 to 1836, when I consented to reduce it to 30£ on account of the *depressed* state of the funds of the Society at that period? . . . Hoping that I have now disposed of Mr. Bushe's evidence, I beg to turn again to the 'dismissal' and publish the following letter from Mr. Foot being his reply to the letter which I wrote him *previous* to the 12th of August 1840, about my resignation and which I trust will be received by the public as conclusive evidence on this subject:-

> DEAR DALY – I enclose you an extract from the committee proceedings relative to your salary, and the duties the committeee require of you as Inspector General.
>
> With respect to your proposition of *resigning,* your own judgment must direct you. I will bring the matter under the consideration of the next committee, and of course you will watch over the interests of the Society until you know their decision.
>
> Yours truly,
>
> SIMON C. FOOT
>
> Vicarsfield, May 2, 1840 (*Kilkenny Journal,* 18 Feabhra 1843; an litir chéanna sa *Kilkenny Moderator,* 22 Feabhra 1843 ach alt gearr nach raibh sa *Journal* mar réamhrá leis.)

Lean an mionphlé ar na 'returns' an t-athfhriotal thuas agus ag a dheireadh chuir sé in iúl go raibh an bhunfhianaise ina sheilbh féin:

> Having the duplicates of the returns of each inspection together with the corresponding printed reports in my possession, I challenge the 'Officers' of the Irish Society to controvert a single fact of what I have stated, and anyone having a curiosity to see the original documents need only apply to me, when I shall feel most happy in gratifying his request . . . (*Kilkenny Journal,* 18 Feabhra 1843; *Kilkenny Moderator,* 22 Feabhra 1843)

Foilsíodh eagarfhocal eile faoin Irish Society sa *Kilkenny Journal* ar 22 Feabhra 1843 ('The Irish Society and the Rev. C.B. Stevenson'). Bhí sé thar a bheith searbhasach:

> We find we have given the Rector of Callan credit for what his Reverence was not entitled to. We sincerely regret this, as we had formed a high estimate of Mr. Stevenson's character as a gentleman and an honest man, particularly as he admits that the public has been imposed upon, and money extorted from their purses to support fabricated schools, where pupils have no existence save in the reports of the 'twelve' to which we must add as a thirteenth our military friend of Callan. (*Kilkenny Journal,* 22 Feabhra 1843)

Foilsíodh freisin ann, mar chuid den eagarfhocal, an litir ó Stevenson a foilsíodh sa *Kilkenny Moderator* ar 22 Feabhra 1843.[36] Agus foilsíodh litir ann ó choiste an Irish Society mar fhreagra ar ráiteas an Dálaigh san *Kilkenny Journal* ar 18 Feabhra 1843 a foilsíodh ar an lá céanna sa *Moderator.* Litir í a dúirt go bhféadfaí na 'returns' a cheadú in oifig eagarthóir an *Moderator.* Bhí tagairt indíreach ('as I am ready to put facts into counsel's hands') déanta ag an Dálach do bhagairt dlí sa *Journal* dar dáta 15 Feabhra 1843 ach gealladh anois nach gcuirfí an dlí ar éinne as ucht na cointinnte, rud a d'fhág nár ghá don *Journal* a ghuth a mhaothú.

Trí lá ina dhiaidh sin, ar 25 Feabhra 1843, d'fhoilsigh an *Journal* eagarfhocal faoin teideal 'Irish Society Again'. Bhí an t-eagarthóir agus an Dálach i ndiaidh cuairt a thabhairt ar oifigí an *Moderator:*

> '. . . Mr. Denroche [eagarthóir an *Moderator*] produced returns of two other schools which Mr. Daly pronounced to be fabrications, as he had no corresponding duplicates. Mr. Daly also asked for the returns of his own inspection in his own hand writing; but these were not forthcoming'. (*Kilkenny Journal*, 25 Feabhra 1843).

Ní raibh tada acu in aghaidh na Gaeilge ('we should be delighted to see the Irish language cultivated'), go deimhin chuirfeadh sé áthas orthu 'to see schools of every description springing up' agus ní chuirfidís in aghaidh an Irish Society 'did not their fabricated reports from places of *blank* contain the foulest calumnies upon the religion and clergy of the people'. (*Kilkenny Journal*, 25 Feabhra 1843).

Rinne siad mionscrúdú ar chaiteachas an chumainn agus ar na figiúirí tinrimh agus thug siad 'wholesale robbery' ar an tionscadal ar fad.[37]

Bhí litir ag an Dálach, a scríobhadh i mBaile Átha Cliath, san eagrán céanna:

> 8 Duke-street, Dublin, Feb. 22, 1843
>
> DEAR SIR . . . I am glad to say that the managers of the Irish Society have placed a portion of their documents in the hands of the *Moderator,* or rather its respectable proprietor for inspection, in which, on my return home you may rest assured I shall make *holes* enough for the world to see through their flimsiness. Why did not the Rev. gentleman who was daring enough to come forward on this occasion to support a system of *fraud* and *imposition* on the public, quote the returns from the other districts as well as those of Carrick-on-Suir and Mullinavat; and leave those documents also in the hands of the proprietor of the *Moderator?* Believe me that they have placed themselves in a very awkward predicament this moment; and as to the editorial remarks written by a *Rev. Scribe,* one of the *chosen* 'twelve' published in this day's *Moderator,* I forebear taking the slightest notice of them.
>
> Hoping you will give this a corner in your Journal, of next Saturday, I remain, Dear Sir, yours respectfully,
>
> J. DALY (*Kilkenny Journal,* 25 Feabhra 1843)[38]

D'fhoilsigh eagrán 8 Márta 1843 na litreacha de chuid Madden agus Foot a foilsíodh ar an lá céanna sa *Moderator.* Agus foilsíodh ann an litir leis an Dálach a foilsíodh sa *Moderator* ar 4 Márta 1843.

Ar 11 Márta 1843, d'fhoilsigh an *Journal* eagarfhocal eile fós ar an gceist ('The False Returns of the Irish Society – Confessions of its Officers'). Eagarfhocal caithréimeach a bhí ann a d'fhógair go raibh an cath a buaileadh ar an Irish Society buaite – agus a d'fhógair freisin gurbh é an *Journal* agus nárbh é an Dálach faoi ndear an bua:

> . . . Our labours in exposing the faults in the authorised 'reports' of that body have not only been crowned with complete success, but its officers admit the fact, and proclaim their own defeat. A little bye battle has been going on between them and Mr. Daly, which has nothing to do with the case we made out against them, but was calculated rather to throw dust in the eyes of the public. . . . The result is a surrender at discretion. (*Kilkenny Journal,* 11 Márta 1843)

In eagrán 15 Márta 1843 den *Kilkenny Journal*, foilsíodh litir fhada ón Dálach faoin teideal 'Irish Society – the Rev. Messers. Madden and Foot'. Chuir an litir in iúl go raibh diúltaithe ag an *Moderator* litreacha an Dálaigh a fhoilsiú feasta ach sa chás go n-íocfaí astu mar fhógráin. D'fhágfadh seo nach mbeadh aon fhóram ann ina bhféadfaí an dá thaobh den scéal a chur i gcló. Ba léir nach fada go mbeadh deireadh ráite.

> Dear Sir . . . the 'Officers' now at the eleventh hour frankly admit my charges against them in publishing false returns of schools and scholars on the face of their printed reports in order to deceive 'the Christian public of Great Britain from whom their sources are chiefly derived' and the other subscribers to the 'Irish Society' . . . In order to exonerate themselves from public odium they now come forward to 'saddle the right horse' in earnest and throw the whole blame on the committee in Dublin . . . In the first instance the Committee met (twelve in number) to rebut my charges – next, there only appeared of the twelve but seven, which reminded me of the 'Seven Champions of Christendom' – as I anticipated, the twelve officers have dwindled away, and no one has come forward to the rescue but the Secretary and Treasurer who figure this day in your columns in the character of the 'Siamese Twins'. Mr. Madden accuses me of not supplying him with copies of the Duplicates and Returns in my hands and 'contrasts' my conduct on this occasion with the reception which you and I met at the *Moderator* office when you and I applied to inspect the papers left there for public inspection. I owe Mr. Madden no apology for not yielding to his request in this instance . . . he having the controversy in *halves.* I did not think it at all necessary he should see mine – and, as to 'the facility afforded you and me at the *Moderator* Office', I need not remind you, Sir, of the difficulty we had in obtaining a faint glimpse of those precious documents from the *faltering* hands of the Proprietor, when on our first visit we received a refusal with that 'unblushing effrontery' which characterizes our conduct on similar occasions. But, Sir, on our next sally we at length obtained a hasty glimpse of those articles left him 'for public inspection', but he took right good care that none of them left his hand for the time, and the two last produced, I still maintain, to be 'fabricated' . . .
>
> Mr. Madden gives details of money matters with which I am totally unacquainted, except on one occasion. I recollect him paying 11s. to Kelly as a sort of premium for having exhibited a few children at the cathedral or Library of St. Canice's for the gratification of the subscribers, though these very children could not read an Irish Monosyllable . . .

Having disposed of what I considered worth noticing in Mr. Madden's letter, I now turn to Mr. Foot's, who is possessed of a greater degree of candour on this occasion with regard to the *false* reports – and say that 'some of the extracts contains (sic) the identical returns, not merely in the case of the Southern Districts, but every district throughout the land', – But still I cannot allow his allegations respecting my conviction of 'palpable falsehood' at the *Moderator* office to pass unnoticed. The public must recollect how the twelve Officers of the Society stepped forward with an article published in the *Journal* of the 15th ult., in which they 'stake their character for truth and honesty' that my assertions were 'altogether *false* and caluminous' when I stated the society to be a system 'the most foul, the most dishonest, and the most deceptive that could be adopted'. I now ask Mr. Foot how he will redeem the 'characters' of his friends when he and Mr. Madden are at length obliged to admit the truth of my statements regarding their printed reports before the world? . . .

Having now disposed of Mr. Foot's letter, I beg to turn again to the first 'fact' stated by me – namely the inspection of the Carrick-on-Suir and Mullinavat Districts for the period ending 17th of July 1836, with which the *Moderator* of last Saturday grapples hard, and the 'Seven Champions' in your *Journal* of the 22nd ult. seems to have obtained a glorious triumph merely from my stating, that I had been the Inspector of the district for that period, not thinking all the time I had McTighe's duplicates in my hands while I quoted. Mr. Foot states in his letter of the 22nd instant, published in your *Journal* of the 8th, and in the *Moderator,* of the same date that Mr. Tighe (sic) was the 'real Inspector' that his returns 'accurately corresponded with those published by the Society', therefore 'refuted my charges' and left the documents confirming the truth of their statement at the *Moderator* Office for public examination, where he says I was 'convicted of palpable falsehood in your presence'. Now, Sir, I appeal to you as to whether I have been 'convicted of palpable falsehood' at the *Moderator* Office? No, Sir, but I was simple enough to admit the 'genuineness' of four out of the six returns left for their 'public inspection' and instead of doing so, should pronounce the whole six 'fabrications' as is clearly shown from the following document from the very men who were employed by Mr. Foot as teachers of Irish at that time – men, though in a humble sphere of life, whose characters for truth and honesty stand as high in public estimation, as many of the 'Saints'.

Piltown, March 2, 1843

We, the undersigned, who were employed by the Rev. S.C. Foot as Teachers in the Mullinavat and Carrick-on-Suir districts for the period ending 17th day of July 1836, and the subsequent period under Patrick McTighe's inspection, never produced him any scholars, neither did he require to see any. This, we are ready to swear if necessary:

PAT MERRY, Piltown.

MICHAEL TIERNEY, Garrandara.

PATRICK BROPHY, Ballyglass.

MATTHEW TOOLE, Castlebanny.

WATT PATRICK, Ballyhale

The other Teacher employed, whose absence from home prevented me of obtaining his signature, is equally ready to come forward at any time, or in any place, to disprove Mr. Foot's statements, with regard to his schools and scholars. So much, Sir, for Mr. Foot's 'fabricated' returns of schools and scholars – so much for the integrity of the 'real Inspector', Patt McTighe – so much for the boasted thousands reported to 'the Christian public of Great Britain' whose thousands of pounds are expended upon nothing . . . For the further information of the 'Christian public' I beg to inform you, Sir, that there are still false returns of schools and scholars made by the agents of the Irish Society in the 'South Eastern District' and if the Committee or Secretary, divest themselves a little of their self-importance, and hand me a 'Permanent Roll' belonging to one of their present Masters I shall prove to the world that such is the fact. There are children returned as readers – translators of Gospels – translators of Epistles, Repititioners which signifies a person competent to read and translate any portion of the Irish Bible, and to repeat three chapters of the Old and three chapters of the New Testament from Memory, though these very parties were not competent to read the Irish Spelling Book!!! . . .

Having thus unavoidably trespassed on your independent *Journal,* Mr. Editor,
I remain, yours respectfully,
J. DALY.
Kilkenny, March 9th, 1843 (*Kilkenny Journal,* 15 Márta 1843)[39]

In eagrán 18 Márta 1843 den *Journal* bhí litir eile ón Dálach agus mar ba mhinic leis, bhí sé 'necessarily extended beyond the length intended' (*Kilkenny Journal,* 18 Márta 1843). Freagra a bhí ann ar litir Robert Bell, 'Superintendent' cheantar Chluain Meala den Irish Society, a foilsíodh sa *Kilkenny Moderator* ar 11 Márta 1843. Ina theannta bhí eagarfhocal eile faoin Irish Society ('A Parting Word to the Irish Society – the Champion of Clonmel'). Chuir eagarfhocal an pháipéir in iúl gurbh é an 'concluding letter of Mr. Daly' é. Bhí deireadh le 'this controversy . . . extended to a rather inconvenient length especially as the question has already been settled' á fhógairt acu. An *Moderator* a bheith ag diúltú do litreacha an Dálaigh (ach amháin mar fhógráin) agus an cheist a bheith réitithe, dar leo, faoi ndear dóibh éirí as. Lean an t-eagarfhocal den iarracht a bhí ar bun in eagrán 11 Márta 1843 leis an gcreidiúint as léirchruthú na bhfigiúrí fabhtacha tinrimh a bhronnadh ar an *Journal* féin agus an beagán a dhéanamh de ról an Dálaigh, ag rá 'we do not, therefore, require the authority of Mr. Daly to prove the charge of fraud. The proof is found on the face of the printed returns of the Society' (*Kilkenny Journal,* 18 Márta 1843).[40] Ní raibh an dara rogha acu, áfach, ach glacadh leis gurbh í fianaise an Dálaigh a d'fhág an lá ag naimhde an Society chomh fada is a bhain leis na 'Returns'.[41]

D'fhoilsigh siad litir ó Foot mar chuid den eagarfhocal. Thagair an litir do 'Mr. Daly's adviser' agus do 'Daly's prompter'. Thagair sé freisin do 'the Rev. Mr. Darcy of Ballyhale, their spiritual adviser' á thabhairt le fios gurbh é Darcy ('Peter Dens', an tOirmheanach James Darcy, curáideach Bhaile Héil), sean-namhaid Foot, a bhí ag cur comhairle ar an Dálach – agus é le tuiscint gurbh é Darcy a scríobh an litir a bhí sa *Kilkenny Journal* ar 15 Márta

1843.[42] Bhí dúil mhór ag 'Peter Dens' i gconspóidí a throid i bhfoirm litreacha nuachtán, rud a chuirfeadh leis an amhras, ar ndóigh. Ach is mó an seans ina dhiaidh sin féin gur thagair an forainm 'their' ('their spiritual adviser') i litir Foot don chúigear múinteoir nó, b'fhéidir, do na múinteoirí agus don Dálach in éineacht. Ar aon chaoi, bhíothas ag caitheamh amhrais ar údaracht litreacha an Dálaigh. Chaith Foot amhras freisin ar údaracht litir an chúigear múinteoir.[43]

Thosaigh litir an Dálaigh ar an gcéad leathanach den *Journal* (18 Márta 1843) agus leanadh de taobh istigh:

> DEAR SIR - . . . Rev. Robert Bell of Clonmel . . . comes forward with 'great swelling words of vanity' . . . The first thing that arrests my attention in this epistle is, when the Rev. 'Writer' states that for 'obvious reasons' my 'attack' is 'intended to fall on the head of the *leading apostle* among the 'twelve' not 'Simon Peter' but 'Simon Foot' though he acknowledges himself 'really the person implicated as superintendent of the Clonmel District'. Now, Sir, by referring to my letters you will find that I did not 'attack' any of the Rev. Gentlemen individually; but I charged 'the Committee of the South Eastern District' with publishing returns of schools and scholars, period after period and year after year, to 'the Christian public of Great Britain' and the other subscribers to the Society, though in reality these schools or scholars did not exist. This, Sir, was my principal charge. This charge is now acknowledged by the two leading characters among the 'twelve' – Messers. Madden and Foot, who have now established, beyond a doubt, the truth of my assertions. No, Sir, without recurring to any other parties of Mr. Bell's letter, the following facts stated by him, speaks volumes for my charges against the Society. 'In March, 1837' he says that my successor (who was no other than Mr. Foot's *real* Inspector) returned 19 schools and 705 scholars; yet, Mr. Bell publishes 791 scholars, and in July 1837, the return was 15 schools and 637 scholars, though Mr. Bell publishes 19 schools and 794 scholars. (*Kilkenny Journal,* 18 Márta 1843)[44]

An tátal a bhain an Dálach as an gcás ná gur bhain sé na cosa de sheasamh morálta Bell:[45] Lean sé air:

> Mr. Bell asks, 'did not my connection with the Society, as a confidential servant, exist during the whole of this time; and how come it that my honest jealousy was never awakened till after that connection had been closed? I now tell Mr. Bell and his colleagues that I never hid those things from them and Mr. Bell cannot but recollect on one occasion when his respectable father and I were speaking on the subject at his own hall door in 1835 or 1836, coming forward and saying to us that 'it could not be expected that the masters could have scholars, yet the business should be kept up'. And Mr. Foot often said when speaking on the subject that 'the conversion of one individual would be a recompense for all the money *that* could be expended. And, as to 'my connection with the Society, as a confidential servant during this time', Mr. Madden can state if he pleases in truth and honesty, that I repeatedly endeavoured to leave the Society so early as 1833 . . . (*Kilkenny Journal,* 18 Márta 1843)

Rinne an chéad chuid eile den litir mionscrúdú ar na figiúirí tinrimh suas go dtí 1840 agus é seo le baint mar thátal as:

> You will find returns of schools and scholars by the committee of the Irish Society, period after period to the 'Christian public of Great Britain' without the slightest foundation for 'truth and honesty' though they 'stake their character' with the public that my assertions are 'false and calumnious' though they are now obliged to admit that my assertions are quite correct.
>
> In another part of his letter Mr. Bell asks 'what then is the conduct of this unhappy individual? Does he come forward and say – 'It is true that for several years I was the ready instrument in carrying on a 'mystery of iniquity' and in reply I say that 'it is true that for years I assisted in promoting the views of the Irish Society, under the connivance of its Secretaries and Committee, whose approbation I had, for almost every step I took in the holy cause, and without the consent of whom I made no returns whatsoever. Well, Sir, if I am now to blush for my evil deeds, the Secretaries and Committee of the Irish Society in the 'South Eastern District' ought to burn with shame. The vindication of my conduct, so far as I have been concerned is now laid open to the public, and let them judge how the case stands between us. I now tell the Rev. Robert Bell that I have also 'courted publicity', and from what I have laid before the public in this letter, they cannot 'doubt the suitableness and value of the Irish Society as an instrument of blessing to this distracted country!!!' . . .
>
> I remain, Mr. Editor,
> Yours respectfully,
> J. DALY.
> Kilkenny, March 11,1843 (*Kilkenny Journal,* 18 Márta 1843)

Foilsíodh an 'concluding letter from Mr. Daly' a bhí geallta ag an *Kilkenny Journal* ar 18 Márta 1843 san eagrán dar dáta 1 Aibreán 1843. Ag tabhairt freagra ar an alt ('Daly, Dens and Co. Put to the Proof') a foilsíodh sa *Moderator* ar 25 Márta 1843 a bhí sé. San alt sa *Moderator* dúradh 'we attended on Thursday last (pursuant to the notice given) at the Office of the mayor of this City, to see DALY and his five confreres . . . but neither the promises nor the threats of the Confessional, although administerd by the master spirit of a Dens could screw their courage to the sticking place to *swear* it' (*Kilkenny Moderator,* 25 Márta 1843). Bhí a fhreagra féin ag an Dálach orthu sa *Journal:*

> DEAR SIR . . . Mr. Foot, as well as the proprietor of the *Moderator,* has not pretended to notice my letter which appeared in the *Journal* of Wednesday, and in which I stated the willingness of the five men whose declaration is now before the public, to come forward before any tribunal to substantiate the same if Mr. Foot produces his friend the 'real inspector' to confront them. I now tell you, Sir, as well as Mr. Foot that the men are ready to come forward on any given day, at the office of the Mayor of this city, provided he has the inspector present . . .

The following affidavit was tendered by two on yesterday, to the local magistrate, who refused taking except in open court, and could not even say then, without the inspector, whether such were admissible.

County of Kilkenny By one of Her Majesty's Justices
to wit of the Peace for said county
We, the undersigned who were
employed by the Rev. Simon C. Foot as teachers of
Irish, in the Carrick-on-Suir and Mullinavat districts,
for the period ending 17th day of July,1836 under
Patrick McTighe's Inspection, voluntarily make oath
On the Holy Evangelists, and say that we never pro-
duced him any scholars for that or any other period
during his inspectorship.

Now, Sir, let Mr. Foot produce his Inspector to confront these men – then shall the real facts of the case be laid before the public.

I remain, Sir,
Your obedient servant,
J. DALY.
Kilkenny, March 28th, 1843 (*Kilkenny Journal,* 1 Aibreán 1843)

San eagrán céanna, bhí eagarfhocal faoin teideal 'The Irish Bible Society – Foot and Co.' a d'fhéach le heagarfhocal an *Moderator* ('Daly, Dens and Co Put to the Proof') dar dáta 25 Márta 1843 a fhreagairt. Bhí sé tugtha le tuiscint ag an eagarfhocal seo go raibh lucht an *Moderator* 'having been previously informed that DALY and his five accomplices were assembled in conclave at the residence of one of the coadjutors of Ballyhale, we had no doubt as to who the writer was' (*Kilkenny Moderator,* 25 Márta 1843).[46] Glór uasal le híseal a bhí ag an *Journal* leis an Dálach ('who shews no inconsiderable ability for his opportunities') agus ba é a bhí fúthu a dhéanamh ná 'Peter Dens' a chosaint ón líomhain go raibh sé ag cur comhairle ar an Dálach. Bhí seo, ar fad, ag teacht leis an bhfonn a bhí ar an *Journal* an beagán a dhéanamh de ról an Dálaigh sa chonspóid – agus móradh a dhéanamh ar an ról a bhí acu féin.[47]

Bhí Foot i ndiaidh a bheith i láthair 'at the office of the Mayor of Kilkenny, at the hour of one o'clock with these documents' mar a dúirt sé go mbeadh ar 24 Márta (*Kilkenny Journal,* 18 Márta 1843). Ar ndóigh, ní raibh an Dálach ná an cúigear múinteoir ann roimhe.[48]

Bhí alt eile ag an *Journal* faoin Irish Society ar 19 Aibreán 1843 agus ceann eile fós ar 20 Bealtaine 1843 ('Irish Society Fraud') ach níor bhain ceachtar acu le cúrsaí an chumainn i gCill Chainnigh. Bhí leá an chúir ag teacht ar an gcointinn.

2

Cé gur léir ar an gcaint uasal le híseal a bhíodh ag na nuachtáin i gCill Chainnigh leis an Dálach nár áiríodh i measc na haicme uachtaraí é, níor chóir a cheapadh ina dhiaidh sin nár dhuine gradamach i saol laethúil na cathrach é. Déantar liostáil san *1839 Commercial Directories for the Cities of Waterford and Kilkenny* ar:

> Daly, John, bookseller and stationer, John Street (Shearman 1839, 20)

Seans maith go dtugann dáta na tagartha ó John Keegan don Dálach a bheith ag obair mar mhúinteoir in 1833 (Coleman 1924, 65) *terminus postquam* dúinn do oscailt an ghnó mar 'leabhar-reiceoir a gCill Chuinge' (LNÉ 3978) i Sráid Eoin. Ar éigean a bheadh sé i mbun siopa i dteannta na cigireachta, rud a fhágann gur dócha gur ar dháta éigin idir 1829 agus 1833 a osclaíodh an siopa. Is cosúil gur éirigh go maith sa siopa leis mar ar 11 Bealtaine 1842 bhí fógrán sa *Kilkenny Journal* ag fógairt 'Auction of Books' thar ceann 'J. Daly'. Tugann an fógrán cuntas ar chineál an ábhair a bhí ar díol aige – ábhar ard-chultúrtha agus an bhéim ar shaíocht na hÉireann:

> . . . *Works on Architecture, Mathematics, Natural History, Greek and Latin Classics, Black-Letter and Early printed Books, beautiful specimens of the Art of printing in the XVth. And XVIth. Centuries* – together with the *most extensive Collection of Works on Ireland ever offered for public sale in Kilkenny.* His object in thus disposing of his present Stock is to make room for an Extensive Supply of the *newest* and *most fashionable Works of the day,* which he is just receiving from some of the most eminent Houses in the Trade, in London and will shortly have the pleasure of exhibiting for sale in the House lately occupied by Mr. Douglas, Rose-Inn street, which he has recently purchased. (*Kilkenny Journal,* 11 Bealtaine 1842)

An t-ioncam a bhí aige ón Irish Society a bhronn caipiteal an tsiopa air, is dócha.[49] Ba dheacair dó a bheith ag cigireacht agus é laistiar den chuntar agus chuir C.K. Bushe ina leith go ndúirt sé go raibh sé sásta éirí as ach £40 nó £50 a fháil ón gcumann (*Kilkenny Journal,* 15 Feabhra 1843). Nuair a bhog sé ó Shráid Eoin le siopa a shealbhú i Sráid an Rose-Inn, ba léir go raibh an lámh in uachtar á fháil ag cúraimí an tsiopa ar obair an chumainn. Bhí sé anois in ann 'a commodious kitchen, cellar and two rooms' a fhógairt ar cíos in ainneoin dó bean agus clann a bheith sa teach aige (*Kilkenny Journal,* 6 Lúnasa 1842).[50]

Faoi Lúnasa 1842 ghabh fógrán uaidh sa *Kilkenny Journal* buíochas le muintir na cathrach as ucht a gcuid tacaíochta. 'Cheap Book and Stationary (sic) Establishment, Rose-Inn-Street, Kilkenny' ceannteideal an fhógráin:

> J. DALY Returns his grateful thanks to the Inhabitants of the City and County of Kilkenny, for *the very great patronage* given him since his commencement in business and begs to assure them that nothing shall be wanted on his part to insure a continuance of their kind favors (sic) . . . he has ready for Sale an Extensive Collection of *New* and *Second-hand Books of the greatest rarity,* which he will now dispose of at a price *low beyond all precedent in the annals of Bookselling in Kilkenny.*

> Fearless of the censures of some of his brethren in the Trade, that are unwilling to sell at so cheap a rate, he throws himself again on the liberality of those parties who have carried him so triumphantly through his undertaking. He has with unwearied diligence been constantly adding to a Stock already immensely large, and reflects with pleasure that many *rare* and *curious Works* have found their way by his means to *private* and *public Libraries*. . . . (*Kilkenny Journal,* 6 Lúnasa 1842)

Rinne an fógrán liostáil ar na 'scarce works' a bhí sa siopa.[51] Más féidir glacadh leis an liosta mar scáthán ar réimse léitheoireacht an Dálaigh, ba leabhair iad a léirigh dúspéis i léann na Gaeilge agus i stair na hÉireann ach go háirithe. Is léiriú é an liosta freisin ar an eolas ar shaíocht na hÉireann ar a raibh teacht lasmuigh de na gréasáin aitheanta léinn. In ainneoin *Reliques of Irish Poetry* agus *Irish Minstrelsy* agus scaipeadh áirithe a bheith ar lámhscríbhinní, is i dtóin cise a bhí an chuid is mó ar fad de litríocht is de shaíocht na Nua-Ghaeilge. Bhí an té a dhéanfadh foilsiú – do réir gach ciall den fhocal – ar an ábhar ceilte sin ag teastáil go géar.

Ní beag é an cur amach ar léann dúchais agus stair na tíre a bheadh ag an té a dhéanfadh staidéar ar na leabhair a bhí sa siopa i Sráid an Rose-Inn. Agus tá fianaise againn ar an léamh sin a bheith á dhéanamh aige. Cuir i gcás, tá an frása seo ag an Dálach i litir sa *Nation* ar 31 Bealtaine 1845: 'nothing of a sectarian character about it . . . but on the contrary, merge such distinctions in the proud name – Irishmen'. Macalla é seo ar fhrása clúiteach de chuid Wolfe Tone, frása ar a raibh teacht aige in 'Madden's United Irishmen' a bhí ar díol aige in 1842 in ainneoin gur 1843 dáta oifigiúil a fhoilsithe (*Kilkenny Journal,* 3 Lúnasa 1842, 6 Lúnasa 1842, 13 Lúnasa 1842; Connolly 1998, 339). Agus bheadh a chuid léinn á chur i láthair ar ball aige san eagarthóireacht a ghabh lena chuid foilseachán, go háirithe sna fonótaí. Ní mó ná sásta a bhí sé leis an teacht a bhí aige ar leabhair thagartha, áfach, agus rinne sé casaoid faoi leabhair thagartha a bheith in easnamh air agus é i mbun eagarthóireachta ar *Reliques of Irish Poetry.* I bhfonóta faoin tagairt d'Aongas Óg in 'Uaillchumhadh na Mnaoi Alban a ndiaigh a Céile, Righ Séarlus' a thagraíonn sé dó seo:

> Aongus (sic) Óg, I cannot find in Keating or Flaherty's Ogyg. vol 2, the only books of reference as yet in my possession; I would feel obliged to any of my readers who would furnish his history, as I will have to introduce his name hereafter. (Daly 1844b, 30 n. 1)[52]

Ba dhuine é an Dálach a raibh teora leis an oideachas foirmeálta a bhí air ach ar éirigh leis ina dhiaidh sin páirt nár bheag a ghlacadh i saol liteartha agus cultúrtha a linne. Sa mhéid seo is féidir é a áireamh le pearsana liteartha sa naoú haois déag ar nós William Blake, William Carelton agus Robert Burns a tháinig chun cinn beag beann ar an ollscolaíocht a bhí le fail ag, cuir i gcás, Wordsworth nó Samuel Ferguson nó Walter Scott. Is cinnte go mba mhór an cúnamh chuige sin an teacht a bhí aige ar leabhair agus ar léann. Bhí custaiméirí aige a chuir spéis in ábhar dá leithéid agus iad spreagúil dá réir. Bhí gréasán forleathan comhfhreagraithe aige i gcaitheamh a shaoil, gréasán a bhí bunaithe ar thóraíocht lámhscríbhinní agus leabhar dofhaighte chomh maith le cruinniú eolais ar bheathaí na bhfilí Muimhneacha.

Dhéanadh sé na siopaí a fhógairt go rialta sa dá nuachtán i gCill Chainnigh agus bhí lucht an Irish Society i measc a chuid custaiméirí (*Kilkenny Journal,* 18 Feabhra 1843).[53] Bhí fógráin aige sa *Kilkenny Journal* ar 3 Meitheamh agus ar 13 Lúnasa 1842 a rinne liostáil ar an stoc ar fad i Sráid an Rose-Inn a bhain le stair agus saoithiúlacht na hÉireann (féach 'Aguisíní'). Sa nuachtán céanna ar 30 Samhain 1842, bhí fógrán eile aige. Cé gur liostáladh ann roinnt mhaith den ábhar Éireannach céanna, is ar ábhar clasaiceach agus Caitliceach a thit an bhéim. Ar shagairt agus ar lucht chliarscoil Choláiste Chiaráin a bhí an liosta dírithe, is cosúil, fianaise ar an Dálach a bheith iompaithe ar an gcreideamh Caitliceach i ndeireadh na bliana 1842.

I measc na leabhar chomh maith bhí ábhar ard-chultúrtha Sasanach le leithéidí Locke agus Channing agus roinnt ábhar Fraincise. Thosaigh an liosta le 'Agricolae (Georgii) de Re Metallica Libri XII, ejusdam de Animantibus Subterraneis, *with 40 very curious* engravings, representing various Tracts and *occupations, folio, vellum* £2, decidedly most curious book ever offered for sale in Kilkenny' agus 'Alexisis's Secrets, 4 to.bd BLACK LETTER, 7s. 6d., 1578' agus chríochnaigh le 'La défense des Ordinations Anglicanes refutée, *Par le Père* HARDOQUIN *de la Compagnie de Jésus* 2 vols . . . 5s., 1727' agus 'Libellus Synodicus: Omnes Synodus tam Orthodoxos, quam Hereticas, brevi compendio continens; quae ab Apostalorum inde tempore, usque ad Octavam super unio PHOTTI et Papae JOHANNIS institutam sunt celebratae 4to., vel., 5s. 1601'.

'In 1841 . . . a substantial public reading existed for popular literature' (Ó Ciosáin 1997, 32) agus faoi 1 Márta 1843, bhí freastal á dhéanamh aige ar an éileamh sin le bunú 'New Circulating Library' a scaipeadh 'approved Works of Fiction and Miscellaneous Literature including the most popular Periodicals of the day'. Bheadh £1 5s 0d in aghaidh na bliana le híoc 'for one set of books or part of a set' agus £3 15s 0d 'for twelve books in town or 18 in the country' (*Kilkenny Journal,* 1 Márta 1843). Bhí roinnt mhaith 'circulating libraries' sa chathair cheana féin agus is cinnte go raibh iomaíocht eatarthu (Bradley 2000, 24). Bhí an Dálach agus an *Journal* in iomaíocht le chéile freisin: bhíodh leabhair ar díol in oifig an nuachtáin féin, leabhair dheabhóideacha Chaitliceacha don chuid is mó (*Kilkenny Journal,* 13 Lúnasa 1842, 22 Márta 1843).

Mar dhuine a raibh sealúchas aige, bhí lámh ag an Dálach i saol sibhialta na cathrach. Liostáladh é i measc na síntiúsóirí don 'O'Connell Tribute for 1841'. 2/6 a thug sé, an leibhéal ab ísle síntiúis (*Kilkenny Journal,* 8 Eanáir 1842). Ba chomhartha é, ar bhá a bheith aige le 'cúis na gCaitliceach' agus le Cumann na hAisghairme a bunaíodh an bhliain roimhe sin (agus a raibh lucht Éire Óg fós ina gcuid de). Liostáladh arís mar shíntiúsóir don 'O'Connell Tribute' é ar an *Nation* dar dáta 7 Nollaig 1844 mar ar liostáladh na síntiúsóirí ó 'St. Mary's parish, Kilkenny'. Ar 18 Feabhra 1843, bhí fógrán sa *Kilkenny Journal* aige á rá go raibh 'O'Connell's *History of Ireland* just received at J. Daly's'. In G 389 sa Leabharlann Náisiúnta tá dán arbh é 'Seághan ua Dala cct' dár teideal 'On O'Connell and fellow-martyrs' arrival in Kilkenny, Easter Tuesday, March 25.(sic) 1845, to be entertained at a public banquet'. Dhá véarsa atá ann agus tugann sé le fios go raibh bunáit fós i gCill Chainnigh ag an dáta sin aige:

> Céad míle fáilte roimh na sáir-fhir chalmadh,
> Ná staonfadh da namhaidibh air mhágha na machaire,
> O Conuill sa bhanntracht teann gan eagladh,
> Ruagfadh na búir as dúithche ár natharaibh.
> As fada dhúinn dubhach faoi smúit ag galla phoic,
> Ceangailte air shlabhradh lomm faoi ghlasaibh cip,
> Léigimíd chughtha ann gach cuinnge is gearram iad,
> 'S cuiream luchd an fheill go doimhin a dtalamh síos.

Foilsíodh sa *Kilkenny Journal* ar 4 Deireadh Fómhair 1843 'the Address of the Citizens of the Marquis of Ormond' ar ócáid a phósta. Mar seo a thosaigh sé:

> We offer to your Lordship our congratulations upon the happy event which brings you and your young and amiable bride to your ancestral Castle of Kilkenny. Your Lordship's kind and protective conduct to the numerous tenantry entrusted by Providence to your charge – your watchful care and solicitude for their happiness and welfare, have endeared you to their regards, and secured you their grateful affections. (*Kilkenny Journal,* 4 Deireadh Fómhair 1843)

Bhí ardmhéara na cathrach, James Burham agus an t-easpag Caitliceach, William Kinsella i measc lucht sínithe na gairme. Agus i measc mórán ainmneacha eile, bhí 'John Daly'.[54]

I bhFómhar na bliana 1843 chuir sé a ainm le liosta na ndaoine a d'iarr go dtionólfaí cruinniú Conallach 'for the purpose of Considering the Letter of our esteemed City Representative J. O'Connell and to adopt Resolutions in connexion therewith' (*Kilkenny Journal,* 21 Deireadh Fómhair 1842). Bhí sé ar liosta de lucht sealúchais a ghairm cruinniú 'for the purpose of devising the necessary preparatory arrangements for the election of Town Councillors into the New Corporation' in 1843 (*Kilkenny Journal,* 5 Lúnasa 1843). Agus bhí sé ina measc siúd a thionóil 'a meeting of the Gas consumers of this city . . . to consider the propriety of seeking a reduction of the present high price of Gas' in 1843 (*Kilkenny Journal,* 28 Nollaig 1843). Agus cheap bardas chathair Chill Chainnigh mar 'assessor' é ag dáta nach eol dúinn.[55]

Is cosúil gur rugadh naonúr páiste i gCill Chainnigh dó féin agus Ellen ach nach raibh ach cúigear acu seo fós beo sa bhliain 1852. Loisceadh taifid bhaiste pharóiste Naomh Eoin, Cill Chainnigh (mar a raibh cónaí orthu), sna Ceithre Chúirt in 1922 (clár na dtaifead, Leabharlann Choiste Ionadaíochta na hEaglaise) ach is dócha gur baisteadh mar Anglacánaigh iad.

Seo mar a rinne Seán Ó Donnabháin áireamh sa bhliain 1852 ar an muirear:

1. Mary, Born in 1828. Died in 1834.
2. Edmund, Born in 1830. Died in 1836.
3. John, Born (December) 1831. Living.
4. Denis, Born in 1833. Died in 1838
5. Mary, Born in 1835. Died in 1838.
6. William, Born in 1836. Died.
7. Edmund, Born in 1837. Living.
8. Ellen, Born in 1839. Living.
9. Laurence, Born in 1842. Living.
10. Kate, Born in 1844. Living. (O'Donovan 1852, 5).

Fágann seo gur cailleadh cúigear leanbh ar fad leo le linn don Dálach agus dá bhean a bheith i gCill Chainnigh

Cailleadh athair agus máthair an Dálaigh le linn na tréimhse seo freisin agus déantar comóradh orthu agus ar Mary, céadghin na lánúine, ar leac reilige i Maigh Dheilge, tógtha ag an Dálach féin, is dócha.

Caibidil 3

Reliques of Irish Jacobite Poetry

1

Sa bhliain 1843 thug Catherine Hamit Passy ó Londain Shasana cuairt ar Chill Chainnigh. Chas an Dálach ann uirthi agus scríobh sí chuige ar 25 Meitheamh 1849 ó '1 Cumberland Terrace, Regent's Park':

> Sir, When I was in Kilkenny, in the year 1843, you were preparing for publication a collection of songs, in the original Irish, with an English translation at the side. If you will forward me the work, or whatever part of it may have appeared in print, I will return of post transmit you a post-office order for the amount. (Ollscoil na hÉireann, Corcaigh, Cnuasach Thorna T. lix; Torna 1939–40, 104)

Sraith leabhrán, ocht leathanach an ceann, a foilsíodh (Daly 1844b, ii). Ní léir cén líon leabhrán a bhí beartaithe ach níl amhras faoi ach go raibh an Dálach leagtha ar níos mó ná an sé uimhir déag a foilsíodh a chur i gcló. Níor foilsíodh, cuir i gcás, caoineadh a gealladh ar an Athair Nioclás Mac Síthigh (Daly 1844b, ii).[1] Chuir an chéad eagrán plean cuimsitheach foilsithe i láthair an phobail agus gealladh gur fhiontar léitheoirlárnach idirghníomhach a bheadh ann, é dírithe ar an léitheoir coiteann:

> The first number will be an introduction to the Irish language, comprising a series of short and simple rules by which any man of common understanding after one or two careful perusals, will be able to read any Irish book with ease. Each succeeding number will contain, at least, two Irish songs with short notes and *literal* translations; also, biographical notices of the writers, when practicable. With the last number will be given a title, index, and a general preface to the work, so as to enable purchasers to bind up their volumes at the close of its publication. The price charged will hardly realise the expense incurred by such an undertaking, but Ireland's Sons must feel proud if such an opportunity as the present affords for possessing themselves of the songs of their country – On the whole, it shall be conducted in such a manner as to render it in every way pleasing and satisfactory to the public, to whom I shall at all times feel thankful for any suggestions they may give, or alterations they may deem advisable: because in carrying on such a work, I do not consider myself any more than the servant of the parties for whom it is intended.

> Persons having manuscript Songs or Poems in their possession, which they would wish to see in print, will be pleased to have them duly forwarded. Such contributions shall be thankfully received and acknowledged by me, and the names of the contributors shall be mentioned in the number, in which the article appears. An elegy on the death of the Rev. Nicholas Sheehy, who was executed in Clonmel, on the 15th of March 1766, with *historical notes and translations* is in preparation, and shall appear in due course, with such other favours as the public may think it fit to place at my disposal.
>
> John Daly, Kilkenny, Nov. 1843 (Daly 1844b, ii)[2]

Agus gan ach dhá amhrán foilsithe sa tsraith, maolaíodh an plean. Éiríodh as na 'literal translations' ar chomhairle 'some friends' agus tharraing an Dálach Edward Walsh chuige mar aistritheoir (Daly 1844b, 9). Níorbh é an Dálach an chéad díolaimeoir a bhí idir dhá chomhairle i dtaobh chur i láthair na Gaeilge: i gcás Hardiman ní raibh faoi filí a fhostú ar chor ar bith agus an díolaim á beartú aige ach tháinig malairt aigne ar ball chuige (Ní Mhurchú, Breathnach 1999 48, 49; Ó Háinle 1982, 48).

> Preservation being Hardiman's foremost concern, he at first intended publishing the originals as they stood with no more elaborate glossing than a few explanatory notes. Then, as he says, he thought that literal English versions would be an improvement on his plan. (Welch 1998,75).

Ní mar sin a chuir sé an fhilíocht i láthair ag deireadh thiar, áfach. Mar seo a mhínigh sé an cur chuige a bhí sa deireadh aige:

> But the widely different idioms of both languages; the difficulty or rather impossibility of preserving the spirit of the bards; and the consequent injury to their works and memory, proved decisive against such a process. (Hardiman 1831, iml. 1, 39)

I dteannta aistriúcháin an Bhreatnaigh d'fhoilseofaí ar mhaithe leo siúd 'who do not understand the Irish language' aistriúcháin i bhfoirm 'interlinear translations on the Hamiltonian system, from which I shall not depart in future'[3]. Gealladh go bhfoilseofaí 'a second edition of that second number' agus an 'Hamiltonian system' curtha i gcion air. Moladh an Breatnach mar dhuine a bhí 'thoroughly conversant with the legends and manners of the peasantry of the South of Ireland, and a principal contributor to the "Nation Newspaper"' agus dúradh go raibh sé 'engaged . . . to furnish the metrical version which now appears, as well as that which shall appear hereafter, thus making my penny publication suit the views and wishes of the community' (Daly 1844b, 9). Alt a foilsíodh sa *Nation* faoin teideal 'Irish Songs' ar 6 Eanáir 1844 ba shiocair leis an malairt seifte:

> A Kilkenny bookseller named Daly has begun printing a selection of Irish songs to be issued in penny numbers. Two numbers are out. The first contains useful

> rules for the pronunciation of Irish and the second has two songs with introductions. Of one of these songs we give a versified translation. It is a Jacobite relic written with less than the usual amount of allegory, to which tyrants drove our poet bards. The author was John MacDonnell or Leaghan (sic) Claragh . . . The other poem is an address to the Irish language, compiled from a MS. made by Philip Fitzgibbon of Kilkenny, in the last century. The author is unknown.
>
> Unrhymed, but very sweet translations of both songs are given with the original text, printed in a very beautiful Irish type.
>
> More ample noting and an interlinear literal translation on the Hamiltonian plan would make these songs valuable pioneers of the language among the richer classes.
>
> We are glad to see Kilkenny taking any step to show its reverence for the past. No town in Ireland can boast greater political integrity, firmness and zeal; but Kilkenny was always illustrious and the present race have too much neglected the remains of the dead. The town is full of precious relics, and its history, if written by a man of profound local knowledge and enthusiasm, fearlessly, carelessly, picturesquely, would possess as much romance, and call out more passion, than any fiction ever written.

Cé gur léir nár thuig údar an ailt gurbh í litríocht na Mumhan agus nárbh í stair Chill Chainnigh ba chúram d'fhiontar foilsitheoireachta an Dálaigh, ina dhiaidh sin féin bhronn seasamh an *Nation* údarás agus gradam ar ar dúradh agus ghlac an Dálach lenar moladh. Ach bhí plean níos cuimsithí molta dó ag Edward Walsh i litir a scríobh sé ó 'Duke's-row, Summer-hill, Dublin'ar 2 Eanáir 1844, plean ar ghlac an Dálach leis. D'fhág seo go raibh aistriúchán leis an mBreatnach ar gach amhrán ón tríú ceann, 'An Bonnaire Fiadh-Phuic' ('A sé do leónaidh mo chumas'), ar aghaidh:

> I called at the residence of a barrister of note in the city – afterwards one of those fiery spirits who are carrying out the present movement of freedom, – and he told me that he likewise called at Machen's for the songs. He begged me to leave him my metrical versions of the songs to show to his friends. He has a high opinion of my abilities, and says that my . . . translation would be powerful in recommending them to many English readers. He says it would be a good plan to introduce your literal version with the Irish – that is, to give the prose English under the Irish, word for word, without regard to the arrangement – for the ease of them who would study the tongue, and they would be many. He says such songs would take well. (LNÉ 2261; Walsh 1883, 33–4)

Seachtain ina dhiaidh sin, scríobh an Breatnach chuige arís. Bhí glactha ag an Dálach lena phlean:

> I was greatly pleased with your intention of giving the interlinear version according to my first suggestion. If you give it without regard to the grammatical order of the English but word for word in the Irish it would be of service to my poetic version by turning the reader from instituting comparisons between your accurate versions and my (focal doiléir) ones. (Litir dar dáta 10 Eanáir 1844, LNÉ 2261.)

Chuir an Breatnach tuilleadh leis an bplean cúig lá ina dhiaidh sin:

> . . . avoid all words of contempt or hate to any party[.] It will check the sale of the work . . . When you give strong expressions give them as the words of the bard not as your own – I had this hint from one of the opposite side to us. Also when translating you should take not only the literal meaning, but also the genius of the tongue into effect. In fact my allegorical allusions should be preserved in Irish, to put these into English would ruin the effect. The last stanza of the Irish is unworthy of Sean Clarach (sic). (Litir dar dáta 15 Eanáir 1844, LNÉ 2261.)[4]

Thug an Dálach a bhreith féin ar an mBreatnach sa réamhrá a ghabh leis an dara heagrán de *Reliques* in 1866:

> Concerning the originals which accompany the translations made by Edward Walsh, as well as those which stand alone, we have a few words to say. They are not robed in the most faultless and correct grammatical raiment, it is true; but then they give the very idiom and expression of the Munster poets who gave them birth, and the Munster people who preserved and held them dear. (O'Daly 1866, vi)

Faoin am gur tháinig deireadh leis an tsraith bhí téacs agus aistriúchán na n-amhrán seo leanas curtha i láthair:

'Dán-mholadh na Gaoidheilge' – 'Sí 'n teanga Ghaoidheilge is greanta cló . . .' (le 'some unknown Bard');[5]
'Aisling Air Éire' – 'Oidhche bhíos aig luighe air shuan . . .' (Seán Clárach Mac Dónaill);
'An Bonnaire Fiadh-Phuic' – 'A sé do leónaidh mo chumas . . .' (Seán Clárach Mac Dónaill);
'Mac an Cheanuighe' – 'Aisling faon do dhearcas féin, air . . .' (a cuireadh i leith Sheáin Chláraigh Mhic Dhónaill);
'Anfhocain Bhreatain' – 'Eisdigh le m' (sic) ghlórtha a mhór-shliochd Mhilésius . . .' (Seán Clárach Mac Dónaill);
'Uaillchumhadh na Mnaoi Alban a ndiaigh a Céile, Righ Séarlus' – 'Ní mhuidheasad féin cia e mo stór . . .' (Seán Clárach Mac Dónaill);
'Freagradh air an Mnaoi Albanaicc' – 'A Ríogain uasail shuairc 's a stor . . .' (Seán Clárach Mac Dónaill);
'Diothiaitriughadh Gall' – 'Ag taisdiol na Bláirne, lá 's mé ag machtnamh . . .' (Eoghan Rua Ó Súilleabháin);
'Géibhionn na n-Gaoidheal' – 'Ag taisdiol na sléibhte dom sealad am aonar . . .' (Eoghan Rua Ó Súilleabháin);
'Súil-chabhartadh Éirionn' – 'Cois abhain a néi, 's me ag taisdiol a g-céin . . .' (Eoghan Rua Ó Súilleabháin);
'Filleadh Rígh Séarlus' – 'Am aonar seal ag siubhal bhíos . . .' (Eoghan Rua Ó Súilleabháin);
'An Seothógh' – 'Seothó thoil! ná goil go fóil . . .' (sic) (Eoghan Rua Ó Súilleabháin);
'Caoineadh na n-Gaoidheal' – 'Mo dhanaid go n-éagaidh na feara-choin aosda . . .' (Liam Dall Ó hIfearnáin);

> 'Bé n-Éirinn Í' – 'A n-gleanntaibh séimh na h-éigse bhínn . . .' (Liam Dall Ó hIfearnáin);
> 'Uaill-Ghuith an Aoibhnis' – 'Ar bhruach na Coille-móire, faoi chruadh-bhrataibh bróin . . .' (Liam Dall Ó hIfearnáin);
> 'Uilliam Dall agus an Táiliuir' – ''S duine mé shiubhaladh a lán . . .' (Liam Dall Ó hIfearnáin)[6]

Ba nós leis an Dálach teideal fhonn ceoil a ghabh le hamhráin sa díolaim a thabhairt nuair a bhí sin aige.[7] Nuair a theip air é a sholáthar i gcás amhráin Sheáin Chláraigh, bhí sé leithscéalach ina thaobh:

> I cannot now recollect any of our popular Songs, to which the *air* of the following is adapted; but the Irish singer will immediately recognise it. (Daly 1844b, 5)

Mhaígh réamhrá 1866 gur bhain *Reliques* le ré a bhí caite, leis an ré réamh-Chonallach:

> . . . the people . . . turned from remembering the Stuarts only when the Catholic Relief Bill was passed, and then they celebrated O'Connell's triumph. (O'Daly 1866, iii)

Maidir leis an bhfiontar i gcoitinne, ní raibh an Dálach gan fhasach nuair a leag sé roimhe *Reliques* a fhoilsiú. Ba é an Irish Society an fasach sin. Cé nár nós leo ach raon teoranta ábhair a fhoilsiú, níor bheag í an fhoilsitheoireacht a rinne an Irish Society. Bhain gnó na foilsitheoireachta san Eoraip go dlúth le cur chun cinn an Reifirméisin. Mar atá ráite ag Benedict Anderson, bhí 'coalition between Protestantism and print-capitalism' (Anderson 1983, 44). Ábhar saor faoi chlúdach neamhchostasach ar nós *An Irish and English Spelling Book: for the Use of Schools and Persons in the Irish Parts of the Country* (1824), a raibh an seachtú heagrán déag de i gcló faoi 1844 agus fiche trí eagrán de i gcló faoi 1852 a foilsíodh faoi choimirce an Society. I measc na coda eile bhí an deich bpriméar eile ar a bhfuil liostáil déanta ag de Brún (1983b, 314–6), iad ar fad foilsithe ag an gcumann agus iad ag cur bunléinn bhíoblúil ar fail ar bheagán costais.

'One penny' a bheadh ar gach uimhir ar leith de *Reliques of Irish Jacobite Poetry,* 'beautiful clear type' aige agus é ar 'good paper' (O'Daly 1844b, ii). Maidir lena fhoilsiú ina 'penny numbers', bhí seo mar mhodh margaíochta ag foilsitheoirí eile chomh maith. In 1823, cuir i gcás, foilsíodh i Sasana *The Modern Poets of Great Britain Comprising the Whole of Some and the Selected Works of Others of the More Popular and Esteemed Authors* i bhfoirm tríocha dó 'numbers' a díoladh go seachtainiúil ar réal an ceann (St. Clair 2004, 117). Sa *Nation* dar dáta 4 Samhain 1843, fógraíodh *The Black History of Ireland* a bheith 'now Publishing in Weekly Numbers Price one Penny Each'.[8] Tríd is tríd bhain foilsiú ábhair choitinn i nGaeilge leis an Irish Society agus, ar ndóigh, bhí cur amach ag an Dálach ar gach a d'fhoilsigh siad.

Ba ar dhíolaim Charlotte Brooke ón mbliain 1789 – *Reliques of Irish Poetry Consisting of Heroic Poems, Odes, Elegies, and Songs, Translated into English Verse with Notes Explanatory and Historical and the Originals in Irish Characters, to Which is Subjoined an Irish Tale* – a bhunaigh an Dálach teideal na sraithe aige féin.[9] Bhí athfhoilsiú déanta ar dhíolaim Brooke in 1816 agus in 1825 foilsíodh i mBaile Átha Cliath díolaim gan aistriúcháin Bhéarla a sciob cuid mhór den ábhar Gaeilge a bhí ag Brooke i ndíolaim 1789. Ba é seo *Reliques of Irish Poetry Consisting of Heroic Poems, Odes, Elegies, and Songs, Translated into English Verse with Notes Explanatory and &c. of the Most Approved Ancient and Modern Bards Collected by an Eminent Irish Scholar.* Ba ar leabhair seo 1816 agus 1825, is cosúil, a múnlaíodh dearadh na sraithe, an clúdach agus an leathanach tosaigh san áireamh.[10]

Tadhg Ó Coinnialláin a chuir díolaim 1825 in eagar, cé nach bhfuil an t-eolas sin curtha i láthair (O'Sullivan 1942, 285–6). Cúlra bíoblóireachta, mar a bhí ag an Dálach, a bhí ag an gCoinniallánach agus is díol suntais é gur fhoilsigh sé an díolaim seo agus dhá cheann eile ina theannta: *An Duanaire (Fiannaigheacht, Danta agus Ranna) le'r Tteanga Mhin Bhinn Mhilis a Léigheadh* (sic), *A Selection of Irish Poems and Moral Epigrams; Collected from Ancient Manuscripts and Oral Tradition; for the Use of Schools and Learners of the Irish Language, Corrected and Improved by Thaddeus Connellan* in 1829 agus *An Duanaire, Fonna Seanma, Dánta agus Ranna, le'r Tteanga Mhin Bhinn Mhilis a Léigheadh* (sic), *A Selection of Irish Melodies and Moral Epigrams; Collected from Ancient Manuscripts and Oral Tradition; for the Use of Schools and Learners of the Irish Language, Corrected and Improved by Thaddeus Connellan* an bhliain chéanna (O'Sullivan 1942, 284). Bhí an Coinniallánach agus an Dálach beirt ag cur le réimse an ábhair a bhí i gcló sa Ghaeilge, é seo de bharr cleachtadh a bheith acu ar fhoilsitheoireacht na bíoblóireachta. Ach ní ábhar creidimh a bhí á chur i gcló acu ach saíocht na Gaeilge.

Chomh fada is a bhain leis an saíocht sin, bhí éirithe le Hardiman agus lena mheitheal aistritheoirí cuid mhaith den oidhreacht fhileata a chur i gcló sa dá imleabhar de *Irish Minstrelsy or Bardic Remains of Ireland* (1831). Bhí caighdeán míchothrom ag na haistriúcháin i ndíolaim Hardiman agus d'fhoghlaim an Dálach ceacht uaidh sa mhéid is nár fhostaigh sé ach aistritheoir aonair i gcás aon leabhair ar leith. Lean sé nósmhaireacht Hardiman, áfach, sa mhéid is gur mhúnlaigh sé a chuid díolamaí ar an gcomhoibriú idir an té a thionscnaigh agus an file a thiontaigh. Dá luachmhaire Hardiman mar fhasach, mheas an Dálach gur bhain mórfhabht amháin lenar chuir sé i gcrích:

> Ireland indeed stands indebted to Mr. Hardiman for rescuing very many of her songs from oblivion; but Mr. Hardiman's collection was published in such a mannner as to put it out of the reach of the parties for whom such a work should be intended, I mean the *Irish Peasantry*. (Daly 1844b, ii)

Mar sin is i gcodarsnacht le Hardiman cuid mhaith a d'fhoilsigh an Dálach *Reliques of Irish Jacobite Poetry.*[11] Is léir sin ach go háirithe sa tseachaint a rinne sé ar ábhar a bhí cheana i ndíolaim Hardiman. 'Jacobite Relics', áfach, a bhí ar cheann de cheithre roinn a bhí ag Hardiman (1831, iml. 2, 11–181), teideal a sciob an Dálach.[12] Bhí réamhrá agus cuntas ar shaol Thoirbhealbhaigh Uí Chearbhalláin i ndíolaim Hardiman agus bhí réamhrá agus cuntas ar na filí ar leith i *Reliques* an Dálaigh. Chuir Edward Walsh in iúl go neamhbhalbh don Dálach go raibh sé 'confident you have been looking over Hardiman for titles for your songs. The lament for the Gael' is there.' (litir dar dáta 25 Lúnasa 1844, LNÉ 2261). Ach fós féin d'éirigh leis fanacht amach ó na hamhráin a bhí foilsithe ag Hardiman roimhe.

Más i gcodarsnacht le díolaim Hardiman a foilsíodh *Reliques,* bhí teacht aige freisin ar eiseamláirí a bhí níos mó chun a shástachta. In 1835, an bhliain chéanna inar fhoilsigh sé *Ancient Ireland,* thiomsaigh an Déiseach Philip F Barron *The Harp of Erin, a Collection of Irish Songs with Translations.* Ba mhó an chosúlacht, áfach, a bhí idir *Reliques* agus *Songs of the Irish* le Conor McSweeny. Cnuasach d'fhilíocht na Mumhan a foilsíodh ina shraith in 1843 a bhí in *Songs of the Irish,* amhrán in aghaidh na huimhreach agus paratéacs ina theannta a leag béim ar thuairimíocht láidir pholaitiúil chomh maith le ceachtanna teanga.[13] Lean an Dálach lorg an tSuibhnigh.

I *Reliques of Irish Jacobite Poetry* gabhann an Dálach buíochas le 'C. McSweeny, Esq., author of "Songs of the Irish" 'as ucht an amhráin 'Súil-chabhartadh Éirionn' ('Cois abhain a néi, 's me ag taisdiol a g-céin . . .') a sholáthar dó (Daly 1844b, 65, fonóta gan uimhir). Foilsíodh *Songs of the Irish* mar shraith agus ba sheacht n-uimhir ar fad a foilsíodh, ocht leathanach i ngach uimhir. Pingin chostais a bhí ar gach uimhir. Ní ghabhann dátaí ach le huimhir a sé ('August 1843') agus uimhir a seacht ('September 1843') ach tugann seo le fios dúinn gur dócha gur foilsíodh ar bhonn míosúil é.

Maireann litir a chuir McSweeny chuig William Smith O'Brien ar 27 Meitheamh 1845 agus an 'Journal Office, Kilkenny' mar sheoladh aige (LNÉ 435).[14] Tá se le tuiscint ón seoladh gur i mbun iriseoireachta a bhí sé i gCill Chainnigh nó go raibh sé mar eagarthóir ar an *Journal.* Bhí sé i ndiaidh filleadh as Inbhear Nis na hAlban.[15] Is dócha gur le linn dó a bheith ag obair leis an *Journal* a chuir sé féin agus an Dálach aithne ar a chéile, aithne a spreag an Dálach le *Reliques of Irish Jacobite Poetry* a mhúnlú ar eiseamláir *Songs of the Irish.*

D'eitigh an Suibhneach an Dálach, áfach, ar chuma éigin i dtaca le *Reliques,* rud is léir ó litir a chuir Nioclás Ó Cearnaigh chuig an Dálach ar 5 Márta 1845:

> No doubt, Mac Sweeney is one of the roaring patriots who make a trade of their country and when opportunity arrives desert her for a mess of pottage. I cannot

> think otherwise if he has turned the deaf ear to our communication. I am glad that I did not know him as I was resolved to do in accordance with your suggestion. (LNÉ G 389)

Má tá an chuma ar an scéal gur mar aithris ar fhoirm, ar ábhar, ar phraghas, ar dhearadh, ar chur chuige agus ar chur i láthair *Songs of the Irish* a múnlaíodh *Reliques,* bhí fasach eile a foilsíodh freisin in 1843, ceann ar mó an ráchairt a bhí air ná mar a bhí ar *Songs of the Irish.* In 1843 a foilsíodh *The Spirit of the Nation,* dánta a bhí foilsithe cheana sa *Nation* agus a foilsíodh anois ar réal in aghaidh na cóipe.[16]

Ba léir go raibh margadh ann d'fhoilseacháin náisiúnacha ar bheagán costais a bhí dírithe ar chách – agus scríofa i mBéarla.[17] Amhráin fhrith-Phrotastúnacha ó chogadh na ndeachúna ab ea formhór na n-amhrán Gaeilge ar cuireadh tuairisc fúthu go Caisleán Bhaile Átha Cliath i bhfianaise staidéir a rinneadh ar thuairiscí a chuir spiaraí chun an Chaisleáin i dtaobh 'seditious ballads' (Murphy 1979, 79–102).[18] Ábhar liteartha agus ní bailéid nó ábhar ceannairceach a bhí á fhoilsiú i *Reliques,* rud a d'fhág bearna leathan idir é agus an t-ábhar seicteach Gaeilge ina raibh dúil ag an gcoitiantacht.

Ré ab ea í ina mbíodh úinéireacht shiopaí leabhar, foilsiú leabhar is nuachtán agus bunú leabharlanna rothánacha (na 'circulating libraries') fite fuaite ina chéile.[19] Scáthán orthu féin, leabhair a bhíodh ag teacht lena gclaontaí féin ó thaobh polaitíochta agus reiligiúin de, a d'fhoilsíodh foilsitheoirí na linne in Éirinn agus Sasana. Ba bheag a bhíodh dá bharr acu go minic:

> Bearing in mind all the trouble an editor had to go to and the amount of time he spent on preparing the book before everything was ready for the printer . . . payment was comparatively low. (Haass 1985, 60)

Bhí dlús curtha le gnó na foilsitheoireachta lasmuigh de Bhaile Átha Cliath ag Acht na hAontachta siocair gan aon phríomhchathair a bheith anois ag an tír (Ó Ciosáin 1997, 56). Fianaise ar fhoilsitheoireacht neamhspleách a bheith ar bun i mbailte móra na tíre beag beann ar Bhaile Átha Cliath agus Londain é foilsiú eagrán éagsúil leabhar de *Reliques* i gCill Chainnigh agus i mBaile Átha Cliath (Daly 1844b; O'Daly 1844).[20] Ina theannta sin, bhí éileamh ar thraidisiún na Gaeilge faoi chló an Bhéarla mar chuid den 'essential duality which was evolving in Gaelic literary scholarship' (Ní Úrdail 2000, 86) agus tábhacht ar leith ag roinnt leis an bparathéacs mar thobar eolais agus tuisceana. Ba mhinic nár bhain aistriúcháin na linne 'Gaelic standards of metrical precision' amach (Vallely 1999, 362) agus in ainneoin dhícheall Edward Walsh agus James Clarence Mangan, fadhb ab ea í seo nár réitíodh riamh.

Bhí foclóir Gaeilge-Béarla a d'fhoilseofaí ina chodanna á bheartú ag an Dálach roimh 1845, le linn na hoibre ar *Reliques of Irish Jacobite Poetry,* agus bhí a chomhfhreagraí, an tAthair Patrick Lambe, ag tathaint air 'an English-Irish dictionary to accompany each no. of your Irish-English one' a fhoilsiú (litir, Lambe chuig Ó Dálaigh, Ó Buachalla 1965, 138). Is cosúil go raibh sé i gceist aige 'two editions of the same work at the same time 'a fhoilsiú agus gur 'a cheap and a dear edition of the same work' a bheadh iontu (litir 13 Eanáir 1845, Lambe chuig Ó Dálaigh, Ó Buachalla 1965, 138). Níor foilsíodh an foclóir, áfach. Bhí fógrán sa *Nation* ar 4 Samhain 1843 a dúirt go mbeadh 'Part 1 of 'Self-Instruction in Irish with an address to the Youth of Ireland . . . *In the Press and will shortly be Published*'. Mar a tharla, níor foilsíodh go dtí 1846 é. Faoin am sin bhí an Dálach lonnaithe i mBaile Átha Cliath, ach is cosúil go raibh an bhunobair déanta i gCill Chainnigh aige. *Reliques of Irish Jacobite Poetry* a foilsíodh agus bhí fáil poiblí air ar 6 Eanáir 1844 nuair a scríobhadh tuairisc air sa *Nation.*

Díreach i ndiaidh an réamhrá tháinig 'An Chéad Chaibidil' agus 'An Dara Caibidil', sé leathanach de réamhcheachtanna Gaeilge. Má chreid an Dálach, mar a d'áitigh sé, go mbeadh 'any man of common understanding after one or two careful perusals . . . able to read any Irish book with ease' ach an 'introduction to the Irish language' a shlogadh siar, caithfidh gurbh é a thuig sé le lucht an 'common understanding' ná iad siúd ag a raibh labhairt na Gaeilge cheana, ach gan de litearthacht acu ach léamh an Bhéarla.[21] Ar nós an Irish Society, ghlac sé leis gur ar léamh an Bhéarla a bhunófaí léamh na Gaeilge. Agus ar nós an Society freisin, is ar dhaoine fásta – ar an oideachas aosach i dtéarmaí an lae inniu – a dhírigh sé a aird. Bhí amhráin ó lámhscríbhinní á mbabhtáil ar an mBíobla aige ach ba é an cur chuige céanna é. Seans, áfach, gur thit na ceachtanna folamh agus is díol suntais é gur fágadh ar lár iad nuair a foilsíodh an tsraith i bhfoirm leabhair in 1844. Bhí siad níos casta ná na ceachtanna san *Irish and English Spelling Book* agus ba dheacair a shamhlú go bhféadfaí léamh na teanga a fhoghlaim uathu.[22] Agus is foghlaimeoirí is mó a cheannaigh an tsraith ar fhianaise na litreacha a chuirtí chuig an Dálach, a leithéid seo, cuir i gcás:

> I thank you for the translation, which is a nice composition. I cannot make out the original yet I praise the translation. (Litir dar dáta 25 Bealtaine 1844 ón Athair Matthew Horgan chuig an Dálach, LNÉ G 389.)

Dhéanfadh gné amháin dá chur chuige ciotaí don léitheoir, áfach, agus arís ba ón Irish Society a chroch sé é. Cheapfaí go dtógfadh an Society ar an taithí a bheadh ag foghlaimeoirí liteartha Béarla ar an gcló rómhánach ach ba sa chló gaelach a foilsíodh a gcuid leabhar agus leabhrán. Is cosúil gur shíl an cumann go dtiocfaí ar an lucht léite ba leithne a bheadh le fáil ach an cló gaelach a úsáid. Ba chóir, áfach, an cur amach a bheadh ag cuid mhór de mhúinteoirí an chumainn ar ortagrafaíocht na lámhscríbhinní a chur san áireamh freisin: d'fhágfadh seo na múinteoirí ar a suaimhneas leis an gcló gaelach.

Ba é an tríú riail a bhí ag an Society ná:

> That all books distributed by this society in the Irish language, unless in particular cases, shall be printed in the Irish character, as affording for many obvious reasons, the greatest facilities in the perusal; and be accompanied in general with an English translation in parallel pages or columns, as being a measure calculated to promote the acquirement of the English language. (Irish Society 1829, 6).

Chreid Monck Mason, bunaitheoir an Irish Society, nach n-éireódh le foilseacháin sa chló rómhánach, sa 'mistake of the Roman letters' (Ní Mhurchú, Breathnach 1999, 17), mar a dúirt sé féin. Ba sna clónna 'textura' agus 'rotunda' a foilsíodh an leagan Caitliceach den Bhíobla sa Ghearmáin agus in áiteanna eile. Ar an lámh eile de, cló 'scwabacher', a bhí ag Bíobla Luther in 1522: 'it marked a break with Humanism and its Roman type. This Bible separated Protestantism from Rome, and consequently from textura and rotunda' (Willberg 1998, 40). Tá gach seans ann go raibh an meon céanna ag an Irish Society i leith an chló rómhánaigh, an 'mistake' ar thagair Mason dó.

Lean an Dálach de nósanna cló agus foilsitheoireachta an Irish Society i *Reliques.* Bhí seasamh gradamach ag an gcló gaelach agus ba sa chló sin a d'fhoilsigh an Dálach téacsanna gradamacha liteartha i rith a shaoil, leithéid *Ríogha Síl Eibhir* (1847). Sa chló rómhánach, áfach, a d'fhoilsigh sé ábhar béaloidis agus múinte teanga, leithéidí *Féin-Theagasc Gaoidheilge* (1846) agus an *Irish Language Miscellany* (1876).

Agus an t-ochtú haois déag ag dul thar droim, go fiú sa chéad leath den naoú haois déag féin, bhí an cló gaelach 'confined to a few literary and antiquarian works' (de Brún 1983b, 304) agus ba bheag teacht a bhí ar chló-éadan gaelach roimh theacht 'five new Irish type fonts . . . produced between 1808 and 1825' (de Brún 1983b, 307). Bhí 'three of them used particularly in the Bible campaign' (de Brún 1983b, 307) agus lean an Dálach an chonair chéanna. Bhí cló-éadan gaelach ag James Christie (an fear a chlóbhuail eagrán 1816 de *Reliques of Irish Poetry* le Charlotte Brooke) agus ba é sin rogha cló-éadan an Dálaigh.

Léirigh Edward Walsh tuairimí láidre i dtaobh an chló i litir a scríobh sé ar 10 Eanáir 1844 ach, ó tharla go raibh an tsraith á foilsiú cheana féin faoin am sin, is deacair a thionchar ar chló *Reliques of Irish Jacobite Poetry* a mheas. Mar ba nós leis, tharraing an Breatnach chuige féin mar fhinné duine de phearsana mórluachacha na linne – Charles Gavan Duffy eagarthóir an *Nation,* sa chás seo, duine a raibh ardmheas ag an mBreatnach air:

> I earnestly beg of you unless you wish to ruin the Irish character of the work, not to print your Irish in either the Roman or Italian character. The old Irish

> type is the type of their nationality – alter that and you destroy it. These are my own suggestions. I have not spoken to anyone on the subject, but shall, perhaps with Mr. Duffy tomorrow. I am confident Mr. C.G. Duffy will agree with me in saying that the Irish should be done in Irish types . . . (Litir dar dáta 10 Eanáir 1843 ó Walsh chuig an Dálach, LNÉ 2261; Walsh 1883, 36–7.)

Ba ar an mBreatnach féin a thit cúram an chló, obair ar bhain dua go leor léi. B'éigean dó an cló-éadan a sholáthar do Goodwin, an clódóir:

> I have been with Goodwin & have to say that Christie has not yet brought him the Irish types. (Litir dar dáta 'Sunday night', LNÉ 2261.)

Chuir réamhrá *Reliques* leagan amach polaitiúil chun cinn a bhí eitnea-Chaitliceach go smior. Ba theachtaireacht phearsanta ón Dálach é, á chur féin i láthair mar dhuine a bhí i ndiaidh briseadh leis an mbíoblóireacht agus é cleamhnaithe anois lena mhalairt. Ró-chúiteamh a bhí ann, b'fhéidir, a bunaíodh ar chontrárthacht dhénártha Gall le Gael. B'fhada seo ó *Reliques of Irish Poetry* le Charlotte Brooke. Cuireadh dánta na díolaime seo i láthair mar 'sweet ambassadresses of cordial union' (Brooke 1789, cxxxiv). Ar an gcuma chéanna chuir Samuel Ferguson roimhe mar aistritheoir 'concord, a harmonious relation between the two races in Ireland' (Welch 1988, 7) a chothú. Go deimhin ba mhó de fhorógra ná de ghnáth-réamhrá é. 'To the Public' a bhí mar cheannteideal air agus thug sé áiméar don Dálach lena leagan amach eitneach féin ar stair na hÉireann a fhógairt. Ina theannta sin bhí fonn air an dul chun cinn a bhí déanta ag Caitlicigh na hÉireann de bharr an Chonallachais a chur i láthair:

> Centuries of oppression and *direful* persecution have now passed away, and the 'cold chains of silence' which hung over us during these years of Saxon *misrule* and *unrelenting tyranny* is now for ever broken. During this period of *treachery* and *tumult,* at the hand of the '*Saxon*', the *'Foe'* and the *'Stranger',* Ireland's brave and patriotic Sons severely felt the gall and bitterness of malicious rancour – the *pitch-cap* and the *triangle* – their Clergy doomed to take refuge on hills and in the valleys, where they patiently endured all privations they had to undergo, without any other comfort than what the consolation of religion afforded – their bards ever ready to expose the cruel deeds of the 'Invader', were *hunted like wolves,* till their race became almost extinct, and now, very few remain to tell the sad tale, or lament over the wails of his country. (Daly 1844b, i)

Ní mar eagarthóir oibiachtúil díolaime a bhí an Dálach ag caint. Ar lámh amháin, ba mhian leis ionnanú a dhéanamh idir é féin agus an t-ábhar Seacaibíteach; ar an lámh eile, ba mhian leis na siúntaí idir creideamh, teanga, filíocht agus fulaingt a chur ar ceal sa chaoi is gurbh aon mheall idé-eolaíoch amháin iad. Bhí an réamhrá ag teacht leis an gcuma ina raibh an fhilíocht cheannairceach Sheacaibíteach 'permeated by the universal characteristic of all millenial thought: "a strong sense of collective calamity and a demand for collective redemption" ':

> For although Irish Jacobite poetry – as a reflex of Jacobite ideology – was originally a conservative rhetoric imbued with the traditional values of aristocracy, hierarchy, hereditary right and social order, it was also, potentially and eventually, a radical rhetoric in that it foretold, extolled and promoted the overthrow of the existing regime. It must accordingly be counted among the factors that contributed to the politicisation of Irish Catholics. And although Irish Jacobitism never did produce open rebellion, it did cultivate a language and symbolism of revolt, a corrosive, subversive idiom which could transcend its particular origins and through which later happenings could be mediated. (Ó Buachalla 1992, 480)

Ní 'rebellion' a bhí á fhógairt in 'To the Public', áfach, ach deireadh ré ansmachta agus tús ré dhóchais. Ar scáth a chéile a mhair an Seacaibíteachas agus na péindlíthe agus ar scáth a chéile a dhreoigh siad, rud ba léir don Dálach ach a raibh staraithe dall air ar feadh i bhfad:

> Irrespective of the views of Irish historians, the penal laws were inexorably linked to the Jacobite cause in the minds of Irish Catholics . . . The Jacobite threat was used to justify the maintenance of the penal code while the Irish poets, priests and Jacobite supporters of the Stuart king saw his restoration in terms of its alleviation. (Ó Ciardha 2002, 28–9).

Ba chomhartha sóirt é an réamhrá ar an 'shift toward a fully blown Catholic ethno-cultural identity in Ireland' (Kearney 1997, 15) i lár an naoú haois déag. Chuir sé leis an 'glorifying of the racial virtues of the Celt' (Foster 1988, 312) a bhíodh ar bun ag Thomas Davis:

> The ideology of a spiritual rebirth through nationhood struck strong Irish echoes, so did the idea of the nation's history as the shared story of a racial community struggling against foreign domination. The Young Irelanders' inability to proselytize through the Irish language might remain a theoretical stumbling block; but their ideas received all the wider dissemination for being retailed in English. (Foster 1988, 312)

Is san fhilíocht agus ní sna leabhair staire a thiocfaí ar fhíorstair na hÉireann agus ba iad na filí agus níorbh iad na staraithe a dhéanfadh insint ar an bhfíorstair sin. Chuirfeadh *Reliques* a stair féin i láthair lucht a léite.

Ba é an Béarla teanga na polaitíochta agus an dioscúrsa. Fiú an Dálach féin – gan trácht ar dhaoine ar nós an Dáibhísigh ar mó go mór an chaint a bhíodh acu ar an nGaeilge ná a gcuid eolais uirthi – níor nós leis a thuairimí polaitiúla a chur faoi bhráid an phobail ach amháin trí mheán an Bhéarla. Ach gan buíochas dó sin, ba mhian leis an Dálach go ndéanfadh an Ghaeilge a cuid féin de dhioscúrsa an Bhéarla in Éirinn. Sa litir a bhí sa *Nation* aige ar 26 Aibreán 1845, d'iarr sé go bhfeicfí 'the magnificent orations of our Flood, Grattan, Sheridan, Curran, Plunket, O'Connell, Shiel, etc., and other varied works of such minds . . . in the native language' (Ó Lochlainn 1943, 12–14). An cúram céanna a bhí ag déanamh scime dó sa réamhrá le *Reliques* mar gur thosaigh sé le haistriúchán Gaeilge ar véarsa ó 'Dear Harp of my Country' le Thomas Moore (Daly 1844b, i). Bhí gaelú siombalach á dhéanamh aige ar shaothar an fhile b'iomráití lena linn.[23]

Is comhthéacs freacnairceach Éireannach atá ag réamhrá an *Reliques* ach tá rútaí fealsúnacha an réamhrá le fáil i dtraidisiún eitneach na Gaeilge is na hÉireann ar lámh amháin agus sa Rómánsachas ar an lámh eile:

> Civic nationalism made little or no headway in the Gaelic-speaking areas of either Ireland or Scotland . . . As the work of Breandán Ó Buachalla has shown, Jacobitism was extraordinarily strong in Gaelic speaking Ireland during the eighteenth century. As a consequence, civic nationalism had little foundation on which to build in such areas. (Kearney 1997, 7)

Bhí an comhthéacs Eorpach, comhthéacs an Rómánsachais chultúrtha, chomh tábhachtach céanna leis an gcomhthéacs dúchasach. Bhronn an Rómánsachas cultúrtha stádas ar chultúir choiteanna eitneacha a bhí faoi dhímheas ag Eagnaíocht Aois an Réasúin. Mhol siad gan náire tréithe de chuid na sochaithe sin nach raibh ag teacht leis an nuachóiriú. Ina choinne sin, chreid an Eagnaíocht go daingean go raibh dul chun cinn déanta ag gach glúin daoine ar an nglúin a chuaigh rompu: bhí sé i ndán don saol a bheith ag dul i bhfeabhas ó aois go haois agus ba chuid den dul chun cinn sin é diothú na mionchultúr iargúlta. Cheistigh scríbhneoirí ar nós Walter Scott an creideamh seo. Sochaí faoi dhímheas, sochaí nach raibh ag teacht leis an nuachóiriú ab ea an tsochaí as ar eascair filíocht na Mumhan. Chuir an Dálach in iúl go mba chomhuasal le sochaithe gradamacha an domhain mhóir é agus go raibh urraim ar leith ag dul in Éirinn dó. Creideann Isaiah Berlin gur comhartha sóirt an Rómánsachais é an dearcadh seo:

> If there are values in the past which are more valuable than those of the present, or at least in competition with them, if there is a magnificent civilization somewhere in thirteenth-century Britain or in some remote part of the world, whether in space or in time, which is as attractive as, if not more so than, the drab civilization in which you are living, but nevertheless (and that is the important thing) irreproducable – you cannot get back to it, it cannot be rebuilt, it must remain a dream, it must remain a fantasy, it must remain an object of disappointment if you seek it – if that is so, then nothing will satisfy you, because two ideals have come into collision and it is impossible to solve the collision. It is impossible to obtain a state of affairs which will contain the best of all these cultures, because they are not compatible. Therefore the notion of incompatibility, of plurality of ideals, each of which has its own validity, becomes a great battering-ram which romanticism employs against the notion of order, against the notion of progress, against the notion of perfection, classical ideals, the structure of things. This is why Scott, surprisingly enough, is correctly called a romantic writer. (Berlin 2001, 137–8)

Ba dheacair fianaise a sholáthar a léireodh léamh a bheith déanta ag an Dálach ar an scríbhneoir ba mhó a mbeadh anáil aige ar Rómánsachas cultúrtha na linne, Johann Gotfried Herder (1744–1803), ach ba scríbhneoir é Herder a raibh scaipeadh forleathan ar a chuid smaointeachais fiú ina measc siúd nár léigh riamh é (Berlin 2001, 37).[24] Bhí cur amach ag Thomas Davis ar smaointeachas freacnairceach na Gearmáine agus na Fraince agus 'they helped to transform his romantic interest in old Gaelic society and song into a potent agent for reactivating Celtic Irish resistance to the Anglo-Saxons' (Davis R., 1988, 20). Chreid Herder, ar nós an Dáibhísigh agus an Dálaigh, 'that the truest poetry is the poetry of the people' (Thorne, Collocutt 1984, 662). Chreid Herder, agus iad siúd a lean é, gur labhair amhráin chine le baill an chine sin ar chuma ar leith:

> Take, for example, folk song. If a song speaks to you, they said, it is because the people who made it were Germans like yourself, and they spoke to you, who belong with them in the same society: and because they were Germans they used particular nuances, they used particular successions of sounds, they used particular words which, being in some way connected, and swimming on the great tide of words and symbols and experience upon which all Germans swim, have something peculiar to say to certain persons which they cannot say to certain other persons. The Portuguese cannot understand the inwardness of a German song as a German can, and a German cannot understand the inwardness of a Portuguese song, and the very fact that there is such a thing as inwardness at all in these songs is an argument for supposing that these are not simply objects like objects in nature, which do not speak; they are artefacts, that is to say, something which a man has made for the purpose of communicating with another man. (Berlin 2001, 59–60)

Ba bheag aitheantas a bhronn na rómánsaigh chultúrtha ar an meánaicme, an aicme ar di, ar an mórgóir, iad féin: 'Davis . . . distinguished but three classes: the nobles, the gentry and the people' (Kearns 2001, 28). Chreid sé féin agus rómánsaigh eile an *Volksgeist* agus an *Naturalgeist* go raibh fáil i dteanga chine ar 'the pervasive structure of human thought and activity. For them language was not a neutral medium of communication, but a store-house of memories and truths not accessible to critical human awareness, yet preserved in language and used by human beings in all their activities and interactions' (Gray 1995, 127). D'fhéadfaí Herder agus an Dálach araon a áireamh mar fhir a bhain leis an bhfeiniméan ar a bhfuil an Fhrith-Eagnaíocht, 'the Counter-Enlightenment', baiste ag Berlin:

> For Voltaire, Diderot, Helvetius, Condorcet, there is only one universal civilization, of which now one nation, now another, represents the richest flowering. For Herder there is a plurality of incommensurable cultures. To belong to a given community, to be connected with its members by indissoluble and impalpable ties of a common language, historical memory, habit, tradition and feeling, is a basic human need no less natural than that for food or drink or security or procreation. One nation can understand and sympathize with the institutions of another only because it knows how much its own mean to itself.

> Cosmopolitanism is the shedding of all that makes one most human, most oneself. (Berlin 1979, 12)

Áiríonn Isaiah Berlin trí léas tuisceana de chuid Herder a dhealaigh ó smaointeoirí a linne é agus a rinne bunsmaointeoir de féin. Is féidir na trí cinn a thagairt don leagan amach cultúrtha agus polaitiúil a chuireann an Dálach chun cinn sa réamhrá a ghabhann le *Reliques*. An chéad cheann acu seo ná 'populism' nó poblachas: 'the belief in the value of belonging to a group or a culture' (Berlin 2000, 79). Deir Berlin, áfach, nach ionann poblachas agus náisiúnachas: 'it is not political, and is indeed, to some degree, anti-political, different from, even opposed to, nationalism' (Berlin 2000, 79). Bhain an Dálach tátal polaitiúil ón léamh a dhéanann an réamhrá ar stair na hÉireann agus fágtar dá bharr seo feidhm theoranta ag catagóir an phoblachais i saothar an Dálaigh, ní hionann is an dá léas tuisceana eile.

An dara príomhléas atá aitheanta ag Berlin i smaointeachas Herder ná eispriseanachas nó 'expressionism':

> The doctrine that human activity in general and art in particular, express the entire personality of the individual or the group, and are intelligible only to the degree to which they do so. Still more specifically, expressionism claims that all the works of men are above all voices speaking, are not objects detached from their makers, are part of a living process of communication between persons and not independently existing entities . . . (Berlin 2000, 79)

Bhí seo ag teacht leis an gcaoi inar thuig an Dálach amhráin na díolaime ní mar aonaid aestéitiúla a sheas leo féin ach mar ghuth cine agus ceantair ar an gcaoi chéanna is a thuig an Breatnach na haistriúcháin a bheith 'conveying the wrongs and feelings of our race' (Walsh 1883, 38). Cuireadh an guth sin i láthair trí phearsantacht file. Bhain tábhacht ar leith leis an bpearsantacht sin agus tugadh cuntas ar thréithe agus ar shaol an fhile sular cuireadh aon amhrán dá chuid i láthair. Laoch rómánsach ab ea an file agus ní fhéadfaí aon mheabhair a bhaint as na hamhráin gan an comhthéacs reiligiúnda, cultúrtha agus polaitiúil inar scríobhadh iad a thuiscint.

An tríú léas tuisceana a tháinig ó Herder ná 'pluralism' nó iolrachas:

> The belief not merely in the multiplicity, but in the incommensurability, of the values of different cultures and societies . . . (Berlin 2000, 79).

Lean an Dálach teagasc Herder agus chreid sé gur dream ar leith a bhí sna Gaeil agus go raibh eispéaras staire acu a dhealaigh amach iad ón gcuid eile den domhan agus ó mhuintir Shasana ach go háirithe. Bhí an tuiscint a léirigh an Dálach ar amhráin agus ar fhilíocht sa réamhrá le *Reliques* ag teacht go hiomlán le dearcadh Herder:

> 'The more savage, that is, the more alive and freedom-loving a people is (for that is the simple meaning of the word), the more savage, that is alive, free, sensuous,

> lyrically active, its songs must be, if it has songs', he wrote in 1773. He compares 'the living presentness of the imagery' of such songs with songs 'written for paper'. 'These arrows of a savage Apollo pierce hearts and carry souls and memories with them'. 'All unpolished peoples sing and act; they sing about what people do and thus sing histories. Their songs are the archive of their people, the treasury of their science and religion . . . a picture of their domestic life in joy and in sorrow, by bridal bed and graveside . . . Here everyone portrays himself and appears as he is' . . . When the words were divorced from music, when the poet began to write 'slowly in order to be read', art may have gained but there was a loss of magic, of 'miraculous power'. (Berlin 2000, 195–6)

Dream ab ea formhór na rómánsach Gearmánach a múnlaíodh as cúlra pearsanta agus polaitiúil a bhí cosúil go maith le cúlra an Dálaigh:

> . . . the whole thing is a product of wounded national sensibility, of dreadful national humiliation, that this is the root of the romantic movement on the part of the Germans . . . Lessing, Kant, Herder, Fichte were all humbly born . (Berlin 2001, 38)

An feiniméan ar a bhfuil 'the scientific state' tugtha ag staraithe an náisiunachais (Smith 1971, 230–54), b'fheiniméan é a d'fhás as an Eagnaíocht. Bhítí ann in Éirinn a shíl gur fhág a gcúlra sóisialta iad ina 'second-class citizens of Britain' go minic ag cur i gcoinne 'some of the most characteristic values of the scientific state':

> One way to challenge the all-important principle of efficiency was to appeal to the past. For the opponents of centralisation, the past was valuable in order to show how uniquely worth preserving Irish institutions and culture were. It was against this background that . . . Irishmen began to search out manuscripts of Irish interest on their travels abroad. (Hill 1980, 106)

Baineann tábhacht ar leith le cúinsí áitiúla agus, go deimhin, le cúinsí pearsanta, i bhforbairt an Rómánsachais agus na Frith-Eagnaíochta i ngach tír ar leith agus ní hionann an scála ama i ngach cás. Ach dá mbeifí le dáta ginearálta a chur le síolrú an náisiúnachais rómánsaigh chultúrtha is í an bhliain 1760 a chuirfí leis. Ba sa bhliain sin a d'fhoilsigh James Macpherson *Fragments of Ancient Poetry, Collected in the Highlands of Scotland, and Translated from the Galic or Erse Language.* D'fhág lárnachas na díolaime sin, agus ar lean é ó pheann Macpherson, go mbeadh filíocht agus scéalta na gcultúr a bhí faoi dhímheas ag an Eagnaíocht i gcroílár an fheiniméin úir, i lár an Rómánsachais. Ba é leabhair Macpherson a spreag aiste Herder, *Über Ossian und die Lieder alter Völker* in 1773. Léigh Herder 'the primitive poetry of every nation as the direct expression of its distinguishing soul, the repository of its autonomous history' (Trevor-Roper 1969, 10). In 1778–9 d'fhoilsigh sé díolaim d'amhráin na Gearmáine, *Stimmen der Völker* (dhá imleabhar), a raibh anáil aige ar go leor a lean é. D'fhoilsigh sé aistriúcháin ar chuid de *Reliques of Ancient English Poetry* le Thomas Percy (1755), an leabhar ar foilsíodh *Reliques of Irish Poetry* (1789) le Charlotte Brooke faoina scáth.[25] D'fhoilsigh Joseph Cooper Walker *Historical Memoirs of the Irish Bards* in 1786 agus roimhe sin foilsíodh *Tales Translated from the Irish* le Charles Wilson in 1782.[26] In Albain, d'fhoilsigh Walter Scott *The Border Minstrely* mar dhá imleabhar, ceann in 1802 agus ceann in 1803. In 1816 foilsíodh *Airs and Melodies Peculiar to the Highlands of Scotland and the Isles* le Simon Fraser, *The Jacobite Relics of Scotland* le James Hogg in 1819, *The Songs of Scotland* in 1825 (ceithre imleabhar ar fad), *The Minstrel, a Selection of Scottish Songs* in 1837, *Sár Obair* le John Mackenzie in 1841 agus *The Modern Scottish Minstrel* in 1819:

> In the twenty years that elapsed between the death of Burns and the publication of Hogg's *Jacobite Relics of Scotland* a substantial contribution was made to the body of later Jacobite song by a number of writers, and a succession of collectors and editors were working towards a definition of National Song in which Jacobite material was to occupy a central place . . . the idea that popular culture was an important element in the formation of national identity began to influence editorial selection and creep into edtorial prefaces. (Donaldson 1988, 90)

Fearacht an Dálaigh, a raibh foclóir á bheartú aige agus é ag tiomsú *Reliques,* ní dhearna náisiúnaithe cultúrtha Slavacha na linne idirdhealu idir saothrú na teanga agus na litríochta. Dátaítear aontú chanúintí na Slavach (agus bunú na hIúgslaive) ó fhoilsiú *Kleine Serbische Grammatik* le Vuk Stefanovic Karadzic (1787–1864) in 1824. In 1833 d'fhoilsigh Karadzic *Narodne Srpske Pjesme,* díolaim amhrán agus bailéad Seirbea-Chróatach i gceithre imleabhar, agus rinne sé an Bíobla a aistriú go Seirbis (Karadzic 1932). Bhí gach a ndearna Karadzic faoi anáil Herder (Warnock 2000, 215). Agus bhí faltanas Vuk do réimeas na dTurcach (Glenny 1999, 7, 12, 20) céim ar chéim leis an bhfaltanas a léirigh an Dálach sa réamhrá do réimeas Shasana, faltanas a bhí ag teacht le hiarmhairt na béime rómánsaí ar 'the folk':

> 'The folk' could be a revolutionary concept, especially among oppressed peoples about to discover or reassert their national identity, particularly those which lacked a native middle class or aristocracy. There the first dictionary, grammar or collection of folksong was an event of major political importance, a first declaration of independence. (Hobsbawn 1962, 261)

Shleamhnaigh réamhrá *Reliques* go héasca ó chaint ar 'the Songs of Ireland' go dtí 'centuries of oppression' (Daly 1844b, i) agus bhí an léamh seo ar an gcultúr dúchais mar shineicdice don náisiún ag teacht leis an bhforás a bhí tagtha ar fhealsúnacht an Rómánsachais chultúrtha faoi thionchar Johann Gottlieb Fichte (1762–1814). Fealsamh Gearmánach ab ea Fichte a rinne leathnú (agus polaitiú) ar fhealsúnsacht an Rómánsachais chultúrtha nuair a bhí Berlin sealbhaithe ag Napoleon. I leaba na béime a bhí ag Herder ar ghaol na hindibhide leis an gcultúr, leag Fichte an bhéim lárnach ar an náisiún féin. Dar leis siúd go mba indibhid é an náisiún:

> . . . he moved from the notion of the individual as an empirical human being in space to the notion of something larger, say a nation, say a class, say a sect . . . Fichte ends as a rabid German patriot and nationalist. (Berlin 2001, 91)[27]

Díol iontais ab ea é filíocht an chultúir choitinn a fheiscint i gcló sa Bhéarla, gan trácht ar an nGaeilge nó ar an tSeirbis. Chuir Nioclás Ó Hae a chuid iontais féin faoi *Reliques* in iúl i litir a chuir sé chuig Standish Hayes O'Grady 'an treas la deag do Gheimhre 1850':

> A dhuine uasail, do fuairios do leitir agus do leabhar, is ni fhiadfá aon nith a chuir chugam bo taithniomhuidhe liom na é – oir do bhí dúil agus mian a gcomhnuidhe agam ó thuis m,oige (sic) chum deantuisidhe filidhe na hEirion agus go spesialta na Múmhan do léighiomh agus do sgriobh . . . dob ait liom iad fhaicsin a bhfuirm mar leabhar Ui Dhala. (Ó Riain 1968, 52)

Ach má bhí a laghad sin measa aige ar 'Saxon misrule', ar an gcaoi inar chaith Sasana le hÉirinn, cad chuige nár fhoilsigh an Dálach díolaim d'fhilíocht na hÉireann trí chéile i leaba na filíochta Muimhní amháin? Ar an gcéad dul síos, níorbh é an Dálach an chéad duine sa chéad leath den naoú haois déag a smaoinigh ar dhíolaim Mhuimhneach. Bhí 'a series of Munster Melodies' beartaithe ag J.J. Callanan agus bhailigh sé ábhar lena aghaidh cé nár foilsíodh riamh é (Welch 1993, 22). Foilsíodh achainí i gCorcaigh in 1821 ag lorg lámhscríbhinní Gaeilge lena bhfoilsiú (Ó Ciosáin 1997, 124). In 1837 foilsíodh *Dánta Diaga Aistrithe o Hags-bhéurla go Gaodhailge agus Tuille Cúmtha gCanmhúin Mhúimhin le Micáeal Ó Conuill Sráid-a- mhuilinn a gConthao Chorchuidhe,* leabhar a leag béim ar an inléiteacht agus ar chanúint na Mumhan:

> These Hymns are adapted to the Munster Vernacular Dialect [;] for the sake of those who have a slight knowledge of reading I have digressed a little from the orthography of the Language, with the desire of making it by that means more easily read and understood. (Ó Conuill 1837, 5)

Agus ar ndóigh, feiniméan Muimhneach agus gné de chanúint na Mumhan ar an mórgóir a bhí san fhilíocht Sheacaibíteach. Ina theannta sin ar fad, ba de dhlúth is d'inneach an Rómánsachais é an réigiún – na Garbhchríocha ag Macpherson, na 'Borders' ag Scott, Ceantar na Lochanna ag Wordsworth. Mar atá ráite ag Hugh Trevor Roper 'each area in turn found the poet who would romanticise its dissolving past' (1969, 6). Bhí an luí seo leis an *pays* ag teacht leis an bhFrith-Eagnaíocht mar gur thionscnamh de chuid na hEagnaíochta a bhí sa náisiúnstát. B'fhada an dílseacht don *pays* chun tosaigh ar dhílseacht do náisiún dúichíoch, go háirithe sna réigiúin sin a raibh moill faoin nuachóiriú iontu. Mar ba léir óna theideal, bhí faoin

Nation tuiscint orthu féin mar náisiún a mhúnlú i measc mhuintir na hÉireann agus d'éirigh leo clár féintuisceana a leagan síos i measc náisiúnaithe na hÉireann. Coincheap thar a bheith teibí ab ea 'Éire' san naoú haois déag sa mhéid is nach raibh parlaimint ná príomhchathair ag an tír. Leagann Benedict Anderson béim ar leith ar lárnachas na foilsitheoireachta is na nuachtán i gcruthú 'imagined community' an náisiúin:

> These print languages laid the basis for national consciousness . . . they created unified fields of exchange and communications below Latin and above the spoken vernaculars. Speakers of the huge variety of Frenches, Englishes or Spanishes, who might find it difficult or even impossible to understand one another in conversation, became capable of comprehending one another via print and paper. (Anderson 1983, 47).

Ba é an Béarla an 'unified field of exchange' in Éirinn. Ní raibh sochaí shamhailteach náisiúnta ann don chainteoir Gaeilge. Ní raibh aige ach an *pays,* an gleann inar tógadh é. Tháinig forás eang in eang ar chaipitileachas an chló agus ar chaighdeánú teanga, ar an 'new fixity of language' (Anderson 1983, 47) ar ar bunaíodh comhfhios náisiúnta. Arís eile, bhí seo in easnamh ar an nGaeilge. Ní fhéadfaí an comhfhios náisiúnta a bhuanú gan canúintí a dhlúthú le chéile i bhfoirm aontaithe an chló. Dhéanfaí seo trí sheasamh tánaisteach a bhronnadh ar chanúint an *pays.* Dá thoradh seo ar fad, is féidir a áiteamh go raibh foilsiú fhilíocht na Mumhan, tionscnamh an Dálaigh, ag brath ar dhá rud. An chéad cheann acu ná foirm neamhchaighdeánaithe a bheith ag an nGaeilge, rud a d'fhág cuid de thréithe teanga neamhspleáiche ag Gaeilge na Mumhan. An dara ceann acu ná nach bhféadfadh caipitileachas an chló oidhreacht liteartha na Mumhan a scaipeadh ar bhonn tráchtála, mar a bhí beartaithe ag an Dálach, ach amháin tríd an 'unified field of exchange' in Éirinn, tríd an mBéarla. Chaithfeadh gach a bheadh sa díolaim, cé is moite de na bunamhráin féin, a bheith i mBéarla.

Bhí fórsaí laistigh den Ghaeilge a chuir dlús faoi réigiúnachas. Bhí aontacht liteartha fhilíocht na scol tréigthe ó bhriseadh an tseanghnáithimh. Go fiú an uair sin féin, léirigh Iomarbhá na bhFilí daingne na ndílseachtaí réigiúnda. Cé gur roinn tábhacht nár bheag le filíocht Uladh, bhí saothrú ar leith déanta ar an bhfilíocht i gCúige Mumhan san ochtú haois déag agus rath dá réir uirthi. Agus bhí móriarracht ar bun le foilsitheoireacht shistéamach a dhéanamh ar fhilíocht Chontae Lú (Ó Dufaigh, Ó Doibhlin 1989, 7–87). Mar bharr air sin ar fad, bhí ré na filíochta Gaeilge mar ealaín bheo ag traoitheadh agus gá leis an té 'who would romanticise its dissolving past'. Ba é Seán Ó Dálaigh an té sin chomh fada is a bhain leis an Mumhain. Ach ní ar theanga liteartha a scríobhadh anallód – fearacht an Donnabhánaigh agus an Chomhraígh – a leagfadh sé an bhéim ach ar an gcanúint fhreacnairceach. Ach ina dhiaidh sin ní béaloideas iad na hamhráin i *Reliques;* is cóir suntas ar leith a thabhairt don chaoi inar bhain an Dálach a chuid amhrán as lámhscríbhinní, as traidisiún lámhscríbhinní na Mumhan. Traidisiún liteartha, ní traidisiún béil a bhí á chur i gcló aige, rud nach ionann is a rá nach raibh teacht ar chuid den ábhar céanna ón mbéal beo.

D'fhág an bhéim ar an *pays* nár ghá dó, mar ba ghá do Joseph Cooper Walker, cuir i gcás, in *Historical Memoirs of the Irish Bards* (Walker 1786), dul i ngleic le traidisiúin cheoil agus liteartha na hEorpa mar chomhthéacs don traidisiún Gaelach.[28] Ní i ngleic le traidisiún náisiúnta ach le traidisiún réigiúnda a bhí sé agus níor ghá dó dul i ngleic leis na ceisteanna a bhí ag déanamh buartha do Walker.

Léiríonn comhfhreagras atá sa Leabharlann Náisiúnta (G389) agus in Acadamh Ríoga na hÉireann (ARÉ 12 E 24) go raibh ábhar á chruinniú ag an Dálach lasmuigh den Mhumhain.[29] Ach léiríonn an comhfhreagras idir é féin agus Art Bennett – agus an t-aighneas a lean é – cé chomh fíochmhar is a bhíodh dílseachtaí réigiúin agus cúige (Ó Buachalla 1965, 138). Confadh colgach a mhúscail cúrsaí canúna sa Bhionadach:

> . . . you will (please) observe that them (sic) Songs are written (and composed) in the Ulster dialect which differs somewhat from the Leinster and Munster in tone and temper. I copied them with great accuracy from the handwriting of the author – therefore give them as they are set down before you without the slightest change for the[y] will not admit of it neither will I . . . remember at any time whatever that I find the smallest syllable, or sentence quoted or stated in addition or omission I will contribute no more to your works. (ARÉ 12 E 24; Ó Buachalla 1965, 135)

Maireann litir dar dáta 13 Eanáir 1845 chuig an Dálach ón Athair Patrick Lambe a ghabhann leithscéal as an stiúir nimhe a bhí ar Art. Ba léir go raibh litir a bhí curtha chuig an Dálach ag Art ar 5 Eanáir 1845 curtha ar aghaidh ag an Dálach chuig Lambe:

> The contents of yours of the 10th inst. surprised more than anything I ever read. I am extremely sorry that I spoke to Bennett (a mulish, obstinate, selfish man) to send you any contributions as I now see he has annoyed you with his ignorant restrictions. I consider he tells very little truth in his note of the 5th inst. which you enclose me. He says that your publication of Jacobite Songs appeared but so and so to men of deep reflection in the North. Now this I do not believe for I suppose he can allude to no other in such a statement than to your humble servant and to a Mr. Robert McAdam of 18 College Square, Belfast and I assure you, Sir, that for my own part I prize the Jacobite Songs above anything I have met with and as for Mr. McAdam I heard him say in this village of Camlough that he was more delighted with your Jacobite Songs than he was with anything else that ever he met with in the Irish language. And if Mr. Bennett or Mr. McAdam or I would presume to pass sentence on the whole or on any part of your invaluable publication would not the whole world laugh at us as being a

> foolish trio? Would we dare to censure what the Editors of the Nation, The Clare Journal, The Cork Examiner, The Belfast Vindicator, The Wexford Independent, The Chronicle and Munster Advertiser, The Drogheda Argus, The Kilkenny Journal, The Limerick Reporter and The Kerry Examiner etc. have all lauded beyond admiration? I think not, if we did not wish to be looked on as fools and madmen. He says that to those men of deep reflection it would appear they were not good songs you wanted; but I am sure I never saw the list of songs you sent him and I am positively certain that McAdam never saw them either . . . (Ls 72, LNÉ G389; Ó Buachalla 1965, 136)

Deir an Buachallach gur dócha gurbh é is mó a bhí ag cur as don Bhionadach ná a chuid amhrán féin a bheith eitithe ag an Dálach agus ina theannta sin go ndeachaigh sé le craobhacha toisc ardmholadh a bheith tugtha ag an Dálach d'fhilí na Mumhan (1844b, passim). Mar bharr air sin, bhronn *Reliques* 'precedence' ar Sheán Clárach (1844b, 1) a chuir an Bionadach le báiní ar fad:

> Daly has styled Seaghan Clárach the prince of Irish poets without any dread of having his tongue burned through with a hot iron, or being branded on the forehead with the same instrument for retailing such falsehoods. (Ó Muirgheasa. 1915, 314)

Spreag an rud ar fad an Bionadach chun filíochta:

> Is ard an chéim do-bheir Seán Ó Dálaigh
> Do ollaimh is do bhaird na tíre thuas,
> Shéid sé galltrompa láidir
> Le Mac Domhnaill Clárach is Ó Súileabháin Rua.
> Is caorthainn gan mhilseacht fuaim a mbeoil
> Is searbh gach ceol dár chum an dís
> Cnapach corrach, gan sult, gan treoir
> Gan mheadhair, gan bheos, gan bhrí.
> Cá bhfuil an mhil a bhí ag tonnadh anuas
> Le Doirnín na gcuach is na siolla mín
> Mac Alinduin a thógfadh gruaim
> Nó an Dall Mac Cuarta thug clú gach tír?
>
> *An tAmhrán*
>
> Tá an luchóg go buan ag ruaigeadh an chait as gach aird,
> Tá an giorria ina ualach air ghuaillibh na cona gach lá
> Tiocfaidh Teamhair anuas go bruach na Banna gan spás
> Má bheir Dálaigh an bhua an uair-sa ó ollamh Chríoch Fáil. (Ó Caithnia, Ó Fiaich 1979, 18)[30]

Ar 26 Iúil 1844 chuir Nioclás Ó Cearnaigh ábhar chuig an Dálach agus mhol an tionscadal a bhí ar bun aige. In 1842 in oifig an *Nation* a casadh ar a chéile iad, is cosúil (Ó Concheannain 1971–2, 218):

> I have now before me the first No. of your 'Jacobite Reliques' with very excellent metrical versions, and have read some pages with great pleasure.
>
> I cannot refrain from returning you sincere thanks for your patriotic undertaking at same time expressing a hope that your stock of originals will not soon be exhausted . . . (ARÉ 12 E 24; Ó Buachalla 1965, 139)

Ar nós an Bhionadaigh, bhí faoin gCearnach cearta na bhfilí Ultacha a sheasamh:

> I take the liberty of sending you the enclosed song as I am certain that you have not met with it in your part of the country. It is the composition of a bard of Louth and if you find it worthy of a place of your Reliques you are at perfect liberty to make what use you think proper of it. (ARÉ 12 E 24; Ó Buachalla 1965, 139)[31]

Ar 19 Meán Fómhair 1844 bhí an Cearnach ag moladh aistriúcháin Matthew Graham, cé gur dhiúltaigh an Dálach do cheann leis ar 1 Lúnasa 1844:

> I am sorry you did not consider Mr. Graham's translations suitable but I must account for that by reason of the hurry I urged him with to finish them and the little or no information he had of the thread of the subject but above all to the press of business on his hands and worse, his turgiversative habits. Graham in my estimation when found in fit mood is the best poetic translator of Irish I ever met and I met and have known many. (ARÉ 12 E 24; Ó Buachalla 1965, 140)

Is cosúil nár chuir Graham an t-ábhar chuig an Dálach mar a bhí geallta agus rinne an Cearnach leithscéal as an 'carelessness and anti-patriotic spirits' a bhí léirithe ag Graham.[32] In ARÉ 12 E 24, maireann comhfhreagras ina bhfuil aon litir déag ar fad ón gCearnach chuig an Dálach, an chuid is mó de bainteach le beathaisnéis Pheadair Uí Dhoirnín (Ó Buachalla 1965, 140; Ó Dufaigh, Ó Doibhlin 1989, 40–42).

Bhí feidhm mhorálta ag an mbéim a leag an Dálach ar an éagóir eitneapholaitiúil agus reiligiúnda i bparathéacs *Reliques* tríd síos. Ba é feachtas an Athar Maitiú príomhfhócas na moráltachta ag an am agus bhí fonn ar an gConallach gluaiseacht na haisghairme a cheangal leis (Kearns 2001, 38). Is léir go raibh fonn ar an Dálach *Reliques* a cheangal le measarthacht ólacháin freisin agus buntáiste a thabhairt dó fein dá thairbhe. Bhí athfhriotal ón *Nation* á mholadh seo i measc na 'Opinions of the Press' a chuir sé leis an leagan leabharcheangailte de *Reliques* in 1844:

> Nothing can be better calculated to promote the reading of the Irish language among the people than a publication so popular in price and spirit; and we trust the Catholic Clergy, and the Teetotal Societies will put it in their way. (*Nation,* 23 Aibreán 1844; Daly 1844b, gan uimhir leathanaigh)

Bhain sé le hábhar sa chomhthéacs seo gur foilsíodh na focail ach gur fágadh ceol na n-amhrán ar lár. Ní de bharr scileanna scríofa ceoil a bheith in easnamh ar an Dálach amháin a tharla seo ach de bharr na focail a bheith mar chomharthóir láidir eitnechultúrtha a chuir in iúl cultúr a bhí faoi dhímheas agus a rinne seo ar chuma nárbh fhéidir leis an gceol scríofa a dhéanamh. Ní stádas neodrach a bhí ag na focail: chuir siad míniú ar ar tharla don chultúr Gaelach in iúl ar chuma ar leith, mar go raibh stóras tuisceana laistigh de na focail. Ba mhian leis an Dálach an stóras tuisceana sin a chur i gcion ar an léitheoir.

Faoi anáil na hEagnaíochta bhí traidisiún ealaíonta an cheoil san Eoraip á shaoradh féin ón bhfocal do réir a chéile agus bhíothas ag cumadh ceoil ar a shon féin, beag beann ar an bhfocal. A mhalairt de bhéim ar fad atá ag *Reliques:* d'fhág an Dálach ceol na n-amhrán ar lár agus níor fhoilsigh ach na focail. Cur chuige é seo a bhí ag teacht le nósmhaireacht na lámhscríbhinní, cé gur chuir Edward Walsh a mhalairt de chomhairle air, á rá leis 'that you should print out the air of each song if possible' (litir dar dáta 'Sunday night' ó Walsh chuig an Dálach, LNÉ 2261). Thuig an Dálach go raibh na foinn cheoil a ghabh leis na hamhráin ar eolas go forleathan agus chuir sé an nóta seo ar 'Aisling ar Éire':

> I cannot now recollect any of our popular Songs to which the air of the following is adapted; but the Irish singer will immediately recognise it. (Daly 1844b, 5)

Mheas Seamus Deane go raibh a shaothar foilsitheoireachta in aisce ag an Dálach sa mhéid is gur dhírigh sé ar na 'peasants' a raibh neamart déanta iontu ag Hardiman:

> . . . the combination of scholarship and popular appeal did not work for the language as it did for literature in English. The audience for the language was almost destroyed: the audience for the literature was very far removed from the people O'Daly tried to reach with his penny collections. (Deane 1986, 72)

Ba í tuairim Chathail Uí Áinle freisin gur chlis ar an Dálach a bhunaidhm a chur i gcrích:

> . . . it must be admitted that John O'Daly's aim of giving back their poetry to the native Irish was not to succeed. The Irish poems and songs which he had translated survived, and still survive, in the original among the speakers of Irish. They were supplanted in the hearts of the nationalistic speakers of English by the ballads and songs of the *Nation*. It must also be admitted that, while the Anglo-Irish might be attracted to read some of these translations, they could be, and often were, I am sure, blissfully unaware of the fact that they were translations . . . (Ó Háinle, 1982, 55)

Mar seo a dhéanann Ronald Black cur síos air:

> At a time when the audience for books in Irish had been almost entirely destroyed, and Irish literature had yet to become fashionable, he reached out to the surviving Irish-speaking poor with his penny collections, and was the most prominent advocate of the revival of the language. (Black 1992, 45)

Cé go n-áiríonn David Greene an Dálach 'as the first Irish publisher of modern Ireland' (Greene 1972, 14) agus go ndeir sé go bhfuil moladh ag dul dá réir dó, cuireann sé fainic orainn:

> However, it would be a mistake to attach too much importance to these books as a factor in preserving the language, for the readers simply did not exist. In Donegal, for example, where Gallagher's sermons had long been a popular devotional book, it was estimated in 1874 that only about a thousand people, out of an Irish-speaking population of over seventy thousand, could read Irish and everywhere the few available books had to be read aloud if they were to reach the people. (Greene 1972, 14)

Ach is í Tír Chonaill an áit is lú in Éirinn a mbeadh súil ag an Dálach le léitheoirí a aimsiú. Is sa réigiún a dtugann Kevin Whelan (1988, passim) an 'Catholic core' air – an ceantar tíre a shíneann ó Luimneach go Loch Garman, chomh maith le Contaetha Lú agus Ard Mhacha, ceantracha a bhí faoi réir go pointe ag an nuachóiriú – ba mhó a bhí comhfhreagraithe lasmuigh de Bhaile Átha Cliath agus cathair Chorcaí aige. Bhí sé i gcleithiúnas na gcomhfhreagraithe seo lena chuid leabhar a scaipeadh is a dhíol lasmuigh de na bailte móra. Bhí a dhíolachán dírithe freisin, cé nár go comhfhiosach é, ar na ceantair ba threise de chuid an Irish Society, ceantair ina raibh iarracht shistéimeach déanta ar léamh na Gaeilge a leathnú. Bhí an tAthair Patrick Lambe (a bhí díreach i ndiaidh a cheaptha mar shagart pobail sa Chreagán Íochtarach i gContae Ard Macha) sásta dul i mbun scaipeacháin ina pharóiste nua in ainneoin 'distracted state' na háite in 1844:

> I will however be glad to purchase myself any nos. of the 'Jacobite Poetry' that will appear and to give the work as much public circulation in the parish as I can. I will endeavour to make all the Irish scholars of this parish become subscribers to it, and if you succeed in getting your Irish-English and your English-Irish dictionary printed I will give them all the encouragement I can. May I ask you to write to me at your convenience to signify whether your 3rd no of the 'Jacobite Poetry' be yet published and whether you succeeded in making arrangements for printing your Dictionary? (LNÉ G389; Ó Buachalla 1965, 136)[33]

Is léir go raibh an Dálach go mór i gcleithiúnas na cléire Caitlicí ach go háirithe le *Reliques* a scaipeadh. I dteannta Lambe bhí 'William Heffernan, P.P.' ó 'Clerehan, Clonmel' sásta cóipeanna de *Reliques* a dhíol:

> I will be obliged to you if you send them to me, to Mr. Bianconi's car office; and I will send you the expenses by return of post. (Litir dar dáta 24 Meán Fómhair 1844, LNÉ G 389.):
>
> I received your letter – send me 100 copies of the 1st and 2nd numbers – and I will endeavour to sell them for you – a letter in the post telling me where they are left, and the terms – will oblige, Dear Sir,
>
> P.S. a man from my Parish, named Peter Hanly will soon call on you – he has some valuable Irish papers. (Litir dar dáta 17 Deireadh Fómhair 1844, LNÉ G 389.)[34]

Ar 6 Eanáir 1845 chuir Heffernan £2 agus dhá scór cóip nár éirigh leis a dhíol chuig an Dálach. Bhí tráite ar a dhóchas:

> When the 3rd number is published, send me a copy and I will see if I could succeed in selling some numbers of it for you. (LNÉ G 389)

Sagart eile fós a raibh díolachán *Reliques* ag déanamh scime dó ná Philip Fitzgerald, a scríobh chuig an Dálach ó Bhaile an Gharraí i gContae Thiobraid Árann ar 7 Meán Fómhair 1844:

> How is the publication going on? . . . I think their circulation would be much greater if there were better opportunity of buying them. I don't know if you have sent them to the Booksellers of every Town . . .[35]

Scríobh Fitzgerald chuige arís ar 13 Lúnasa 1844:

> I regret to hear that your undertaking has not turned out more prosperous. It is a disgrace to Irishmen that almost every attempt of this kind to elevate their character and recall from oblivion the literature of the Nation meets with so little encouragement. For my own part nothing read this long time afforded me more pleasure than to see authenticated copies of these Songs (sic).

Thug Fitzgerald (litir dar dáta 7 Meán Fómhair 1844, LNÉ G 389) cúnamh dó leis an téacs féin. Ba uaidh a thóg an Dálach an tuairisc atá aige ar Liam Dall (Daly 1844b, 92–5). Maireann cuntas Fitzgerald in LNÉ G 389 agus, mar a bheifí ag súil leis, is beag athrú a chuir an Dálach i gcion air, tharla go mba as Laitean don Ghearaltach. Ba bheag a chuaigh an cuntas i gcion ar an mBreatnach, cé nach raibh sé, dar leis, chomh beagmhaitheasach le cuntas ar Aogán Ó Rathaille a bhí dréachtaithe ag an Dálach féin ach nár foilsíodh go dtí *Poets and Poetry of Munster:* 'Heffernan's sketch is better done but is defective as it tells much more of Damer than of the Poet whose life it proposes to treat of . . .' (litir dar dáta 8 Iúil 1844 chuig an Dálach, LNÉ 2261). Ba mhian leis nach ligfí 'the Sketch or song of the Tipperary Bard to go before the public till I see them' (litir dar dáta 17 Lúnasa 1844 chuig an Dálach). Ba é an Gearaltach freisin a chuir ar fáil an t-eolas ar an gCoill Mhór i gceantar Eatharlaigh atá mar fhonóta (Daly, 1844b, 106–7) le hamhrán Liam Dall, 'Uaill-Ghuith an Aoibhnis faoi chruadh-bhrataibh bróin', amhrán a bhain lena cheantar dúchais freisin.

Bhíodh Micheál MacCárthaigh ó Dhoire na nÚll, gar do Bhaile Mhistéala i gContae Chorcaí, ag soláthar ábhar ó lámhscríbhinní don Dálach agus bhíodh sé fresin i mbun díolacháin:

> Let me know if you have any of the 'Jacobite Reliques' for sale, as I could sell some of them here, and remit the money back to you. (Litir dar dáta 17 Meitheamh 1846; Ollscoil na hÉireann, Corcaigh, Cnuasach Thorna T. lix; Torna 1939–40, 104.)

Deich lá ina dhiaidh sin, bhí an Cárthach i mbun pinn arís:

> I suppose it would be hardly worth your while send (sic) less than a pound's worth of 'Jacobite Reliques' but I fear I would have too long a delay in selling even that Number (sic).

Fear eile a bhí i mbun díolacháin ab ea 'Patrick Cody' ó Mhuileann an Bhata i gContae Chill Chainnigh freisin:

> I am sure of four subscribers for you in Mullinavat but they are anxious to know how the money is to be paid, they say that would (sic) be willing to advance a fourth of the Money at anytime and the remainder by quarterly instalments, or as soon after the Commencement of publication as may be necessary . . . (Litir dar dáta 10 Meán Fómhair 1845 chuig an Dálach.)

Bhí teacht ar an tsraith sna siopaí leabhar chomh maith: siopaí J. O'Brien agus Bradford & Co. i gCorcaigh, cuir i gcás, mar a chuir an Dálach in iúl do John Windele i litir dar dáta 28 Aibreán 1844 (ARÉ 4 B 5).

Cuireann na litreacha seo ar ár súile dúinn an ríthábhacht a bhí ag roinnt leis an tseirbhís phoist – ní bheadh na comhfhreagraithe aige ná na leabhair á scaipeadh acu dá huireasa. Is seoladh cruinn poist – 'Camlogh, near Newry' - a thugann Lambe dó féin (LNÉ G389) agus chomhairligh Art Bennett don Dálach:

> . . . enclose it in an envelope and direct it – Arthur Bennett, Forkhill near Dundalk and I will send it back with all speed. (ARÉ 12 E 24).

Ní amháin gur léir ó litir a chuir sé chuig an Dálach ar 15 Samhain 1844 go raibh Lambe cleachtach ar leabhair a fháil tríd an bpost ach freisin go mbíodh luathuimhreacha *Reliques* á gceannach i gceann de na bailte móra aige, Dún Dealgan is dócha:

> . . . you need not at any time send me any of your work as I have already bought the two parts you published and will, God willing, purchase as many parts as will appear during my lifetime. (LNÉ G389)

Ba i gcleithiúnas an phoist dá chuid leabhar a bhí Micheál Mac Cárthaigh chomh maith ar fhianaise na litreach dar dáta 17 Meitheamh 1846. Bheadh leas á bhaint as an bpost aige le dul i mbun critice faoin leabhar:

> I have yet to thank you for the 'Jacobite Reliques' and have some remarks to make on them too, which I will defer for a better opportunity. (Ollscoil na hÉireann, Corcaigh, Cnuasach Thorna T. lix; Torna 1940, 274–5)

Ba dhaoine iad an Cárthach agus Lambe a bhain le gréasán Dálach a bhí bunaithe ar an nGaeilge. Ach ba bheag a líon le hais a raibh de léitheoirí Béarla ann. Ba ar mhargadh an Bhéarla a bhí a aird dírithe go príomha ag an Dálach. Bhí tábhacht ar leith ag baint le sagairt mar cheannaitheoirí leabhar Béarla (Ó Ciosáin 1997, 123–4) agus ní raibh aon ní i *Reliques* a chuirfeadh in aghaidh na sraithe iad. Sagairt ab ea leath de bhaill an Chumainn Oisínigh (Murray 2000,76), cruthú ar léamh a bheith á dhéanamh ag cuid mhaith acu ar ábhar a bhí bunaithe ar an nGaeilge. Bhí margadh eile freisin ann, ceannaitheoirí Protastúnacha den chineál a bhíodh ag tarraingt ar shiopa an Dálaigh i gCill Chainnigh. Cuid den mhargadh Protastúnach seo ab ea na daoine sin a bheadh ag iarraidh cur amach a bheith acu ar an gcultúr Éireannach ach nach mbeadh ar a gcompord le hÉireannachas eitneachultúrtha ar a mbeadh blas láidir Caitliceach. Ina theannta sin bhí sé cruthaithe ag Thomas Moore go raibh margadh meánaicmeach nár bheag ann d'amhráin mhaoithneacha náisiúnacha, slua-amhránaíochta go minic, le tionlacan pianó agus uirlise. Ach cé gur i mBéarla a bhí gach a bhí i *Reliques* lasmuigh de na bunamhráin féin, níor cuireadh ceol leo agus, ina theannta sin, bhí nóta láidir eitneachultúrtha agus Caitliceach sa tsraith ar chuma a chuirfeadh míshuaimhneas ar Phrotastúnaigh.

Nuair a foilsíodh na huimhreacha uile de *Reliques* le chéile mar leabhar in 1844 bhí leathanach fógraíochta ann le hathfhriotail ón *Nation, Kilkenny Journal, Limerick Reporter, Kerry Examiner, Drogheda Argus, Wexford Independent* agus *Chronicle and Munster Advertiser* in eagrán Bhaile Átha Cliath (Daly, 1844b) ach fágadh na hathfhriotail ar lár san eagrán a foilsíodh i gCill Chainnigh (O'Daly 1844). I lámhscríbhinn de chuid Shéamais Uí Chasaide (LNÉ 5454), tá liostáil déanta ar na léirmheasanna ar fad a rinneadh ar *Reliques,* go bhfios dó. Bhunaigh sé an liosta ar ghearrthóga nuachtán in LNÉ 3978. Gearrthóga iad seo a bhailigh 'Seaghan ua Ó Dála (sic), leabhar-reicneoir a gcill-chuinge' (LNÉ 3978) agus i mBaile Átha Cliath ina dhiadh sin go dtí an bhliain 1855. Taifead é, i gcás *Reliques,* ar an léirmheastóireacht cló a rinneadh ar na huimhreacha de *Reliques* a chuir an Dálach faoi bhráid eagarthóirí nuachtán timpeall na tíre do réir mar a bhíothas á fhoilsiú. Is cosúil gur chaith sé cuid mhór saothair ag múscailt poiblíochta.

Ar fhianaise LNÉ 3978 agus LNÉ 5454, ba iad seo na fógráin a bhain le *Reliques,* na léirmheasanna a deineadh air (agus ábhar gaolmhar eile, chomh maith le blúirí ó nótaí Shéamais Uí Chasadaigh in LNÉ 5454):

> 'printed prospectus on green paper of the *Nation*', 15 Deireadh Fómhair 1844;
> léirmheas, *Nation,* 6 Eanáir 1844, 'review of Irish Songs, 2 numbers, edited by John Daly of Kilkenny';
> léirmheas, *Nation,* 23 Márta 1844, 'further review of Daly's Irish Songs – now arrived at the fifth number';
> léirmheas, *Kilkenny Journal*, 30 Nollaig 1843. 'Review of Irish Songs (1st two weekly numbers) by our talented townsman Mr. Daly';
> léirmheas, *Leinster Reporter,* 16 Feabhra 1844, 'Review of 1st three numbers Daly's Irish Songs';
> *Wexford Independent,* 3 Eanáir 1844 'Irish Songs'; 17 Feabhra 1844 'review of Daly's Irish Songs 3rd number published';
> *Wexford Independent,* 3 Aibreán 1844 'review of Daly's Irish Songs 4,5, & 6 – ref to *Drogheda Argus* review';

Wexford Independent, 3 Aibreán 1844 ('Cont');
Wexford Independent, 15 Bealtaine 1844, 'review of 7th and 8th Nos of Irish Songs (Daly)';
Wexford Independent, 15 Bealtaine 1844 ('Cont');
Wexford Independent, 4 Meitheamh 1844, 'review of (9th) Nos of Irish Songs (Daly)';
Waterford Chronicle and Munster Advertiser, 22 Bealtaine 1844, 'review of Irish Songs (Daly)';
Kerry Examiner, 9 Márta 1844, 'review of a few numbers of Daly's Irish Songs';
Drogheda Argus, 9 Márta 1844, 'Ancient Irish Minstrelsy – review of Daly's penny number';
Drogheda Argus, 6 Aibreán 1844 'Ancient Irish Minstrelsy quotation from Daly's Songs';
Drogheda Argus, 8 Meitheamh 1844, 'Ancient Irish Minstrelsy quotation from Daly's Songs';[36]
Wexford Independent, 15 Meitheamh 1844, 'ref. to "the Irish songs last published by our friend Mr. Daly, of Kilkenny" ';
Vindicator (Béal Feirste), 26 Meitheamh 1844, 'review of Daly's Irish Songs ("written by me(?). C McSweeney")';
Nation, 17 Lúnasa 1844, litir ón Dálach faoin díol a bhí ar *Reliques;*
Cork Examiner, 20 Meán Fómhair 1844, 'review of Reliques of Irish Poetry (Machen)';
Clare Journal, 23 Meán Fómhair 1844, 'review of Reliques of Irish Poetry Part II (Cumming)';
Freeman's Journal, 14 Deireadh Fómhair 1844, 'review of Reliques of Irish Poetry Part 2 (Cumming)';
Kilkeny Journal, 19 Deireadh Fómhair 1844, 'review of Reliques of Irish Poetry Part 2 (Cumming)', 'not having seen Part1 review in *Edinburgh Review*';[37]
Nation, 16 Samhain 1844, 'A Ballad History of Ireland (by Davis)';
Nation, 16 Samhain 1844, 'A Ballad History of Ireland (Cont)';
Nation, 4 Eanáir 1845, 'Irish Songs – suggested Daly might print Ballad slips of Irish;
Drogheda Argus, 8 6 1844;
Waterford Chronicle, 31 Eanáir 1845, 'review of Reliques, Part II';
Galway Vindicator, 19 2Feabhra 1845, 'review of Reliques, Part II';
Critic, Meitheamh 1845, 'review of Reliques, Part II (Machen, Dublin and Smith (?) London';
Spectator, 24 Bealtaine 1845, 'review of Reliques, Parts I & II'. (ó nótaí Shéamais Uí Chasadaigh in LNÉ 5454)

Ba é an *Nation* an foinse léirmheasa ba mhó a ngéillti urraim dó i measc lucht tacaíochta Éire Óg ach ní raibh sé éasca an t-eagarthóir a spreagadh chun léirmheas a sholáthar:

> I took care on Tuesday or Wednesday last (I don't remember which) to write to Mr. Duffy at Rathmines mentioning the honourable testimony which the songs elicited from the provincial press, and your regret & disappointment the Nation the powerful leader of public opinion should not honour you with a single remark. I

> accompanied this with a request that he would give us a favourable notice on Saturday's Nation. But Mr. Duffy, neither gave the requested notice, as you must surely have perceived, nor sent me a private line in answer to my communication. The neglect upon Mr. Duffy's part fills me with surprise, and I would assuredly have had a personal interview with him to ascertain the cause, had I time sufficient to visit him. (Litir dar dáta 17 Márta 1844 ó Walsh chuig an Dálach, LNÉ 2261.)

Bailéid Bhéarla a d'fhoilsítí sa *Nation* agus chuirtí caighdeán géar critice i bhfeidhm orthu.[38] De bharr parathéacs agus aistriúcháin *Reliques* a bheith i mBéarla, bhí an seans ann go léifí an tsraith mar fhoilseachán Béarla a raibh cúlra Gaeilge aige agus go ndéanfaí í a chomhthéacsú i measc na bhfoilseachán a bhain leis an *Nation*. Ach bhí na hamhráin Ghaeilge i gceartlár *Reliques* ar chuma nach raibh i bhfoilseacháin an *Nation* ná fiú i *Reliques of Irish Poetry* le Charlotte Brooke (1789).[39] Bhí bunlámhscríbhinní Gaeilge ceadaithe agus athscríofa ag an Dálach agus *Reliques* bunaithe orthu ar chuma nár bhain le nósmhaireacht an *Nation* agus ba dheacair cleamhnas a dhéanamh idir an dá thraidisiún.

Thug muintir Éire Óg diúltú do nádúr na filíochta Gaeilge agus do nádúr an fhíor chainte sa Ghaeilge ach go háirithe. Moladh 'Aisling ar Éire' le Seán Clárach sa *Nation* ar 6 Eanáir 1844 de bharr, mar a dúradh, 'It is a Jacobite relic written with less than the usual amount of allegory, to which tyrants drove our poet bards'. Bhí meafaracht na n-amhrán Seacaibíteach ag goilliúint mar an gcéanna ar an té a rinne *Reliques* a léirmheas ('A Ballad History of Ireland') sa *Nation* dar dáta 16 Samhain 1844. Is cosúil ar stíl an léirmheasa gurbh é Thomas Davis a scríobh. Creideadh gur bhain débhrí agus castacht leis na hamhráin Sheacaibíteacha a d'fhág beagmhaitheasach iad mar bholscaireacht náisiúnach agus ba léir ar léirmheas an Dáibhísigh gur fhág tionscnamh an Dálaigh fuar é. Ba léir ina theannta sin ar fad nár bhain mórán tábhachta ina thuairim seisean leis na buntéacsanna ná le tionscnamh foilsithe *Reliques* trí chéile agus go rabhthas dall ar an difríocht idir amhráin Sheacaibíteacha agus bailéid bholscaireachta.[40] Go fiú na haistriúcháin féin, bhí sé ar nós na réidhe iontu:

> A genuine ballad history is the greatest book (religious apart) that a country can possess. Greece had it in Homer for, however we reject the notion that the *Illiad* and the *Odyssey* were compiled from broken ballads, it is quite certain that when reduced to a series of distinct ballads that the endless tales of these works reached the mind of Greece . . . Of modern nations, Spain and Scotland have the best ballad histories . . . England has no ballad history. Percy's collection belongs to the Border and is more Scotch than English . . . Germany has done wonders in the way of ballads. The reader of Mr. Mangan's translations in the *University* can see how eminent are the Romantic Ballads of Germany and how rapid is her progress towards a ballad history. Indeed in some respects these translations are too favourable as many of Mr. Mangan's own noble ballads are mixed up with them. How we wish the author of 'The Barmecides' would lend his help to an Irish ballad history! His power of making his version racy of the soil cannot be

> doubted by any one who read his "Paraphrase of Kathleen ny Houlihan" and the "Elegy on the Princess" in the *Dublin Penny Magazine*
>
> To come however to Ireland we have *no Ballad History,* nor an *approach to it.* We can count the materials existing. There are the paraphrases by Mr. Mangan to which we alluded. Mr. Samuel Ferguson whose patriotism and learning do honour to the Conservative party, published in the *University Magazine* a few Irish Ballads of the highest class. His resumption of that sweet task would eminently serve the magazine and his country. Some of Moore's poems . . . are historical songs and fit part of a collection. The lament in Anster's 'Xeniola', Drennan's 'Wake of Orr' and Mrs. Tighe's 'Bryan Byrne', might also claim a piece of it.
>
> We do not want to speak of what is in Irish. That there are fragments in the very old Irish works (which the Archaeological Society is reprinting) which need only be verified to make historical ballads are sure. Indeed some of our publications – for example, 'The True Irish King' 'were attempts to realise that thought. Of the middle ages, however we fear there is little that is, or could be made part of a ballad history. Of the last hundred years there are crowds of songs. Some of these published in "Hardiman's Collections" and the series issued (with Mr. Walsh's graceful paraphrases) by Mr. Daly of Kilkenny, are strictly ballads, and good ballads, but most of the Jacobite verses are allegorical songs. These songs are occasionally of the highest beauty, such as "The Bonny Cuckoo" and "Shule Aroon", but the history is designedly concealed. Some more materials can however be got. In Croker's "Keen of the South of Ireland" there is a noble lament for Mortimer O'Sullivan, translated by Callanan, and a couple of summers back we met in the west of Cork a strong picturesque ballad 'The Whiteboy battle of Caemeny', written by a Mrs Burke a farmer's wife who had no English. (*Nation* 16 Samhain 1844)

D'iompaigh an stair amach mar ba thoil leis an Dáibhíseach é mar ba iad na bailéid Bhéarla a fuair an lámh in uachtar ar na hamhráin Ghaeilge.

Bhí ardmheas ar an Dáibhíseach ag an Dálach, rud a chuir sé in iúl sa léacht a thug sé don Chónaidhm Éireannach ar 8 Samhain 1847:

> Thomas Davis . . . let us respect his memory and esteem him as our own, and proudly point to him as the Chaucer of Irish poetry, and in the long roll of Irish worthies, remarkable for genius, talent and creative power . . . his 'Historical Essays' published in the 'Library of Ireland' . . . should be a textbook for any student of the Irish history. (LNÉ G 416)

Ach i ndeireadh na dála bhí bundifríocht idir cur chuige an Dálaigh agus aidhmeanna an Dáibhísigh. Ba mhian leis an Dáibhíseach go ndéanfadh na bailéid thírghrá cúiteamh as feo na filíochta Gaeilge (Davis R., 1988, 237); ba mhian leis an Dálach 'the revivification of the language and literature of Ireland' (ARÉ 4 B5) a chothú agus ba mhian leis thar aon ní eile amhráin agus filíocht na Gaeilge a bheith i lár na hathbheochana istigh.

D'fhoilsigh an nuachtán céanna léirmheas eile fós ar 4 Eanáir 1845. (Ni léir cé scríobh ach is dócha gurbh é an Dáibhíseach é.) Ní dhéanfadh na hamhráin Sheacaibíteacha cúis ar son na cúise:

> Most of the songs hitherto in use were composed during the last century, and therefore, their structure is irregular, the grief slavish and despairing, their joy reckless and bombastic, their religion bitter and sectarian, their politics Jacobite, and concealed by extravagant and tiresome allegory. Ignorance, disorder and every kind of oppression weakened and darkened the true genius of Ireland. Even these, such as they are, diminish daily in the country, and a lower class came in . . . If HARDIMAN'S and DALY'S collections be fair specimens (as we believe they are) of the Irish Jacobite songs, we should not come to have more than a few of them given to the people; but, perhaps, there may be twenty, which if printed clearly in slips, would sell as ballads in the Irish districts. We wish Mr. DALY would try his hand at this labour . . .
>
> There is one want, however in all Irish songs - it is of strictly national lyrics. They are national in form and colour, but clannish in opinion . . . Dr. McHale has made a noble attempt to supply this deficiency by his translations of MOORE into Irish, but we are told that the language of his translations is too literary, and that the people do not relish these songs.

Bhí ón *Nation* agus Éire Óg amhráin tírghrá a sholáthar a d'fheilfeadh do chomhthéacs meánaicmeach slua-amhránaíochta ar deacair don amhrán Seacaibíteach freastal air. Cuireadh an comhthéacs seo i láthair go follas sa *Cork Examiner* ar 26 Meán Fómhair 1844:

> This is an extremely interesting publication of Irish songs . . . If men able to write will fling themselves gallantly and faithfully on the work we have plotted for them, we shall soon have Fair and Theatre, Concert and Drawing Room, Road and Shop, echoing with Songs bringing home Love, Courage and Patriotism to every heart.

Ach bhíothas ann chomh maith a shíl gur róléir a bhí teachtaireacht pholaitiúil na n-amhrán Seacaibíteach:

> We have received a number of 'Reliques of Irish Jacobite Poetry'. We would wish to have these Reliques preserved but with a spirit and sentiment less reprehensible and not likely to foster a bad feeling among irritable people, as we Irishmen are. The 'sketches' could do all that can be required by the most ardent of Erin's sons, and yet advocate a spirit of love and reconciliation to the rising generations of both countries. One good, however, will be effected by their publication, and we say good, for we would wish to have it preserved, namely the desire of learning the Irish language. It is by their publication that Mr. Smith O'Brien has been induced to study, at this advanced hour of his day-life, the Irish language. We shall be glad to receive the remaining numbers. (*Clare Journal,* 23 Meán Fómhair 1844).

Tríd is tríd, moladh tionscnamh an Dálaigh go haer. Moladh é ach go háirithe i ngort an bhaile sa *Kilkenny Journal.* Ba sa *Journal* ar ndóigh, a d'fhoilsigh sé formhór mór a chuid litreacha i dtaobh an Irish Society sa chéad leath de 1843. Mar seo a cuireadh síos air sa *Journal* ar 30 Nollaig 1843:

> Our talented townsman Mr. Daly has given the public the first two weekly numbers of a Work which is to contain numerous Irish Songs never before published, and which in a few years would be lost to the country and to literature. Each is to be accompanied by a literal translation into prose by Mr. Daly, with notes &c. and, we believe, he has some intention of engaging the services of gentlemen of poetic talent to turn them also into English verse. We think the public are deeply indebted to Mr. Daly for the production of this National Work. We have no doubt he will be amply rewarded by a circulation commensurate with its importance to Ireland in the present crisis of her history. Its price being only one penny per number places it within the reach of every class and grade in the community. Independently of its value as an addition to our national literature, its influence in a political point of view will be very great, perhaps incalculable. He was a profound statesman who said 'Give me the making of a nation's songs, and I care not who makes her laws.'
>
> The typographical execution of the Work is admirable; indeed, considering its cheapness it is surprising. We cordially commend it to every patriot.

Bhí triúr ar a laghad de ghréasán an Dálaigh ag cur fúthu i Loch Garman. Duine acu seo James Mac Grady a bhí ag obair leis an *Wexford Independent*.[41] Duine eile Eugene O'Cavanagh nó Eoghan Caomhánach.[42] Maireann litreacha uathu beirt chuig an Dálach in Cnuasach Thorna Ollscoil na hÉireann, Corcaigh T. lix. Foilsíodh ocht n-alt léirmheasa faoin tsraith sa *Wexford Independent* agus an focal moltach acu ar fad. Níor síníodh na hailt, cé go bhfuil an chuma ar litir phearsanta a chuir Mac Grady chuig an Dálach ar 17 Eanáir 1844 gurbh é a scríobh:

> I have been glad to see some of the relics you have undertaken to rescue from the poetry of your country in the language of her ancient race. I had previously happened to see some of those issued by Mr. Mac Sweeny but as they were not accompanied by translations, I considered that his design must prove a failure. I think *you* are more likely to succeed. I have seen by the *Kilkenny Journal* that you are prepared to give poetical translations. Even if you do give these, I would venture to suggest that you should also give your own literal translations. The translations word by word would afford better help to *learners,* or those who like myself should be anxious to *recover* the Irish they once knew, but have lost by want of use. (LNÉ G 389)

Thagair an nuachtán ar 17 Eanáir 1844 don tríú ball a bheith ag an ngréasán i Loch Garman:

> Mr. Daly proposes publishing in an early number extracts from Irish poetry in manuscript supplied to him by Mr. P.F. WHITE Esq. Illustrator of the Bards and Music of Ireland, Wexford.[43]

Míthuiscint (d'aonturas, b'fhéidir) a bhí sa tagairt do 'manuscript supplied to him by Mr. P.F. White.' Chuir James Mac Grady litir chuig an Dálach ar 17 Eanáir 1844 ag moladh White dó mar chomhleacaí i ngnó na n-amhrán Seacaibíteach. Ag trácht ar White a bhí sé:

> I have reason to believe that his knowledge of music, including the music of Ireland, is good. His pronunciation of Irish words is, no doubt, in some circumstances, barbarous, but this would pass well enough in London, or even in Dublin, and some of the provincial cities and towns of Ireland. I advert to this circumstance in order to guard you against expecting too much from his cooperation. In the meantime I think it not only possible, but probable, that he would be able to give *some* assistance in bringing your songs into vogue. I need scarcely caution you against making known to *him* that I have informed you of his imperfect pronunciation. (LNÉ G 389)

Ach bhí an Dálach inchurtha leis agus níor lig do chleasaíocht Mac Grady dul i gcion air le teann.

Ar nós go leor eile, leag an *Wexford Independent* béim ar an tsraith mar áis chun foghlama:

> We agree with our excellent contemporary, the 'Drogheda Argus' in thinking that they may be rendered subservient to a further purpose and would afford the most valuable help in hearing the language for the first time . . . (*Wexford Independent,* 3 Aibreán 1844)

Mhol siad aistriúcháin an Bhreatnaigh (agus obair na gclódóirí) ar 3 Aibreán 1844. Bhain tábhacht ar leith i dtéarmaí tráchtála leis na haistriúcháin agus leis an bparathéacs siocair threise mhargadh na mbailéad:

> . . . Mr. Walsh's translations are no less excellent than the original combinations and they could scarcely exceed them . . . The Printers - Messrs Goodwin Son and Nethercott 75 Marlborough Street acquit themselves admirably of their own part of the work . . .

Mhol siad an Breatnach arís ar 5 Meitheamh 1844:

> . . . In justice to Mr. Walsh the poetical translator however, we feel bound to say that in the last number we have received, he affords one more convincing proof of a genius equal, if not superior to his original, and this is no mean praise . . .

Shíl an *Kerry Examiner* (8 Márta 1844) go mba chóir an tsraith a cheannach ní de bharr a chuid buanna ach ar bhonn tírghrá:

> . . . of the language of our forefathers we blush to say we are ignorant . . . Our blood is purely Irish but our language is a Saxon medley. We could not, cannot help it . . . We regret we cannot do Mr. DALY that justice to which his labours also are in no small degree entitled . . . Every Irishman should subscribe to his work – it is exceedingly clear. We hope we shall be foremost with the several numbers as they come out.

Bhíodh an *Wexford Independent* ag iarraidh frith-Shasanachas an Dálaigh a mhaolú:

> In the last sentiment of our zealous friend, the writer, we cannot concur with him to the full extent. . The hatred now or hetherfore entertained against 'the Saxon' arose against him not as 'the Saxon', but as the oppressor. (*Wexford Independent,* 15 Bealtaine 1844)

Dar leis an *Wexford Independent* go mbronnfadh *Reliques* deis ar mhuintir na hÉireann a mianach a chruthú tríd an tsraith a cheannach:

> We wish them a corresponding degree of success, and they will infallibly attain it, if there be in Ireland as much unfeigned and sterling Irish spirit as there ought to be. (*Wexford Independent*, 3 Aibreán 1844)

Dála an *Clare Journal* (23 Meán Fómhair 1844) ba mhór ag an *Freeman's Journal* (14 Deireadh Fómhair 1844) go ndeachaigh *Reliques* abhaile ar William Smith O'Brien:

> It would be difficult to over-estimate the importance of this excellent publication. In the general movement towards nationality the Irish language is not forgotten . . . This feeling which induces men such as Smith O'Brien, and others whom we could name, to devote the valuable hours of manhood, or advanced life to the study of the native language of their country, is however, but beginning to develope (sic) itself.[44]

Bhí an port céanna ag an *Waterford Chronicle* (31 Iúil 1845): 'W. Smith O'Brien was induced by the publication of the '*Reliques*' to study the Irish language'. Tharla *Songs of the Irish* a bheith mar eiseamláir ag *Reliques,* bhain tábhacht nár bheag le léirmheas moltach ó pheann Conor McSweeny a foilsíodh sa *Vindicator* (Béal Feirste) ar 26 Meitheamh 1844:

> We lately gave extracts from the Dublin Review for March 1844 (article 'Statutes of Kilkenny') from which it appears how early the English began to persecute the language of the Irish as well as everything else that belonged to them . . . Yet, long though it has been persecuted, it is not yet dead; nay more, it lives still green and vigorous in the hearts and minds of the people of Munster, Connaught, and parts of Ulster. We have recently had several proofs of its vitality, in Hardiman's 'Irish Minstrelsy', in Dr. McHale's translation of selected melodies from Moore, in the publication within this year of two grammars of the language, one a reprint of Dr. Neilson's, the other got up by Mr. Geraghty, the bookseller of Anglesea-street, Dublin and compiled by Mr. Owen Connellan; and in the publication of the songs now before us . . .
>
> We rejoice in every effort to assist in diffusing a knowledge of the language, and therefore warmly recommend the songs, now in course of publication by Mr. Daly, to the patronage of all true-hearted Irishmen. Even those who cannot read them should buy them on patriotic considerations; and certainly all who have time should study the language . . . The English versions of the songs by Mr. Edward Walsh are highly creditable to his abilities as a poet. We think them much better than those furnished by Furlong and others for Hardiman's 'Irish Minstrelsy'.[45]

Ba bheag ráchairt a bhí ar an tsraith, áfach, rud a chuir John Windele in iúl i litir chuig an Dálach ar 15 Lúnasa 1844:

> Having seen mention of your publication of Irish Songs and seen specimens with my friend the Rev. M. Horgan of Blarney, I have enquired here in Cork, but regret to say, could not get any to purchase . . . For myself, may I beg you will

> inform me how many numbers you have published, as I wish to get them. (LNÉ G 389)

Bhí an scéal céanna seo inste don Bhreatnach ag an bhfoilsitheoir/clódoir Mackin:

> I was with Mackin yesterday – He and his clerk assured me that there was no sale for the songs and that respectable persons bought more of them at the shop than are sold elsewhere. Upon the whole Mackin's account was quite discouraging. He likewise said that unless you made them up in parts & in a green cover they wd. never do . . . I dread from Mackin's word that the work will go down – tis' ever so with Irish efforts. (Litir dar dáta '20–4', gan bhliain, LNÉ 2261.)

Shíl Micheál Mac Cárthaigh ó Dhoire na nÚll gur éiríodh as an tsraith ar chúinsí dlí:

> May I ask you why you gave up the publication of the 'Jacobite Reliques.' Was it for want of materials, or in dread of the law? (Litir dar dáta 27 Meitheamh 1846 chuig an Dálach.)

Insíodh don saol sa *Nation* ar 10 Lúnasa 1844 nach aon sciob a bhí ar an tsraith in ainneoin na poiblíochta ar fad:

> A "Clare Mountaineer" informs us that the publication of Mr. Daly's Irish songs is likely to be stopped for want of proper support. We regret as much as our correspondent that a work so national should be allowed to perish for want of the encouragement it so well deserves. His suggestion that as the Association have evinced their interest in a similar publication, by the circulation of Dr. McHale's Irish works, they might be induced to assist in the distribution of Mr. Daly's, we think deserves the favourable consideration of the committee.[46]

B'fhíor don 'Mountaineer' sa mhéid is nár mhair an tsraith níos faide ná an séú huimhir déag. Ní ar an bpobal léite ach ar an té a bhí leis an tsraith a scaipeadh a leag an Dálach an milleán:

> They were printed in penny weekly numbers and had a circulation of from one to two thousand copies.
>
> The publication ceased with the sixteenth number (120 8vo., pp) as we found the publisher (i.e. Machen) took too little interest in increasing the circulation, that the number published had not repaid one-tenth the outlay expended on them. This failure is therefore to be attributed to want of business enterprise rather than any coldness in the reception given to these poems by the public press, which warmly welcomed them.
>
> They were dear to the people from being in their native tongue, rather than from their political sentiments. They sang them to their beautiful native airs without troubling themselves much about the Pretender. (O'Daly 1866, 'Preface', iii)

Spreagadh an Dálach láithreach chun pinn agus foilsíodh an litir thíos uaidh sa *Nation* an tseachtain ina dhiaidh sin, ar 17 Lúnasa 1844. Nochtaigh sé na figiúirí díolacháin agus cuireadh a dhíomá féin faoin díolaíocht i láthair go follas, chomh maith leis an méid a spreag chun foilsitheoireachta é. 'The Irish Language' a bhí mar cheannteideal ar an litir agus tugadh 'Kilkenny, August 14, 1844' mar dháta agus log a scríofa:

> Dear Sir – you will permit me, through your columns to return my sincere thanks to the 'Clare Mountaineer' who has evinced such deep interest in behalf of the Irish songs which I have been publishing for some time, and which you have kindly recommended to the favourable notice of the committee of the Repeal Association, who now appear determined to take active steps for the renovation of the too-long neglected language and literature of Ireland.
>
> When I began publishing these songs I was not activated by pecuniary motives, my object being solely to distribute among my countrymen in a cheap form a large collection of the songs of our bards – songs written when persecution raged – when penal enactments ground the people to the very dust – and written in a language which conveyed in the most glowing manner, the cruel deeds of the hungry adventurer, but if that language were understood by the foe, the poet *dare not* give utterance to the effusions of his wounded spirit.
>
> Having a large collection of these songs which I collected from time to time through the country, and in many instances succeeded in obtaining the original MSS. themselves whose authenticity cannot be doubted – these I issued in penny numbers, to suit the lower classes of the community who do not very often have many pence to spare, at the same time giving interlinear translations to render those who did not understand the language and were anxious to learn it, some assistance. A failure in this mode of publication induced me to make up these numbers into *parts* with printer wrappers, at a shilling each for the respectable classes; and now having expended upwards of *twenty pounds* on the undertaking when getting the account settled the other day from my publisher, Mr. Machen, Westmoreland-street, the return of the sale only amounted to 21 8s 10d, and 5,955 numbers were returned.
>
> However, this failure will not intimidate me, knowing that the songs will eventually make way for themselves and that the public ere long will be able to take up the poetic effusions of *Seaghan Claragh, Eoghan Ruadh ua Suilliavain, Uilliam dall ua Heifernain, Seaghan ua Tuama an ghrinn,* the eccentric *Mangaire Sugach*, and many others with a keener appetite than they do now a Byron or a Scott. With this view I have placed the second part of the songs in my printer's hands, which will be ready for delivery in a few days and hoping the 'Clare Mountaineer' will come forward with that patriotic spirit which induced him to address you, and establish a national feeling in behalf of the songs among his tribe on the wild mountains of Clare, and thanking you, sir, for trespassing so far on your kind indulgence.
>
> I remain your obedient servant,
> John Daly

Ní amháin nach raibh díol ar *Reliques* tráth a fhoilsithe ach ní raibh ráchairt air ina dhiaidh sin ach chomh beag agus bhí 420 cóip ar díol sa cheant a lean bás an Dálaigh in 1878 (Fleming eag., 1878, mír 704).

Tugann an litir le tuiscint gur thuig sé *Reliques* mar shaothar a dhéanfadh daonlathú ar tháirgeadh aeistéitiúil na lámhscríbhinní Gaeilge agus a chuirfeadh an traidisiún sin ar fáil don phobal ar an mbonn céanna leis an bhfilíocht Bhéarla a bhí luaite aige. Traidisiún ab ea traidisiún na lámhscríbhinní a bhí éilíteach agus teoranta, é bunaithe ar chóras léannta nodaireachta nár tuigeadh ach do lucht an eolais. Táirge ab ea é a bhí dírithe ar mhianta pátrúin aithnidiúil agus soláthraíodh an táirge sin do réir chóras pearsanta an scríobhaí. A mhalairt a bhí i gceist le margadh an chló inar soláthraíodh ábhar ar léitheoir anaithnid do réir chórais neodraigh neamhphearsanta. Bhí an difríocht eatarthu cosúil go maith leis an idirdhealú a rinne Tonnies idir 'community' agus 'society' (Leerssen 2002, 34). Ba thraidisiún faoi cheilt é traidisiún na lámhscríbhinní chomh fada is a bhain leis an móramh mór i measc phobal liteartha na hÉireann san naoú haois déag. Bhris an Dálach (agus Hardiman roimhe) le teorantacht an traidisiúin sin agus chuir ábhar na lámhscríbhinní Gaeilge ar fáil don léitheoir coiteann. Trí mhargadh na foilsitheoireachta – margadh a bhí ag fás ó bunaíodh na scoileanna náisiúnta – chuir an Dálach gnéithe áirithe de thraidisiún lámhscríbhinní na Mumhan i láthair ar chuma shaor mhealltach a d'fheil do phobal ina raibh teacht ar bhunoideachas do chách.

Léirmheastóirí ar a gcuma féin ab ea scríobhaithe na lámhscríbhinní sa mhéid gur oibrigh siad mar chanóincheapairí a rinne an saothar liteartha a bhí fiúntach dar leo a roghnú is a bhuanú. Bhí roinnt mhaith scríobhaithe a thug breith ar *Reliques* trí ábhar ón tsraith a chur ar ais arís sna lámhscríbhinní acu féin. Bhí an dúthracht a chaith an Dálach le lámhscríbhinní a sholáthar i bhfoirm cló á cur droim ar ais acu.

Duine acu Micheál Úa Hannracháin – 'grandson of the the celebrated Owen Roe O'Sullivan' (Ollscoil na hÉirean, Corcaigh, Ó Murchú 5) – ó Chill Rois a bhreac ARÉ 24 L 12.47. Lámhscríbhinn i bhfoirm leabhair í a bhfuil 'Preface' leis i mBéarla craicneach. Tá athscríobh déanta ann ar gach amhrán agus aistriúchán atá i *Reliques.* Chomh maith leis sin, bhreac an tAnnrachánach na cuntais atá i *Reliques* ar na filí ar leith agus ghlac sé le Seán Clárach mar údar 'Mac an Cheanuighe' ('Aisling faon do dhearcas féin'), mar a ghlac an Dálach. Rinne sé athscríobh, áfach, i mBéarla den scoth, ar na cuntais a thug Ó Dálaigh ar na filí sin ach ní mór idir na cuntais.

Mar an gcéanna le lámhscríbhinn T.lxix (c) i gCnuasach Thorna, Ollscoil na hÉireann, Corcaigh, mar a bhfuil na hamhráin ar fad atá i *Reliques* chomh maith le gluais ar fhocail áirithe. Ní léir cé scríobh ach tá lámhscríbhinn eile ón lámh chéanna sa chnuasach céanna (de Brún 1967, 179). In ARÉ 24 B 9, tá amhráin le Seán Clárach, Liam Dall agus Eoghan Rua: 'Aisling air Éire' ('Oidhche bhíos aig luighe air shuan'), 'Mac an Cheanuighe' ('Aisling faon do dhearcas féin'), 'Anfhocain Bhreatain' ('Eisdigh le m' ghlórtha a mhór-shliochd Mhilésius'), 'Diothiaitriughadh Gall' ('Ag taisdiol na Bláirne, lá 's mé ag machtnamh') agus 'Súil-chabhartadh Éirionn' ('Cois abhain a néi, 's me ag taisdiol a g-céin'),

'Filleadh Rígh Séarlus' ('Am aonar seal ag siubhal bhíos'), 'Caoineadh na n-Gaoidheal' ('Mo dhanaid go n-éagaidh na feara-choin aosda'), 'Bé n-Éirinn Í' ('A n-gleanntaibh séimh na h-éigse bhínn') agus 'Uaill-Ghuith an Aoibhnis' ('Ar bhruach na Coille-móire, faoi chruadh-bhrataibh bróin'). Baintear leas as na teidil atá i *Reliques* agus ar a fhianaise seo is léir gur baineadh as *Reliques* iad.

Thart ar 1860, rinne Standish Hayes O'Grady athscríobh ar an gcuid is mó den ábhar i *Reliques* i Cambridge Add. 6485. In ARÉ 23 Q 3, lámhscríbhinn de chuid James Hardiman, tá gearrthóg ón *Galway Vindicator* dar dáta 8 Meán Fómhair 1852 ar a bhfuil aistriúchán le 'C.M. O'K' ar 'Seethe thoil! ná goil go foil', mar atá tugtha ar an amhrán le hEoghan Rua ar a bhfuil 'An Seothógh' ('Seothó thoil! ná goil go fóil') tugtha i *Reliques.* Sa lámhscríbhinn, Ollscoil na hÉireann, Maigh Nuad, DR 4, tá leagan *Reliques* de chuid d'amhráin Eoghain Rua 'Diothiaitriughadh Gall' ('Ag taisdiol na Bláirne, lá 's mé ag machtnamh' agus 'Súil- Éirionn' ('Cois abhain a néi, 's me ag taisdiol a g-céin') athscríofa ag an scríobhaí, John O'Shea.[48] In ARÉ 24 P 51, tá cóip de 'An Seothógh' ('Seothó thoil! ná goil go fóil') mar atá i *Reliques.* Tá nóta leis an amhrán 'Mac an Cheanuighe' ('Aisling faon do dhearcas féin') in ARÉ 24 B 9 a deir 'Same as in O'Daly's Jacobite Relics'. Tá sraith amhrán ó *Reliques* sa lámhscríbhinn agus is díol spéise é an lámhscríbhinn seo a bheith seal ina sheilbh ag William Smith O'Brien, a bhfuil a shíniú air ón mbliain 1859–60.

Bhí teideal le gach amhrán i *Reliques,* teidil a bhí ag teacht leis an léamh náisiúnach ar an bpolaitíocht: *Dán-mholadh na Gaoidheilge, Aisling air Éire, Anfhocain Bhreatain, Diothiaitriughadh Gall, Géibhionn na n-Gaoidheal, Súil-chabhartadh Éirionn, Filleadh Rígh Séarlus, Caoineadh na n-Gaoidheal, Bé n-Éirinn Í.* Ní fhéadfaí saothair chanónda a chlárú is a sholáthar gan teidil a bheith ar na saothair a chuimseodh an chanóin sin. Bhuanófaí teidil a sholáthrófaí i bhfoirm cló. Chuir na teidil i *Reliques* athrú i gcion ar nósmhaireacht na lámhscríbhinní mar gur lean na lámhscríbhinní a rinne athscríobh ar *Reliques* leis na teidil a bhí soláthartha ag an Dálach. Ghlac siad leis go raibh siad buanaithe ag an gcló. Is díol suntais ach go háirithe é gur thug Micheál Úa Hannracháin teideal foirmeálta ('An Duanaire') ar ARÉ 24 L 12 agus gur lean sé le teidil an Dálaigh. Canóin chomfhiosach a bhí á cur i láthair ag an Annrachánach agus bhí glactha go hiomlán ann le modh eagraithe agus eagarthóireachta *Reliques.* Mar atá ráite ag Harold Bloom, 'no secular canon is ever closed' (Bloom 1994, 37) agus léiríonn an claochlú a rinne canóincheapairí ar nós an Dálaigh agus an Annrachánaigh ar thraidisiún na Gaeilge an dinimiciúlacht a bhain le litríocht na Gaeilge lena linn. Bhí athchruthú á dhéanamh acu ar an 'relation of an individual reader and writer to what has been preserved out of what has been written' (Bloom 1994, 17), sainmhíniú Bloom ar choincheap na canóna.

D'fheidhmigh Nioclás Ó Cearnaigh mar scríobhaí agus mar léirmheastóir ar *Reliques* in ARÉ 23 E 12 agus ba é an fuarmholadh a thug sé don fhiontar agus é á bhreithniú. Tá leaganacha de 'Bé n-Éirinn Í' ('A n-gleanntaibh séimh na h-éigse bhínn') de 'Uaill-Ghuith an Aoibhnis' ('Ar bhruach na Coille-móire, faoi chruadh-bhrataibh bróin') agus de 'Uilliam Dall agus an Táiliuir' ('S duine mé shiubhaladh a lán') aige in ARÉ 23 E 12 agus iad bunaithe ar *Reliques* agus bhain sé a ghaisneas astu le dul i gcomórtas leis an Dálach:

> The three following songs were communicated by Mr. John Daly of Kilkenny who published them but as they stood in need of some corrections both in grammar and versification, they are given a place here. (ARÉ 23 E 12)

Ba dhuine é an Cearnach a bhíodh 'ag iarraidh a chumas féin a áitiú ar Ó Dálaigh' (Ó Dufaigh, Ó Doibhlin 1989, 41) agus ní raibh sé leath chomh dalba ina chuid tuairimí nuair a chuir sé litir chuig an Dálach ar 26 Iúil 1844, cé gur fíor ina dhiaidh sin gur chuir sé na lochtanna a chonaic sé ar *Reliques* ar a shúile dá sheolaí:

> I beg leave to observe though your verses are excellent, and your interlinear translations laudable, that a prose translation, more copious notes, and a history of the circumstances under which each song was composed might render your work more interesting to the public, and tend to facilitate the very laudable objective you seem to have in view, a wider diffusion of a knowledge of the venerable vernacular, the preservation of our native poetry, and an incentive to the love of Fatherland – for our knowledge is the basis for nationality itself. (LNÉ G 389, Ó Dufaigh, Ó Doibhlin 1989, 40)[49]

In Ollscoil na hÉireann, Corcaigh, Cnuasach Thorna, tá teacht ar chineál eile léirmheasa fós – léirmheasanna ó dhaoine a raibh an cur chuige léitheoirlárnach a bhí geallta ag an Dálach á chur i ngníomh acu, ina measc 'Micheál Mc Cárrtha, Doire na nUbhall.' Bhí freastal éigin déanta ar dhámhscoil sa cheantar ag an gCárthach (Ní Dhonnchadha 1953, 15) agus bhíodh litreacha ag triail uaidh go rialta chuig an Dálach.[50] Cáinteach go maith a bhí sé. Chuir sé ceithre leathanach de cheartúcháin ag triall ar an Dálach – in ainneoin an dán 'Do chum Seaghan O Dala' a bheith cumtha aige agus curtha chuig an Dálach ar 17 Meitheamh 1846! Sa seanchas dó:

> See page 44 of the 'Jacobite Relics'
>
> 'Do phor Threoin'.[51]
>
> This line is entirely inconsistent with the poet's allusion, and should run thus: 'Don phór threon ba chalma a ngleo'. 'Treon' being only an infection of the word 'Trean', – which signifies power, and consequently, bears no relation or affinity to Mac Tréan, because Tailc was a foreigner or Stranger in Ireland, when he opposed the gallantry of the Fians ar 'Cnoc an Áir'. He is personified by the marvellous Oisian as having had the 'the head, the ears, and the tail of a cat': 'Cluasa iarball is ceann cait do bhí ar an bhfear nar mhath sgeim.' The skin

of the 'lion-cat' being worn by Eastern Heros (sic) in those days in commemoration of that trophy worn by the great Alcides.

This was the reason that the beautiful Niamh Nuadh-chrothach flew with such terror from the embraces of so inhuman and unnatural a lover as 'Tailc Mc Treoin'.

I am sorry to say that the Irish language is still asleep, whereas no one had the sense or discernment of noticing such an abusive error on the forementioned among your almost innumerable and learned correspondents.

Your 'Jacobite Reliques' are also teeming with typical(?) errors, and entirely inconsistent with the Irish prosody, which you ought to read and study better, in order to enable you to do more justice to your work, in the next edition. You intend printing.(sic) I'll take for example 'An Bonnaire Fiadhphuic': 'Faol-chuin foir neirt le fuinneamh, &c. Now this line is really disgustful, and should stand thus: 'Fóirneart faolchuin, &c, The last line of the verse is cripled (sic) by contraction, and should be: 'is d'imthig ó rian a namhaid'.[52] This has been the case with almost every poem throughout the contents of your book.

You have also superfluous aspirations in some instances, while other words appear without (sic) none at all, as 'le cian an magh', which should be 'le cian an mhagh'.[53] In the first line of the next verse you have 'Coraidh' instead of 'coraid'.[54] You have 'an shóigh' instead of 'an shógh'.[55] 'S tá mo bhrógasa briste' should be 'is tá mo bhrógasa, &c'.[56] In the next verse 'siollairighe trean' instead of 'siollairighe treana'.[57] A vowel should never be cut off from end of word, especially when the next word begins with a vowel also. For which see the old Irish Prosody.

'Mac an Cheannaighe':

'Aislinn faon do dhearcas féin
Air leaba as mé go lagbhrigheach'.[58]

And again: 'A cúl tiobh casda' instead of a 'cúl tiobh cas'; or you may change it thus: 'A súile glasa, a cúl tiobh casda'.[59] The beginning of the next verse should go thus:

A beol bo bhinn, a ceol bo chaoin,
As ro-shearc linn an cailín[60]

And so of others.

'Anfhochain Bhreatainn'

Words such as Bavaria, Vienna, Leopold, Montimer, etc. should always appear in their own country dress.[61]

In 'The Lady of Albany's Lament for King Charles' you have 'mo ghile m'fhear' instead of 'mo ghile mear', which, on account of its simplicity, is the greatest blunder that you have committed.[62]

In the 'Return of King Charles' there is an allusion made to her who plighted her love to Cúchulainn, and afterwards to her by whom Curaigh was laid low. Does he mean Bláthnaid in both these instances? I should think not.

'An Seothan': This and 'Clárach's Dream' are also full of abusive errors. It would take up an entire sheet of 'foolscap' to correct them.

First you have: 'Seotho thoil' instead of 'sith a thoil' or 'sith óm thoil', & c., i.e. peace with my consent etc.[63]

Mr. Walsh has translated this: 'Hush! Baby mine, etc'. As é an t-uan ag múineadh méilighe dá mháthair e.

Add this verse to your next edition, or version of it:
Ba fhearra dhuit cacuighe a fáisg fighe i mbeoir
is dá n-abrainn athaighe lán d'fhion leo
sbhanaltra (sic) lán-chidheach bhán mhín og
na duanaireacht ghliogair a dhuine dhom shórt, &c. (Litir gan dáta, Ollscoil na hÉireann, Corcaigh, Cnuasach Thorna T. lix; Torna 1941, 117–19, 193.)[64]

In ARÉ 12 F 3, maireann litir dar dáta 29 Meitheamh 1846 ó dhuine eile a chuireadh litreacha ó Luimneach ag triall go rialta ar an Dálach: 'J. Gleeson, Barry's Lane, Boherbuy' nó 'Séamus Ó Glíosain' mar a bhíodh air in amanna. Bhí ábhar i dtaobh Liam Dall iarrtha ag an Dálach air, is cosúil:

> I feel very much obliged to you for your Communication and I am very sorry that I cannot furnish you with the stanzas of fáinge geal an lae or seoladh na ngamhan sae na 'nbhfásach (sic)[.] This latter song I have seen some time ago but did not mind it. It was composed by Máire Bhínn r[u]adh daughter or nephew of Uilliam Dall O heifernán of Lattan . . . I have bean na stocuidhe bánna (sic) agus bean a tíghe.[65]

Ar dháta nach bhfuil soiléir in 1846 ('27 46' atá mar dháta ar an litir) scríobh an Glíosánach arís chuige:

> I am sorry the manuscript contains nothing of what you have seen before I was aware that you published a good many poems which it contained but then there are poems in it that I consider you never saw. I'd like to know something about your namesake. Js. O'Daly was born in the parish of Mungret within two miles of Limerick. You want to know who wrote the Exile of Erin and if it is Collins that wrote it. That was written by Thos. Gahagan of this city and that is his translation of that poem. I have seen different translations of that song and I think that is the best and sweetest of them all, your opinion on that I know. Malachy Curry the Iresian you allude to in this city and his brother Owen (sic) is in Dublin in one of them (sic) Academys.
>
> You mention something about the jacobite relicks to me in one of your communications. I have the 1st and second part but if you want any further than that let me know.
>
> There is not a man of the Currys but I know they are good Irish Scholars. But the Gahagan is the best Irish scholar in Munster. There is nothing to equal his handwriting in English or Irish. He knows the Irish well and is acquainted with all its dialects.
>
> I send this poetry Composed by Michael O Sullivan and Quinlivan's answer to it.
>
> James Quinlivan was a good poet. He was drowned about a year ago. He lived in Newcastle. It was he composed Eachtra an Chait ghlais. yours truly Js. Gleeson
>
> I think that in a few days I will furnish you with Fáinge Gl. an lae. (ARÉ 12 F 4)

Chuir sé litir eile ag triall ar an Dálach ar 8 Feabhra 1847 (Ollscoil na hÉireann, Corcaigh, Cnuasach Thorna T. lix; Torna 1939–40, 176–8) a phléigh mórán ceisteanna. Thug sé véarsa le Liam Dall dó agus roinnt eolais ina thaobh: 'In your second number of the Jacobite Poetry there is a verse omitted which I send you here'.

Ar 2 Márta 1847 chuir sé litir eile chuige:

> I wrote this day week and enclose 2 poems which I fear may not reach you as I received no answer. If you Intend to Continue (sic) the Jacobite relicks I think I will be able to send you poems that will answer that purpose.
>
> I have in my possession a poem of Eoghan Ruadh called Jacksons (sic) family, it is a flowery fine poem and fainge geal an lae I will be able to send before many days will be to an end. I have recourse to anything that I chose from Mr. Gahagan for it was from him I got a Knowledge (sic) of the Irish. It is his method I have for writing that Language (sic). You mentioned to me about (focal doiléir) Battle (sic) between you and him with regard to some remarks he made on the Jacobite relicks. I never mention (sic) a word about your name nor I dont (sic) intend to do so.
>
> But this I have to say. Theres (sic) not a man in the Kingdom would support you sooner than Gahagan [?] I mean with manuscripts only for whatever misunderstanding came between you and him. (LNÉ G 389)[66]

Ar 2 Márta 1847, bhí *Reliques* tagtha mar bhronntanas chuige ó inné roimhe sin. An Dálach a chuir chuig é:

> Dr. Sir, I acknowledge the receipt of your present which you have sent me, for which I feel very thankful. I received it on last night from the hand of Mr. Ledger, Bookseller. I like the work very well: it is credit to you. but then you did not give 5 stanzas of Fáinge Geal an Lae, and other poems are short.
>
> Let me know if you intend to publish any more poems, that I should be on the look out for some good poetry. I am sorry the Bodach is not a good copy, but you have it as I got it from the MS. from which I transcribed it. I have seen a copy of Eoghan Ruadh's Seothó a thoil lately in manuscript and I observed these lines to run thus:
>
> Créithre Meala le sgaga fá'd Chomhair
> A gcornaidh ríoga fior dom stóir &c.
>
> I am satisfied that the printed copy of yours is the best I've ever seen.
>
> I am promised a volume of poetry by a friend which, by the way he describes it to me, is very good. (Ollscoil na hÉireann, Corcaigh, Cnuasach Thorna T lix, Torna 1939–40, 178.)

Ba ar cheist fhoilsiú ábhar Gaeilge i gcoitinne a dhírigh 'James Flyn' nuair a scríobh chuige ó 'Barnashillane, Midelton' ar 20 Márta 1844:

> I know the prejudice against everything Irish is daily giving way to a more enlightened spirit and a better taste but still the taste for Irish literature must be almost national before any publication in that language or any translation from it would compensate for the expense of publication and how are the people to be inspired with the taste? A desire of being acquainted with what is considered a dead language is not sufficient to bring this about . . . If it could be made appear

> that Irish history is not fully before the public, notwithstanding the number of Works (sic) already published on the subject, that there are many omissions and many important circumstances that would be very valuable in the hands of those engaged in bringing Irish literature into repute to be found only in Irish manuscripts. (LNÉ G 389)[67]

Mar fhoilsitheoir, bhí fadhbanna praiticiúla go leor le sárú ag an Dálach. Ní cosúil ar fhianaise litreacha an Bhreatnaigh gur tharraing an Dálach agus na clódóirí, Goodwin Son and Nethercott le chéile go maith – é sin nó bhí a chuid smaointe féin á gcur ag an mBreatnach i mbéal duine eile, rud ba mhinic aige:

> I called today at Machen's. He tells me the songs are taking right cleverly, but he complains of the manner in which the second number is got up. It is not fit for a street ballad, in type and paper. The letterpress and paper would damn the best work of the day. I told him you were taking it out of the printer's hands altogether and he seemed pleased. I bought your first number, and am greatly pleased with its cleverness, and also at its respectable appearance. (Litir dar dáta 10 Eanáir 1844 ó Walsh chuig an Dálach, LNÉ 2261; Walsh 1883, 35.)

I dteannta na ndeacrachtaí díolacháin a bhí aige, bhí achrann airgid (agus aitheantais) idir é féin agus an Breatnach. Bhí bean agus páiste fágtha sa bhaile sa Tuairín in iarthar Phort Láirge aige siúd agus iad le cothú aige:

> With regard to our projects respecting the songs, I understand you to say that you will bear all the expenses of printing, paper & c and after deducting all costs from the sales, you then at the end of a Month will equally share the net profit remaining, with me. If this be so, I am content[.] I'll engage to give you spirited translations – Talent is my only stock in trade, and I'll be no miser of it. In all other respects, Mr. Daly, reckon me as one who would die rather than be deceived.
>
> I would wish that when you gave the metrical version of the songs, that you gave the name of the translator. Mr. Lane recommends me not to forget this as it might procure me notice. (Litir dar dáta 5 Eanáir 1844 ó Walsh chuig an Dálach, LNÉ 2261.)

Cúig lá ina dhiaidh sin bhí ag cliseadh ar an mBreatnach guaim a choinneáil air féin:

> I have thrown out no kind of dealing unfairly by me, but I understand from you both 'by word and write' as Burns says, that I was to share half the profits. That you meant so if I paid half the expenses as they occurred, I do not now doubt, because you tell me so, but I do not understand it so before. How ever, I am willing to sign for the thing you mention, that is one-third, as I cannot get more unless I contribute to the outlay. Are you satisfied Mr. Daly? (Litir dar dáta 10 Eanáir 1844 ó Walsh chuig an Dálach; LNÉ 2261; Walsh 1883, 36.)

Bhí sé fós tógtha san inchinn faoi chúrsaí airgid trí mhí ina dhiaidh sin:

> You were scarcely out of town when a friend informed me that you made a very profitable hit by the sale of some Irish works; this rejoiced me exceedingly, though I would be better pleased to hear it otherwise than at second-hand, but I am delighted to hear it at any hand. You will believe this when, in addition to my own assertions I assure you that a certain friend of mine who is a deep phrenologist, says upon an examination of my skull, that I have "Benevolence and Attachment" uncommonly developed. (Litir dar dáta 7 Márta 1844, ó Walsh chuig an Dálach LNÉ 2261; Walsh 1883, 38.)

'£3 . . . for every six numbers' a bhí uaidh cúpla mí ina dhiaidh sin arís (litir dar dáta 17 Lúnasa 1844, LNÉ 2261) agus '*half profit* according to our first agreement' a bhí uaidh ar 25 Lúnasa 1844 (litir chuig an Dálach, LNÉ 2261).

Bhí an obair ar fad á caitheamh i dtraipisí aige ar 11 Aibreán 1844:

> I beg you will find another versifier who will render the literal meaning to your taste . . . I do this with regret as I love my Country & its neglected bards & their glorious recollections. (Litir chuig an Dálach, LNÉ 2261.)

Gothaí móra agus buillí beaga a bhí ag an mBreatnach, áfach, agus níor éirigh sé as. Is cosúil gur rug an Dálach barr reatha air trí aistritheoir éigin eile a aimsiú, aistritheoir éigin a chónaigh thar lear, más fíor:

> I would be better pleased that you dropped the songs rather than send them abroad in a manner unsuited to their merits, but as you are determined to persevere in publishing them[,] few things would give one greater grief than to see the language of your Jacobite Poets clothed in such a garb as the rhymes that are now before me – and in short I shall therefore accept the terms . . . In future you are not to take any trouble by the mere English parts[.] Leave that to me. Let me know if the Irish headings you give the songs are your own or are in the manuscripts that reach you. (Litir dar dáta 25 Lúnasa 1844, LNÉ 2261.)

Chreid an Breatnach nach raibh a chomórtas féin d'aistritheoir le fáil agus ba nós leis caitheamh ar chuma ceannasach drochmheasúil leis an Dálach nuair a thagadh uair na faille. An Dálach a bheith ina chainteoir dúchais Gaeilge a bhíodh ag cur as don Bhreatnach ar uairibh:

> Mr. Mackin complained to me that you altered the words 'Poetry' to 'Songs' in the wrapper – Do you know that the change of the term entirely altered the sense of what you meant to convey. 'Reliques of Songs' means remains of songs and poems of which some stanzas were lost while 'Reliques of Poetry' means songs or poetry that have come down from earlier times – the Printer saw the absurdity and sneered at it – you should not attempt Mr. Daly to correct whatever English I write[.] Not that I think I am not open to correction but that you have not English enough to do so . . . (Litir dar dáta 17 Meitheamh 1844, LNÉ 2261.)

Chreid an Breatnach go gcaithfí a bheith san airdeall i gcónaí roimh Bhéarla an Dálaigh agus á cheartú dá réir:

> I have just now corrected certain parts of your interlinear version and also changed your English note a little to improve the style and added a line or two to the term *Bui* which I think will please you. (Litir dar dáta '20 4', gan bhliain, LNÉ 2261.)

Cé gurbh é an Dálach fear an eolais i dtaobh na bhfili, b'fhearr leis an mBreatnach gurbh é féin amháin a scríobhfadh na cuntais orthu:

> I do not like you should (sic) take the trouble of making any change to my prose and verse[.] Your style is somewhat different from mine & the mixture is easily perceptible. (Litir dar dáta 17 Meitheamh 1844 ó Walsh chuig an Dálach, LNÉ 2261.)

Chuir an Breatnach i leith an Dálaigh go raibh aige:

> . . . a trick of giving notes on well-known passages in Irish history while you toss over other more difficult ones or only refer the Reader to the Book in which they may be found. You should look better to the way you write the notes – the last were very faulty. (Litir dar dáta 31 Lúnasa 1844, LNÉ 2261.)

Thug an Breatnach tosaíocht d'fheabhas na n-aistriúchán thar dhílseacht don bhunleagan:

> I would say that when your author is dull or defective in sense I would omit particular passages altogether if I were you. (Litir dar dáta 15 Eanáir 1844 chuig an Dálach, LNÉ 2261.)

Tábhacht thánaisteach a bhain le taobh na Gaeilge den tionscnamh, dar leis, ó thaobh na litríochta agus na trádala araon: ''Tis not your Irish remember that sells the work but the English version' a d'fhógair sé go neamhbhalbh i litir dar dáta 8 Iúil 1844 (LNÉ 2261). Bhí ceangal na gcúig gcaol curtha ag na meadrachtaí Gaeilge air agus b'fhearr leis a bheith saor ón 'extreme difficulty of keeping the spirit & sense of the author within his limited number of lines' (litir dar dáta 11 Aibreán 1844 ó Walsh chuig an Dálach, LNÉ 2261). Ina ainneoin seo chloígh an Breatnach leis na bunmheadarachtaí oiread agus ab fhéidir:

> When I am confined, Mr. Daly, to the compass of one stanza to express therein the meaning of the same number of lines in the original you cannot expect that I could deliver line exactly for line, if you glance at Furlong's version of Hardiman's songs you will see the fidelity of mine. (Litir gan dáta ó Walsh chuig an Dálach, LNÉ 2261.)

Nuair a chuir an Dálach leagan litriúil (nár foilsíodh) de 'Caoineadh na n-Gaoidheal' ('Mo dhanaid go n-éagaidh na feara-choin aosda') chuige baineadh a mhíthapa as an mBreatnach:

> I have seen that Shane Bee in the original, and shall say that I have seen nothing yet in Irish verse to compare with that (focal doiléir) ballad in silver sounding lines. 'Mar yah' is a very classic phrase to reach the decorous ears of decency, when speaking in your version of the dubious chastity of Elizabeth – an idea which the blind old man was too refined to convey to the ears of born (?)

untaught peasants. May God soothe his blessed spirit if he be aware of the injury done his beautiful song[.] It will chafe him even in Heaven! Why did you not get someone at least to count the feet in each line for *your part* so that his lines may preserve some rude semblance to the tune of the Irish Song?

God forgive your worse than vandalism. I cannot.

I trust you will forgive this outburst but the smooth flow & silvery sounds of William the Blind's sweet song betrayed me into it.

My particular reason for sending this is to desire as a matter of Course that you will mention in a note that my connexion with you has ceased & that the 'Lullaby' was my last effort for you. (Litir dar dáta 20 Lúnasa 1844 ó Walsh chuig an Dálach, LNÉ 2261.)[68]

Ba dhuine é a raibh domhain-smaoineamh déanta aige ar aistriú na Gaeilge. Ba thábhachtaí leis rithim na bun-Ghaeilge ná an bhunbhrí:

. . . adaptation of the words to the song measure – the particular embodiment of thought requiring, it would seem, a kindred current of music to float upon. Or to vary the figure, the particular tune so exquisitely chosen by the Irish lyricist, seems the natural gait of the subject. (Walsh 1847, 14)

Chuir sé a chuid teoiricí i leith an aistriúcháin i láthair in 1847 sna 'Introductory Remarks' a chuir sé le *Irish Popular Songs:*

I have . . . been careful to avoid that error which I already censured in others namely, the fault of not suiting the measure of the translation to the exact song-tune of the original. The Irish scholar will perceive that I have embodied the meaning and spirit of each Irish stanza within the compass of the same number of lines, each for each; and that I have also preserved in many of the songs, the caesural and demi-caesural rhymes the use of which produces such harmonious effect in Irish verse. (Walsh 1847, 31–2)

Ba mhian leis i gcónaí na haistriúcháin a thabhairt chun foirfeachta agus ní mó ná sásta a bhíodh sé le 'interlinear translations' an Dálaigh:

Your English notes are in some places highly defective in perspicuity & smoothness of manner & I have changed them in some places and again I don't like your literal translations of some words which I would beg of you to re-consider. For instance the word g-carta you render 'pitched' which in English conveys very different ideas. It should be 'expelled' or scattered abroad & in the same stanza in the horrid character drawn of the arch-heretic Luther you render gras-mhar 'bountiful' is it not plain that Owen would not blend the epithet with the terms 'treacherous' 'accursed' which follows it? You render aiteas 'drollery' which is too vulgar for the style in fact I object to many of your words from their want of elegance & consequent unsuitableness to the beauty of the original. (Litir dar dáta 28 Márta 1843, LNÉ 2261.)

Tugann Vivian Mercier breith mheáite ar na haistriúcháin i *Reliques:*

. . . Edward Walsh provided the metrical English versions: these are better than those by Hardiman's fumblers but not in the same class as Ferguson's. (Mercier 1994, 21)

Mhol Robert Welch na haistriúcháin freisin:

> . . . Walsh's translation policy which emphasised the 'gait', the musical qualities of the Irish verse, serves him well, enabling him to recreate something of the rich ornamentation of the original in what Lorna Reynolds has called 'a melting succession of sound' in English. (Welch 1988, 126)

Ní raibh Cathal Ó Háinle chomh moltach céanna le Welch:

> Walsh had a clear undestanding of the nature of the Irish accentual metres, but he was not very successful in *Reliques* in carrying their sound pattern over into English. Very often he failed to achieve a free flow and many of his lines are very lame indeed. (1982, 50)

Más é 'an locht ba mhó a bhí ar iarrachtaí na scríobhaithe agus na bhfilí agus iad i mbun an aistriúcháin ná gur mharaíodar a gcuid Béarla le bréag-ghalántacht agus le hardnósmhaireacht' (Ó Muirithe 1999, 158), bhain an Breatnach le glúin a bhí sách cleachtach ar an mBéarla le go bhféadfaidis an tsaoithíneacht a sheachaint. Chaith sé a dhúthracht le haistriúcháin ardchaighdeáin a sholáthar, mar is léir ar a chomhfhreagras leis an Dálach:

> When I begged your opinion of what I was doing for you I was under the impression that the character which my songs in the 'Spirit of the Nation' might establish for me as a song writer, would be sufficient to satisfy you of my abilities at transfusing the spirit of the Irish poet into the English version I wanted your particular criticisms as regards the fidelity of the version or the manner in which I had been (focal doiléir) obliged to quit the particular words of the original but I was not prepared for the very general remark that I did not produce you 'good poetry'. Perhaps you are perfectly correct and yet I had no other recommendation to (focal doiléir) in the Nation than the merits of my songs there . . . Poetry must at all times carry its distinguishing marks about it. (Litir dar dáta 3 Feabhra 1844, LNÉ 2261.)

Ba mhinic a d'éirigh go maith leis: solaoid ar a chumas é an leagan a cheap sé den véarsa seo as 'Freagradh air an Mnaoi Albanaicc':

Le soitheamh na suagha do ghluaiseadh an leóghan,
'S a trímhúgha h-uair seadh bhuaidhfe a ngleódh;
Beidh sgaoile' 's ruagadh uainn go deó,
Air bhuidhinn an uabhair as tuaith Luirc fós?
Ní'l óig-fhear séimh do'n fhuireann cheart,
D'-fhuil Eóghain 's Éibhir oilte 's Airt;
Nach gluaisid féin gan fuaradh a gcéin,
Fá thuairim é do chuir 'na cheart.

Unfoil'd in skill, unmatched in might,
He'll conquer thrice the foe in fight;
And tyrants proud who swore us slaves,
By Tuaith Luirc's shore, shall find their graves!
Each warrior brave, of ancient line,

Where Eogan, Airt and Heber shine,
Would dare oppose a host of foes,
To gain his monarch's right divine. (Daly 1844b, 36, 37)

Agus bhí sé in ann malairt rithime agus meadarachta a tharraingt chuige féin nuair a tháinig sé chomh fada leis an gceangal:

An Ceangal
Aithcim air Dhia, iarraim 's guidhim go cruaidh,
Na samhaicc do phian fial-treabh na n-gnaoi-dheil a nguais;
Do chaithiomh as Iath-iarthar fá dhaoirse chruaidh,
'S aicme na n-diabhal n-iasachda dhíbirt uainn?

The Summing-up
May heaven, in mercy to its suppliant's call,
The gourmands quell who hold the Gael in thrall,
Crush, through the western isle, their ruffian sway,
And sweep afar the demon brood for aye! (Daly 1844b, 38,39)

É fein ba mhó a thug moladh dá chuid aistriúchán:

> I never perceived my cleverness at entering into the true spirit of Irish song till I read D'Alton's translation. I have many stanzas of the translated-songs, evidently improved upon the old Bard, & have scarcely ever fell (sic) much beneath him in conveying the wrongs and feelings of our race. A portion of this is because I am intimately acquainted with the manners and feelings of the people, and feel, indignantly feel, myself with all the poet's feeling, the curse and crime of the tyrant. (Litir dar dáta 7 Márta 1844, LNÉ 2261; Walsh 1883, 38.)
>
> The Irish reader will perceive that in these stanzas the translator has not allowed the spirit of the poet to evaporate. (Daly 1844b, 42).

Mar náisiúnaí tréan a bhíodh ag soláthar bailéad don *Nation,* ní aon ionadh é an Breatnach a bheith go mór faoi réir ag stíl chumtha na mbailéad náisiúnach. Ba iad bailéid an *Nation* slat tomhais na léirmheastóirí. Béarlagair an *Nation* é 'foe in fight', 'tyrants proud who swore us slaves', 'the Gael in thrall', 'demon brood', sna véarsaí thuas, cuir i gcás, agus is láidre é blas na mbailéad ná blas na bun-Ghaeilge féin ar na haistriúcháin.

Bhíodh sé de shíor ag iarraidh go ndéanfaí a chuid aistriúchán a dhearbhú, go molfaí i gciorcal an *Nation* iad ach go háirithe:

> Mr. Duffy said on Sunday that my translations were beautiful & that he considered I acted judiciously in departing where deep offence would be given from the Author. (Litir dar dáta 16 Aibreán 1843, LNÉ 2261.)

Nó:

> I hit Duffy off cleverly at his own house on Sunday upon the frigidity of his praise in the Nation of the songs.
>
> I gave Mr. Davis a few days ago 'The Expulsion of the Saxons' & he was very polite & said he wd. publish it. (Litir dar dáta '20 4', gan bhliain, LNÉ 2261.)

An Dálach an chonstaic ba mhó a bhí le sárú aige, dar leis an mBreatnach, agus bhíodh sé ag síorsciolladh faoi ina chuid litreacha. Scáthán cruinndhílis ar na bunamhráin agus ar shaothar na bhfilí a theastaigh ón Dálach sna haistriúcháin; dánta liteartha a theastaigh ón mBreatnach. Bhí an Breatnach sásta athruithe a chur i gcion ar an téacs, é sin agus codanna de a fhágáil ar lár ar fad ar mhaithe le caighdeán liteartha. Ach bhí sé féin agus an Dálach ar aon fhocal faoi rud amháin: gurbh é Seán Clárach prionsa na bhfilí Muimhneacha. Bhí fíor-drochmheas ag an mBreatnach ar Eoghan Rua agus é sásta sceanaireacht dá réir a dhéanamh ar a chuid amhrán. Ag trácht ar an amhrán, Seán Buí dó, deir sé:

> I am heartily tired of Owen Roe notwithstanding all I have said in his praise in the sketch of his life. I find a sameness in his song that betokens anything but the various aspects under which the beauties of Nature present themselves to the man of Genius . . . I would translate the facile beautiful lines of Shan Claragh as fast & faster sometimes than any pen could commit them to paper. I would feel relieved by returning again to him. I am much obliged by permitting me to leave out that wretched chorus & I have likewise left the third stanza untranslated – the language of it is absolutely ridiculous & it jambs up the connection between the 3rd and the 5th of the song & I beg your permission to omit it in the original also. (Litir dar dáta 5 Bealtaine 1844, LNÉ 2261.)

Ba bheag dúil ina chroí istigh a bhí ag an Dálach in aistriúcháin Bhéarla in aon chor, is cosúil. Níor ghabh aistriúcháin ar bith leis na hamhráin Ghaeilge a chuir sé i gcló san *Irish Language Miscellany* in 1876. In 1866, nuair a d'fhoilsigh sé an dara heagrán de *Reliques,* chuir sé 'Appendix' leis a sholáthraigh téacs Gaeilge seacht gcinn déag d'amhráin. Níor ghá, a dúirt se, aistriúcháin a chur ar fail:

> . . . the generality of our purchasers, we suspect, will be those who are more or less acquainted with their native tongue . . . (O'Daly 1866, 90)

Comharthaí sóirt iad seo ar dhoicheall a bheith aige roimh aistriúcháin maith nó olc. Thug sé tosaíocht i gcónaí do dhílseacht don bhunleagan, rud a chuir olc ar an mBreatnach:

> The conclusion of your note of yesterday filled me with surprise and deep regret that you should use me so disrespectfully. . . . Of harping on the (focal doiléir) of not translating the song faithfully . . . It is painful to be obliged to say in my own vindication that the stanza to which you allude is the very best I ever wrote for your Songs as it conveys the beautiful meaning – and think further that I have given you that (focal doiléir) stanza in poetical Imagery and vehement hate of the Saxon.
>
> I shall now drop the subject – not never again to resume it – and shall say that whatever be your motive for this disgraceful treatment I have not deserved it. (Litir dar dáta 11 Aibreán 1844 ó Walsh chuig an Dálach, LNÉ 2261.)

Tá na litreacha a chuir an Breatnach chuig an Dálach breac le miondealú caolchúiseach ar 'interlinear translations' an Dálaigh. Ní go maith a thagadh an Dálach as:

> In the 2nd Stanza you speak of " 'Flame' perambulating her cheek". One wishing to throw ridicule over the sentence could not light on a more ludicrous mode of effecting it[.] The flame of passion is good, but the flush of beauty is what is meant . . . Rent should be *tribute.* The term you have rendered slumber (a beautiful word) should be sluggard or some reproachful epithet. In the last line of the second stanza is an agregious blunder where you make the son of *Jason* bear the fleece to Greece. It was Jason brought the fleece and not his son. . . . (Litir dar dáta 16 Aibreán 1843, LNÉ 2261.)

Sa réamhrá a chuir sé le heagrán 1847 de *Irish Popular Songs,* tugann an Breatnach le fios gurbh é féin a bhreac cuid (ar a laghad) den chuntas beathaisnéiseach a tugtar i *Reliques* ar na filí ar leith, chomh maith leis na haistriúcháin:

> The following extract from the life of Owen O'Sullivan as I have given it in the 'Jacobite Reliques' will furnish a glimpse of this unfortunate genius. (Walsh 1847, 27).

Duine ab ea an Breatnach do réir thuairisc an Dálaigh a bhí 'sensitive and nervous.' Bhí sé 'ill-fitted for the world's war, and was of too independent a mind to submit without suffering or always in silence to petty official superciliousness' (O'Daly 1866, iii). Rugadh i gCoiscéim na Caillí i nDúiche Ealla Thiar é, áit ar fhoghlaim sé roinnt Gaeilge i nGleann an Phréacháin, 'among the very primitive people of Glenville' (litir gan dáta ó Walsh chuig W.E. Hudson, ARÉ 3 C 6; Ó Ríordáin 2005, 24). Ina ainneoin sin, ní raibh máistreacht aige ar an teanga agus bhíodh sé go mór i gcleithiúnas na 'interlinear translations' a thagadh chuige ón Dálach, dá lochtaí iad, dar leis. Is orthu a bhunaigh sé na haistriúcháin. Scríobh sé chuig an Dálach ag iarraidh air cúnamh a thabhairt dó le slacht a chur ar a chuid Gaeilge:

> My acquaintance with the Jacobite songs makes me desirious (sic) of cultivating the language further & I have to request if you have any Irish Books by you to send them – I want a Dictionary but would not take that imperfect Edition of O'Reilly of which I saw some volumes. (Litir dar dáta 7 Aibreán 1843, LNÉ 2261.)

I Sráid an Mhuilinn, Contae Phort Láirge, ar fhód dúchais an Dálaigh, a thosaigh sé amach mar mhúinteoir. Bhog sé as sin go dtí An Tuairín 'my snug residence at Tourin' (litir dar dáta 5 Eanáir 1844, LNÉ 2261; Walsh 1883, 35), a bhí i mbarúntacht Dhéise lasmuigh den Drom chomh maith, agus thug sé tréimhse shuaite ag múineadh scoile ann faoi na Coimisinéirí

Oideachais. Bhíodh ábhar á sholáthar aige d'irisí liteartha agus é ann (Flood 1912; Ní Mhurchú, Breathnach 1999, 160). An Dálach agus Charles Gavan Duffy faoi ndear é a bheith ceaptha mar leaseagarthóir ar *The Irish Monitor* i ndeireadh na bliana 1843 (Gleeson 1894b, 9). An tréimhse a thug an Breatnach ar fhód dúchais an Dálaigh a shnaidhm cairdeas eatarthu, is dócha. Leagan amach Éire Óg a bhí ag an mBreatnach agus briseadh as post múinteoireachta sa Tuairín é de bharr bailéad ('What is Repeal, Papa?') a fhoilsiú sa *Nation* in 1842 (Gleeson 1894b, 8). Bhí na hÉireannaigh Óga agus an Chónaidhm Éireannach 'sniffy about mass agitation, preferring to politicise through education' (Jackson 1999, 53) agus ba ghné lárnach dá gcuid polaitíochta í an fhilíocht. Is cosúil óna chuid litreacha go dtéadh an Breatnach, agus post aige mar rúnaí sa Corn Exchange, chuig cruinnithe de Chumann na hAisghairme gach lá sa tseachtain beagnach agus go mbíodh teacht aige ann ar mheascán den pholataíocht agus den fhilíocht. 'I shall leave the manuscript at Goodwin's as I go to the Corn Exchange' (litir dar dáta 20 Aibreán ó Walsh chuig an Dálach, gan bhliain, LNÉ 2261). Chastaí an Dálach ann air uaireanta, is cosúil: thagair an Breatnach do 'such verse as you have read to me at the Corn Exchange' (litir dar dáta 20 Lúnasa 1844, LNÉ 2261). 'Loyal National Repeal Association/ Corn Exchange' agus a leitheid atá mar sheoladh ar roinnt mhaith dá chuid litreacha chuig an Dálach i dtaobh na filíochta (e.g. 18 Bealtaine 1844, LNÉ 2261). Tuilleadh cruthúnais é seo ar an tábhacht a bhain leis an *Nation,* le clár cultúrtha Thomas Davis agus le gluaiseacht na haisghairme mar chomhthéacs do *Reliques:*

> In numerous essays, and poems for the *Nation,* he [Davis] attempted to launch a national literature with the frankly propagandist object of developing political consciousness among all classes, which he saw as being best advanced by a 'ballad history of Ireland'. (Welch 1996, 135)

In ainneoin stádas an Dáibhísigh, ba dhímheas a bhí ag an mBreatnach air. 'Walsh's feeling against Davis was more intense and more negative' (ná i gcás Mangan) adeir Elizabeth Shannon-Mangan: 'He was resentful and jealous of Davis for removing a few of his, Walsh's, poems from *The Spirit of the Nation,* to make room as he believed for more of Davis's own' (1996, 273).

Ba léir fuadar chun oibre a bheith ar an mBreatnach nuair a thosaigh sé amach ar na haistriúcháin:

> I am prepared at all times to try my rhyming powers, though the via poetica will not rush forth at my call at all times; however, never ask me if I am prepared but always send without ceremony; send the Irish and the literal version. What you translated 'link' in the Creevin I could not for some time understand the meaning of. I've learned it means a 'ringlet of hair' you should render it ringlet – it is highly poetical; your translation bore me from the meaning . . . Your civil and kind invitation pleases me, Mr. Daly. I have great pleasure with your intention of giving the interlinear version according to my first suggestion. If you gave it without regard to the grammatical order of the English, but word for

> word in the Irish, it would be of service to my poetic version, by turning the reader from instituting comparisons between your accurate version and my looser one. (Litir dar dáta 10 Eanáir 1844; LNÉ 2261; Walsh 1883, 36.)

Níor leasc leis, ar ndóigh, aird a tharraingt ar a chuid duainéise féin:

> I trust you will pardon me for not replying earlier to your letters when I assure you that I have so lengthened my hours of labour, that I scarcely have time to say my prayers, which, as a good Catholic, you are aware I am bound to do at least twice a day. (Litir dar dáta 7 Márta 1844, LNÉ 2261; Walsh 1883, 37.)

Nuair a d'iarr an Breatnach comhairle ar Eoghan Ó Comhraí, duine a raibh an nimh san fheoil ag an Dálach dó, bhí an Dálach le ceangal:

> Now Sir why would I mind your remark when you have given the occasion & I have expostulated with you on the injustice & disrespect you showed me by checking me as you would a slave while I was at the same time working my brain to giddiness in rendering the rough strains of your (focal doiléir) fit for the Saxon ear to hear. I did my best. I take you do. The public heard the songs and pronounced that I did well . . . If I have said that I would refer your manuscript to Curry it was not to know his opinion of your merits or knowledge of the Irish but to know the particular 'Air' of the song neither you nor Shane Claragh had any particular property in it & I of course could differ from you on the tune of the song without any impeachment of your Irish knowledge. (Litir dar dáta 16 Aibreán 1843, LNÉ 2261.)

Choinnigh an Comhrach súil ghéar ar na leaganacha de na hamhráin a bhí á bhfoilsiú. Níorbh é an focal moltach a bhí aige:

> The artist I spoke of informs me that Curry says the last line of the Creevin Erin in your songs is not belonging to that song at all; and I am clearly of opinion that it does not suit the measure of the other lines. Curry remarks that the first two lines are from a long song, the others are from a Jacobite song, and the last taken from some other song. (Litir dar dáta 2 Eanáir 1844 ó Walsh chuig an Dálach, LNÉ 2261; Walsh 1883, 34.)[69]

Trí lá i ndiaidh na litreach sin (ar 5 Eanáir 1844) chuir an Breatnach litir cháinteach eile chuig an Dálach:

> That Mr. Curry sent the artist I was speaking of to me last night, to say that he would wish to know me. I am now about to go to him to the Academy, and shall enquire at Machen's about the songs. It strikes me the last line of the Creevin has not the same measure nor number of feet with the other lines. (LNÉ 2261; Walsh 1883, 35)

Mar dhuine caoinfhulangach ba leasc leis an mBreatnach ábhar seicteach a dhéanfadh beag is fiú de Phrotastúnaigh a chur i gcló. Malairt ar fad ar dhearcadh an Dálaigh in 'to the Public' a bhí aige. Dhiúltaigh an Breatnach 'Diothiaitriughadh Gall' ('Ag taisdiol na Bláirne, lá 's mé ag machtnamh') a aistriú gan maolú a bheith déanta ar sheicteachas an bhunamhráin. Theastaigh ón Dálach go bhfoilseofaí leagan dílis de:

> And you say that unless I preserve the 'furious intolerance' of Owen Roe in my version that the songs will not be 'worth a damn' . . . I have ever drawn a line of distinction between hatred of the oppressors and the coarse revelings (sic) of contentious belief of brave and good men – It is doubtless right to render the original in the English version, but when that version would give deep offence to even the most liberal protestant what injury is done the author by just turning his ideas from a religious to political sense and saying exactly what the better feelings of Owen would have prompted had he fallen upon later times. (Litir dar dáta 1 Aibreán 1844 ó Walsh chuig an Dálach, LNÉ 2261.)

De bharr chonspóid an Irish Society i gCill Chainnigh, ba bheag a bhí caoinfhulaingt ag déanamh buartha don Dálach sna dátaí seo ach dhiúltaigh an Breatnach scun scan leaganacha seicteacha a sholáthar. Ina theannta sin thug sé diúltú do thagairtí do na déithe clasaiceacha. Bhí an dá dhiúltú fite fuaite ina chéile i litir a chuir sé chuig an Dálach ar 28 Márta 1843:

> The song you sent me last Mr. Daly is a gorgeous one, but highly unsuitable for reasons which you did not seem to mind, first it breathes a fierce and furious hate of Protestantism so much so that after translating the meaning and I believe the spirit of the Irish into my version its fiery intolerance actually frightened me and on showing it to a friend he said that the publication of it would actually compromise my character but I have not given up Owen's beautiful song although it pained me to alter his meaning from a religious to a political sense. It likewise contains allusions to Greek and Roman History & heroes. I would recommend to send no such songs in future. (LNÉ 2261)

Níor mhaolaigh an Breatnach ar a chuid tuairimí agus foilsíodh a leagan seisean de 'Diothiaitriughadh Gall' ('Ag taisdiol na Bláirne, lá 's mé ag machtnamh'). Níor mhaolaigh ach an oiread ar an déistin aeistéitiúil a bhí aige ar dhéithe agus ar bhandéithe na Róimhe agus na Gréige:

> I would have no business presenting Mars and Cupid to modern readers and here I shall observe that all the love songs of the Jacobite period are disfigured by allusions to Gods and Godesses. (Litir dar dáta 22 Feabhra 1844 chuig an Dálach, LNÉ 2261.)

2i

'Dán-mholadh na Gaoidheilge' 'Sí 'n teanga Ghaoidheilge is greanta cló'[70]
'Aisling air Éire' 'Oidhche bhíos aig luighe air shuan'
'An Bonnaire Fiadh-Phuic' 'A sé do leónaidh mo chumas'
'Mac an Cheannaighe' 'Aisling faon do dhearcas féin, air'
'Anfhocain Bhreatain' 'Eisdigh le m' ghlórtha a mhór-shliochd Mhilésius'

Mar scríobhaí lámhscríbhinne ba bhéas leis an Dálach 'de réir mar a bhíodh sé ag athscríobh, a bheith ag athrú a chuid bunscríbhinní lena gcur i bhfeiliúint d'fhoirmeacha a chanúna féin nó dá thuiscint féin ar stairiúlacht na teanga' (Ó Murchú 1982, 10). Ní díol iontais ar bith é, mar sin, go ndearna sé a chuid féin de leaganacha lámhscríbhinne na n-amhrán Muimhneach sular chuir sé i gcló iad.

Tharraing an Dálach ar fhoinsí éagsúla dá dhíolaim agus don pharathéacs a ghabhann léi. Tosaíonn an tsraith amhrán i *Reliques* le 'Dán-mholadh na Gaoidheilge' ('Sí 'n teanga Ghaoidheilge is greanta cló'), agus tagann sé cinn d'amhráin ina dhiaidh sin atá curtha i leith Sheáin Chláraigh. Sa lámhscríbhinn ARÉ 23 D 8, tá teacht ar théacs 'Dán-mholadh na Gaoidheilge' ('Sí 'n teanga Ghaoidheilge is greanta cló'), chomh maith leis an gcéad cheithre amhrán de chuid Sheáin Chláraigh a leanann é i *Reliques:* 'Aisling air Éire' ('Oidhche bhíos aig luighe air shuan'), 'An Bonnaire Fiadh-Phuic' ('A sé do leónaidh mo chumas'), 'Mac an Cheanuighe' ('Aisling faon do dhearcas féin') agus 'Anfhocain Bhreatain' ('Eisdigh le m' ghlórtha a mhór-shliochd Mhilésius').

Lámhscríbhinn í ARÉ 23 D 8 a bhreac 'Philib Ua Giobúin' ó 'Cillhaigil' i gContae Loch Garman idir 1740 agus 1759.[71] Cuireann 'Ua Giobúin' 'Mac an Cheanuighe' ('Aisling faon do dhearcas féin') i leith Sheáin Chláraigh agus cuirtear údaracht an amhráin i leith an fhile chéanna i *Reliques.* Má fhéachaimid, cuir i gcás, ar théacs 'Aisling air Éire' ('Oidhche bhíos aig luighe air shuan') sa lámhscríbhinn sin (ARÉ 23 D 8) agus i *Reliques,* níl de dhifríocht eatarthu ach an focal fánach agus miondifríochtaí suaracha. Leanann an Dálach an téacs atá in ARÉ 23 D 8 tríd síos.[72] Is é an scéal céanna é i gcás 'An Bonnaire Fiadh-Phuic' ('A sé do leónaidh mo chumas'), 'Mac an Cheanuighe' ('Aisling faon do dhearcas féin') agus 'Anfhocain Bhreatain' ('Eisdig le m' ghlórtha a mhór-shliochd Mhilésius'). Ach i bhfonóta a ghabhann le leagan *Reliques* de 'Aisling air Éire' ('Oidhche bhíos aig luighe air shuan') deir an Dálach faoin bhfocal 'truaghach' atá i dtéacs an dáin sin:

> Truaghach, I cannot say whether this is the proper word or not, as the Ms. was obliterated . . . (Daly 1844b, 6)

Ach níl an focal 'truaghach' 'obliterated' in ARÉ 23 D 8 mar atá an lámhscribhinn sin inniu – go deimhin tá an focal breá soiléir ann, rud a chruthaíonn amhras faoin lámhscríbhinn sin a bheith mar fhoinse.

Is féidir a áiteamh le cinnteacht gurbh ionann 'Philib Ua Giobúin' agus Philip Fitzgibbon a mhair idir 1711 agus 1792 agus a bhí ina mhúinteoir matamaitice i gCill Chainnigh mar ar chuir sé foclóir Gaeilge le chéile, chomh maith le lámhscríbhinní a bhreacadh (de Brún 1970, 44, 45; Morley 2005, xix, 52–7; Ní Mhurchú, Breathnach 1999, 43; Ó Casaide 1918, 74–5; 1934, 65; Ó Muirithe 1999, 140)[73]. Is cinnte gur lámhscríbhinn dá chuid í ARÉ 23 D 8. Is féidir é seo a áiteamh mar go ndearbhaíonn an Dálach gur ó lámhscríbhinn de chuid Fitzgibbon a bhain sé na hamhráin sin i *Reliques* atá chomh gar sin do leaganacha na n-amhrán céanna in ARÉ 23 D 8. Deir sé agus 'Dán-mholadh na Gaoidheilge' ('Sí 'n teanga Ghaoidheilge is greanta cló') á chur i láthair aige:

> The following beautiful Ode to the language of our country . . . is the production of some unknown Bard. I transcribed it from an Irish manuscript, very neatly written by a man named Philip Fitzgibbon, between the years 1750 and '85, as it bears both dates respectively. Fitzgibbon must have been a Kilkenny scribe, and, no doubt, has left other remains behind, besides the volume which came under my notice . . . To the same manuscript I am indebted for several beautiful and sublime Songs, on the unhappy state of *persecuted* Ireland. Many of these are from the pen of John McDonnell, a Cork poet of much celebrity, who flourished early in the eighteenth century, and better known by the name of '*Seaghan Claragh'*, to whom I shall give precedence in this work. (Daly 1844b, 1)[74]

Bhí teacht ag an Dálach ar ábhar atá in ARÉ 23 D 8 le linn dó *Reliques* a réiteach agus bhí an t-ábhar sin mar cheann dá príomhfhoinsí agus é ag saothrú litríocht na Gaeilge i gCill Chainnigh, mar a bhí Fitzgibbon roimhe. Ach arbh é ARÉ 23 D 8 a bhí os a chomhair amach? Nó arbh é go raibh dhá lámhscríbhinn de chuid Fitzgibbon ina raibh na hamhráin a cuireadh i leith Sheáin Chláraigh agus go raibh an focal 'truaghach' 'obliterated' i lámhscríbhinn amháin acu ach gurbh í an lámhscríbhinn eile a mhaireann? Nó arbh é ARÉ 23 D 8 a bhí mar fhoinse ag an Dálach ach go raibh an focal 'truaghach' 'obliterated' ins an 1840í cé nach bhfuil sé amhlaidh anois? Deir catalóg an Acadaimh faoi ARÉ 23 D 8 gur lámhscríbhinn í atá 'very worn at edges and is somewhat faded . . . Ms. has been repaired and strengthened' (Murphy 1933, 1450) agus tá nóta laistigh de chlúdach na lámhscríbhinne a deir 'repaired 27 2 '36'. Mar sin féin, níl an chuma ar leathanach 259 den lámhscríbhinn, an leathanach ar a bhfuil an focal 'truaghach' gur glanadh é, cé go bhfuil smáil air. Mar shuimiú, ní féidir a rá arbh é ARÉ 23 D 8 nó cóip de a bhí mar fhoinse ag an Dálach. D'fhéadfadh gur ag tarraingt ar lámhscríbhinn eile de chuid Fitzgibbon a bheadh sé ach go mbeadh na hamhráin chéanna de chuid Sheáin Chláraigh sa dá cheann. Níl fianaise gan séama ina thaobh le fáil.

Tugann *Reliques* Seán Clárach mar údar 'An Bonnaire Fiadh-Phuic' ('A sé do leónaidh mo chumas') in ARÉ 23 D 8 agus tá glactha ag Risteárd Ó Foghludha leis mar údar (Ó Foghludha 1934, 53), cé nach bhfuil aon chruthúnas ina thaobh seo. Maireann leaganacha éagsúla den amhrán agus is leaganacha áirithe a leagtar ar Sheán Clárach (Ó Buachalla 1996, 691).

2 ii

'Uaillchumhadh na Mnaoi Alban a ndiaigh a Céile, Righ Séarlus'
Ní mhuidheasad féin cia e mo stór'
'Freagra air an Mnaoi Albanaicc' A Ríogain uasail shuairc 's a stor'

Maidir leis an dá amhrán eile a chuir an Dálach i leith Sheáin Chláraigh – 'Uaillchumhadh na Mnaoi Alban a ndiaigh a Céile, Righ Séarlus' ('Ní mhuidheasad féin cia e mo stór') agus 'Freagra air an Mnaoi Albanaicc' (A Ríogain uasail shuairc 's a stor'), cuireann sé an foinse i láthair go léir:

> Since my first number went to press, I have been put in possession of an Irish manuscript, containing many excellent Jacobite songs, the joint production of Conor, and Denis O'Sullivan of Killeen, in the County of Cork, or Kerry. The book is in their own handwriting: and from its date, it would appear they were contemporary with Seaghan Claragh: besides their songs breathe the same patriotic spirit and fervent zeal in the cause of their afflicted country. (Daly 1844b, 1)

Mar fhonóta le h'Uaillchumhadh na Mnaoi Alban a ndiaigh a Céile, Righ Séarlus' ('Ní mhuidheasad féin cia e mo stór'), tá sé seo aige:

> I have transcribed this and the following Song from a manuscript collection made by Conor O'Sullivan, a Munster poet, and a contemporary of Seaghan Clarach. The date of the manuscript (which is now in my possession) is 1754, and it contains many beautiful songs, the joint production of the writer and a brother bard, named Denis O'Sullivan. The present Song is intended as the lamentation of an Albanian lady for her exiled spouse, Righ Séarlus. It is written to the air of the White Cockade, and from the high poetic talent of the writer Conchubhar ua Súilliobhain, whose effusions shall see the light in a future number, I consider the version quite correct. (Daly 1844b, 26)[75]

Tugann an Dálach 1754 mar dháta don lámhscríbhinn as ar tharraing sé 'Uaillchumhadh na Mnaoi Alban a ndiaigh a Céile, Righ Séarlus' ('Ní mhuidheasad féin cia e mo stór') agus 'Freagradh air an Mnaoi Albanaicc' ('A Ríogain uasail shuairc 's a stor') agus ó tharla dáta dearfa againn, is cinnte gurbh í ARÉ 23 1 20 an lámhscríbhinn a bhí mar fhoinse aige. Lámhscríbhinn í seo a bhreac 'Connchubhar Ó Súilliomháin' i g'Cillaoin Cúlchainteach' in 1754.[76] Ní mhaireann aon lámhscríbhinn eile de chuid Chonchúir Uí Shúilleabháin (Ó Conchúir 1982, 178).[77] Tugann an lámhscríbhinn téacs na n-amhrán. Ach ní leanann an Dálach an téacs mar atá ag an Súilleabhánach. An curfá atá ag an lámhscríbhinn don dara véarsa de 'Uaillchumhadh na Mnaoi Alban a ndiaigh a Céile, Righ Séarlus' ('Ní mhuidheasad féin cia e mo stór') (i.e. an véarsa dar tús, 'Ba mhear í súil ghlas mhúineach bheódh'), tá sé mar churfá leis an véarsa deireadh i leagan an Dálaigh (i.e an véarsa dar tús 'Seinntear sgáirt air chláirsicc cheoil'). Cuireann an Dálach an curfá céanna ('O! mo laoch, mo ghile, m'fhear') le gach véarsa ach amháin an ceann deiridh agus is é an véarsa deiridh i leagan an Dálaigh ('Seinntear sgáirt air chláirsicc cheoil') an ceathrú véarsa sa lámhscríbhinn. Tá ciall leis seo mar go gcuireann sé le slacht an amhráin agus d'fhéadfadh an Dálach na hathruithe a dhéanamh gan an dara foinse a bheith aige. Mionathruithe atá déanta ag an Dálach ar théacs an amhráin mar atá sa lámhscríbhinn, cé nach beag é líon na n-athruithe céanna. Ach tá difríocht eile idir an dá leagan, difríocht a léiríonn go raibh foinse aige de bhreis ar ARÉ 23 1 20. Deich véarsa atá ag an amhrán atá i *Reliques;* sé cinn atá sa bhunlámhscríbhinn. Níl an cúigiú, an séú, an seachtú agus an naoú véarsa de chuid an Dálaigh sa bhunlámhscríbhinn ar aon chor.

Amhrán é 'Uaillchumhadh na Mnaoi (sic) Alban a ndiaigh a Céile, Righ Séarlus' ('Ní mhuidheasad féin cia e mo stór') nach léir aon leagan eile de a bheith ar fáil roimh 1844. Tá fianaise an Dálaigh againn gurbh é ARÉ 23 1 20 an foinse as ar bhain sé leas. Fágann seo nach féidir foinse na véarsaí i *Reliques* nach bhfuil sa lámhscríbhinn a aithint. Tá, áfach, leagan de 'Uaillchumhadh na Mnaoi Alban a ndiaigh a Céile, Righ Séarlus' ('Ní mhuidheasad féin cia e mo stór') in ARÉ 23 0 71, lámhscríbhinn a bhreac 'Seaghan O Cuinnegain' ó Chill Rosanta i gContae Phort Láirge. Tugann an lámhscríbhinn 1846 mar dháta le cuid den ábhar agus deir an t-eagarthóir gur sa bhliain sin a breacadh an t-ábhar ar cuid de an leagan de 'Uaillchumhadh na Mnaoi Alban a ndiaigh a Céile, Righ Séarlus' ('Ní mhuidheasad féin cia e mo stór').[78] Más in 1846 a breacadh, is cóip dhílis í de leagan an amhráin i *Reliques,* leagan atá ar aon dul le leagan ARÉ 23 0 71 ach amháin go bhfuil an dá véarsa deiridh de leagan *Reliques* in easnamh sa lámhscríbhinn. Tá seans beag ann go raibh sé mar fhoinse ag an Dálach agus gur breacadh an lámhscríbhinn roimh 1846 ach is ar éigean é. Is fearr go mór an seans, áfach, gur bunaíodh leagan ARÉ 23 0 71 ar *Reliques,* cé gur spéisiúil ina dhiaidh sin nach bhfuil aon amhrán eile ó *Reliques* sa lámhscríbhinn. Is é is dóichí mar sin ná nach eol dúinn cén dara foinse a bhí ag an Dálach dá leagan de 'Uaillchumhadh na Mnaoi Alban a ndiaigh a Céile, Righ Séarlus' ('Ní mhuidheasad féin cia e mo stór') i *Reliques.*

Ar bharr leathanach 41 den lámhscríbhinn tugtar Seán Clárach mar údar an amhráin 'Uaillchumhadh na Mnaoi Alban a ndiaigh a Céile, Righ Séarlus' ('Ní mhuidheasad féin cia e mo stór'). Ach ansin tá nóta ag a bhun a deir 'Ag sin an bhean Albaneac (sic) ag cuibheni a céile. Ar no sgíobha fria Feargus Fionfholtac'[79]. Seán Clárach a thug an Dálach mar údar ach i leith Sheáin Uí Thuama a chuirtear údaracht an dáin anois (Ó Foghludha 1952, 34). Tá 'Freagra air an Mnaoi Albanaicc' (A Ríogain uasail shuairc 's a stor') áirithe aige i measc amhráin Sheáin Chláraigh ag Risteárd Ó Foghludha, áfach (Ó Foghludha, R. 1934, 124).

I gcás 'Freagra air an Mnaoi Albanaicc' ('A Ríogain uasail shuairc 's a stor') leanann an Dálach an téacs atá in ARÉ 23 1 20 ó thús go deireadh gan ach mionathruithe litrithe a dhéanamh agus níl aon amhras faoi ach gurbh é ARÉ 23 1 20 an t-aon fhoinse a bhí aige.

2iii

'Díothiaitriughadh Gall' 'Ag taisdiol na Bláirne, lá 's mé ag machtnamh'
'Géibhionn na n-Gaoidheal' 'Ag taisdiol na sléibhte dham sealad am aonar'
'Súil-chabhartadh Éirionn' 'Cois abhain a néi, 's me ag taisdiol a g-céin'
'Filleadh Rígh Séarlus' 'Am aonar seal ag siubhal bhíos'
'An Seothógh' 'Seothó thoil! ná goil go fóil'

Nuair a tháinig sé chomh fada le hEoghan Rua, thug an Dálach tuairisc ar na foinsí ar a raibh sé ag tarraingt agus ar na modhanna eagarthóireachta a bhí in úsáid aige. 'Ag taisdiol na Bláirne, lá 's mé ag machtnamh' an t-amhrán a bhí i gceist:

> I have two copies of the following song before me; one from Mr. Michael O'Sullivan's manuscript, and the other from a manuscript collection made by John O'Donnell, a wandering scribe, of my acquaintance, from a Mr. Michael Cronin, of Gnivgilleh, a townland of the county Kerry, lying westward of Millstreet, and kindly lent by him for the purpose of transcribing any songs not already in my own collection. Wherever these two copies differ, I have retained the words which I thought better, and appeared closer to the original; and for this purpose, I would be glad to have many versions of a song before me when preparing it for publication, as the songs of our bards, in many instances, have undergone various alterations from the dilapidation sustained by manuscripts from damp and other causes, particularly their falling into the hands of unskilful writers, who adopt what words or readings they please, or which chime best to their ears, though at the same time, differing essentially from the original, as well as from the spirit of the poet. (Daly 1844b, 43)

Nuair a bhí sin scríofa aige, d'iarr sé achainí ar an léitheoir:

> I have two copies of the following song before me. Such of my readers as have copies of the following old Songs, would confer a favor by forwarding them for publication.
> Gráinne Mhaol, Air – Bubberro dedderro.
> Seaghan Buidhe.
> An Gabhain geal bán.
> An Chraoibhín aoibhin.
> Seann-bhean Chríon an Dranntain.
> An Spailpín Fághnach.
> An gabhain Dubh-
> Marbhchaoine Phádraig Sairseul.
> An Smachdín crón. (Daly 1844b, 43)

Seans go mba é an John O'Donnell atá faoi thrácht ná an Seán Ó Domhnaill Ó hAodha a bhreac leagan de 'Chúirt an Mheon-Oíche' atá in lámhscríbhinn Gl. Ms. 2 i Mainistir Chnoc Naomh Seosamh, Ros Cré (de Brún 1978/9, 215–6). Ba é seo 'An Scoláire Bán' ó Chontae Liatroma, an té a bhreac lámhscríbhinní i dTiobraid Árann agus Port Láirge (de Brún 1972, 43–4; Ó Súilleabháin 1992, 283).[80] Ní léir aon eolas a bheith le fáil ar 'Michael Cronin, of Gnivgilleh.' An 'Michael O'Sullivan' a bhí i gceist, is dócha, ná 'Miachael O Sulliobhain, ó Chill Rois', a bhfuil nóta ag Seán Ó Dálaigh ina thaobh in Ollscoil na hÉireann, Corcaigh, Ó Murchú 28 (Ó Conchúir 1991, 63–70):

> The remainder of this interesting collection of Irish songs was written, and forwarded to me by Mr. Michael O'Sullivan of Kilrush, Co. Clare, and grandson

'to the celebrated Owen Roe O Sullivan. Kilkenny September 1844 John O'Daly. Seághan Ua Dala. (Ó Murchú 28)[81]

Maireann litir a chuir 'Michael O Sullivan' chuig an Dálach ó Chill Rois ar 7 Lúnasa 1844 ag geallúint cúnaimh:

> In a little time when the nights get long I would be able to write a good many songs a week for you and I assure you I would be glad to devote my leisure hours to your service.

Tá dhá litir a chuir garmhac seo Eoghain Rua chuig an Dálach in LNÉ G 389. Ceann acu (litir dar dáta 7 Lúnasa 1844), baineann sé le leabhar éigin a chuir an Dálach chuig deartháir an tSúilleabhánaigh agus a chuaigh amú. Ba léir ar an litir go raibh teangmháil rialta ag an Dálach leis. Duine nua-aimseartha a raibh mioneolas aige ar chúrsaí taistil ab ea an Súilleabhánach i bhfianaise treoracha a chuir sé chuig an Dálach nuair a bhí rún aigesean cuairt a thabhairt ar Chill Rois. Bhí ábhar á chur chuig an Dálach aige ar bhonn rialta:

> I would have written on Monday last but I expected a line from you to say you received the last sheet I sent you. I fear lest you might be displeased at delaying these songs from you so long but really I cannot help it as this is the season in which I do most successfully at my Trade.

Ba ar 26 Lúnasa 1844 a sheol an Súilleabhánach an dara litir chuig an Dálach:

> I have to acknowledge receipt of your very valuable gift through Mr. Brennan and also six Nos. of Songs, which had so completely overpowered me that I am utterly at a loss in what manner to thank you or make you sensible of how I feel so that you must accept my feeble efforts to do so and calculate on my humble friendship as long as I can be in any way of service to you or oblige.
>
> I have been speaking to Mr. Kett on Saturday last he has (sic) Kindly promised me the contents of his collection and also the lone (sic) of what you may select to write for you, he tells me he has transcribed every line of the Bráthar Mór book.
>
> I am sorry to see by a letter of yours on the Nation of Saturday week the very little encouragement you are getting to continue your labours and the great expense you have gone to, I sincerely regret this and request as long as you continue to publish Irish in any shape that you will send no more Numbers nor give yours away. The smallest trouble and I am prepared and will please God spare no labour to get and send you anything I can collect . . . (ARÉ 389)

Lámhscríbhinn gan dáta scríofa í Ollscoil na hÉireann, Corcaigh, Ó Murchú 28. Tá sé cinn de lámha le haithint uirthi. Is léir gur leis an naoú haois déag a bhaineann sí agus bhí sí i seilbh an Dálaigh féin in 1844. Tá dhá leagan de 'Diothiaitriughadh Gall' ('Ag taisdiol na Bláirne, lá 's mé ag machtnamh') ann, ceann acu (lch. 200) breactha ag Micheál Ó Súilleabháin, ceann acu (lch. 78) breactha ag Tadhg Mac Cárthaigh. Díreach i ndiaidh leagan an tSúilleabhánaigh tagann leagan de 'Súil-chabhartadh Éirionn' ('Cois abhain a néi, 's me ag taisdiol a g-céin') agus an ceann sin breactha ag an Súilleabhánach freisin. Tugann an Súilleabhánach agus an Dálach araon 'Stáca an Mhargadh' mar fhonn le 'Ag taisdiol na Bláirne, lá 's mé ag machtnamh'. Tugann an Dálach 'Síoda thá'd bhallait' mar fhonn le 'Súil-chabhartadh Éirionn' ('Cois abhain a néi, 's me ag taisdiol a g-céin') agus tá 'An wallet a bhachail leis an fear ceadna' mar nóta ag an Súilleabhánach leis an amhrán céanna. Ach i bhfonóta le heagrán *Reliques* de 'Súil-chabhartadh Éirionn' ('Cois abhain a néi, 's me ag taisdiol a g-céin') deirtear (lch. 65):

> The present Song was supplied by C. McSweeny, Esq. Author of 'Songs of the Irish'. Another copy appears in Mr. Michael O'Sullivan's collection. (Daly 1844b, 65)

Fágann seo dhá fhoinse a bheith aige. Ceann acu gan dabht Ollscoil na hÉireann, Corcaigh, Ó Murchú 28. Cé go bhfágtar an séú véarsa de 'Diothiaitriughadh Gall' ('Ag taisdiol na Bláirne, lá 's mé ag machtnamh') mar atá in Ollscoil na hÉireann, Corcaigh, Ó Murchú 28, ar lár i *Reliques,* tá an fhoclaíocht sa dá leagan ar aon dul. Is deacair a rá ar an bhfianaise a thugann an fonóta, cé acu foinse as ar bhain McSweeny a leagan seisean.

'Cois abhain aréir' i leaba 'Cois abhain a néi' atá mar thús le leagan Ollscoil na hÉireann, Corcaigh, Ó Murchú 28 de in 'Súil-chabhartadh Éirionn' ('Cois abhain a néi, 's me ag taisdiol a g-céin') ach mar sin féin, is beag idir an dá leagan, cé go bhfágtar an ceathrú véarsa sa lámhscríbhinn ar lár i *Reliques.*

Leanann *Reliques* chomh maith an leagan de 'Géibhionn na n-Gaoidheal' ('Ag taisdiol na sléibhte dom sealad am aonar') atá in Ollscoil na hÉireann, Corcaigh, Ó Murchú 28, amhrán eile a bhreac Micheál Ó Súilleabháin. In ARÉ 23 A 50 – lámhscríbhinn ar beag é ár n-eolas ina thaobh – tá 'Géibhionn na n-Gaoidheal' ('Ag taisdiol na sléibhte dom sealad am aonar') le fáil chomh maith agus gan aon difríocht shuntasach a bheith idir leagan *Reliques* agus leagan ARÉ 23 A 50 ó thaobh foclaíochta ná litrithe de ach chomh beag. I bhfonóta leis an amhrán deir an Dálach:

> In furnishing the present version, I have two copies of the song before me – one supplied by Mr. Michael Browne, Lismore, County Waterford, and the other from Mr. Michael O'Sullivan's manuscript collection. (Daly 1844b, 70)

An Michael Browne atá i gceist ná 'Miceal Brúnn' ón Lios Mór, scríobhaí LNÉ G 365, mar a bhfuil leagan de 'Géibhionn na n-Gaoidheal' ('Ag taisdiol na sléibhte dom sealad am aonar') ar beag idir é agus leagan *Reliques* ach chomh beag. Bhreac sé LNÉ G 495 chomh maith. Ní mór é ár n-eolas air mar scríobhaí nó mar dhuine (Ó Súilleabháin 1992, 266) ach mhair meas an Dálaigh air go lá a bháis:

> Poor Brown! God rest his soul – many a day I spent with him in Cappoquin – his father who was a leather breeches maker by trade covered a prayer book for me in the year 1830. Go now and see about his MS. for he had an immense collection and some old valuable ones too . . . (Litir dar dáta 25 Mean Fómhair 1855 ón Dálach chuig John Windele, ARÉ 4 B 15.)[82]

Ní iomlán sásta a bhí an Dálach le lámhscríbhinn an tSúilleabhánaigh. I bhfonóta leis an líne, 'D'easgair do phréimh-shliochd, Nuadhglaich' in 'Súil-chabhartadh Éirionn' ('Cois abhain a néi, 's me ag taisdiol a g-céin') deir sé:

> Nuadhglaich, James Nagle, brother bard to whom this Song is addressed by Eoghan Ruadh. An imperfect version of Nagle's reply (which I have deferred publishing till I can procure a better copy) appears in O'Sullivan's collection. (Daly 1844b, 70)

'Freagra an Wallet le Seamuis do Nuagla' an t-amhrán a bhí faoi thrácht ag an Dálach san tagairt aige do 'Nagle's reply' agus tagann an t-amhrán seo díreach i ndiaidh 'Diothiaitriughadh Gall' ('Aig taisdiol na Bláirne, lá 's mé ag machtnamh') (mar atá sa lámhscríbhinn) agus 'Súil-chabhartadh Éirionn' ('Cois abhain aréir is mé ag taisdiol a ccéin') in Ollscoil na hÉireann, Corcaigh, Ó Murchú 28. Tuilleadh fianaise eile í seo ar Ollscoil na hÉireann, Corcaigh, Ó Murchú 28, a bheith mar fhoinse ag an Dálach don dá amhrán, 'Géibhionnn na n-Gaoidheal' ('Ag taisdiol na Bláirne, lá 's mé ag machtnamh') agus 'Súil-chabhartadh Éirionn' ('Cois abhain a néi, 's me ag taisdiol a g-céin').

Tagann an dá amhrán, 'Diothiaitriughadh Gall' ('Ag taisdiol na Bláirne, lá 's mé ag machtnamh') agus 'Súil-chabhartadh Éirionn' ('Cois abhain a néi, 's me ag taisdiol a g-céin') le hais a chéile agus san ord sin in Ollscoil na hÉireann, Maigh Nuad, Ó Murchú 6, lámhscríbhinn a bhreac muintir Uí Longáin. Lámhscríbhinn í as ar tharraing an Dálach ábhar do *Poets and Poetry of Munster* (1849) agus tá dánta ann le filí de mhuintir Dhálaigh (Ó Fiannachta, Walsh 1943), rud a spreagadh spéis an Dálaigh i gcónaí ó tharla an mórtas Dálach a bheith go smior ann. Tá leagan ann freisin de 'An Seothógh' ('Seothó thoil! ná goil go fóil'). Amhrán é 'An Seothógh' ('Seothó thoil! ná goil go fóil') a bhíonn minic go maith sna lámhscríbhinní ach is minic na leaganacha a bheith an-éagsúil ó chéile: 'Eigsthe in aitis o Casthail go doing' a tugtar air in ARÉ 23 A 50, cuir i gcás.[83] Is léir nach foinse é Ollscoil na hÉireann, Maigh Nuad, Ó Murchú 6 do 'An Seothógh' ('Seothó thoil! ná goil go fóil') mar gur beag atá comónta idir an dá leagan. Níl aon leid tugtha ag an Dálach faoin bhfoinse a bhí aige don amhrán sin.

Tagann 'Súil-chabhartadh Éirionn' ('Cois abhain a néi, 's me ag taisdiol a g-céin') agus 'Diothiaitriughadh Gall' ('Ag taisdiol na Bláirne, lá 's mé ag machtnamh') i ndiaidh a chéile in Ollscoil na hÉireann, Maigh Nuad, Ó Murchú 6 agus, ní hionann agus 'Seothó thoil! ná goil go fóil', tá siad fíorghar do leagan *Reliques.* Micheál Óg Ó Longáin a bhreac leagan Ollscoil na hÉireann, Maigh Nuad, Ó Murchú 6 de 'An Seothógh' ('Seothó thoil! ná goil go fóil') ach ba é Pól Ó Longáin a bhreac 'Súil-chabhartadh Éirionn' ('Cois abhain a néi, 's me ag taisdiol a g-céin') agus 'Diothiaitriughadh Gall' ('Ag taisdiol na Bláirne, lá 's mé ag machtnamh') agus is díol suntais é go mba dhuine é Pól Ó Longáin ar a raibh aithne ag an Dálach (litir dar dáta 18 Aibreán 1846 chuig Windele, ARÉ 12 L 10).

I gcás 'Súil-chabhartadh Éirionn' ('Cois abhain a néi, 's me ag taisdiol a g-céin'), tá difríochtaí foclaíochta agus oird idir an dá leagan. I gcás 'Diothiaitriughadh Gall' ('Ag taisdiol na Bláirne, lá 's mé ag machtnamh'), áfach, tá leagan *Reliques* agus leagan na lámhscríbhinne ar aon dul. Ceal eolais sheachtraigh chomhthéacsúil, áfach, is deacair aon cheangal idir Ollscoil na hÉireann, Maigh Nuad, Ó Murchú 6 agus *Reliques* a dhearbhú le lánchinnteacht.

Níl aon leid tugtha ag an Dálach faoin bhfoinse a bhí aige don amhrán 'Filleadh Rígh Séarlus' ('Am aonar seal ag siubhal bhíos') ach tá fáil air in Ollscoil na hÉireann, Maigh Nuad, Ó Murchú 6 mar atá leaganacha de na hamhráin ar fad de chuid Eoghain Rua atá i *Reliques.* 'Fear gan Ainm' a cheap 'Filleadh Rígh Séarlus' ('Am aonar seal ag siubhal bhíos') do réir Ollscoil na hÉireann, Maigh Nuad, Ó Murchú 6, ach cé nach gcuirtear an t-amhrán i leith Eoghain Rua sa lámhscríbhinn agus cé go bhfuil véarsaí sa lámhscríbhinn nach bhfuil i *Reliques,* is ionann foclaíocht na véarsaí i *Reliques* agus sa lámhscríbhinn don chuid is mó. Níl aon fhianaise thairis sin, áfach, ar Ollscoil na hÉireann, Maigh Nuad, Ó Murchú 6, a bheith mar fhoinse.

2iv

'Caoineadh na n-Gaoidheal' 'Mo dhanaid go n-éagaidh na feara-choin aosda'
'Bé n-Éirinn Í' 'A n-gleanntaibh séimh na h-éigse bhínn'

Maidir le hamhráin Liam Dall, insíonn sé dúinn i bhfonóta faoin bhfocal 'bígh' in 'Bé n-Éirinn Í' ('A n-gleanntaibh séimh na h-éigse bhínn') go raibh dhá fhoinse aige don amhrán 'Bé n-Éirinn Í' ('A n-gleanntaibh séimh na h-éigse bhínn'):

> *Bígh, rain, dew.* I have two versions of this song before me. In which I find the word . . . (Daly 1844b, 104)[84]

Tá leaganacha de 'Caoineadh na n-Gaoidheal' ('Mo dhanaid go n-éagaidh na feara-choin aosda') agus de 'Bé n-Éirinn Í' ('A n-gleanntaibh séimh na h-éigse bhínn') in ARÉ 23 A 50. Tá an focal 'bígh' i leagan na lámhscríbhinne de 'Bé n-Éirinn Í' ('A n-gleanntaibh séimh na h-éigse bhínn') díreach mar atá i *Reliques* agus go deimhin níl difríocht ar fiú trácht air idir leagan an amhráin sa lámhscríbhinn agus i *Reliques.* Agus tá, cuir i gcás, an fhoirm 'gleann-taibh' (le fleiscín) sa lámhscríbinn agus i *Reliques* araon.

Ó tharla buneolas ar ARÉ 23 A 50 a bheith in easnamh orainn – cé scríobh, cá háit, cén uair – is deacair a rá go dearfa gur ceann é den dá fhoinse a bhí in úsáid ag an Dálach. Is deacair ach go háirithe – ceal dátaí – a rá cén ceann ba thúisce, an lámhscríbhinn nó *Reliques.* Is iad amhráin Liam Dall na hamhráin is deireannaí sa tsraith i *Reliques* agus ó tharla nach ionann leaganacha *Reliques* agus ARÉ 23 A 50 de 'An Seothógh' ('Seothó thoil! ná goil go fóil') ach gurb ionann mórán leagan *Reliques* agus na lámhscríbhinne de 'Bé n-Éirinn Í' ('A n-gleanntaibh séimh na h-éigse bhínn'), is féidir a áiteamh gur dócha gur breacadh ARÉ 23 A 50 sular tiomsaíodh *Reliques* mar go mbeadh leagan ARÉ 23 A 50 de 'An Seothógh' ('Seothó thoil! ná goil go fóil') ar aon dul le leagan *Reliques* dá mbeadh *Reliques* mar fhoinse don lámhscríbhinn. Is féidir a rá mar sin nach ndearnadh na hamhráin chomónta a chóipeáil ó *Reliques* mar go raibh tosaíocht ag an lámhscríbhinn. Mar sin is féidir a mhaíomh go raibh an lámhscríbhinn – ARÉ 23 A 50 – ar cheann den dá fhoinse a bhí ag an Dálach, cé nach éasca a bheith lánchinnte ina thaobh ceal eolas ar an scríobhaí agus ar dhátaí agus log a scríofa.

Leanann leagan *Reliques* de 'Caoineadh na n-Gaoidheal' ('Mo dhanaid go n-éagaidh na feara-choin aosda') agus leagan ARÉ 23 A 50 a chéile focal ar fhocal. Ach is cruinne snasta go mór é leagan *Reliques* ná leagan na lámhscríbhinne. Tharla buneolas ar an lámhscríbhinn a bheith in easnamh orainn, ní féidir a áiteamh le lánchinnteacht go bhfuil gaol idir an dá fhoinse. Má tá, is léir gur ag leagan na lámhscríbhinne de 'Caoineadh na n-Gaoidheal' ('Mo dhanaid go n-éagaidh na feara-choin aosda') a bhí tús áite. Ní dócha go mbeadh leagan na lámhscríbhinne den amhrán chomh tuathalach is atá dá mbainfí as *Reliques* é. Má bhí tionchar ag ceann acu ar an gceann eile, is ag an lámhscríbhinn a bhí tús áite agus ba air a tógadh an leagan de atá i *Reliques.* Más ea, is féidir glacadh leis gur bunaíodh leagan *Reliques* de 'Bé n-Éirinn Í' ('A n-gleanntaibh séimh na h-éigse bhínn') ar ARÉ 23 A 50 (ach lámhscríbhinn eile a bheith i gceist ina theannta) agus go raibh an lámhscríbhinn sin mar cheann den dá fhoinse a bhí ag an Dálach.

Foinse eile ina bhfuil leagan de 'Caoineadh na n-Gaoidheal' ('Mo dhanaid go n-éagaidh na feara-choin aosda') é lámhscríbhinn 1423 i gColáiste na Tríonóide. Lámhscríbhinn í seo a scríobh James Chambers idir 1774 agus 1781. Níl aon fhianaise eachtrach chomhthéacsúil a cheanglódh an lámhscríbhinn leis an Dálach ach is díol suntais mar sin féin é gur beag difríocht atá idir leagan CT 1423 agus leagan *Reliques* den amhrán. Go deimhin is ionann leagan dóibh, cé is moite de mhiondifríochtaí.

2v

'Uaill-Ghuith an Aoibhnis' 'Ar bhruach na Coille-móire, faoi chruadh-bhrataibh bróin'

'Uilliam Dall agus an Táilliuir' ''S duine mé shiubhaladh a lán . . .'
Níl aon fhoinse léir don leagan lámhscríbhinne ar ar bunaíodh eagrán *Reliques* de 'Uaill-Ghuith an Aoibhnis' ('Ar bhruach na Coille-móire, faoi chruadh-bhrataibh bróin'). Maidir le 'Uilliam Dall agus an Táiliuir' (''S duine mé shiubhaladh a lán'), tá eagrán den amhrán in ARÉ 23 B 5. Lámhscríbhinn í seo 'Ar na sgríobh re láimh leóinte chritheanach Thomáis Í Choncubhair chum úsáide Thomáis Í Chineide . . . 1828'. Tá tagairt ann do 'Tomás Ua Cineide san nGrianan'. An Dálach a scríobh leathanaigh 1a agus 2 agus ba chomhfhreagraí ag an Dálach é an Conchúrach (Ó Conchúir 1982, 337).[85] Is díol suntais é a ghiorracht is atá an dá leagan dá chéile. Tá véarsa a seacht ('Feuch-sa! Aicteon groidhe') de leagan *Reliques* in easnamh sa lámhscríbhinn, áfach, rud a chruthaíonn go raibh foinse eile chomh maith le ARÉ 23 B 5 ag an Dálach (ag glacadh leis go raibh ARÉ 23 B 5 mar fhoinse aige ar an gcéad dul síos).

Tá leagan den amhrán seo freisin in Ollscoil na hÉireann, Maigh Nuad, C 73h. Is cnuasach lámhscríbhinní é C 73h arbh é an Dálach an scríobhaí a bhreac scór leathanach de roinn k de agus arbh é 'Seaghan Builtear' a bhreac roinn f (ar 26 Meitheamh 1827). I roinn f tá leagan de 'Uilliam Dall agus an Táiliuir' (''S duine mé shiubhaladh a lán'). Ach oiread le ARÉ 23 B 5, níl fáil ann ar véarsa a seacht de leagan *Reliques* ach thairis sin is beag idir leagan na lámhscríbhinne agus leagan *Reliques.* Fágann ceist an seachtú véarsa go raibh foinse in úsáid ag an Dálach nárbh ARÉ 23 B 5 ná C 73h é agus gur deacair a áiteamh le cinnteacht gur bhain sé leas as ceachtar acu mar fhoinse.

2vi
Paratéacs
Ar fhianaise litreacha an Bhreatnaigh chuig an Dálach (LNÉ 2261), ba iad an bheirt acu in éineacht a roghnaigh ábhar an pharatéacs agus is minic gur deacair iad a dhealú ó chéile. Bhí roinnt foinsí cló acu. Tugtar tagairtí cruinne do na foinsí seo, dhá cheann ach go háirithe. An chéad cheann ná eagrán William Haliday den *Foras Feasa,* téacs neamhghnách sa mhéid is go raibh bun-Ghaeilge ann; an dara ceann ná *Ogygia* le Roderic O'Flaherty. Tagraítear chomh maith do *Transactions of the Gaelic Society of Dublin* ó 1808 (lch. 44), don *Dictionary of the Highland Society* (lch. 70), do *A General History of Ireland, from the Earliest Accounts to the Close of the Twelfth Century* ó 1778 le Sylvester O'Halloran (lth. 4,5), do *Focalóir Gaoidhilge-Sax-bhéarla, or An Irish-English Dictionary Whereof the Irish part Hath Been Compiled not Only from Various Irish Vocabularies, Particularly that of Mr. Edward Lhuyd; but also from a Great Variety of the Best Irish Manuscripts now Extant,* 1768, le John O'Brien (lch. 8), do *The Antiquities of Ireland, with Additions and Corrections to which is Added a Collection of Miscellaneous Antiquities* le hEdward Ledwich

(eagrán 1804, is dócha; foilsíodh an chéad eagrán in 1790), do *Camden's Brittania,* aistriúchán ó 1695 (lch. 11), do Leabhair na Ríthe agus na mBreithiúna sa Bhíobla (lch. 112) agus don *Irish Minstrelsy or, Bardic Remains of Ireland with English Poetical Translations,* le James Hardiman, 1832 (lch. 4). Ina dteannta sin tagraítear do *Songs of the Irish,* le Conor McSweeny (1844, 65) ach ní bhaintear aon tagairt as.[86]

Bhí an Foras Feasa mar phríomhfhoinse tagartha i *Reliques,* an cuntas ar an amhrán 'Filleadh Rígh Séarlus' ('Am aonar seal ag siubhal bhíos'), cuir i gcás:

> I cannot ascertain who the 'fair one' mentioned here is, unless the poet alludes to Aoife, daughter of Ardgheime, who fell violently in love with Cúchulainn on account of his lofty fame, during the time he was studying the lessons of chivalry under Sgathaigh, an heroine who resided in Scotland; but it does not appear that Aoife was married, therefore the poet's tale is not fully borne out as he represents her as leaving her lawful spouse; however, she proved with child by Cúchulainn, – Vide Keating's History of Ireland. (Daly 1844b, 74)

Mar fhoinse lániontaofa staire a chuirtear an Foras i láthair:

> Turgesius, the Danish tyrant who usurped the sovereignity of Ireland . . . The particulars are related fully at pp.99 to 108, of the second volume of Keating's Ireland, *Dat.* 1841. (Daly 1844b, 100, 101)

As eagrán Haliday freisin a tháinig tagairt do Chlár Luirc (Daly 1844b, 2). Agus baineadh leas as an bhfoinse céanna le tagairtí do Chonnraoi, do Fhearghas mac Róigh, do Mhachaire Sénar, do Bhéine Briot, do Fheargus Dubhéideach agus do Dhearbhfhórguil a mhíniú (Daly 1844b, 32, 33, 96, 100, 101). Baineadh leas as O'Flaherty mar fhoinse staire ar an mbonn céanna. Tagraíodh dó nuair a bhí an focal 'Gallaibh' á mhíniú (lch. 8):

> This word, which I have translated Saxon, was originally applied to the Gauls, a colony of whom from the coast of France, settled in Ireland under Labhra Loingseach, A.M. 3682 – (O'Flaherty's Ogygia, Part 111. cxxxix. Pg. 262). (Daly 1844b, 8)

Agus baineadh leas as an bhFlathartach chomh maith le tagairt do Chonchubhar Mac Neasa a chur i dtuiscint. (Daly 1844b, 33)

Ba as an réamhrá a chuir O'Halloran le *A General History Of Ireland* a tháinig an chuid is mó dá bhfuil sa chuntas beathaisnéiseach ar Sheán Clárach (Daly 1844b 4,5). Is ábhar béaloidis is mó atá i *Reliques* i dtaobh Eoghain Rua, é sin agus comparáid idir Eoghan Rua agus Robbie Burns. (Daly 1844b, 40–3)[87]

In ainneoin a raibh de stoc aige sa siopa leabhar, rinne an Dálach gearán faoina laghad leabhar tagartha a bhí aige. Ag trácht ar an tagairt do 'Aongus Óg' atá in 'Uaillchumhadh na Mnaoi Alban a ndiaigh a Céile, Righ Séarlus' ('Ní mhuidheasad féin cia e mo stór') a bhí sé:

> Aongus Óg, I cannot find in Keating, or O'Flaherty's Ogyg. vol. 2, the only books of reference as yet in my possession; I would feel obliged to any of my readers who would furnish his history, as I will have to introduce his name hereafter. (Daly 1844b, 30)

Nuair a foilsíodh an dara heagrán in 1866, níor cheap an Dálach teidil do na hamhráin bhreise a ghabh leis, ach thug sé teideal sa chás go raibh teacht ar cheann seanbhunaithe. An file 'ro chan' agus an téacs a bhí aige (gan aistriúchán):

'Atá an fuireann so thall gan amhrus dílis . . .' (An Craoibhín Aoibhinn)
'A raoir am aisling, 's mé machtnamh am intinn . . .' (Muiris Ó Gríobhtha)
'Tá cruadhtan ar Sheóirse . . .' (Eoghan Rua)
'Móirín Ní Loinneacháin': 'Tá sgamal dandha 's ceó draoidheacht . . .'[88]
'Ar maidin a néi 'gus mé dam shuan . . .' (Seán Clárach)
'As tuirseach fá dhaorsmacht péinne ar fad sinn . . .' (Seán Ó Tuama)
'Mo dhíth, mo chreach, mo bhrón croidhe . . .' (Tadhg an Tarta)
'An d-taistiol dam tríd na críocha ar cuaird . . .' (Seán Clárach)
'Is subhach an sgéala do léaghthar go meadhrach' (Aindrias Mac Craith)
'A úir-mhic na cruinne os tú chruthaigh sinne . . .' (Aodh Buí Mac Cruitín)
'Cois leasa dham go huaigneach' (Seán Llóid)
'Is fada mé b-péin óm chéill air fán' (Aindrias Mac Cruitín)
'A bhéith na bh-fód nglas ródach, rannach . . .' (Uilliam Inglis)
'An g-cualabhair sgéalta leóghain an deaga-chroidhe . . .' (Aogán Ó Rathaille)
'Lá breá gréine 's mé dul chum aonaigh . . .' (An Brianach Óg)
'Oidhche lae fheil Pádruig . . .' (An Saighdiúr)

Níorbh ionann cló do na clúdaigh a bhí ar an dá eagrán leabhair in 1844 ach thairis sin ba bheag a bhí eatarthu. Bhí véarsa le Donncha Caoch Ó Mathúna ('Is eadh budh bhlasda, budh chneasda, budh fhíor-líomhtha') ar an gclúdach sa dá chás. 'An Teangadh Gaoidheilge'/'The Irish Languge' a tugadh ar an véarsa ar eagrán Bhaile Átha Cliath. File Seacaibíteach (Ó Buachalla 1996, 308) as Corcaigh ab ea Donncha Caoch a bhfuil deich gcinn de dhánta curtha ina leith i gcnuasach lámhscríbhinní an Acadaimh.[89] Tá teacht ar an véarsa a bhí ar chlúdach na n-eagrán leabhair i roinnt lámhscríbhinní, ina measc, ARÉ 23 B 14, breactha ag an Dálach féin. Cuirtear i láthair sa lámhscríbhinn sin é mar véarsa a trí de dhán dar tús 'Atá an uireadsan tarcaisne air bheartaibh na binn gaodhailge'. Lámhscríbhinn í ARÉ 23 B 38 a bhreac 'Seamus Ó Murchúghadh/ Drithchiod Ceann-puill' i gContae Loch Garman in 1779.[90] Bhí an lámhscríbhinn seal i seilbh an Dálaigh agus tá síniúchán leis ar an bhfordhuilleog: 'Seaghan ua Dála/ Mí Samhain 1848/ John O'Daly/7, Bedford Row/Dublin/Nov 18: 1848.' Is deacair a áiteamh le cinnteacht go raibh an lámhscríbhinn ina sheilbh ceithre nó cúig bliana roimhe sin ach tá ar a laghad seans maith ann go raibh agus go raibh sé mar fhoinse ag an Dálach.

Tá teacht ar an dán in ARÉ 12 E 24, lámhscríbhinn a bhreac an Dálach agus a bhfuil an dáta 1845 luaite inti. Is ionann (ach miondifríochtaí a chur as an áireamh) an leagan sa lámhscríbhinn seo agus i *Reliques.* Cuirtear an dán i láthair sa lámhscríbhinn mar dhán a cumadh 'mara dubhradar daoine gur Sagsanach é air na clos a labhairt Bearla (sic) air mhargadh Chorcuidhe.' 'The poem was occasioned by hearing English spoken in Cork city, an unusual event for the early eighteenth century' a deir Pádraig A. Breatnach (1987, 59). A mhalairt de réimeas teanga a bhí in uachtar anois agus b'éigean don Dálach a chuid foilseachán a chur i bhfeiliúint don mhargadh leabhar agus teanga mar a sheas sé in 1844, bliain fhoilsithe *Reliques.*

Caibidil 4

Baile Átha Cliath: an Cumann Ceilteach

1

Ar dháta éigin nach bhfuil soiléir in Aibreán 1845, chuir an Dálach litir chuig an *Nation*. Níor foilsíodh an litir. Ach ar 26 Aibreán 1845 in alt dar teideal 'The Irish Language' rinneadh tagairt do 'proposal' a bhí faighte ag an *Nation* ó 'Mr. Daly of Kilkenny' le 'Hibernian-Celtic Society' a bhunú. Bheadh an cumann seo 'for the cultivation of the Gaelic literature and language', bheadh 10s. sa bhliain mar shíntiús agus gheobhadh na baill ar 'the 1st of every month an octavo part, containing forty pages of "the Transactions of the Hibernian Celtic Society" – these transcripts to consist of the modern tracts, or of typings from Irish manuscripts, in the original language – the society to begin operations when 300 members join'.

I litir a sheol an Dálach ó Chill Chainnigh ar 23 Bealtaine 1845 chuig an ársaitheoir, John Windele i gCorcaigh i dtaobh bhunú an chumainn úir, dúirt an Dálach go raibh faoi an cumann a bhunú 'for the revivification of the language and literature of Ireland to put their hands together and work while it is day, for the preservation of the scattered fragments of our Bards and Seanachaidhais (sic) which are daily perishing throughout the country.[1] If the Society were once formed it shall not want matter for publication, as my collection of the Songs of our dear Bards is sufficient to keep any Society alive for about five years' (ARÉ 4 B 5).

Ar 2 Meitheamh 1845, chuir sé litir eile ag triall ar Windele. Dúirt sé ann go raibh sé i gceist aige dul chun cónaithe i mBaile Átha Cliath mar go raibh 'Irish Celtic Society' á bheartú – 'I am leaving this town for Dublin on next Thursday . . . care of Richard Murphy, 23 South Anne Street' (ARÉ 4 B 5).[2] Bheadh seo mar sheoladh sealadach aige, an chéad seoladh de chúig cinn ar a laghad a bhí sa chathair aige. Bhí faoi an siopa leabhar agus gnó na foilsitheoireachta a athlonnú ann chomh maith le dul ag obair ar phunt sa tseachtain don chumann úr. Má bhog sé go Baile Átha Cliath siocair na corraíle a lean an Irish Society i gCill Chainnigh, ní hé sin atá ráite aige. Ní raibh deifir air ag imeacht agus níor bhog sé go Baile Átha Cliath go dtí go raibh siopa feiliúnach aimsithe dó ag Edward Walsh ann.

I gceantar na siopaí leabhar thart ar Shráid na Móna (Anglesea St.) ab éigean dó siopa a aimsiú. Ba ann a bhí James Duffy, príomhfhoilsitheoir Caitliceach na cathrach, lonnaithe.[3] Thug Edward Walsh 'in spite of being so sick' (Shannon-Mangan 1996, 273) cuid mhór cúnaimh dó. Chaith sé an tréimhse ó Eanáir 1843 (litir dar dáta 10 Eanáir 1843 ó Walsh chuig an Dálach, LNÉ 2261) go dtí Feabhra 1844 ag tóraíocht siopa dó. Sa deireadh scríobh Walsh chuige á insint dó go raibh siopa aimsithe aige:

> When I got your letter I went along the streets between Dame Street and the quay and found a place that I thought wd. exactly suit you. It is a shop in Anglesea Street, opposite Duffy's, with a parlour off the shop & with a back and front drawing room. The rent on this is £30 a year. Anglesea Street is well established and 30 I should suppose low. (Litir dar dáta 15 Feabhra 1844, LNÉ 2261.)

Bhí sé áitithe ag '25 Anglesea St. Dublin' ar 3 Meán Fómhair 1845 (litir dar dáta 3 Meán Fómhair 1845 chuig Windele, ARÉ 4B 5) agus d'fhan sé ag 25 Sráid na Móna go dtí an dara leath de 1847 nuair a d'áitigh sé ag Cé Aston agus ar aghaidh as sin go dtí 7 Rae Bedford an bhliain chéanna. Ansin a d'áitigh sé go dtí 1850 nuair a bhog sé ar ais go Sráid na Móna, ag lonnú ag uimhir a naoi an turas seo.[4]

Foilsíodh litir uaidh sa *Nation* ar an Satharn beag a chuaigh thart, a dúirt sé le Windele ar 2 Meitheamh 1845 (ARÉ 4 B 5), á thabhairt le tuiscint dó gur litir le háireamh a bhí inti. Ba ar 31 Bealtaine 1845 a d'fhoilsigh an *Nation* an litir a bhí faoi thrácht:

> Kilkenny, *May* 1845
>
> Dear Sir, - It occurs to me if Repeal is to be carried – if we are to be a distinct nation, we should have distinct elements for nationhood. It is therefore I am so urgent in my advocacy of the proposal for a Hiberno-Celtic Society. A national language is a proud feature of a nation, and the revival of the language will necessarily involve a veneration for monuments, memorials and mementoes of antiquity which are native in origin and in character.
>
> I am certain if the objects of the society are fairly put forward, a committee of twelve, or even twenty Irish scholars could be established. A national spirit is now awakened, and should find some impersonation in a national language. The society in question should have nothing of a sectarian character about it, either in politics or religion; but on the contrary, merge such distinctions in the proud name – Irishmen. The main object of the society should be the reproduction of all native fragments of Irish literature, prose and poetry, and the preparation of elementary works for the instruction of youth.
>
> Now or never is the time to work for a glorious revival. The Irish language will die out, if we of the present day do not make an effort worthy of our ancestry, and which will be prided in by our posterity. What grand work is there for enterprise. The literature of our country should appear in native dress. The philosophic orations of our Burke – the fine essays of our Swift – the simple splendour of our Goldsmith – the magnificent orations of our Flood, Grattan,

Sheridan, Curran, Plunket, O'Connell, Shiel etc., and other varied works of such minds should appear in the native language. Were such the case, our's (sic) would be a great people, and never can we be till we appropriate Irish intellect to Ireland by investing the ideas of our writers, our poets, philosophers and statesmen, in an Irish dress. So much for the advantage to be gained by a revival of the language.

Numerous and varied are the rich intellectual treasures embedded in the Irish language. Would it not, leaving prospective glories out of the question, be a patriot's effort to bring together and consecrate those choice effusions of our ancestry? The aristocratic associations of our day are living proof that a great society cannot exist, whence the masses are excluded by high charges for membership. The Repeal Association is proof emphatic on the other way.

Gentlemen who are willing to co-operate in this national undertaking will transmit their names – and, I have several already ready to assist me, even from the 'Black North' where I least expected it. The rules (subject to the modifications of the committee by which this society will be governed) will be published in the *Nation* in the course of a few days. The society will commence operations as soon as 300 names are obtained, and will engage to give to each member of 10s. an octavo part of forty pages, monthly, of Irish literature, poetry or prose, with suitable translations etc.

Under these circumstances I hope my countrymen will not slumber, but work whilst it is day, and vie with the other nations of Europe who cultivate and cherish their own language. The publication of Irish airs (now so generally sought after) with the songs, will constitute a novel feature in recommendation of the works to be issued by the Hiberno-Celtic Society.

Inviting general co-operation, and assuring you of my intention to write more in detail on the important topic of this letter.

I am, sir,

John Daly (Ó Lochlainn 1943, 12–14)

Ardaíodh pointí tábhachtacha sa litir ach fágadh an ceann ba thábhachtaí gan a lua as a ainm: ba é seo an Cumann Seandálaíoch (the Irish Archaeological Society) a bheith ar an bhfód ón mbliain 1840 agus an Celtic Society, an Cumann Ceilteach, a bheith anois i gcomórtas leis. 'This will be great fun! But the Celts will be beat.' a thairngir Seán Ó Donnabháin i Nollaig na bliana 1846 (litir gan dáta chuig James Hardiman, ARÉ 12 N 10). Bhí obair mhór déanta ag an gCumann Seandálaíoch i bhfoilsiú téacsanna meánaoiseacha, go háirithe *The Genealogies, Tribes and Customs of Hy-Fiachrach* (1844), a tógadh ó Leabhar Leacáin agus ó fhoinsí eile, chomh maith le leithéidí *Tracts Relating to Ireland* (1841) agus *The Tribes and Customs of Hy-Many, Commonly Called the O'Kelly Country* (1843), iad ar fad curtha in eagar ag Seán Ó Donnabháin. D'éirigh leo cúig leabhar déag ar fad a fhoilsiú. J.H. Todd an rúnaí a bhí ar an gcumann, duine deisiúil ar nós mar a bhí in uachtar ann tri chéile.[5] Mar thoradh air seo, bhí claonadh láidir ag an gcumann i dtreo téacsanna a bhain le ról na n-uaisle sna meánaoiseanna. (Denis H. Kelly, Protastúnach a shíolraigh ó Uí Maine a bheith mar bhall, ba chionsiocair le *The Tribes and Customs of Hy-Many* a fhoilsiú, cuir i gcás.)[6] Bhíodh ról na hEaglaise sna meánaoiseanna ag déanamh scime don chumann agus d'fhoilsigh siad tri leabhar ina leith seo.[7] Bhí na foilseacháin seo ag teacht leis an léamh a bhí ag an Eaglais Bhunaithe ar a stair féin:

> . . . the ideological underpinnings of the Established Church were firmly placed in the middle of the first millennium, so that the pulpit message of native barbarism had to be diluted with acknowledgement of an early, pre-Anglo-Norman Church blessedly free of the Roman yoke. (Comerford 2003, 62)

Toradh amháin air seo ab ea an neamart a rinneadh i dtéacsanna réamh-Chríostaí, Táin Bó Cuailnge, cuir i gcás, agus cé nár foilsíodh aon ábhar seicteach *per se,* d'fhéadfaí foilseacháin an Chumainn Sheandálaíoch a léamh mar iarracht ag bunúlacht na linne le hiad féin agus an Eaglais Bhunaithe a dhlistiniú. Ba bheag duine a bheadh inniúil ar tháille iontrála an chumainn a íoc – £4 mar tháille cláraithe agus £1 gach bliain ina dhiaidh sin; bhí 'associate members' chomh maith ag an gcumann ach níor tugadh cead dóibh seo áras an chumainn a thaobhachtáil (Murray 2000, 64).

Ba bheag duine ach an oiread a shantódh téacsanna Laidine a d'fhoilseofaí gan aistriúcháin (ghabh aistriúcháin leis an ábhar Gaeilge a d'fhoilsigh an Cumann Seandálaíoch, áfach, nós a lean na cumainn a tháinig ina dhiaidh). Ach cé nár foilsíodh liosta de bhaill an choiste in aon cheann dá fhoilseacháin, is cinnte nach scoláirí ar fad a bhí ina bhun, scoláirí Gaeilge ach go háirithe. Ag tagairt don amaitéarachas seo a bhí an Dálach gan dabht nuair a d'áitigh sé go raibh 'a committee of twelve, or even twenty Irish scholars' de dhith ar an Hiberno-Celtic Society. Agus bheadh an cumann úr á chur ar bun aige ar bhonn daonlathach uileghabhálach, rud a chuir sé in iúl le sonc a thug sé don Chumann Seandálaíoch: 'The aristocratic associations of our day are living proof that a great society cannot exist, whence the masses are excluded by high charges for membership.' Mar sin féin ní raibh sé i gceist aige aon achrann a chothú idir an Hiberno-Celtic Society agus an Cumann Seandálaíoch.

Cé gur chruthaigh an bhéim a leag an litir ar an ársaíocht – 'a veneration for monuments, memorials and mementoes of antiquity which are native in origin and in character' – ceangal idir sainmheon an chumainn úir agus sainmheon an Chumainn Sheandálaíoch, rinne sé an ársaíocht a nascadh leis an 'national language' mar 'a proud feature of a nation' agus 'the revival of the language' ar chuma a bhris le sainmheon an Chumainn Sheandálaíoch. Mar agús leis sin cheangail an litir sa *Nation* an cumann úr le Reipéil agus na hÉireannaigh Óga. Cé nach gcuirfeadh an Cumann Seandálaíoch iad féin chun cinn go deo i gcomhthéacs an náisiúnachais chultúrtha mar seo, is cóir a bheith cúramach i dtaobh na tuisceana a bhí suas ag an am ar an rud ba pholaitíocht ann:

> . . . politics . . . meant primarily the tension between Whig and Tory, or between religious denominations, the very word was synonymous with religious party factionalism and religious sectarianism. Accordingly the pursuit of cultural projects like the cultivation of the Irish past or of the Irish language – something which is very obviously political to a latter-day observer – was considered apolitical at the time. Indeed the notion of nationality and of a national culture was (or at least could be) considered as a transcendence of merely political pursuits . . . (Leerssen 1996, 157)

Mar sin féin ní amháin go raibh an léann dúchais á nascadh anois le leagan amach polaitiúil, ach bhí síneadh nár bheag á chur leis an náisiúnachas cultúrtha mar go rabhthas ag cur 'revival of the language' ina lár istigh. Nóta é seo nár chualathas cheana ach amháin ó dhuine eile a bhí chun tosaigh i mbunú an chumainn úir, Nioclás Ó Cearnaigh (Ó Dufaigh 1989, 7–94). Tuairimíonn Tomás Ó Concheanainn gur casadh an Cearnach agus an Dálach ar a chéile in oifig an *Nation* (1971–2, 218) agus mar atá ráite ag Seán Ó Dufaigh (1989, 21), 'níorbh é Tomás Dáibhis an chéad duine a d'aithin "that Ireland will cease to be Ireland when the Irish language shall be totally eradicated from amongst the people" ach an bheirt ó Dhún Dealgan deich mbliana ní ba luaithe' (Nioclás Ó Cearnaigh agus Matthew Graham an bheirt a bhí faoi thrácht aige).[8] Níorbh ionann is Thomas Davis a chreid 'that if Irish were imposed on English-speaking people in eastern Ireland the adverse reaction might extinguish it altogether' (Davis R., 1988, 237), ba mar chultúr mórluachach beo a mb'fhiú a hathbheochan is a leathadh ar fud na tíre a bhí an Ghaeilge á cur i láthair ag an Dálach ina litir sa *Nation*. Más 'west of a line drawn from Derry to Waterford' (O'Donoghue 1914, 106) amháin a chuirfí an Ghaeilge chun cinn go tairbheach mar ghnáthmheán urlabhra i dtuairim an Dáibhísigh, ní mar sin a facthas don Dálach an scéal. Bhí sé i gceist aige go ndéanfaí an athbheochan a chur chun cinn trí bheartas praiticiúil foilsitheoireachta a sholáthródh bunábhar léitheoireachta agus scolaíochta: 'the reproduction of all native fragments of Irish literature, prose and poetry, and the preparation of elementary works for the instruction of youth.' Ina theannta sin chuirfí 'native dress' ar 'the literature of our country' tríd an aistriúchán.

Sa litir chuig Windele ar 3 Meán Fómhair 1845, mhaígh an Dálach go raibh 'Prospectus' an Celtic Society le foilsiú sa *Nation* ar an Satharn a bhí chucu (ARÉ 4 B 5). Roibeard Mac Ádhaimh a mhol réamheolaire a fhoilsiú:

> It seems to me that it would be advisable to draw up a Prospectus setting out the objects of the Society and describing the kind of work which it could promise. (Litir dar dáta 5 Bealtaine 1845 ó Mhac Ádhaimh chuig an Dálach, LNÉ 8010.)

Nioclás Ó Cearnaigh, Sir Colman O'Loughlin agus na hÉireannaigh Óga, John Mitchel, W.E. Hudson, agus Charles Gavan Duffy, a bhí ar choiste a cheap an cumann leis an réamheolaire a dhréachtadh (miontuairiscí an Chumainn Cheiltigh, 6 Nollaig 1845, LNÉ 819). Nioclás Ó Cearnaigh a scríobh an réamheolaire. Bhí sé ceadaithe ag an Éireannach Óg, an Dr. Robert Cane, rúnaí an chumainn i gCill Chainnigh (miontuairiscí an Chumainn Cheiltigh, 28 Eanáir 1846, LNÉ 819), ach níor chuir seisean focal leis.[9] Cuireadh ar aghaidh ansin chuig Thomas Davis é, ach ní léir go baileach cé na hathruithe a chuir seisean i gcion air (litir dar dáta 26 Bealtaine 1845 ón gCearnach chuig an Dálach, LNÉ 8018). D'iarr Mac Ádhaimh (ar 22 Bealtaine 1845) go gcuirfí an réamheolaire chuige lena cheadú, ach ní léir gur cuireadh (litir chuig an Dálach, LNÉ 8018). Cé gur cuireadh 1846 leis mar dháta, is cosúil go raibh an réamheolaire á scaipeadh i nDeireadh Fómhair na bliana 1845 (litir dar dáta 2 Deireadh Fómhair 1845 chuig Windele, ARÉ 12 L 10). 1845 a bhí mar dháta bunaithe freisin in aiste neamhshínithe in omós do William Elliott Hudson a foilsíodh in *Transactions 4* (O'Daly 1859, xvii). Tugadh le fios ann gurbh é an Dálach, le tacaíocht airgid ó William Elliott Hudson, a bhunaigh an Cumann Ceilteach:

> In the year 1845, the editor of the present volume [i.e. an Dálach], an enthusiastic lover of the language and antiquities of his country, founded the Celtic Society under the auspices of Mr. Hudson, who took a most active part in its organisation and sustainment. The editors of its publications were paid out of his pocket, while his mind and pen were incessantly at work in their behalf, to secure a favourable reception from an apathetic public. (O'Daly 1859, xvii)

Cuma chorr go maith a bhí ar an réamheolaire in ainneoin (nó de bharr) a raibh de ghrinniniúchadh déanta air. Mar cheann air bhí:

> TO AOHNAION KEATIIKON
> Comhthionól Seanchuse (sic) agus Foghlama Éireann

Lean sliocht sa chló gaelach é sin ('Text of Ms. in the Royal Irish Academy'):

> As ní coitchend soilleir fon uile domhan in gach ionadh imbi uaisle no onoir in gach aimsir da ttainic riam . . .

Ansin léiríodh an sliocht céanna in 'modern orthography':

> As ni coitcheann soilléir faoi an uile dhomhan ann gach ionad a m-bíos uaisle no onóir ann gach aimsir d'a d-tainig riamh . . .

Lean aistriúchán Béarla é sin agus ina dhiaidh sin arís tháinig téacs an réamheolaire féin:

> These are the words in which the Irish chronicler, Michel O'Clerigh, on the 22nd of January 1632, in dedicating the Annals of the Four Masters to the patron of that noble work, Fearghal O'Gadhra, wisely described the dignity and importance of the Study of History.

> The materials for the cultivation of this important branch of knowledge are abundant in Ireland . . . These materials consist of Manuscripts in the Irish, French, Latin, Italian and English languages – of the architectural and monumental remains still spared us – and of the numerous vestiges of arms, implements, golden ornaments, and other articles in use among our ancestors, evidencing their skill in workmanship and their advance in civilization . . .

Lean cuntas ar na hiarrachtaí a bhí déanta ó Swift agus Burke go dtí an '"Physico-Historical Society" towards the Publication of History or Antiquities' agus leanadh sin le cuntas ar na hiarrachtaí a rinneadh sa naoú haois déag: 'But the publications of these societies consisted chiefly of essays and compilations, and comprise few original documents useful to the historian'. Ach le deireanas 'a thirst has sprung up among the people to study for themselves those historic origins, rather than to expect a future historian's representation of them at second hand'. Tugadh an Societé de l'Histoire de France mar dheismireacht ar an méid a d'fhéadfaí a chur i gcrích:

> But the French Society have (sic) done nothing which the Celtic Atheneum resting on a broad popular basis, served by willing labourers, and drawing on materials so rich and abundant, may not reasonably hope to emulate.

Anuas air sin liostáladh na 'fundamental laws' a bheadh ag an gcumann, ina measc 'Objects of the Society':

> It is resolved to form a Literary Association to be called 'The Celtic Atheneum or the Irish Historical and Literary Society'.
>
> The Society proposes to publish –
>
> First, Original Documents in the Irish language, illustrated with introductions, English translations and notes.
>
> Secondly, Documents and Re-Prints in English, and in other tongues, translated into English, which may be illustrative of the language, history and antiquities of Ireland . . .
>
> The publications of the Society, in the Irish, and in the British and Continental Departments, shall be, as nearly as possible, equal in amount, and in volume . . .

Dúradh go raibh Lord George Hill á mholadh mar uachtarán ar an gcumann agus go mbeadh 'John O'Daly' mar 'Assistant Secretary'.

Má shíl Mac Ádhaimh 'the objects of the Society' a bheith soiléir, bhí dul amú air. Ceist í seo a d'ardaigh an tAthair Matthew Kelly, ollamh le Fraincis i gColáiste Mhaigh Nuad.[10] Cat ab ea an Ceallach ar nós leis a bheith ag crónán ar mhaithe leis féin mar go mbíodh dúil aige i bhfoilsiú téacsanna a bhain leis an stair eaglasta agus le stair na gCaitliceach in Éirinn, téacsanna Laidine ach go háirithe. Bhain sé le comhairle an Chumainn Cheiltigh ón tús (miontuairiscí an Chumainn Cheiltigh, 15

Feabhra 1848, LNÉ 819).[11] Dar leis go mba chóir don réamheolaire a chur in iúl go gcothódh an cumann spéis i bhfoilsiú 'all works generally interesting to the Irish people, in Latin, Irish or English, and those especially which regard Catholic history . . . Otherwise I think it will be a failure' (litir dar dáta 2 Nollaig 1845 chuig an Dálach, LNÉ 8018). Ábhar a chuirfeadh sé féin in eagar a bhí faoi thrácht aige, gan amhras. Bhí greim docht ag sagairt ó Osraí agus Chaiseal – Kelly, Renehan agus John O'Hanlon – ar an ngné seo den léann i Maigh Nuad agus ba nós leis an gCeallach a thabhairt le tuiscint gur thar ceann sagartbhaill an cheantair sin, seisear déag acu, a bhíodh sé ag fógairt (e.g. litir dar dáta 2 Nollaig 1845 chuig an Dálach, LNÉ 8018).

Bhí Kelly mar eagarthóir ar *Cambrensis Eversus* (1662) le John Lynch a d'fhoilsigh an Cumann Ceilteach idir 1848 agus 1851, trí imleabhar ar fad. Agus bhí sé ina eagarthóir ar dhá leabhar a d'fhoilsigh an Dálach mar fhoilsitheoir príobháideach ina dhiaidh sin, *Apologia pro Hibernia* le Stephen White (1574–1646) in 1849 – é bunaithe ar lámhscríbhinn a fuarthas i Leabharlann Bhurgúndach na Bruiséile in 1847 – agus *Historiae Catholicae Iberniae* (1621) le Pilib Ó Súilleabháin Béara (?1590-?1634), a foilsíodh in 1850.

Ar 4 Nollaig 1845, bhí an Ceallach i mbun pinn agus, mar ab iondúil leis, scríobhadh an litir faoi dhriopás:

> I think it might to tell you (sic) the opinions of many of your clerical members.
>
> We think the principle of your society might not to be totally changed (sic) but that it might be (focal doiléir). You wish to publish the remains of our bards because they are a very interesting portion of the history of Ireland. Why not publish also other documents in whatever language they may be . . . I myself for my part can never consent that the Celtic (focal doiléir) should be suppressed, but the new plan is far from suppressing, will on the contrary secure the publication because a far greater number of persons will join the society. (LNÉ 8018)

Ó tharla gurbh iad an chléir Chaitliceach an aicme ba fhlúirsí sa chumann (Murray 2000, 68) agus go raibh an Ceallach á chur féin i láthair mar urlabhraí thar a gceann, níl aon amhras ina thaobh ach go mba bhuille trom don Ghaeilge a bhí i litreacha an Cheallaigh. *Cambrensis Eversus* agus ní 'bardic remains' a bheadh mar phríomhthogra foilsitheoireachta ag an gcumann agus ag cruinniú den choiste ar 12 Feabhra 1846:

> . . . the Committee of Publications reported that they recommended the following works as the first to be undertaken by the Society:
>
> The Wars of Thomond' [i.e. Caithréim Thoirdhealbhaigh]
> Keating's History
> *Giraldus Cambrensis*
> *Cambrensis Eversus*

> The committee also recommended that a volume of poems, accompanied by Historical Illustrations be published at an early stage by the Society. (Miontuairiscí an Chumainn Cheiltigh, 12 Feabhra 1846, LNÉ 819.)

Caitheadh faoi thóchar an 'volume of poems' (ar dóigh gurbh é an Dálach a mhol agus gur dhíolaim d'fhilíocht na Mumhan a bheadh i gceist) agus ina theannta an Foras Feasa agus aon téacs nua-Ghaeilge eile ar tráchtadh air.[12] Bhí seo ag teacht le ballraíocht an 'Publications Committee', coiste nach raibh fiú is fear amháin air a raibh saineolas aige ar léann na Gaeilge (LNÉ 819).[13] Níor foilsíodh ach chomh beag an 'Collection of Poems Illustrative of Desmond' a pléadh ar 1 Aibreán 1846 (miontuairiscí an Chumainn Cheiltigh, 1 Aibreán 1846, LNÉ 819). Níor foilsíodh riamh ach an oiread 'The Life of Aodh Ruadh O Domhnaill' a raibh cinneadh a fhoilsithe déanta ar 28 Eanáir 1846 (miontuairiscí an Chumainn Cheiltigh, 28 Eanáir 1846, LNÉ 819).[14] An bhliain chéanna sin, 1846, pléadh 'a correspondence between Mr. Edward Walsh and Mr. Hudson relative to Mr. Walsh's proposal i.e. to furnish songs of a pastoral kind with Metrical Translation' (miontuairiscí an Chumainn Cheiltigh, 25 Feabhra 1846, LNÉ 819) agus foilsíodh leathán, *The Testament of Cathaeir Mor, Specimen* in 1848, téacs le Seán Ó Donnabháin, aistriúchán le James Clarence Mangan, cé nár cuireadh sin in iúl (Shannon-Mangan 1996, 369), ach b'shin a raibh de sa dá chás. In *Report of the Council to the Annual General Meeting of the Celtic Society Held on Tuesday 26th of February, 1850* (LNÉ 819), dúradh go raibh an cumann:

> . . . anxious to undertake the publication of some of the large and important works on Irish History . . . 'Tain bo Cuailgne' or 'History of the Great Seven Years War between Ulster and Connaught' . . . 'The Exploits of Ceallachan of Cashel A.D. 939' . . . 'The Caithreim of Thoirdhealbhaigh' (sic) or 'Triumph of Torloh' generally known as the 'Wars of Thomond' . . . 'The Leabhar Gabhala' or 'Book of Conquests' . . . 'Forus Feasa ar Eirinn' or 'Chronicles of Ireland' with the classical Latin version of Dr. John Lynch, author of 'Cambrensis Eversus'.

Ní raibh seans faoin spéir go bhfoilseofaí iad.

Má shíl an Dálach 'the society in question should have nothing of a sectarian character about it, either in politics or religion; but on the contrary, merge such distinctions in the proud name – Irishmen', ní mar sin a chonacthas an scéal don Chearnach, duine a raibh léamh seicteach aige ar an saol. I litir chuig an Dálach dar dáta 14 Aibreán 1845, mhol sé don Dálach teideal chumann gaelach Dhroichead Átha a bhaisteadh ar an gcumann úr:

> I would submit for your consideration the propriety of naming your Society 'the Hibernian Celtic Society . . .' I suggested above, because a large number of Presbyterians were anxious to be enrolled in our Society [Cumann Gaelach

> Dhroichead Átha] at the first time that the thing was mooted, but would wish to have a negative control, and I am certain that if they learned that the Society is virtually defunct they would wish to revive it. (LNÉ G 389; Ó Dufaigh 1989, 45–6)

Mí ina dhiaidh sin bhí athrú poirt aige:

> I don't think the Society ought to have any local name to distinguish it as it would make it a provincial one in the eyes of many whereas it ought to embrace the length and breadth of the land. The name of an exclusively Bardic or Musical Society would certainly be a nuisance and would not augur (?) well for its future Success. Besides there is much more than Bardic Reliques lying dormant that ought to be brought to light and which can only be rescued from oblivion by the aid of a Society. (Litir dar dáta 26 Bealtaine 1845 chuig an Dálach, LNÉ 8010.)

D'fhill sé ar a shain-nóta seicteach ar 12 Bealtaine 1845, má ba faoi choim féin é:

> I am certain that Mr. McAdam will have no objection if asked . . . He will be a valuable acquisition as he has collected together a vast collection of Irish MSS. and I am informed that he is an excellent Irish scholar to boot. (Litir ón gCearnach chuig an Dálach, LNÉ 8010.)

Chuir an Cearnach in iúl ar 19 Bealtaine 1845, i litir eile chuig an Dálach, céard ba shiocair dó Mac Ádhaimh a mholadh mar bhall:

> I would still argue the propriety if not the necessity of having Mac Adam of the number for two reasons: first, because he is a working man and that he has collected, I'll not say how, a considerable number of our Northern MSS. Secondly, he might in future when he found out our plan turn around and found an Anti-Catholic Society in opposition; and I am rather suspicious that he might wish to learn what MSS. the contemplated Society had to start with – so you'll have out the mention of Carol O'Daly or any other particular work I may have mentioned in my draft of prospectus. (LNÉ 8018)

Mar thoradh, is dócha, ar an ionramháil a bhí ar bun ag an gCearnach, bhí sé cloiste ag Matthew Kelly go rabhthas le cumann lán-Chaitliceach a dhéanamh de agus chuir sé ina aghaidh sin i litir chuig an Dálach ar 2 Nollaig 1845:

> Having heard that some members of the Celtic Society intend to make it exclusively Catholic, I think it might to tell you (sic) that I and my friends disapprove of that plan. (LNÉ 8018)

Má ghabh amhras an Cearnach i dtaobh Mhic Ádhaimh, níor ghabh a mhacasamhail d'amhras Mac Ádhaimh i dtaobh an chumainn úir. Sa seanchas do Mhac Ádhaimh:

> I have seen with pleasure in the Nation of last week a proposal from you to establish a Gaelic society, for the cultivation of the native language. There seems

> to be considerably more interest felt now throughout the entire country respecting the Irish language than formerly, and I think that the present is a favourable time for a project such as you mention . . . I feel a great interest in all that relates to the Irish language and literature and if I think the plan at all feasible, I would give any assistance in my power towards carrying it out. (Litir dar dáta 30 Aibreán 1845 chuig an Dálach, LNÉ 8010.)
>
> You will please put down my name and that of my brother Mr. James Mc Adam as subscribers to the Irish Celtic Society. (Litir dar dáta 14 Meán Fómhair 1845 chuig an Dálach, LNÉ 8010.)

Scríobh an file Ultach, Aodh Mac Dómhnaill 'An Address to the Provisional Committee of the Celtic Society':

> Sgríobhaim chugaibh a chomhthionail aird Átha Cliath
> Chum buaidh as treise is misneach a fhághail ó Dhia. (ARÉ 23 E 12)

Cé nár thug an Dálach mórán airde ar mholadh an Chearnaigh i dtaca le teideal an chumainn, bhain éiginnteacht leis an teideal ón tús. I measc na dteideal bhí 'The Celtic Atheneum or Irish Historical and Literary Society' (réamheolaire an chumainn, 1846), 'the Hiberno Celtic Society' (litir dar dáta 7 Eanáir 1845 chuig an Dálach, LNÉ 8010), 'A Gaelic Society' (litir dar dáta 30 Aibreán 1845 ó Roibeard Mac Ádhaimh chuig an Dálach, LNÉ 8010) agus 'the Hiberno Celtic Society' (litir dar dáta 5 Bealtaine 1845 ó Roibeard Mac Ádhaimh chuig an Dálach, LNÉ 8010). 'The Celtic Atheneum' a thug an Dálach féin air ar 23 Deireadh Fómhair 1847 agus dúirt sé gurbh é seo a theideal bunaidh air ach go raibh sé 'too difficult for an Irishman to pronounce' (litir chuig C.W. Townsend, Ollscoil na hÉireann, Baile Átha Cliath, Ó Lochlainn 10). Cé gurbh é an 'Celtic Society' a tugadh air go coitianta, mhair na teidil eile freisin fad a mhair an cumann agus ina dhiaidh.

Tionóladh an cruinniú bunaithe ar 4 Meán Fómhair 1845 agus bhí Davis, Charles Gavan Duffy, Samuel H. Bindon agus an Dálach láithreach (miontuairiscí an Chumainn Cheiltigh, 4 Meán Fómhair 1845, LNÉ 819). Bhain tábhacht ar leith le rannphártaíocht Davis, gan amhras. Deir Nioclás Ó Cearnaigh (i litir a chuir sé chuig an Dálach ar 26 Bealtaine 1845) go bhfuil sé 'proud of Mr. Davis's accession' (LNÉ 8018) ach ó tharla go ndeir sé sa litir chéanna 'I coincide with Mr. Bindon in thinking that Mr. W.S. O'Brien should be solicited to undertake the Presidency', ní léir cén ról a bhí ceaptha don Dáibhíseach. Ar aon chaoi, cailleadh eisean ar 16 Meán Fómhair 1845, sular fhéad sé aon pháirt ghníomhach a ghlacadh in imeachtaí an chumainn. Bhíothas le rogha a dhéanamh idir Seán Mac Éil agus William Smith O'Brien mar uachtarán air ach níor rogha é O'Brien a thiocfadh le mianta an Dálaigh, in ainneoin gur le heite náisiúnach-chultúrtha Smith O'Brien den Chónaidhm Éireannach agus ní le heite phoblachtánach John Mitchel a chlaon an Dálach:

> On Friday evening we had our first Meeting in the Nation offices . . . The most important question which came before the chair was whether Dr. Mac Hale or Mr. Smith O'Brien would be elected president and I think myself his Grace of Tuam would be the fittest of the two – he being an Irish Scholar and antiquarian – others of the gentlemen present objected to his Grace on account of his high politics – and suggest that a deputation should wait on Mr. O'Brien to solicit him for the honour- as far as my humble opinion goes I should think politics should not be a bar against any person and Smith O'Brien has his politics too as well . . . Irish Archaeological . . . the members of that body, or at least a great may of them, are under the impression that we will encroach upon their own ground . . . (Litir dar dáta 27 Deireadh Fómhair 1845 ón Dálach chuig John Windele, ARÉ 12 L 10; freagra ó Windele LNÉ 8010, 31 Deireadh Fómhair 1845.)

Ní léir gur deineadh an uachtarántacht a thairiscint don Bhrianach, a bhí thar a bheith gafa leis an aighneas idir na Conallaigh agus Éire Óg i dtóin na bliana 1845 (Sloane 2000, 133–65). Dhiúltaigh Mac Éil do tairiscint uachtarántachta (miontuairiscí an Chumainn Cheiltigh, 23 Deireadh Fómhair 1845, LNÉ 819) de bharr a mbeadh de thaisteal i gceist. Dhiúltaigh Lord George Hill don uachtarántacht ar 28 Eanáir 1846 (miontuairiscí an Chumainn Cheiltigh, 28 Eanáir 1846, LNÉ 819) agus dhiúltaigh Lord Charlemont don phost ar 11 Feabhra 1846, ach toghadh Sir Aubrey de Vere an lá céanna (miontuairiscí an Chumainn Cheiltigh, 11 Feabhra 1846, LNÉ 819). Nuair a cailleadh eisean in 1848, ní duine de na galluaisle a toghadh i dtánaiste air ach uachtarán Choláiste Mhaigh Nuad, Laurence Renehan, nó O'Renehan mar a thugtaí go minic air i bhfoilseacháin an chumainn (miontuairiscí an Chumainn Cheiltigh, 15 Feabhra 1848, LNÉ 819). Fearacht Matthew Kelly, ba i bhfoilsiú na staire eaglasta ba mhó a bhí spéis aige agus d'fhoilsigh foilsitheoir príobháideach a chuid scríbhinní ar an ábhar seo i ndiaidh a bháis (McCarthy eag., 1861).

Ar 16 Nollaig 1845, toghadh M.J. Barry, Sir Issac Butt, Rev. George Crolly, Charles Gavan Duffy, Sir Samuel Ferguson, P.V. Fitzpatrick, W.E. Hudson, Rev. Matthew Kelly, M.F. McCarthy, John Mitchel, William Smith O'Brien, J. O'Callaghan, Thomas O'Hagan, J.S. Pigot, Robert Tighe agus Sir William Wilde ar chomhairle an chumainn (miontuairiscí an Chumainn Cheiltigh, 16 Nollaig 1845, LNÉ 819).

Bhí an Dálach ar lagchuidiú a fhad is a mhair an cumann. Mar bhunaitheoir, riarthóir agus mar fhoilsitheoir, ba air a thit an obair ba dhuaisiúla agus bhíodh sé go hacastóir ann ó mhaidin go faoithin. Ina ainneoin sin, is mar 'Assistant Secretary: John O'Dalaigh' nó 'John O'Daly' a déantar liostáil air sna foilseacháin, siocair, is dócha, an Dálach a bheith 'in trade' agus drochmheas a bheith dá bharr air. Dob iad Samuel. H. Bindon agus Patrick R. Webb na rúnaithe ainmniúla, ach ba é an Dálach an t-aon duine a raibh éifeacht ann.

Uaisle ab ea seacht mball déag (5%) den chumann, áit arbh uaisle iad ochtar agus ceithre scór de bhaill an Chumainn Sheandálaíoch ach bhí aon duine déag de na huaisle sa Chumann Ceilteach mar bhaill de chomhairle an chumainn tráth éigin (Murray 2000, 68). D'fhág an mháistreacht a bhí ag maithe agus móruaisle sa Chumann Ceilteach gur chlis ar an Dálach ceann dá phríomhaidhmeanna a chur i gcrích:

> I would never dream of establishing this society had it not been for the entrance money of the Archaeological and the exclusive manner in which they offered (?) their publications . . . (Litir dar dáta 12 Meán Fómhair 1845 chuig Windele, ARÉ 4 B 5.)
>
> I considered the rules of the Archaeological Society too aristocratic and that it precluded the middling classes altogether from procuring its publications. (Litir dar dáta 2 Meitheamh 1845 chuig Windele, ARÉ 4 B 5.)

Cumann a bhí mar scáthán ar shochaí na linne a bhí sa Chumann Ceilteach agus ghlac na huaisle agus *quasi*-uaisle Mhaigh Nuad an cheannasaíocht chucu féin mar fheidhm nádúrtha i sochaí ordlathach. Ní léir ar na miontuairiscí an Dálach a bheith láithreach ag cruinnithe na comhairle i ndiaidh na gcruinnithe tosaigh agus is cosúil gur fhág an punt sa tseachtain a bhí á thuilleamh aige (agus nach raibh an cumann umhal ar a thabhairt dó go minic) gur mar fhostaí dá gcuid a shamhlaigh comhairle an chumainn é. É sin agus é a bheith i mbun siopa a d'fhág nár tugadh aird scoláire air in ainneoin aidhmeanna an chumainn agus fágadh an cumann a bhunaigh sé ina údar díomá aige sa deireadh.

Mar sin féin ní raibh sé as a dhóchas go ceann tamaill eile:

> We have not held our meeting as yet but expect it will be held this week – Our lists are filling fast, and the public are calling for rules and regulations . . . a Rev. Mr. Murray from [focal doiléir, Midleton, b'fhéidir] has written to me today and as soon as our Society is in operation he will be a large contributor, as his stock of Irish MSS. are numerous. (Litir dar dáta 20 Deireadh Fómhair 1845 chuig Windele, ARÉ 4 B 5.)

Thug sé sásamh ar leith dó Fr. Matthew Horgan ó Chorcaigh, duine a mbíodh urraim mhór ag an Dálach dó, a bheith ceaptha ar choiste an chumainn (litir dar dáta 12 Meán Fómhair 1845 chuig Windele, ARÉ 4 B 5) agus bhí sé á mhaoímh aige go raibh ceithre chéad ball ag an gcumann faoi 19 Bealtaine 1845: 'our list of members now exceeds 400' (litir chuig Windele, ARÉ 4 B 5). Faoi Dheireadh Fómhair, áfach, bhí maolaithe go mór ar an mballraíocht a bhí a mhaíomh aige:

> . . . our list has not yet arrived to more than 80 members – This is sufficient to testify to us that the Spirit that one would expect is not abroad as far as Irish literature is concerned and what is worse I feel never will. (Litir dar dáta 14 Deireadh Fómhair 1845 chuig Windele, ARÉ 12 L 10.)

Bhí réamheolaire an chumainn á scaipeadh aige lasmuigh de Bhaile Átha Cliath agus bhí Windele á spreagadh chun gnímh aige trí chomórtas a chothú idir Corcaigh agus Béal Feirste:

> 80 Prospectuses sent to those gentlemen you named, and others in the Co. Cork . . . I am much surprised at Cork being backwards when 'the Black North' is sending in its MSS. as well as its members . . . the list at present amount to about a 100 . . . (Litir dar dáta 2 Deireadh Fómhair 1845 chuig Windele, ARÉ 12 L 10.)

B'áil leis clár foilsitheoireachta a chur i gcrích thar ceann an chumainn (agus thar a cheann féin, óir ba dheacair a rá go minic cá raibh an deighilt idir an cumann agus gnó an tsiopa agus na foilsitheoireachta). Bheadh an cumann sásta dul i mbun foilsitheoireachta ar 'any tract worth publishing which comes in our way unless already announced by the Archaeological Society rules' (litir dar dáta 12 Meán Fómhair 1845 chuig Windele, ARÉ 4 B 5). I litir dar dáta 8 Bealtaine 1845 chuig Windele chuir sé ar a shúile dó 'extracts from the Books of Ballymote and Lecan' a bheith le fáil ó 'Mr. Bindon' (Samuel H. Bindon), tagairt don tóir a bhí ag Windele ar ábhar oghaim. Bhí constaicí á gcur sa bhealach air ag Nioclás Ó Cearnaigh, áfach, mar gur shíl seisean 'that no one has a right to look at an Irish manuscript but himself', (litir dar dáta 8 Bealtaine 1845 ón Dálach chuig Windele, ARÉ 4 B 6). Ar 19 Bealtaine 1845, scríobh sé chuig Windele á insint dó go raibh sé i ndiaidh bualadh le 'Mr. Owen Connellan' i dtaobh 'Cnoca' – 'he tells me the battle was fought on the plains of Mágh Liffe', – agus go raibh sé ag obair ar 'your manuscript': Ina theannta sin ar fad 'I have the poems in Keating now copied – and am going on with the Battles of Mucroimhe and Cluain Tarbh which I also mean to transcribe . . . the first book our Society is about publishing is the Book of Rights . . . will come well drafted from the hands of O'Donovan who will be the editor' (ARÉ 4 B 6).

Fad a mhair an Cumann Ceilteach níor éirigh leis foilseachán bliantúil a sholáthar dá bhaill do réir mar a bhí geallta, gan trácht ar an 'octavo part, containing forty pages of "the Transactions of the Hibernian Celtic Society"' a gheall litir an Dálaigh sa *Nation* a bheadh le fáil ar '1st of every month' (*The Nation,* 31 Bealtaine 1845). Níor foilsíodh riamh ach tri leabhar: *Leabhar na g-Ceart* (O'Donovan eag., 1847), *Cambrensis Eversus* (Kelly eag., 1848–1851, trí iml.) agus *Cath Mhuighe Léana* (O'Curry eag., 1855), foilseacháin a leag béim ar bhuanna agus caithréim na n-uaisle Gaelacha. In 1662 a foilsíodh *Cambrensis Eversus,* saothar Laidine, de chéaduair agus ba shaothair mheánaoiseacha Ghaeilge an dá cheann eile. D'fhág seo gur rinneadh neamart iomlán sa Nua-Ghaeilge – agus in aidhmeanna an Dálaigh.

I dteannta réamheolaire an chumainn, foilsíodh chomh maith eagrán amháin den *Miscellany of the Celtic Society* (O'Donovan eag., 1849). Ba iad na huaisle Gaelacha a bhí faoi thrácht sa *Miscellany* freisin – ginealach

Chorca Laidhe agus dán le Giolla Brighde Mac Con Midhe, mar aon le nithe eile, *Docwra's Narration* ina measc.

Bhí go leor foilseachán beartaithe ag an gcumann nach bhfaca solas an lae – ach foilseacháin ar an dul céanna lenar foilsíodh a bhí i gceist. Easpa airgid, eachtraí 1848 agus doicheall a bheith i leabharlann Acadamh Ríoga na hÉireann roimh scoláirí nach raibh mór le hEoghan Ó Comhraí (scríobhaí oifigiúil an Acadaimh) ba mhó ba shiocair leis an tsiléig. Níor foilsíodh fiú Caithréim Thoirdhealbhaigh, saothar a raibh an-dúil ann ag William Smith O'Brien, duine a shíolraigh ó Bhrian Bóramha.

> . . . we are now bringing out the Leabhar Breac instead of the 'Wars of Thomond' and . . . we are getting the Book of Lecan from the R.I.A. (Litir dar dáta 27 Aibreán 1846 chuig Windele, ARÉ 12 L 10.)

I litir eile chuig Windele (17 Bealtaine 1847, ARÉ 4 B 6), d'inis an Dálach dó go mbeadh 'leabhar na gceart' réidh 'in about a month', agus chomh maith leis sin, 'I have my poem ready to be printed off now'. (*The Kings of the Race of Eibhear, Ríogha Síl Eibhir, A Chronological Poem by John O'Dugan with a Translation by Michael Kearney, A.D 1635 Edited by John Daly* an dán a bhí i gceist). In 1847 foilsíodh *Leabhar na gCeart, or the Book of Rights* 'well drafted from the hands of O'Donovan' mar a bhí geallta. Bunaíodh é ar ábhar ó Leabhar Leacáin 'with variants from the Book of Ballymote' (Dillon 1962, xx).[15] W.E. Hudson 'with O'Donovan's help' a deir Myles Dillon a scríobh an réamhrá ach ní luann sé aon lámh a bheith ag an Dálach san obair (1962, xx-xxi). Ach is é fírinne an scéil gurbh é an Dálach a rinne cuid mhór den sclábhaíocht:

> I intend copying the Leabhar na cceart . . . (Litir dar dáta 2 Bealtaine 1846 chuig Windele, ARÉ 12 L 10.)
>
> I am working hard at indexing this leabhar na gCeart. (Litir dar dáta 28 Bealtaine 1847 chuig Windele, ARÉ 4 B 6.)

Níorbh é an focal molta a bhí ag an Donnabhánach don Chumann Ceilteach ina ainneoin na meirse seo, áfach:

> I am rather surprised at Mr. O'Donovan's aspersions about the 'Celtic Atheneum' as he is the very man who is now preparing the Book of Rights (leabhar na cceart) for us. (Litir dar dáta 27 Iúil 1846 chuig Windele, ARÉ 4 B 6.)

Bhíodh scoláirí á ngríosadh chun gnímh ag an Dálach – ar bheagthairbhe go minic, tharla a laghad leabhar is a d'éirigh leis an gcumann a fhoilsiú. Ghin seo cartlann luachmhar litreacha ón Dálach, gach ceann acu in 'odious scrawl', mar a dúirt John Keegan i litir chuige dar dáta 15 Meitheamh 1846 (LNÉ 2261; Delaney 1997, 105).[16] Ar 12 Samhain 1846 scríobh sé chuig Windele á insint dó 'Cormac's Glossary is ready for the press' ach 'Dr. Todd has met something in the book which appears obscure to him'. Pé rud a bhí feicthe ag Todd, níor foilsíodh an leabhar. Mar an gcéanna le *Cath Chluain Tairbh.* Ar 2 Deireadh Fómhair 1845 bhí an Dálach féin i mbun eagarthóireachta ar an téacs: 'I am preparing the Battle of Clontarf . . . We intend going to press as soon as we have 300 members . . .' (litir dar dáta 2 Deireadh Fómhair 1845 chuig Windele, ARÉ 12 L 10). Ach an bhliain dár gcionn ba é Nioclás Ó Cearnaigh a bhí i mbun na heagarthóireachta agus é réitithe nó geall lena bheith réitithe aige. Ach – in ainneoin a raibh de chairde ag an gCearnach i measc an lucht sí – níor fhoilsigh an cumann é:

> Clontarf in all probability will be the first publication of the Celtic Society . . . it will see the light before the Book of Rights, which is so long in the hands of the Atheneum (Litir dar dáta 30 Eanáir 1847 chuig Windele, ARÉ 4 B 6.)
>
> Kearney is working hard at Clontarf and as far as our Fairy Mythology is concerned, it could not fall into better hands as he spent a considerable portion of his time among those folk and boasts that it was from them he got the rudiments of the Irish language. Indeed he has the very cut of a laprachán. (Litir dar dáta 18 Feabhra 1847 chuig Windele, ARÉ 4 B 6.)
>
> Clontarf is ready but unfortunately I am not in a position to publish it (for some time at least) . . . Kearney . . . has the very cut of a cluthracán and he further states that it was from these parties he got a knowledge of the Irish, as well as the Greek and other languages with which he is conversant . . . the book of Rights will soon be ready. (Litir dar dáta 20 Aibreán 1847 chuig Windele, ARÉ 4 B 6.)

Ar 14 Meán Fómhair 1846, scríobh sé chuig Windele á chur in iúl go raibh 'Mr. Hudson' sásta comhoibriú le Windele le hathscríobh a dhéanamh ar an ábhar oghaim i Leabhar Bhaile an Mhóta, tagairt don teir a bhí ar athscríobh san Acadamh ar neamhchead don Chomhrach. Mhaígh an litir go raibh an Dálach féin sásta tabhairt faoin ábhar i Leabhar Bhaile an Mhóta: 'I will give you as faithful a transcript as any of the scribes of the R.I.A.' Bhí sé lán chomh griothalánach céanna ar 2 Bealtaine 1846:

> I am copying Mr. Hackett's books as fast as I can . . . Cath Muighe Muchroimhe and Cath Chluain Tarbh . . . if I had the battle of Cnuca. . . . Long (i.e. Pól Ó Longáin) had not a long stay here, the manuscript he has copied for some gentleman here, upon being compared with older copies, are found full of errors . . . I hear it now said that he says that he would not give 14d for what he has written for him. (ARÉ 12 L 10)

I litir chuig Windele dar dáta 24 Samhain 1846 (12 L 10), dúirt sé go leithscéalach: 'I spent yesterday at one of the books and for want of light was only able to copy a poem of about 60 stanzas.'

Ar 19 Bealtaine 1846, bhí sé 'working hard at Mr. Hackett's books' (ARÉ 12 L 10) agus ar 16 Iúil 1846, gheall sé 'the Celtic Atheneum will publish these two battles' ('Cath Cnuca' agus 'the battle of Gabhra' an dá chath a luaitear sa litir, ARÉ 4 B 6). Is cosúil go raibh sé ag gríosadh an fhile,

John Keegan (duine nach raibh aon Ghaeilge aige), le leagan Béarla den laoi Fiannaíochta, 'Seilg Shliabh na mBan' a sholáthar. Rinne Keegan iarracht air in ainneoin 'head-ache and constipation of the bowels', ach ní raibh Keegan féin sásta le rithim an aistriúcháin (litreacha dar dátaí 11 Meitheamh 1846, 15 Meitheamh 1846, 23 Meitheamh 1846 agus 5 Iúil 1846 ó Keegan chuig an Dálach, LNÉ 2261; Delaney 1997, 102, 105, 107, 111).

Níor foilsíodh riamh ach chomh beag aon chuid den ábhar scolaíochta a gealladh i litir an Dálaigh sa *Nation*. Loiceadh ab ea é seo a chuir as go mór do dhuine amháin ar a laghad de lucht tacaíochta an chumainn, an tiarna talún as Corcaigh, Thomas Swanton.[17] Scríobh sé chuig an Dálach á chur ar a shúile dó gur chláraigh sé mar bhall mar gur chreid sé rún daingean a bheith ag an gCumann Ceilteach leabhair scoile a fhoilsiú, rud a bhí geallta sa réamheolaire (Údar nach n-ainmnítear 1846). Bhí rún aige anois éirí as an gcumann. D'fhreagair an Dálach é á rá nach rabhthas leis an ábhar scolaíochta seo a fhoilsiú mar go raibh athruithe tagtha ar bhallraíocht choiste an chumainn (litir dar dáta 25 Deireadh Fómhair 1847 ón Dálach chuig Swanton, ARÉ 4 B 7). An lá céanna sin scríobh an Dálach chuig Windele á rá leis go raibh Swanton den tuairim 'that we would publish books in Irish, which we never dreamed of doing' (litir dar dáta 25 Deireadh Fómhair 1847, ARÉ 4 B 7). Dob í sin fírinne an scéil, rud a thuig Swanton.

B'éigean don chumann na gearáin a bhí déanta aige a phlé ag cruinniú a bhí acu i Mí na Samhna 1847 (litir chuig Swanton, 4 Samhain 1847, Ollscoil na hÉireann, Baile Átha Cliath, Ó Lochlainn 10). Ar 23 Samhain 1847, b'éigean don Dálach scríobh arís chuig Swanton á rá leis nár fhág an bealach inar loic an cumann ar na haidhmeanna a cuireadh chun cinn sa 'Prospectus' nár ghá do Swanton an cumann a chur chun cinn feasta: 'you are not released from your promise' a scríobh an Dálach chuige go máistriúil (Ollscoil na hÉireann, Baile Átha Cliath, Ó Lochlainn 10). Tagairt a bhí anseo do litir a chuir Swanton chuig an Dálach ar 25 Deireadh Fómhair 1847 inar ardaigh sé an neamart a bhí déanta sa Nua-Ghaeilge trí chéile:

> I consider myself released from the obligation of that understanding by the Society making no mention of new treatises in Irish in the Prospectus now sent to me. I have a superstitious prejudice that Ireland can never rise to honour and prosperity until the native language is patronised and made respectable as a written and spoken medium of communication. (LNÉ 8010)

Ní mó ná sásta a bhíodh an Dálach le cur chuige choiste an chumainn i dtaca le ceist sheanchaite an chló ach thuig sé gur beag géilleadh a bhí acu do dhuine dá chúlra féin:

> Meetings are held daily by Smith O'Brien, Mr. W.E. Hudson . . . your friend Petrie, Mr. Ferguson . . . Dr. Todd of Trinity College and almost all the influential gentlemen of Dublin on its behalf and what is more astonishing the

> Library of Trinity College, and the Royal Irish Academy, will be thrown open to our Society for its publications . . . the question at issue now is as to what type they are to use and it is supposed it will be that used by the Irish Archaeological Society . . . If I had my wish I would much rather the type used in the Jacobite Relics . . . (Litir ó Hodges and Smith, miontuairiscí an Chumainn Cheiltigh, 19 Feabhra 1850, LNÉ 819.)

Bhain costas le cló-éadan gaelach agus bhí an costas a bhain leis ina chnámh spairne idir an Cumann Ceilteach agus na clódóiri/foilsitheoirí Hodges and Smith:

> We feel it is almost needless to remind the Council of the large sum of Money we have expended in getting different fonts of Irish type cut, of course in expectation of having a constant use for it printing the works of the Society; and we were often told in advancing Irish literature by giving the purest most perfect type (sic). (Litir ó Hodges and Smith, miontuairiscí an Chumainn Cheiltigh, 19 Feabhra 1850, LNÉ 819.)

Ina gceann is ina gceann a bhíodh leathanaigh ag teacht ó chlódóirí agus bhain dua go leor le próiséas an chló i gcoitinne. B'fhiú dó scríobh chuig Windele ina thaobh nuair a tháinig roinnt leathanach de *Leabhar na gCeart* chuige ar 12 Samhain 1846 agus 31 Nollaig 1846 (4 B 6):

> The Celtic Atheneum is not yet dead – there are 2 or 3 sheets of leabhar na cceart printed (Litir dar dáta 12 Nollaig 1846 chuig Windele, ARÉ 4 B 6.)

Bhí dúnghaois foilsitheoireachta an chumainn curtha ó mhaith, dar leis, ag na laincisí a bhí curtha ag Eoghan Ó Comhraí, scríobhaí oifigiúil an Acadaimh, ar eagarthóirí lámhscríbhinní: 'his charges are exorbitant' (litir dar dáta 31 Nollaig 1846 chuig Windele, ARÉ 4 B 6):

> The strict rules and conditions, upon which access to the manuscripts is permitted, are said to be imposed in the Academy, with the view to exclude such persons as would be likely to injure them, or to make an improper or dishonest use of their contents; but the real effect of them is to exclude those humble Irish scholars who arrive in Dublin from time to time, from the remote Irish districts; and who are of course friendless in the metropolis, as they are unpatronized. and as to the imputation about making an improper or dishonest use of the content of manuscripts written many centuries back, I form no idea what it means. So far as preventing injury or securing the safety of the property goes, it is very just; but I am told that in the British Museum the freest access and every accomodation is given to any person who enters; as is done also in the libraries abroad; and even in Marsh's ancient library in this city, the valuable collection there, of MSS., as well as printed books, is open to any literary person who wishes to avail himself of their contents; and there is only a single attendant, who would of course prevent any injury, if any thing so vile were attempted.
>
> The Book of Ballymote is said to have been presented to the Royal Irish Academy, gratuitously, by the Chevalier O'Gorman, and not long since £600 were voted by Parliament towards purchasing the collection of Irish manuscripts

> gathered by Messers. Hodges and Smith, and other sums were raised among the public generally; but the booksellers publishers and others of Dublin have not had the benefit of the purchase.
>
> The regulations are not suited to the wants of those who most need access to the manuscripts for study, information, and publication, the means of which ought to be as free as possible, the safety of the property being secured; certainly not more restricted than in the British Museum. (Daly 1847, 6)

Éilítigh ab ea an Comhrach agus an Donnabhánach araon, dar leis:

> As for Curry and O'Donovan, as far as I can learn here, they would rather be hanged than have any one meddling (as they call it) with Irish in any shape or form except themselves – they are afraid of not having enough of it till they die and therefore do not like to find any new labourers in the vineyard of Irish literature . . . (Litir dar dáta 4 Lúnasa 1846 ón Dálach chuig Windele, ARÉ 4 B 6.)

Siocair nach raibh sé inrásta lámhscríbhinní an Acadaimh a cheadú, bhítí ag iarraidh athchóipeanna a dhéanamh de chóipeanna lámhscríbhinne a bhí déanta cheana agus iad i seilbh phríobháideach, cleachtas nach gcuirfeadh leis an gcruinneas scolártha. D'fhág seo an Dálach mar dhuine de 'the booksellers publishers and others of Dublin' (Daly 1847, 6) nár ba bhuntáiste dóibh bronnadh Leabhar Bhaile an Mhóta ar an Acadamh. Fágadh in áit na leathphingine i gcónaí é chomh fada is a bhain le foilsiú agus eagarthóireacht a dhéanamh ar an ábhar meánaoiseach a raibh tóir air ag an gCumann Ceilteach. D'fhág sé chomh maith gur caitheadh díograis go minic le tóir an ábhair féin in ainneoin dó a bheith in aice láimhe. Bhí an Dálach agus Windele ach go háirithe, faoi mhíbhuntáiste sna cathanna leis na 'Christians'. Windle a bhí faoi thrácht ag an Dálach san tagairt a rinne sé do 'those humble Irish scholars who arrive in Dublin from time to time.' Bhí seisean i muinín an Dálaigh leis an lón cogaidh a sholáthar dó agus bhí an Dálach sásta tabhairt faoi chóipeáil a dhéanamh dó agus é sin a dhéanamh faoi dheifir.

Scríobh sé chuig Windele ar 18 Meán Fómhair 1846 i dtaobh na leathanach oghaim i Leabhar Bhaile an Mhóta: 'I have no hesitation in saying that I would be able to take a faithful copy for you in *less* than two days' (ARÉ 4 B 6). Bhí litir curtha cheana féin aige chuig Windele ina thaobh seo ar 27 Iúil 1846 (ARÉ 4 B 6), ach leag Conor McSweeny a mhéar ar fhírinne an scéil nuair a dúirt sé, do réir chuntas an Dálaigh, gur obair í seo 'wd (sic) cost a great deal of trouble to transcribe' (litir dar dáta 21 Iúil 1846 chuig Windele, ARÉ 4 B 6).

Ar 29 Meán Fómhair 1846, bhíothas ag brath ar 'Sir Wm.' (i.e. Sir William Betham) le cóip de Leabhar Bhaile an Mhóta a chur ar fáil don Dálach.[18] Ansin dhéanfadh seisean cóip Betham a chóipeáil do Windele. Bheadh Sir William le fáil 'to look out for the book . . . he will send it to my house for the purpose of taking the copy of the *oghams* . . . As soon as Sir Wm. sends the book I will lose no time in copying it, and shall forward immediately by post when ready' (litir chuig Windele, ARÉ 4 B 6). Ar 20 Deireadh Fómhair 1846, bhí casadh nua sa scéal – 'his Majesty (i.e. Sir Wm. Betham) has been tampered with by a neighbour of mine named Geraghty, the publisher of the Annals of the 4 Masters' – agus ní raibh sé sásta Leabhar Bhaile an Mhóta a chur ar fáil (litir chuig Windele, ARÉ 4 B 6).[19]

I litir a scríobhadh ar 'The Anniversary of the Gunpowder Plot 1846', bhí an Dálach fós dóchasach go bhféadfaí teacht ar chóip de Leabhar Bhaile an Mhóta ach teacht ar Betham (litir chuig Windele, ARÉ 4 B 6). Ar 7 Samhain 1846, bhí an Dálach agus 'Mr. Connellan' sásta triall ar 'Sir Wm. Betham' ach níor éirigh leo casadh leis. Mar sin féin tuigeadh dóibh fonn a bheith ar Betham dul i bpáirt le Windele (litir chuig Windele, ARÉ 4 B 6). Agus an scéal ag dul chun leimhe ar fad, casadh 'His Majesty of Ulster' (i.e. Betham, an 'Ulster King of Arms') leis an Dálach ag deireadh thiar ar 9 Samhain 1846 – ach ní raibh Leabhar Bhaile an Mhóta aige, cé go raibh 'a book which is entirely in ogham which very probably is the same as the one belonging to you.' Bhí Eoghan Ó Conalláin le bualadh le Betham i dtaobh Leabhar Bhaile an Mhóta féin (litir chuig Windele, ARÉ 4 B 6).

Agus bliain agus ráithe ar a laghad caite aige ag tóraíocht na leathanach oghaim, bhí an Dálach fós ag iarraidh seift a tharraingt chuige féin:

> I have got a hint (which will remain between us both) that I will be employed in the Academy at Lecan and Ballymote . . . (Litir dar dáta 5 Nollaig 1846 chuig Windele, ARÉ 12 L 10.)

Cé nach bhfuil aon ábhar oghaim i Leabhar Leacáin, is cosúil gur chreid an Dálach go raibh agus nuair a d'éirigh leis an Dálach, mar a shíl sé, ábhar oghaim a sholáthar do Windele ag deireadh thiar, níor léir a fhoinse:

> Mr. Hudson . . . tells me that what I sent you was copied from *Leacan and not* Ballymote altho (sic) Curry wrote Ballymote at the end of the article. . . . Curry is making a perfect copy of the ogham tree from Leacan and Ballymote and as *soon* as it is ready that you must receive a copy. (Litir dar dáta 14 Eanáir 1847 chuig Windele, ARÉ 4 B 6.)

Ní raibh sa chomfhreagras leanúnach idir an Dálach agus Windele ach cuid éigin de na litreacha a bhíodh á seachadadh ag an Dálach thar ceann an chumainn. Mar fhear gnó, thuigfeadh Roibeard Mac Ádhaimh go dtógfaí an cumann úr ar an stampa poist:

> The penny postage system would give a society of the kind great advantages over those attempted at former periods, as it would enable Members from all parts of the Kingdom to join it without incurring much expense. (Litir dar dáta 30 Aibreán 1845 chuig an Dálach, LNÉ 8010.)

Tháinig litreacha ina slaodanna chuig an Dálach faoi oibriú an chumainn, faoi bhaill phoitéinsiúla, faoi shocruithe bainc agus míle rud nárbh iad. B'éigean dó gach litir acu a fhreagairt. Tháinig roinnt mhaith litreacha ó Chorcaigh, ó Chill Chainnigh agus Charraig na Siúire. Saothar Windele agus John O'Mahony ba chionsiocair le litreacha Chorcaí agus Charraig na Siúire faoi seach. D'fhéadfadh litir amháin burla a adhaint:

> I respectfully beg to say that though my knowledge of Irish is of rather a slender and superficial nature I will feel most happy to become a member . . . (Litir dar dáta 2 Meitheamh 1845 ó Anthony O'Ryan, Carraig na Siúire, chuig an Dálach, LNÉ 8010.) 139).
>
> I am glad to be able to forward you the names of Joseph M. Rivers Esq. of Tybroughney Castle, James M. O'Ryan Esq. of Carrick and John O'Mahony Esq. of Mullock as members of the proposed H.C. Society, the latter gentleman is a good Irish Scholar and has a good many manuscripts. (Litir dar dáta 11 Meitheamh 1845 ó Anthony O'Ryan, Carraig na Siúire, chuig an Dálach, LNÉ 8010.)
>
> I will pay my subscription at the National Bank of Carrick when I hear from you . . . (Litir dar dáta 13 Meán Fómhair 1845 ó Joseph Rivers, Tybroughney Castle, Carraig na Siúire, chuig an Dálach ; LNÉ 8010.)
>
> I now write to request you will add my name to the number of subscribers . . . Though my own knowledge of Irish is imperfect I am nonetheless (focal doiléir) an enthusiast in my partiality towards it. We can never be a nation until our language, history and Antiquities are studied and (focal doiléir) by our fellow countrymen (Litir dar dáta 14 Meán Fómhair 1845 ó John O'Mahony, Carraig na Siúire, chuig an Dálach, LNÉ 8010.)[20]

Chomh maith lena bheith ina bhall den Chumann Ceilteach, bhí John O'Mahony 'actively involved in establishing clubs in south Tipperary' don Chónaidhm Éireannach (Owens 2001, 58). Ba i gCarraig na Siúire ba threise a bhí an Chónaidhm Éireannach i dTiobraid Árann agus ba iad O'Mahony, Rivers agus O'Ryan na cinnirí áitiúla. Bhí gaol gairid idir O'Ryan agus O'Mahony (Nolan 1998, 8–11). Ar shlí, bhí an Cumann Ceilteach agus an Chónaidhm Éireannach ag fás le cois a chéile, ní amháin i mBaile Átha Cliath ach in áiteanna eile freisin: bhí craobhacha ag an dá chumann i Luimneach, cuir i gcás.[21]

As na daoine ar fad a bhí mar bhaill den chumann in am ar bith, cléir Chaitliceach ab ea 46% acu (Murray 2000, 68) agus, mar aicme olleagraithe, níorbh ionadh iad a bheith ag soláthar ainmneacha ball ionchasach ar bhonn rialta, rud a rinne siad. Chuir ceapadh Renehan mar uachtarán ar an gcumann dlús níos mó fós le tionchar na cléire sa chumann, mar a chuir tionchar Matthew Kelly ón tús.[22]

Chuir an tAthair Patrick Lambe deich scilling mar shíntiús chuig an Dálach ar 29 Meán Fómhair 1845 (agus deich scilling eile ina theannta mar shíntiús d'Art Mac Bionad). Chuir an Ceallach ceithre ainm chuig an Dálach ó Choláiste Mhaigh Nuad ar 4 Nollaig 1845, dhá ainm eile chuige seacht lá ina dhiaidh sin ar 11 Nollaig 1845, ainm eile chuige ar 15 Nollaig 1845 agus ceithre ainm eile fós chuige ar 19 Nollaig 1845 (LNÉ 8010). Ba shin aon litir déag a bhí le scríobh ag an Dálach de bhreis ar an ualach oibre a bhí sa mhullach air cheana féin.

Ceithre chéad fiche hocht duine ar fad a bhí ina mbaill uair éigin (Murray 2000, 68) agus níor leor sin le go bhféadfadh an cumann a bheith ina phátrún ar scoláirí mar a bhí ceaptha. Chosain sé £112 imleabhar amháin de *Cambrensis Eversus* a chur i gcló (meastachán clódóra, LNÉ 8010) nuair nach raibh ach £1 mar tháille orthu siúd a bhí i dteideal 'large paper copies of the society's books' a fháil agus deich scilling mar tháille orthu siúd a bhí i dteideal 'small paper copies of the publications' a fháil (údar nach n-ainmnítear, 1846; *The Nation,* 7 Márta 1854). Faoi dheireadh na bliana 1846 bhí a dhóthain feicthe aige agus is cosúil go raibh an Dálach ag tathant ar Windele cumann neamhspleách a bhunú i gCúige Mumhan:

> With respect to your kind advice about the Celtic Atheneum . . . If I got the support I expected when I formed the Society I would not allow it to fall into their hands but I did not and therefore what could I do? Now if I act upon your advice will you and the Cork members withdraw from them and join me? . . . If I had the management or any control in the Atheneum the members would have two or three books in their hands now, whatever sort they would be. (Litir dar dáta 24 Nollaig 1846 chuig Windele, ARÉ 12 L 10.)

Bhí bunú cumainn Mhuimhnigh fós á phlé ar 7 Eanáir 1847 nuair a scríobh Windele chuig an Dálach, á ra leis:

> Your idea about the 'Celtic Soct.' is pleasing me much . . . I Hope Mr. Connellan will join you in the concern. (LNÉ G 389)

Foilsiú na leabhar a bheith tite chun siléige, easpa slachta sna leabhar a bhí beartaithe agus Samuel H. Bindon (a bhí mar rúnaí ar an gcumann i dteannta Patrick R. Webb) a bheith otair mínósach na nithe a bhí ag dó na geirbe ann. Bhí sé leamh go maith ann féin i dtóin na bliana 1846:

> I am very afraid that the Society will fade in the hands of Mr. Bindon . . . (Litir dar dáta 24 Nollaig 1846 chuig Windele, ARÉ 4 B 6.)
> Mr. Bindon is a sweet boy. I fear he will be the death of the Atheneum . . . (Litir dar dáta 23 Eanáir 1847 chuig Windele, ARÉ 4 B 6.)

Má bhí col aige le Bindon bhí cion ar leith aige ar William Elliott Hudson, cion a mhaolaigh ar an bhfonn a bhí air gnó an chumainn a chaitheamh i dtraipisí agus cumann úr nó leagan leasaithe den Chumann Ceilteach a bhunú:

> I can be in such hurry writing sometimes that I don't know what I write . . . Should I secede from the Atheneum I hope you will come out with me and act for us in the capacity you are acting for them in Cork . . . The only thing that will keep me if anything does is that good man, Mr. Hudson, for I would not

like to do any single act that would be hurtful to his feelings . . . (Litir dar dáta 11 Eanáir 1847 chuig Windele, ARÉ 12 L 10.)

. . . that I secede from the Atheneum and revive the Celtic Society. I shall follow your advice in every step that I take. There shall be no distinction of Membership, no teapaper books given to the Subscribers. (Litir dar dáta 23 Eanáir 1847 chuig Windele, ARÉ 4 B 6.)

Faoi 31 Deireadh Fómhair 1851, bhí briste ag an Dálach leis an gCumann Ceilteach, cé nach léir ar mhiontuairiscí an chumainn gur pléadh seo ag aon cheann dá gcruinnithe (miontuairiscí an Chumainn Cheiltigh, LNÉ 819). Bhí £20 sa bhliain uaidh mar chúiteamh agus ní rabhthas sásta an méid seo a íoc leis:

I suppose you have heard of my disconnection with the Celts. Tis a fact – after being the pound of the Society I have now been put out on the pretence that they could not pay me a pittance of £20 annually although my connection with them would certainly bring them double that number and I have no doubt at all that when some of my friends will hear of it a feeling all in proportion among the members will be the consequence – I know several who are still clinging to them merely on my account. I have done as much as my humble means enabled with the assistance of friends for the cultivation of the language of my country and my race and thus I have been finally dealt with by the Celts in the end. (Litir dar dáta 31 Deireadh Fómhair 1851 ón Dálach chuig Windele, ARÉ 4 B 11.)

Ina theannta sin d'éirigh idir é féin agus Renehan i bhFómhar na bliana 1852:

The matter alluded to is a battle which partly took place between myself and Dr. Renehan about the Celtic Society the other day. (Litir dar dáta 18 Meán Fómhair 1852 ón Dálach chuig Windele, ARÉ 4 B 12.)

Misníodh an Dálach go mór de bharr thacaíocht airgid ó Hudson a bheith le fáil aige:

I am glad to hear that Mr. Hudson called on you – as far as I know of Irishmen and lovers of Irish literature, and at this time I ought to know a little, I must candidly say that he is the only true Irishman I have ever met with. (Litir dar dáta 31 Deireadh Fómhair 1851 ón Dálach chuig Windele, ARÉ 4 B 11.)

Ar 16 Samhain 1852, bhí sé ag léirsmaoineamh ar na híobairtí a ghabh leis an saol a bhí caite aige:

To be sure you have helped and served me on various occasions, but where would you [find] another man in Ireland in the trade, to [take] such risks as I have done, and that without the slightest hope . . . in clinging to the rescue of the language and literature of my race. After this . . . I'll never again risk a pound in the printing of an Irish book. (Litir chuig Windele, ARÉ 4 B 11.)

Dob í fírinne an scéil i dtaca leis an gCumann Ceilteach de, ná go raibh an cumann ar an bhfaraor géar ó thaobh airgid de ón uair a bunaíodh é – agus níorbh aon chabhair dó an Drochshaol a bheith ina racht seoil:

> . . . although the year since elapsed has been one of great depression and distress, consequent on the famine, the effect of which we still sensibly feel, your council have the satisfaction of presenting the first volume . . . (*Report of the Council to the Annual General Meeting of the Celtic Society, held on Tuesday, 27th February, 1849,* LNÉ 819)

Níor rathaigh an cumann mar a bhí ceaptha agus ní chríochnófaí foilsiú *Cambrensis Eversus* go deo, cuir i gcás, murach £200 a fuarthas mar fhortacht ó choláiste Mhaigh Nuad don dá imleabhar deiridh (litir dar dáta 31 Deireadh Fómhair 1851 ón Dálach chuig Windele, ARÉ 4 B 11). Fágadh na clódóirí gan íoc agus b'éigean do W.E. Hudson síneadh láimhe a thabhairt don chumann go mion is go minic. Ba é a bhí mar gheallunaí as na fiacha:

> Mr. Hudson is paying £104 of our liability out of his own purse! Would it be any 'interpolation' to call the man 'open purse' . . . (Litir dar dáta 31 Nollaig 1849 ón Dálach chuig Windele, ARÉ 4 B 14.)

Pléadh géarchéim an chumainn go minic ag a gcuid cruinnithe (e.g. *Report of the Council to the Annual General Meeting held on the 1st February, 1851,* LNÉ 819) agus ba léir gur ag traoitheadh a bhí sé. Ina theannta sin d'fhág an doicheall a bhí roimh scoláirí Gaeilge an chumainn i leabharlann an Acadaimh agus an polasaí ilteangach foilsithe a bhí acu nár cruthaíodh riamh an gréasán scoláirí Gaeilge a mbeifí ag súil leis. Ní bhfuair na baill riamh líon na leabhar a gealladh dóibh agus níorbh fhiú dóibh athchlárú. Phléigh an Dálach an deacracht a bhain le *Cath Mhuighe Léana* a scaipeadh ar na baill in 1855 mar leabhar na bliana 1853:

> . . . the book is printing very fast by the Celts for they found that it was 'no go' to ask to squeeze out £2 for a bk. of Camb. (sic) from the members pockets, some of whom insist on a vol. every year, and for every pound they paid and the result, the good result, is that mágh lena is now printing to give to the members for 1853. (Litir dar data 20 Aibreán 1854 chuig Windele, ARÉ 12 L 12.)

Ina theannta sin, níorbh ionann na gnéithe den léann a bhí mar thosaíocht ag an gcumann agus na hamhráin Mhuimhneacha a bhí mar thosaíocht ag an Dálach. Mar agús le sin bhí sainmheon uasaicmeach – feodach go fiú – ag an gcumann a d'fhág nárbh fhéidir leis an Dálach de dheasca a chúlra, dul i gcion air.[23]

Bhain tábhacht nár bheag leis an aighneas idir 'Paganists' agus 'Christians' mar chomhthéacs don Chumann Ceilteach fad a mhair beo dó agus cuireadh go mór leis an drochfhuil a bhíodh idir lucht léinn na linne dá bharr. Bhain Windele agus an Dálach le buíon 'Paganists' – Windele, Matthew Horgan, Nioclás Ó Cearnaigh ina measc – a chreid go raibh na clocha oghaim ann ó ré na págántachta agus go raibh léamh agus scríobh ag na Gaeil roimh theacht na Críostaíochta. Bhain an chonspóid cuid mhór leis an bhfocal 'sagittari' a dúradh a bheith ar chloch oghaim a fuair Windele 'at Burnfort, near Mallow' (Graves 1851a, 305).[24] Chreid na 'Paganists' gur tógadh na cloigthithe sa ré réamhchríostaí agus ba ghné é an t-aighneas eatarthu den mhóraighneas forleathan idir an dá dhream. Lean siad sa mhéid sin John Lanigan agus a mhórshaothar, *Ecclesiastical History of Ireland* (1822), saothar a lean Charles Vallancey.[25] Chreid na 'Christians', posaitíbhigh ar nós Hitchcock, George Petrie, Seán Ó Donnabháin agus Eoghan Ó Comhraí (Leerssen 1996, 108–12, 122–6) gur tógadh iad aimsir na Lochlannach. Ba ag na 'Christians' a bhí an lá nuair a d'fhoilsigh Petrie a chuntas deifinídeach, *The Ecclesiastical Architecture of Ireland, Anterior to the Anglo-Norman Invasion, Comprising an Essay on the Origin of and Use of the Round Towers of Ireland, which Obtained the Gold Medal and Prize of the Royal Irish Academy,* in 1845, cé gur mhair an clampar fiú i ndiaidh sin:

> The question of the origin of the round tower proved highly divisive because it would determine whether the golden age of the Irish national myth was to be located in pagan or Christian times. With the general acceptance from the 1840s that the round towers were indeed ecclesiastical bell-towers, rather than temples of some elder pagan faith, the identification of the nation with the Celtic and Christian was secured, although a group of convinced 'paganists' would hold out for years to come. (Comerford 2003, 238)[26]

D'fhéadfaí é seo ar fad a thagairt don idirdhealú atá déanta ag Hugh Kearney (1997, 1–22) idir náisiúnachas eitneach agus náisiúnachas cathartha – an bhéim a leag Windele agus an Dálach ar eitneachas agus leithleachas na nGael, an dream a bhí ina n-aghaidh ag béimniú thadhall an alltair.[27] Eisceacht ab ea Windele i measc na b'Paganists': Caitlicigh ab ea formhór mór na b'Paganists'; bhí idir Chaitlicigh agus Phrotastúnaigh i measc na 'Christians'.

Faoi 1853 ní raibh ann sa Chumann Ceilteach ach an phuth agus bhí deireadh le ré an Dálaigh mar 'Assistant Secretary'. Nascadh leis an gCumann Seandálaíoch é agus tugadh an Irish Archaeological and Celtic Society ar an toradh. Mhair seo go dtí 1873 (Murray 2000, 74).[28]

Cé nár tháinig an cumann chun foirfeachta mar ba mhian leis, bhí éacht curtha i gcrích ag an Dálach sna blianta seo. Bhí scíth tuillte aige:

> . . . but, I must give way. I am but an humble man, and if I am instrumental in making this wonderful revolution in Irish affair, I may for ever again sit down and take my ease and say that the Lord blessed the day which gave me birth. (Litir dar dáta 24 Samhain 1845 chuig Windele, ARÉ 12 L 10.)

Ach ní scíth a bhí i ndán dó.

2

Maidir le saol pearsanta an Dálaigh sna blianta seo, cailleadh Ellen Shea in 1849 agus cuireadh in uaigh IIE, Glas Naíon í ar 29 Márta na bliana sin

(O'Donovan 1852, 5; litir ón Dublin Cemeteries Committee). San uaigh chéanna, le hais Ellen, cuireadh iníon léi, Kate, agus í ocht mbliana d'aois, ar 8 Iúil 1852 agus mac léi, John ar 25 Lúnasa 1854 agus é trí bliana fichead d'aois (litir ón Dublin Cemeteries Committee).

In 1850, phós an Dálach 'Mary Murphy, alias Griffith', Protastúnach a d'iompaigh ina Caitliceach lena pósadh. 'Mary Anne' a tugtar uirthi in uacht an Dálaigh (Cartlann Náisiúnta T 18619). Bhí comhairle Windele á lorg aige roimh ré ar chuma a bhí sách fuarchúiseach:

> What I wrote to you about some time ago is coming to the point. I mean the widow. . . . I wish to contact my friends before I would buckle myself. She is a Protestant, was only two years married to her late husband – has a little girl about 6 years old – she is ready both herself and child to become papists immediately. She is a most amiable woman of a very amiable and gentle disposition and one that all my children are for, on account of knowing her during their mothers (sic) time. I wish you to write to me a line immediately on this head and as it is a rather delicate subject that it will be strictly private. I will consult six of them (sic) before I am bound by the fateful knot and their advice will decide my fate and hers too. (Litir dar dáta 26 Nollaig 1850, ARÉ 12 L 11.)

B'fhíor dó. Bhí aithne mhaith aige féin agus a chuid páistí uirthi. Shíl John Keegan go raibh lámh agus focal idir an Dálach agus Mary Anne Murphy le linn do Ellen Shea a bheith fós beo; níorbh eol do Keegan nár bhaintreach é an Dálach:

> I am glad to know you are about becoming a 'happy man.' A buxom widow is good, provided she may have the 'kelther' – if not, 'bob' her and see farther. Six children would press heavily on a struggling man if their mother had not wherewithal to stop their mouths. (Litir dar dáta 5 Meitheamh 1846 chuig an Dálach, LNÉ 2261; Delaney 1997, 99.)

Bhí seachmall fós ar Keegan ar 10 Meitheamh 1846:

> I pray God your intended marriage may conduce you to your temporal and eternal weal, I have a still higher opinion of you for your unselfish feelings. Still, for your sake, I wish she had the gold, for after all it forms a prime ingredient in the cup of earthly comfort. (Litir chuig an Dálach, LNÉ 2261; Delaney 1997, 101.)

Rugadh iníon, Elizabeth, don Dálach agus do Mary Murphy in 1851. Cailleadh ar 3 Meitheamh 1878 í, naoi lá i ndiaidh bhás a hathar (*Freeman's Journal,* 3 Meitheamh 1878). Rugadh mac dóibh, John, in 1855 ach cailleadh in 1861 é agus cuireadh i nGlas Naíon é ar 16 Samhain 1861 (litir ón Dublin Cemeteries Committee). Rugadh iníon eile dóibh, Mary Anne, a ainmníodh as a máthair, ar dháta nach eol dúinn. Phós Mary Anne fear a raibh John Curran air ar dháta éigin roimh 1878 (Cartlann Náisiúnta T 18619).

Is cosúil gur éirigh idir an dara bean agus duine de na hiníonacha ón gcead phósadh agus gur chuir Mary Murphy nithe tromchúiseacha ina leith.

Bhí an líomhain inste ag an Dálach do Edward Walsh agus chuir Walsh a chuid tuairimí féin ina leith in iúl don Dálach i litir a scríobhadh ar 'Monday' éigin (nach dtugtar dáta dó) in 1844:

> If you be serious in what you say of Mrs. Daly's opinion of Miss Daly I deeply regret that the daughter of respectable parents should be subjected to such fearful suspicion. It is most strange that one of her manners [,] extensive learning (the best I ever found in any female) and innocence should be mistaken for a 'Dublin prostitute'. (LNÉ 2261)

I litir chuig Windele ar 26 Deireadh Fómhair 1848 (ARÉ 4 B 8), thráchtaigh an Dálach ar a chuid páistí:

> I have five or six children which I must worship more than MSS. as much as I love them and believe me that it is not an easy matter to keep them in order.

Caibidil 5

Baile Átha Cliath: Foilsitheoir Príobháideach, Scríobhaí agus Reicneoir Leabhar

Bhíodh an Dálach ag síorphlé le scoláirí agus scríobhaithe agus san am céanna ag cur obair dhuaisiúil de go díocasach dóite ar théacsanna agus lámhscríbhinní. Bhí gnó na foilsitheoireachta sa chathair ag cúlú sa tréimhse ina raibh gnó an tsiopa agus na foilsitheoireachta á bhunú i mBaile Átha Cliath aige. Chuir James Duffy drochstaid an tionscail sa dara leath de na 1840í in iúl do William Carleton: 'The people seldom think of buying books, because they are luxuries which they can do without' (O'Donoghue 1896, iml. 2, 215). Ach d'éirigh leis an Dálach (agus le Duffy) teacht slán in ainneoin do sheachtó trí chomhlacht foilsitheoireachta a bheith féimheach idir 1844 agus 1848 (Fegan 2002, 156–7).

Mheabhraigh John Windele drochstaid na foilsitheoireachta dó i litir dar dáta 14 Meitheamh 1847, bhí feo a thosaigh in 1844 ag bailiú nirt de thairbhe an Drochshaoil (Fegan 2002, 156). Ag trácht dó ar fhoilsiú *Kings of the Race of Eibhear*, luaigh Windele an tionchar a bheadh ag cúinsí sóisialta ar an díolaíocht:

> As to the sale of it, I fear this is a very bad year, the Priesthood who would purchase are reduced to a state of primitive poverty. (LNÉ G389)

Ní ag feabhsú a bhí cúrsaí in 1848:

> I fear this is a bad time for thinking of publishing anything [as] people have no momey for literature. Scarcely any even for food which promises to be run up to a high figure. What between Rebellion and threatened famine and cholera ours is truly a most unhappy land. (Litir dar dáta 26 Meán Fómhair 1848 ó Windele chuig an Dálach, LNÉ G 389.)

Ach mhair gnó fhoilsitheoireacht an Dálaigh, cé go raibh an gátar ag teannadh leis ar 26 Deireadh Fómhair 1848 nuair ba ghá dó a chuid lámhscríbhinní a dhíol leis an gcostas a ghabh le *The Poets and Poetry of Munster* a ghlanadh (litir chuig Windle, ARÉ 4 B 8).[1]

Dearbhú ar an ngá a bhí le hábhar Gaeilge d'fhoghlaimeoirí, mar a bhí áitithe ag Thomas Swanton ar an gCumann Ceilteach, ab ea foilsiú *Féin-Theagasc Gaoidheilge. Self-Instruction in Irish or the Rudiments of that Language Brought within the Comprehension of the English Reader without the Aid of a Teacher* in 1846, an chéad fhiontar foilsitheoireachta uaidh ó foilsíodh *Reliques of Irish Jacobite Poetry* dhá bhliain roimhe sin. An Dálach féin a d'fhoilsigh an leabhar, beag beann ar an gCumann Ceilteach, rud a léirigh ráchairt a bheith ar a leithéid mar a cruthaíodh in 1848 nuair a foilsíodh leagan eile den leabhar, é méadaithe anois ó chaoga sé go dtí seasca ceathair leathanach agus é foilsithe an iarraidh seo i gcomhar le comhlacht Le Messurier. Foilsíodh eagrán eile fós in 1853:

> The sale of the first two editions of this little book, and that in a very short space of time, induces me to venture upon a third which I now present to the public; and in which the reader will find some important improvements upon that of my former editions. (O'Daly 1853a)

Bhí leabhrán fiche ceathair leathanach, *Self-Instruction in Irish, Part I. Consisting of Exercises in Spelling and Pronunciation, Chiefly Designed for the Youth of Ireland,* scríofa agus foilsithe ó 1843 ag Conor McSweeny, an té a d'fhoilsigh *Songs of the Irish* – eiseamláir *Reliques of Irish Jacobite Poetry* – agus is dócha gur spreagadh an Dálach chun gnímh dá bharr.[2]

Múnlaíodh cur chuige eagrán 1848 de *Féin-Theagasc Gaoidheilge* ar an 'Robertsonian method' a bhí sa bhfaisean ag an am. Córas féinmhúinteoireachta a bhí ann agus in 1847 d'fhoilsigh James McGlashan *A Course of Lessons in the Italian Language: Intended for the Use of Persons Studying the Language without a Master* le hAlexander H Monteith, leabhar a mhúin Iodálais do réir mhodh Robertson.[3] Is féidir glacadh leis gur leabhar dá shórt a spreag an Dálach chun gnímh:

> A new edition of Self-instruction goes to press in a few days and I propose bringing it out on the plan of those books entitled languge 'without a Master' (sic). At all events it will differ materially from the Self-instruction. (Litir dar dáta 13 Feabhra 1847 chuig Windele, ARÉ 4 B 6.)

Ach is cóir a chur san áireamh freisin an dealramh atá ag *Féin-Theagasc Gaoidheilge* le *An Irish and English Spelling Book for the Use of Schools and Persons in the Irish Parts of the Country* de chuid an Irish Society ar foilsíodh an seachtú heagrán déag de in 1844. Bhí *Féin-Theagasc Gaoidheilge* agus an *Spelling Book* ar aon dul i ndearadh agus i méid, an dá cheann priontáilte in eagráin shaora. Scilling a bhí ar *Féin-Theagasc Gaoidheilge* – 'Just Printed/Price One Shilling/Self-Instruction in Irish/or the/Rudiments of that language/Brought Within the Comprehension/of the/EnglishReader/Without the Aid of a Teacher/ By John Daly/ J. Daly, 25, Anglesea-Street,/ and all Booksellers,/Sold here Dublin' mar a fógraíodh sa réamheolaire (Daly 1846a).[4]

Ní mó ná sásta a bhí an Dálach féin le caighdeán an chéad eagráin. Air féin a leag sé an locht:

> I fear there are other errors besides those which you pointed out . . . I am but a novice at either English or Irish having never spent much of my time at school and therefore whatever little smattering I have of either I owe to my own industry since I came to the year of manhood. (Litir dar dáta 26 Deireadh Fómhair 1846 chuig Windele, ARÉ 4 B 6.)

Bhí comhairle Windele i leith an dara heagrán á lorg ag an Dálach:

> I am preparing a new edition of the *Self-Instruction* and would be obliged for any hints you could give . . . (Litir dar dáta 25 Nollaig 1846 chuig Windele, ARÉ 12 L 10.)[5]

Fágadh íogair go maith é nuair a dhiúltaigh Conor McSweeny cúnamh roimh ré dó agus bhí an t-eiteachas fós ag goilleadh air in 1847:

> MacSweeny is out of Dublin about two months . . . I had a letter from him . . . Notwithstanding your high opinion I found him rather *churlish,* for in bringing out the Self-instruction I asked him often to set me right in some respects, but he would not give me the slightest hint, as to its correctness or otherwise. (Litir dar dáta 9 Aibreán 1847 chuig Windele, ARÉ 4 B 6.)

Ar an drochuair, ní raibh aithne ag an Dálach ar Swanton tráth foilsithe an chéad eagráin:

> I had an Irish Epistle from Mr. Swanton of crannliath (sic) a few days back and regret that I had not the honour of his acquaintance before I put my little elementary book to proofs as he would no doubt furnish me with hints which would tend to make it useful. He speaks of a similar book which he published some time back under the title 'fíor chorcaigheach' which I never heard of before and which he says met the fate of everything Irish that is undertaken in this country. (Litir dar dáta 20 Deireadh Fómhair 1846 chuig Windele, ARÉ 4 B 6.)

Mar sin féin, ní hé an dóchas a bhíodh in uachtar ina chuid litreacha. I litir chuig Windele dar dáta 13 Feabhra 1847 (ARÉ 4 B 6) dúirt sé gur 'language without a mouth' ba chóir a bheith mar fhotheideal ar *Féin-Theagasc Gaoidheilge* agus i litir (eisceachtúil) Ghaeilge a chuir sé chuig Windele ar 2 Samhain 1846 (nuair a bhí an leabhar ar an margadh aige) dúirt sé:

> ni bhfuil me ach ag cailleamhin airgid an gach choiscéim da ttugaim ag tabhairt iarracht ar an teagadh (sic) ghaoidheilge do shabháil ar dhul amúgha. (Litir dar dáta 2 Samhain 1846 chuig Windele, ARÉ 4 B 6.)

Bhí a leithéid céanna ráite ag Conor McSweeny i litir chuig Windele:

> Daly is making a hard struggle here with adversity having no stock of school books which alone are in demand in this street in which he does business. I date from his shop as it there my (focal doiléir) are dropped, my own quarters being a little

> out of town . The Atheneum gentry are promising to pay him a weekly salary of one pound as Sec.(sic) but I believe payment had not yet come in. (dáta: '25 5' ar an litir; ní tugtar an bhliain ach é ceangailte le hábhar ó 1845, ARÉ 4 B 6)

In ainneoin an éadóchais, bhí sciob ar an leabhar. Ar 9 Samhain 1846 bhí '100 copies of the Self-Instruction' curtha go Corcaigh agus 'of the 500 printed have but 150 now'(litir chuig Windele, ARÉ 4 B 6).[6] Fiú in 1847 féin bhí sciob fós air agus ar 23 Eanáir 1847 bhí sé le maíomh ag an Dálach le Windele 'I have only 20 copies left of the Instruction and would not have so much had not Hodges and Smith returned me 17 yesterday . . . as they had not the regular allowance on it . . .' (ARÉ 4 B 6).

Foilsíodh leagan eile in 1853 (i gcomhar le James McGlashan an iarraidh seo) agus d'eisigh an Dálach eagrán eile fós in 1871, an ceathrú heagrán.[7] Bhí athruithe á gcur i gcionn ar an leabhar aige ó eagrán go heagrán. Bhí 'Dialogues I-X' in eagrán 1848 ach bhí curtha leis seo in eagrán 1853 mar a raibh 'dialogues' aige a bheadh feiliúnach do thiarna Gaelach a bheadh ag plé le seirbhísigh neamhairdiúla:

> Where is the servant girl? Ca bh-fuil an cailin aimsire?
> I sent her on a message just now. Chuireas a d-teachtaireacht í anois.
> She should be here and have the dinner ready at once as I am hungry. Ba chóir dí a bheith ann so agus an dinnéar do bheith ollamh gan stad.
> (O'Daly, J. 1853a. Dialogue XIV)

Iardraí ar iarrachtaí Swanton lena theach, 'Crannliath' a ghaelú (Nic Craith 1993, 21) a bhí sna comhráití neamhdhóighiúla seo, b'fhéidir, é sin agus an tuairim a nochtaigh an Dálach i leith fhoghlaim na Gaeilge don Chónaidhm Éireannach ar 8 Samhain 1847:

> If our gentry took up the subject warmly, or as they ought, they would procure Irish-speaking nurses for their children. (LNÉ 416)

Léacht Thomas Davis, 'Our National Language', a spreag ráiteas an Dálaigh, áit a ndúirt Davis go mba chóir do na 'people of the upper classes' a gcuid páistí a chur ag foghlaim na Gaeilge 'rather than Italian, German or French . . . The example of the upper classes would extend and develop a modern Irish literature' (Davis T., 1988, 50–1). Fágadh na 'dialogues' ar lár in 1871 agus cuireadh lear amhrán agus scéalta agus 'Names of Men', agus 'Names of Women' ina n-áit.

Ba léir go raibh cúrsaí ag casadh ar fheabhas nuair a scríobh sé réamhrá eagrán 1871:

> The fact of a Fourth Edition of this little book being called for shows that the language of the Gael is not yet 'dead', nor even in its last gasps, as some individuals would fain proclaim. On the contrary, a growing desire is daily manifested, both at home and abroad, for its cultivation, and that by the most eminent scholars living. (O'Daly 1871, 3)

Cé gurbh é an Irish Society agus cumainn mar é ba mhó ar fad a chothaigh foghlaim agus léamh na Gaeilge sna blianta roimh an Drochshaol, tá an chuma ar an scéal gur bhain cuid den rachairt a bhí ar an leabhar le cur chun cinn na Gaeilge i gciorcail Éire Óg agus na Cónaidhme Éireannaí (i ndiaidh a bunaithe in Eanáir 1847). Léiríonn cuntais airgid na Cónaidhme, an 'Irish Confederation Income Book' in Acadamh Ríoga na hÉireann, an Dálach a bheith ina bhall agus síntiús a bheith íoctha aige: 'John Daly £1' (ARÉ 23 H 63). Níor chláraigh sé, áfach, san Irish Alliance a bhunaigh Charles Gavan Duffy in 1849 agus a bhfuil liosta cuimsitheach ball de ar marthain (ARÉ 23 H 40).

Bhí flosc chun foghlama ar bhaill na Cónaidhme i mblianta tosaigh na heagraíochta agus leagadh béim ar leith ar an rud ar ar tugadh 'self-culture' (Owens 2001, 53). San *Nation* dar dáta 23 Deireadh Fómhair 1847, mhol Charles Gavan Duffy 'In districts where the Irish tongue is still spoken it is recommended that a class for the study of it grammatically should be formed.' Chothaigh an bhéim seo ar an náisiúnachas cultúrtha spéis sa Ghaeilge agus ina theannta, b'fhéidir, gréasán reicthe leabhar, tharla thart ar 224 club agus 45,000 ball a bheith ag an gcumann in 1848 (Owens 2001, 56):

> . . . they were literally meant to be schools for their members and the public at large. Their meeting rooms were to be stocked with an array of nationalist books and newspapers; they were to sponsor fortnightly lectures on Irish history, literature and economic development; and they were to hold regular formal classes in these subjects, replete with examinations and prizes for the top students (Owens 2001, 52)

Mhair an bhéim ar léachtaí agus oideachas go dtí 1848 nuair a fuair eite réabhlóideach John Mitchel an lámh in uachtar san eagraíocht – anois ba theidil ar nós 'The Chemical Properties of Sulphur, Nitrate and Charcoal' (Owens 2001, 54) a bhí ar na léachtaí! Bhí an náisiúnachas cultúrtha curtha i leataobh. Bhain William Smith O'Brien le rang Gaeilge a cuireadh ar bun in 1845 san Acadamh Ríoga, rang a raibh baill d'Éire Óg rannpháirteach ann, go háirithe, is cosúil, iad siúd a bhain le Robert Cane agus leis an Aontas Ceilteach (de Brún 1977–8, 214). Tá trácht ag Seán Ó Donnabháin ar an rang seo i litir a chuir sé chuig John Windele ar 13 Feabhra 1845:

> We have opened an Irish class in the Royal Irish Academy *without* the *full* consist (sic) of the Council, but I fear they will dissolve it, as the students are principally radicals and papists. We have W. Smith O'Brien Esq. M.P., Mr. Hudson, Dr. Kane, T. Davis, Editor of the Nation, &c. &c., twenty-one in all. I have undertaken to lecture *gratis* but they insist on paying me, which destroys the patriotic *nature* of the thing altogether. However we will make a beginning, and it may be possible that our example will be followed in Cork, Limerick, Galway and the other head towns of the Irish-speaking districts. (ARÉ 12 L 9)[8]

Tá trácht ag an bhfile Corcaíoch, Tomás Ó Conchúir, ar rang Gaeilge a bheith ar bun ag an gCónaidhm Éireannach in 1847 agus an Dálach ina bhun:

> I see by the Nation newspaper that you were over the Irish class in the Dr. Doyle's Club. I like to see that the Confederation are encouraging the language and you are lending all your aid to it. (Litir dar dáta 5 Deireadh Fómhair 1847 chuig an Dálach, ARÉ 24 C 56.)

Sa léacht a thug an Dálach ar cheist na Gaeilge don Chónaidhm Éireannach ar 8 Samhain 1847, rinne sé tagairt do 'the teaching of the language in Confederate Clubs' agus mhol:

> National Education to have Irish classes in their schools throughout the country and this once established, we might have some hopes of part of the labour being done. This, along with the classes already formed in the Clubs would go very far towards remedying the evil, but I do not say that it will accomplish it . . . Alphabet boards containing the letters of the Irish alphabet in the Roman and Irish character in parallel columns to be used in teaching the Alphabet and syllable boards of two or three letters to succeed these . . . The Elementary Books to proceed gradually with "spelling and Teaching Lessons" composed of the most familiar objects . . . the Reading Lessons to comprise Familiar Dialogues . . . a reprint of Haliday's. (LNÉ 416)

Bhí rang Gaeilge faoi choimirce na Cónaidhme ar bun i Londain ag Tomás Ó Conchúir:

> The Irish Confederation has formed an Irish Class here and are calling on me to get them Irish books. If you could send over about two dozen of your Elementary you would confer a lasting obligation on us. Send them either to the Confederation 83 Dean Street Soho or to Orr's on the Strand. (Litir dar dáta 5 Deireadh Fómhair 1847 ón gConchúrach chuig an Dálach, ARÉ 24 C 56.)

Bhí rang ar bun i Loch Garman ag Eoghan Caomhánach a scríobh chuig an Dálach ar 16 Feabhra 1848:

> Our Irish class is succeeding, and consequently our custom increasing, the class being composed of gentlemen. O C. (i.e.O'Cavanagh, Eoghan Caomhánach) can be useful to Mr. Daly by recommend (sic) his pupils to buy the necessary Irish books . . . (Ollscoil na hÉireann, Corcaigh, Cnuasach Thorna T. lix; Torna, 1939–43, 178).

Rang nár bhain leis an gCónaidhm a bhí i rang Loch Garman ar fhianaise litir chuig an Dálach ó James MacGrady, a bhí ag obair i dteannta an Chaomhánaigh sa *Wexford Independent*. Mhaígh an litir nárbh 'adherent to the Young Ireland policy' a bhí ann féin (Ollscoil na hÉireann, Corcaigh, Cnuasach Thorna T. lix; Torna, 1939–43, 180). Seans maith mar sin gur Phrotastúnaigh a bhí sna 'gentlemen' a ghabh páirt ann, nó i gcuid acu ar aon chaoi.

Ní gan dua a bhí an Ghaeilge á foghlaim ag John Marnell a scríobh ó 'Wicklow' chuig an Dálach ar 12 Samhain 1849:

> I am about making an effort under most unfavourable circumstances to acquire, if at all possible, some knowledge of the Irish Language – The only books of any value I can say I at present have are 'O'Connell and Gospel according to St. John', (sic) 'Irish Primer for College of St. Columba', Second and Third Nos. of 'Barron's Irish Primer' and Second Edition of your 'Self-Instruction . . . (LNÉ G 389)

Chomh maith le ranganna foirmeálta, is léir ar litreacha eile chuig an Dálach (go háirithe na litreacha atá in Ollscoil na hÉireann, Corcaigh, Cnuasach Thorna T. lix) go raibh daoine in áiteanna éagsúla timpeall na tíre ag iarraidh Gaeilge a fhoghlaim. Duine acu sin ab ea Patrick Forham a bhíodh ag scríobh chuige ón Daingean. Cé gur i gcroílár an cheantair ba threise Gaeilge sa tír, b'fhéidir, a bhí cónaí air, foghlaimeoir a bhí ann ina dhiaidh sin:

> . . . being a novice at the work, I cannot vouch for the correctness of the orthography (Litir dar dáta 30 Nollaig 1848 ó Patrick Forham chuig an Dálach, Ollscoil na hÉireann, Corcaigh, Cnuasach Thorna T. lix; Torna, 1939–43, 260.)
> I am sure when you hear my apologies you will be sparing of the lash, as I am only a novice at the Irish, for it is only within the last twelve months that I acquired any knowledge of it. (Litir dar dáta 5 Eanáir 1849 ó Patrick Forham chuig an Dálach, Ollscoil na hÉireann, Corcaigh, Cnuasach Thorna T. lix, Torna, 1939–43, 262.)

Maireann litir sa tsraith 'Congantóirí Sheáin Uí Dhálaigh' (Torna 1939–44) a scríobh Standish Hayes O'Grady ó Choláiste Rugby i Sasana ar 10 Feabhra 1850 – agus gan é ach ocht mbliana déag d'aois – agus é ar bís le Gaeilge a fhoghlaim. Is dócha gur chuig James Goodman a scríobhadh:

> What Irish grammar is in use at T.C.D., and wh[ich] dialect is there taught, that of Munster or Connaught? (Ollscoil na hÉireann, Corcaigh, Cnuasach Thorna T. lix; Torna, 1939–43, 257–8)[9]

Chuir Swanton an crácamas a ghabh le múineadh na Gaeilge dá chlann faoi chúnsaí na linne in iúl i litir chuig Windele:

> I have a good many Daughters, the eldest two have declared against learning Irish, I have submitted although I am a rigid disciplinarian. I find it difficult to teach the third as I can not get the servants to speak to her in Irish. I have tried threats and rewards to no purpose. This is one of the many difficulties which I cannot understand. (Nic Craith 1993, 21)

Má bhain díograis neamhghnách le Swanton, níor chadhan aonair é ar fad ar fad. Bhain sé le haicme phobail a mbíodh am fóillíochta acu agus cuid acu faoi réir ag fórsaí cultúrtha freacnairceacha na hársaíochta, an Rómánsachais agus an náisiúnachais chultúrtha agus spéis sa Ghaeilge agus sa cheol dúchais múscailte iontu.

In 1852 – nuair a bhí eagráin 1849 agus 1851 de *Poets and Poetry of Munster* curtha de ag an Dálach – d'fhoilsigh sé *The Tribes of Ireland: a Satire by Aenghus O'Daly with Poetical Translations by the Late James Clarence Mangan; Together with a Historical Account of the Family of O'Daly and an Introduction to the History of Satire by John O'Donovan*. Bhí an leabhar ar na bacáin aige ó 1847 agus maireann lámhscríbhinn ón mbliain sin, ARÉ 24 M 13, ina bhfuil (i roinn b) téacs agus aistriúchán ar *Tribes of Ireland* le Seán Ó Dálaigh agus nótaí le Seán Ó Donnabháin.

Cé gurbh é an Donnabhánach a bhí mar eagarthóir, ní beag an lámh a bhí ag an Dálach san fhiontar. Is féidir glacadh leis, cé nach bhfuil sin ráite, gurbh é an Dálach féin a scríobh an aiste, 'A Historical Sketch of the Family of O'Daly,' atá mar chéad chuid de réamhrá déchodach an leabhair. Aiste í seo a thugann lear mór eolais ar stair agus staid fhreacnairceach na nDálach. Sainchomhartha Sheáin Uí Dhálaigh é an mórtas cine agus ba é faoi ndear dó aoir le hAonghus na nAor Ó Dálaigh a fhoilsiú de chéaduair. Agus cé gurbh é an Donnabhánach a scríobh an chuid eile den réamhrá (cur síos ar stair na haoire) sháigh an Dálach a ladar isteach i bparathéacs an réamhrá trí fhonótaí óna lámh féin a chur leis.[10] Agus is léir ó dhréachtaí den réamhrá in ARÉ 24 M 13, gurbh é an Dálach a chuir téacs 'Aoir Dhochtuir Whaley' le haiste an Donnabhánaigh.

Is i lámh an Dálaigh (agus ní i lámh an Donnabhánaigh) atá an téacs Gaeilge (i.e. téacs an dáin féin) in ARÉ 24 M 13 agus is ina lámh féin freisin atá an t-aistriúchán. An Dálach féin a rinne an lomaistriúchán ar ar bhunaigh an Mongánach a leagan seisean. Aistriúchán i bhfoirm véarsaíochta a bhí déanta ag an Dálach agus is ar éigean gur fíor do bheathaisnéiseoir an Mhongánaigh, Elizabeth Shannon-Mangan, a deir gur scríobhadh an t-aistriúchán 'in two sessions' (1996, 406). Agus is cinnte go bhfuil dul amú ar fad ar Peter McMahon a deir in aiste san *Irish University Review,* gan buíochas don lámhscríbhinn, 'the best hypothesis is that Mangan versified piecemeal and hurriedly, O'Daly's prose translation of the copy of Aenghus's satires available to him. The translation may have been conveyed merely verbally and without much preparation, increasing the possibility of error' (McMahon 1978, 221). Ar ndóigh, is i bhfoirm véarsaíochta a chuir an Dálach an lomaistriúchán ar fáil agus ní dócha go gcuirfeadh sé de dhua air féin an téacs ar fad a scríobh dá mba leor leis aistriúchán i mbarr maide.

Cuma na cáiréise agus ní cuma na sleamchúise atá ar an lomaistriúchán agus cé nach é an oiread sin athruithe a chuir an Mongánach i gcion ar leagan an Dálaigh, rinne sé a chuid féin den lomaistriúchán a soláthraíodh dó. Cuir i gcás an véarsa ionadaíoch seo (an leagan Gaeilge mar atá sa leabhar i dtosach, ansin aistriúchán an Mhongánaigh mar atá sa leabhar, agus lomaistriúchán an Dálaigh mar atá in ARÉ 24 M 13):

Clann Riocaird tar éis aifrinn
Dul d'a d-tighthibh ní abair siad;
Deacair dúinn dul d'a d-tafann
Caoire le h-ucht abhann iad
Clann Riocaird a bheinn go beinn,
Ó Chill Chorbain go Buirinn;
Stiocardaigh is é a n-ainm
Riocardaigh a bh-for ainm. (O'Donovan 1852, 38)

The Clann Rickard after mass
Will not ask you to their houses;
It is difficult for us to go to bark at them,
They are sheep facing the river.
The Clan Rickard from end to end,
From Kilcorban to Burren
Stackards (misers) is their [true] name
Rickards their nickname. (O'Donovan 1852, 39)[11]
The Clan Rickard after Mass
Will not ask you to their homes;
To us it is painful to be in their scent
They are like sheep facing a stream.
The Clan Rickard from peak to peak
From Kilcorban to Burren
Stackards is their true name[12]
Rickards their nickname. (ARÉ 24 M 13)

I bhfianaise na lámhscríbhinne, d'fhéadfaí an t-aistriúchán a léamh mar leagan idirthéacsúil, comhchumadóireacht Dhálach-Mhongánach, ach ní mar sin a cuireadh i láthair é:

> *A versified paraphrase,* or imitation, of *Aenghus O'Daly's Satires,* by *James Clarence Mangan,* arranged to agree with the Stanzas as they now stand in the original Irish – with the *ranns* omitted by J.C.M. pointed out in footnotes by J.O'D. (O'Donovan 1852, 87)

Maidir leis an mbunleagan Gaeilge de, tá seans maith ann gurbh é an Dálach féin a rinne an téacs Gaeilge mar atá in ARÉ 24 M 13 a chóipeáil agus gur sholáthraigh sé ina dhiaidh sin don Donnabhánach é.[13] Tá raidhse nótaí i lámh an Donnabhánaigh curtha leis an téacs sa lámhscríbhinn. Is iad na nótaí seo an t-aon ghné den téacs ar féidir a rá le cinnteacht faoi gurbh é an Donnabhánach féin a scríobh. Ach ar an drochuair is deacair go minic na nótaí a scríobh an Donnabhánach a dhealú ó chuid an Dálaigh tharla na ceannlitreacha 'J. O'D' a bheith le nótaí uathu beirt agus gan a fhios ag an léitheoir cé acu 'J. O'D' atá i gceist. Nuair a deirtear, cuir i gcás, go bhfuil 'the *ranns* omitted by J.C.M. pointed out in footnotes by J.O'D'

(O'Donovan 1852, 87) níl le déanamh againn ach buille faoi thuairim a thabhairt faoin 'J O'D' atá faoi thrácht.

Tá fianaise láidir ón lámhscríbhinn ag tabhairt le fios nár bhain an Donnabhánach leis an bhfiontar beag ná mór nuair a beartaíodh ar dtús é. Sa roinn dheiridh den lámhscríbhinn, tá dréacht de theideal-leathanach leabhair:

> *Tribes of Munster*
> *A Satire*
> By Angus O'Daly
> translated by the late
> James Clarence Mangan
> by John O'Daly
> Dublin
> John O'Daly, 9 Anglesea Street
> 1851

Is cosúil gur leabhar bunaithe ar na véarsaí a bhain leis an Mumhain (agus iad sin amháin) a beartaíodh ar dtús. Bheadh téacs Gaeilge na véarsaí Muimhneacha curtha ar fáil ag an Dálach, bheadh an t-aistriúchán curtha i láthair in ainm an Mhongánaigh agus ní bheadh aon chaint ar an Donnabhánach. Tá ord na véarsaí sa lámhscríbhinn bun os cionn ar fad le hord na véarsaí sa leagan foilsithe (is ionann, cuir i gcás, véarsa a ceathair na lámhscríbhinne agus véarsa a caoga haon an leabhair).[14] Véarsaí an leagain fhoilsithe a bheith roinnte do réir cúige ba chionsiocair le hord nua na véarsaí. Is cosúil gur beartaíodh (de bharr riachtanais díolaíochta, gan amhras) ar na véarsaí Muimhneacha a leathnú amach agus a roinn féin a bheith ag gach cúige:

> It is necessary, however, to inform the reader that we have arranged the different quatrains of the whole satire under proper heads – the verses relating to Connacht are first in consecutive order; and next come those of Leinster, of the families of which our author said but very little. Next comes the portion relating to Ulster, where he seems to have made several journeys; and last of all we have placed the portion relating to Munster – his native province – and where he lost his life by the hand of a Tipperary O'Meagher, to whom the knife and sword were equally familiar. (O'Donovan 1852, 5)

D'fhág seo go raibh maolú le déanamh ar aistriúchán an Mhongánaigh (a bhí básaithe ó 1849) agus nasclínte le ceapadh, línte a sholáthraigh an Dálach.

Bhí véarsa amháin a fágadh ar lár ar fad (i nGaeilge agus i mBéarla) agus cuireadh an t-easnamh seo i láthair le réaltóga. Mar seo atá an bunvéarsa agus aistriúchán an Dálaigh mar atá sa lámhscríbhinn:

> Tá sgathfach air mhéaraibh an bhruic
> Ó sgríobadh a thoill thofaigh
> Do bheir giolla na n-gearb sean

Ionga dhearg ar a dheire.
The 'Quick' is on the badger's fingers
From scratching his stinking arse
The old scabby fellow rings
Bloody nails from his recluse. (ARÉ 24 M 13)

Tá dhá nóta curtha ag an Donnabhánach leis an véarsa:

> See Rabelais' Life of Gargantua
> They have infinitely more brutal verses than this as, A chailleach chrón nach fiú líonadh do photóige is do mhúcfadh triúr le boladh bruidhte do thofóige. (ARÉ 24 M 13)

Is cosúil go mba scrupall leis an Mongánach an véarsa a aistriú. In ainneoin na féinchinsireachta seo, deir litir a chuir an Dálach chuig Windele ar 13 Aibreán 1852 nach mó ná sásta a bhí sagairt áirithe (nach n-ainmnítear) ó Choláiste Mhaigh Nuad leis an toradh:

> O'Donovan and the Maynooth men are at Daggers' ends on the head of the work, and would willingly hand him over to the fate of Aengus if not prevented for the sake of 'Law and the Order' . . . If you have patrons for the May No. of the Dub. (sic) University you will there see how O'Donovan is handled for the very book and I would not all be surprised if it was the work of M–th (sic) as that body and the proprietor of the magazine pull together very well. (But this between ourselves) . . . I am thinking that notice in the University will be more galling than the most wicked pages in the Satires. (ARÉ 4 B 12)

Ní cosúil gur fhoilsigh an *Dublin University Magazine* an léirmheas diúltach ar *Tribes of Ireland* a bhí geallta. Níor foilsíodh ach oiread léirmheas moltach a bhfuil dhá leagan lámhscríofa de in ARÉ 12 M 10 agus an t-ainm 'Nick O Kearney' curtha leis an gcéad leagan. Is don léirmheas seo, is dócha, a bhí an Dálach ag tagairt i litir dar dáta 13 Aibreán 1852 chuig Windele:

> . . . I enclose you an article on the *Tribes* prepared by Kearney for the *Evening Post* which you can curtail or manage as you please; and you prepare another yourself. (ARÉ 4 B 12)

Ach i litir eile chuig Windele (16 Aibreán 1852) deir an Dálach:

> Kearney's Paper on the *Tribes* did not appear in the Post. (ARÉ 4 B 12)

Ní mó ná sásta a bhí an Dálach le léirmheas a d'fhoilsigh Windele féin i gCorcaigh:

> I hope you won't cut up this as you did the *Tribe* in the Cork paper. If you do go ndeingidh Dia trocaire ar t'anam. (Litir dar dáta 4 Bealtaine 1853 chuig Windele, ARÉ 4 B 13.)[15]

Bhí plé leanúnach ag an Dálach le scríobhaithe lámhscríbhinní, Pól Ó Longáin ina measc:

> I met Paul Long in Kilkenny on way to Dublin with about an assful of Irish

MSS. wherever he made them – he told me they were for Mr. Kelly of Maynooth and for Mr. Hudson . . . (Litir dar dáta 18 Aibreán 1846 chuig Windele, ARÉ 12 L 10.)

Long had not a long stay here, the manuscript he has copied for some gentleman here, upon being compared with older copies, are found full of errors . . . I hear it now said that he says that he would not give 14d for what he has written for him . . . (Litir dar dáta 2 Bealtaine 1846 chuig Windele, ARÉ 12 L 10.)

Ba bheag toradh a bhí ag na scríobhaithe ar a gcuid callshaotha:

I feel it will be a blue work out for him. The honest truth is that we are all starving here, if I except the scribes in the Academy. (Litir dar dáta 24 Eanáir 1848 ón Dálach chuig Windele, ARÉ 4 B 7.)

Maidir leis an ábhar a bhí á chóipeáil ag an Dálach, véarsaíocht agus tairngreachtaí a bhí in ARÉ 23 O 43 (1845) agus amhráin a bhí in ARÉ 23 N 9 (1845); filíocht a bhí in ARÉ 12 F 18 (1845–7), cuir i gcás.

Ag tarraingt ar ábhar traidisiúnta na lámhscríbhinní Déiseacha a bhí sé i gcásanna eile, mar a léiríonn colafan ón mbliain 1845 in ARÉ 23 B 24:

Gurab í sin Beatha agus Martradh Máirgréad naomhtha air na sgriobh as an leabhar sgriobhtha le Uillliam Ambrós eigin a cCeapa Chuinn no an aice san mbliadhain 1798, sgriobhtha anois le Seaghan Ua Dala 1845.[16]

Faoi Bhealtaine na bliana 1845 bhí díolaim úr amhrán á bheartú aige:

Mr. Walsh and me (sic) are in treaty with a publisher here to bring out a vol. of Irish Songs with translations . . . about 30 of the translations ready now, and in the course of a few days I will send you a specimen- but it must be private as Mr. Walsh would thrash me well if he found that I would give circulation this way to any of his effusions . . . I can tell you that Eoghan Ruadh or Aonghus na naor was never so rife in Satires as my friend Mr. W. (Litir dar dáta 13 Bealtaine 1845 chuig Windele, ARÉ 4 B 6.)

James McGlashan a d'fhoilsigh, áfach, agus ní raibh aon bhaint ag an Dálach leis (Walsh 1847).

Leabhar san aer chomh maith ab ea cnuasach de dhánta Dháibhí Uí Bhruadair a bhí á bheartú aige. Bhí cur amach aige ar dhánta Uí Bhruadair ar a laghad ón uair a bhreac sé CR 1 in 1829 agus bhí 'the first lines of any poems by O'Brudar in your possession' á lorg ó Windele aige ar 11 Eanáir 1847 (ARÉ 12 L 10):

I have almost made up my mind about publishing the O Brudar poems . . . (Litir dar dáta 9 Samhain 1846 ón Dálach chuig Windele, ARÉ 4 B 6.)

Scríobh sé chuig Windele ar 25 Meitheamh 1847 (ARÉ 12 L 10) á rá leis, 'I suppose I may calculate on a sale of 50 copies of O'Brudar's poems in Cork' agus ar chúl *The Kings of the Race of Eibhear* in 1847, fógraíodh 'the Irish ballads of David Brouder'.[17] 'The Civil Wars of Ireland' a dúradh a bheadh mar theideal air. Níor foilsíodh é agus in 1850, bhí Standish Hayes

O'Grady ag fiafraí den Dálach 'Have you published David O Bruoder's poems yet?' (Ollscoil na hÉireann, Corcaigh, Cnuasach Thorna T. lix). Ach, in ainneoin mórmheas Uí Bhruadair ar na filí Dálacha (Binéid 2003, 5), ghlac an Dálach le comhairle Windele (litir dar dáta 28 Bealtaine 1847 chuig Windele, ARÉ 4 B 6) agus d'éirigh sé as.

Cé gur sa Nua-Ghaeilge a bhí a spéis, níor leisce leis an Dálach mar fhoilsitheoir príobháideach ábhar a bhain le stair na teanga sa tréimhse roimhe sin a fhoilsiú. I litir chuig Windele dar dáta 17 Bealtaine 1847 (ARÉ 4 B 6), chuir an Dálach in iúl 'I have my poem ready to be printed off now.' *The Kings of the Race of Eibhear, Ríogha Síl Eibhir, A Chronological Poem by John O'Dugan with a Translation by Michael Kearney, A.D 1635,* ('Caisiol cathair clann Nodha/ port oinigh ar eagnamha') an leabhar a bhí faoi thrácht. É féin a chuir in eagar é ó ARÉ 24 G 16, lámhscríbhinn de chuid Michael Kearney, an lámhscríbhinn chéanna ina bhfuil an t-aistriúchán a rinne Kearney ar Foras Feasa ar Éirinn.[18] Is é aistriúchán Kearney a ghabhann leis an dán ach ba é an Dálach féin a sholáthraigh an parathéacs – réamhrá agus fonótaí – agus ní beag an léiriú iad ar a raibh d'eolas aige ar shean-litríocht na Gaeilge, ar ghinealaigh, ar stair agus ar lámhscríbhinní. Bhí aidhmeanna an Chearnaigh ag teacht le haidhmeanna an Dálaigh féin mar dhíolaimeoir:

> I shall passe excused for incerting the same traine of verses with my own inversion of them into English . . . to preserve that ancient Rhyme from the overwhelming flouds of oblivion, which already devoured most part of our National Memoraryes. (Daly 1847, 7)

In 1850, foilsíodh cuntas sna *Transactions of the Kilkenny Archaeological Society,* a bhí á bhfoilsiú ag an Dálach, ar an ábhar sa dán a bhain le hOsraí agus in 1851 – faoin teideal, *The Tribes and Territories of Ancient Ossory; Comprising Portions of O'Heerin's and O'Dugan's Topographical Poems which Relate to the Families of that District Enlarged from the Transactions of the Kilkenny Archaeological Society for the Year 1850 by John O'Donovan, LL.D., M.R.I.A.* – foilsíodh mar leabhrán neamhspleách é. Ceanglaíodh an leabhrán seo i gcúl an chéad eagráin de na *Transactions of the Kilkenny Archaeological Society* (1853).

Bhí ARÉ 24 G 16 ina sheilbh féin ar feadh tamaill, rud a chuir sé in iúl don Kilkenny Archaeological Society in 1853 nuair a chuir sé an dán dar tús 'Aithne dham gach meirge mhór / Ro bhaoi ag clann uallaigh Iacób' ón bhForas Feasa ina láthair agus aistriúchán Kearney ina theannta. 'An Irish Poem on the Origins of Armorial Bearings' a thug sé air, á chur i bhfeiliúint do mheon na hársaíochta:

> Mr. John O'Daly contributed an Irish poem on the origin of armorial bearings of which he gives the following account:
>
> 'This curious poem and translation are preserved in a MS. translation into English of Dr. Keating's Forus Feasa ar Eirinn, made by Michael Kearney of

> Ballyloskye, in the County Cross of Tipperary, A.D. 1635–65, now in the library of the Royal Irish Academy, being among the collection made by that ardent lover of the literature of his country – the late ever-to-be lamented William Elliot Hudson, Esq., who bought it from me, and whose library, I understand, was bequeathed to that institution. The book turned up at the sale of Colonel Howard's library, at Sharpe's auction rooms, Dublin, in 1847; and I became the purchaser, and sold it afterwards to Mr. Hudson . . . Michael Kearney was the translator of the poem on the 'Kings of the Race of Eibhear' which I published in 1847, a copy of which I presented to the Society some time ago . . . (O'Daly 1855a, 378).

Cló gaelach a bhí ar *The Kings of the Race of Eibhear* agus níorbh fhéidir an téacs Gaeilge a léamh gan a bheith inniúil ar nodaireacht na lámhscríbhinní a scaoileadh. Bhí an nodaireacht chun tosaigh ach go háirithe i dhá théacs nua-Ghaeilge ('As beag, orm bean chruadhálach, dhuaibhseach, dhranntánach, chinsiolach, chruaidh-chúiseach' agus 'Om sgeól ar árd-mhagh Fáil ní chodlaim óidhche (sic)') a chuir sé (gan aistriúchán) in eireaball an leabhair mar ábhar léitheoireachta nua-Ghaeilge. Ní gan dua a tháinig sé ar an gcló-éadan cuí do na clódoirí, Webb and Chapman:

> My own little tract is not in the printer's hands yet, as he is getting new capitals for his fount of Irish type to supply the place of those German or Old English Caps with which he printed the primer (i.e. Féin-Theagasc Gaoidheilge). (Litir dar dáta 23 Márta 1847 chuig Windele, ARÉ 4 B 6.)

Toradh beagshásamhach a bhí air:

> There are a few typographical errors which arose from the ignorance of the compositors of the Irish language. (Litir dar dáta 23 Márta 1847 chuig Windele, ARÉ 24 10 1849.)

Mar dhuine de chlann léannta Uí Dhálaigh a chuir sé clabhsúr leis an réamhrá:

> Seáán (sic), mac Eamoinn, mhic Dhomhnaill Ui Dhálaigh
> Baile Átha Cliath
> Lá Bealtaine, m.d.ccc.xlvii.

Is i bhfilíocht na Mumhan, áfach, a bhí a phríomhspéis riamh is choíche, rud is léir ar na dánta a bhí curtha aige le *The Kings of the Race of Eibhear*. Mar seo a chuir sé an dúil a bhí aige i bhfilíocht na Mumhan i láthair ar 27 Aibreán 1846:

> Mr. Kearney (Nioclás Ó Cearnaigh) . . . will be able to throw some light on the subject you have in hand (i.e. cúrsaí oghaim) – as for my part I never gave the subject much consideration being entirely devoted to the bardic remains of our country and bye the bye I am glad you have got the collection of songs which you spoke of and regret you will not part them (sic) till you make (?) a copy as I am determined sooner or later to publish all them (sic) even without a translation in order to save them from utter destruction. (Litir chuig Windele, ARÉ 12 L 10)

Ní raibh tóir aige ach an oiread ar litríocht fhreacnairceach. I litir chuig Windele dar dáta 8 Lúnasa 1846, chuir sé ar a shúile dó nár spéis leis aon 'modern composition . . . but if written about a century or half a century beside I'd be glad to see it as I would suppose that the contents would be free from that interpretation to which our Irish MSS. are so much subject' (ARÉ 4 B 6). Filíocht na Mumhan a bhí faoi thrácht aige sa tagairt d'ábhar a ceapadh céad nó céad go leith bliain roimhe sin, ar ndóigh. Ina ainneoin seo, baineann cuid mhór de na litreacha a scríobh an Dálach chuig Windele in 1847 le cúrsaí oghaim, ábhar a raibh an dúspéis ag Windele ann agus a raibh conspóid idir é féin agus Charles Graves, matamaiticeoir ó Choláiste na Tríonóide, ina thaobh sna *Transactions of The Kilkenny Archaeological Society* in 1851 (Graves 1851a, 307–11, 1851b, 317–21). Bhíodh Windele á chur chun gnímh ag an Dálach in aghaidh Graves (litir dar dáta 4 Bealtaine 1853 chuig Windele, ARÉ 4 B 13).

D'fhoilsigh an Dálach alt ar an ábhar céanna – 'Ogham Inscriptions – Evidence of Their Antiquity', – san *Ulster Journal of Archaeology* 1855 (1855c, 9–13).[19] Cé nach ábhar é a raibh luí aige leis ó nádúr, mar sin féin ní raibh sé gan tuairim a bheith aige ina thaobh:

> The ogham-inscribed monuments seem clearly to prove the very early use of letters in Ireland. Their antique and primitive appearance would at once induce us to assign to them a date anterior to the Christian era. As yet it may not be possible to offer direct proofs of so high an antiquity but such an inference may be fairly drawn from the scattered allusions which are found in some of our most ancient MSS. In THE BOOK OF BALLYMOTE, a vellum MS. of the 12th century or perhaps earlier date, preserved in the library of the Royal Irish Academy, and which is constantly referred to by all our old historians as a work of high authority, the following passage occurs . . . Several passages referring to Ogham Inscriptions occur also in an ancient Irish historical narrative called the "TAIN BO CUAILGNE" . . . There is another strong proof of the antiquity of Ogham characters – at least of their existence in Ireland previous to the introduction of Christianity, which should not be passed over here. In the introduction to the first volume of the Transactions of the Ossianaic Society (p.49) will be found an Ossianic poem recording the death of Cairbre Liffeachair in the battle of Gabhra (Garristown in the County of Dublin) and the raising of a monumental stone inscribed with Ogham characters, over his remains on the battle-field . . . (O'Daly 1855c, 9–13)

In 1853, d'fhoilsigh an Dálach *Adventures of Donnchadh Ruadh Mac Con-Mara. a Slave of Adversity. Written by Himself. Now for the First Time Edited, from an Original Irish Manuscript, with Metrical Translation Notes and a Biographical Sketch of the Author by S. Hayes.* Gníomh ab ea é a thug ómós do mhórfhile na nDéise agus Shliabh gCua, an file céanna ar íoc an Dálach 'mite of the impost' dó in 1810 (O'Daly 1849, 7) agus file arbh í a chuid filíochta a bhí mar eiseamláir ag na filí ar fad a bhí ar fhód dúchais an Dálaigh. Ba bheag ráchairt a bhí ar an leabhar, áfach (litir dar dáta 12 Nollaig 1853 ón Dálach chuig Windele, LNÉ 5454).

Pearsa bhéaloidis chomh maith le pearsa staire ab ea Donncha Rua. Pearsa bhéaloidis ab ea 'Black Tom' freisin agus in 1853 foilsíodh eagrán leabhair d'alt a bhí scríofa ag an Dálach ina thaobh sna *Transactions of the Kilkenny Archaeological Society 1* (1849–51, 470–85). Mar 'Panegyric on Thomas Butler, the Tenth Earl of Ormonde' a foilsíodh de chéaduair é, ach foilsíodh an leabhar faoin teideal, *John Mac Craith/ Flann Butler: Thomas. 10th Earl of Ormonde Panegyric on Thomas Butler, the Tenth Earl of Ormonde now for the First Time Translated from the Original Irish Manuscript, by John O'Daly; the Notes by John O'Donovan, Reprinted from the Transactions of the Kilkenny Archæological Society.* 'This curious poem and translation are preserved in a MS. translation into English of Dr. Keating's Foras Feasa ar Éirinn made by Michael O'Kearney of Ballyloske, in the County of Tipperary' a dúirt sé i dtaobh an fhoinse (1853b, 378): ARÉ 24 G 16 an foinse a bhí aige.

Pearsa mhór eile i mbéaloideas na Mumhan ab ea Tadhg Gaelach, file ar chuir an Dálach dhá eagrán dá chuid filíochta – 'the contents of which are familiar and dear to our Munster friends' (O'Daly 1868, 'Preface') – in eagar. *Timothy O'Sullivan's (Commonly Called Tadhg Gaolach) Pious Miscellany, Containing also a Collection of Poems on Religious Subjects, by Aenghus O'Daly the Divine, Tadhg Mac Daire Mac Brody, John Hore; Together with Patrick Denn's Appendix* an teideal a bhí ar eagrán 1858. Bhí an lámhscríbhinn (ó 1792) a dtugtar 'Laurence Morrissey's Book' air (John Ryland's 64 anois), i seilbh an Dálaigh in 1854 nuair a dhíol sé le D.H. Kelly é (Nic Éinrí 2001, 110). Is ar na dánta atá sa lámhscríbhinn a bunaíodh gach aon eagrán den *Pious Miscellany* (Ó Ciosáin 1996, 92). Ach bhí tóir ag an Dálach freisin ar eagráin a foilsíodh cheana. Do réir mar atá ráite sa réamhrá le heagrán 1868 aige (O'Daly, viii), bhí eagrán 'printed at Clonmel in 1816' á úsáid aige 'as our guide'. Luann litir chuig Windele dar dáta 2 Meán Fómhair 1858 (ARÉ 4 B 18), eagrán ó 1808: 'I have secured copyright on an edition that appeared since 1808, which was the first that I could trace'. Foilsíodh eagráin i gCluain Meala in 1802, 1810, 1812 agus 1816 (Ó Ciosáin 1996, 96). Is dócha go raibh seachmall ar an Dálach faoin dáta foilsithe.

Ní raibh teacht i mBaile Átha Cliath aige ar aon eagrán foilsithe:

> My dear ollamh,
>
> I am now engaged on a new edition of tadg (sic) gaelach which is in press between your friend *Mul* and myself; and as any originals are very mutilated and imperfect you will much oblige by lending me the *earliest printed* copy of that work which you may have. I know you have them – *even the 1st editions,* as you are the Bolg an tslathair of the South; and if you refuse this simple request go bhfóire Dia ort!

> I expect to make a standard edition of this work and perhaps you would kindly read my first proofs. (Litir dar dáta 12 Nollaig 1857 ón Dálach chuig Windele, ARÉ 4 B 17.)[20]

Sholáthraigh Windele eagrán dó ach dúirt an Dálach leis go raibh eagrán a bhuailte aimsithe aige féin:

> I received your Tadhg happily this hour for which I am much obliged. I suppose if anything should happen it in my hands a copy of the new edition will suffice. Try and get an old edition for me if possible – Flynn may have it – or Hewitt . . . (Litir dar dáta 19 Nollaig 1857 ón Dálach chuig Windele, ARÉ 4 B 17.)[21]
>
> You need not mind looking after Tadhg any more unless chance throws it in your way as I have got one from Ennis two or three years earlier than yours; but the edition I principally want is that printed by Goggin of Limerick about 1800 [,] if it could be provided. (Litir dar dáta 25 Nollaig 1857 ón Dálach chuig Windele, ARÉ 4 B 17.)[22]

Windele a cheartaigh na profaí (litir dar dáta 3 Feabhra 1858 ón Dálach chuig Windele, ARÉ 4 B 18).[23] Ní raibh muinín iomlán ag an Dálach as an gcóras eagarthóireachta a bhí aige féin:

> The proofs of Tadhg never arrived; and what I wanted principally of [you] to look at was the reference I made to places and (focal doiléir) lest it be wrong, for I fancy that I know Irish myself as well as the best of them but a great deal of barbarities may be left in the book after all, to suit the vulgar mode of pronunciation provided. (Litir dar dáta 6 Feabhra 1858 ón Dálach chuig Windele, ARÉ 4 B 18.)

Bhí 'Revised by John O'Daly' ar an teideal reatha in eagrán 1859, á chur in iúl gur ar eagráin fhoilsithe agus nach ar bhunlámhscríbhinní a bhí sé ag tarraingt.

Níor fhoilsitheoir é an Dálach a d'fhágadh a chúlra pearsanta féin i leataobh agus é i mbun eagarthóireachta:

> All the information we could glean of the respective writers of the poems we place before the readers. What we have written of Tadhg Gaelach we have heard from our parents' lips, at whose house he often sojourned. (O'Daly 1858, v)

Bhí dánta le Pádraig Denn (Déiseach eile) ann agus cuireadh ábhar le hAonghus Ó Dálaigh ann chomh maith, rud a d'fhág gur dhíolaim é a bhí ceangailte le cúlra an Dálaigh idir shloinne agus cheantar dúchais. Bhí ábhar le Tadhg Mac Dáire agus Seán de hÓra ann freisin agus ó tharla gur bhain de hÓra agus Mac Bruaideadha beirt le Tuamhumhain, ní deacair anáil William Smith O'Brien a aithint.

In 1858 bhí sé idir dhá chomhairle, mar ba mhinic aige, i dtaobh fhoirm an chló. Gheall an tEaspag Mac Éil go gceannódh sé leathmhíle cóip – ach iad a bheith sa chló gaelach. Ina choinne sin, gheall Mulcahy, an reicneoir leabhar i gCorcaigh eagrán Corcaíoch a sholáthar (litir dar dáta 14

Meitheamh 1858 ón Dálach chuig Windele, ARÉ 4 B 18), ach an clóchur a bheith sa chló rómhánach![24] Gealltanas agus droch-chur leis a bhí ann ó Mulcahy:

> Mull will not take his half even at first cost, and only for Mr. Mul I would have cut in the Irish characters when Dr. McHale would take about 500 Copies. See all the harm he has done me but he will not have it for sale in Cork. (Litir dar dáta 12 Iúil 1858 ón Dálach chuig Windele, ARÉ 4 B 18.)

Níor léir go cinnte don Dálach céard a bhí ag titim amach:

> Is Mulcahy's Tadhg ready yet? (Litir dar dáta 20 Deireadh Fómhair 1858 ón Dálach chuig Windele, ARÉ 4 B 18.)

Shíl an Dálach in 1862 go raibh eagrán bradach den eagrán a bhí foilsithe aige féin in 1858 ar díol. Ar chlódóir eagrán 1858 a leag an Dálach an milleán as eagrán bradach a bheith á scaipeadh, má bhí.[25] Bhagair sé rúndacht na faoistine ar Windele (a bhí ina Phrotastúnach) agus d'iarr air cóip den eagrán bradach a fháil i gCorcaigh trí mheabhlaireacht:

> I hope you have not mentioned my name in connection with O'Sullivan because if you did you have no chance of getting them. O'Rourke is the man that told me that they were sold all over the Kingdom and considerably under my price and I have reason now to believe him, and that my printer printed an edition for himself as well as for me, and having undersold me put me out of the market. *Keep this piece of information as private as if you were in the confessional* as my evidence is now nearly complete to warrant proceeding against him; and if I only got a copy, even one sold in Cork I would commence and will commence. (Litir dar dáta 7 Deireadh Fómhair 1862 ón Dálach chuig Windele, ARÉ 4 B 22.)

D'fhoilsigh/chlóbhuail Mulcahy eagrán den *Pious Miscellany* i gCorcaigh in 1858 ach níor foilsíodh i bpáirt leis an Dálach é, mar a bhí geallta ag Mulcahy (litir dar dáta 14 Meitheamh 1858 ón Dálach chuig Windele, ARÉ 4 B 18). Ní léir an é seo an t-eagrán a shíl an Dálach a bheith ina eagrán bradach dá eagrán féin nó nárbh ea. Níor éirigh leis an Dálach aon chás ina thaobh a chruthú ach chruinnigh sé cóipeanna den eagrán Corcaíoch a raibh sé chomh mór sin in amhras faoi:

> I received the Tadhgs and enclose 3/6 in stamps . . . The experiment has been tried and I am in doubt about my friend the printer from all I have learned from other quarters. (Litir dar dáta 23 Deireadh Fómhair 1862 ón Dálach chuig Windele, ARÉ 4 B 22.)

Tugadh le tuiscint dó ar ball go raibh fáil ar an *Pious Miscellany* i gCorcaigh agus, go deimhin, 'all over the kingdom' ar '2/6 a doz.' áit a raibh 4/6 ar dhosaen uaidh féin (litir dar dáta 18 Deireadh Fómhair 1862 ón Dálach chuig Windele, ARÉ 4 B 22).

Ba sa chló rómhánach a bhí eagrán an Dálaigh den *Miscellany* agus bhí sé dírithe ar an bpobal i gcoitinne. Bhí íomhá na Maighdine Muire mar mhaisiú le hais leathanach an teidil agus cuma leabhar urnaí air. 'Duain Íosa' (lch. ix) an chéad dán ann agus bhí 'An ainm an Athar agus an Mhic an Spioraid Naomhtha Amen' os a chionn. Leabhar inléite agus cló dá réir a bhí uaidh:

> Some may ask why we have adopted Roman instead of Irish characters? Our answer is simply this, that if we did adopt the Irish, those for whom the work is intended would not be able to use it – being entirely unacquainted with that character whereas every peasant who speaks Irish and reads English can master the work in its present form. But should another edition be called for in our time, and we hope it may, care shall be taken to have it printed in the Irish character for those who prefer that letter. (O'Daly 1858, v)

Níorbh ionann téacs ná ábhar d'eagrán an Dálaigh agus d'eagrán Mulcahy ach bhí siad ar dhealramh a chéile. Íomhá de chrochadh Chríost a bhí mar mhaisiú le hais leathanach an teidil in eagrán Mulcahy agus arís, ba gheall le leabhar urnaí é. 'Fourteenth edition/ by Patrick Denn' a dúradh ar chlúdach eagrán Mulcahy agus bhí 'Songs in English by Patrick Denn' curtha le heagrán an Dálaigh. Ach ní fhéadfaí a rá gurbh eagrán bradach é eagrán Mulcahy, murarbh é go raibh eagrán eile fós á scaipeadh i gCorcaigh, eagrán nach bhfuil teacht anois air.

De bharr shainmheon cráifeach an leabhair (agus an margadh a bhí ann dá leithéid), bhí fonn ar an Dálach teacht ar ábhar a chuirfeadh le clú Thaidhg i leith na haithrí:

> I am much obliged by your favour of this morning and shall be glad to have your copy of Tadhg by first opportunity or by post or (dhá fhocal dhoiléire) will carry it. Perhaps you would get me from O'Flynn or some of your friends an earlier edition some of which contained a short sketch of the poet's life even which (?) may have (?) some matter which would tend to improve it. I would also like to have a copy of the 1st edition of Denn's which I think was published in Cork. As the book is to be printed in the Roman or English type what would you think of putting English dotted letters in the works where the 'hs' occur [,] which can be done. The multiplicity of *hs* recurring is fearful; now the reader would soon become familiarized with the dotted letters which would not allow the Irish characters to be used; and I believe he is right. (Litir dar dáta 15 Nollaig 1857 ón Dálach chuig Windele, ARÉ 4 B 17.)[26]

Fógraíodh an leabhar san *Irishman* ar 24 Iúil 1858 agus foilsíodh léirmheas air sa nuachtán céanna ar 7 Lúnasa 1858. An choimhlint shíoraí idir an cló gaelach agus an cló rómhánach ba mhó a bhí ag déanamh scime don léirmheastóir gan ainm:

> The author of these devotional verses in the Irish language was one of the peasant bards so numerous in the South of Ireland, in the beginning of the last century. His name was Tadhg (pronounced Taig) O'Sullivan; and he bore his surname of Gaelach because he was so intensely Irish in his character. Whatever may be the poetic value of his verses, their devotion is unquestionable, and they have enjoyed

great favour with the peasantry in the South. Mr. O'Daly now publishes them in the Roman character.

In ainneoin na bíoblóireachta, glacadh leis sa *Nation* go raibh an Dálach mar fhoilsitheoir gafa i gcomhbhá leis an Eaglais Chaitliceach. Roghnú an chló ba mhó ba chás leis an léirmheastóir seo freisin é sin agus an chráifeacht Chaitliceach dár thug an leabhar tacaíocht:

> This pious miscellany is the most popular book of all, at least amongst the peasantry of Munster, but until the publication of the present edition by Mr. O'Daly it was an exception to all Irish works, the paper being wretched, the typography bad, and owing to ignorance it was characterised by a most perplexing and cloudy system of orthography. We perceive with great pleasure that the present edition is free from the faults of its predecessors, it is very correctly and handsomely printed on good paper and illustrated by wood-cuts, while the price is far from being exorbitant. The editor has adopted the Roman type, as being more easily read by those for whom it is intended, but we hope the next edition will cast out these make-shift 'hs' and give the dotted letter instead, even though it be Roman as was done in Furlong's prayers books. We are assured by many friends that the adoption of the Roman type in books is an improvement as numbers among the poorer classes especially are deterred from learning to *read* the Irish on account of the Gaelic type, which, however handsome, and not difficult, appears so formidable in their eyes . . .
>
> Some very valuable additions have been made by the Editor to O'Sullivan's predictions, for example, we have hymns over which centuries have rolled, and which prove the teaching of the Church to be unchanged amid the changes of Time . . . We understand that the work has received the sanction of some of the most eminent members of the Hierarchy, which is still sufficient warrant to Catholics of its containing nothing bigoted or deleterious to faith or Morals. (14 Lúnasa 1858)[27]

'Ideological surrogate' (Shaw, Bain 1998, 10) a bhí sa chló i dtuairim náisiúnaithe na linne agus chreid Herder gurbh é 'the inherent quality of an organic community' ná 'the ability to adapt its form to circumstances' (Mirsky 1998, 6). Nochtfaí sainfheiniúlacht an chine trí mheán follasach an chló.

In 1868, d'foilsigh an Dálach an dara heagrán. San eagrán seo chuir sé plean na 'English dotted letters in the works where the "hs" occur' i bhfeidhm. *The Pious Miscellany, and Other Poems by Tadhg Gaolach or Timothy O'Sullivan; Now for the First Time Collected* an teideal a bhí air. Mar chúnamh don léitheoir, cuireadh 'Short Rules for Reading Irish' (x-xii) roimh théacs na ndánta. Bhí na rialacha léitheoireachta seo i bhfad níos mine ná na 'Directions for Reading this Book' a ghabh le heagrán an chló rómhánaigh in 1858 (viii). Bhí roinnt mhaith fonótaí a thug brí focal in 1868. Bhí béim ar ábhar Déiseach agus bhí an dán, 'Do Sheoirse agus do Dhomhnall O'Faolain' (sic) – 'these were the O'Phelans of the Decies in Waterford, patrons of the poets' ('Appendix') – sa leabhar i dteannta nóta ar 'Slady Castle in the parish of Modeligo' (O'Daly 1868, 84) agus ar an 'Rev. Richard Morrissey P.P. of Ballylane – near Stradbally' (O'Daly 1868, 54). Mar a rinne sé in 1858, leag an Dálach béim ar ghné na haithrí agus na cráifeachta de shaothar an tSúilleabhánaigh.

Bhí sé i gceist aige dhá phíosa naomhsheanchais a fhoilsiú: beatha Chiaráin (naomhphátrún Osraí agus Chorca Laidhe) agus beatha Dhéagláin (naomhphátrún na nDéise), ach níor foilsíodh ceachtar acu. Bhí trácht ar Chléire (áit ar rugadh Naomh Ciarán, más fíor), sa chomhfhreagras idir é féin agus Windele (litir dar dáta 10 Lúnasa 1854 ón Dálach chuig Windele, LNÉ 5454) agus bhí 'any very old copy of the Life of St. Declan' á lorg aige ó Windele ar 2 Eanáir 1863 (ARÉ 4 B 23). Bhí sé i gceist aige chomh maith eagrán de Eochairsciath an Aifrinn le Seathrún Céitinn a fhoilsiú i gcomhpháirtaíocht le 'Fuirionn Dhochtúir Céitinn' a bhí gníomhach i bPort Láirge ag an am. Ach de bharr go raibh an tAthair Pádraig Ó Maonaigh, rúnaí an chumainn, tinn, níor fhoilsigh an cumann é (litir dar dáta 22 Nollaig 1862 ón Dálach chuig Windele, ARÉ 4 B 22).

Bhí an Dálach sásta foilsitheoireacht a dhéanamh do chustaiméirí aonaracha. *Genealogical and Historical Records of the Sept Cobhthaigh, Now Coffey le H. A Coffey* agus *Danta Chlainne Domhnaill, A Collection of Poems Written on Different Occasions by the Clare Bards in Honor of the MacDonnells of Kilkee and Killone, in the County of Clare* le Brian Ó Luanaigh a foilsíodh in 1863 an toradh. Rinne an Dálach cur síos orthu do Windele:

> I am printing two privately printed Irish books now which will be very limited one to 35 copies and the other less . . . (Litir dar dáta 30 Aibreán 1863 ón Dálach chuig Windele, ARÉ 22 B 23.)

Bheartaigh an Dálach ar alt ar an astralaíocht i measc na nGael anallód a fhoilsiú san *Ulster Archaeological Society Journal,* alt a d'osclódh caibidil eile sa choimhlint idir na 'Paganists' agus na 'Christians':

> I had a letter from MacAdam the other day approving highly of the article and requesting to be allowed to make two separate papers of it as it embraced two subjects – namely ogham later stages and the knowledge the ancient Irish possessed of Astrology. (Litir dar dáta 28 Deireadh Fómhair 1854 ón Dálach chuig Windele, ARÉ 4 B 14.)

Ach níor foilsíodh ach an t-ábhar a bhain leis an ogham (O'Daly 1855c, 9–13), ábhar a bhí á phlé i rith na bliana aige le James Goodman:

> Enclosed I send you an ogham inscription which I received from the Revd. James Goodman . . . and which *if right* I have deciphered and placed the corresponding letters over the marks in the craobh. (Litir dar dáta 16 Samhain 1855 ón Dálach chuig Windele, ARÉ 4 B 15.)

Níor bheag í an obair a bhí idir lámha ag an Dálach i bhfómhar 1855:

> The Ossian Vol. [,] The Prophecies, An Irish Grammar to be called 'the Maynooth Irish Grammar' and O'Byrne's History of the Queen's County will be ready in Nov . . . (Litir dar dáta 18 Meán Fómhair 1855 ón Dálach chuig Windele, ARÉ 4 B 15.)

In 1856 d'fhoilsigh an Dálach *The College Irish Grammar, Compiled Chiefly with a View to Aid the Students of St. Patrick's College, Maynooth and the Catholic University of Ireland, in the Study of the National Language* le Ulick Bourke – nó Uilleog de Búrca – a bhí fós ina ábhar sagairt i Maigh Nuad ag an am (Breathnach, Ní Mhurchú 1986, 27). Chuir réamhrá an leabhair dearcadh sách rómánsach faoin dlúthcheangal idir náisiún, teanga agus féiniúlacht i láthair:

> No nation supposes her sons and daughters to be educated who have not learned their mother tongue. It would be considered incongruous in a German not to know the German language . . . And strange to say, an Irishman without knowing Irish is nothing incongruous; a native of Éire without knowing his own teanga mhín mhilis mháthardha is no anomaly among his people. Are we a paradox among the nations? (Bourke 1856, 6)

Mar ba ghnáth leis, bhí lámh ag an Dálach i dteaglamú an ábhair féin:

> I had occasion to make an extract from the leabhar leacan (sic) for a grammar that I am now printing for the Rev. Mr. Bourke of Maynooth . . . (Litir dar dáta 11 Bealtaine 1856 ón Dálach chuig Windele, ARÉ 4 B 16.)

In 1856, d'fhoilsigh sé *The History of the Tractarian Movement* le E. G. K Browne.[28] Leabhar Sasanach ab ea é a raibh leagan Éireannach de ag teastáil de thairbhe an Tractarian Movement nó Gluaiseacht Oxford a bheith ag dul i gcion ar Éirinn. 'I have the promise of being the printer and publisher of a book which when finished will come to about £500' a dúirt an Dálach i litir chuig Windele ar 18 Meán Fómhair 1855 (ARÉ 4 B 15), ach ní léir arbh é *The History of the Tractarian Movement* nó leabhar eile a bhí i gceist.

Ba faoi thionchar an Tractarian Movement a d'iompaigh Sir Aubrey de Vere, uachtarán an Chumainn Cheiltigh, ina Chaitliceach (Murray 2000, 37; Welch 1996, 144), cuir i gcás, agus is dealraitheach gurbh í faoi ndear do W.E. Hudson, sparánaí an Chumainn Cheiltigh agus an Chumainn Oisínigh araon, iompú chomh maith (Murray 2000, 37–8). Bhí bóthar fada siúlta ag an Dálach ón mbíoblóireacht go dtí an Tractarian Movement ach ní raibh claochlú tagtha ar an spéis a bhí aige i gcointinn chreidimh.

In 1856, d'fhoilsigh sé chomh maith *The History of The Queen's County: Containing an Historical and Traditional Account of its Foundries, Duns, Pillar-stones, Raths, Cists, Sacred Edifices, Castles, and other Antiquities: an Historical and Traditional Account of the Round Tower of Timahoe, and the Origin and Use of Round Towers in General: Together with a History of the Ancient Septs of the County, Namely the O'Moores, O'Dunns, O'Kellys, O'Gormans, O'Lawlors, O'Byrnes, O'Dempseys, Fitzpatricks, O'Duffys, O'Brennans, O'Delaneys and*

Mac Evoys, with Other Illustrious Families of Irish Origin; an Account of Some Noble Families of Engligh (sic) *Extraction* le Daniel O'Byrne. Bhain leabhar O'Byrne, mar ba léir ón teideal, le leagan amach na 'Paganists' ar cheist na gcloigthithe. Bhí cónaí ar O'Byrne ag 'Aghoony, Timahoe' (O'Byrne 1856, 'Dedication'), láthair cloigthí. Ní raibh teoiricí ina thaobh in easnamh ar an údar:

> The original name of Timahoe is Teine-Mumhoe, which signifies the great or extensive fire. As 'Teinie' is the term for fire, and may apply to the worship of Baal or the sun, and Mumhoe great or extensive. This proves much regarding the Pagan origin of the Round Towers . . . Nothing appears more evident than that the fire contained in flint has been accounted the sacred fire so much venerated by Nimrod and the Bactrian Zoroaster; as we find when Judas Maccabeue, 165 years before Christ cleansed the temple of Jerusalem . . . (O'Byrne 1856, 20, 23)

An bhliain dár gcionn, in 1857, d'fhoilsigh sé dhá phaimfléad le Charles Beggs: *The First Steps to Irish Liberty* agus eagrán (an triú heagrán ar fad) de *The Military Resources of Ireland,* arbh é W.B. Kelly a d'fhoilsigh de chéaduair é. Bhí an Dálach mar chomhfhoilsitheoir leis an bhfoilsitheoir Caitliceach, John F. Fowler, don triú heagrán. Bhíodh Beggs ag scríobh don *Celt* agus is dócha gur chuir se aithne ar an Dálach dá bharr. Cosaint na tíre ar ionradh Francach an cúram ba chás le Beggs; rinneadh léirmheas gearr ar an dá leabhar san *Irishman* ar 11 Iúil 1858, léirmheas a bhí fonóideach go maith i dtaobh bhuairt Beggs.

Bhí leabhar amháin, áfach, a tharraing aird nár bheag ar fhoilsitheoireacht an Dálaigh agus ar an té a scríobh. Dob é sin *The Prophecies of SS. Columbkille, Maeltamlacht, Ultan, Seadhna, Coireall, Bearcan etc. Together with the Prophetic Collectanea, or the Gleanings of Several Writers who Have Preserved Portions of the Now Lost Prophecies of our Saints, with Literal Translations and Notes* le Nicholas O'Kearney nó Nioclás Ó Cearnaigh a foilsíodh in 1856, leabhar, mar a dúirt R.R. Madden 'which made its appearance in Dublin in January 1856, and engaged considerable attention for some time' (Madden 1866, 2). Agus níor aird chun leas an Dálaigh mar fhoilsitheoir í.

Fiú sular foilsíodh an leabhar, bhí easaontas idir an Dálach agus an Cearnach ina thaobh:

> The falling out between me and O'K was because I advised him to shun taverns and cautioned him against calling in the Prophecy subs. The prophecy will be ready in Dec. (Litir dar dáta 10 Samhain 1855 ón Dálach chuig Windele, ARÉ 4 B 15.)

Bhí an Cearnach in arán crua, tharla gan tada de bharr a chuid oibre ar na *Transactions* aige agus níorbh acmhainn dó fanacht ar a chuid airgid, go háirithe agus craos chun óil air:

I suppose you have seen O'K's announcement of the prophecies in the Papers – he is getting in the Subscriptions (5s) as fast as he can receive them and drinking them . . . and wants me to become responsible for the printing of the book for me which I don't mean to do until he voluntarily takes the 'Pledge.' At all events God help the dupes who are paying before hand. Surely they are not prophets in their own lands . . . (Litir dar dáta 23 Lúnasa 1855 ón Dálach chuig Windele, ARÉ 4 B 15.)

The Prophecies too are ready; and wise editor called in Subscriptions to the amt. of £16 . . . (Litir dar dáta 16 Eanáir 1856 ón Dálach chuig Windele, ARÉ 4 B 16.)

. . . I was never so busy in my life as I am these days about O'K's prophecies. By the answers to the circulars I sent out for subs, it appears he got about £20, and drank every penny of it. (Litir dar dáta 25 Eanáir 1856 ón Dálach chuig Windele, ARÉ 4 B 16.)

Cé gur tharraing an Cearnach líon áirithe ábhair ó na lámhscríbhinní, is brionnú a bhí i gcuid mhaith den leabhar, ábhar comhfhiosach a ceapadh lena dhíol. 'Tairngreachtaí' a 'fíoraíodh' lena linn féin a bhí sa bhrionnú agus aithris déanta iontu ar Ghaeilge ársa. Bhí teacht na n-iarnród, caithréim Dhónaill Uí Chonaill agus, íorónach go leor i gcás an Chearnaigh, feachtas 'Father Theobold Mathew, without any doubt' sa tairngreacht do réir an leabhair (O'Kearney 1856, 33).[29]

Bhí buairt an Dálaigh i dtaobh an tionscadail ag méadú go tiubh – agus ábhar aige chuige:

It seems now that a Bàrdic or Brehon commission is to sit on the book consisting of Drs Todd, Renehan and Curry; and I greatly fear – nay I am sure that the forgeries of O'K. will be detected and that I will be the sufferer – being responsible for the printing of this book which I done (sic) at the earnest request of a Catholic clergyman in order to assist the man. (Litir dar dáta 16 Feabhra 1856 ón Dálach chuig Windele, ARÉ 4 B 16.)

Is iontach le rá é nár thuig sé ón tús gur bhrionnú iad formhór na dtairngreachtaí ach ní raibh a chuid amhrais á cheilt ó Windele aige i bhFeabhra 1856, mí i ndiaidh fhoilsiú an leabhair:

You need not mind me paring the Prophecies, for I am almost sure that he has falsified and corrupted the text, *but this between ourselves* and I would not countenance the publishing of the work except at the instigation of a Catholic Clergyman who was anxious to assist O'K . . . if the book is condemned and is put into the *Index* . . . of the *Telegraph* what will I do. (sic) (Litir dar dáta 19 Feabhra 1856 ón Dálach chuig Windele, ARÉ 4 B 16.)

Dar le heagarthóir an *Dublin Weekly Telegraph,* Bernard McCabe, go mba chuid amhrais iad na tairngreachtaí agus níor maolaíodh ar a gcuid amhrais nuair a scríobh an Cearnach chuig an nuachtán ar 11 Feabhra 1856, á chosaint féin:

> I perceive in a short notice in the *Telegraph* of Saturday that the authenticity of the originals of my edition of the 'Prophecies' is disputed, and that an investigation is being held on the subject . . . Now, it is plain that some person, or persons, who wish to injure my character have made themselves semi-official and wish to obtain a pension from the Government for their good services to Ireland . . . Well, I believe that the laws of England are not so far degraded that even I cannot find protection under them; and I beg to intimate to you and all others concerned, that I will have recourse to that protection . . . You assert on the authority of some gentleman in Maynooth College, that I never saw the manuscript belonging to that institution, and on your own authority, that I saw only a copy of it, made by some anonymous scribe. *This is false.* Though I have never been in Maynooth, I had the manuscript belonging to that college in my hands, but regret to state that it is one of that class of manuscripts described by O'Reilly, which have been interpolated by modern scribes. Hence the versions I have published are necessarily not in accordance with it. (Madden 1866, 21–2)

An tAthair Laurence Renehan, uachtarán Mhaigh Nuad, an 'gentleman' ó Mhaigh Nuad a bhí i gceist agus bhí cás an Chearnaigh i dtaobh a chuid foinsí curtha ó mhaith aige. Bhí an anachain anuas ar an Dálach tharla go raibh sé ceangailte anois le foilsiú ábhair bhrionnaithe. Agus anuas air sin arís, ní raibh díol ar bith ar an leabhar féin, in ainneoin na poiblíochta:

> . . . The Prophecies are damned – not a copy selling and 18£ 0d due the printer still. (Litir dar dáta 1 Márta 1856 ón Dálach chuig Windele, ARÉ 4 B 16.)
>
> I am really sick of publishing the Prophecies . . . (Litir dar dáta 7 Bealtaine 1856 ón Dálach chuig Windele, ARÉ 4 B 16.)

Renehan (an té a tháinig i dtánaiste ar Aubrey de Vere in 1848 mar uachtarán ar an gCumann Ceilteach), ba mhó a bhí ag tarraingt droch-cháil ar an leabhar i dtuairim an Dálaigh:

> O'K's flagellator is no less a personage than the Rev. President of Maynooth . . . I fear greatly that his name will damage the Ossians – but it can't be helpful now. (Litir dar dáta 11 Aibreán 1856 ón Dálach chuig Windele, ARÉ 4 B 16.)

Níorbh iad lucht an *Dublin Weekly Telegraph* amháin, ná fiú an chléir féin, a bhí in amhras faoin leabhar. Níor cheil an Donnabhánach an fíordrochmheas a bhí aige air:

> . . . a vast disgrace to our Irish literature . . . calculated to do vast mischief among our poor . . . (Litir dar dáta 17 Márta 1856 ó Sheán Ó Donnabháin chuig duine nach n-ainmnítear, ARÉ 4 B 16.)

In 1866, deich mbliana i ndiaidh fhoilsiú an leabhair, d'fhoilsigh R.R. Madden a raibh post don Chearnach á lorg ag an Dálach uaidh in 1855 (litir dar dáta 5 Feabhra 1855 chuig Windele, ARÉ 4 B 15) *Exposure of Literary Frauds and Forgeries Concocted in Ireland: Spurious Predictions Designated Prophecies of St. Columbkille etc.* Litreacha ó dhaoine gradamúla measúla is mó a bhí sa leabhar agus foilsíodh litir ann a bhí curtha chuige ag an Donnabhánach i dtaobh na dtairngreachtaí:

> . . . It is in fact, a most daring fabrication in very bad Irish, by some very silly man, who has attempted to imitate ancient Irish poetical composition, without having sufficient skill to hide modern spelling and local idioms . . . I consider the poem predicting O'Connell and Fr. Mathew as having been forged either by O'Kearney himself (quod absit) or some cunningly silly and ignorant peasant who imposed it upon him . . . (Madden 1866, 10–11)

Bhí a laghad céanna measa ag Eoghan Ó Comhraí air:

> I feel it a duty I owe to my country, as well as to my creed as a Catholic, to express thus in public the disgust which I feel in common with every right-minded Irishman, in witnessing the dishonest exertions of recent parties of late years in attempting by various publications, to fasten these disgraceful forgeries on the credulity of honest and sincere Catholics . . . (O'Curry 1866, 410)

Mar 'ráiméis . . . a bhfuair mórán daoine símplí blas air' a chuireann Leon Ó Broin síos air (1971, 341) ach bhí níos mó ná cruinneas téacsúil i gceist. Ré ab ea í raibh brionnú agus bréagriocht liteartha coitianta go maith. Cuir i gcás, chum Pádraig Ó Néill (1765–1832) as Ónainn i gContae Chill Chainnigh, 'Marbhna Leifir Grás' agus ligeadh dó dul in *Irish Minstrelsy* le James Hardiman mar dhán barántúil (Ó Néill 1988, 174–191). Bhí 'aistriúcháin' ó chuid mhór teangacha foilsithe ag James Clarence Mangan, in ainneoin dó a bheith dall ar fad ar fhormhór na dteangacha sin. Agus is ceol cumtha aige féin atá i gcuid den cheol a 'bhailigh' Henry Hudson agus a cuireadh i láthair mar cheol ársa dúchasach (O'Sullivan 1961, 16).

Ní brionnú liteartha, áfach, a bhí ag déanamh tinnis do Paul Cullen, ardeaspag Bhaile Átha Cliath, a d'eisigh tréadlitir ar 2 Samhain 1866, in aghaidh 'so-called Prophecies which have been foolishly attributed to illustrious St. Columbkille, though they are the invention of late years and evidently spurious and unworthy of credit' (Madden 1866, 67).

Saol fada a bhi i ndán do na *Prophecies,* rud a d'aithin Cullen nuair a d'eisigh sé an tréadlitir deich mbliana i ndiaidh fhoilsiú an leabhair.[30] Ach bhí cúinsí i réim tráth a fhoilsithe a bhain go mór le hábhar freisin agus níl aon amhras ina thaobh ach go raibh lámh nár bheag (mar a bhí áitithe ag an Dálach) ag Renehan san údramáil ar fad a bhain leis an leabhar. Nuair a chothaigh sé drochamhras i dtaobh fhoinsí an Chearnaigh ba ag tochras ar a cheirtlín féin a bhí sé.

In Aibreán 1856 a bhí Renehan ag gníomhú in aghaidh leabhar an Chearnaigh. Cailleadh Michael Slattery, ardeaspag Chaisil, ar 4 Feabhra 1856 agus bhí ainm Renehan curtha ar aghaidh chun na Róimhe ag cléir na deoise ar 27 Márta 1856 mar *dignor,* an dara rogha de thriúr do phost an easpaig (Larkin 1980, 366). I nGort na hUamha sa deoise a rugadh Renehan (Ní Mhurchú, Breathnach 1999, 147) agus mar uachtarán ar

Mhaigh Nuad bheadh seans maith ann go mbeadh rith an ráis leis. Mar sin féin ba é Patrick Leahy, sagart pobail Chaisil, a bhí mar *dignissimus* agus ocht vóta is fiche aige, áit a raibh cúig cinn déag ag Renehan (Larkin 1980, 366).[31] Ar 7 Aibreán 1856 d'éirigh Renehan as an gCumann Oisíneach ar fad. Bhí an Dálach barúlach go raibh sé éirithe as mar nach raibh an cumann sách measúil dó (litir dar dáta 7 Aibreán 1856 ón Dálach chuig Windele, ARÉ 4 B 16).[32] Bhain Renehan go dlúth le léann na Gaeilge agus go háirithe leis an gCumann Ceilteach agus thuig sé go maith gur as an siopa i Sráid na Móna a bhí na *Prophecies* agus na *Transactions* araon ag teacht. Mar uachtarán ar Mhaigh Nuad bhí plé rialta aige le Cullen, duine a raibh olltionchar aige ar roghnú easpag in Éirinn de bharr na mblianta a bhí caite aige sa Róimh (Connolly 1998, 129). Bheadh caoi labhartha leis an bPápa ag Cullen i dtaobh rogha an easpaig i ndeoise Chaisil agus ba mhaith a chuideodh sé le dul chun cinn an *dignor* Cullen a shásamh. Is cinnte nach go maith a d'fheilfeadh sé dó Cullen a bheith á shamhlú le húdar na *Prophecies* ná go deimhin, le fear a fhoilsithe agus spéis á cur ag Cullen féin sa cheist.

I nDurlas Éile a bhí áras ardeaspag Chaisil agus ba ag Sionad Dhurlas Éile in 1850 a d'éirigh le Paul Cullen údarás agus cleachtais shagartlárnacha na Róimhe a chur i gcion ar Eaglais Chaitliceach na hÉireann. Feasta b'eaglais ar mhúnla na hIodáile is na Mór-roinne a bheadh inti agus bheadh móramhras caite ar na naoimh áitiúla, na patrúin, na toibreacha beannaithe, na laethanta pátrúin, agus ar thairngreachtaí. Ar an dlí canónach agus ní ar chreidiúint – bíodh na piseoga is na tairngreachtaí nuacheaptha nó ná bíodh – a bheadh meas feasta i measc an phobail Chaitlicigh. Cullen a bheadh mar cheannfort ar an réimeas nua eaglaise seo agus dhéanfaí cairdinéal de in 1866 (Connolly 1998, 129). Bhí dúshlán an ultramontánachais tugtha ag an gCearnach sna *Prophecies* agus má bhíothas leis an reiligiún nua Caitliceach a chur i gcion ar ísealaicme na tíre, chaithfí tairngreachtaí agus an meon a bhain leo a chur de dhroim seoil.

Bhí an Dálach, a raibh amhras an bhíoblóra cheana air, thíos leis i dteannta an Chearnaigh. Don dara huair ina shaol, bhí sé fágtha ag fuarú lasmuigh de shainmheon na hEaglaise Caitlicí. An chéad uair ba é údarás téacsúil an Bhíobla agus réasúnaíocht an Reifirméisin croílár an aighnis; an dara huair ba í míréasúnaíocht na dtairngreachtaí a tharraing dímheas na heaglaise anuas air. Sa dá chás ba é an focal scríofa croílár na cointinne. 'Hero outside the tribe' ab ea an Dálach arís.

"I find myself no longer a member of the Council of the 'Ossianic Society', the part I have taken in founding and sustaining that Society" (sic) a dúirt an Cearnach i litir chuig Smith O'Brien ar 15 Meán Fómhair 1858 (LNÉ 1244/1) ach pé acu ar éirigh sé as nó ar díbríodh é de bharr na *Prophecies,* bhí droch-cháil nár bheag tarraingthe ar an Dálach dá bharr. Níor loic an Dálach i ndeireadh na dála air, áfach agus tá gach seans gur in áras an Dálaigh a scríobhadh litir ó 'Anglesea St.' a chuir an Cearnach chuig Windele ar 12 Bealtaine 1860 (ARÉ 4 B 20).[33]

Cruthú ar ráchairt éigin a bheith ar ábhar a bhain leis an nGaeilge ab ea leabhair a bhain leis an teanga a bheith á bhfoilsiú ag foilsitheoirí nárbh iad an Dálach iad. D'fhoilsigh John Mullany *Easy Lessons, or, Self-instruction in Irish Reprinted and Revised from the Gaelic Department of The Nation* leis an Athair Ulick Bourke, a raibh seacht n-eagrán de foilsithe faoi 1877 agus ar foilsíodh eagráin de i Nua Eabhrac agus Londain.[34]

Ba shearbh an fuath a bhí ag an Dálach do dhaoine áirithe i measc lucht léinn agus chuir sé go leor ama amú le hachrann is le sciolladh. Cé is moite, b'fhéidir, de 'the Bear', ní raibh aon duine ba lú leis an Dálach ná Richard Hitchcock, nó 'the Cock' mar a bhaist sé mar ainm fachnaoide air. Ársaitheoir Protastúnach ab ea Hitchcock a raibh baint mhór aige le Ciarraí, Corca Dhuibhne ach go háirithe, agus a scríobh staidéar ar chlocha oghaim Chorca Dhuibhne (atá anois in ARÉ 24 E 13). Thug sé seal ag obair le Griffth san Oifig Luachála agus bhí post acadúil aige i gColáiste na Tríonóide ina dhiaidh sin. Bhí sé an-mhór le James Graves, eagarthóir *Transactions of the Kilkenny Archaeological Society,* agus ba é *Journal* an Kilkenny Archaeological Society príomhfhóram Hitchcock agus na collóide araon.[35] Bhíodh Windele á ghríosadh ag an Dálach le cur i gcoinne Hitchcock:

> I am told you are to be present at the next K.A.S. Meeting to battle for rights of pagan Ireland . . . I don't think you will be entirely conquered by those *new lights* in archaeology. (Litir dar dáta 17 Márta 1856 ón Dálach chuig Windele, ARÉ 4 B 16.)

Bhíodh nótaí gearra agus ceisteanna go minic ag Hitchcock sa tréimhseachán, *Notes and Queries,* agus sa tréimseachán sin ar 3 Iúil 1853, d'ardaigh sé ceist i dtaca le leabhar a bhí feicthe aige agus a bhain leis an gconspóid leanúnach idir 'Christians' agus 'Paganists' i dtaobh na gcloigthithe:

> It was purchased by a Dublin bookseller at Jones' last year (Catalogue No. 704) for 2s. 6d. The bookseller who has kindly lent me the book, says that it was never printed in Kilkenny, and that it is very scarce, he having seen only one copy of it. It is a small quarto of twenty-four pages, beautifully printed on good paper, which lends one also to believe that the book could not have been printed in Kilkenny. The author, whoever he is or was, boldly says that 'there are no round towers in Ireland', pg. 8., and through the pages of the work runs a vein of nonsense, which could lead a person to think that the author was not very right in his mind. Still, there is something very remarkable in the production. (Hitchcock 1853, 584)[36]

Freagraíodh Hitchcock sa tréimhseachán céanna ar 31 Iúil 1853:

> I can testify that having been allured by the title set forth in R.H's late communication, I examined the little pamphlet, and cannot think its author

> could for a moment be considered other than a *literary wag*, a caricaturist of antiquitiies as Father Print (recte Prout) has been of poetry. J.D. (J.D. 1853, 19)

Bréagliostáil eile a thionscain scéal an chaipín deirg idir an Dálach agus an 'Cock.'. In *Notes and Queries* ar 3 Samhain 1855, bhí an méid seo ag James Graves:

> In O'Daly's Catalogue of Oct., 1855, the following appears:
>
> '105. Kerry – *De Antiquitate Turrum Belanarum Pagana Kerriensi, et de Architectura non Campanilis Ecclesiasticae, par* (sic) *T.D. Corcagiensi Hiberno,* small 4to old calf, with numerous woodcut engravings of Round Towers interspersed through the text, 101 – Louvani 1610
>
> 'I never saw another copy of this curious book.'
>
> Is this book known to be in any published or private library? I should be glad to obtain a description of it. So far as my recollection of Dr. Petrie's book on the Round Towers goes he does not seem to be acquainted with it. (Graves 1855, 345)

Ní raibh a leithéid de leabhar ann, gan amhras, agus thuig Hitchcock nár mhór dó a bheith san airdeall. Foilsíodh ceist uaidh san eagrán céanna díreach faoi bhun cheist Graves:

> Can anyone tell me if such a book has ever been printed at Louvain or elsewhere, and if so, where a copy may be seen? I suspect there is some hoax in the matter; if there is, every book lover should cry shame on its originator, whoever he may be. I believe there were never more than three of the Round Towers in the county of Kerry, and there does not seem to have been anything peculiar in these to induce a person to write a book on them. (Hitchcock 1855a, 345–6)

Ba bhrionnú é a liostáladh i gcatalóg an Dálaigh (Catalóga an Dálaigh 1854 No. 7) le seachmall a chur ar Hitchcock siocair cloigthithe Chiarraí a bheith mar ábhar staidéir aige.[37] Ach in ainneoin a chuid amhrais, bhí Hitchcock i ngalar na gcás faoi údaracht fhógra an Dálaigh ar fhianaise a chuid litreacha príobháideacha:

> I suppose you have heard of, if you have not seen, the book which O'Daly lately had, on the Round Towers of Pagan Kerry, printed at Louvain in 1610. I have not seen it but I am told that he has sold it to some person, who is about to reprint it privately. It's not so very rare a book as friend O'Daly, judging from his catalogue, seems to think for a learned college friend of mine tells me that he himself had or saw a copy of the book some time since, and that its a mere 'Squirt.' Still however, I should like to know more about the book. I would gladly give the reprint of it every support in my power. Do you know anything of the book, or who has it? Of course O'Daly would not tell – nor do I care to ask him. (Litir dar dáta 1 Samhain 1855 ó Hitchcock chuig Windele, ARÉ 4 B 15.)

Níorbh fhada, áfach, gur thuig Hitchcock go rabhthas á chur ar seachrán d'aonturas. Maidir leis an Dálach, bhí a chuid cleasaíochta curtha abhaile chuige agus ní mó ná sásta a bhí se ina thaobh:

I am anxious to know, if by chance, since writing to you on the subject, you heard any thing further of the Louvain book or the Kerry Towers. O'Daly, Mr. Graves of Kilkenny, and I had a scuffle about it in 'Notes and Queries.' (Litir dar dáta 15 Nollaig 1855 ó Hitchcock chuig Windele, ARÉ 4 B 15.)[38]

When first I heard about the Louvain book on the Round Towers of Kerry (and it was not from O'Daly's catalogue I first learned of it), I, as a national of Kerry, felt much interested in the thing – and, on obtaining a copy of the Catalogue, transcribed carefully the title and wrote (?) to the Editor of 'Notes and Queries' requesting to be informed if any thing was known of the Book – in fact, if the book was really what it professed to be – a book on the Round Towers issued from the Louvain press in 1610. Not a word, or half as much as I have here written, as, of course, you can see in the 'Notes and Queries.' My Dear Sir, in the next, or second next number of the N&Q, friend O'Daly (focal doiléir) the Editor with a stunner, the whole of which he properly declined to print – asking if 'R.H.' (my signature) who, he suspected, lived not a hundred miles from Trinity College, wanted to defame the man, as the Vendor of Spurious Books and that I might, if I chose, 'see' the book for myself (it being purchased by a gentleman in England) at the same time forgetting to tell me where or how I might see it, which also the Editor very properly noticed. (Litir dar dáta 22 Nollaig 1855 ó Hitchcock chuig Windele, ARÉ 4 B 15.)

Bhí ballraíocht Hitchcock sa Kilkenny Archaeological Society ag teacht salach anois ar a bhallraíocht sa Chumann Oisíneach i dtuairim an Dálaigh – léiriú ar an gcuma ina mbíodh formad agus faltanas, gnó príobháideach an Dálaigh agus gnó na gcumann, ag dul in ascar:

The Cock is doing some harm as he is canvassing all the members for the Kilkennies – I have letters complaining of this and I think we must call upon [him] to withdraw at once next meeting; and if he does not do so – expel him at once. (Litir dar dáta 2 Aibreán 1856 ón Dálach chuig Windele, ARÉ 4 B 16.)

Tharraing Hitchcock siar ón gCumann Oisíneach in 1854:

I had a letter from the Cock today asking to take his name off the Ossianic list. (Litir dar dáta 28 Aibreán 1854 ón Dálach chuig Windele, ARÉ 4 B 14.)

D'fheil seo go maith don Dálach agus rinne sé rian Hitchcock ar an gcumann a bhánú as éadan:

Steer clear of the Cock. I have shaken him off completely and off he must stay. I did not even put his name again on the Ossianic List so that he cannot say hereafter that he was an original member . . . (Litir dar dáta 5 Deireadh Fómhair 1854 ón Dálach chuig Windele, ARÉ 4 B 14.)

Bhí *Transactions of The Kilkenny Archaeological Society*, príomhfhoilseachán na hársaíochta lena linn, á fhoilsiú ag an Dálach, ach in 1853 d'éirigh sé as a bheith ag feidmhiú mar ghníomhaire don tréimhseachán siocair, a dúirt sé, an t-olc a chuir Hitchcock air:

I know you will be very glad to hear that the Cock and I are at war. He is the most low and unprincipled fellow I ever met, and sooner than have any further

> connection with him I threw up the Agency of the Kilkenny Archaeologists, but Mr. Graves would not allow me to do anything that would militate with the Society (sic), whatever quarrels its officers and myself may have. (Litir dar dáta 6 Deireadh Fómhair 1853 ón Dálach chuig Windele, ARÉ 4 B 13.)

Lean sé air, áfach, go dtí deireadh na bliana:

> My master will be sorry to hear that I resigned my connection with the Kilkennies, but as I would not like to disoblige Mr. Graves I am holding on till the end of the year to get time to get another agent to fill my place. (Litir dar dáta 30 Deireadh Fómhair 1855 chuig Windele, ARÉ 4 B 15.)

Is cosúil, áfach, go mba í fírinne an scéil ná go raibh gníomhaireacht an Kilkenny Archaeological Society bainte den Dálach. Fite fuaite tríd an gcoimhlint ar fad bhí iarrachtaí an Dálaigh le post a fháil don Chearnach in oifig Griffith, mar a raibh Hitchcock ag obair. Rinne sé tagairt i litir chuig Windele dar dáta 17 Eanáir 1855, don dá chúram:

> Graves of Kilkenny is now trying to reconcile me and the Cock . . . I told him plainly the only chance the Cock had of regaining my friendship was to restore Kearney to his place at Griffith's and give me the printing of the Transactions again which he handed over to Gill at the whim of the Cock . . . (Litir ón Dálach chuig Windele, ARÉ 4 B 15)

Bhí an bheirt anois ar dhá ghreim sceadamáin le chéile agus faoi thús 1855 bhí Hitchcock ag bagairt dlí:

> I had a note from the Cock the other day saying he would bring me before the magistrate if I did not cease humbugging him so that I will have to give up saying anything about him and in fact nobody should sully their lips with his name. (Litir dar dáta 5 Eanáir 1855 ón Dálach chuig Windele, ARÉ 4 B 15.)

I ndeireadh na bliana sin, d'éirigh an Dálach as an Kilkenny Archaeological Society ar fad:

> I have washed my hands out (sic) the *Kilkennies* clear and clean – not even allowing my name on the roll, as solitary member, for I would not contribute my humble mite to better another for doing work that I could do myself at a much cheaper rate. (Litir dar dáta 26 Nollaig 1855 ón Dálach chuig Windele, ARÉ 4 B 15.)

Bhíodh Windele ag iarraidh a bheith mór leis an Dálach agus Hitchcock araon ach ní go héasca a rith sé leis:

> I never showed one line of your letter to the Cock and if he says I did so tells an infernal lie. (Litir dar dáta 6 Iúil 1853 ón Dálach chuig Windele, ARÉ 4 B 13.)

Bhí Hitchcock i measc chomhfhreagraithe Windele agus chuir sé in iúl do Windele gur shíl sé gur dúrluí nó dúghabháil a bhí ag luí ar intinn an Dálaigh:

> I have so often mentioned Mr. O'Daly and his want of common sense to you,

> that it may appear nonsensical in me, also, to speak of him to you nor would I only for what you say of him now – I have ever considered John O'Daly and ever shall consider him, a most praiseworthy man for his means and what he has done and is doing for Irish literature – but he has got the most strange notions into his head about me, which is about as difficult to remove as is the Rock of Gibralter! I have done all I could to bring about this desirable end but have only got myself abused for my pains. I protest my complete innocence of any charges Mr. O'D may have against me and assure him that my feelings are just the same to him and at this moment as they have ever been. (Litir dar dáta 22 Márta 1856 ó Hitchcock chuig Windele, ARÉ 4 B 16.)

An Cearnach a chuir an lasair sa bharrach:

> I had a letter from Mr. Graves today in which he says that all the water in the Nore would not cleanse me in his eyes that I had not a finger in the O'Kearney letter to Hitchcock and I can solemnly say that I never saw the document till I saw it in print – neither did I give Kearney any hint as to what he would write, but the best of the joke is that the Cock bought up every copy of the Advocate that could be had in Dublin on the day of publication so that you could not get a copy at any price . . . I am not at all sorry for having his name off the Ossianic list. (Litir dar dáta 2 Bealtaine 1854 ón Dálach chuig Windele, ARÉ 4 B 14.)

Ar 15 Lúnasa 1854 a foilsíodh litir ó Hitchcock san *Advocate*

> OGHAM INSCRIPTIONS
>
> . . . Many of the readers of the Advocate have doubtless, read the paragraph on Ogham Inscriptions by Mr. N. O'Kearney in the third number of the Belfast Archaeological Journal p. 328. Now after the ill tempered and altogether uncalled for review of my Ogham article in the preceding number of the journal, which appeared in the Cork Southern Reporter and Province of Munster newspapers, I think that I have reasons to 'wonder' about what could have induced Mr. O'Kearney to interfere in the matter at issue between Mr. Windele and me.
>
> Appended to Mr. O'Kearney paragraph is a note by the editor of the Journal stating that he has received several other letters animadverting rather severely on the faults and spirit of my letter in his second number . . . I beg leave to assure the writers of these letters that I do not maintain the slightest. ill-feeling towards Mr. Windele. The position I have taken up, however, still remains, for all I can see, unshakeable – I have the honour to be, sir, your very obedient, faithful servant
>
> Richard P. Hitchcock, Trinity College, Dublin, April 5,1854

D'fhreagair an Cearnach san *Advocate* é ar 26 Bealtaine 1854:

> . . . I really thought I had done with Mr. Hitchcock's paper warfare after his ill-toned ill-composed letter, published in the Telegraph of Saturday 15th inst., but my friend having called my attention to another in the Advocate the same date, and which seems to be a revised edition of his former one published in the Telegraph . . .
>
> Mr. Hitchcock introduces himself to the readers of the ADVOCATE, as he has already done to the Telegraph, in the following impertinent strain:

Many of the readers of the ADVOCATE have, doubtless, read the paragraph on Ogham Inscriptions, by Mr. N. O'Kearney in the third of the Belfast Archaeological Journal, p. 328! . . . Sir I did not write a single paragraph in the third number of the Belfast Archaeological Journal, p. 328. . . . Sir, I did not write a single paragraph in the respectable journal in question, which was published in July 1853 on Ogham Inscriptions, but I wrote something on the derivation of the name of "Garmoyle" and having read in the previous number a paper read by Mr. Hitchcock I took exception to it, first, on account of its virulent tone, and next on account of his having insinuated in it that the topographical spelling used on the ordnance maps should be considered as standard . . . according to his own acknowledgement I was not singular in my opinion . . . But they, forsooth who raised the outcry, as he sneeringly remarks, were 'obstinate Pagans' . . . To do justice to this man he came out before the public 'for my good' with a breincoillech of nine months hatching: for cocks as well as hens, indulge in freaks of nature and there can be no reason for believing that Mr. Hitchcock would be an exception in such respects. The good man assures me that 'it is Mr. Windele himself, and not me, who entertains the ill feeling.' Glory to Old Trinity for nurturing within its time-honoured walls a pedant who dared write such trash before the eyes of its learned faculty . . .

In conclusion it is clear to me that Mr. Hitchcock did not now come forward voluntarily but through the instrumentality of other literary cowards, concealed behind the arras who touch the wires which put their servile mouthpiece in motion. I would give a triple to unmask those worthies solely for the purpose of turning them 'inside out.' I shall not consider myself bound to reply to any of Mr. Hitchcock's lucubrations in future –

Yours Truly,
N. O'Kearney, North Strand, Dublin, April 24 1854

Bhí an ceart ag an gCearnach – níor foilsíodh aon alt leis san *Ulster Archaeological Society Journal* i dtaobh oghaim. Is deacair, áfach, gan géilleadh do James Graves nuair a d'áitigh sé go raibh lámh ag an Dálach i litir an Chearnaigh. Is cinnte go mbíodh siad ag obair as lámha a chéile leis an bhfód a sheasamh do na 'Paganists' i gcath an oghaim:

I. . . if O'K and I have not given proofs of the pre-Christian origins of oghams na bac leis. Your Christian antagonist of Dublin will find himself in an awkward position believe me. (Litir dar dáta 15 Nollaig 1854 ón Dálach chuig Windele, ARÉ 4 B 14.)

Cailleadh Hitchcock in 1856.[39] Agus an bás ag bagairt air bhí mórtachas á dhéanamh ag an Dálach leis:

I have not slightest enmity towards poor Cock Robin and more than yourself and shall be very sorry if he kicks the bucket. (Litir dar dáta 24 Samhain 1856 ón Dálach chuig Windele, ARÉ 4 B 16.)

Ach má chneasaigh an lot, d'fhan an colm agus ag scríobh dó chuig Windele ar 15 Iúil 1856, ní raibh le rá ag an Dálach ach 'I suppose you will regret the death of the "Cock" ' (ARÉ 4 B 16).

CAIBIDIL 6

Poets and Poetry of Munster

1
Leabhar agus ní sraith a bhí in *Poets and Poetry of Munster* a foilsíodh in 1849, é foilsithe agus curtha in eagar ag an Dálach. Mar sin féin, leanadh ann cur chuige *Reliques*. Mar eagarthóir, d'fhéach an Dálach sa dá chás le téacsanna barántúla Gaeilge – iad bunaithe ar lámhscríbhinní barántúla – a sholáthar agus aistriúcháin ó fhilí aitheanta a fhoilsiú ina dteannta. Leagadh béim ar leith ann ar bheathaisnéisí na bhfilí: ar thuairiscí ó chomhfhreagraithe timpeall na tíre a bunaíodh iad seo cuid mhaith. Comhthéacs staire a chruthaítear don dá dhíolaim trí bhéim láidir a chur ar réamhráite, ar fhonótaí agus ar thráchtaireacht stairbhunaithe go ginearálta: foinsí scríofa, ábhar ó staraithe gallda go minic, a bhí mar bhonn leis an bparathéacs agus is i gcomhthéacs na staire a chuirtear an t-ábhar ar fáil.

Foilsíodh beathaisnéis James Clarence Mangan agus cúig bheathaisnéis is fiche de chuid filí Gaeilge sa díolaim agus cuireadh sé amhrán is caoga i gcló sa chéad eagrán, chomh maith le sé cinn d'amhráin bhreise sa dara heagrán. Mangan faoi ndear na haistriúcháin agus chuir John Edward Pigot an ceol do shé amhrán is tríocha ar fáil, an ceol cóirithe d'armóin agus do struchtúr an cheoil chlasaicigh.[1] Níor foilsíodh ceol agus focail le chéile riamh roimhe sin i ndíolaim d'fhilíocht na Gaeilge.[2]

Bhí sciob ar an díolaim agus saolré fhada i ndán dó. Tháinig teicneolaíocht nua an steiréaphláta chun cinn ó 1810 ar aghaidh agus b'acmhainn do fhoilsitheoirí dá bharr atheagráin dá gcuid leabhar a fhoilsiú gan mórán stró (St. Clair 2004, 182–5); d'fhoilsigh an Dálach an dara heagrán den díolaim in 1850 agus eagrán eile fos in 1851. Nuair a cuireadh leabhair an Dálaigh ar ceant in 1878, ní raibh aon chóip den díolaim fágtha i measc a chuid seanstoic (Fleming 1878). Foilsíodh eagrán úr, é athchóirithe ag W.M. Hennessy, in 1883, cúig bliana i ndiaidh bhás an Dálaigh. Foilsíodh eagráin chomh maith in 1901, 1905 (?), 1925, 1976 agus 1997. Ag comhlacht James Duffy a bhí cóipcheart eagráin 1883 (Meehan 1883, iii) agus ó shin ar aghaidh ba don Mhongánach agus dá anamchara, an tAthair Charles Patrick Meehan (1812–90), a tugadh an chreidiúint ar fad. Ligeadh ról an Dálaigh i ndearmad agus cuireadh an díolaim i láthair i gcomhthéacs litríocht an Bhéarla. Cuntas fada ar an Mongánach a bhí sa 'Preface' a ghabh leis an tríú heagrán agus lean dírbheathaisnéis an Mhongánaigh é, cuid den iarracht ó pheann Meehan, ach go háirithe, le naomh diamhair an Rómánsachais Éireannaigh a dhéanamh den Mhongánach.

Gheall an 'Introduction' gearr a ghabh leis an gcéad eagrán go bhfoilseofaí ar ball 'A History of the Lives and Times of the Munster Poets' – geallúint nár comhlíonadh – agus dála *Reliques,* is fiontar léitheoirlárnach idirghníomhach a bheadh ann. Seo téacs an réamhrá:

> Our reader must not expect, and very probably will not require, from us one of those formal and disquisitional prefaces with which our predecessors have so often introduced their poetic labours to the public. Instead of 'An Essay on Song-writing' or 'Introductory Remarks', we mean simply to confine ourselves to concise and graphic sketches of the lives and writings of the Poets whose compositions appear in this little work. We are not, it is true, by any means contented with the limited space at our disposal for the purpose: for, within such narrow bounds, we cannot do those gifted men the justice they deserve at our hands. We trust, however, very soon to present the public with a volume devoted exclusively to 'A History of the Lives and Times of the Munster Poets' in which we shall be able to enlarge more unreservedly on their distinctive genius and characters so far, at least, as our humble abilities will permit us. We may add, that although we have made large collections already for the compilation of such a volume, we should be glad that such of our readers as take an interest in Irish literature would furnish us with any anecdotes, or other kind of information in their power, with respect to the different bards of their localities.
>
> After what has been said and written on the music of Ireland by Walker, Bunting and Moore, very little remains for us to say on the subject. However, we may remark that the lovers of Irish music will find airs in this volume which escaped the notice of those eminent men of whom we have just spoken. All the airs given are those, and those only, peculiar to Munster, with which we happen to be familiar from the days of our childhood.
>
> Although there are many graceful performers on the flute and violin, the bagpipes is the only instrument peculiar to that province; and doubtless, many of our readers may have been gratified by the performance of our kinsman, O'Hannigan, justly acknowledged as the best performer living. Gandsey, the celebrated Killarney Minstrel, must also have been known to our readers; and who is it that has not heard of Daniel O'Leary, the famous Duhallow Piper so justly immortalised in legendary lore?* Such of our Munster readers as are anxious to know the history of the ancient Irish harp, should consult 'Cambrensis Eversus' edited by the Rev. Matthew Kelly, of St. Patrick's College, Maynooth for the Celtic Society. Dr. Lynch, the author, flourished about the middle of the seventeenth century, and is very minute in his details of this instrument; and we all know that in Ulster and Connaught harpers 'reigned supreme' in his day.
>
> *See the Dublin Journals, Nos 17, 18 (O'Daly 1849, xi-xii)[3]

Ghabh 'Preface' leis an dara heagrán a rinne ábhar na díolaime a shuíomh i bhfad siar sa stair. Bhí seo déanta cheana i gcás réamhrá *Reliques* (Daly

1844a, ii) agus bhí ceangal á dheanamh arís in 1849 idir dreo an tSeacaibíteachais Éireannaigh agus cealú na bpéindlithe. Níor cuireadh na hamhráin i láthair mar chultúr beo: tábhacht stairiúil a ghabh leo. Seo téacs an dara réamhrá:

> The publication of this little volume was undertaken with the desire of presenting to the public, in a cheap and attractive form, the songs and music which were popular among the peasantry of Munster during the last century, and which are still preserved among the natives, in the more remote districts of the South. The songs themselves afford favourable specimens of the intellectual capacity of that humble and persecuted class who contrived, under the most adverse circumstances, to acquire that education and learning which the English laws interdicted under the heaviest penalties. They also possess a high value as illustrative of that dreary portion of our history which intervened between the violation of the Treaty of Limerick and the relaxation of the Popery Laws: a period characterised by the ruthless tyranny of the dominant Anglo-Irish faction, which drove the oppressed peasantry into rash and violent acts of aggression, and called into life a spirit of lawless resistance (not yet extinguished) which has sent thousands of misguided but injured men to the gibbet and the penal settlements.
>
> The deep-seated hatred to the English government and settlers everywhere pervading the songs of the period, furnishes us with best index to the political feelings of the people; and clearly demonstrates that the old natives were ripe for revolution, and desired but a leader in whom they might confide, and a shadowy hope of success, to induce them to rise in arms against their cruel oppressors . . . Religious oppression being now banished from the country for ever, one great source of discontent has been annihilated, and the two races have been so commingled that the sentiments of these songs are daily becoming more obsolete, and valuable only to the lover of our national music, or to the philosophic historian, who desires to study the character of a people through the truest medium – the popular literature of the time . . . In the present volume, the original music has been prefixed to the songs, and is the first attempt of the kind ever made in this country; many beautiful airs are thus rescued from oblivion. The English versions, by the ill-fated but lamented Clarence Mangan, are all in the same metre with the originals. (O'Daly 1850, xi-ii)

Bhí seo ag teacht le dearcadh Thomas Moore a raibh a chuid amhrán féin curtha i láthair aige mar 'ballads' a raibh a gcuid 'revolutionary powers' caite le fada acu (Moore 1875, 220–1).

'Each area in turn found the poet who would romanticise its dissolving past' a dúirt Trevor-Roper i dtaobh an Rómánsachais liteartha (1969, 6) agus thuig an Dálach an méid seo go glé:

> In conclusion, may we be allowed to hazard the hope that our volume may prove influential in the further advancement of our native literature? Ulster for the last century has been totally disregardful of the glory to be acquired from this source; it is time for her at length to awake and exert herself to retrieve and redeem the past. Leinster has produced an O'Donovan; Connaught, a Hardiman; but the

> greatest and crowning praise is due to Munster for her continuous literary efforts. (O'Daly 1849, 43)

Ba é an Dálach a bhronnfadh ar an Mumhain an 'crowning praise' a bhí tuilte agus a dhéanfadh an cúige sin a mhóradh fearacht mar a bhí déanta ag Hardiman agus ag an Donnabhánach dá gcúigí féin. Le fás an náisiúnachais, bhí ag géarú ar an dialachtaic idir an náisiún agus dúchas réigiúnda an *pays,* rud is léir ón gceannlíne 'Abhráin Ríogha no Náisúnda' a bheith ar shraith d'amhráin na Mumhan in Ollscoil na hÉireann, Maigh Nuad (Ó Murchú 6), lámhscríbhinn de chuid Phóil Uí Longáin a breacadh thart ar 1818. Is i dtéarmaí náisiúnta agus ní i dtéarmaí na Mumhan a labhraíodh sa dá réamhrá ach bheadh mná geanmnaí na Mumhan mar ionchollú ag an *pays* do réir thiomnú *Poets and Poetry of Munster:*

To
The Fair Daughters of Munster
Whose Many Virtues
Have Endeared Them To All
This Volume
Is Respectfully Dedicated
By
Their Admiring And Humble Servant,
Seaghan Ua Dálaigh[4]

Ba i ndeireadh a shaoil, faoi thionchar Éire Óg agus an *Nation,* a chuaigh an Mongánach le tiontú na Gaeilge (Shannon-Mangan 1996, 330–421). Foilsíodh litir uaidh sa *Dublin Penny Journal* (ar 20 Aibreán 1833) inar lig sé air go mba Iodálach é a bhí ag foghlaim Gaeilge (Chuto 2002, 38). Thug Seán Ó Donnabháin freagra ar an litir (Ó Muraile 1997, 19). Ach níor thug sé riamh an t-omós céanna don Ghaeilge is a thug d'fhilíocht an alltair. Dar leis gur bhain rófhoirmliúlacht leis an aisling Sheacaibíteach. Mar sin féin, bhí ar a chumas cuntas beacht a scríobh ar na foirmlí céanna i lámhscríbhinn Gilbert 90 (2/6; Cartlann Bhardas Átha Cliath):

> The first peculiarity likely to strike an English reader is the remarkable sameness that prevails in the pieces that assume a narrative form. The poet usually wanders forth of a summer evening over moor and mountain, mournfully meditating on the wrongs and sufferings of his native land, until at length, sad and weary, he lies down to repose in some flowery vale, or on the slope of some green and lonely hill-side. He sleeps, and, in a dream beholds a young female of more than mortal beauty, who approaches and accosts him. She is always represented as appearing in naked loveliness . . . The enraptured poet enquires whether she be one of the heroines of ancient story – Semiramis, Helen or Medea – or if his mind be more familiar with the illustrious women of his own country – Deirdre, Blathnaid or Cearuit, or some Banshee, like Aoibheall, Cliona or Aine; – and the answer he receives is that she is none of those eminent personages but Eire, once

> a queen and now a slave . . . Another characteristic of the Irish song is the frequent, almost the continual introduction in to it, of the heroes and heroines, the gods and goddesses, of the Heathen Mythology . . . A third, and the last, peculiarity that we shall notice, is one of a rather singular order. It is the frequent and almost perpetual employment by the Irish poet of the word gan . . .[5]

Is dearbh go ndeachaigh tuairimí seo an Mhongánaigh i gcion ar an Dálach mar go bhfuil an fhoclaíocht cheannann chéanna, geall leis, in úsáid aige i gcuntas atá in *Poets and Poetry of Munster* ar chineál agus nádúr na haislinge, cuntas a foilsíodh gan ainm an Mhongánaigh a bheith luaite leis.[6]

Ach cé go bhfuil amhráin Sheacaibíteacha nach aislingí iad, leithéidí 'An Sean-Duine Seoirse' le Uilliam Inglis ('Is ro-dhian do sgreadas an sean-duine Seoirse') (O'Daly 1849, 97) agus 'Failtiughadh Righ Searlus' ('A Phádruig na n-árrann! a g-cluin' tú na gárrtha') (O'Daly 1849, 138) le Liam Dall sa díolaim, mar sin féin is aislingí foirmliúlacha den chineál a bhí cáinte aige is mó atá ag déanamh ionaid don Seacaibíteachas ann.

Cé gur 'poetry' a bhí i dteideal an leabhair agus gur tugadh 'poets' ar na filí, is mar amhráin agus ní mar dhánta a cuireadh na téacsanna i láthair:

> Instead of 'An Essay on Song-writing' or 'Introductory Remarks', we mean simply to confine ourselves to concise and graphic sketches of the lives and writings of the Poets . . . (O'Daly 1849, xi)
>
> In the present volume, the original music has been prefixed to the songs . . . (O'Daly 1850, xii)
>
> . . . he penned the song (to the air which we give in our present collection) of Sliabh Féidhlim (O'Daly 1849, 34)
>
> His 'Vision, or Reverie' which we give here, is, perhaps, as beautiful a piece of modern poetry as can be found in the Gaelic language, and is, in fact, a perfect gem amid the jewel of song. (O'Daly 1849, 22–3)

Leag *Poets and Poetry of Munster* síos canóin fhilíochta Muimhní. Rug Seán Ó Tuama agus an Mangaire Súgach an báire leo sa chanóin seo: ba acu a bhí na beathaisnéisí ab fhaide agus ba thibhe an t-ábhar leo ná le haon fhilí eile. Bronnadh gradam ar leith ar fhilí eile chomh maith: Donnchadh Rua, Aogán Ó Rathaille, Uilliam Inglis, Tadhg Gaelach agus Peadar Ó Doirnín.[7] Ba é Seán Clárach ba mhó a bhí chun tosaigh i *Reliques* agus is beathaisnéis ghairid a scríobhadh dá bharr sin air in 1849. Moladh é, áfach, mar 'a poet of almost unrivalled power and sweetness' (O'Daly 1849, 36). Moladh Liam Dall mar 'the most delighful of versifiers' (O'Daly 1849, 36) agus dúradh go raibh Eoghan Rua 'justly celebrated for his judgement and skill in the production of compound epithets' (O'Daly 1849, 35), tuairisc fhuarmholtach, b'fhéidir agus níor foilsíodh ach amhrán amháin leis. Nótaí gairide a scríobhadh i dtaobh na coda eile. Cé gur dúradh go raibh siad seo 'not less distinguished for their poetical talent' (O'Daly 1849, 35), ní orthu a bhí an chraobh á bronnadh. Scríobhadh nótaí beathaisnéise ar Sheán na

Ráithíneach agus Eoghan Ó Caoimh ach níor foilsíodh aon amhrán leo fad is a mhair an tsraith. Dúradh go raibh filí eile a raibh ionad tuilte acu sa díolaim ach 'as we purpose, according to our promise devoting a volume exclusively to their "Lives and Times" it is unnecessary for us to particularise them here' (O'Daly 1849, 37). Níor luadh Piaras Feirtéar in aon chor, cé go raibh leagan den dán, 'An bhean dob annsa liom fá'n ngréin' seolta chuig an Dálach ag 'Michl. Kirby' as 'Iffane, Listowel' (litir gan dáta, Ollscoil na hÉireann, Corcaigh, Cnuasach Thorna T. lix; Torna 1939–40, 175).

Más amhráin ó fhilí an ochtú haois déag atá chun tosaigh ann, tá teacht ann chomh maith ar amhráin ó fhilí gan ainm: leaganacha éagsúla de 'Móirín Ní Chuillionnáin', chomh maith le 'Domhnall na Greine' ('Comaoin's *Frolic* chuir Artúr de Bhailis') agus go leor eile nach iad. Ábhar é seo nach raibh le fáil in *Reliques* ach a tháinig chun buaice san *Irish Language Miscellany* in 1876.

Tá aird tarraingte ag Tomás Ó Concheannain ar an mbéim a leag *Poets and Poetry of Munster* ar amhráin a bhí i mbéal an phobail:

> Ní bhfuair . . . filíocht na ndaoine go coitianta (saothar filí anaithnid) aitheantas ó lucht breactha lámhscríbhinní go dtí an chéad leath den chéad seo caite. (Ó Concheannain 1971–2, 233)

Níorbh é Meehan ach an Dálach féin a scríobh an cuntas ar an Mongánach sa chéad dá eagrán (O'Daly 1849, xiii-xvi). In Gilbert 90 (Cartlann Bhardas Átha Cliath), maireann sraith litreacha a chuir an Dálach chuig comhfhreagraithe nach n-ainmnítear ag lorg 'scraps' (litir dar dáta 30 Deireadh Fómhair 1874) i dtaobh an Mhongánaigh agus ag roinnt a chuid eolais leo.[8] Ar an gcomhfhreagras seo a bhunaigh an Dálach an cuntas beathaisnéise.

Ar an aithne phearsanta a bhí ag an Dálach ar an Mongánach atá an chuid eile den chuntas bunaithe. Chuir léirmheas ar *Poets and Poetry of Munster* san *Irishman* (3 Samhain 1849) an caidreamh a bhí eatarthu i láthair. Meehan a scríobh, más fíor do nóta atá breactha ar ghearrthóg den léirmheas in LNÉ 3978:

> James Clarence Mangan, what a life was thine, and, alas, how suggestive of saddest, dreariest reflections . . . Yes, but there was another who never shunned or fled you, even when you lay bleeding, wounded, and robbed of right reason by those most accursed of all freebooters, whiskey and despair. The good Samaritan was the publisher of the volume before us, and he, poor fellow, little richer than yourself in the world's goods, did give, with a kind heart such as will become the true Celt's generous nature, the little he could afford. What was that little half the poor meal that an occasional profitable speculation on some old book enabled him to purchase, a poem, an ink-bottle, candle and a literal prose version of these old songs, whose melting pathos and quaint wit, could not lose a particle of one or the other when mated in English verse by such a man as Mangan.

Bhíodh an Mongánach go minic ag iarraidh bearradh óil a bhaint den Dálach ('If you can really obtain me 10s. say by Thursday you will save me from a doom that I dread to contemplate. I shall be obliged to leave my lodgings, and perhaps will die on the streets'; litir dar dáta 'Monday morning', ARÉ 3 C 6 agus bhí sé go dona tinn le linn dó a bheith ag gabháil de na haistriúcháin. Cailleadh é an lá ar tugadh téacs na díolaime ar lámh do na clódóirí (Shannon-Mangan 1996, 403).[9] Bhí sé ag gabháil de na haistriúcháin fiú agus é in Ospidéal Naoimh Uinseann ar 1 (nó 18) Bealtaine 1848:

> My dear Daly,
>
> It is here that I am at last. I will take it as a great favour if you can pay me a visit at your leisure, and bring with you any poems you may wish to have versified. The usual days of admission are Sundays and Thursdays from 12 to 1, but directions have been given to the attendants to admit all friends of mine on any day only, however, before 3 o'clock. You will forgive me for not having written sooner, but I have been dreadfully upset of late.
>
> Don't be afraid to come there is no fever in this hospital. (O'Donoghue 1897, 206)

Ba bheag é luach a shaothair:

> His remuneration indeed was scant, but it was as much as O'Daly could afford some few pounds at long intervals, and a seat by the fire in the Anglesea back parlour. (Meehan 1883, xxv)

Bhí filíocht 'tiontaithe' ag an Mongánach ó theangacha go leor ('Gaelic, Persian, Hindostani, Romaic and Coptic' (Meehan 1883, viii)) ach ba bheag má bhí eolas ar bith aige ar na teangacha sin, an Ghaeilge san áireamh. Bhíodh sé i gcleithiúnas an Dálaigh le garbhleaganacha a chur ar fáil dó:

> Mangan did not know a word of these languages except a little German – so that you may consider them all as original poems . . . (Litir dar dáta 30 Deireadh Fómhair 1874 chuig duine nach n-ainmnítear, Gilbert 90.)

Thug an Craoibhín Aoibhinn cuntas ar an gcur chuige a bhí ag an mbeirt:

> Bhí aithne agam féin ar Sheán Ó Dálaigh . . . Dubhairt sé liom nach raibh Gaedhilg ag an Mongánach agus go mba ghnáth leis a chorp do shíneadh leath-bhealaigh treasna an chúntair, agus d'aistrigheadh Seán féin an t-abhrán Gaedhilge dhó, agus chuireadh seisean bhéarsuigheacht air, agus a leath de 'na shuidhe agus a leath de 'na luidhe ar an gcúntar. (de hÍde 1937, 15–6)

Tá fianaise Meehan againn ina leith seo freisin:

> The late Mr. O'Daly turned the Gaelic songs in this volume into literal English prose, and Mangan transfused the spirit of their authors as no other could. (Meehan 1883, ix)

Dar le D.J. O'Donoghue ina leabhar *The Life and Writings of James Clarence Mangan* gur shleamchúis ba thoradh ar an gcur chuige seo agus go raibh na haistriúcháin 'rarely of high poetical merit' de bharr go raibh siad 'hampered when writing in the metre of the original poem.' Deir sé nach ceartaistriúcháin ach 'voluntaries on Irish themes' iad (1897, 22). Ach rinne an beathaisnéisí, Ellen Shannon-Mangan, an Mongánach a chosaint ar an líomhain seo:

> Each of Mangan's translations is accompanied not only by the Gaelic original, but also by the air to which it is set. In fact each of the more than fifty English translations can be sung to its Gaelic melody . . . Thus Mangan had produced not only poems, but also singable lyrics . . . Anthony Cronin . . . has referred to Mangan as 'the first Irish poet to strike a chord that sounds true to the modern ear', a chord heard over and over again in *The Poets and Poetry of Munster.* (1996, 404)

Tá Robert Welch ar aon tuairim le D.J. O'Donoghue:

> Clearly O'Daly wanted very faithful translations and for this reason some of the translations appear shackled and cumbersome. Also, many suffer from a malformed diction, due perhaps to haste in composition, as Mangan, occasionally at least, made a translation on the spot in O'Daly's shop for ready cash. (Welch 1988, 117)

Mhol Mellisa Fegan na haistriúcháin, áfach, agus tharraing sí aird ar an 'dualistic quality' a bhí acu, iad 'referring simultaneously to the far past, and to present Famine Ireland' (2002, 194).

Cháin an Craoibhín Aoibhinn *Poets and Poetry of Munster* de bharr neamart a bheith déanta ann den éigse bheo. Réamhleaganacha de *Abhráin Grádh Chúige Connacht* a bhí uaidh:

> The poems by the Munster bards printed by O'Daly, in two volumes . . . afford the student a very good idea of what Irish poetry is really like; but most pieces contained in those publications are drawn from MSS., and a few from the mouths of the peasantry. It has always been the bane of Irish song that the bards lavished upon the form that attention which ought to have been bestowed upon the matter . . . the poverty of the matter is such as to render pitiable any attempt at translation, which, if at all literal, must only produce a smile of contempt . . . But with the Arcadian verses that live among the peasantry, verses generated from the locality and the issue of direct emotions and natural spontaneous feeling, it is quite otherwise. (de hÍde 1986, 67–8)

Ní iomlán sásta le haistriúcháin an Mhongánaigh a bhí an Dálach féin agus thug sé tosaíocht ar aistriúcháin an Mhongánaigh do na haistriúcháin le h'Erionnach' (George Sigerson) a foilsíodh in 1860 in *Poets and Poetry of Munster, Second Series* (litir dar dáta 6 Feabhra 1860 chuig Windele, LNÉ 5454).

Is é Edward Walsh a bhí chun tosaigh ar an Mongánach dar le léirmheas san *Wexford Independent* (1 Nollaig 1849). Léirmheas gan ainm údair ab ea é ach ba é James Mac Grady a scríobh chuir sé litir chuig an Dálach ar 1

Nollaig 1849 inar ghabh sé leithscéal as na botúin chló a bhí sa léirmheas, arbh é an 'stupid foreman' ba chionsiocair leo (Ollscoil na hÉireann, Corcaigh, Cnuasach Thorna T. lix; Torna 1939–40, 179–180). Leagadh béim ann ar aineolas an Mhongánaigh ar an mbunteanga:

> We thought our gifted friend and former contributor, Edward Walsh, unique in his translations from the Irish . . . sweeter and smoother than Mangan . . . he was intensely acquainted with the Irish language from his childhood.

Ní raibh cumas sa Ghaeilge ag Walsh mar a bhí maíte sa léirmheas, ach bhí *Reliques* curtha de cheana aige. Ach foilsíodh *Irish Popular Songs with English Metrical Translations* le Walsh in 1847. Is cosúil go raibh sé i gceist ag Walsh go bhfoilseodh an Cumann Ceilteach an díolaim (litir gan dáta ó Walsh chuig W.E. Hudson, ARÉ 3 C 6) agus gur pléadh tionscadal dá leithéid ag cruinniú de chomhairle an chumainn (litir/dréacht de litir ó W.E. Hudson chuig Walsh(?), ARÉ 3 C 6). Níorbh é sin cineál an ábhair a bhí ag déanamh scime don Chumann Ceilteach, áfach. James McGlashan a d'fhoilsigh díolaim Walsh sa deireadh, rud a d'fhág nárbh é Walsh a bhí mar aistritheoir do *Poets and Poetry of Munster.*

Tharla achrann airgid idir Walsh agus an Dálach tráth foilsithe *Reliques* (litir dár dáta 5 Eanáir 1844, chuig an Dálach, LNÉ 2261; Walsh 1883, 35). Ina theannta sin, ní íoctaí pingin rua le filí an *Nation,* rud a chuir olc ar Walsh (litir dar dáta 20 Lúnasa 1846 ó Keegan chuig an Dálach, LNÉ 2261). Is dócha gur de bharr nach mbeadh le fáil ón Dálach ach 'some few pounds at long intervals' (O'Daly 1883, xxv) a roghnaigh Walsh McGlashan, duine de phríomhfhoilsitheoirí na cathrach. D'íoc McGlashan £21 leis (litir dar dáta 5 Nollaig 1846 ón Dálach chuig Windele, ARÉ 12 L 10), suim a bheadh thar acmhainn an Dálaigh, a mb'éigean dó cuid, ar a laghad, dá chnuasach lámhscríbhinní a dhíol le costais fhoilsithe na díolaime a íoc:

> . . . the MS. of my bardic Remains ready for Press . . . Unfortunately I must dispose of all my MSS. to bring through Press. (Litir dar dáta 23 Meán Fómhair 1848 ón Dálach chuig Windle, ARÉ 4 B 7.)

Bhí an port céanna aige i litir chuig Windele ar 26 Deireadh Fómhair 1848. Bheadh air a chuid lámhscríbhinní a dhíol: 'I have five or six children which I must worship more than MSS. as much as I love them and believe me that it is not an easy matter to keep them in order' (ARÉ 4 B 8).

Is cosúil gur sholáthraigh an Dálach cuid mhór de na buntéacsanna Gaeilge ar ar bhunaigh Walsh an díolaim. Chúnaigh an Dálach le Walsh sa phlé a bhí aige le McGlashan:

> Mr. Walsh and me (sic) are in treaty with a publisher here to bring out a vol. of Irish Songs with translations . . . about 30 of the translations ready now, and in the course of a few days I will send you a specimen- but it must be private as Mr.

> Walsh would thrash me well if he found that I would give circulation this way to any of his effusions . . . (Litir dar dáta 13 Bealtaine 1845 ón Dálach chuig Windele, ARÉ 4 B 6.)

Cúram gan chúiteamh ab ea é, áfach:

> I have no connection whatever with Mr. Walsh's book – I gave him all the principal part of those songs on the understanding that we would have the work between us but he goes to McGlashan and sells the copyright for £21 and would not give me a shilling but make honourable mention of me in the preface and is at me every day to help him on with it which I refused doing on account of his shabby conduct. Now the book is in type and very probably will lie so as he cannot get anyone to correct it and McGlashan told me the other day he would be apt to throw it aside altogether. (Litir dar dáta 5 Nollaig 1846 ón Dálach chuig Windele, ARÉ 12 L 10.)

Is dócha gur chuir díolaim Walsh dlús le rún an Dálaigh a mhacasamhail a fhoilsiú. Is ag tarraingt ar an tobar céanna a bhí siad beirt agus tá cuid mhaith atá comónta eatarthu. Tá, cuir i gcás, 'An Rós Geal Dubh' ag Walsh agus 'Rois Geal Dubh' ag an Dálach agus gan mórán difríochta thairis sin eatarthu (Walsh 1847, 56; O'Daly 1849, 210).[10] ARÉ 23 E 12, lámhscríbhinn a bhreac Nioclás Ó Cearnaigh, a bhí mar fhoinse acu beirt don amhrán sin, is dócha. 'Ban Chnoic Aoibhinn Eireann' (trí véarsa) atá mar theideal ag Walsh, áit a bhfuil 'Ban-Chnoic Éireann O!' ('Beir beannachd ó m' chroidhe go tír na h-Eireann') (sé véarsa) ag an Dálach ach is ionann téacs don trí véarsa chomónta. Chuir an Dálach an comhoibriú idir é féin agus foilsitheoir *Irish Popular Songs* in iúl nuair a d'fhoilsigh sé 'An Raibh Tu ar an g-Carraig' sa dara heagrán: 'Mr. McGlashan, with his usual kindness, has permitted us to copy Song and translation from his recently-published volume of 'Irish Popular Songs' (O'Daly 1850, 287).

Ach cé gurbh ionann aistriúchán agus téacs sa dá chás, mar sin féin chuir an Dálach mionathruithe i gcion ar an nGaeilge, á cur i bhfeiliúint dá nósanna litrithe féin agus don mheadaracht. Ar an lámh eile, níl gaol ar bith idir na leaganacha de 'An Páisdín Fionn' agus 'Bean Dubh an Ghleanna' atá sa dá dhíolaim agus is beag nach bhfuil an dá leagan de 'Caitlin Ní Uallacháin' iomlán éagsúil ó chéile freisin, in ainneoin don dá cheann a bheith curtha i leith Liam Dall.

Níor tharraing an Dálach in aon chor ar na nótaí beathaisnéise in *Irish Popular Songs,* nótaí a leanann ar aghaidh ó *Reliques.* Is ar thuairisc Edward O'Reilly (1820, xxxi) a bhunaigh an Dálach an cuntas atá aige ar chúlra Aogáin Uí Rathaille, cuir i gcás (O'Daly 1849, 22), cuntas a deir gurbh as Contae an Chábháin dá athair. Bhí cosúlachtaí áirithe béime le sonrú, áfach, idir 'Introductory Remarks' Walsh agus an dá réamhrá éagsúla a scríobh an Dálach (O'Daly 1849, xi-xii; O'Daly 1850, xi-ii) agus is é nóta na measarthachta atá in uachtar sa dá chás: 'I have admitted nothing among them calculated, in a moral or political point of view, to give offence' (Walsh 1847, 31).

Leagan amach Hardiman (1831), réamhrá agus eolas beathaisnéiseach agus ina dhiaidh sin téacs agus aistriúcháin a bhí ag *Reliques, Irish Popular Songs* agus *Poets and Poetry of Munster* araon. B'ionann cló agus dearadh dóibh ar fad, *Irish Minstrelsy* san áireamh.[11]

Bhain aistritheoirí eile le gréasán an Dálaigh i dteannta Walsh agus Mangan. Duine acu ab ea an file, John Keegan. Cé go raibh sé aineolach ar an nGaeilge, bhí sé á chothú mar aistritheoir ag an Dálach in 1846 (litir dar dáta 11 Meitheamh 1846 ó Keegan chuig an Dálach, LNÉ 2261). Bhí díolaim chomhaimseartha nó díolaim aistriúchán de shaghas éigin beartaithe ag an Dálach agus cuid de dhánta nó d'aistriúcháin Keegan ann: 'I am delighted at the high distinction you give me in introducing my verse in your new work', a scríobh Keegan chuig an Dálach ar 18 Lúnasa 1846 (LNÉ 2261). Ach níor foilsíodh an 'new work' riamh. Bhí Keegan ag beartú ar an nGaeilge a fhoghlaim (litir dar dáta 11 Meitheamh 1846 ó Keegan chuig an Dálach, LNÉ 2261) agus tá seans ann gurbh é a bheadh mar rogha aistritheora do *Poets and Poetry of Munster* ar ball. Ach bhí sé tinn agus ag cur faoi i Sasana le linn thréimhse tiomsaithe na díolaime (Delaney 1997, 7). Cailleadh den chalar in 1849 é (Fegan 2002, 177).

Bás Thomas Davis in 1845 faoi ndear don Mhongánach teacht chun tosaigh mar phríomhfhile Éire Óg agus is dócha go mbeadh Davis freisin mar rogha ar an Mongánach ach é a bheith beo. Mangan agus Walsh an bheirt aistritheoir ab fhearr a bhí sa tír i dtuairim Windele, rud a chuir sé in iúl don Dálach nuair a cháin sé an t-aistriúchán a rinne Michael Kearney in 1635 ar Ríogha Síl Eibhir agus a bhí foilsithe ag an Dálach faoina eagar féin in 1847 mar *The Kings of the Race of Eibhear:*

> I regret that you published Kearney's translation . . . It may be curious but it is a piece of utter barbarism . . . Your friend Mangan, or Walsh, would have given it the attractive garb of genuine readable metre. (LNÉ G 389)

Bhí léirmheastóir an *Nation* (3 Samhain 1849) chomh beagmholtach céanna leis an *Wexford Independent* ar aistriúcháin an Mhongánaigh:

> Allegory is their frequent vehicle. 'Visions' and 'Dreams' form at least a third of the volume; and it is a very sad affair, but undoubtedly true that the first of these, whichever it be, was the only marked original among them. They are all echoes – often plagiaries – of its bewilderment, and admiring expletives, and indistinct prophecies of Ireland's resurrection . . . One feels as if these Momanian votaries of Briga never entirely said out their ideas, and needed some magnifying interpreter to render it fully palpable to the world. This strikes painfully in reading the correct translation of 'My Dark Rosaleen' and contrasting Mangan's first beautiful elaboration of its thought and passion with their original crudity, as daguerrotyped in his last rendering. Often as Mangan has reversified a translation, he has never once, that we know of, succeeded in improving its first

> version. His genius fagged on a trodden path. Indeed, some of Ferguson's translations from the Irish might be favourably contrasted with Mangan's subsequent version of the same poem to wit, 'The Fair Hills of Ireland' in this very volume.
>
> Thank heaven very heartily that all golden-haired damsels are not myths of the dusk light, and a Jacobite hot brain . . .

Mar sin féin bhí cleachtadh éigin ag an Mongánach ar thiontú na Gaeilge ó 'literal prose versions' (Meehan 1883, xii). Cuir i gcás, d'fhoilsigh sé ceithre cinn de aistriúcháin in 1840 agus 1841, iad bunaithe ar leaganacha próis a bhí curtha ar fáil dó ag Eoghan Ó Comhraí, duine a bhí ag obair ina theannta in Oifig na Suirbhéireachta Ordanáis ó 1838 go 1841.[12] Deir Ellen Shannon-Mangan go raibh na haistriúcháin seo 'rather impersonal and distanced', go raibh 'a different emotional tone' acu thar mar a bhí ag aistriúcháin *Poets and Poetry of Munster* (1996, 241–2). Scáthán í éagsúlacht an 'emotional tone' sa dá chás ar chur chuige an Chomhraigh agus an Dálaigh faoi seach: fuarchruinneas an Chomhraigh ar lámh amháin, an Dálach ag ropadh leis ar an lámh eile.

Cuirtear drochmheas an Chomhraigh ar *Poets and Poetry of Munster* in iúl sna tagairtí rialta atá déanta don chnuasach sa *Petrie Collection of the Ancient Music of Ireland* (imleabhar 1) a foilsíodh in 1855. Ní raibh duine ar bith a d'imir 'a profounder influence' (Cooper 2002, 4), ar Petrie ná an Comhrach agus cé gur shíl Petrie féin go mba 'a very interesting little work' é *Poets and Poetry of Munster* (Cooper 2002, 123), is ar na lochtanna a bhí air i dtuairimí an Chomhraigh a tarraingítear aird.

Lochtaíodh leagan an Dálaigh de 'Caitlin Ni Uallachain'('Measamaoid, nach calm sin, do'n bhuairt san Sbáinn') (O'Daly 1849, 161) mar gur cuireadh i leith Liam Dall é sa díolaim:

> . . . the authorship of this song is assumed, but, as it would appear erroneously, to one of the Irish poetic celebrities of the eighteenth-century – a blind Tipperary poet named William O'Heffernan; for Mr. Curry has supplied me with a copy of the song which he transcribed from a manuscript now in his possession, and which was written in the year 1780 by a distinguished Clare scribe and Irish scholar named Peter Connell or O'Connell; and as in this MS. the name William O'Hanrahan is given as that of its author, such authority is certainly superior in weight to any that has been, or probably could be, assigned for ascribing it to the Tipperary poet; for it can scarcely be doubted that that Connell was personally acquainted with its true author. I should add that it will further appear from this manuscript that the versions of the song printed by Walsh and O'Daly – and which have but little in common – are in both instances corrupted and in one of them more particularly, largely interpolated. (Cooper 2002, 222)

Lochtaíodh chomh maith an leagan de 'Bruach na Cairge Baine' ('Shiar cois abhan gan bhréig, gan dobhat;') (O'Daly 1849, 336) a foilsíodh sa díolaim:

> A version of it has, indeed, been printed in Mr. O'Daly's work, but, as Mr. Curry acquaints me, it is a compilation made up from various songs, without preserving even an entire stanza of the original, and, in truth, this appears evident enough, not only in the want of connection in the thoughts, but even still more from the general want of the proper rhythm and metrical construction required in versions to be sung to any of the known versions of either of the melodies to which the song has given a name. (Cooper 2002, 168)

Fuair Petrie féin locht ar an gceol a ghabh leis an dá leagan de 'Róisín Dubh' atá i ndíolaim an Dálaigh: 'Roisin Dubh' ('Is mairg do 'n te úd d'ar b'éigion dul tar sáile soir') (O'Daly 1849, 260) agus 'Rois Gheal Dubh' (Is fada an réim do thug mé féin ó n-de go 'niugh') (O'Daly 1849, 256):

> Two sets of it have, however, been recently published in Mr. O'Daly's Poets and Poetry of Munster – but they have obviously been noted from the playing of some piper or fiddler, and are wanting in Irish vocal character. In both these settings the air is written as if in the minor mode, and I have several MS. settings of it similarly noted. But I have never heard it sung so, at least strictly; and though to some ears it might seem more pleasing in that mode, I am of opinion that it is in the Major mode only that its character can be truly rendered. (Cooper 2002, 125)

Bhí téacs an dá leagan den amhrán chomh lochtach céanna leis an gceol, i dtuairim an Chomhraigh:

> . . . Mr. Curry assures me they are equally corrupted by interpolations from other songs, with a view to give them a political bearing, and to convert poor Roisín Dubh into an allegorical personification of unhappy Ireland in the reign of Elizabeth. Heaven knows we have political lyrics enough – both allegorical and palpable – without adding to their number the older genuine love songs of the country . . . (Cooper 2002, 126)

Gach seans gurbh é an Comhrach a chuir i gceann Petrie an cáineadh a rinne sé ar leagan an Dálaigh d'údaracht 'Bean Dubh an Ghleanna' (Atá bó 'gam ar an sliabh') (O'Daly 1849, 220):

> . . . Mr. O'Daly states – but without assigning any evidence to the fact – that the composition of the song is ascribed to Éamann an Chnoic, or 'Edmund of the Hills' (sic), a celebrated Raparee, and song writer, who flourished about the year 1739. It seems obviously a peasant composition, and beyond the harmony of its numbers, has but little pretension to poetical merit. (Cooper 2002, 240)

In Ollscoil na hÉireann, Maigh Nuad, C 63, tá teacht ar bhunaistriúcháin litriúla a rinne Eoghan Ó Comhraí ar mhaithe leis an Mongánach agus a foilsíodh mar 'Anthologia Hibernica', san *Dublin University Magazine* (iml. 30, uimh. 175, lth. 66–80). 'Mr. Mangan and your humble servant (?) are engaged to furnish the University with such stuff as is now before you' a dúirt an Dálach i litir (litir dar dáta 26 Eanáir 1847 chuig Windele, ARÉ 4 B 6), ag cur in iúl go raibh lámh aige féin sna haistriúcháin a bhí á bhfoilsiú ag an Mongánach san iris. Ina theannta sin ba é an Mongánach a chuir 'a versified paraphrase, or imitation, of Aenghus O'Daly's satires' ar fáil don Donnabhánch in *The Tribes of Ireland* (1852, 87–102). Agus d'fhoilsigh sé sraith thábhachtach aistriúchán sa *Nation* le linn 1846. An Dálach a sholáthraigh roinnt (ar a laghad) de na bunaistriúcháin litriúla ar fhianaise litir ón Mongánach chuig eagarthóir an *Nation,* Charles Gavan Duffy:

> I have been for the last hour translating and transcribing (at the same moment) a poem from the Irish, but my hand no longer follows my mind with the same speed as it did some years back. I have but half of it done. I will however finish it in your office, or in the Dub. Lib. I am exceedingly anxious that it should appear tomorrow for Daly of Anglesea Street who gave it to me thinks I am trifling with him as I have promised any time these 3 weeks that it should appear in the Nation. It will occupy about a column. (Litir dar dáta 'Friday' ón Mongánach chuig Duffy, LNÉ 138.)

(Foilsíodh aistriúchán ar 'Slan Chum Pátraic Sáirseul' ('A Phadraic Sáirséal slán go d-ti' tú!') sa *Nation* ar 24 Deireadh Fómhair 1846 a bhí ag teacht leis an gcur síos seo ó thaobh faid de agus tá gach seans ann gurbh é atá i gceist).

Foilsíodh aistriúchán iomráiteach an Mhongánaigh, 'Dark Rosaleen', sa *Nation* ar 30 Bealtaine 1846 agus is dócha gurbh é an Dálach a sholáthraigh bunaistriúchán litriúil don Mhongánach.[13] Ba mheirse throm dó an t-aistriúchán go minic agus bhíodh rátaí cúitimh ag dó na geirbe ag an Mongánach sna litreacha a chuir se chuig Duffy:

> I enclose you a short Irish song 36 lines, which with 968 other lines that I have inflicted on you since the 7th of February completes . . . about 1000 . . . My rate then is simply Magazine rate, i.e. 10s. for every 50 lines. If you agree to this I have liquidated £10 of the debt. If, however, you think this too high name your own terms, and be they but a stiver a column I shall work for you with just the same zeal as before. (Litir dar dáta 16 Meitheamh 1846 ón Mongánach chuig Duffy, LNÉ 138.)

Bhí lámh chúnta le fáil freisin ag an Mongánach ó dhuine amháin ar a laghad de ghréasán an Dálaigh, an foghlaimeoir Gaeilge ón Daingean, Patrick Forham, fear a bhí ag iarraidh aistriúcháin mheadaracha a chur ar fáil don Dálach ar mhaithe leis an Mongánach:

> . . . I am so busy, so anxiously busy at present that I regret not being able to sit quietly one moment at these translations. As I could not get the original words to the 'Stack of Barley' I made trial of my own feeble efforts at your Irish, and present you with it, loaded with many defects, but at least being true to the song measure. 'Shios cois na trágha' is also done, merely to give Mr. Mangan an idea of the metre, as also 'Molly Bheag Ó.' The others shall be done when I learn the airs, as they are as yet unknown to me. (Litir dar dáta 5 Aibreán 1849 chuig an Dálach, Ollscoil na hÉireann, Corcaigh, Cnuasach Thorna T. lix; Torna 1940, 16.)

In ainneoin a chuid aineolais, bhí a chuid tuairimí féin ag Forham i dtaobh choibhéis na meadarachta agus an cheoil:

> The Giolla Ruadh is not all written to the air I have heard for it. The metre is not full enough. (Litir dar dáta 29 Márta 1849 chuig an Dálach, Ollscoil na hÉireann, Corcaigh, Cnuasach Thorna T lix; Torna 1940, 16)

Aistriúcháin an Mhongánaigh a bhí mar shlat tomhais ag léirmheastóirí na díolaime ach ní mar sin is fearr breith a thabhairt uirthi. Eascraíonn tábhacht *Poets and Poetry of Munster* ó fhoilsiú théacsanna barántúla Gaeilge d'fhilíocht na Mumhan a bhí bunaithe ar leaganacha a bhí sna lámhscríbhinní. Foilsíodh iad i bhfoirm inléite inúsáidte a raibh cuntas beathaisnéise ar na filí ag gabháil leo, chomh maith le comhthéacs na ndánta féin. Le stair léann na Nua-Ghaeilge a bhaineann an díolaim go príomha, áfach. Ní cosúil, cuir i gcás, go bhfuil aon fhoinse eile eolais againn ar Chonchúr Ó Ríordáin (Ó Muirithe 1987, 64). Ní feidhm íocónach fearacht Brooke a bhí ag na téacsanna Gaeilge ach a mhalairt ar fad: gné thánaisteach den díolaim iad aistriúcháin an Mhongánaigh, fiú más iad ba mhó a tharraing trácht (agus tráchtáil).

Mar fhianaise air seo tá na fonótaí staire a ghabhann leis na hamhráin. Treoir luachmhar iad na fonótaí seo do scóip a chuid léitheoireachta agus iomadúlacht a chuid foinsí eolais. Mar fhoinsí luann sé: 'a MS. of the seventeenth century, now in our possession' (O'Daly 1849, 46); 'Spenser, in his "Fairie Queen",' Book IV, Canto XI, Verse XLIII' (O'Daly 1849, 48); '*Haliday's Keating*' (O'Daly 1849, 49); '*Cambrensis Eversus,* vol. 1, p. 123, edited for the Celtic Society by the Rev. Matthew Kelly' (O'Daly 1849, 49); '*O'Flaherty's Ogygia*' (O'Daly 1849, 52); '*Book of Rights* (published by the Celtic Society)' (O'Daly 1849, 52); '*Annals of the Four Masters,* translated by Owen Connellan' (O'Daly 1849, 54); '*Moore's Ireland*' (O'Daly 1849, 55); 'Three Sorrows of Story-telling' (*Trí Truagh na Sgealuigheachta*), '*See Transactions of the Gaelic Society.* Dublin. 1808.' (O'Daly 1849, 59); *Stanihurst's Description of Ireland,* 1586, p. 13, and *De Reb. in Hib. Gest.*, 1584' (O'Daly 1849, 63); '*O'Callaghan's Green Book,* p. 114, Dub. 1844' (O'Daly 1849, 79); 'Burke's Peerage' (O'Daly 1849, 91); 'Hogg's *Jacobite Relics of Scotland*' (O'Daly 1849, 99); 'a MS. of 1732, now in the possession of Sir William Betham' (O'Daly 1849, 116); '*Hooke. Stuart Papers*' (O'Daly 1849, 137); '"*Life of Thurot* by T.C. Croker"' (O'Daly 1849, 141); 'Gerald Griffin's beautiful verses on the "The Bridal of Malahide"' (O'Daly 1849, 145); '*Macariae Exidium* edited for the Irish Archaeological Society by J.C. O'Callaghan' (O'Daly 1849, 143); 'Ludlow. D. O'Dalaei Pers. Haeret. 1652. Dr. Nash. Mac Geoghan. Broudini Propugnac, p. 715' (O'Daly 1849, 153); 'Bouyalle Le Gouz . . . *Voyages et Observations*' (O'Daly 1849, 155); '"Military Memoirs of the Irish Nation" by M. O'Connor. Duffy and Sons, Dublin, 1845.' (O'Daly 1849, 171); 'Crofton Croker, historian to the

Munster fairies' (O'Daly 1849, 181); 'Lynch's edition of *Castlehaven's Memoirs*' (O'Daly 1849, 196); 'Hardiman's "Irish Minstrelsy"' (O'Daly 1849, 199); '*Green Book*' (O'Daly 1849, 201).

Ní i gcleithiúnas foinsí Gaelacha/Caitliceacha amháin a bhí sé sna fonótaí. Tharraing siad ar réimse leathan údar, ina measc leithéidí Thomas Leland, údar *History of Ireland: from the Invasion of Henry II* (1773), leabhar a chuir leagan Protastúnach d'eachtraí 1641 i láthair dar le Edmund Burke (Love 1962, 23). I bhfonóta a ghabh le 'Sighle Ní Ghadharadh' ('Ar maidin a néi is déarach do bhíosa'), bhí seachtar staraí gallda mar fhinnéithe aige in aon *tour de force* amháin:

> Since the arrival of the English in 1169, the native Irish have suffered much for political and religious offences. They have been massacred (Leland), tortured (Leland), starved to death (Leland), burned (Castlehaven), broiled (Carte), flayed alive (Barrington), sold to slavery (Lynch), compelled to commit suicide (Borlass), and to eat human flesh (Moryson). In one century their properties were four times confiscated (Leland). They were forbidden to receive education at home or abroad (Irish Statutes). Their language, dress and religion were proscribed (ibid.) and their murder only punished by fine (ibid.). They were declared incapable of possessing any property and finally, compelled to pay large sums to their worst oppressors (ibid.). (O'Daly 1849, 104–5)

2

Ní foilseachán eisceachtúil amach is amach le linn an ama úd a bhí i *Poets and Poetry of Munster.* In 1846, foilsíodh leabhar a raibh an-chosúlacht aige le *Poets and Poetry of Munster.* Fiontraí/foilsitheoir/eagarthóir eile, James McCormick, a chuir *Selection of Irish National Poetry from the Landing of the Milesians to the Present Time* (1846), le chéile. Chuir an réamhrá an cur chuige a bhí ag an eagarthóir in iúl:

> No poems have been inserted, unless they are known to have been written by natives of Ireland, and unless the subject of their muse relate to Ireland . . . Relative to the Ossianic poems, translated from the original Irish by Miss Charlotte Brook . . . some short passages have been omitted, which are really of no importance, as far as the ballads are concerned. (McCormick 1846, vii)

Ní raibh aon Ghaeilge ann.

In 1847, foilsíodh *The Flowers of Irish Melody: A Selection of Irish Popular Songs, Arranged for the Voice, Flute, Violin and &c.* le John Henderson, 'a pretty large collection of vocal airs, with a still larger body of metrical words to be sung with them' mar a cuireadh síos air i léirmheas sa *Nation* (9 Deireadh Fómhair 1847). I mBéarla amháin a bhí an leabhar agus ní raibh aon bhunleaganacha Gaeilge ann.

Lean an díolaim cló agus leagan amach leithéidí *The Jacobite Relics of Scotland, Being the Songs, Airs and Legends of the Adherents to the House of Stuart* le James Hogg (1819), leabhar a bhí léite ag an Dálach (O'Daly 1849, 99) agus *Scotish* (sic) *Songs* le Joseph Ritson a foilsíodh in 1794:

> The format of the *Jacobite Relics* was based on Ritson's *Scotish Songs,* which had established the academic standard in the field. Each item was numbered, its title printed in black letter, and the melody given in staff-notation immediately above the text. There were appendices of Whig songs, Jacobite songs to which no tune could be assigned, and a large collection of notes. The whole was prefixed by a set of dedicatory verses and a prose 'Introduction'. (Donaldson 1988, 95)

Ní cóir a cheapadh go mba phearsa neamhghnách é an fiontraí/foilsitheoir/eagarthóir ceoil agus amhrán. Bhí an fhoilsitheoireacht ag borradh agus ag at sna 1820í agus 1830í de bharr 'significant mechanisation of book production' sna blianta sin (St. Clair 2004, 87); bhí géarchoimhlint i mBaile Átha Cliath i measc foilsitheoirí, eagarthóirí agus iriseoirí de gach cineál agus airgead le déanamh ag an té a bhí in uachtar (Mulvey 2003, 66). Rinneadh léirscrios ar thionscal na foilsitheoireachta i mBaile Átha Cliath sa dara leath de na 1840í agus go háirithe le linn an Drochshaoil (Fegan 2002, 2) ach d'éirigh leis an Dálach a chloigeann a choinneáil os cionn uisce ina ainneoin sin.

Bheadh teacht sna lámhscríbhinní ar chuid mhór d'amhráin na Mumhan ach maidir le beathaisnéisí na bhfilí féin, bheadh an Dálach go mór i gcleithiúnas conlán comhfhreagraithe a sholáthródh an t-eolas seo dó agus go leor le cois, téacsanna san áireamh. Ba dhoimhne an t-eolas a soláthraíodh dó ar fhilí na Máighe ná ar aon fhilí eile. In LNÉ G 389, maireann cuntas a chuir an tAthair Philip Fitzgerald ó Bhaile an Gharraí, Contae Thiobraid Árann, ar fáil dó. Ó tharla go mba as Laitean in iarthar Thiobraid Árann do Fitzgerald, bhain údarás lena chuid eolais chomh fada is a bhain le Liam Dall agus níor bheag ach an oiread an cur amach a bhí aige ar fhilí na Máighe:

> I send you a part of the sketch of O Tuomy. By looking thro (?) it you will see, if it will suit your purpose. I have not time to make it such as I would wish. Indeed the present Season allows little leasure (sic) for any other than the duties of Mission . . . I may be able to add the story of 'Bean na Cleithe Caoile', which indeed is the best of all, but full of *fable,* as well as *fact* with a good sprinkling of Superstition . . . it would require more reflection to put it into an agreeable form for publication. It would admit of much enlargement. (Litir dar dáta 8 Deireadh Fómhair 1844 ó Rev. Philip Fitzgerald chuig an Dálach, LNÉ G 389.)[14]

Mórán focal ar fhocal a d'fhoilsigh an Dálach an méid a bhí curtha ar fáil dó ag Fitzgerald i dtaobh an Tuamaigh agus an Chrathaigh. Is léir lámh Fitzgerald ach go háirithe sa leas a baineadh as athfhriotal Laidine (1849, 15). Tá tagairt déanta ag Fitzgerald do théacsanna na n-amhrán féin ach má chuir sé ar fáil iad, níl siad sa lámhscríbhinn mar a sheasann sí anois.[15]

Nuair a tháinig cuntas Fitzgerald chun deiridh (1849, 18, an chéad alt), d'iompaigh an Dálach ar chuntas a bhí curtha ar fáil dó ag 'Edmund Bennett, Springlodge, Croom, Co. Limerick' (LNÉ G 389). Cuntas tomhaiste fíorasach a chuir Bennett ar fáil agus cé gur athscríobh ar chuntas Bennett a d'fhoilsigh an Dálach don chuid is mó, chuir sé casadh beag truamhéalach ann nach raibh ag teacht leis an mbunchuntas:

Mar seo a scríobh Bennett chuige ar 5 Deireadh Fómhair 1847 (LNÉ G 389):

> I have made very diligent inquiry about John Toomy the Irish Poet whose remains lie interred in the church yard of Croom, and was himself buried there 30 of August 1775 Aged 67 years and which I visited on yesterday and could nearly make it out . . . He [an Tuamach] was born in Dunman between Croom and Adair, having got a good Education he soon distinguished himself in metrical language, which made him Known (sic) to the literati and the Gentry all round, so that old Colonel Quinn of Adair took him in as Steward which he retained for some years after, and it was then he composed that song called Bean na Cleiche Coile (sic) which I cannot meet with . . . I have not earned any (sic) this year as school teaching has in a great degree failed in my neighbourhood.[16]

Seo mar a d'inis an Dálach an scéal:

> After undergoing many reverses he was compelled to accept the situation of servant at Adare, to Mr. Quade, a caretaker or steward on the farm of gentleman residing in Limerick. Here he seems to have borne his change in fortune somewhat impatiently, for we find him engaged in frequent contests with his mistress, whose ill-treatment evoked his bitterest incentives. (O'Daly 1849, 11)

Chuir Bennett litir eile chuige ar 23 Deireadh Fómhair 1847 (LNÉ G 389):

> I received your letter of the 7th Inst. and have delayed this too long on account of travelling through the southern part of the County in quest of information on the Mangaire Sugach and continued my search till I found his remains in Kilmallock Church, where to my great surprise there is no headstone over him to preserve his memory. Since I was informed that he was a native of the south eastern part of the Parish of Ballingarry, called (focal doiléir) Glynn of Knockfirinne where he taught school for a considerable time, having made a vow not to remain more than seven years in any one place . . .
>
> I am promised the Binsheen Lucra, Fáinne Gal a Lae and the Crushkeen lawn by John McGrath of Tory hill, an Irish scholar to whom I will return my sincere thanks for procuring these, and as soon as they come to hand, they will be sent to you. I am on Monday next to take a trip to Mr. Lane of Ballingarry, who promised me to send you a few Songs . . . If I had but a little expense I would travel most of Munster to help you in your patriotic designs.

Tá tagairt déanta chomh maith sa chuntas ar fhilí na Máighe do 'a farmer named O'Donnell, residing at Ballinamana, near Kilmallock, at whose house this eccentric genius, but true poet, breathed his last' (1849, 21).[17] Eugene O'Cavanagh nó Eoghan Caomhánach, múinteoir scoile, arbh as an

Ospidéal, Contae Luimnigh dó féin (Ní Mhurchú, Breathnach 1999, 25; Ó Madagáin 1974, 43–4) a sholáthraigh an t-eolas sin (litir dar dáta 13 Iúil 1848, LNÉ G 389). An Caomhánach a d'inis chomh maith dó gur 'in the churchyard of Kilmallock, in the county of Limerick' (O'Daly 1849, 21) a bhí an Mangaire curtha.[18] Rinne an Dálach sonrú ar an eolas ina lámh féin:

> The Mangaire Sugach (sic) died about 1779 and is buried at the left hand side of the door of Kilmallock Church according to Eugene O'Cavanagh. (LNÉ G 389)

Níor fhoilsigh an Dálach, áfach, cuntas ar bhás an Mhangaire a chuir an Caomhánach ar fáil dó agus a mhaireann freisin in LNÉ G 389.[19]

Bhí eolas ar fhilí na Máighe agus 'Slán chum Pádraic Sáirséal' iarrtha aige ar James Gleeson as Luimneach in 1846, mar is léir ar litir dar dáta 29 Meitheamh 1846 a chuir an Gliasánach chuig an Dálach:

> I have never seen Sarsfield's Lament before and therfore I cannot be a judge of it but his death Elegy I am told was chanted by an Aughrim bard. I observed since I sent you the stanza of gile na gile that I had a verse more in my copy than you have and in the old Bard's advice to his son I have 4 verses more than you. But in our next communication you can have them. With respect to Twomy and the Mangaire, I have a book of Poetry which does not belong to myself. It contains a great deal from Twomy and the Mangaire and several poets. But if it could be sent to you, I would willingly on condition that you would send it back at my request. (ARÉ 12 F 3)

Bhreac an Dálach dréachtaí de bheathaisnéisí an Tuamaigh agus an Chrathaigh in ARÉ 23 0 77, lámhscríbhinn a bhí mar stórchiste amhrán agus eolais aige. Eagarthóireacht agus ní glanchóipeáil a bhí i gceist agus diúltaíodh do leaganacha na gcomhfhreagraithe nó cuireadh athruithe i gcion orthu go sistéimeach nuair a d'fheil sin. As eagrán foilsithe den *Pious Miscellany,* cuir i gcás, a bhain an Dálach an véarsa as 'Duan an Domhain' ('Dúbail seacht am cheacht do chéadaibh'), (O'Daly 1849, 30) atá sa lámhscríbhinn; cé go raibh véarsa as an amhrán seo tugtha dó ag Micheál Mac Cárthaigh ó Dhoire na nÚll i gContae Chorcaí (Ollscoil na hÉireann, Corcaigh, Cnuasach Thorna T. lix; Torna 1941–2, 199). Ní hionann, ach an oiread, téacs fheartlaoi Eoghain Uí Chaoimh mar a sholáthraigh Micheál Mac Cárthaigh é agus an leagan de atá sa díolaim (O'Daly 1849, 30), cé gur tharraing an Dálach ar eolas a thug an Cárthach dó i dtaobh uaigh an Chaoimhigh (Ollscoil na hÉireann, Corcaigh, Cnuasach Thorna T. lix; Torna 1940, 217).[20]

Maireann clúdach litreach a sheol Patrick Lambe chuig an Dálach agus é fós i gCill Chainnigh (dáta 30 Deireadh Fómhair 1844, ARÉ 23 0 77), rud a fhágann go raibh an stórchiste amhrán arbh é *Poets and Poetry of Munster* a thoradh á chur i dtoll a chéile aige agus é fós i gCill Chainnigh.[21] Ba i gCill Chainnigh a thosaigh sé freisin ar stórchiste eile a chruinniú: ARÉ 12 E 24, lámhscríbhinn ón mbliain 1845 'A Miscellaneous collection of

Irish fragments' mar atá ar an leathanach teidil.[22] Fearacht Walsh, is cosúil gur faoi bhráid a bhfoilsithe ag an gCumann Ceilteach a bhí na hamhráin á gcnuasach aige:

> If the Society were once formed it shall not want matter for publication, as my collection of the Songs of our dear Bards is sufficient to keep any Society alive for about five years. (Litir dar dáta 23 Bealtaine 1845 ón Dálach chuig Windele, ARÉ 4 B 5.)

Stórchiste tábhachtach eile don díolaim ab ea ARÉ 23 N 9, a breacadh thart ar 1845. Ba ann a bhí 'Ol-dan Sheaghain Ui Thuama' ('As duine mé dhíolas liún lá') agus 'Freagradh Aindriais Mhic Craith' ('Is duine tu dhiolas liún lá') ann, chomh maith le 'An Paisdin Fionn', ('Atá sgéal beag agam le h-áiriomh díbh'). An mórtas Dálach, gan amhras, faoi ndear nóta údair a bheith sa lámhscríbhinn leis an amhrán 'Is fada fá smúit gan músgailt Phaoubus', á rá gurbh é Séamas Ó Dálaigh a chum an marbhna seo ar Sheán Ó Tuama, marbhna a bhfuil tagairt déanta dó sa chuntas beathaisnéise ar Shéamas Ó Dálaigh (O'Daly 1849, 37) a foilsíodh sa díolaim. Bhí an mórtas Dálach ag léim ar fud na bhfud sa téacs:

> Since the time of Donough Mor O'Daly, abbot of Boyle, A.D. 1244, styled the Ovid of Ireland, from his beautiful verses, the tribe of O'Daly has produced a vast number of eminent poets.
>
> Edward O'Reilly gives a catalogue of twenty-eight writers of the name; and they were so numerous in the sixteenth century, that an English chronicler of that period used O'Dalie as synonymous with poet or rhymer. (O'Daly 1849, 37)[23]

Agus ba 'a sculptor named Donnchadh Ó Dálaigh' a rinne leac Eoghain Uí Chaoimh (O'Daly 1849, 38)!

Stórchiste comhaimseartha eile fós, cé nárbh é an Dálach a bhreac, ab ea ARÉ 23 E 12, lámhscríbhinn ó 1846 (nó dáta gar dó) arbh é Nioclás Ó Cearnaigh a bhreac agus a bhfuil ábhar ann atá le fáil freisin i *Reliques.* Tá teacht ann ar shé cinn déag de na hamhráin atá in *Poets and Poetry of Munster,* ina measc leagan de 'Róisín Dubh' (O'Daly 1849, 214) ar beag idir é agus leagan na díolaime. Is í tuairim Dhiarmuid Uí Dhoibhlin gurbh é an Cearnach féin a chum, rud a d'fhágfadh nach raibh *Poets and Poetry of Munster* chomh lán-Mhuimhneach is a bhí maíte sa teideal:

> Tá a shíniú fein (N.K.) curtha aige leis an dán agus is sampla é den chineál saothair a ghlacadh sé as lámh, seanamhráin a raibh cáil orthu a chur i láthair ach is é rud atá iontu dáiríre ná leaganacha úra dréachtaithe aige féin. (Ó Dufaigh, Ó Doibhlin 1989, 128)

Tá dhá amhrán sa lámhscríbhinn nár foilsíodh go dtí eagrán 1850: 'Slan chum Padraic Sairseul' ('A Phadraic Sáirséal slán go d-ti' tú!') agus 'An Raibh Tu ar an g-Carraig' ('A raibh tú ag an g-carraig 's a bh-feacadh tú fein mo ghrádh').[24] Tharla a dhíocasaí is a bhí an Cearnach ar son na bhfilí

Ultacha, tá seans maith ann gur ar iarratas ón Dálach a chruinnigh sé a bhfuil de ábhar Muimhneach sa lámhscríbhinn seo.

Tionscadal leanúnach comhchuideachta ab ea *Reliques, Irish Popular Songs* agus *Poets and Poetry of Munster* ar shlite go leor agus leanann *Poets and Poetry of Munster* díreach ó *Reliques.* Tharraing an Dálach ar lámhscríbhinn Philib Uí Ghiobúin, ARÉ 23 D 8 do *Poets and Poetry of Munster* mar a bhí déanta cheana aige i gcás *Reliques.* Ba sa lámhscríbhinn sin a tháinig sé ar théacs 'Realtan Chille Cainnich', le hAogán Ó Rathaille ('Atáid éisg ar na srúillibh ag léimridh go lúthmhar') (O'Daly 1849, 91) agus 'An Abhainn Laoi' le h'Eoghan (an mhéirín) Mheic Cárrthaigh' (sic) ('A chumplacht ghlan chaoimh-chrothach chaoin') (O'Daly 1849, 266).

Lámhscríbhinn í ARÉ 23 D 35 a bhfuil ceithre cinn d'amhráin as a chéile ann atá freisin in *Poets and Poetry of Munster,* chomh maith le dhá amhrán eile de chuid na díolaime. Ba é 'Donocha Mhurchóideach Ua Sgannuil', ó Ghleann Fleisce, b'fhéidir, a bhreac an chuid a bhaineann le hábhar anseo (in 1819).[25]

Tá ARÉ 23 M 8 a bhreac 'Seadhan Paor' i 'Ballyfiecárda' in 1822–3 ar an mbeagán lámhscríbhinní arbh i leith Thaidhg Ghaelaigh agus nach i leith Shéamais Mhic Coitir a chuirtear 'Sighile Ni Ghadharadh' ('Ar maidin a néi is déarach do bhíosa') iontu. Tugann an lámhscríbhinn seo 'Síle Ní Ghadhra' mar fhonn (O'Daly 1849, 100) leis an amhrán den teideal céanna.[26] Tá 'Aisling an Athar Pádruic Ui Bhrian' sa lámhscríbhinn seo chomh maith, mar atá i lámhscríbhinní go leor eile, ach is díol suntais é a chóngairí is atá leagan ARÉ 23 M 8 do leagan *Poets and Poetry of Munster.*

Tá ARÉ 23 I 48, lámhscríbhinn a bhreac 'Micháel Óg Ua Hannracháin' in 1831, ar an mbeagán lámhscríbhinní a chuireann 'An Páisdín Fionn' ('Atá sgéal beag agam le h-áiriomh díbh') i leith Shéamais Mhic Chonsaidín, mar atá in *Poets and Poetry of Munster.*[27] Comhfhreagraí de chuid an Dálaigh ab ea Micheál Úa Hannracháin (e.g. litir dáta 20 Feabhra 1862, ARÉ 24 L 12) agus bhí plé leanúnach acu lena chéile. Gach seans dá bharr sin gurbh é ARÉ 23 I 48 a bhí mar fhoinse do 'An Paisdin Fionn' ('Atá sgéal beag agam le h-áiriomh díbh') na díolaime.

Is beag lámhscríbhinn a bhfuil 'Aisling Chonchubhair Ui Shuilliobhain' ('Tré m'aisling a raoir 's me'm shuan támh') ann ach tá teacht air in ARÉ 23 1 20, an lámhscríbhinn a bhreac 'Connchubhar Ó Súilliobháin' féin i g'Cillaoin Cúlchainteach' in 1754. Agus tá teacht ar 'Freagradh Dhonnchadh Ui Shúiollabháin air Chonchúbhar Ua Shúilliobháin' (sic) ('An ghealthan-chruith chaoin chailce, sheang mhnamhuil') sa lámhscríbhinn chéanna.

Baineann tábhacht ar leith i gcomhthéacs fhoinsí *Poets and Poetry of Munster* leis an bplé a bhí ag an Dálach le Pól Ó Longáin sa tréimhse 1846–7 (litir dar dáta 18 Aibreán 1846 chuig Windele, ARÉ 12 L 10; litir dar dáta 30 Eanáir 1847 chuig Windele, ARÉ 4 B 6) agus is díol suntais a bhfuil de lámhscríbhinní Longánacha ina bhfuil amhráin atá in *Poets and Poetry of Munster* chomh maith. Tá, cuir i gcás, deich n-amhrán in ARÉ 23 C 8 (lámhscríbhinn a bhreac Micheál Óg Ó Longáin in 1833), atá freisin in *Poets and Poetry of Munster.*[28] Amhráin iad seo ar fad atá le fáil ó lámhscríbhinn go chéile sa chorpus Longánach sa chaoi is gur deacair a rá le cinnteacht gur tharraing an Dálach ar aon lámhscríbhinn ar leith acu.

Léiríonn an t-amhrán, 'Aisling Eadbhaird do Noglaich', ('Lá 'gus mé ag taisdiol ar maidin am aonar'), cuir i gcás, leanúnachas na bhfoinsí Longánacha. Tá teacht air in ARÉ 23 N 14 (Micheál Óg); ARÉ 23 M 31 (Peadar); ARÉ 23 F 18 (Peadar); ARÉ 23 O 26 (Pól); rud a léiríonn a dheacra is atá sé aon fhoinse ar leith a aithint go húdarásach is go deifinídeach.

Foinse é Ollscoil na hÉireann, Maigh Nuad, Ó Murchú 6, do *Poets and Poetry of Munster,* díreach mar b'fhoinse é do *Reliques.* Tá teacht ann (do réir ord na díolaime) ar 'Cuisle na hEigse' ('A chuisle na h-éigse! Éirghidh suas?') le Seán Ó Tuama (O'Daly 1849, 60); 'Freagradh ar an m-Beith' ('Sguir feasda dod' phlás, ná trácht go h-éag a rís') (O'Daly 1849, 74); 'Leir-ruathar Whiggiona' ('A bhile de'n fhuirion nach gann') (O'Daly 1849, 76); 'An Bhlath-Bhruingioll' ('As í an bhláth-bhruinghioll, bhláth-mhilis, bhéasach') (O'Daly 1849, 82); 'Inghion Ui Ghearailt' le Domhnall na Buile ('Atá lile gan sgamal d'fhuil Ghearailt na sár-fhear') (O'Daly 1849, 188); 'An Sean-Duine Seoirse' le Uillaim Inglis ('Is ro-dhian do sgreadas an sean-duine Seoirse') (O'Daly 1849, 97); 'Aisling Chonchubhair Ui Riordain' ('Tráth 's tréimhse thaisdiolas') (O'Daly 1849, 118); 'Binn Lisin Aorach an Bhrogha' le Brian Ó Flatharta ('Lá meadhrach dá rabhas-sa liom féin') (O'Daly 1849, 202) agus 'Aisling an Athar Padruic Ui Bhriain' ('Tógfadh sé atuirse 's brón díbh') (O'Daly 1849, 260), cé nár cuireadh ainm Uí Bhriain mar údar leis. Pól Ó Longáin a bhreac gach ceann acu.

Is fiú ARÉ 23 N 12, ARÉ 23 G 21, ARÉ 3 B 9, ARÉ 23 F 18, ARÉ 23 O 26 agus ARÉ 23 O 45 a chur san áireamh mar fhoinsí insamhailteacha, cé nach bhfuil fianaise dhoshéanta againn a léireodh gur úsáideadh iad. Lámhscríbhinn í ARÉ 23 N 12 a bhreac Micheál (mac Peadair) Ó Longáin in 1763. Tá teacht ann ar 'Inghion Ui Ghearailt' le Domhnall na Buile ('Atá lile gan sgamal d'fhuil Ghearailt na sár-fhear') (O'Daly 1849, 188); amhrán nach raibh coitianta sna lámhscríbhinní ach a bhfuil teacht freisin air in Ollscoil na hÉireann, Maigh Nuad (Ó Murchú 6). Ina theannta sin, tá leaganacha in *Poets and Poetry of Munster* de shé cinn d'amhráin atá le fáil in ARÉ 23 G 21, iad breactha ag Micheál Óg Ó Longáin idir 1795 agus 1797. Tá teacht ar thrí cinn acu seo in Ollscoil na hÉireann, Maigh Nuad, Ó Murchú 6, freisin.[29] Tá teacht ar leagan de 'An

Draonán Donn' in ARÉ 3 B 9, é breactha ag Micheál Óg. Tá teacht ar leaganacha de cheithre cinn d'amhráin eile in ARÉ 23 F 18 a bhfuil teacht freisin orthu in Ollscoil na hÉireann, Maigh Nuad, Ó Murchú 6.[30] Lámhscríbhinn í ARÉ 23 F 18 a bhreac Peadar Ó Longáin ar dháta éigin tar éis 1825. Tá teacht ar leaganacha de chúig amhrán de chuid na díolaime in ARÉ 23 O 26, lámhscríbhinn a bhreac Pól Ó Longáin in 1839 agus tá teacht orthu seo ar fad, cé is moite de cheann amháin, in Ollscoil na hÉireann, Maigh Nuad, Ó Murchú 6.[31] Pól a bhreac ARÉ 23 O 45 mar a bhfuil leaganacha de 'Eamonn an Chnoic' agus 'An Abhainn Laoi.'

In ARÉ 23 B 36, lámhscríbhinn a bhreac 'Tadhg Mac Carrtha' do shagart paróiste 'Teampall Uachtarach' agus 'Drom Bán' i dTiobraid Árann in 1820, tá leagan de 'Failtiughadh Righ Searlus', ('A Phádruig na n-árrann! a g-cluin' tú na gárrtha') agus é curtha i leith Liam Dall, mar atá in *Poets and Poetry of Munster* (O'Daly 1849, 138). Tá ceithre amhrán eile de chuid na díolaime ann.[32] Ach oiread leis na lámhscríbhinní a luadh ar ball, níl aon fhianaise dhoshéanta ann go mba fhoinse í an lámhscríbhinn áirithe seo.

Is teirce go mór iad na foinsí lámhscríbhinní do amhráin na bhfilí aineoil ná do amhráin na bhfilí aitheanta. D'aithin an Dálach a luachmhaire is a bhí ábhar béil agus in ARÉ 23 O 77, maireann sraith rann tairngreachta (nach bhfuil sa díolaim) a bhreac sé ó bhéal:

> Ag seo ranna ná feacadh a sgríbhinn riamh, noch do thógbhas ó bhéalaibh na sean, atá d'fhonn orm a sgríobh . . . bíodh a fhios ag an léaghthóir gur do tharrangraireacht Mhic Amhlaoibh iad . . .[33]

Ag tarraingt ar amhrán a bhí ar eolas aige féin a bhí sé i gcás amháin ar a laghad. In ARÉ 24 L 16, lámhscríbhinn de chuid an Dálaigh féin, tá an t-amhrán 'Toirdealbach Láidir' agus in *Poets and Poetry of Munster,* tá teacht ar an amhrán céanna ('Cumadh na beirdhean tu bainge dom') (O'Daly 1850, 248) agus é ráite aige ina thaobh: 'We remember the following stanzas of a doggerel rhyme attributed to him when clearing a fair green, or pattern' (O'Daly 1850, 249). Ní raibh an t-amhrán in eagrán 1849 ach cuireadh isteach in 1850 é le paiste a fágadh bán in 1849 a líonadh. Agus deir sé i dtaobh 'Slan Chum Patraic Sairseul' ('A Phadraic Sáirséal slán go dt' tú): 'we had to take our copy of the poem from the mouths of the peasantry' (O'Daly 1850, 278).

I litir ó Chill Chainnigh dar dáta 8 Samhain 1844 chuig eagarthóir an *Nation* (ARÉ 23 H 34), cuireann an Dálach in iúl gur scata foinsí a bhí aige:

> Enclosed you have a copy of a very scarce old Song the Lamentation of Patrick Sarsfield on his departure to France after the Surrender of Limerick.
>
> It is one of the Songs of the Irish brigade, and would afford ample room for historical notes which could be supplied from 'Graham's Siege of Derry &c.' as well as from other Sources.

> After receiving it in scraps from various parts of the country, I arranged it in its present form; and should you consider it worthy of a corner in the Nation, you are at liberty to use it. I am sure Mr. Walsh will give it a suitable English dress . . . (Litir dar dáta 8 Samhain 1844, ARÉ 23 H 34; Ó Concheannain 1971–2, 218–9.).[34]

Tá sé léirithe ag Tomás Ó Concheanainn (1971, 221–4) gur chomhfhreagraí (nár ainmníodh) as Cathair Chinn Lis, Contae Luimnigh, a chuir ar fáil an véarsa breise atá curtha mar fhonóta le téacs an amhráin in *Poets and Poetry of Munster.* Edmond McCarthy an té a bhí i gceist, dar le húdar na haiste (Ó Concheanainn 1971–2, 221).

An Dálach féin a rinne an véarsa a thiontú. Bhí an chuid eile den amhrán tiontaithe ag an Mongánach sa *Nation* ar 14 Deireadh Fómhair 1846 agus is cosúil gur chuir McCarthy an véarsa breise ag triall ar eagarthóir an *Nation* nuair a chonaic sé an t-amhrán i gcló. Dúirt an t-eagarthóir ar 7 Samhain 1846 go raibh an t-aistriúchán 'placed in careful hands', lámha an Dálaigh, gan amhras (Ó Concheanainn 1971–220).

Ní léir an ó bhéal nó ó lámhscríbhinn a fuair sé 'An Cnoicin Fraoich' ('Is ro-bhreagh an tam e air theacht mi na Bealtaine') (O'Daly 1850, 70); 'Bean an Fhir Ruadh' ('Do thugas naoi mi a b-priosun ceangailte cruaidh') (O'Daly 1849, 167); 'Bean Dubh an Ghleanna' ('Atá bó 'gam ar an sliabh') (O'Daly 1849, 185); 'Cait Ni Neill' ('Anois ó thárladh, a b-príosún árd mé, a n-géibheann chruaidh') (O'Daly 1849, 207); 'A Mhaire 'gus a Mhuirnin'('A Mháire 'gus a mhúirnín, 's a lúibín ta (sic) g-craobh-fholt') (O'Daly 1849, 224); 'An Smachdaoin Cron' ('Cois na Bríghdhe seal do bhíosa go sugach samh') (O'Daly 1850, 228).

'Seoirse Robart' a thug sé mar údar ar 'Reigh-chnoc Mna Sighe' ('Is fada mé ag gluaiseacht ar thuairisc mo ghrádh') (O'Daly 1849, 181) ach ní léir foinse lámhscríbhinne a bheith aige dó ná do 'Leather Away with the Wattle O!' ('A raoir 's me go déanach') atá curtha i leith 'Tomás mhic Coitir' ag an Dálach (O'Daly 1849, 192) ná foinse lámhscríbhinne a bheith ach an oiread aige do 'Aisling Phadruic Cundun' ('Maidion 's me am aonar cois taobh coille duille ghlaise') (O'Daly 1849, 250).

Uaireanta tugann an Dálach eolas áirithe sa pharathéacs i dtaobh na bhfoinsí a bhí aige: luann sé, cuir i gcás, "p. 334, vol. 1, of Hardiman's 'Irish Minstrelsy' mar fhoinse do 'An Beinsin Luachradh' (O'Daly 1849, 129) agus i gcás 'Slainte Righ Séarluis' ('Mo chas! mo chaoi! mo cheasnadh!') tá teacht ar "the original song with a translation by the late Thomas Furlong . . . at p.86, vol. II of Hardiman's 'Irish Minstrelsy'" (O'Daly 1849, 147).[35]

Bhí 'Móirín Ní Chuileannáin' mar theideal ar amhráin éagsúla. Bhíodh an Dálach á mbailiú agus an dúspéis aige sna leaganacha éagsúla de bharr, is dócha, na 'popular Jacobite associations' a bhí ag an teideal (Nic Eoin 2003, 562):

> We have no less than sixteen different versions bearing this name in our collection, three of which we select for our present volume. The Irish reader will readily perceive that it is of that Jacobite class peculiar to the middle of the last century; for at that period the poets excited to the highest degree, gave vent to their deepest passions in order to rouse the fallen spirit of the nation in behalf of the Stuart family.

This beautiful air approaches that of the '*Beinsin Luachra*' (little Bench of Rushes) in plaintive tenderness of expression and melody and is known in various districts of the south by different names. In Waterford, for instance, the peasantry call it '*Moirin Ni Ghiobarlain*' (Little Mary Giblin). In Tipperary, it is called '*The Rose Tree of Paddy's Land.*' In all the other southern counties the original name is still preserved . . . (O'Daly 1849, 57)

Foilsíodh dhá leagan eile den amhrán sa díolaim, mar a bhí geallta. Thug fonóta an fhoinse ónar eascair ceann acu: 'I copied this song from a MS. of 1732, now in the possession of Sir William Betham'. (O'Daly 1849, 116)[36] Chuir sé leagan amháin acu ('Am aonar seal ag róduigheacht') i leith an Tuamaigh (O'Daly 1849, 56).

I leith Thomáis Mhic Coitir a cuireadh an tríú leagan (O'Daly 1849, 126). Níl d'eolas tugtha sa díolaim i dtaobh an Choitirigh ach go mba 'of the Cove of Cork' é (O'Daly 1849, 37). Rinne Thomas Cotter áirithe aistriúcháin Ghaeilge ar amhráin Thomas Moore do Windele in 1847 ach is cosúil nach bhfuil 'aon fhianaise chinnte gur Chorcaíoch é' (Ó Conchúir 1982, 23). Mar sin féin is dócha gurbh é atá i gceist. Más ea, tá seans maith ann gurbh é Windele a chuir ábhar uaidh ar fáil don díolaim.

B'éigean don Dálach a admháil i dtaobh Dhónall na Buile, ar cuireadh 'Inghion Ui Ghearailt' ('Atá lile gan sgamal d'fhuil Ghearailt na sár-fhear') ina leith: 'Of *Domhnall na Buile* . . . we have nothing to say' (O'Daly 1849, 188, nóta). Ag 'William Healy, the bookseller' a bhí an t-eolas do réir litreach a chuir James Mac Grady chuig an Dálach i ndiaidh fhoilsiú *Poets and Poetry of Munster,* ach toisc míghnaoi a bheith ag an Dálach ar Healy, ní raibh teacht aige ar an eolas a bhí i seilbh Healy. 'He told me that he saw you at McGlashan's, that you did not speak to him, and that then he did not speak to you' (Ollscoil na hÉireann, Corcaigh, Cnuasach Thorna T. lix; Torna 1939–40, 180).

Ní ag iarraidh teachtaireacht réabhlóideach a chraobhscaoileadh a bhí an Dálach sna leaganacha éagsúla de 'Móirín Ní Chuillionnáin', ach ag iarraidh deireadh ré a mharcáil. Bhí sé ráite aige sa réamhrá a ghabh leis an dara heagrán gur chreid sé go raibh sa díolaim amhráin 'illustrative of that dreary portion of our history which intervened between the violation of the Treaty of Limerick and the relaxation of the Popery Laws: a period characterised by the ruthless tyranny of the dominant Anglo-Irish faction, which drove the oppressed peasantry into rash and violent acts of aggression, and called into life a spirit of lawless resistance (not yet extinguished) which has sent thousands of misguided but injured men to the gibbet and the penal settlements' (O'Daly 1850, xi). Cé go raibh fórsa fós leo mar léiriú ar an 'deep-seated hatred to the English government and settlers everywhere pervading the songs of the period' agus cé gurbh iad, dar leis, an 'best index to the political feelings of the people' (O'Daly 1850, xi), bhí an aicme ar ar thug Edmund Burke an 'Junto' Angla-Éireannach (O'Brien 1992, 512) ceansaithe anois agus an dul chun cinn a bhí déanta á thabhairt i ngrinneas ag amhráin ar nós 'Móirín Ní Chuillionnáin.' Ní mar ghríosadh chun reibiliúin ach mar ghréasadh ar éacht na gCaitliceach a bhíothas á bhfoilsiú agus bheadh feidhm leo mar mhúnlóirí féiniúlachta i measc na glúine iar-Chonallaí.[37] Mar atá ráite ag L.M. Cullen (1980, 105), 'only the intense sense of racial awareness in Irish nationalism seems to be of long standing' agus níor shíothlaigh an eilimint eitneach i saothar an Dálaigh in am ar bith.

Fuair sé aiseolas i dtaobh 'Móirín Ní Chuillionnáin' ó James Mac Grady a scríobh chuige i ndiaidh fhoilsiú an leabhair ón 'Independent Office' i Loch Garman. Fear a rugadh i dTír Eoghain ab ea é (litir dar dáta 1 Nollaig 1849, Ollscoil na hÉireann, Corcaigh, Cnuasach Thorna T. lix):

> Móirín Ni Chuillionáin is not known in the north as the name of a song or air. The name known there, as in the County Waterford, is Moirín ni Ghiobarláin. When I was a little boy I used to hear the tune Móirín Ní Ghiobarláin spoken of [as] a tune accursed as one which we could not play or listen to without incurring excommunication. Perhaps this was in consequence of licentious verses having been composed to the tune, in the same manner as other beautiful tunes. To Sheela bheg ni Chonnaláin, and other delightful airs, I have heard abominable words. (cló iodálach in athscríobh Thorna fágtha ar lár; Ollscoil na hÉireann, Corcaigh, Cnuasach Thorna T. lix; Torna, 1939–40, 181)

Ní bheifí ag súil, b'fhéidir, le measarthacht mar seo i leabhar a d'fhoilseofaí i lár an Drochshaoil, ach bhí an dearcadh seo ag teacht le neamhshuim na Cónaidhme Éireannaí sa phianpháis thart orthu.[38]

Cé gur géaraíodh go mór ar an náisiúnachas i ndiaidh (agus de thoradh) an Drochshaoil (Jackson 1999, 86), lagtrá don náisiúnachas ab ea blianta an Drochshaoil féin:

> Nor did the Famine bring any immediate reinforcement to Irish nationalism; despairing anti-Englishness did not automatically imply a more full-blooded commitment to repeal or to independence. The repeal movement foundered during the Famine, damaged both by the illness and death of O'Connell in 1847 but also by the perceived irrelevance of its core demand at a time of starvation and death. It has been suggested that the Famine undermined the confidence of many repealers in the goal for which they had strenuously fought. (Jackson 1999, 85)

Agus bhí ní eile ann. Cé go mba bhall den Chónaidhm Éireannach é an Dálach, níorbh aon réabhlóideach é. Bhí deireadh anois leis sin agus Smith

O'Brien buailte, curtha ar a thriail agus é mar a dúirt sé féin, 'expatriated to Van Diemen's Land' (ARÉ 24 A 8), é seo in ainneoin mórán cruinnithe poiblí agus céad seasca sé achainí thrócaire, ceann acu sínithe, i measc na mílte ainm eile, ag 'John Daly' ó 'Anglesea Street' (Convict Reference File O 16/2/05, cuid a dó, 'William Smith O'Brien Petitions', lch. 1193, Cartlann Náisiúnta). Bhí an freasúra polaitiúil ar lár agus gan de thoradh ar a gcuid ceannairceachta ach ísle brí:

> . . . the Irish contribution to the year of revolutions (a hopeless, localised attempt at rebellion instigated by the Young Irelanders) was the subject of much derision and, like the famine, seriously dented confidence in the capacity of Ireland to function as an independent polity. (Comerford 2003, 39)

Is cóir freisin measúlacht an lucht léite ar a raibh na cóirithe ceoil dírithe a chur san áireamh agus réamhrá an dara heagrán á léamh againn. Ag freastal ar ghoilliúnacht an dreama chéanna a bhí sé nuair a d'áitigh sé go raibh 'a great number' d'amhráin an Mhangaire Shúgaigh 'so replete with licentious images and ideas, as to be totally unfit for publication' (O'Daly 1849, 18).

Ach cé nár ghabh sé thar an measarthacht, ní taifead stairiúil amháin a bhí sna hamhráin. Níorbh ionann agus an Donnabhánach agus an Comhrach, is mar Ghaeilge bheo na Mumhan a chuir an Dálach na hamhráin i láthair, fiú má ba ghá dó *apparatus criticus* arbh fhairsinge go mór ná na téacsanna féin é (réamhrá, nótaí beathaisnéise, fonótaí) a sholáthar sula bhféadfadh tromlach na léitheoirí meabhair a bhaint as na téacsanna. Agus ní raibh traidisiún na n-aislingí rite as cineál go fóill: bhí údar 'Aisling Phadruic Cundun' ('Maidion 's me am aonar cois taobh coille duille ghlaise') Pádraig Phiarais Cúndún, beo tráth foilsithe an leabhair.[39] Ba thaisce mhilleánach éagóra a thug míniú eitneach ar stair na nGael iad aislingí agus amhráin pholaitiúla na díolaime, iad ag teacht salach ar mheasarthacht réamhráite na díolaime. In ainneoin réamhrá an dara heagrán, lig siad amach boladh Pastorini agus Captain Rock:

> The frequent allusions to France and Spain throughout these popular songs were the result of the dreadful treatment experienced by the native Irish during the early part of the eighteenth century. Oppressed by penal enactments which proscribed the religion, property and education of three-fourths of the inhabitants of the island, the old Irish longed for an appeal to arms, and earnestly desired the co-operation of their expatriated kinsmen . . . (O'Daly 1849, 80)

Ba dheacair a áiteamh nach dtagann paratheács na díolaime trí chéile le háiteamh Joep Leerssen i dtaobh litríocht náisiúnach na hÉireann sna dátaí seo:

> . . . the past whenever it is contemplated in all its injustice and brutality, inspires fresh generations with renewed rancour and indignation, and that the

> improvements of the present are at best but fragile ways of glossing over the deep-seated traumas, constantly threatened by the continuing legacy of remembered hostility and violence. (1996, 180)

Bhí an cheannairceacht níos glé sna cuntais bheathaisnéise ná sna réamhráite. Aislingí ab ea ocht gcinn de na hamhráin a bhí i gcorp na díolaime ach ní sna haislingí amháin a bhí teacht ar fhianaise i leith an 'Irish spirit . . . unbroken by the tyranny under which it has groaned and struggled through ages of misrule and unparalleled oppression' (O'Daly 1849, 18), i dtuairim an Dálaigh. Rinne an Dálach ionannú idir é féin agus na hamhráin agus chuir sé na hamhráin i láthair i gcomhthéacs polaitiúil agus siombalach a thacaigh lena léamh féin ar an stair:

> Our readers will understand that the poets at whose lives and lives and labours we have cursorily glanced, form but a few of the great band of native Irish writers whose genius illumed the political gloom and dreariness of the eighteenth century. (O'Daly 1849, 35)
>
> At this period there flourished a host of other gifted men, of whom but 'Random Records' remain, men whose powers of denunciation and satire were unsparingly exercised against the abuses of authority, and the oppression which their unhappy country was compelled to suffer at the hands of their mis-rulers. (O'Daly 1849, 36)

Nochtann an díolaim agus an comhfhreagras a bhain leis cuid mhaith i dtaobh gheografaíocht litríocht na Gaeilge san ochtú haois déag agus sna 1840í araon. Léiriú í ar fhilí an ochtú haois déag, agus na comhfhreagraithe féin don chuid is mó, a bheith pairiléalach leis an 'Catholic core' (Whelan 1998, passim), an limistéir tíre a chuimsíonn an dúiche ó Luimneach go Loch Garman. Ba leis an gceantar céanna tíre sin a bhain an Dálach féin. Ceantar sócúlach ab ea é agus is beag de bhlas truacánta an *Hidden Ireland* atá ar na cuntais bheathaisnéiseacha a chuir na comhfhreagraithe ar fáil. Bhain ochtar den ocht bhfile is fiche a bhfuil cuntas beathaisnéise orthu sa díolaim le Contae Luimnigh.[40] Le Corcaigh a bhain naonúr acu:[41] Rugadh Donnchadh Rua Mac Conmara in 'Cratloe, in the county of Clare' (O'Daly 1849, 1), cé gur chaith sé an chuid ba mhó dá shaol sna Déise, agus ba as Contae an Chláir do cheathrar eile.[42] Le Ciarraí a bhain beirt.[43] I gceantar Chaiseal Mumhan a deir sé a rugadh Peadar Ó Doirnín agus ba as an gcontae céanna do Liam Dall, 'a native of Shronehill' (O'Daly 1849, 36).

Tá tuairisc údarásach chuimsitheach, bunaithe ar litreacha in LNÉ G 389, scríofa ag Breandán Ó Buachalla (1965) ar cheist bhreith an Doirnínigh agus ar fhoinsí chuntas an Dálaigh air (O'Daly 1849, 31–35). Ní gá dul siar ar chuntas an Bhuachallaigh anseo ach a rá gur cuntas iontaofa a thug an Dálach (1849 31–5) ar scéal bheatha an fhile agus nach ag cuntas a scríobh Nioclás Ó Cearnaigh (ach a bhí curtha i leith Matthew Graham) a bhí an ceart. Ar chuntas a sholáthraigh Art Bennett dó (LNÉ G 389) a bhunaigh an Dálach a chuntas seisean agus ó tharla gur mhaígh Bennett gur i gCúige Mumhan a rugadh an Doirníneach, áiríodh i measc fhilí na Mumhan é sa díolaim. Bhí alt foilsithe ag David Comyn in *Irisleabhar na Gaedhilge* 6 (101) a sheas le leagan an Chearnaigh ach bhí dul amú air, cé gur glacadh go forleathan lena théis. Maidir le háit bhreithe an Doirnínigh, is ceist í atá 'fós le freagairt' (Ó Buachalla 1965, 154).

Cé gur le hamhráin na Mumhan a chlaon an Dálach ina chuid foilseachán, baineann tábhacht nach beag leis an bplé a bhí aige le deisceart Uladh agus Contae Lú agus le lucht léinn sa cheantar sin, an Cearnach, Lambe agus Bennett. As an bplé céanna sin a d'eascair an lámhscríbhinn Chearnach, ARÉ 23 E 12. Plé é seo a chruthaigh comhthéacs don phlé i dtaobh áit bhreithe an Doirnínigh. Go deimhin, d'fhéadfaí ceist bhreith an Doirnínigh a léamh mar mheafar don phlé a bhí ag an Dálach leis an Mumhain agus deisceart Uladh in éindí.

Tadhg Gaelach agus Donnchadh Rua an bheirt b'iomráití i measc fhilí na nDéise, cé gur tháinig siad as tír isteach. Níl amhrán ó fhile Déiseach ar bith eile sa díolaim, é seo in ainneoin a dhílse is a bhíodh an Dálach dá cheantar dúchais. Luann sé, áfach, Uilliam Ó Móráin: 'Moran kept a classical hedge academy at Knockbee, in the parish of Sliabh Cua, a village within an hour's walk of the birth-place of the author of this sketch' (O'Daly 1849, 2) agus bíonn tagairtí Déiseacha ó uair go céile aige sna fonótaí, ceann acu do 'the parish of Kilrossanty, and barony of Middlethird, where the cuckoo is heard earlier in spring than in any other part of Ireland' (O'Daly 1849, 47, nóta).[44] Agus lean *Poets and Poetry of Munster* an claonadh a bhí riamh sa Dálach canúint na nDéise a bhualadh anuas ar a chuid foinsí: 'raince' (O'Daly 1849, 202), a dhéanamh de 'ringce' na lámhscríbhinne ('Bínn Lisín Aorach an Bhrogha'; 'Lá meadhrach dá rabhas-sa liom féin', ARÉ 23 E 12), cuir i gcás nó 'do mheíll mé' (O'Daly 1849, 92), a dhéanamh de 'do mhill mé' na lámhscribhinne ('Inghíon Ui Ghearailt' le hAogán Ó Rathaille, 'A phéarla gan sgamal, do léir-chuir mé a g-cathaibh', ARÉ 23 E 12).

Agus é foilsithe, bhí ábhar *Poets and Poetry of Munster* á athlonnú i dtraidisiún na lámhscríbhinní. In ARÉ 24 L 12 'le Micheál Úa Hannrachain, Cill Rois, Iarthar Túadhmhúmhan, Aois Críost 1856', tá an chuid is mó ar fad de dhánta agus aistriúcháin na díolaime. Mar an gcéanna le LNÉ G 553, lámhscríbhinn a breacadh i ndiaidh 1852 agus arbh é 'Phádruic Ua Raigheallaigh' a bhreac agus a bhfuil roinnt de bhundánta agus aistriúcháin na díolaime inti.[45] In Ollscoil na hÉireann, Corcaigh, Ó Murchú 63, lámhscríbhinn ón mbliain 1855, tá teacht cheana féin ar amhráin ar léir gur baineadh as *Poets and Poetry of Munster* iad. Tá dhá ghrúpa amhrán a thagann i ndiaidh a chéile sa lámhscríbhinn agus a bhfuil fáil orthu freisin sa díolaim.[46] Bhí próiséas eagarthóireachta i gceist agus na hamhráin ag dul ón díolaim chun na lámhscríbhinne: ní glanchóipeáil é.

Cuir i gcás, cuirtear an t-amhrán 'Róisín Dubh' ('Is mairg do 'n té úd d'ár b'éigion dul tar sáile soir') i leith Uilliam Inglis in Ollscoil na hÉireann, Corcaigh, (Ó Murchú 63) ach ní amhlaidh atá sa díolaim.[47]

Ina shraithalt, 'Congantóirí Sheáin Uí Dhálaigh', luann Torna 'a fhairsinge a bhí an cuardach do rinn sé [an Dálach] i dtaobh na bhfilidhe nuair a bhí "Filidhe na Mumhan" dá ullmhú aige' (Torna, 1940, 102–3) agus tráchtann Micheál Mac Carthaigh, ar 'your almost innumerable and learned correspondents' (litir gan dáta, Ollscoil na hÉireann, Corcaigh, Cnuasach Thorna T. lix; Torna 1941–2, 117). Bhí líonmhaireacht seo na gcomhfhreagraithe ag teacht le nósmhaireacht na linne. Ní raibh Gáidhlig ar bith, cuir i gcás, ag James Hogg ach bhí comhfhreagraithe go leor aige i nGaeltacht na hAlban. Chuir siad seo aistriucháin chuige do *The Jacobite Relics of Scotland, Being the Songs, Airs and Legends of the Adherents to the House of Stuart* (1819):

> . . . these songs from the Gaelic were mostly sent to me by different hands, translated simply into English prose, and have all been versified by me . . . To have versified the short sentences from the Gaelic literally was impossible. I trust, however, that those acquainted with the originals will confess that they have lost nothing in going through my hands exclusive of the Gaelic idioms . . . which must all vanish in any translation whatsoever . . . I never got any notes or words so easily turned into songs. (Hogg 1819, iml. 2, 300–1).

Ní hionann is Hogg, chaith an Dálach go coinsiasach leis an ábhar a cuireadh chuige (gan chúiteamh, is cosúil) agus sholáthraigh leaganacha barántúla de na beathaisnéisí agus na bunamhráin.[48] Níl in ábhar na díolaime ach cuid áirithe den ábhar i dtaobh fhilí na Mumhan a chruinnigh an Dálach óna chuid comhfhreagraithe.[49] Is beag duine acu siúd atá luaite as a ainm sa díolaim, cé go luann sé 'John R. O'Mahony, Esq. of Mullough', ball i dteannta an Dálaigh den Chónaidhm Éireannach (Foster 1988, 390, nóta) mar chomhfhreagraí. Tugtar athfhriotal as litir uaidh i dtaobh 'The Humours of Glynn', an fonn ceoil a ghabh le 'Failtiughadh Righ Searlus' ('A Phádruig na n-árrann! a g-cluin' tú na gárrtha') (O'Daly 1849, 138), fonn a ainmníodh as an nGleann, baile fearainn a bhí buailte ar áitreabh an Mhathúnaigh, 'a small romantic country village situated at either side of the Suir' (O'Daly 1849, 139). Ó tharla go dtugtar tuilleadh faisnéise faoin áit chéanna sna nótaí a ghabhann le 'Inghion an Fhaoit o'n n-Gleann', ('Siúbhal a chuid! Bídh ag gluaiseacht') (O'Daly 1849, 156), is féidir glacadh leis gurbh é an Mathúnach an comhfhreagraí sa dá chás. Níor luaigh sé ach oiread gurbh é an Mathúnach a sheol chuige an leagan de 'An Bhain-Treabhach 's an Mhaighdion' (O'Daly 1849, 170–3) atá sa díolaim. Chuir an Mathúnach an t-amhrán i gcló faoin ainm cleite, 'Melgola' san 'Celtic Department' den *Irish People* (páipéar arbh é fein a bhí mar eagarthóir air) i Nua Eabhrac ar 30 Márta 1869:

> . . . we know nothing of the author or the occasion of the 'Maiden Widow'. It was taken down some thirty years since [1839] from oral repetition by a student of the Irish tongue, who heard it sung at a harvest gathering at Kilbeheny, by a peasant girl of the Gaultie side. He was immediately struck by its simple pathos. We shall feel thankful for any traditionary account of the circumstances above referred to. A copy of it was afterwards forwarded by him to Mr. John O'Daly of Dublin, who published it in the first edition of his 'Munster Poets,' with a translation by the late [James] Clarence Mangan. The present version is from the original copy; for some slight verbal differences which are found in O'Daly's do not appear to us to be improvements on the words as formerly and perhaps still, sung by the rural maidens along the banks of the Funcheon.[50]

Luann sé gur sholáthraigh 'a Tipperary girl' seanleagan de 'An Páisdín Fionn' ('Atá sgéal beag agam le h-áiriomh díbh') dó, leagan 'sung by the peasantry about Cahir, Clogheen and Clonmel' (O'Daly 1849, 177), ach ní luann sé an 'girl'as a hainm. (Tógadh an Mathúnach i gCoill Bheithne, gar go maith don dúiche seo agus tá seans ann go raibh lámh aige i soláthar an amhráin áirithe seo chomh maith.)

Bhí tóir sheasta leanúnach ag an Dálach ar amhráin. In LNÉ G 389 ón mbliain 1845, tá liosta 'Songs Wanted' – 'Caoine Phádraig Sairséal' agus 'Gibé Chídfeach an Chuilfhionn' ina measc. Rinne Micheál Mac Cárthaigh liostáil ar amhráin a bhí cruinnithe aige thar ceann an Dálaigh ach níl aon cheann acu sin sa díolaim:

> I have never heard of the 'Gabhuin Dubh'; or of 'Príosún Chluain Meala'. I'll get the old 'Buboro', from the O'Ryans of Lattin. The 'Clár Bog Déil' and 'Eamond an Chnuic' are disgustingly corrupted with interpolations in these localities.
>
> I have a good deal more of the works of our modern bards. John Condon, of Kildorrary, wrote a very fine poem called his 'Aisling' . . . I have a dialogue between Death and the Patient, with its translation by John Collins; also his 'Machnamh' in the old abbey of Timoleague . . . (Ollscoil na hÉireann, Corcaigh, Cnuasach Thorna T. lix, Torna 1940, 215–7)[51]

Léiriú í an litir ar dhíograis agus ar fhuadar foilsithe na gcomhfhreagraithe:

> Have you 'Croma an tsubhachuis' by John O Tuomy; or an elegy on the death of Tuomy, by Andrew McGrath, commonly called the Mangaire Súgach . . . Have you 'Seán Anna Príor' by Clárach? Have you 'Tráth ané is mé tráighte i bpéinn', c. by Eoghan Ruadh? Have you 'Am leaba araoir' by Carroll O Daly? Have you 'Naradh ní Aibhleadh' or 'Caitlín Triall' ? Have you 'Cumha Fódhla', by Ó Bruadair . . . Have you the 'Siota', c. or 'Píobaire na Gráinsighe' by Mr. Nicholas Hayes of Loch Gurr, County Limerick, or any correspondence with him? If not, you would do well to write to him, and give him my compliments. (Litir gan dáta, Ollscoil na hÉireann, Corcaigh, Cnuasach Thorna T. lix; Torna 1941–2, 195.)

Mar thoradh ar chóistí Bianconi, bhí ar chumas an Chárthaigh lámhscríbhinní a chur ó Dhoire na nÚll go Baile Átha Cliath gan mórán stró:

> I am sure you have received the MS. before this, as I gave it into the hands of Mr. Bianconi's agent, viz. Thos. Magner, Lower Cork St., Mitchelstown. (Litir dar dáta 17 Meitheamh 1846 ón gCárthach chuig an Dálach; Ollscoil na hÉireann, Corcaigh, Cnuasach Thorna T. lix; Torna 1940, 275.)

Ba mhinic daoine a bhí i mbun gnó oifigiúil i mBaile Átha Cliath ag breith lámhscríbhinní agus leabhair leo chun an Dálaigh thar ceann na gcomhfhreagraithe, an Cárthach ina measc:

> I have a very excellent old manuscript, which I am very reluctant to part with, not on account of its antiquity, but it belonged to a very worthy member of our shattered family. Yet if you pledge me your word to return it again after being satisfied of the contents of it, I will send it 'direct to you' any way you may think proper to suggest. I could send it by the Mitchelstown Mail, or by Mr. Fitzgibbon, the attorney, who goes often to Dublin . . . (Litir dar dáta 22 Bealtaine 1846 ón gCárthach chuig an Dálach; Ollscoil na hÉireann, Corcaigh, Cnuasach Thorna T. lix; Torna 1940, 215–6.)

Cé gur 'within the last twelve months' a bhí 'any knowledge' ar an nGaeilge sealbhaithe ag Forham, fear ar cuireadh oideachas air thar sáile (litir dar dáta 5 Eanáir 1849 chuig an Dálach, Ollscoil na hÉireann, Corcaigh, Cnuasach Thorna T. lix; Torna 1939–40, 262), ba chomhfhreagraí díograiseach, leanúnach é:

> You seem a little embarrassed at troubling me for these insignificant poems. I hope you will in future consider my poor service yours; and I shall be happy and privileged at being called on to do you any service. (Litir dar dáta 1 Feabhra 1849, Ollscoil na hÉireann, Corcaigh, Cnuasach Thorna T. lix; Torna 1939–40, 263.)

Agus bhí sé sásta amhráin a lorg don dara heagrán (1850):

> As you propose enlarging your own volume, I shall be happy to collect for you, as I do not intend making a volume of my own just now. (Litir dar dáta 1 Feabhra 1849, Ollscoil na hÉireann, Corcaigh, Cnuasach Thorna T. lix; Torna 1940, 15.)

Chuir Patrick Forham véarsa (nár foilsíodh) as 'Róisín Dubh' chuig an Dálach ar 5 Aibreán 1849 (Ollscoil na hÉireann, Corcaigh, Cnuasach Thorna T. lix; Torna 1940, 16).[52] Agus is cosúil ar nóta atá breactha ag an Dálach ar litir dar dáta 5 Aibreán 1849 ó Forham go raibh leagan Muimhneach den 'Droighneán Donn' á lorg aige (Ollscoil na hÉireann, Corcaigh, Cnuasach Thorna T. lix; Torna 1940, 18).

Chuir sé roinnt mhaith bunleaganacha eile nár foilsíodh sa díolaim, 'Caitlín Triall', cuir i gcás (Ollscoil na hÉireann, Corcaigh, Cnuasach Thorna T. lix; Torna 1940, 22), chun an Dálaigh i dteannta a chuid aistriúchán (Ollscoil na hÉireann, Corcaigh, Cnuasach Thorna T. lix: Torna 1939–40, 260–2). Tá tagairt, áfach, i litir dar dáta 5 Eanáir 1849 do 'A Mhaire 'gus a Mhuirnin' ('A Mháire 'gus a mhúirnín, 's a lúibín na g-craobh-fholt') (O'Daly 1849, 224; Ollscoil na hÉireann, Corcaigh, T. lix; Cnuasach Thorna; Torna 1939–40, 263), amhrán atá sa díolaim, agus maireann aistriúchán air a rinne Forham (Ollscoil na hÉireann, Corcaigh, Cnuasach Thorna T. lix; Torna 1940, 98). I ndiaidh fhoilsiú an chéad eagráin, cheartaigh sé (mar a shíl sé) leagan na díolaime:

> 'Máire 'sa Mhúirín' is not correctly given in the second part of the first stanza: instead of bláth na n-ubhal [g]cubhartha, it runs thus: 'Ag teacht ar ubhal cubhartha na gcnudh buidhe 's na gcaortha' c. (Litir dar dáta 29 Márta 1849 chuig an Dálach, Ollscoil na hÉireann, Corcaigh, Cnuasach Thorna T. lix; Torna 1940, 16.)

Chuir an Dálach ag triall ar 'Parson Moriarity' é faoi choinne amhráin: 'I have little doubt of his obliging me with the work you mention' a dúirt Forham leis ar 5 Eanáir 1849 (Ollscoil na hÉireann, Corcaigh, Cnuasach Thorna T. lix; Torna 1939–40, 263).[53]

Caitheann litir dar dáta 29 Nollaig 1848 (Ollscoil na hÉireann, Corcaigh, Cnuasach Thorna T. lix; Torna 1939–40, 99) léas ar bhailiú na n-amhrán i gCorca Dhuibhne. 'Pádraig de Lonndra, Cionn Trágha' a scríobh chuig James Goodman.[54] Léiríonn an litir fairsinge an ghréasáin a raibh an Dálach ina lár:

> Atá súil agam go ndéanfair foidhne ormsa lén' fhaid nár fhéadas scríobhadh chugatsa insa mhéid nur éilighis me mar gheall ar 'an Buachaill Caol Dubh'. Agus do bhíossa ar mo dhícheall dá lorg dhuit, gur ráinig liom é d'fhagháil ó bhean dall darb ainm Máire Ní Ghairbhiaith, sé ranna dhe; agus an chuid eile ó uasal léigheanta Pádraig Ó Fuartháin, insa Daingean Uí Chúise; agus dubhairt sé liom gur chuir Seán Ó Dála scríbhneóireacht chuige mar gheall air i mbeagán laethaibh ó shoin. (Ollscoil na hÉireann, Corcaigh, Cnuasach Thorna T. lix; Torna 1940, 103)

Léiriú eile ar fhairsinge an ghréasáin ab ea litir a scríobh 'P.Toomy' chuig an Dálach ó Dhún Garbhán ar 16 Samhain 1844, á rá leis 'I have no materials, no documents, that could throw any light on the life of these illustrious poets and bards of this province of Munster' (Ollscoil na hÉireann, Corcaigh, Cnuasach Thorna T. lix; Torna 1940, 103).

Comhfhreagraí a bhronn cuid mhór eolais ar an Dálach ab ea 'Andrew Ryan, Gortkelly Castle, Borrisoleigh' i gContae Thiobraid Árann. 'A distinguished literary member of the family', is é sin le rá de Rianaigh Éamann an Chnoic, ab ea é (O'Daly 1849, 219). Maireann litir stractha uaidh (LNÉ G 389) chuig an Dálach – níl fágtha den seoladh ach 'Gort' (i.e. Gortkelly Castle) ach is léir gurbh é a scríobh:

> Mr. Daly I send you enclosed the life of Ned of the Hill. You have all or at least the principal acts as treasured upon the memory of the peasantry of the county. (Litir dar dáta 23 Eanáir 1849.)

Tá lámhscríbhinn fiche is a haon leathanach ar fhaid ina theannta ag cur síos ar Éamann an Chnoic agus nóta, 'Unpublished JOD', scríofa air i láimh an Dálaigh. Is air seo atá an gearrchuntas ar Éamann an Chnoic sa díolaim bunaithe (O'Daly 1849, 219). Bhí sé ró-fhada lena fhoilsiú ina iomláine agus tá sé ráite ag an Dálach (O'Daly 1849, 219) go raibh sé 'obliged to reserve it for another volume.' Ach níor foilsíodh é go dtí gur fhoilsigh D.J. O'Sullivan é in 1930 (O'Sullivan eag. 1930b, 36–49).[55]

Bhí Forham ag iarraidh leagan de 'Éamann an Chnoic' a thiontú go Béarla ach ó tharla nach maireann aon aistriúchán dá chuid, ní eol dúinn cén anáil a bhí aige ar leagan an Mhongánaigh:

> I find 'Eudhman na Cnuic' (sic) very difficult, but yet as you are not particular, I send you an extempore dash of it. (Litir dar dáta 29 Márta 1849 chuig an Dálach, Ollscoil na hÉireann, Corcaigh, Cnuasach Thorna T. lix; Torna 1940, 16.)[56]

Bhíodh an tAthair Matthew Horgan ó Bhláirne ag scríobh chuig an Dálach minic go maith agus ba é a sholáthraigh a bhfuil de chuntais bheathaisnéiseacha ar Chonchúr agus Dhonnchadh Ó Súilleabháin (O'Daly 1849, 36). D'fhág an Dálach ar lár, áfach, mír spéisiúil i dtaobh chúirt fhilí na Blárnan:

> Conor and Denis O'Sullivan of Kille[en] lived within three miles of this place and a mile from Cork. They attended the meeting of the Bards, and their principal Court was here in the parish of Whitechurch within six miles of Cork. I have seen several old people here who recollect their annual assembly at the last of which three Bishops attended. (Litir dar dáta 9 Márta 1844 chuig an Dálach, LNÉ G 389.)

Sholáthraigh 'Lieut-Col. William Blacker, D.L.' na haistriúcháin a ghabh le 'Bruach na Cairge Báine' ('Shiar cois abhan gan bhréig, gan dobhat') agus 'An Raibh Tu ar an g-Carraig' ('A raibh tú ag an g-carraig 's a bh-feacadh tú fein mo ghrádh') san dara heagrán (1850). Rinneadh cur síos ar theach agus stair mhuintir Blacker agus dúradh, in ainneoin gurbh amhrán coitianta sa Mhumhain é agus gur canúint na Mumhan atá i leagan an leabhair, gur logainmneacha 'forming part of the demesne of Carrick Blacker' (O'Daly 1850, 337), iad Bruach agus Carraig agus gur cumadh an t-amhrán in 1666 do mhuintir Blacker. Níor tugadh foinse 'Bruach na Cairge Baine' ('Shiar cois abhan gan bhréig, gan dobhat') ach dúradh i dtaobh 'An Raibh Tu ar an g-Carraig' ('A raibh tú ag an g-carraig 's a bh-feacadh tú fein mo ghrádh'):

> The Irish text of this song (slightly altered), together with the translation by the late Edward Walsh has been copied from Walsh's 'Irish Popular Songs'. (O'Daly 1850, 345)[57]

Pearsa neamhghnách i measc chonlán na gcomhfhreagraithe ab ea Blacker (1777–1855).[58] Ba chinnire é san Ord Oráisteach, 'the first member of the gentry to join the Order' (Blacker, Wallace, 1994, 9). File ab ea é: 'He was of a poetic bent and regarded as the bard of the Order' (Blacker, Wallace, 1994, 10). Is dócha gurbh í an spéis a bhí san fhilíocht aige a spreag é le dul i dteagmháil leis an Dálach. Ar an lámh eile, is í an spéis a bhí ag an Dálach in oirdheisceart Uladh a spreag a spéis seisean san ábhar a bhí idir lámha ag Blacker. Mar 'the present house of Carrick (or Castle Blacker) beautifully situated on the river Bann' (O'Daly 1850, 2287) a thagair an Dálach don chaisleán a bhí i gceist, dar leis. Tharlódh, áfach, go raibh dul amú air féin agus Blacker araon agus gur le Carraig na Siúire a bhain an t-amhrán. Ba í tuairim Margaret Hannagan agus Seamus Clandillon i *Londubh an Chairn* gur bhain an t-amhrán seo leis na Déise: 'It is certain, however, that the people in the Dési (sic) always identified the Carrick of the song with Carrick-on-Suir' (1927, 2).

Tosaíodh ar 'Our Gaelic Department' san *Irish American* ar 25 Iúil 1857 agus ba léir tionchar *Poets and Poetry of Munster* air. Foilsíodh filíocht na Mumhan ann ar bhonn rialta, bunábhar den chuid is mó, 'Iarghnodh ar Bhás an Athar Niocláis Mhic Síothaigh' ar 23 Eanáir 1858 i measc go leor eile. Foilsíodh ábhar a baineadh as *Poets and Poetry of Munster* sa cholún chomh maith, 'Caoine Chille Cais', cuir i gcás, a foilsíodh ann ar 12 Meán Fómhair 1852 agus nótaí an Dálaigh ina theannta.

3

Maidir le ceol *Poets and Poetry of Munster,* ba é John Edward Pigot a sholáthraigh é (Fleischmann 1952c, 330) agus fearacht an Mhongánaigh, ba faoi anáil Éire Óg agus an náisiúnachais chultúrtha a chuaigh Pigot le litríocht na Gaeilge. Abhcóide Caitliceach de chuid na huasaicme ab ea é, mac le Richard Pigot, duine de na Caitlicigh ba chéimiúla sa tír, fear a bhí mar 'Lord Chief Baron of the Exchequer' ó 1846 go 1873 (Fleischmann 1952c, 330). Ba é an té i measc na nÉireannach Óg 'closest to the Irish establishment' agus bhí sé ar bhunaitheoirí an Ghailearaí Náisiúnta (Comerford 2003, 247). Bhí sé chomh mór sin i mbéal an phobail gur scríobh Marmion Wilmo Savage úrscéal aoire, *The Falcon Family, or Young Ireland* (1845) ina thaobh.[59] Bhí sé mar rúnaí ar an Society for the Preservation and Publication of the Melodies of Ireland (O'Neill 1913, 149) agus maireann thart ar 3,000 mír cheoil a bhailigh sé i seacht gcinn de lámhscríbhinní in Acadamh Ríoga na hÉireann arbh iad 24 O 20, 24 O 21 agus 24 O 22 na cinn is suntasaí ina measc (Fleischmann 1952c, 330).[60] Níor foilsíodh aon chuid dá chnuasach ach amháin mar chuid de fhoilseacháin dhaoine eile, *Poets and Poetry of Munster* ina measc. Bhíodh earraíocht á baint ag an Dálach as ábhar ó chnuasach lámhscríbhinní Pigot le cur ina chuid lámhscríbhinní féin:

> I copied this poem from a large MS. now in the possession of J.E. Pigot Esq., Leeson St. Dublin . . . John O Daly Dublin Dat. 1852. (LNBB 5330B; O'Grady 17)

Bhain sé féin agus an Dálach araon le gréasán William Elliot Hudson, gréasán a bhí go mór faoi thionchar Thomas Davis. Ar thuairimí Augustin Thierry a bhunaigh Davis na tuairimí a bhíodh aige i leith an cheoil Ghaelaigh, tuairimí a chuir sé i láthair i sraith aistí sa *Nation* in 1842. Dar le Thierry, ceol ab ea an ceol Gaelach 'which paints the insides of souls' agus bhí Davis den tuairim chéanna (Mulvey 2003, 116).

D'fhág an bailiú a bhí déanta ar an gceol ag Pigot go raibh stórchiste fonn ábhartha aige. Sa chás nach mbeadh fonn an amhráin féin aige, bheadh teacht aige i gcnuasaigh eile ar na foinn a bheadh ag teastáil:

> I gave you back ALL the slips, so I have not the words of the three songs you want, nor of the one you now send me: that is,
> Staicín eorna,
> A raibh tú ag an gCarraig,
> Síoda tá'd Wallet,
> Cnaoicín Fraoich.
> If you send me the words I will have the airs at once for you. (Litir dar dáta 'Saturday' chuig an Dálach, Ollscoil na hÉireann, Corcaigh, Cnuasach Thorna T. lix; Torna 1940, 105.)
> The four tunes are now right except the last notes on Sliabh Féilim which should be changed to E's. I suppose this is the last and it may now be printed; but if there is anything else you want me to see, send it to me to-morrow, for I will not be in town again until Wednesday morning. (cló iodálach in athscríobh Thorna fágtha ar lár; litir dar dáta 'Sunday 16 Sept.' chuig an Dálach, Ollscoil na hÉireann, Corcaigh, Cnuasach Thorna T. lix; Torna 1940, 106.)

Ba mhian leis an Dálach go mbeadh téacs, aistriúchán agus cóiriú ag teacht le chéile agus is cosúil gur roghnaíodh amhráin áirithe ar an mbonn gur fheil siad don cheol: roghnaíodh téacs 'An Seabhac Siubhail' ('Is é measdar liom ar leagadh túr, 's áitriobh récs'), cuir i gcás, mar gur fheil sé do cheol 'An Clár Bog Déil'. An ceol a roghnaíodh i dtosach, ansin fuarathas téacs a fheil dó:

> There are several songs to this air, but we have selected this Jacobite effusion of Maurice Griffin for our present occasion. (O'Daly 1849, 231)

Cóirithe pianó a d'fhoilsigh Pigot; níl teacht sa díolaim ar nodaireacht na n-amhrán mar a chantaí iad sa traidisiún beo. Bhí siad cóirithe sa chaoi is go bhfhéadfaí na haistriúcháin a chanadh le tionlacan pianó sna suíomhanna measúla ina mbíodh an lucht léite sprice cruinnithe. D'fheilfidís do cheoltóirí amaitéaracha an bhourgeoisie Angla-Éireannaigh agus Chaitlicigh, dream a raibh a gcuid cluasa cleachta le cóirithe pianó. D'fheilfidís ach go háirithe dóibh siúd a bhí ag iarraidh dul i ngleic leis an bhféiniúlacht Éireannach, ach gan dul thar fóir leis an nGaeilge ná leis an gceol bundúchasach neamhchóirithe neamhchlasaiceach. Ba de dhlúth is d'inneach an Románsachais é bailiú, cóiriú agus canadh an cheoil dúchais agus bhí an lucht léite sprice tagtha faoi anáil an náisiúnachais chultúrtha agus an Románsachais. Sa chás, áfach, go mbeadh an léitheoir taithíoch ar amhránaíocht an bhéil bheo, d'aithneodh sé ar an toirt amhráin na díolaime: 'Cailin Deas Cruidhte na m-Bo', 'Sighile Ní Ghadharadh', 'Seaghan Ua Duibhir an Ghleanna', 'Seághan Buidhe', 'Eamonn an Chnoic' agus 'Clar Bog Deil' cuir i gcás (O'Daly 1849, ix-x).

Ba le freastal ar léitheoirí ar easpa Gaeilge a d'fhoilsigh an Dálach leaganacha ionstraimeacha Pigot agus a d'iarr sé ar an Mongánach na haistriúcháin a dhéanamh do réir na mbunmheadarachtaí. Ar an gcuma chéanna, bhí leathadh na leaganacha ceoil mar aidhm ag James Hogg le *The Jacobite Relics of Scotland:*

> . . . the publication of these Jacobite relics will work a revolution in Scottish song, and that, for a time, we shall hear them more generally sung than any other . . . (Hogg 1819, iml. 1, 224)

Fiú faoin mbliain 1750, cúig bliana i ndiaidh éirí amach 1745, bhí glactha i measc mheánaicme Ghalltacht na hAlban leis an amhrán Seacaibíteach agus bhí 'everthing necessary to its existence as an independent type, its association with glamorous Highlandry, love-ambiance, and sentimental focus upon exile and loss' mar thréithe ag an amhrán Seacaibíteach (Béarla) in Albain (Donaldson 1988, 67). Toradh ar an seintimint seo ab ea 'a great effloresence of cultural nationalism in Scotland during the late eighteenth and early nineteenth centuries, with key indicators like popular song collecting and publishing reaching an all-time high' (Donaldson 1988, 88).

Is léir go raibh oiliúint ag Pigot sa cheol clasaiceach agus é in ann struchtúr agus armóin an cheoil sin a bhualadh anuas ar an gceol dúchais. De bharr leaganacha éagsúla a bheith ag na foinn ar leith, b'éigean do Pigot an ceol a chóiriú is a mhaolú le go mbeadh sé ag teacht leis an téacs. Fágann seo gur téacs caighdeánaithe ceoil í an díolaim. B'éigean na teidil a chaighdeánú freisin leis na hamhráin a chur i riocht a bhfoilsithe. Nós é seo a bhí ag teacht salach ar an traidisiún: bhíodh teidil fhoinn sa traidisiún (e.g. 'Binsín Luachra') ach ní teidil dhochta liteartha a bhíodh iontu mar atá in *Poets and Poetry of Munster.*

Ag leanúint nósanna cóirithe Edward Bunting a bhí Pigot mar gur leaganacha 'adapted for the piano forte' (1796) agus nach bun-nodaireacht a d'fhoilsigh seisean.[61] Ba dheacair a bheith ag súil lena mhalairt ó bhailitheoir ar bith:

> The piano provided a new and international dimension to the market, and Irish entrepreneurs were not slow to respond. Bunting may have delighted in recording the inheritance of the harpers for antiquarian and patriotic reasons, but he published the music in arrangements for piano, an agent of international diffusion and commercial exploitation. There would have been little point in publishing it otherwise, but the transcription, like any translation, could not

> convey the original intact (which is not to suggest that there was a pure Platonic form of the tunes at any stage). (Comerford 2003, 185)

Ba é an dála céanna é sa Bhreatain Bheag: ba chóirithe pianó a d'fhoilsigh Maria Jane Williams sa chnuasach clúiteach ceoil a chruinnigh sí in 1844 in Gwynedd agus Morgangwg ó cheoltóirí na linne (Williams 1994).

Bhí Bunting mar eiseamláir agus mar fhoinse ag Pigot. Is ón *Ancient Music of Ireland* (1840) le Bunting, cuir i gcás, a thóg sé an cóiriú ar 'Caitlin Ni Uallachain' ('Measamaoid nach calm sin, do'n bhuairt san Sbáinn') (O'Daly 1849, 161; Bunting 1840, fonn 97, lch. 71; Fleischmann 1998, iml. 2, fonn 6009, lch. 1091; Moloney 2000, 347) atá in *Poets and Poetry of Munster*. Tá cóiriú déanta ag Bunting ar 'Bean Dubh na Rún' in *A General Collection of the Ancient Irish Music*, iml. 1 (1796; fonn 40, lch. 19; Fleischmann 1998, iml. 1, fonn 3369, lth. 616) agus is cosúil gurbh air a bunaíodh 'Bean Dubh an Ghleanna' ('Atá bó 'gam ar an sliabh') (O'Daly 1849, 184) le Pigot, cé go bhfuil difríochtaí sna maisenotaí. Díreach mar a bhí comórtas idir *Poets and Poetry of Munster* agus *Irish Popular Songs* (1847) le hEdward Walsh, bhí comórtas idir an Dálach agus Bunting chomh maith. Is léir gur bhain an Dálach sásamh as an nóta seo leanas a scríobh i dtaobh an amhráin, 'Leather Away with the Wattle O! ('A raoir 's me go déanach')': 'This spirited air escaped the notice of our most eminent collector, Bunting' (O'Daly 1849, 193).

Bheadh teacht ag Pigot ar fhoinn na n-amhrán nó ar leaganacha díobh i gcuid mhaith foilseachán a bhí suas lena linn. Is ionann mórán cóiriú Pigot ar 'Domhnall na Greine' ('Comaoin 's *Frolic* – chuir Artúr de Bhailis') (O'Daly 1849, 160) agus an cóiriú atá air in *O'Farrell's Pocket Companion for the Irish or Union Pipes* (O'Farrell 1810; iml. 1, gan uimhreacha foinn, lth. 118–9; Fleischmann 1998, iml. 2, fonn 3945, lch. 724; fonn 6673, lch. 1208), cé go bhfuil miondifríochtaí eatarthu.[62] Tá leagan de 'An Seabhac Siubhail' ('Is é measdar liom ar leagadh túr, 's áitriobh récs') arbh é ceol 'An Clar Bog Deil' atá curtha leis in *Poets and Poetry of Munster* (O'Daly 1849, 230), in *O'Farrell's Pocket Companion* freisin (O'Farrell 1810; iml. 1, gan uimhreacha foinn, lch. 74; Fleischmann 1998, iml. 2, fonn 6686, lch. 1211), cé nach ionann go baileach leagan Pigot agus an ceann seo. Tá cóiriú Pigot ar 'An Paisdin Fionn' ('Atá sgéal beag agam le h-áiriomh díbh') (O'Daly 1849, 176) an-ghar don chóiriú atá air in *A Selection of Scotch, English, Irish and Foreign Airs* (1795) le James Aird (Fleischmann 1998, iml. 1, fonn 2767, lch. 523). Tá leagan eile de cheol 'The High Cauled Cap' (O'Daly 1849, 40; Fleischmann 1998, iml. 1, fonn 54, lch. 12) (fonn a foilsíodh in *Poets and Poetry of Munster* neamhspleách ar aon amhrán ar leith) in NLS 9458 (Leabharlann Náisiúnta na hAlban). 'Seventeen Pieces for Keyboard' atá ar an lámhscríbhinn arbh é 1663 an garbhdháta a ghabhann leis (Fleischmann 1998, iml. 2, lch. 1249). Tá leagan in *Irish Minstrelsy* (1825) le RA Smith

(1825, 45) den fhonn 'The Humours of Glynn' arbh é ba cheol do 'Failtiughadh Righ Searlus' ('A Phádruig na n-árrann! a g-cluin' tú na gárrtha') sa díolaim (O'Daly 1849, 166; Fleischmann 1998, 139), cé nach ionann go baileach é agus leagan Pigot.[63] Bhí teacht go coitianta ar cheol 'An Cnóta Bán'/'The White Cockade', (Gore 1994,156; Fleischmann 1998, iml. 1, fonn 1455, lch. 276), an ceol a ghabh le h'Uaill-chumhaidh na Feinne' ('Mo mhíle trugh ! mo bhuairt! Mo bhrón!') (O'Daly 1849, 50). Tá leagan, cuir i gcás, in *Aird's Selection of Scotch, English, Irish and Foreign Airs Adapted for the Fife, Violin or German Flute* (1782–1801, iml. 4, 15) le James Aird agus tá teacht ar an gceol chomh maith in *Rutherford's Compleat Collection of Most Celebrated Country Dance* (1756) (Fleischmann 1998, iml. 1, fonn 1455, lch. 276), chomh maith le leagan a bheith in *O'Farrell's Pocket Companion for the Irish or Union Pipes* (O'Farrell 1810; iml. 1, gan uimhreacha foinn, lth. 4–5). Ar an lámh eile, bhí teacht ar cheol 'Slan Chum Patraic Sairseul' ('A Phadraic Sáirséal slán go d-ti' tú!') chomh fada siar le *A Collection of the Most Celebrated Irish Tunes, Proper for the Violin, German Flute and Hautboy* (44) a chuir John agus William Neal in eagar in 1724, ach níor fhoilsigh an Dálach/Pigot an ceol i dteannta an amhráin nuair a foilsíodh de chéaduair é sa dara heagrán (1850). Foilsíodh 'Bruach na Cairge Baine' ('Shiar cois abhan gan bhréig, gan dobhat;') agus dhá leagan den cheol a ghabh leis in eagrán 1850 (O'Daly 1850, 280–285; 290) chomh maith le 'An Raibh Tu ar an g-Carraig', ('A raibh tú ag an g-Carraig 's a bh-feacadh tú fein mo ghrádh') (O'Daly 1850, 286), 'Toirdhealbhach Laidir' ('Cumadh na beirdhean tu bainge dom') (O'Daly 1850, 248) 'An Cnoicin Fraoich' ('Is ro-bhreagh an tam e air theacht mi na Bealtaine') (O'Daly 1850, 70) agus 'An Smachdaoin Cron' ('Eirghidh ad shuighe a chailin!') (O'Daly 1850, 228) de chéaduair san dara heagrán chomh maith ach bhí ceol ina dteannta.

Deir Séamas Ó Casaide go raibh foilseacháin de chuid Bunting, cinn nach bhfuil teacht anois orthu, i seilbh an Dálaigh tráth:

> John O'Daly in his sale catalogue for the year 1874, stated that in addition to the three publications of 1796, 1809 and 1840 'there are also about a dozen of favourite airs published by Bunting about 1790, without his name, which are of the greatest rarity' (Ó Casaide 1927, xxxv)

Ar an drochuair, ní cosúil teacht a bheith anois ar eagrán 1874 de *Bibliotheca Hibernica,* catalóg leabhar an Dálaigh. Ach dar le Colette Moloney, 'as O'Daly does not give the source of his information and as the airs were supposedly published without Bunting's name, it is not now possible to verify the statement' (2000, 161, nóta 1).

Dá mhéad í anáil Bunting ar an tionscnamh ar fad, bhíothas imithe anois ón uirlis ab ansa le Bunting agus náisiúnaithe cultúrtha an ochtú haois déag (agus le Hardiman ina dhiadh sin), an cláirseach:

> Harp music, in particular that of Carolan, was central to the eighteenth-century interest in Irish Music . . . The close connection between cultural and political nationalism was particularly apparent in the harp festivals celebrated in late eighteenth-century Ireland. (Thuente 1994, 50)

Chomh maith le Pigot, bhí lámh bheag éigin ag Patrick Forham i ngnó an cheoil: bhíodh an Dálach ag dul i gcomhairle leis ar fhianaise litir dar dáta 18 Eanáir 1849 ó Forham chuig an Dálach:

> I have great pleasure in sending you the music of Rós Geal Dubh, such as I got it. I can not however vouch for its purity. It is extremely difficult to be positive as to the precise airs of these songs. You must be directed by the character of the tune, and whether it be in keeping with the period to which it is ascribed. This inclines me to believe that the music you sent me to the Róisín Dubh is the correct one for it breath[e]s intensely the grief of the period . . . The other airs you call for I have not written; tho' I can play them on the Bugle and Cornopean . . . (Ollscoil na hÉireann, Corcaigh, Cnuasach Thorna T. lix; Torna 1939–40, 179–180).

Mhol na léirmheastóirí cóirithe Pigot agus b'fhearr go mór a shásaigh taobh an cheoil den díolaim léirmheastóir an *Nation* (3 Samhain 1849) ná mar a shásaigh aistriúcháin an Mhongánaigh é:

> We do bare justice to Mr. O'Daly when we say that this volume, both in the skill with which it is edited and the style in which it is published, does him entire credit. Much of the music which he has given in connection with the poetry was, we believe, never published before.

Bhí Meehan chomh moltach céanna i dtaobh an cheoil leis an *Nation* agus é ag scríobh san *Irishman* an lá céanna sin: 'The music and typography of the *Poets and Poetry of Munster* deserve our warmest praise'. Mar an gcéanna a bhí le léirmheastóir an *Press* (7 Samhain 1849): 'As to the accompanying music we can hardly speak too highly . . .'

Caibidil 7

Baile Átha Cliath: an Cumann Oisíneach

1

Ar Lá le Pádraig, 1853, chruinnigh 'a few individuals interested in the preservation and publication of Irish Manuscripts' i siopa an Dálaigh ag 9, Sráid na Móna. Bhunaigh siad ann cumann 'for the express purpose of forming a Society whose object should be the publication of Fenian poems, tales and romances, illustrative of the Fenian period of Irish history, in the Irish language and character, with literal translations and notes explanatory of the text, when practicable' (O'Kearney 1854, 5). Níor baisteadh teideal ar an gcumann nuabhunaithe, ach ag cruinniú ar an 9ú Bealtaine, tugadh 'The Ossianic Society' air. An Dálach agus William Elliott Hudson an bheirt ba mhó a bhí chun tosaigh i mbunú an chumainn:

> When John O'Daly arrived from Kilkenny, for the purpose of establishing the Celtic Society, Mr. Hudson was the first to take him warmly by the hand, and support his efforts. He was in fact the main spring of the Society, and owing to his exertions it attained a prominence that gave promise of final success. In the year 1853 Mr. O'Daly conceived the idea of forming an Association for the Preservation and Publication of MSS. in the Irish language illustrative of the Fenian period of Irish History, and having consulted Mr. Hudson, then as ever foremost to every endeavour to preserve from oblivion, those documents in which our ancestors recorded 'all important events connected with their father-land' (sic); he received the warmest encouragement and support. A meeting was called at Anglesea-street on St. Patrick's Day, 1853, at which was formed the Ossianic Society not as a rival but as an auxiliary to other similar institutions. Mr. Hudson took an active and lively interest in fostering it to maturity, and a prominent part in its proceedings during the short period of its existence previous to his decease. (O'Daly 1859b, xviii)

Níor toghadh uachtarán ar an Ossianic Society (an Cumann Oisíneach) go dtí Márta 1855:

> At our next annual meeting the Ossians are about putting themselves into a proper business like form by electing a President and Vice president. (Litir dar dáta 23 Feabhra 1855 chuig Windele, ARÉ 4 B 15.)

Ainmníodh Standish Hayes O'Grady mar uachtarán (O'Kearney 1855, 7). Bhí seisean ar chomhairle an chumainn ón tús. An Dálach a bhí mar rúnaí agus mar threoraí air ó bhreith go bás (O'Kearney 1854, 5) agus ba iad a lucht aitheantais ba mhó a bhí chun tosaigh ar chomhairle an chumainn. Ina measc bhí Eoghan Ó Conalláin, ollamh le Gaeilge i gCorcaigh, William Hackett, Mainistir na Corann, an tAthair Patrick Lambe, sagart pobail an Bhaile Úir, Conor McSweeny a bhí an uair úd ina ollamh tuata i gColáiste Phádraig, Durlas Éile, chomh maith leis na scoláirí, Seán Ó Donnabháin, Nioclás Ó Cearnaigh agus John Windele (O'Kearney 1854, 5). I dteannta na ndaoine sin ar fad ainmníodh mar bhaill den chomhairle an tAthair John Clarke, curáideach i gCo. Lú, Euseby D. Cleaver, a bhí i nDeilgne ag an am – ach a chuaigh chun cónaithe in Oxford sa bhliain 1854, mar a ndearna sé obair mhór don chumann i Leabharlann Bodley, Oxford (O'Kearney 1855, 7) – 'Rev. J.L. O'Flynn, O.S.F.C.' ó Chill Chainnigh, Thaddeus O'Mahony a bhí mar ollamh le Gaeilge i gColáiste na Tríonóide ina dhiaidh sin ach a bhí an uair úd i gColáiste Choilm, Ráth Fearnáin (Breathnach, Ní Mhurchú 1994, 137), Andrew Ryan ó 'Gortkelly Castle, Borrisoleigh', i dTiobraid Árann (an té a sholáthraigh ábhar ar Éamann an Chnoic do *Poets and Poetry of Munster*) agus 'Rev. W. Wright, D.D., Medmensham, Bucks.' (O'Kearney 1854, 5).[1]

Ní gach ball den chomhairle a bhí gníomhach sa chumann ná muiníneach as. Scríobh Seán Ó Donnabháin chuig D.H. Kelly ar chuma a chuir a chuid amhrais faoin tionscnamh in iúl go follasach:

> I know very little about the Ossianic Society, nor do I believe that it will succeed, it having received an irreparable blow in the death of the late William Elliott Hudson Esq., but if you write to Mr. John O'Daly, No. 9 Anglesea St., Dublin, he will tell all about the prospects of the said Society. (Litir dar dáta 16 Meán Fómhair 1853, John Rylands Irish 20.)[2]

Cé gur Chaitlicigh ba mhó a chláraigh sa chumann, ba bheirt Phrotastúnach, Cleaver agus O'Mahony, a toghadh mar leasuachtaráin in 1854 (O'Kearney 1855, 7). Protastúnach, William Smith O'Brien, a toghadh mar uachtarán in 1858, é mar chomharba ar Standish Hayes O'Grady, Protastúnach eile.

Ar fhilleadh go hÉirinn dó, bhain gradam ar leith le William Smith O'Brien i saol na gcumann náisiúnach agus cé gur shéan sé formhór mór na n-onóracha a bhíothas sásta a bhronnadh air, bhí 'a widespread desire to show him honour' sa tír (Comerford 1998, 58) agus níl aon amhras ina thaobh ach go gcuirfí ar ais i dTeach na dTeachtaí é dá dtogródh sé seasamh do thoghlach ar bith sa Mhumhain. Dhéantaí miontuairisciú sna nuachtáin náisiúnacha ar a thurais chaithréimeacha timpeall na tíre ag tóraíocht lámhscríbhinní.[3] Cuireadh go mór le seasamh (agus le ballraíocht) an Chumainn Oisínigh nuair a ceapadh mar uachtarán é. Bhí liostaí na mball ag méadú ón uair a ceapadh é agus ba ghaolta dá chuid féin roinnt mhaith acu (O'Daly 1861a, liosta ball). Chomh maith leis an ngradam a bhronn sé ar an gcumann, ba chomhartha sóirt é an ceapachán ar shainmheon an Chumainn Oisínigh a bheith níos raidicí ná sainmheon an Chumainn Sheandálaíoch agus Cheiltigh, cuir i gcás, a raibh Diúc Laighean mar uachtarán air agus galluaisle go leor bainteach leis. Bhí diúltaithe ag Smith O'Brien do uachtarántacht an chumainn náisiúnaigh ba threise sa tír, an National Brotherhood of Saint Patrick, in 1862 (Comerford 1998, 81), léiriú ní amháin ar an tábhacht a bhain, dar leis, leis an gCumann Oisíneach, ach ar sheasamh gradamach neamhspleách a bheith á bhaint amach ag an náisiúnachas cultúrtha.

Bhí ar a laghad naonúr Protastúnach i measc an trí dhuine dhéag is ceithre scór ar fad a bhí mar bhaill den chomhairle uair éigin (Murray 2000, 52), ina measc John Windele a thug diúltú don leasuachtarántacht:

> Our Annual Meeting came off on Saturday and I am sorry you did not give me permission to propose you as Vice President of the Fianna. (Litir dar dáta 19 Márta 1855 chuig Windele, ARÉ 4 B 15.)

Bhí toirmeasc ar phlé ar 'all matters relating to the Religious and Political differences prevailing in this country' faoi riail 14 den chumann (O'Kearney 1855, 8).

Mar ab iondúil leis, bhíodh doicheall ag Nioclás Ó Cearnaigh roimh Phrotastúnaigh agus d'éirigh leis mioscais áirithe a dhéanamh. Léirigh an Dálach col leis seo:

> I fear Kearney will do us a great deal of harm. He got outrageous at my proposing a Protestant gentleman named McGinty who will do us some service on the Council the other day and only for O'K we would have that O'Brennan whom I am sure from his Protestant connections would get us about 2 or 300 members at once . . . (Litir dar dáta 19 Meitheamh 1855 chuig Windele, ARÉ 4 B 15.)[4]

'Council House/ 9, Anglesea – street/Dublin' a bhí mar sheoladh ag an gcumann ar a chuid stáiseanóireachta (e.g. litir dar dáta 24 Márta 1857 ón Dálach chuig Windele, ARÉ 4 B 17) ach ní raibh ansin ach siopa an Dálaigh. Ba í seo an áit 'where the secretary attends daily (Sunday excepted) from 12 to 1 o'clock, for delivering the books to members'. Liostáladh ceithre cinn déag de rialacha a leanfaí. An dara riail agus an ceann ba thábhachtaí acu, bhris sé le cur chuige na gcumann go dtí seo. Scoláirí Gaeilge agus ní galluaisle agus amaitéaraigh a bheadh i gceannas anois:

> . . . management of the Society shall be vested in a President and Council, each of whom must necessarily be an Irish scholar. (O'Kearney 1854, 4)

'A committee of twelve, or even twenty Irish scholars' (*Nation,* 31 Bealtaine 1845), a theastaigh uaidh nuair a bunaíodh an Cumann Ceilteach ach ní mar sin a tharla. Bheadh an coiste scoláirí sin anois aige.

Cumann a bheadh fréamhaithe sa léann dúchais a bheadh ann. Ar ndóigh ní raibh béim ar cháilíochtaí foirmiúla ag an am agus níor léir go baileach céard a bhí i gceist le scoláire Gaeilge. Cé nár bheag an dul chun cinn é do léann na Gaeilge a leithéid de riail a bheith á chur i gcion, d'fhág scaoilteacht an téarma gur bhain éagothroime riamh leis an gcaighdeán léinn a bhí in uachtar i bhfoilseacháin an chumainn agus, go deimhin, i bhfoilseacháin an Dálaigh trí chéile.

Ina theannta sin, ní bheadh ach cúig scilling mar shíntiús – 'a sum almost nominal' (O'Kearney 1854, 7). Chuir an Dálach an argóint a bhí laistiar den síntiús i láthair an phobail san 'Second Annual Report':

> The Council undertook the task, in many ways arduous and responsible, and that not least in a financial point of view. They determined, however, that their publications should not be accessible to the very affluent only, and therefore dispensed with entrance fees, and fixed the terms of membership at Five Shillings per annum. (O'Kearney 1854, 10)

Ní raibh anseo ach leath a raibh á íoc ag 'subscribers' an Chumainn Cheiltigh agus an ceathrú cuid dá raibh á íoc as ballraíocht iomlán ann. £3 a bhí mar shíntiús don Chumann Ársaíoch, dhá oiread déag a raibh á íoc ag na hOisínigh. D'fhág seo go raibh an 'great barrier' – mar a thug an Dálach air – curtha ar ceal (Murray 2000, 71). Ní hionann is foilseacháin an Chumainn Sheandálaíoch agus Cheiltigh a raibh téacsanna meánaoiseacha ar nós 'Hymns of the Ancient Irish Church' nó 'Cogadh Gaoidheal re Gallaibh' (O'Kearney 1854, forlíne dar teideal 'Irish Archaeological Society', lch. 3) ar na bacáin acu, ba ar an Nua-Ghaeilge ba mhó a leag an Cumann Oisíneach béim. 'Cath Gabhra', 'Feis Tighe Chonáin Chinn tSléibhe', 'A Volume of Ossianic Poems' (níor luadh aon téacs ar leith), 'Agallamh na Seanóiridh', 'Tóruigheacht Dhiarmuda Uí Dhuibhne agus Ghráinne', 'Cath Fionn Trá' a bhí ar an liosta leabhar a bhí geallta acu in *Transactions 1* (O'Kearney 1854, 5–6), cé gur cuireadh 'Táin Bó Cuailgne', téacs nár bhain leis an bhFiannaíocht, leis an liosta an bhliain dár gcionn (O'Kearney 1855, 12).

Níor luadh aon eagarthóirí, rud a léirigh ceann de na laigí ba mhó a bhain le dúnghaois fhoilsitheoireachta an Chumainn Oisínigh. Fearacht an Chumainn Cheiltigh, d'fhógrófaí na téacsanna ar dtús agus dhéanfaí na heagarthóirí a roghnú ina dhiaidh sin. Ba mhinic eagarthóirí fógraithe nach raibh inniúil ar an obair agus d'fhágfaí an chuid ba mheirsiúla den obair faoi eagarthóir nach n-ainmneofaí beag ná mór sna téacsanna foilsithe. An t-eagarthóir faoi choim a dhéanfadh an eagarthóireacht théacsúil ar fad. Ina theannta sin, ní chúiteofaí aon duine as an obair – an rúnaí san áireamh – (O'Kearney 1855, 10), rud a d'fhágfadh nach mbeadh ceangal ar bith ar na heagarthóirí. Ní nach ionadh, bhíothas tite chun siléige sa chéad bhliain féin.

Ní go maith a réitigh spriocanna ama agus cruinnchaighdeán eagarthóireachta le chéile agus bhíodh rian an dithnis ar an toradh go minic:

> As soon as I receive the MS. I will call a meeting of the Council and make an application officially retaining a copy of my letter . . . I am transcribing the Táin as fast as I can for the Society and if you undertake to make the translation I will send you the copy as I have it made. (Litir dar dáta 31 Márta 1855 ón Dálach chuig Windele, ARÉ 4 B 16.)

Chuir an 'Second Annual Report'(O'Kearney 1855, 9) fealsúnacht foilsitheoireachta i láthair:

> It is also reasonable to suppose that the future historian and antiquarian of Ireland (and it is to be hoped that our country will yet find one worthy of the name), will recognise the utility of such books; for though they are not as strictly historical as the Annals, Genealogical Poems, &c., which are labours of other Societies, there is much truth in their supposed fiction, and they afford a valuable picture of the state of thought and manners of a remote period. (O'Kearney 1855, 9)

Chuir seo dhá bhuntuiscint fhealsúnacha ar an tionscadal i láthair. An chéad cheann ná go raibh stair na hÉireann fós le scríobh, is é sin le rá go raibh sí fós le scríobh ó pheirspictíocht dhúchasach Ghaelach, mar an 'archive of their people', mar an 'treasury of their science and religion' a chreid Herder a bheith sa litríocht dhúchais (Berlin 2000, 195). An dara rud a bhí le tuiscint uaidh ná nach bhféadfaí an stair sin a scríobh gan dul i muinín na dtéacsanna sin a ceapadh i dteanga dhúchasach na tíre. Fearacht an Chéitinnigh, bhunófaí an stair ar an tochailt a dhéanfaí sna téacsanna dúchais, téacsanna a raibh neamart á dhéanamh iontu ag na staraithe oifigiúla agus stair bhréige scríofa dá bharr acu. Agus fearacht na gCeithre Máistrí, scríobhfaí an stair 'mar bhunús eolais, mar fhoinse údarásach ag an náisiún a bhí in Éirinn agus ag a dtiocfadh ina ndiaidh' (Ó Buachalla 1996, 97).

Bhí seo bonn ar aon leis an tuiscint eolaíochtúil ar an stair a bhí ag teacht chun tosaigh mar fhealsúnacht sa Ghearmáin ag an am agus arbh é Leopold von Ranke (1795–1886) ab fhearr a chuir friotal air. Bhí an lámh in uachtar á fáil ag tuiscint eolaíochtúil shistéimeach ar an stair ón seachtú haois déag ar aghaidh, tráth ar thosaigh manaigh Bheinidicteacha ag teacht ar mhodhanna le lámhscribhinní a fhíordheimhniú. Thóg von Ranke ar na modhanna seo agus chreid sé go bhféadfaí an stair a chur i láthair ar chuma bharántúil ach dlithe infhionnta na staire – mar a nochtfaí sna bunfhoinsí iad – a aithint (von Ranke 1983a, 33–46; 1983b, 147–50). Agus thóg John Stuart Mill (1806–73) ar an méid sin, á rá go bhféadfaí dlíthe siceolaíochtúla chomh maith le dlíthe sóisialta agus polaitiúla in oibriú na staire a aithint (Cannon 1997, 643). Is í an fhealsúnacht phosaitibheach chéanna seo a bhí á cur chun cinn ag an gCumann Oisíneach san 'Second Annual Report'.

Eagraíodh an Cumann Oisíneach ar bhonn idirnáisiúnta, rud a bhí ag teacht leis an tionchar a d'imir an intleachtúlacht idirnáisiúnta ar an gcumann. Ón mbliain 1854 ar aghaidh, bronnadh leathanach ar leith sa tuarascáil bhliantúil ar 'Societies in Connection and Publications Received' a shín ón 'Architectural and Archaeological Society of Buckingham' go dtí 'The Society of Antiquaries of Scotland' agus an 'Surrey Archaeological Society.' Ball den Cambrian Institute sa Bhreatain Bheag ab ea an Dálach féin (Ó Dufaigh, Ó Doibhlinn, 1989, 73), léiriú ar fhéiniúlacht Cheilteach a bheith ag teacht chun cinn.

Ar 14 Aibreán 1855, scríobh an Dálach chuig Windele á chur ar a shúile dó go raibh aitheantas idirnáisúnta faighte ag an gcumann, aitheantas nár tugadh riamh do na cumainn ar a raibh na hOisínigh mar chomharba:

> A handsome present has come from the King of Prussia in the shape of a gilt (?) vol. of Ossianic poetry translated into the language of that country and bound in (focal doiléir) style of crimson silk Velvet with the royal arms in gold on the side to our president and as the carriage was paid at Berlin I had to pay 4/6d on its arrival here – is this not a high honour and such as has not been conferred on the Irish Arch. or Celts. (ARÉ 4 B 15)

Bhí cúiseanna troma ag an gcumann le tús áite a thabhairt d'fhoilsiú na Fiannaíochta. Bhain na cúiseanna seo le saincharachtar na Fiannaíochta féin ar lámh amháin agus le cúraimí pearsanta an Dálaigh ar an lámh eile. Traidisiún í an fhiannaíocht ('the poems and tales so often recited by the Seanchuidhe, or story-teller, at their fathers' firesides') a bhí fréamhaithe 'at the heart of Gaelic culture' (Nagy 1985, 13), traidisiún beo beathach ar bhain ársaíocht ar leith leis ina dhiaidh sin. Dá mbeadh faoin Dálach eagraíocht a bhunú a bheadh fréamhaithe sa dúchas, a mbeadh sé in acmhainn do gach duine clárú inti agus a mbeadh scoláirí Gaeilge i gceannas uirthi, ní móide go bhféadfadh sé teacht ar obair níos scópúla ná níos feiliúnaí ná foilsiú na Fiannaíochta. Traidisiún é a raibh neart ar leith ann i Leath Mogha agus in iarthar Phort Láirge ach go háirithe, áit a mbíodh gradam dearscnaitheach ag an bhFiannaíocht (Ó Súilleabháin 1992, 265–308). Ba as saothar scríobhaí ó cheantar Phort Lách in Uachtar Tíre i gContae Phort Láirge, Labhrás Ó Fuaráin nó Laurence Foran, a tharraing an Dálach na laoithe Fiannaíochta agus go leor den ábhar eile a d'fhoilsigh sé thar ceann an chumainn: Ollscoil na hÉireann, Corcaigh 96, atá anois ar an lámhscríbhinn Fhuaránach ar ar tharraing sé.

Ní amháin gur bhain an Fhiannaíocht le dúchas an Dálaigh, ach b'fhéidir go raibh, i ngan fhios dó, cosúlachtaí áirithe idir an stádas saoil a bhí aige féin agus stádas Fhinn mar an 'hero outside the tribe' (Nagy 1985, 10). Thiocfadh dó na cosúlachtaí sin a aithint ar leibhéal neamhchomhfhiosach. In ainneoin a raibh dá dhúthracht caite ag an Dálach leis an gCumann Ceilteach, ba chaitheamh uasal le híseal ag an gcumann é.

Ina theannta sin, ba stádas 'outside the tribe' a bhí bronnta ag an mbíoblóireacht air, stádas a bhain dó i gcaitheamh a shaoil. Ní hionann is baill an Acadaimh, ní raibh aon oideachas mór foirmeálta air – as an léann dúchais agus as an mbíoblóireacht a fáisceadh é. Comhartha sóirt air sin ab ea an doicheall a bhíodh roimhe i leabharlanna an léinn:

> I had occasion to make an extract from the leabhar leacan (sic) for a grammar that I am now printing for the Rev. Mr. Bourke of Maynooth and I was refused admission until I went round cap in hand to three members to sign a passport for me which I refused to do inasmuch as I got one done before which ought not be out of date yet . . . (Litir dar dáta 11 Bealtaine 1856 ón Dálach chuig Windele, ARÉ 4 B 16.)

Éan cuideáin a bheadh ann riamh is choíche, duine ar bhain ' "marginality" or "liminality" ' (Nagy 1985, 10) na Féinne, mar a thuigtear anois í, leis. Ní cumann scothaicmeach ach cumann a bheadh dírithe ar bhallraíocht iniatach a bheadh sa Chumann Oisíneach agus dhéanfadh an cumann scéalta a fhoilsiú nach ríthe ná uaisle a bheadh mar laochra iontu ach fir ar an gcolbha. Dar le Thomas Swanton gur cumann é seo a dhéanfadh cúram den teanga bheo:

> I am anxiously looking forward to the formation of a Society which will really have for its object the perpetuation of the modern Gaelic as now spoken in the western half of Ireland. (Litir dar dáta 10 Eanáir 1851 ó Thomas Swanton chuig an Dálach, LNÉ 8010.)[5]

Fearacht an Donnabhánaigh (O'Daly 1859, 284–5) agus Patrick Kennedy (1859, 73), duine ab ea an Dálach a chreid go láidir sna fianna mar phearsana a mhair beo.[6] Ba bheag a mheas ar William Hackett as ucht a mhalairt a áiteamh:

> Hackett's Introduction and notes to the Tain (sic) Introduction will make a nice volume but don't let him put any outlandish theories in his notations – I am told that one of his leading doctrines this way is, that no such man as Fionn ever lived – that he was merely any imaginary being: thus denying historical truths which are as clear as the sun of the firmament . . . (Litir dar dáta 30 Eanáir 1856 chuig Windele, ARÉ 4 B 16.)

Brionnú Macpherson a spreag foilsiú na Fiannaíochta, ach má chreid an Dálach go mba phearsa staire é Fionn, ba mar phearsa *Éireannach* a chreid sé ann. Ba mhinic trácht ag eagarthóirí fhoilseacháin an chumainn ar Éireannachas na féinne agus níor leasc le Nioclás Ó Cearnaigh beag is fiú a dhéanamh den ghné Albanach sa réamhrá a chuir sé le *Transactions 1, The Battle of Gabhra:*

> The learned Dr. O'Conor and Ware are among the first to brand the Fenian poems as useless; even others fell into a similar error, though popular tradition, which never should be totally overlooked by writers of the early history of any

> country, Fenian terms innumerable, associated with Irish topography and poems as ancient – many of them at least – as those universally considered as genuine history, should warn them of their mistake, and induce them to pay more attention to the numerous Fenian poems scattered over our island, many of which find their way even to Scotland . . . The Albanian Scots, who can have no claim whatever to the Fenian chiefs, have set an example worthy of imitation. (O'Kearney 1854, 9)

Chuir Eoghan Ó Conalláin aiste sheacht leathanach ar 'The Poems of Ossian by Macpherson' leis an réamhrá a ghabh le *Transactions 5, Imtheacht na Tromdháimhe.* Chuir sé tosaíocht na hÉireann mar fhoinse na Fiannaíochta chun cinn – ach ghéill sé don tuairim gur phearsa stairiúil é Oisín, an té a cheap na laoithe:

> Every candid and impartial literary person, who has taken the trouble of investigating the subject of the authenticity of the Poems of Ossian, as published by Macpherson, has been convinced that they were fabricated by him for the most part, and were founded on the fragments of the compositions of the Irish Bard, Oisin, which were conveyed to the Highlands of Scotland from time to time by the Irish *Seanachies.* They were there committed to memory by the story-tellers, and recited as they had been in Ireland. (Connellan 1860, 178)

Ach ní raibh an chodarsnacht idir brionnú Macpherson agus téacsanna barántúla an Chumainn Oisínigh chomh géar agus a bhí ceaptha. Bhí Macpherson ina measc siúd a chuaigh i gcion go mór ar Herder agus coincheap *Das Volk* agus an Rómánsachais chultúrtha á mhúnlú aige. Murach Macpherson, ní móide go mba ann don Chumann Oisíneach ná do leagan amach an Dálaigh. Ina theannta sin, b'ionann tucaid do Macpherson agus don Chumann Oisíneach sa mhéid is go raibh móradh shaoithiúlacht agus ársaíocht a dtíre mar aidhm acu araon. Tuigeadh dóibh gur ar bhunchloch an chultúir Ghaelaigh a tógadh saoithiúlacht na hÉireann is na hAlban. Ba é Oisín ionchollú na saoithiúlachta sa dá thír. Níorbh iad Macpherson agus an Cumann Oisíneach amháin a chreid an méid sin ach Charlotte Brooke féin, a raibh 'A Oisín as binn linn do sgéala' mar mhana aici le *Reliques of Irish Poetry* in 1789. Mar sin, cé gur mar fhreagra ar Macpherson a d'fhoilsigh Brooke a díolaim sise, is cóir a aithint freisin go raibh ómós á thabhairt acu beirt d'Oisín.

D'éirigh leis an gcumann sé leabhar ar fad a fhoilsiú:

O'Kearney N., eag, 1854. *Cath Gabhra or the Battle of Gabhra: Garristown in the County of Dublin, Fought A.D. 283, for the First Time Edited from an Original Irish Manuscript with Introduction, Literal Translation, and Notes. Transactions of the Ossianic Society for the Year 1853, vol. 1;*

O'Kearney, N., eag., 1855. *Feis Tighe Chonain Chinn-Shléibhe or the Festivities at the House of Conan of Ceann-Sléibhe in the County of Clare, Transactions of the Ossianic Society for the Year 1854, vol. 2;*

O'Grady, S.H., eag., 1857. *Toruigheacht Dhiarmada agus Ghrainne; or, the Pursuit After Diarmuid O'Duibhne, and Grainne the Daughter of Cormac mac Airt, King of Ireland in the Third Century, Transactions of the Ossianic Society for the Year 1855, vol. 3 Printed for the Society by John O'Daly;*

O'Daly, J., eag., 1859. *Laoithe Fiannuigheachta; or Fenian Poems, Transactions of the Ossianic Society for the Year 1856, vol. 4. Printed for the Society by John O'Daly;*

Connellan, O., eag., 1860. *Imtheacht na Tromdháimhe or the Proceedings of the Great Bardic Institution, Transactions of the Ossianic Society for the Year 1857, vol. 5. Printed for the Society by John O'Daly;*

O'Daly, J., eag., 1861a), *Laoithe Fiannuigheachta or Fenian Poems, Second Series, Transactions of the Ossianic Society for the Year 1858, vol. 6.*

In 1846 a ceapadh an focal, 'folklore' agus bhí an coincheap ag fás go tréan ag an am (Ó Giolláin 2000, 32). Ach ní mar bhéaloideas a cuireadh na *Transactions* i láthair: ní raibh faoin gCumann Oisíneach Fiannaíocht a linne féin a fhoilsiú ná téacsanna i nGaeilge a linne féin a fhoilsiú. Ársaíocht na dtéacsanna agus gradam liteartha an chultúir ar de iad ba chéadchúram don *Transactions.* Bhíothas á bhfoilsiú i gcomhthéacs ina raibh an Béarla á leathadh go tiubh mar chuid den bhuirgéisiú nuachóiriúil a lean an Drochshaol. Ba dheacair sa chomhthéacs seo aidhmeanna scolártha agus aidhmeanna polaitiúla a dhealú ó chéile. Bheifí ag soláthar téacsanna barántúla scolártha ach léiriú a bheadh sna téacsanna sin ar an oidhreacht Ghaelach a bheadh á caitheamh le haill. Dá thoradh seo, is féidir na *Transactions* a léamh mar dhiúltú rómánsach don saol buirgéiseach a bhí anois in uachtar, saol nach bhfágfadh mar chaidreamh idir dhaoine ach luach a gcuid airgid. Ní cóir a cheapadh, áfach, gur réabhlóidigh de shaghas éigin a bhí sa Dálach agus a chuid. Ar ndóigh, is mó tuairim a bhí laistigh den chumann, ach sa mhéid is gur féidir iad a áireamh mar ghluaiseacht agus suimiú a dhéanamh ar an leagan amach polaitiúil a bhí acu, is féidir iad a áireamh mar chuid den eite sin den ghluaiseacht rómánsach ar a bhfuil 'the romanticism of reaction' tugtha ag Eric Hobsbawn é (1962, 264). Ba iad seo na daoine a d'fhéach siar ar na meánaoiseanna mar ré shocair ina raibh sochaí dhaingin orgánach i réim, sochaí a bhí curtha de dhroim seoil ag an nuachóiriú. Coimeádaithe a bhí iontu, an Dálach san áireamh.

Bhíothas ag foilsiú na Fiannaíochta i gcomhthéacs ina raibh coincheap na gCeilteach agus an Cheilteachais ag teacht chun cinn, coincheap a thóg ar a raibh d'aird dírithe ar an bhFiannaíocht ag Macpherson. In 1845, an bhliain inar foilsíodh an chéad eagrán de na *Transactions,* d'fhoilsigh Ernest Renan 'la Poésie des Races Celtiques'. Scríobh Renan i dtaobh chine ársa a mhair sa chúlráid agus a raibh cultúr agus teanga dá chuid féin fós aige:

> Arthur will return no more from his isle of faery, and St. Patrick was right when he said to Ossian, 'The heroes that thou weepest are dead, can they be born again?' It is high time to note, before they shall have passed away, the divine tones

> thus expiring on the horizon before the growing tumult of uniform civilization. (Hutchison 1896 (?), 2–3)

Ní i gcéin amháin a bhí glacadh le miotas na laochra Ceilteacha. In 1859, foilsíodh *Fictions of Our Forefathers, Fion mac Cumhail and his Warriors,* leagan leabhair de léirmheas fada le Patrick Kennedy ar an gcéad cheithre uimhir de *Transactions* an Chumainn Oisínigh a foilsíodh ar dtús san *Irish Quarterly Review No. XXXV* (Deireadh Fómhair 1859).[7] Ní hé an oiread sin, áfach, a bhí le rá ag an gCinnéideach i dtaobh fhiúntas na *Transactions.* Chaith sé cuid mhór den léirmheas ag cur na bhfianna i gcomórtas le laochra na Gréige, dream beagmhaitheasach le hais na gCeilteach, dar leis an gcuntas.

Ba bhuntuiscint de chuid an léirmheasa é go raibh an cumann ag soláthar na dtéacsanna ar a mbunófaí stair na hÉireann ar ball:

> Our era is so far fortunate that in our metropolis, and at the present time, we possess a fair average number of sound Irish scholars, not only learned in the tongue, but anxious for its permanent endurance. We have called on literary people in general to join the ranks of the subscribers, but we call on the masters of the old language, to use diligence about the editing and translating of such pieces as are really worth preservation, and not to be chary with any information concerning old usages, laws and modes of life, not yet dwelt on in the volume published.
>
> From the materials now collected with such diligence our sons may probably see that 'History of Ireland' so long looked for, completed at last. It is a little depressing to think that ourselves will not have the pleasure of reading it, but what grown man in planting an acorn expects to sit under the shade of the future oak? The long shadows cast from our round towers cooled or damped our zealous co-operation, and will continue to have bad effect, till we know whether their architects were fire-worshippers or Christians. The question will hardly be laid at rest in our time. So let our Seanchies forgetting their differences, call to mind that they were Gaels before they were either Heathens or Christians and vigorously continue to unearth our long-buried national treasures. (Kennedy 1859, 75–6)

Thug duine de na pearsana b'iomráití sa ghlúin a lean an Cinnéideach breithiúnas ar fhoilseacháin an chumainn a bhí i bhfad níos géire ná breithiúnas an Chinnéidigh. Nuair a rinne an tAthair Peadar Ó Laoghaire léirmheas ar na *Transactions* ba í 'caint na ndaoine' an chloch ba mhó ar a phaidrín. Cé nárbh aidhm de chuid an chumainn riamh é an béal beo a chur i láthair, thug an tAthair Peadar fúthu gan trócaire as neamart a dhéanamh in aidhm nach raibh acu:

> . . . when a fluent Irish speaker whose native Irish vocabulary is overflowing with wealth, and whose organs of speech can use that vocabulary like rolling music, when he, I say, looks at the page of an Ossianic society volume, and finds himself threatened with lock-jaw almost at every sentence, he naturally comes to the conclusion that there is something wrong . . . The learner who never spoke a

> word of Irish is in a far worse plight. He does not suspect that there is anything wrong. He struggles onward through the . . . Ossianic volume, lock-jaw and all. Then he gets among the people, and lo! not a syllable of the people's language can he understand.
>
> What is it that is wrong? There are a good many things wrong, but the whole evil can be reduced to this one fact, *For a living language, the books and the speech of the people should go hand in hand.* What is printed in the books should be the exact representation of what comes out of the people's mouths, The Irish of our Ossianic books is, of course, not essentially different from the Irish which I speak. But if I were to meet my neighbours who do not read Irish, and if I were to speak to them in the Ossianic style, matters would soon come to a dead-lock. (O'Rahilly, gan dáta, 86)

Bhí seo ar aon dul leis an méid a bhí le rá ag an Urramach Pilib Ó Móráin in 1882 ag mórchomhdháil de chuid Chumann Buan-Choimeádta na Gaeilge:

> Having looked over the *Cath Maglena* and the *Pursuit of Diarmuid and Grainne,* he failed to find those pathetic expressions and charming idioms still current in the best Irish-speaking parts of the country. If they had the rising generation learning Irish from such books, they would lose some of the best elements of the language. (Ó Murchú 2001, 150)

B'fhearr a thuig Dúbhglas de hÍde dúnghaois agus cur chuige an chumainn agus rinne sé cur síos moltach air in *Mise agus an Connradh:*

> Do bunuigheadh cumann breágh eile ins an mbliadhain 1853, chum dánta Oisín agus sgéalta Fianaigheachta do chur a gcló. Do bhí an dá chumann eile do luaigh mé [an Cumann Seandálaíoch agus an Cumann Ceilteach] ag obair ar shean-téacsannaibh, ar cheisteannaibh do bhain le hársuigheacht, le stairidheacht agus le hard-sgoláireacht, acht do chuir an cumann 'Oisíneach' so nua-théacsanna amach, nach raibh ró-chruaidh don choitcheannacht . . .
>
> Níor chuir daoine móra na hÉireann dúil ar bith san gcumann nua. Ní nua-théacsanna do bhí uatha. Ní raibh ach tighearna amháin ins an gCumann Nua (sic). Badh é Standaois Aodh Ó Grádaigh ó Chondae Luimnighe an fear ba láidre do bhí orra-san agus badh é Seán Ó Dálaigh, Gaedhilgeóir maith ó Chondae Phortláirge, an rúin-chléireach. (1937, 15)

An Dálach a d'fhoilsigh gach uimhir den *Transactions.* Ní raibh insint ar thiaráil na foilsitheoireachta agus bhítí go mór i gcleithiúnas na mball le scaipeadh a dhéanamh ar fhoilseacháin agus réamheolairí na gcumann:

> I send you a few of our Prospectuses which I hope you will turn to good use . . . (Litir dar dáta 1 Meitheamh 1853 ón Dálach chuig Windele, ARÉ 4 B 13.)

Murach an dúthracht a chaith an Dálach le heagarthóirí a ghríosadh – agus cuid mhór den athscríobh ar lámhscribhinní agus den obair dréachtaithe a dhéanamh thar a gceann – chomh maith lena bheith ina eagarthóir ar phéire leabhar é féin, is cinnte nach bhfoilseofaí leabhar ar bith acu go deo. Cé go ndeirtí ar na leathanaigh theidil go raibh na leabhair 'Printed for the Society by John O'Daly' níorbh é a bhíodh mar chlódóir acu.[8] Ba chuid dá chúram é na profaí a léamh agus gach gnó eile a bhain leis an gclódóireacht a stiúradh, an ceangal san áireamh (e.g. litreacha chuig Windele dar dátaí 29 Samhain 1853 – ARÉ 4 B 13 agus 5 Eanáir 1854 – ARÉ 4 B 14), ach ní clódóir a bhí ann.[9]

Bhain dua go leor le dáileadh na leabhar ar na baill ach in ainneoin na tiarála, rinne an flosc foilsitheoireachta breabhsú ar dhíograis an Dálaigh i leith na foilsitheoireachta, díograis a bhí ag trá nuair a scríobh sé chuig Windele ar 16 Samhain 1852:

> To be sure you have helped and served me on various occasions, but where would you [find] another man in Ireland in the trade, to [take] such risks as I have done, and that without the slightest hope . . . in clinging to the rescue of the language and literature of my race. After this . . . I'll never again risk a pound in the printing of an Irish book. (ARÉ 4 B 13)

Bhíothas i muinín ghréasán scaipthe na leabhar leis an gcumann féin a chur chun cinn agus go háirithe le baill nua a earcú. Níor fhág an Dálach seachrán ar bith ar Windele i dtaobh a chuid dualgas ná faoin gcaoi a mbeadh an cumann nua ag dul i gcomórtas leis na cumainn sheanbhunaithe:

> Remember you are bound to put in a good word for us and to canvass friends for the sake of old Ossian. (Litir dar dáta 1 Meitheamh 1853 chuig Windele, ARÉ 4 B 13.)
>
> Are you getting any members for the Fianna Eirionn Society. An excellent article on it appeared in the Moderator of last Saturday and you may be sure that Mr. (focal doiléir) gave the Celts and Irish Archaeologists some rough handling. (Litir dar dáta 20 Meitheamh 1853 ón Dálach chuig Windele, ARÉ 4 B 13.)
>
> Enclosed you have a dozen of the Ossianic prospectuses which I trust you will be able to turn to a useful account for the Fianna Eirionn. Remember there is a heavy responsibility on your shoulder about the same Society . . . the salvation of the society will entirely depend on them not publishing a single book except for the number of members they muster when going to press. (Litir dar dáta 8 Meitheamh 1853 chuig Windele, ARÉ 4 B 13.)

Bhí faoin Dálach a bheith níos cáiréisí i mbun na foilsitheoireachta don Chumann Oisíneach ná mar a bhíodh an Cumann Ceilteach agus ní beag an bhéim a leag sé ar an ngá a bhí le líon na leabhar is na mball a bheith bonn ar aon. Gealladh leabhar sa bhliain do na síntiúsóirí agus thuig an Dálach a thábhachtaí is a bheadh seo do thodhchaí an chumainn:

> Should the Ossianic Society succeed I shall take care that no lumber or ballast will be taken on board to sink our little craft. We must keep her afloat in all weathers and while I have any voice in the management of her – the crew may depend on punctuality in their rations. (Litir dar dáta 7 Aibreán 1853 chuig Windele, ARÉ 4 B 13.)

Ní iarrfaí an síntiús bliantúil ach sa chás is go mbeadh leabhar réidh le scaipeadh (O'Kearney 1854, 7). Chaithfí fuint do réir na mine agus an leabhar sin a sholáthar. Ina ainneoin seo, níor foilsíodh eagrán 1856 go dtí an bhliain 1859 ná eagrán 1858, an ceann deiridh a foilsíodh, go dtí 1861. Ní nach ionadh bhíodh cúrsaí síntiús ina bpraiseach go minic. Faoin am gur foilsíodh an 'Eighth Annual Report', bhí titim siar thubaisteach ar na síntiúis:

> Numerous Members by a reprehensible want of promptitude in answering the circulars announcing that a work was published and their Subscriptions due, have caused grave inconvenience to the Society. They have increased by a considerable amount the working expenses (as the account shows), and thus converted into waste what otherwise have been applied to publish our country's ancient literature. (O'Daly 1861a, ix)

Cuireann leithscéal a ghabh an Dálach in *Transactions* 6, *Laoithe Fiannuigheachta* (O'Daly 1856, xv), in iúl go mbíodh luach a gcuid airgid ó na baill agus gur ghabh tábhacht leis an líon leathanach a bhí ag na *Transactions:*

> The Council deeply regrets that they cannot at this time present the Society with a larger volume. (O'Daly 1861a, xv)

É seo, is dócha, faoi ndear ábhar breise a bheith curtha le *Transactions 3, Toruigheacht Dhiarmada agus Ghrainne.*[10]

In ainneoin na cáiréise agus in ainneoin nár cúitíodh ach na clódóirí féin (má cúitíodh) agus scríobhaithe a rinne obair athscríofa ar lámhscríbhinní (má cúitíodh), d'fhág suarachas an tsíntiúis go raibh an cumann scothbhriste ón tús – 17s 4d mar 'Balance in Treasurer's hand' in 1854 (O'Kearney 1855, 14) agus 10s 7d mar 'Balance on hand' in 1855 (O'Daly 1859b, xiii), cuir i gcás.

Ní raibh William Elliott Hudson (a bhásaigh in 1853) ann le fiacha an Chumainn Oisínigh a ghlanadh fearacht mar a bhí déanta aige don Chumann Ceilteach (O'Daly 1859b, xvii), rud ba léir.[11] Faoi Nollaig na bliana 1854, bhí an Dálach lag cloíte agus an luain a bhain leis an gcumann ag teannadh air:

> I am about £2 out of pocket in sundry ways since the formation of the Society and the labour is so very heavy that it is not (focal doiléir) to me but I will resign the Secretaryship at the next annual meeting . . .
>
> P.S. . . . I paid the printer £2 the other day out of £13–10–0 due to him and the binding bill is £6–16–0 . . . (Litir dar dáta 15 Nollaig 1854 chuig Windele, ARÉ 4 B 14.)

Mar 'The Prose and Poetical Account of the Battle of Gabhra (Garristown, in the county of Dublin), fought A.D. 283, where the Fenian forces of Ireland were conquered and their ranks finally broken up' (O'Kearney

1854, 5) a fógraíodh an foilseachán tosaigh i gcéad leabharliosta an chumainn, a fógraíodh ar Lá le Pádraig 1853. Téacs é Cath Gabhra a raibh fonn ar an Dálach é a fhoilsiú chomh fada siar le 1846 – faoi choimirce an Chumainn Cheiltigh: 'the Celtic Atheneum will publish these two battles' (i.e. 'cath cnuca' agus 'the battle of gabhra') a dúirt sé i litir dar dáta 16 Iúil 1846 chuig Windele, (ARÉ 4 B 6). Ach níor tháinig tuar faoin tairngreacht go dtí gur bunaíodh an Cumann Oisíneach, cumann inar bhain an Dálach tionchar amach nach raibh riamh aige sa Chumann Ceilteach.

Níorbh é an Cearnach ach Eoghan Ó Conalláin a rogha eagarthóra, ach chuir an Cearnach é féin chun tosaigh mar eagarthóir agus ní foláir nárbh fhéidir é a eiteach de bharr a stádais sa chumann. Místuamacht an Chearnaigh a bhí ag déanamh buartha don Dálach, é sin agus faitíos a bheith air go náireodh a chuid eagarthóireachta an Cumann Oisíneach os comhair na gcumann a rabhthas i gcomórtas leo. Faoi 8 Meán Fómhair 1853, bhí beaguchtach ag teacht air, ní de bharr na moille amháin ach de bharr modhanna eagarthóireachta chomh maith:

> Kearney's anxiety about getting up the Ossianic and becoming its first light, he will be death of the Soc. (sic) as he has little if anything done with the book yet . . . I will resign at once if we are not able to have our book ready always within the year. For the more he had introduced such damned stuff of political wailing about the state of the country in what little he has done that no society could stand the ordeal of criticism by publishing it, so that I fear your friend O'Kearney will be our death . . . he spends his evening after his old manner which you know very well. I begged him in the first instance to let Connellan edit the book, but it would not do, Kearney should be the man, and I now give you full particulars of the result . . . I don't hear anything about the Archaeologists but the Celts have Cambrensis Eversus completed except the index . . . (litir chuig Windele, ARÉ 4 B 13)[12]

Ar 4 Lúnasa 1853 bhí an Dálach go mór in amhras faoin dul chun cinn a bhí á dhéanamh ag an gCearnach:

> I fear Kearney will leave us in the lurch about the book as he wants so many books to help him on, and these not being within our reach. (litir chuig Windele, ARÉ 4 B 13)

Faoi 6 Deireadh Fómhair 1853, bhí an téacs curtha in eagar (ó Ollscoil na hÉireann Corcaigh 96) ach bhí na nótaí fós le scríobh:

> There is some hope for the Ossians as I have just got the text only without a single note from the King of the Fairies O'Kearney. He would not be the editor of this book but that he put himself forward and would allow no other person to meddle with it . . . (litir ón Dálach chuig Windele, ARÉ 4 B 13)

Ar 26 Samhain 1853 bhí cuid den téacs réidh don chlódóir:

> It is to be printed in our first book which is going to print next week but should be out this time only for Kearney. (litir chuig Windele, ARÉ 12 L 12)

Faoi 12 Nollaig 1853, bhí an réamhrá curtha ar fáil (litir ón Dálach chuig James Goodman (?), LNÉ 5454). Ar 4 Eanáir 1854, áfach, chuir an Dálach in iúl do Windele:

> Kearney's introduction is condemned by (focal doiléir) of the Council to whom it was referred for approval; and was justly condemned in some respects. (ARÉ 4 B 14)

Bhí an Cearnach fós á stialladh ag an Dálach in Eanáir na bliana 1854:

> The Ossians had bad luck to have anything to do with O'Kearney. (Litir dar dáta 15 Eanáir 1854 ón Dálach chuig Windele, ARÉ 4 B 14.)
>
> I think the Fianna Eirionn have no right to rely on the Fairy King ever again. He has ruined them at their first inst. (sic). (Litir dar dáta 20 Eanáir 1854 ón Dálach chuig Windele, ARÉ 4 B 14.)

Dhá mhí ina dhiaidh sin, bhí an réamhrá fós ag tarraingt achrainn:

> The Ossians met yesterday and determined on going to press although we have got but the introduction from O'Kearney yet, and that same only in pieces . . . (Litir dar dáta 8 Márta 1854 chuig Windele, ARÉ 4 B 14.)

Is dócha mar sin gurbh é an Dálach a chuir an réamhrá i riocht a fhoilsithe, cé gurbh í tuairimíocht shainiúil an Chearnaigh atá tríd síos ann.

In 1854 agus ní in 1853 mar a bhí ceaptha, a foilsíodh an leabhar, rud a d'fhág gur chlis ar an Dálach ceann dá phríomhaidhmeanna – foilsiú na Transactions sa bhliain reatha – a chur i gcrích:

> The editing of the first volume on the Council's list was entrusted to a gentleman well qualified for the task; owing, however, to the abundance of more ancient and consequently more authentic matter which occasionally turned up, some little delay has occurred in its preparation for the press . . . the work itself shall be very soon ready for delivery to the members. (O'Kearney 1854, 6)

Cé nach mó ná sásta a bhí an Dálach le 'O'Kearney's Dundalk Irish; and bad translation' (litir dar dáta 10 Lúnasa 1854 chuig James Goodman (?) (LNÉ 5454), chuir an dúshlán a thug an leabhar, dar leis, don Irish Archaeological and Celtic Society (an Cumann Seandálaíoch agus Ceilteach) – agus d'Eoghan Ó Comhraí ach go háirithe – an t-amhras ar ceal go ceann tamaill. Ar 5 Deireadh Fómhair 1854, bhí an Dálach in ann a insint do Windele, 'Tomorrow the Ossianic vol. goes to the binder . . .' (ARÉ 4 B 14) agus ar 21 Meán Fómhair 1854, bhí na *Transactions* réidh:

> We have the last No. of the Ossian out. . . . I think the cloth binding will gain us more than the difference in membership. (litir chuig Windele, ARÉ 4 B 14)

Ar 28 Deireadh Fómhair, bhí an Dálach thar a bheith sásta leis an toradh:

> You will be surprised at the beauty and elegance of the battle when you see it; and I suppose you will give us a couple of notices in the Cork papers . . . (litir chuig Windele, ARÉ 4 B 14)

Tá fianaise ann ag tabhairt le fios go raibh faoin gcumann, ach a bheith inniúil air, an Cearnach a íoc as ucht na hoibre ar *Transactions 1, The Battle of Gabhra:*

> O'Kearney had a prior claim for his labors (sic) in the Battle of Gabhra, but he has nothing to get, and God help him [,] the only refuge he has now is the North Dublin Workhouse . . . (Litir dar dáta 17 Eanáir 1855 ón Dálach chuig Windele, ARÉ 4 B 15.)

Níor cúitíodh é, áfach, agus ba é deireadh na mbeart go raibh an Cearnach ag bagairt dlí:

> Replenish your purse for the Fáidh. We have an attorney's letter from him demanding £62.10.0 for his Ossianic services. Is there any truth in the man after all that was done for him by you and me. However I think the enclosed Resolution passed at a meeting in which he was the Chairman will defeat him. (Litir dar dáta 17 Nollaig 1856 ón Dálach chuig Windele, ARÉ 4 B 16.)

An rún a bhí faoi thrácht aige ná ceann a ritheadh Lá le Pádraig 1855 agus a bhí ceangailte leis an litir:

> Meeting of Council at No.9 Anglesea St.
> Nicholas O'Kearney in the Chair
>
> On the motion of the Secretary, seconded by S.H. O'Grady – it was resolved:
>
> That the Friends of the Society should not be appropriated to the payment of its officers for any work *they may have done* to promote its objects but should a case arise demanding the consideration of the Committee they were at liberty to deal with it as they thought proper.

Ceithre bliana ina dhiaidh sin bhí an Dálach ag iarraidh go n-íocfaí £70 leis an gCearnach. D'íoctaí 'transcribers' an chumainn agus ba í an athscríobh a bhí déanta aige ar Thóraíocht Dhiarmada agus Ghráinne, Agallamh na Seanórach, Imtheacht na Tromdháimhe agus ar Táin Bó Cuailnge (iad ar fad in ARÉ 23 E 11) a thuill an cúiteamh dó. Ní foláir nó gur ceapadh gur thit cúram an chúitimh ar Windele, tharla Hudson a bheith básaithe:

> Why did you not put your hand in your breeches pocket and pay O'Kearney his bill against the Society of £70 and then there would be no quarrel [,] not a bit of it. (Litir dar dáta 16 Nollaig 1859 ón Dálach chuig Windele, ARÉ 4 B 19.)

£60 an tsuim airgid a bhí á plé ar 14 Eanáir 1861 – é seo i litir ón Dálach chuig Windele inar thuar an Dálach bás an chumainn de bharr chúinsí airgid:

> I do not see why Kearney should be deprived of his labours in this respect when he did not succeed in recovering the 60£ from the Society; nor do I see only I should lose my transcription of the Kelly Ms. (ARÉ 4 B 21)

Cé gur ar Ollscoil na hÉireann, Corcaigh 96 a bunaíodh an leagan a foilsíodh, ba ar lámhscríbhinn i gColáiste na Tríonóide a dhírigh an Dálach a aird i dtosach:

> I am in hopes we will get the (focal doiléir) from T.C.D. after all; but if we don't then it will be time to speak of the prohibition. (Litir dar dáta 4 Lúnasa 1853 chuig Windele, ARÉ 4 B 13.)

Bhí ábhar a bhain le Cath Gabhra in Coláiste na Tríonóide H 5 4, H 6 11, H 6 14 nó H 6 17, ach ní hiad sin ach Coláiste na Tríonóide H 12 18, an Leabhar Laighneach, a bhí faoi thrácht aige. Eoghan Ó Comhraí a rinne athscríobh thar ceann an chumainn ar an dán 'Cath Gabhra' ón Leabhar Laighneach a foilsíodh mar chuid den réamhrá a ghabh le *Transactions 2, The Battle of Gabhra* (O'Kearney 1854, 40–51).

Ni raibh dóchas ar bith i gcaint an Dálaigh agus é ag scríobh chuig Windele ar 10 Meitheamh 1853:

> I have applied to the Board of T.C.D. today for permission to make a copy of the poem on the Battle of Gabhra but with what success will remain to be seen. We will give the prose account as well as the poem. (ARÉ 4 B 13)

Bhíothas faoi chomaoin ag James Henthorn Todd i gColáiste na Tríonóide as ucht an lámhscríbhinn a chur ar fáil agus chuir an Dálach an chomaoin seo in iúl sna *Transactions:*

> The Council have also to state that, owing to the kindness of the Rev. the Provost and the courtesy of the Rev. Dr. Todd, who is ever foremost in the field of Irish literature, a very valuable and ancient poem by Oisin, on the death of Cairbre Lifeachair, who was killed in the battle of Gabhra, has been secured for the Society's first publication, from the 'Book of Leinster', a vellum manuscript of the twelfth century, now deposited in the College Library. Mr. Curry, who has made the transcript, states it as his opinion that the book must have been written before the year 1150. (O'Kearney 1854, 6)

Ba in ainneoin an Chomhraigh a sealbhaíodh téacs Chath Gabhra, más féidir iontaoibh a chur i gcuntas an Dálaigh:

> The Ossianic poem which I sent you is a copy of the one which we had so much trouble in getting from Curry and had no chance of getting only for Dr. Todd's interference in the matter . . . It is taken from the Book of Leinster written A.D. 1150 . . . The Ossians have done nothing as yet . . . (Litir dar dáta 4 Eanáir 1854 ón Dálach chuig Windele, ARÉ 4 B 14.)

Ar 8 Meitheamh 1853, bhí an Dálach ag scríobh chuig Windele á rá leis:

> I an inclined to think we will get a copy of the Cath Gabhra from the Book of Leinster (a Vellum MS.) in the Library of T.C.D (ARÉ 4 B 13)

Ag dul i dtreise a bhí an seanfhaltanas idir an Dálach agus Eoghan Ó Comhraí a bhí chomh tréan sin aimsir an Chumainn Sheandálaíoch. Anois ba é an Comhrach 'the greatest villain that ever lived' (litir dar dáta 10

Lúnasa 1855 ón Dálach chuig Windele, ARÉ 4 B 15). Bhí sé 'now fighting Curry for all the extracts he took from my MS. when editing Maigh Léna without acknowledgement.' Go deimhin, fuath mioscaiseach a bhí aige do phríomhbhaill an Chumainn Sheandálaíoch agus Cheiltigh trí chéile, Gilbert, Pigot, an Comhrach agus eile:

> Pigot and Gilbert must be put down . . . I will work myself to death even, in order to trample upon them . . . (Litir dar dáta 25 Eanáir 1856 ón Dálach chuig Windele, ARÉ 4 B 16.)
>
> You know I don't talk of Gilbert now . . . when he sees me in the street he turns his back in contempt, and all this arising from jealousy on account of the unparalleled success of the Ossianic Society at which Curry and themselves were laughing in their sleeves and ridiculing at its formation. (Litir dar dáta 5 Samhain 1856 ón Dálach chuig Windele, ARÉ 4 B 16.)

Ba dheacair don chumann ábhar chomh hársa le Cath Gabhra a láimhseáil gan lámh chúnta ó leithéidí an Chomhraigh, nó 'the Bear' nó 'Ursa', mar ab fhearr aithne air i litreacha an Dálaigh,:

> I received Connellan's translation of the poem on Gabhra for which I feel very much obliged; but I find that the learned Professor throws a slur on the genuineness of the copy of the poem which I sent you. I now beg to send Curry's copy in order that you may compare both . . . As soon as you have compared both and shown Curry's copy to the Professor please let me have it back as I must have Dr. O'Donovan's opinion on the translation. (Litir dar dáta 4 Feabhra 1854 ón Dálach chuig Windele, ARÉ 4 B 14.)

B'éigean buíochas a ghabháil leis an gComhrach as ucht an athscríobh a bhí déanta aige ar théacs an dáin, 'Cath Gabhra':

> For the subjoined translation of this poem parts of which are very obscure, the Society have to thank Mr. Curry, whose long study of our most ancient MSS. has given him an insight into obsolete words and idioms, to which few if any Irish scholar of the present day can present. (O'Kearney 1854, 49, nóta 1)

Ní cosúil go mbíodh an Dálach agus an Comhrach i gcaidreamh le chéile; is amhlaidh go mbíodh Todd mar idirghabhálaí eatarthu:

> Enclosed a copy of the Ossian poems of the 12th cent. which I got from Curry the other day through Dr. Todd for the Ossianic. (Litir dar dáta 26 Nollaig 1853 ón Dálach chuig Windele, ARÉ 12 L 12.)

Bhain an Dálach cúiteamh éigin amach sa *Weekly Telegraph* ar 7 Aibreán 1853 nuair a áiríodh 'Mr. John O'Daly, Anglesea-street, Dublin' i measc na scoláirí sin a bheadh in inmhe foclóir Gaeilge a réiteach do réir litreach le Patrick O'Farrell (Ó Casaide 1940, 256–258).[13] Ghabh liosta tríocha naoi n-ainm leis an litir, scoláirí a áiríodh mar 'fair competition of Messers (sic) O'Donovan and Curry.' Bhíothas fós ag beartú an fhoclóra in 1860:

> You will be glad to hear that O'D & Curry are working hard at the new Irish

> Dictionary, as John Martin the rebel gave 200£ towards it to Dr. Todd the other day. (Litir dar dáta 7 Eanáir 1860 ón Dálach chuig Windele, ARÉ 4 B 20.)

An foclóir faoi ndear do chuairteoir teacht gan choinne go siopa an Dálaigh tamall roimhe sin, is dócha:

> What do you think but Curry came in to me the other day in the most friendly terms after three or four years backbiting and scolding and quarrelling. There is something coming on that he requires. (Litir dar dáta 1 Meán Fómhair 1859 ón Dálach chuig Windele, ARÉ 4 B 19.)

Faoi 1862, bhí cairdeas mór eatarthu, mar dhea:

> The Ursa made me a copy of his lecture today. Things are changing wonderfully. (Litir dar dáta 25 Feabhra 1862 ón Dálach chuig Windele, ARÉ 4 B 22.)

In ainneoin go ndéanfadh an Cearnach athscríobh ar Thóraíocht Dhiarmada agus Ghráinne, Agallamh na Seanórach, Imtheacht na Tromdháimhe agus Táin Bó Cuailnge (iad ar fad in ARÉ 23 E 11), bheadh dalladh púicín ar an té a chuirfeadh an Cearnach ar aon chéim scoláireachta le leithéidí an Chomhraigh.[14] Dealraíonn sé gur thuig an cumann an méid seo agus bhí 'Professor O'Curry of the Catholic University', chomh maith leis an Donnabhánach, George Sigerson agus John Windele 'and other members of the Publication Committeee' ag cabhrú leis an Dálach 'in revising his proofs' faoin mbliain 1861 (O'Daly 1861, xvi). Go deimhin, bhí seo curtha in iúl go neamhbhalbh don Dálach ag Seán Ó Donnabháin:

> O'Donovan is as inimical to us as any of the rest. Never speak of this. He told me once not to print anything that O'Kearney would write. I never told you this, and let it lie so: but I will print and print the very devil out of him, and the Crimean quack from Cork at whose table the 'Boor' was fed daily on cabbage and 'pigs heads', I won't say 'cheeks' – but the fellow feeding on them had cheek enough for anyone . . . (Litir dar dáta 25 Eanáir 1856 ón Dálach chuig Windele, ARÉ 4 B 16.)[15]

Léiríonn na nótaí a cuireadh le *Transactions 1, The Battle of Gabhra,* agus *Transactions 2, Feis Tighe Chonáin,* eolas maith ar litríocht na Gaeilge, ach ní féidir talamh slán a dhéanamh de gurbh é an Cearnach féin a shaothraigh. Cé gur éirigh leis an gCearnach an t-ábhar a bhí sna bunfhoinsí lámhscríbhinne a thabhairt leis, nochtaigh sé oiread sin claontuairimí sa dá réamhrá gur baineadh an tathag as an ábhar barántúil a bhí go minic sna nótaí a ghabh leis na téacsanna.

Mar théacs staire agus ní mar théacs liteartha a chuir an Cearnach i láthair é. Fearacht an Dálaigh, chreid sé gur mhair na fianna beo tráth agus go raibh neamart déanta iontu ag na staraithe:

> There is no period in Irish history so neglected by archaeologists and unknown to the historian, though there is none so important in the pages of our annals, as that in which the Fenians flourished. (O'Kearney 1854, 13)

> It would be irrelevant to swell these pages by quoting the innumerable passages we could extract from ancient authors of unquestionable authority to show that the Fenians did exist.
>
> Supposing, with all the Irish writers of note, that the Fenians existed in Ireland, as no Irishman, no matter how sceptical he may be in other respects, denies, we then come to the Fenian poems, and endeavour to show their extreme antiquity. (O'Kearney 1854, 13)

I nDeireadh Fómhair na bliana 1853 agus na deacrachtaí a bhí ag an gCearnach fós gan réiteach, chuir sé in iúl don chumann go mbeadh sé á cheapadh féin arís mar eagarthóir ar na *Transactions.* Ba lú ar an Dálach an sioc samhraidh ná seo.[16] Feis Tighe Chonáin an téacs a bheadh i gceist an uair seo:

> . . . the King of the Fairies . . . one shall take care of him for our next, the Feis Tighe Chonáin, which he says he must edit also. (Litir dar dáta 6 Deireadh Fómhair 1853 chuig Windele, ARÉ 4 B 13.)

Bhí an Conallánach le cúnamh de chineál éigin a thabhairt don Chearnach sa ghnó ach nuair a tháinig air loic sé:

> What a shame it is for the Professor – He gave O'Kearney and me all the hope possible of giving all the aid he could in the work, when we were forming the Society but now he shrinks after keeping the MS. of the Feis for three long months in his hands when somebody else could be at it.
>
> O'Kearney is now at it, and God help him, I don't know what he will do . . . there is neither fee nor reward to one of us, and I may say I have the whole trouble of the matter – yet I undergo it cheerfully. (Litir dar dáta 14 Samhain 1854 chuig Windele, ARÉ 4 B 14.)

Ina theannta sin d'imigh lámhscríbhinn a bhí le cur in eagar ag an gCearnach ar fán, leagan é de Feis Tighe Chonáin, b'fhéidir:

> O'Kearney called here the other evening for the MS. which I like a fool gave him, and he lost it in his drunken fits on his way home . . . (Litir dar dáta 29 Samhain 1853 chuig Windele, ARÉ 4 B 13.)

Tá an chuma ar an scéal nár éirigh leis an obair ar Fheis Tighe Chonáin a thabhairt chun críche – cé nach léir cé a tháinig i gcabhair air. Níorbh é an Dálach é ar aon chaoi:

> The Feis Tighe Chonáin was nearly ready by O'Kearney when he surrendered – I have it secured (?) as far as it is done whoever finished it. (Litir dar dáta 17 Eanáir 1855 ón Dálach chuig Windele, ARÉ 4 B 15.)

Ach faoi 23 Meitheamh 1855, bhíothas fós ag déircínteacht ar an gCearnach:

> I met O'K this evening and I asked him for the copy for the printer as we intend going to press next week in order to have the book ready by Sept. and he began to shift and give excuses and I just thought it best to tell him plainly that unless

> he published (focal doiléir) with the Society it was better he should withdraw at once. If he goes on with any more of his capers I must only take your advice – translate the Feis myself and send it up to you according as I have it done. (Litir dar dáta 23 Meitheamh 1855 ón Dálach chuig Windele, ARÉ 4 B 15.)

Pé ar bith cén duine a chuir bailchríoch air, ba é an toradh a bhí ar a chuid oibre ná réamhrá i bhfad níos meáite, níos scolártha a bheith le *Transactions 2, Feis Tighe Chonáin,* ná mar a bhí le *Transactions 1, The Battle of Gabhra,* cé go ndealraíonn sé gurbh é an duine céanna a scríobh na nótaí a ghabhann leis an dá théacs.

Ní gan dua a foilsíodh é mar nárbh acmhainn don chumann an clódóir a íoc:

> Are you doing anything for the Ossians in the way of getting subscriptions, we must clear off our printers by May 30 and we are minus £10 of his a/c still. (Litir dar dáta 21 Aibreán 1855 ón Dálach chuig Windele, ARÉ 4 B 15.)

Ní go héasca a shaothraigh an clódóir a chuid airgid:

> The first sheet of the Feis is in type and to show what work there is in O'K's copy I enclose you a letter I got the other day from the gentleman who is correcting it for the printer . . . (Litir dar dáta 12 Iúil 1855 ón Dálach chuig Windele, ARÉ 4 B 15.)

Leag an Dálach béim láidir ar shuíomh Muimhneach an téacs. *The Festivities at the House of Conan of Ceann-Sleibhe in the County of Clare* a bhí ar an leathanach teidil (gan uimhir leathanaigh) agus más iomrall aimsire a bhí sa tagairt don 'County of Clare', ba thagairt é a bhí ag teacht le dílseacht an Dálaigh don *pays* Muimhneach agus áitíodh sa réamhphoiblíocht gur téacs é 'in which much light is thrown on the ancient topography of Munster' (O'Kearney 1855, 11).

Socraíodh gurbh é an Cearnach a sholáthródh an téacs ach gurbh é Eoghan Ó Conalláin a sholáthródh an t-aistriúchán. Ní raibh an Conallánach le fáil gan dua, áfach, agus níor tháinig an t-aistriúchán. Windele a bheith dóthanach den chumann (agus é a bheith imithe i gcion ar an gConallánach) faoi ndear an doichill i dtuairim an Dálaigh.[17] Bhí se ina dheatach idir an Dálach agus Windele:

> I can perceive from your letter you are about giving cold shoulder to the *Ossian,* although we are working here might and main without fee or reward and I am inclined to think that you and the professor have simultaneously conspired (focail dhoiléire) as he returned the Feis Tighe Chonain which he took three months ago to translate in the same way that I handed it to him without ever opening the parcel. If we wished that our Society should get on and it is now firmly established, we must all bear our share of the burden and the toil – I have within the last fortnight collected £10 in Dublin . . . besides I have been at about £2 expense in postage . . . I thought I told (sic) *not* to give books to any but such as *have* paid. Our prospects are (focal doiléir) if we work, that we will be the only

> Society in existence by and by. (Litir dar dáta 7 Samhain 1854 ón Dálach chuig Windele, ARÉ 4 B 14).

Leag an réamhrá a scríobh an Cearnach béim ar an tábhacht a bhain leis an miotaseolaíocht mar fhoinse staire:

> Some there may be who consider these tales unworthy of the notice of any one, much less of the historian, merely because fable may be the prominent portion of the subject; but this opinion, which has been growing for years, is a fallacious one. (O'Kearney 1855, 15)[18]

Ba bheag a ghoill fianaise an staraí nó an fhileolaí ar an gCearnach sa réamhrá, áfach – cé gur cóir a chur san áireamh nach raibh córas ainilíse ag scoláirí na linne sin mar atá anois:

> There was another class of beings, unlike fairies, of diminutive stature, who also were believed to be much interested in human affairs; of these the most popular was the Luchryman (recte, Leith-phrogan, i.e. the artisan of the shoe or brogue), because he was always found, when discovered by the human eye, busily engaged in mending or making a shoe. (O'Kearney 1855, 17/8)
>
> There are learned antiquarians who believe that the name 'Fenian' was common to the Irish as a people, and that it was derived from that of Fenius Farsadh the Irish inventor of letter, who was the great ancestor of the aboriginal Irish. (O'Kearney 1855, 21)
>
> . . . Lughadh the Long-handed was a Formorian by maternal decent, and had been bred in the east, which circumstances go far to confirm the opinion of Procpius, namely that the ancient inhabitants of the African coasts who, according to author of the Crymogea and other writers, subsequently settled on the Chersonesus Cimbrica and the adjacent islands, were a division of the Canaanites who had been expelled from their country by the Israelites, under the command of Joshua, If then, the Formorians were Lochlannachs, and the Loclannachs Canaanites, Partholanus, who is shown to have been a Formorian, must have sprung from the same eastern origin, as well as Nemidh (Nemedius) the ancestor of the Firbolgs, who descended from a brother of Partholanus, according to our historians. (O'Kearney 1855, 25/6)

Ní raibh Standish Hayes O'Grady ach bliain is scór d'aois nuair a d'fhoilsigh an Dálach a eagrán seisean de fhilíocht Dhonnchadh Rua, *Adventures of Donnchadh Ruadh mac Con-Mara* in 1853. Ó tharla ardghradam a bheith ag Donncha Rua i measc fhilí na nDéise, bhí muinín ar leith á léiriú ag an Dálach i gcumas an Ghrádaigh nuair a ghlac sé leis mar eagarthóir. Agus ní raibh an Grádach ach trí bliana is scór d'aois nuair a foilsíodh *Toruigheacht Dhiarmada agus Ghrainne; or, the Pursuit After Diarmuid O'Duibhne, and Grainne the Daughter of Cormac mac Airt, King of Ireland in the Third Century* (a d'fhoilsigh an Cumann Oisíneach mar *Transactions 3* in 1857).

Cé nár shoiléirigh an Grádach na foinsí a bhí aige do *Toruigheacht Dhiarmada agus Ghrainne* agus go raibh lochtanna eile sa chur chuige, d'éirigh leis eagrán a sholáthar inar 'delight to read' (Ní Shéaghadha 1967,

ix) é an t-aistriúchán. Ní baoth-thuairimíocht a bhí sa réamhrá a ghabh le *Transactions 3,* ach cur chuige tomhasta. San chéad alt féin rinne sé bunidirdhealú idir Oisín na scéalaíochta agus fírinne na staire:

> When, therefore, Oisin (sic) is spoken of as the author of that body of poems which bears his name, it must be understood that no assumption is made, and no law laid down, but merely a tradition stated. (O'Grady 1857, 15)

Níos faide ar aghaidh sa réamhrá, rinne sé liostáil ar 'the chief poems of Oisin the son of Fionn the son of Cumhall with the number of *ranns* or stanzas in each' (O'Grady 1857, 17), liosta sách fada. Agus rinne sé liostáil ar na 'Fenian tales which to this day live among the people, and are known as Eachtraidhe' (O'Grady 1857, 20). Chomh maith leis an léann, bhí an dara haidhm ag an nGrádach, is é sin le rá, leas a bhaint as an bhFiannaíocht le hábhar léitheoireachta a chur ar fáil i nGaeilge:

> To the reader who has ever asked from a real desire for information that question which is all but invariably heard when mention is made of the Irish language before the uninitiated – Is there anything to read in Irish? – it may be acceptable to learn somewhat more fully and more definitely than is often convenient in conversation, the nature and extent of at least one branch of our native literature, that which the Ossianic Society has undertaken as far as may be to rescue from obscurity. (O'Grady 1857, 15)

Bhí an Dálach agus an Grádach mór le chéile ó bhí an Grádach ag freastal scoile i Rugby, rud is léir ó litreacha an Ghrádaigh (Ollscoil na hÉireann, Corcaigh, Cnuasach Thorna T. lix) agus ní féidir scoláireacht an Ghrádaigh a mheas gan an t-uchtach a thug an Dálach dó a chur san áireamh. Le foilsiú *Adventures of Donnchadh Ruadh mac Con-Mara* in 1853 agus *Transactions 3, Toruigheacht Dhiarmada agus Ghrainne* in 1857 agus le ceapadh an Ghrádaigh mar uachtarán ar an gCumann Oisíneach, bhí scoláire Gaeilge tagtha ar an bhfód, a bhuíochas sin cuid mhaith do na deiseanna eagarthóireachta agus foilsitheoireachta a bhí curtha ar fáil dó.

An 'celebrated translator' a bhí á thabhairt ag an Dálach ar O'Grady ar 1 Feabhra 1854 (litir chuig Windele, ARÉ 4 B 14) agus mhol sé ar 7 Eanáir 1860 go mba é an Grádach a dhéanfadh Agallamh na Seanórach a aistriú thar ceann an chumainn. Scríobh sé chuig Windele ina thaobh ar 1 Feabhra 1860:

> I have been speaking to Mr. O'Grady and he will translate the Agallamh, so send it down as soon as you can . . . (ARÉ 4 B 20)

Deich lá ina dhiaidh sin bhí an Grádach agus an Dálach lena phlé:

> Try and let us have the Agallamh early next week as O'Grady will be there and its better to ask (?) him while he is in the humour. (ARÉ 4 B 20)

Ceithre mhí ina dhiaidh sin, áfach, bhí an t-ábhar fós á lorg ag an Dálach:

> Send down the Agallamh and I will hunt (?) out Mr. O'Grady if I can . . . (Litir dar dáta 6 Meitheamh 1860 ón Dálach chuig Windele, ARÉ 4 B 20.)

Chaithfí William Smith O'Brien a cheadú ina thaobh:

> Smith O'Brien will be in town in about a week and I will speak to him about a translation. He & Brian O'Looney might do it conjointly . . . (Litir dar dáta 7 Eanáir 1860 ón Dálach chuig Windele, ARÉ 4 B 20.)

Bhí cuid den obair déanta ag an Dálach chomh fada siar le 1855:

> I passed the *ordeal* of the Academy rules which after all are not very strict and on Wednesday next I am to commence my mission with the Agallamh. I suppose you can give me some idea as to where I am to commence the collating in the Academy MS. as the professor tells that you have a portion of it done already and therefore you can tell me the number of the folio where I begin. (Litir dar dáta 23 Meitheamh 1855 ón Dálach chuig Windele, ARÉ 4 B 15.)

Bhí an cumann ag tarraingt na gcos, áfach, an uair úd:

> Nothing has been done about the *Agallamh* as yet and the reason why is because I cannot get a Council Meeting up to do anything . . . (Litir dar dáta 29 Meitheamh 1855 ón Dálach chuig Windele, ARÉ 4 B 15.)

Bhí an Grádach sásta dul i mbun oibre in 1860:

> I have been speaking to Mr. O'Grady and he will translate the Agallamh, so send it down as soon as you can. (Litir dar dáta 1 Feabhra 1860 ón Dálach chuig Windele, ARÉ 4 B 20.)

Ach ní dhearna Windele téacs an Agallaimh a sholáthar go dtí Eanáir 1861 agus faoin am sin bhí an Grádach imithe ó thuairisc (litir dar dáta 8 Eanáir 1861, ón Dálach chuig Windele, ARÉ 4 B 21). Níorbh fhéidir teacht ar fhear a aistrithe:

> We have not been able to put the Agallamh in English since the Silidhe Plaosgach got into the spell. He left a sailchuach upon us. (Litir dar dáta 26 Lúnasa 1861 ón Dálach chuig Windele, ARÉ 4 B 21.)

Cé gur áirigh an Dálach an Grádach i measc an scata bhig a chomhlíon na gealltanais a bhí tugtha acu don chumann (litir dar dáta 4 Márta 1861 ón Dálach chuig Windele, ARÉ 4 B 21), níorbh é sin le rá nach bhféadfadh an Dálach liobairt a thabhairt dó:

> Mr. O'Grady who told us last Patrick's Day that he had Diarmuid and Gráinne ready except the introduction and notes has done nothing since and had I not depended on him . . . the vol of poems would be printed by this time (Litir dar dáta 8 Lúnasa 1856 ón Dálach chuig Windele, ARÉ 4 B 16.)

Bhí an leabhar réidh, áfach, ar 1 Samhain 1856 (litir ón Dálach chuig Windele, ARÉ 4 B 16).

Dá mbeadh leabhar sa bhliain á fhoilsiú ag an gcumann is in 1855 a d'fhoilseofaí *Transactions 3, Toruigheacht Dhiarmada agus Ghrainne,* ach níor foilsíodh go dtí 1857 é, dhá bhliain i ndiaidh ama. Ar 1 Samhain 1856, bhí an Dálach ag scríobh chuig Windele á rá leis, 'Fortunately for the Society, Mr. O'Grady's book is in press' (ARÉ 4 B 16).

Faoi dheireadh na bliana 1857, ba ar bhlár na Tóraíochta a bhí an cath á throid idir an Cumann Oisíneach agus an Cumann Seandálaíoch agus Ceilteach, cé go mba mhó de chomhrac aonair idir an Dálach agus an Comhrach é:

> Curry is doing us all the injury he possibly can and we are going to have a meeting tomorrow to institute proceedings against him. He has told Smith O'Brien that the caoi Oisín in the vol (sic) is a fabrication of our own, where we have three copies of it provided. Even at the risk of losing a year's subscriptions at last we must stop Curry's mouth. Father Kelly is also indignant at Curry's talk and tells me directly that I am only a tool in the hands of the Ossians to enable them to publish spurious books and that he will never again buy any book published by me. So you see the necessity of muzzling the Bear and if we don't muzzle him now na (sic) bac leis. (Litir dar dáta 19 Nollaig 1857 ón Dálach chuig Windele, ARÉ 4 B 17.)

Coicís ina dhiaidh sin bhí lámh in uachtar á fáil ag an amhras in aigne an Dálaigh agus ní raibh sé leath chomh cinnte is a bhí i dtaobh bharántúlacht eagrán an Ghrádaigh:

> Your advice about the Ursa Major is the best to follow but he must be muzzled at all events one way or the other. If the book is Macphersonized by O'Grady (sic) he richly deserves a castigation; but I didn't think he would do it; but the case at present looks very suspicious.
>
> He wrote to Father Kelly a week ago saying he would leave the MSS. which belongs (sic) to the Rev. Jas Goodman and from which he printed a doubtful portion of the poem here for his inspection – and though Father Kelly called twice there is no sign of the MS. yet. (Litir dar dáta 25 Nollaig 1857 ón Dálach chuig Windele, ARÉ 4 B 17.)

Lá Coille 1858, ba lú fós a mhisneach as an nGrádach:

> I fear that the Ursa is right regarding the interpolation which I sent over last night at my ease . . . Mr. Goodman's object in foisting this upon O'Grady as Ossianic poetry must be to villify the character of these men in future ages. The stanzas commence with the 2nd verse at the bottom of page 252 beginning with the word 'adhbhar' and ending with the bad (?) verse at the bottom of p. 274, beginning with 'Uch.' Tis a scandalous piece of business and I warned O'Grady to do with Rev. Goodman's stanzas in particular as the sheet was made up when he received them (sic) . . . and the extension of two additional sheets put the Society to an additional expense of about 7£ or 8£. I wrote to Mr. O'Grady for the original MS. and not a word from him since – in a previous letter which I had from him in the morning of the meeting on Tuesday last he stated that he would send the MS. but that it was packed at his lodgings but in Dublin. Passing by this house this morning I called to see if any of his luggage was there – but

> not an item – he took every item away with him so that I fear he and Goodman are in a bad dilemma as the Council are determined that the MS. must be produced and that immediately as my book cannot go to press until the matter is settled. (Litir dar dáta 1 Eanáir 1858 ón Dálach chuig Windele, ARÉ 4 B 18.)

Dá mbeadh an téacs 'Macphersonized', ag an nGrádach, bheadh tucaid ag teastáil uaidh le brionnú a dhéanamh agus níor léir cén tucaid í féin. Chuaigh an Dálach i muinín dheighilt na gcreideamh mar mhíniú:

> With regard to O'Grady I cannot say what object there would be in forging the poem unless the future historian could have a whack at the priests and celibacy as you can possibly see by reference to stanza 5, p. 260 [,] stanzas 3. 4. p. 264 where the beheading is mentioned and stanza 5. p. 274 in which the word 'giorra saoghail' is used which I never yet met in Fenian Poetry.[19]
>
> The MS. for the printer was in Mr. O'Grady's own handwriting who told me that he got it from Mr. Goodman, and I told him at the same time to be cautious as Mr. Goodman could write as much as he liked of (focal doiléir) things; his reply was that Mr. G. would not impose on him . . . If the report gains ground . . . the Fianna may as well shut up shop for ever again as nobody can be relied on; and then Ursa will have it all to himself . . . (Litir dar dáta 6 Eanáir 1858 ón Dálach chuig Windele, ARÉ 4 B 18.)

D'fhág an choimhlint a lean *The Prophecies of SS. Columbkille, Maeltamlacht, Ultan, Seadhna, Coireall, Bearcan etc.* an Dálach faiteach cosantach (i leith cheisteanna creidimh ach go háirithe) ach ba í fírinne an scéil nach raibh comhcheilg ná brionnú ar bun ag an nGrádach, ag Goodman ná ag aon duine eile beag ná mór. Ní duine místuama a bhí sa Ghrádach: a mhalairt ar fad: bhí sé lán de dhíograis, cé go raibh lochtanna áirithe sa téacs foilsithe ag teacht chun solais. Ar 22 Eanáir 1858 sholáthraigh an Grádach an lámhscríbhinn ina raibh na véarsaí a lochtaíodh:

> Mr. O'Grady has arrived in town and left me the original of the caoi for inspection. I have glossed over the vol. which was written by a Mr. Geoghan of Glanduff in your county in 1821 and find that it bears out Mr. O'Grady as far as his original goes; but really I have no faith in the genuineness of the book as I find a good many words embodied in Fenian Romances which are below barbarity. (Litir dar dáta 22 Eanáir 1858 ón Dálach chuig Windele, ARÉ 4 B 18.)

Thit an líonrith a bhí ar an Dálach ó foilsíodh na *Prophecies* agus comhfhuath an Chomhraigh agus an Dálaigh le chéile in aon mheall amháin sa chonspóid a lean foilsiú na Tóraíochta. Comharthaí sóirt ab ea é ar an aeráid bhagrach ina raibh an Dálach anois i mbun foilsitheoireachta.

Sa *Tablet* ar 30 Eanáir 1858 d'fhoilsigh Eoghan Ó Comhraí léirmheas cinniúnach ar *Transactions 3, Toruigheacht Dhiarmada agus Ghrainne:*

> . . . an ancient romance, unless it be amply annotated, cannot be interesting or even intelligible to modern readers. The book before us would, we think, have been improved if it had been more profoundly annotated, and had contained the same copious store of Irish erudition, which makes the second volume of

the Ossianic Society so interesting. . . . [leanann sliocht as leathanach 79 den téacs]

The reader ought to be informed in a footnote that Muadhan is what Asiatics term a *geni*. It appears obvious from his great powers that Muadhan is no other than Mannan MacLir, who, according to Cormac's glossary was merely a merchant, but, according to Irish romance, was a powerful geni that guarded the Emerald Isle, as the geni in the preceding extract guards the magic tree . . .

The '*ban-eachlach*' of this book is the 'damsel on a palfry' of the well-known romance of King Arthur, a work, the style and even the grammar of which Mr. O'Grady seems to have imitated. The employment of female heralds indicates the noble and generous feelings of ancient chivalry, and the editor might have said so. Without copious illustrations of this kind, drawn from the history of medieval chivalry, the publications of the Ossianic Society must be uninteresting, because unintelligible to the great mass of readers. See how Scott edits the 'Border Minstrelsy' and Lane 'The Arabian Nights.' The publications of the Ossianic Society must be edited with the same copious erudition, the same profusion of illustrative annotation, if the society wish for success. We trust this unsatisfactory scantiness of comment, will not disfigure their future volumes . . . We should strongly recommend the Ossianic Society to compare their copies with those in our great libraries, and procure romances and poems in which the fire and spirit of better days are preserved. But in order to do this they must have translators familiar with the *ancient* dialects . . .

The word *cleamhnas* occuring on p.44, does not signify a daughter's marriage, but merely alliance or affinity . . . The words at page 51, '*Mac Inghine d'Fhionn mhac Cumhail, an fear ud*' (sic) surely do not mean 'that man is a sister's son of Fionn MacCumhail ?' No Irish scholar ever regarded *inghean*, a daughter and *suir* or *dearbhshiur*, as identical in meaning . . . To conclude: a thorough acquaintance with medieval chivalry is indispensably necessary to the editor of romances which belong and relate to a chivalrous period; without this no man should attempt the task. But such a man is unlikely to work gratuitously.

Let us respectfully observe that the Ossianic Society should beware lest they damage the cause of Irish literature by ill-directed efforts to advance it. This damage will be influenced in many ways, but especially by the selection of bad copies. Let them give us the noble; ancient versions of poems &c. written at a period when Irish literary men really existed – before the overwhelming calamities of the last two centuries vulgarised and degraded us. These remarks especially apply to the poem with which this volume concludes. In addition: what is termed Diarmuid's pedigree is at variance with history – it was not intended for him at all. ('Transactions of the Ossianic Society (vol III) for the year 1855', *Tablet*, 30 Eanáir 1858, 74)20

Bhí an Dálach le ceangal:

Whenever you will see the *Tablet* of last Saturday (Jan. 30) see it and you will see to your heart's content how the *Bear* has handled poor O'Grady and the Ossians – Council and all in a *three* col. review; but by the hole of my coat he shall not escape unscathed. When you read that article which was written by a minion of his called O'Keefe who knows not a single word of Irish except what Curry puts in his mouth, you will agree with me that the Ossianics must be up and stirrring

> whatever the result will be – even at the risk of upsetting the Society. O'Curry's ignorance and incapabilities as an Irish scholar must be exposed (but this between ourselves, not even to McSweeny lest Curry might hear of it and prevent the article going in). The article will make your flesh shudder and creep; what is worse it will show you the enmity of the man who is pocketing so much of the public money and doing nothing. It is a great matter that we will have an opportunity of thrashing him soundly once in his lifetime and I hope the matter will not go abroad as the fellow would intervene (?) with Mr. Murray to stop the article if he heard of it.
>
> What do you think he also did – he bought up every copy of the *Tablet* containing the article in question and sent it to the most influential members of the Society which made the paper so scarce that a copy could not be got the same evening for love or money and the wonder is that he did not send you one. (Litir dar dáta 6 Feabhra 1858 ón Dálach chuig Windele, ARÉ 4 B 18.)

Nuachtán Caitliceach ab ea an *Tablet* a raibh ardchaighdeán sna hailt a d'fhoilsítí ann. Bhain íogaireacht ar leith le léirmheas ann ar ábhar Dálach, go háirithe i gcomhthéacs na *Prophecies.* Chuir spéis an Athar Matthew Kelly ó Mhaigh Nuad leis an íogaireacht gan dabht.[21] Is deacair gan suntas a thabhairt do shainmheon an nuachtáin sa mhéid is go bhfuil cáineadh géar déanta ann ar Phrotastúnach – an Grádach – agus moladh láidir tugtha do Chaitliceach – an Cearnach. Bhí an drochfhuil idir an Cumann Oisíneach agus an Cumann Seandálaíoch agus Ceilteach ag teacht chun solais agus amas ab ea an léirmheas leis an Dálach – agus an Cumann Oisíneach – a chloí. Is féidir an cáineadh ar an nGrádach a léamh mar cháineadh faoi choim ar an té a nochtaigh cumas an Ghrádaigh don saol i gcéaduair.

Ar 23 Feabhra 1858, scríobh an Dálach chuig Windele ag insint dó go raibh aghaidh tugtha aige ar an gComhrach. Madra é an Dálach a bhíodh teann ar leac a dhorais féin do réir na tuairisce:

> The devil's war (?) is here on account of the criticism on Diarmuid and which is gone so far between me and the writer of it that I flung him out of my shop in the street on last Friday morning when he came – to abuse me for some matter and a policeman who was passing by said I was justified in using my might to repel him from my place as he did not leave when asked to do so. I never saw any book reviewed in such bitter a spirit – in part he is bent on destroying the Society if at all possible and mind – and mind – choosing the Tablet which all the priests and bishops get of which we have a good number. But as you say, O'Grady left himself open to criticism tho (sic) I advised about many things which are now brought to bear upon the book, and which he feels sorely.
>
> Since I evicted the critic from my premises I received three (?) threatening letters from him, and I am about summoning him tomorrow to get him bound to keep the peace. (ARÉ 4 B 18)

D'éirigh an Grádach as uachtarántacht an chumainn in 1858 i ndiaidh an léirmheasa agus faoin mbliain 1861, bhí an Dálach ag insint do Windele: 'Mr. O'Grady . . . I don't know what part of the Globe he inhabits now' (litir dar dáta 8 Eanáir 1861, ARÉ 4 B 21):

> Did I tell you that O'Grady resigned his post as President in a most abrupt manner on Patrick's Day. He was in town and never attended the meeting but sent a note just as we were going to business; and we had no remedy left but to adjourn to Monday next. Smith O'Brien is going to take his place and I think the change will be for the better, but some thinskinned Protestants may be frightened at the circumstances. O'Mahony has resigned too and Smith O'Brien's son is to take the Treasurership. (Litir dar dáta 2 Márta 1858 ón Dálach chuig Windele, ARÉ 4 B 18.)[22]

Scríobh an Dálach chuig Smith O'Brien – a d'fhill faoi chaithréim in 1856 óna thréimhse ionnarbtha i Van Diemen's Land (Davis R., 1998, 326) – ag cur an cheapacháin in iúl dó:

> . . . yesterday our annual general meeting came off. a report of which you will find in the Nation of Saturday and you were unanimously elected president of our Society on the terms proposed in your letter .i.e. that you would be consulted on any important subject which came up for discussion before it was carried. . . . Mr. Edward was elected treasurer in place of the Rev. T. O'Mahony who resigned. (Litir dar dáta 30 Márta 1858 chuig Windele, LNÉ 446.)[23]

'His prestige was at its zenith' ag an tráth seo adeir beathaisnéisí O'Brien ina thaobh (Davis R., 1998, 329) agus chuir an ceapachán go mór le seasamh an chumainn i measc náisiúnaithe. Cuireadh le seasamh an Dálaigh féin nuair a d'fhoilsigh sé in 1861 comhfhreagras idir O'Brien agus John Martin (a bhí i Van Diemen's Land i dteannta O'Brien) i bhfoirm paimfléid. *Correspondence between John Martin and William Smith O'Brien Relative to a French Invasion* a bhí mar theideal air agus d'fhógair an fhordhuilleog go raibh sé 'printed for William Smith O'Brien'. Bhain sé le conspóid a lean cath Magenta, 1859, inar bhuail na Francaigh faoi cheannas an Ghinearáil MacMahon arm na hOstaire. Bhí Sasana ar thaobh na hOstaire agus ó tharla gur mhaígh MacMahon gaol le Brianaigh Thuamhumhan, bhí ionadaithe na Sasanach buailte ag duine de laochra Gael dar le náisiúnaithe áirithe in Éirinn. Bunaíodh cumann a raibh an MacMahon Sword Society air in omós don ghinearál, ach ní raibh O'Brien sásta cuireadh go hÉirinn a thabhairt dó mar gur bhain sé le réimeas Napoleon III, deachtóir na Fraince. Foilsíodh litreacha ina thaobh seo sa *Nation,* san *Irishman* agus san *Irish American* ó Martin agus é féin (i measc daoine eile) agus cuireadh an chonspóid eatarthu i gcló sa phaimfléad:

> In order to do full justice to his antagonist, Mr. O'Brien re-publishes herein the two Letters written by Mr. Martin, in refutation of the opinions set forth by Mr. O'Brien in his Letter to the Editor (den *Irish American*). (O'Brien 1861, 2)

Chuir an Brianach in aghaidh fhórsaí ionraithe as an bhFrainc nó as áit ar bith eile san alltar a bheith á mealladh go hÉirinn ag náisiúnaithe.[24]

Bhí Eoghan Ó Conalláin ag scríobh chuig Windele ar 27 Márta 1858 i dtaobh dhearcadh an Dálaigh i leith an scéil:

> Seaghan mór O'Dalaigh (sic) called on me here yesterday to learn and instruct. He is greatly annoyed by the resignation of our President, O'Grady . . . (ARÉ 4 B 18)

Aon leabhar amháin ó cheart é *Transactions 4, Laoithe Fiannuigheachta,* an chéad fhoilseachán eile ón gCumann Oisíneach agus *Transactions 6, Laoithe Fiannuigheachta.* An Dálach féin a chuir an dá cheann in eagar:

> The Collection of Poems which forms the present volume of our Transactions, are exceedingly popular, and completes the Agallamh published in 1856. (O'Daly 1861a, xv)

Go drogallach a chuaigh an Dálach ina bhun:

> If the Society takes corresponding, copying and transcribing MSS. *for editors,* summoning meetings, keeping the minutes, delivering and keeping a/c of books issued, *correcting* proofs going through press, arranging copy for printer and several other (dhá fhocal dhoiléire) *and all for nothing* from off my shoulders I shall have my Ossianic poems ready as fast as the printer will print them but if the Society do not relieve me from the above they need not expect that I can do anything in the shape of editing the book I had laid out for myself soundly. (Litir dar dáta 7 Meitheamh 1856 ón Dálach chuig Windele, ARÉ 4 B 16.)

Ach mealladh chun saothair sa deireadh é agus níor loic sé:

> Do not be crying down the Society I beg of you – to me at least – for there is a kink in me still, and if 'all go to all' I will work at the poems and have the vol ready before Xmas at farthest. (Litir dar dáta 15 Iúil 1856 ón Dálach chuig Windele, ARÉ 4 B 16.)

Ba é Brian Ó Luanaigh scríobhaí fhormhór na lámhscríbhinní a scríobhadh faoi phátrúntacht William Smith O'Brien.[25] Anois agus Smith O'Brien mar uachtarán ar an gCumann Oisíneach, bhí sé i gceist aige gur ar lámhscríbhinn de chuid an Luanaigh, ARÉ 24 C 20, a bhunófaí *Transactions* 1856 (a bhí le foilsiú in 1859). Leagan de laoi le Micheál Ó Coimín ba fhoinse do leagan an Luanaigh, rud a d'fhág go mba théacs de chuid an ochtú haois deag é. Ní ghlacfaí leis mar théacs léinn. Sa deireadh foilsíodh an laoi a bhí i gceist – 'Laoidh Oisín ar Thír na n-Óg' mar a tugadh ar ball i *Transactions 4* air – mar leabhar ann féin laistigh de *Transactions 4, Laoithe Fiannuigheachta.* (Foilsíodh 'Mac-Gnimhartha Finn mac Cumhuill' mar leabhar ann féin laistigh de *Transactions 4, Laoithe Fiannuigheachta* freisin. An Donnabhánach a bhí mar eagarthóir air). Laoi í seo nach bhfuil le fáil i Corcaigh 96, an lámhscríbhinn ar ar bunaíodh an uimhir seo de na *Transactions.* Faoi ainm an Luanaigh a foilsíodh sa deireadh é agus *caveat* ina theannta:

> The Council of the Society do not hold themselves responsible for the authenticity or antiquity of the following poem; but print it as an interesting specimen of the most recent of the Fenian Stories. In the tract which follows will be found one of the most ancient of the records that describe the exploits of Fionn mac Cumhail. (O'Daly 1859b, 228)

Tiomnaíodh an leabhar do 'William Smith O'Brien, Esq., President of the Ossianic Society' agus bhí ráiteas toirbhirte ag an Luanach mar réamhrá:

> Sir, Further to your wishes, and at your very kind suggestion, I have undertaken the following translation of the Ossianic poem, on Tír na nÓg ('Land of Youth') in the humble but confident hope that I may, however unpretending as an Irish scholar, be in some measure instrumental in restoring our neglected lore to its former style and standard. (O'Daly 1859b, 228)

Ba náir leis an Dálach ainm an Luanaigh a chur ar an leathanach teidil:

> A Council meeting is called for one o'clock on Monday to discuss the propriety of printing tír na nóg in our Transactions, and as you cannot be pressed to take any part in the Proceedings I would be glad to have your opinion in writing before the meeting of that day . . . I am myself entirely against the printing of this poem – as is Dr. O'Donovan and a wag who saw Bryan O Looney's name on the title page asked why we did not put Bryan O'Lynn there as he was better known than Bryan O Looney. (Litir dar dáta 20 Eanáir 1859 ón Dálach chuig Windele, ARÉ 4 B 19.)

Murach seasamh gradamach an Bhrianaigh, ní fhoilseofaí go deo é agus ní beag an t-allas a chuir an Brianach de leis an gcumann a chur chun gnímh. A leithéid seo:

> Dear Mr. O'Daly,
>
> As it appeared to me that you have been much *overworked* in the preparation of Vol *IV* of the Publication of the Ossianic Society which you kindly undertook to edit I venture to propose that Mr. Brian O'Looney who copied for me last winter a poem called 'The Land of Youth' which was selected for publication before I became president of the Society should assist you in your undertaking of copying and transcribing this poem.
>
> I now place in your hands the fruit of his labour . . . I think it desirable that they [aistriucháin] should be as literal as possible and that even then a version (?) of the original should be provided. I have therefore advised Mr. Looney to give a literal translation rather than a paraphrase . . . (Litir dar dáta 8 Deireadh Fómhair 1858, LNÉ 1, 244/1.)

D'éirigh Smith O'Brien as uachtarántacht an chumainn – ar feadh tamaill ar aon chaoi – de bharr dhoicheall an chumainn i leith an Luanaigh. Cuireadh profaí den laoi i gcló sa deireadh ach níor shásaigh sin an Brianach:

> Mr. O'Brien withdrew the poem but in a subsequent letter withdrew that withdrawal again and currently it is printing with whatever the result may be to the Society. The first proof you will get tonight – He has resigned the Presidency on account of the row that has been made about the poem; but now that it is printed he may withdraw that resignation again. (Litir dar dáta 26 Eanáir 1859 ón Dálach chuig Windele, ARÉ 4 B 19.)

Trí lá ina dhiaidh sin bhí breith is dá roghain ag an Dálach féin ar imeacht. Ar an anró a bhí á fháil aige ón rúnaíocht a leag sé an milleán – ach is i gcomhthéacs chonspóid Laoi Oisín ar Thír na n-Óg a bhí seo ag tarlú:

> The Council have agreed to print Brian O'Lynn's poem – I have given notice of surrendering on Paddy's Day, as I could no longer stand the correspondence. (Litir dar dáta 29 Eanáir 1859 ón Dálach chuig Windele, ARÉ 4 B 19.

Níorbh fhada go raibh malairt poirt aige agus é sásta go maith ó tharla gurbh é féin a bhí anois mar eagarthóir toradh gan amhras ar an mbagairt a bhí déanta aige: 'In a day or two I will trouble you to revise my introduction to the present vol. before going to the press. I believe it near ready.' Bhí sé 'collected from various sources; and it may require a full examination to set it right' (litir dar dáta 17 Feabhra 1859 ón Dálach chuig Windele, ARÉ 4 B 19).

Ba cheann í aiste an Luanaigh de dhá théacs tiomnaithe a ghabh le *Transactions 4, Laoithe Fiannuigheachta*. Ag gabháil le 'Mac-Gnimhartha Finn mac Cumhuill' a bhí sé agus é scríofa ag an Donnabhánach. Rinne sé a dhícheall ann leis an mBrianach a mhóradh:

> Dear Sir, Having at your request, undertaken to translate into English . . . the boyish exploits of the celebrated Finn mac Cumhail, the Fingal of Mac Pherson's Ossian, I beg to offer you a few observations on the age and importance of the little tract . . . The only known descendants of our hero, now known to exist, are the Dal-Cais, i.e. O'Briens of Munster and their correlatives, Cormac Cas, king of Munster . . . (O'Daly 1859b, 285–6)

Trí fhoinse a bhí ag *Transactions 6, Laoithe Fiannuigheachta,* mar a chuir an réamhrá (fiorghearr) a ghabh leis in iúl:

> . . . a large manuscript collection made by Laurence Foran, of Portlaw, county Waterford, in 1780, which is now in the hands of the Rev. Patrick Meany, C.C. of Ballyknock, Carrick-on-Suir, Honorary Secretary to the 'Keating Society, lately organised . . . a collection made in 1844 by Mr. Martin Griffin, of Kilrush; which now belongs to our esteemed President, Standish Hayes O'Grady, Esq. . . . a large volume made about the year 1812, by Clare scribes, for the Rev. Thomas Hill, C.C., of Cooreclare, who presented it to Mr. Blake Foster of Knockmoy Abbey, a gentleman who, taking a warm interest in every thing Irish, kindly lent it to us for copying in 1855. We understand that he has since bestowed it upon his Grace the Most Rev. Dr. Mac Hale. (O'Daly 1861a, xv).[26]

Mhaígh an réamhrá a ghabh le *Transactions 4, Laoithe Fiannuigheachta,* go ndearna an Dálach an t-ábhar a bhí sna foinsí sin a chur i gcomparáid le hábhar a bhí i leabharlann an Acadaimh:

> In conclusion, we feel it our duty ere we close to tender the warmest thanks of the Society to the President and Council of the Royal Irish Academy, for the facility they have afforded us in collating our proofs with their valuable collection of manuscripts, whilst our book was passing through the press; also the Committee of Publication, for their kindness in revising the same. (O'Daly 1859b, xxxii)

'Duine ab eádh é ná raibh puinn léighinn aige' a thugann M.E. Ní

Dhonnchadha mar thuairisc ar Labhrás Ó Fuaráin, cé go ndeir sí freisin go raibh 'sgríbhneóireacht mhór soiléighte (sic) aige' agus go bhfuil 'cruth foghanta glan ar an lscr (sic).' (1943, 333). Ní cheileann sé féin teirce a chuid léinn:

> Gurab í sin achtra Chloinne Rígh na hIorruaith go nuige sin. Sgríobhtha maille le aon don ord meamhollamhanta leatha Mógha .i. labhras Ó Fuartháin an Uachtar Tíre a bPaorach an tochtmhadh lá déag don mhí Iúil ansan mbliadhain d'aois an Tighearna 1780. (Corcaigh 96)

Ba ar Chorcaigh 96 a bhunaigh Nioclás Ó Cearnaigh *Transactions 1, The Battle of Gabhra,* agus *Transactions 2, Feis Tighe Chonáin:*

> The manuscript from which our text is published, as also that of the first volume, published by the Society, was made by a celebrated scribe named Foran, who resided at Portlaw in the county of Waterford in the year 1780, and both versions have been carefully collated with other copies previously to (sic) being put into the printer's hands (O'Kearney 1855, 116)

Is léiriú ar an ngreim a bhí ag an Dálach ar dhúnghaois eagarthóireachta na nOisíneach an leas a baineadh as lámhscribhinní Muimhneacha (agus as lámhscribhinní an Fhuaránaigh ach go háirithe), mar bhunfhoinsí agus ní fearr léiriú air ná an Cearnach, duine a raibh dúil thar cuimse aige i ngach a bhain lena fhód dúchais, ag cur téacs Muimhneach in eagar.

Lámhscríbhinn a bhfuil cúig chéad caoga dó leathanach ann í Corcaigh 96. Cuirtear an lámhscríbhinn i láthair ar an leathanach teidil mar:

> Saláthair Saoitheamhail, no tacar saláthair, is ainm dualguis don leabhrán so mar a bhfuil iliomad seanchusa air na faisnéis ar Éirinn, et air Fhiannaibh Éirionnn, mar as Follas as san leabhar reómhain. air (sic) na sgríobhadh maille le labhrás (sic) Ó Fuartháin an san cCúil Fhinn a bPortlách an uachtor Tíre na bPaorach chum a shochair féin, air na thosanughadh an 18 lá do mhí na Bealltainne an san mblíadhain d'aois an tighearna íosa críost (sic) mar as léir ann so 1780 no MDCCLXXX. GLÓIR DO DHIA GO BIOTHBHÚAN. AMEN. (Ní Dhonnchadha 1943, 333).[27]

Ba ar Chorcaigh 96 a bhunaigh an Dálach an leagan d'Agallamh Oisín agus Phádraig atá aige féin in *Transactions 4, Laoithe Fiannuigheachta:*

> The Agallamh is taken from a copy made in 1780 by a Mr. Laurence O'Foran, who kept a village school at Killeen, near Portlaw, in the county of Wateford. It contains, beside, many other interesting poems and prose matters, relative to the Fenian period of our history. (O'Daly 1859b, xxx1)

(Lámhscríbhinn an Fhuaránaigh a bhí mar bhonn freisin le *Transactions 6, Laoithe Fiannuigheachta*).

Léiríonn Standish Hayes O'Grady an chomaoin a d'fhág an Fuaránach air sa réamhrá a ghabhann le *Transactions 3, Toruigheacht Dhiarmuda agus Ghrainne:*

> . . . we here speak of good ones (lámhscríbhinní), among which we class the two from which has been derived the text published in the present volume. The first is a book containing a number of legends and Ossianic poems, and entitled 'Bolg an t-salathair;' written in 1780 at Cooleen, near Portlaw in the County of Waterford, by Labhras O'Fuarain or Lawrence Foran, a schoolmaster; and he apologises in a note for the imperfections of his manuscript, alleging in excuse the constant noise and many interruptions of his pupils. (O'Grady 1857, 30)

Deir fonóta a ghabh leis an mír thuas:

> This volume was lent for collation by the Society's Secretary, Mr. John O'Daly of Anglesea Street, Dublin, whose collection of manuscripts is alone sufficient to keep the Society at work for the next forty years or more. (O'Grady 1857, 30)

Maireann an lámhscríbhinn eile a bhí mar fhoinse ag an nGrádach do *Transactions 3, Toruigheacht Dhiarmuda agus Ghrainne:*

> The second is a closely written quarto of 881 pages from the pen of Martin Griffin of Kilrush, in the County of Clare, 1842–3. This manuscript, which a few years ago came into the Editor's possession, is called by the scribe, 'An Sgeulaidhe', i.e. The Story-teller, and is certainly devoted to Fenian and other legends, of which it contains thirty-eight; some having been transcribed from manuscripts of 1749. (O'Grady 1857, 30–1)

Cambridge Ad. 6559 an lámhscríbhinn atá i gceist agus ba ón lámhscríbhinn seo a bhain an Dálach an t-ábhar dar tús 'Níorbh fhada dhúinn amhlaidh sin . . .' (Laoidh Mheargaicc na Lann nGéar) atá aige i *Transactions 4, Laoithe Fiannuigheachta* (lgh. 94–199).

Baineadh Caoi Oisín as ARÉ 24 A 9, an lámhscríbhinn ina raibh na véarsaí ar a raibh amhras caite ag an gComhrach. Lámhscríbhinn í seo a bhreac 'Tomás Mágh-ghethagán' nó Thomas Geoghan, an 'Mr. Geoghan of Glanduff in your county' a ndearna an Dálach tagairt dó mar fhoinse (litir dar dáta 22 Eanáir 1858 chuig Windele, ARÉ 4 B 18). 1821 a thug an Dálach mar dháta don lámhscríbhinn; 1823 a luaitear mar dháta ar ARÉ 24 A 9. Is cosúil gur lámhscríbhinn í a bhain le ciorcal Éire Óg.[28] Ar leathanach céad ochtó cúig den lámhscríbhinn, tá 'Soliloquy of Osin (sic) on the borders of the Laune' agus an sliocht dar tús, 'Adhmhar mo chaoi mar táim gan lúith gan treoir' a bhí mar bhuntéacs ag an nGrádach do *Transactions 3, Toruigheacht Dhiarmada agus Ghrainne,* ó leathanach 252 ar aghaidh.

Is díolaim ó cheart é *Transactions 5, Imtheacht na Tromdhaimhe.* Tá mórán dánta agus ábhar eile ann chomh maith le h'Imtheacht na Tromdhaimhe'. Is dócha gur foilsíodh *Imtheacht na Tromdhaimhe* mar théisclim faoi choinne fhoilsiú na Tána. Tháinig Imtheacht na Tromdháimhe roimh Tháin Bó Cuailnge 'in all of the Royal Irish Academy transcripts' (Ní Úrdail 2000, 156). Fógraíodh Táin Bó Cuailnge i ngach ceann de na *Proceedings* ó *Transactions 2, Feis Tighe Chonáin* ar aghaidh:

> The following work, which is now published for the first time, has been usually designated as 'The Introduction to Tain-bo-Cuailgne. (Connellan 1860, xxxiii)

Chuir an t-eagarthóir, Owen Connellan, nó Eoghan Ó Conalláin, cineál na bhfoinsí in iúl:

> For our materials in such a task we have drawn upon a variety of sources, many of them confined to Manuscript and others more accessible. In this latter department much of our information has been derived from the Transactions of the Iberno-Celtic Society, a work edited and compiled by the late learned and laborious Irish scholar, Edward O'Reilly Esq.; also, from Walker's Irish Bards, but principally from our national Annals. (Connellan 1860, xv).[29]
>
> The text given of this work has been copied from that part of the Book of MacCarthy Riagh, a MS. of the 14th century written on vellum, which was until lately the property of Thomas Hewitt, Esq. of Summerhill House, Cork.
>
> The copy taken from the Book of Mac Carthy Riagh has been collated with another contained in a valuable MS. on paper belonging to the late Rev. Mr. Lambe of Newtownhamilton and as the tract in the vellum MS. is a little defaced at the beginning and ending, these portions have been supplied from the paper copy.
>
> Denis H. Kelly of Castlekelly, Esq., in the county of Galway, whose knowledge of the ancient language of our Irish MSS. is well known, made a translation into English of this work in his own elegant style of composition, which he most kindly placed at the disposal of the Ossianic Society. The Editor, however, soon discovered that Mr. Kelly's original Irish text must have been very imperfect from the great variance observable in several passages from that of the vellum copy, and he therefore deemed it advisable to make his translation, in the first instance, independent of the other to avoid confusion and omissions. On comparing the two English versions he found them happily to correspond in all those passages common to both originals, which has convinced him of the correctness of this translation.
>
> To my good friend John Windele, Esq., of Blair's Castle, Cork, the Members of the Ossianic Society are indebted for the production of this volume. I had such reluctance in undertaking such a task, being unwilling from past experience to encounter the labour and difficulty necessarily attending a work of this kind. My friend, however, whilst appealing to my patriotism and devotion to the good old cause of our national literature, promising at the same time such assistance as he was able to afford, prevailed and I could no longer hesitate, knowing full well that I was in safe hands; and like an honest Irishman he has fulfilled his promise. He read in translation and notes, corrected the former where necessary, and amended and most essentially enlarged the latter . . .
>
> To our worthy and noble-minded President [i.e. an Grádach], who I am happy to say is a very good Celtic Scholar, I am greatly indebted for his careful reading of a considerable portion of the proof sheets of this volume whilst passing through the press. (Connellan 1860 xxxiii–xxxv)[30]

Maireann bunleagan de Imtheacht na Tromdháimhe ó lámh an Dálaigh agus aistriúchán Béarla ina theannta (ARÉ 24 M 37). Ní ghabhann dáta leis agus is deacair dá bharr sin é a shuíomh. Tá difríochtaí suntasacha idir é agus leagan an Chonallánaigh agus ní léir gur bhain sé feidhm as. Ba bheag fonn a bhí ar an gConallánach an t-aistriúchán a dhéanamh:

> I fear the bod mara Professor will shite upon us after all I wrote to him after I received your note, but not a gíog (tittle) I heard from him since. (Litir dar dáta 16 Nollaig 1859 ón Dálach chuig Windele, ARÉ 4 B 14.)

Ba é an Conallánach an 'Irish Historiographer to the King' agus thug sé scór bliain mar scríobhaí in Acadamh Ríoga na hÉireann. Fágann seo nár dheacair dó an leabhar a chur i dtoll a chéile. Ach bhí drochmheas ag an Dálach air mar eagarthóir – 'Connellan is one of the laziest men, as an editor living' a dúirt sé in litir chuig Windele dar dáta 6 Feabhra 1860 (LNÉ 5454).[31] Más ea bhí drochmheas mar é ag an gConallánach ar an Dálach agus níor lig sé don Dálach profaí an imleabhair a cheartú:

> With regard to the Professor's book, how dare I meddle with it, as he himself told me that he would not allow a single letter to be altered from his copy. . So that settles that affair.
>
> I will send you and him proofs for revisal (sic) before anyone else sees them; and then ascertain from him who of the Publication Committee will I send copies to. He has an objection to Smith O'Brien getting one, but I suppose he is not aware that it was one of the conditions on which he undertook the Presidency was (sic) that he should examine every proof of our books before they were printed off, and I think he was right, for many a queer thing he cancelled in my proofs but I was only a novice compared to the Professor. (Litir dar dáta 16 Feabhra 1860 ón Dálach chuig Windele, ARÉ 4 B 20.)

Ba le linn léamh na bprofaí a dhéantaí cuid mhór den obair eagarthóireachta agus obair mhaslach go maith a bhíodh inti. An Dálach, Windele, Smith O'Brien agus an t-údar a léadh iad go hiondúil ach de bharr shotal an Chonallánaigh ní bheadh sé éasca caoi a chur ar an téacs. Thug an Dálach an-léargas ar na tuiscintí a bhí aige i leith na heagarthóireachta nuair a phléigh sé profaí an Chonallánaigh le Windele. Bhí col ar leith aige le leaganacha a rinne nua-aoisiú ar an teanga:

> By tomorrow evening's post the Prof. will get proofs . . . our printer does not read his proofs but leaves it for the author himself to do . . . I greatly fear if these be a fair specimen of the rest of the book that his notes which he copied in extenso from the 4 Masts. (sic) will swamp the Society. I really think an abstract of these notes and a reference to 4 Masts. would be quite enough for us. Another thing strikes me too and it is this. I think that he is modernising the old tract too much by his hyphens and apostrophes. I really would spare these, and also shun the modern grammatical construction of the language. (Litir dar dáta 23 Feabhra 1860 ón Dálach chuig Windele, ARÉ 4 B 20.)

B'fhearr leis an Dálach a bheith ag plé le Euseby D. Cleaver in Oxford ná leis an gConallánach:

> The only man who can perfect your Tain is the Professor as he can do any thing he likes in the Society. However if he should not do it, and that he would become *restive* as he did on the Ossians (did you ever learn the cause) I will get my friend in Oxford to perfect yours from a copy in the XII century which is in the Bodleian; but I would rather that the Professor would do it for you as we have other things to be done in Oxford. (Litir dar dáta 15 Nollaig 1854 ón Dálach chuig Windele, ARÉ 4 B 14.)

Shíl an Dálach go mba dhaingne dílseacht an Chonallánaigh don Chumann Seandálaíoch agus Ceilteach ná don Chumann Oisíneach agus níor chuir sé fiacail ann:

> I have my doubts to whether the Professor will do anything for the Society . . . (Litir dar dáta 24 Bealtaine 1859 ón Dálach chuig Windele, ARÉ 4 B5.)

Chomh maith leis sin, bhí sé fógraithe ag an gCumann Oisíneach go ndéanfadh sé eagarthóireacht ar 'A Tract on the Topography of Ireland; from the Psalter Mac Richard Butler, otherwise called "*Saltar na Rann*" ' (O'Kearney 1855, 12).

> The professor will edit O'Hearin for the Ossian but how can he meddle with it and it announced by the Irish Archaeologists. (Litir dar dáta 29 Meitheamh 1855 chuig Windele, ARÉ 4 B 15.)

Bhíothas fós dóchasach i dtaobh an leabhair ar 25 Eanáir 1856:

> I am very glad the Professor mustered enough for O'Heerin. (Litir ón Dálach chuig Windele, ARÉ 4 B 16.)

Agus arís:

> I saw the Professor today and he is working away at the O'Heerin – I wish to God that this tract was printed and if I am not urging him on na (sic) bac leis. (Litir dar dáta 30 Eanáir 1856 ón Dálach chuig Windele, ARÉ 4 B 16.)

Ach níor sholáthraigh sé riamh é. In 1862, d'fhoilsigh an Cumann Seandálaíoch agus Ceilteach *The Topographical Poems of Seán O'Dubhagain and Gilla-na-naomh O'Huidhrin* faoi eagarthóireacht Sheáin Uí Dhonnabháin.

D'fhág costais chló *Transactions 5, Imtheacht na Tromdhaimhe* an Cumann Oisíneach ag saothrú an bháis. De bharr nach raibh an Conallánach sásta go léifeadh aon duine eile na profaí, chuaigh fad an leabhair ó smacht ar fad. Rith an Conallánach ó pháirc an áir agus bliain i ndiaidh fhoilsiú *Transactions 5, Imtheacht na Tromdhaimhe,* d'éirigh sé as an gCumann Oisíneach ar fad (litir dar dáta 8 Eanáir 1861 chuig Windele, ARÉ 4 B 21):

> I forgot to tell you that the Professor has sent in his resignation in case any of the liabilities of the Society would fall upon him. His book cost us upwards of £100 and only 60£ of that paid up yet. With regard to the Register of the Rules of the Society, I would not dream of it as I know I would be able to steer the Society safely thro all perils, that the treasurer and wife was about being (focal

doiléir) to a person who has to make over what little (?) furniture he was possessed of to save it [an cumann] from his creditors and when I saw that I mentioned it to Smith O'Brien and others privately who told me to pay off the liability as fast as the money came in and not hand it to the other party who seemed annoyed because I did not hand him the money as fast as I received it. I then told the Professor all this as the chief responsibility was on my shoulders, that if he was continued (sic) as Treasurer as I was not for a moment sure of any money he would receive that the rules should be registered to make every member of Council responsible with myself and hence the Professor's resignation . . . I will settle my accounts with the Society on Patrick's Day and let them dissolve or go whichever they like. The whole weight of the matter is on my shoulders – not having one to help me; and when every body else is taking matters easy I have no right at all to kill myself for nothing. (Litir dar dáta 8 Eanáir 1861 ón Dálach chuig Windele, ARÉ 4 B 21.)[32]

Is deacair a rá an raibh an Dálach meáite ar éirí as an gcumann ag an gcruinniú cinn bhliana a tionóladh Lá le Pádraig nó nach raibh, ach ní fhéadfadh amhras a bheith ar Windele faoin drochstaid ina raibh an cumann:

I shall not bother my head about the Ossian any longer than Patrick's Day – I see every one who had anything to do with it are now getting lazy and tis time for me to rest too – I would work with a willing heart if I had any assistance but as I have not I must only make my exit. If there was any responsibility on the Professor as to our liabilities believe me he would not cram(?) his Mac Pherson stuff or rehashed notes into his book to swell it up. I would remonstrate with him on the subject but that you often told me he was such a stubborn character unless he was let alone he might stagger altogether. So I left him to himself and I now see my folly – (but this in private) . . . our Society was established for rescuing Irish MSS. and how much Irish is charged for in his vol. only 12 or 14£ whilst there is 70£ charge for printing English!

I would not despair of clearing off this amt. even of having it cleared off before Patrick's Day when I shall have done but where is the use in keeping the Society afloat any longer when there is no one to write a book for it. (Litir dar dáta 17 Eanáir 1861 ón Dálach chuig Windele, ARÉ 4 B 21.)

Dá ghéire iad na fadhbanna airgid a bhí ag an gcumann, ba mheasa fós iad na fadhbanna eagarthóireachta:

No account whatever of O'Grady and those who volunteered to edit works for the Society at its foundation are now flinching, so maybe it is time for me to flinch too and not to be killling myself . . . there is (sic) no funds to pay a transcriber now (even to pay for our last vol) to copy at the college for us. Tis a pity to allow the Society to drop now, but I certainly cannot uphold it of myself (Litir dar dáta 30 Eanáir 1861 ón Dálach chuig Windele, ARÉ 4 B 21.)

Ghoill sé ar an Dálach go rabhthas á rá go raibh airgead á shaothrú aige ar a chuid oibre don chumann:

With regard to the Ossianic Society as far as I am concerned I am completely tired of it. Moreover as there is a suspicion abroad that I am making a fortune by

> it as I was told the other day and the best way to remove these notions is to withdraw myself from it on the 17th. I would work willingly and cheerfully for the sake of rescuing MSS., but I will not stand as persons of that sort (dhá fhocal dhoiléire) Kearney, O'Grady, the Professor and myself fulfilled our engagements to the Society but those who made similar professions and when it came to their turn to work and held back then may answer for themselves by and by. If Hackett is so easy as you say why does he not take his last vol. We are 45£ in debt for that book, and those on whose good faith we incurred that debt will not come forward with their subs to help in liquidating. The Professor's work was entirely too large for the money and too full of small type which increased our expenses very much. (Litir dar dáta 4 Márta 1861 ón Dálach chuig Windele, ARÉ 4 B 21.)

Ach nuair a gheal Lá le Pádraig bhí sé fós mar rúnaí.

I *Transactions 2,* gealladh 'Agallamh na Seanóiridhe', (John Windele mar eagarthóir), 'Cath Fhinn Trágha', (James Goodman mar eagarthóir), 'Cath Chnucha', (Thaddeus O'Mahony agus ó 1863 ar aghaidh, Herbert Francis Hore mar eagarthóir), 'Tain Bo Cuailgne' (sic), (William Hackett mar eagarthóir), 'A Tract on the Great Actions of Finn mac Cumhaill', (Ulick J. Bourke mar eagarthóir), chomh maith le 'A Tract on the Topography of Ireland' a bhí le cur in eagar ag an gConallánach. In ainneoin sheandícheall an Dálaigh, níor foilsíodh riamh aon cheann acu seo, ná eagrán den Bhruíon Caorthainn ar éirigh le James Goodman 'one sheet . . . but stopped then' de a chur ar fáil in 1861 (litir dar dáta 5 Deireadh Fómhair 1861, ARÉ 4 B 21).[33]

Ba mhinic go mba mhó go mór an dúthracht a caitheadh le *Transactions* ionchasacha ná le *Transactions* a foilsíodh. Ní fearr solaoid air ná an dua a chaith an Dálach agus daoine nárbh é le hAgallamh na Seanórach. Ach thit an buille folamh agus níor foilsíodh riamh é.

Bhí leagan d'Agallamh na Seanórach ó lámh an Fhuaránaigh i Corcaigh 96, ach bhí amhras ar an Dálach i dtaobh a fhiúntais:

> My copy of the Agallamh was made in 1780 by a schoolmaster named Foran who lived at Portlaw in the County of Waterford and I must say, not the most correct in the world. . . . (Litir dar dáta 5 Meitheamh 1854 chuig Windele, ARÉ 12 L 12.)

Ba chosúil go mbeadh sé i gceist go ndéanfadh an Dálach athscríobh ar an athscríobh a rinne an Comhrach in 1839 – ARÉ 23 H 5 – nuair a tugadh an lámhscríbhinn ar iasacht don Acadamh. Ina dhiaidh sin dhéanfadh Seosamh Ó Longáin athscríobh ar théacs an Dálaigh. Ina dhiaidh sin arís ansin chuirfeadh an Longánach Béarla air agus ansin bhainfeadh Windele leas as leagan an Longánaigh le paratéacs (nótaí agus réamhrá) a sholáthar! 'Notes and illustrations' a bhí á lorg ag an Dálach uaidh (litir dar dáta 14 Samhain 1855 chuig Windele, ARÉ 4 B 15).

Bailitheoir lámhscríbhinní agus ní scríobhaí ab ea Windele agus, mar atá ráite ag Breandán Ó Conchúir, 'ní móide go raibh aon ghreim ag Windele ar an nGaeilge labhartha' (1992, 190). Duine ab ea é, ina theannta sin, a bhí 'very aware of his academic shortcomings' (Cahill 1994, 55). Níorbh ionadh ar bith é gur chlis air aistriúchán a chur ar fáil:

> Why are you taunting us about making a translation of your Agallamh, a thing we have never seen. Send us the original and see then what we can do. (Litir dar dáta 16 Nollaig 1859 ón Dálach chuig Windele, ARÉ 4 B 19.)

Níorbh í an tuiscint chéanna a bhí ag Windele ar an bhfreagracht as an aistriúchán is a bhí ag an Dálach:

> The Council will render every assistance in their power in preparing a translation but they understood from the commencement that you were to do all this yourself (Litir dar dáta 29 Lúnasa 1859 ón Dálach chuig Windele, ARÉ 4 B 19.)

Bhí Windele cleachtach, áfach, ar thráchtaireacht a dhéanamh ar an ársaíocht, ar na clocha oghaim ach go háirithe. Ní eagarthóireacht théacsúil a bheadh le déanamh aige ach soláthar paratéacs. Mar sin féin, is mar eagarthóir ar an Agallamh a cuireadh i láthair é, gan aon ainm eile a bheith luaite leis an ngnó. Tá seo ag teacht leis an trácht atá déanta ag Joep Leerssen ar an tábhacht lárnach a bhain le paratéacs téacsanna Éireannacha sa naoú haois déag:

> The use of paratext has been a constant presence in the nineteenth-century . . . footnotes, prefaces and other additions . . . occupy a shadowy zone alongside the text, accompanying it, yet not intruding upon it, leaving the unfamiliar original intact yet palliating its strangeness and helping to mediate in making it comprehensible to an exotic uninitiated audience. Paratextual coatings become necessary when there is a radical difference between the frame of reference of the audience and the frame of reference in the text. (1996 205)[34]

Nuair a loic Windele air chuaigh an Dálach chun anaitis leis. Agus braon istigh aige, scaoil sé a rún faoin mbuairt a bhí air:

> I am so very busy just now at several things that I cannot cross the threshold except to printing offices where I must go . . . Now in respect of the Agallav (sic) why in the name of heaven did you keep me at the academy for three long months if you intended to slinge (out) of the thing ? I have your letter in which you stated that as soon as I had the collection made you would get Long to make fair copy and translation for you and that you would only require of us to look after the translation. Now it would seem that all my time there goes for nothing after all the assurances of my master in Cork, I suppose the *Christian Kings* are for the gratification of Mr Long too. We need not at all be depending on Mr. Cleaver to copy the Bodleian copy. Zealous as he is I don't think he would sit down 4 hours a day for three months to copy the tract and it would take that time. We may get him to fill the omissions in that which you have now . . . If you are to edit the book you have no excuse whatsoever now; and altho (sic) your name is so far down in the list it matters (?) nothing, or we are all bound to hasten matters as quick as possible. I am working for the Ossianc poems but

now the way my time is occupied correcting and reading proofs, making indexes, corresponding for the Society 'with several others (dhá fhocal dhoiléire) I cannot lay a hand to it. The Society is now in full operation – healthy and strong – Keep it so and don't (sic) let it (focal doiléir) like the old Celts! So get your book ready for the next.

P.S. Only that this is Saturday night, and that I am at my glass and have answered the letters, I would not trouble you with half this scribbling. The falling out between me and O'K was, because I advised him to shun taverns and cautioned him against calling in the Prophecy *subs,* but to my surprise I see in the *Tel* in the Saturday following a letter from him calling *in* the money – the truth is I am responsible to the printer & the binders and as sure as God almighty is in heaven – a copy of that book shall not be given to any man that paid him until the printer is cleared . . . I gave him the production of the Táin (which I copied) to translate but I don't know its fate – he has several books and MSS. of mine but I hope I may get them safe back. He has a gang of drunkards at his heel every day in the week . . .

I have not seen Dr. Madden for the last 5 or 6 days – I saw him on Friday week. (Litir dar dáta 10 Samhain 1855 chuig Windele, ARÉ 4 B 15.)

Duine é Windele a raibh seasamh gradamach aige i saol na hársaíochta i gCúige Mumhan agus a bhí mar phátrún ag mórán scríobhaithe, Seosamh Ó Longáin ach go háirithe.[35] Chuirfí le seasamh an chumainn sa Mhumhain ach Windele a bheith luaite i measc na n-eagarthóirí.
Bhí Seosamh Ó Longáin i mBaile Átha Cliath in 1847, áit ar bhuail sé bleid ar an Dálach, rud a chuir an Dálach in iúl do Windele:

One of the Longs is here now. I can't tell his name but I know he is not Paul – At all events he has as much talk and prate as would be enough for a half dozen. (Litir dar dáta 30 Eanáir 1847, ARÉ 4 B 6.)

Ba mhór é amhras an Dálaigh i dtaobh chumas an Longánaigh mar scríobhaí don Agallamh, áfach:

We could not depend on Long for making an accurate copy of the Agallamh or translate it either. It shall not be done by the Professor or me and I think Mr. Hewitt would have confidence enough for me to lend the MS. for a short time if the Professor would not undertake to do it. (Litir dar dáta 1 Feabhra 1854 chuig Windele, ARÉ 4 B 14.)[36]

Bhí athscríobh déanta cheana ag an Longánach ar ábhar as Leabhar Mhic Cárthaigh Riabhaigh (nó Leabhar na Leasa Móire) – do Sir William Betham in 1847 (ARÉ 4 B 6), cuid eile do Sir Thomas Phillips in 1849 (LNÉ G 176) agus cuid eile fós in 1855 do Thomas Hewitt (nóta gealltanais dar dáta 17 Márta 1855, ARÉ 12 M 11).[37] Agus 'a copy of *Agallamh na Seanórach* from the *Book of Lismore* occurs in eight Ó Longáin manuscripts which date from 1820 to 1865, three of which are English translations by Seosamh Ó Longáin' (Ní Úrdail 2000, 190–1).[38] Chuirfeadh ábhar a bhaileodh Cleaver i Leabharlann Bodley in Oxford le hábhar an Longánaigh:

> I can't find Mr. Cleaver's letter but he certainly will collate your copy with the Oxford one. (Litir dar dáta 19 Márta 1855 chuig Windele, ARÉ 4 B 15.)
>
> The fragment of the Agallamh you have in the McCarthy Riabach MS. Mr. Cleaver is ready to copy the continuation from the Bodleian copy. (Litir dar dáta 24 Iúil 1855 chuig Windele, ARÉ 4 B 15.)

Is deacair a bheith cinnte ina thaobh ach is í an lámhscríbhinn Rawl. B. 487 an lámhscríbhinn i Leabharlann Bodley is fearr a fhreagraíonn don tuairisc thuas (Ó Cuív 2001, 134–141). Tá tús an Agallaimh ar iarraidh ann (Ó Cuív 2001, 134–140).

Bhí spéis nár bheag ag Windele i Leabhar Mhic Cárthaigh Riabhaigh agus bhí innéacsú déanta aige ar an ábhar a bhí ann (ARÉ 12 M 10). Bhí ARÉ 12 M 10 'on his desk' ag 'Ursa' ar 11 Eanáir 1862 (litir dar dáta 11 Eanáir 1862 ón Dálach chuig Windele, ARÉ 4 B 22). Is léir gur chreid sé nach bhféadfaí leagan ceart den Agallamh a sholáthar dá uireasa.[39] Ba san Agallamh agus sa leagan de Imtheacht na Tromdháimhe a bhí sa lámhscríbhinn a bhí spéis ag an gcumann. Bhí an bhunlámhscríbhinn stiallta pollta ó tugadh ar iasacht do Dhonnchadh Ó Floinn idir 1815 agus 1816 í agus bhí codanna di i lámha na Longánach (Macalister ix-xi).[40] D'fhág seo nárbh éasca eagar a chur air. Dúirt an Dálach le Windele go raibh ábhar a bhí ina sheilbh a bhí ar aon dul le hábhar an Agallaimh i Leabhar Mhic Cárthaigh Riabhaigh, ach is léir gur chreid Windele, in ainneoin an Dálaigh, an t-ábhar sin a bheith fabhtach:

> Your copy of the Agallamh is the same as that in the Book of Lismore and I believe made from the original. (Litir dar dáta 3 Lúnasa 1855 chuig Windele, ARÉ 4 B 15.)
>
> . . . you can manage the Book of Lismore as the Bear case cannot be dropped for I am almost sure of (focal doiléir) his victim. Whenever the Book of Lismore differed from Long's MS. I wrote down the difference tho even the word the same (sic) and let no man persuade you that Long's MS. was made from any other copy than the Book of Lismore – it was not. (Litir dar dáta 6 Eanáir 1858 chuig Windele, ARÉ 4 B 18.)

Ní raibh insint scéil ar an gcruatan a bhain le hathscríobh lámhscríbhinní an Acadaimh:

> The best way to appeal to the Academy for (focal doiléir) is to state that the MS. is for the Ossianic Soc. (Litir dar dáta 19 Márta 1855 chuig Windele, ARÉ 4 B 15.)
>
> We have not tried the Academy yet; but next week for that – perhaps the delay is for the better as the Bear is going to London immediately and will be out of the way. (Litir dar dáta 14 Aibreán 1855 chuig Windele, ARÉ 4 B 15.)
>
> I have been up there today [Acadamh Ríoga] and after much searching I discovered the very word with which your copy began . . . (Litir dar dáta 27 Meitheamh 1855 chuig Windele, ARÉ 4 B 15.)

> The Ossianic poem which I sent you is a copy of the one which we had so much trouble in getting from Curry and had no chance of getting only for Dr. Todd's interference in the matter . . . It is taken from the Book of Leinster written A.D. 1150 . . . The Ossians have done nothing as yet . . . But perhaps all for the better as I will have no difficulty in getting the tract (?) in the copy of the Book of Lismore in the R.I.A., having permission to copy anything I like there, so as it is for publication. (Litir dar dáta 4 Eanáir 1854 ón Dálach chuig Windele, ARÉ 4 B 14.)
>
> Say no more about the Academy fellows arrah sure! they would strangle a dead horse for money and give him no oats. (Litir dar dáta 14 Aibreán 1858 ón Dálach chuig Windele, ARÉ 4 B 18.)

Ar 20 Eanáir 1855, scríobh an Comhrach chuig Windele á rá go raibh sé sásta ábhar ó Leabhar Mhic Cárthaigh Riabhaigh – Forbais Droma Damhgaire – a bhí san Acadamh a athscríobh dó. Ach bheadh costas ag gabháil leis:

> The fragment of the Forbais Droma Damhgaire copied by me from the Book of Lismore for the Royal Irish Academy . . . consists of sixteen pages and should you employ me to work on facsimile Copy of them, with permission given from the Academy, my charge was to be 8/- per page and I would be prepared to transcribe this forthwith. (Litir ó Eoghan Ó Comhraí chuig John Windele, ARÉ 4 B 16.)[41]

Tá píosa uimhríochta breactha ar an litir ag Windele a deir '£6 8 0 for 16 pages. Joe Long would be glad to get 10d per page i.e. 13/9 for the whole.'

D'fhreagair Windele an tAcadamh á rá go raibh scríobhaí ar a aithne (i.e. Seosamh Ó Longáin) a bhí sásta an obair a dhéanamh ar 'four shillings' (litir gan dáta ó Windele chuig Acadamh Ríoga na hÉireann, ARÉ 12 C 2). D'fhreagair John Jallett an litir thar ceann an Acadaimh, á rá le Windele 'that Mr. Curry's charge of 8/- a page for making a *facsimile* copy of the Book of Lismore is not unreasonable' (litir dar dáta 20 Feabhra 1855, ARÉ 4 B 15). Bhí a chúl tugtha ag Windele leis an Acadamh:

> If you get the permission from the Academy I shall cheerfully compare both copies but you are so much cried down there that I fear you will not. In case you fail Wd. it not be a good thing if the Council of the Ossianic Society would ask permission to do so and this would at once put the sincerity of the Academy to test. At all events we [h]ave a copy of this tract from a MS. in the Bodleian library of earlier date than the Book of Lismore so we are not so badly off as Curry would wish us to be. (Litir dar dáta 15 Feabhra 1855 chuig Windele, ARÉ 4 B 15.)

Bhí an Dálach den tuairim go raibh áit a choise aige i leabharlann an Acadaimh, ach ní cosúil go raibh:

> . . . I will have no difficulty in getting the tract (?) in the copy of the Book of Lismore in the R.I.A., having permission to copy anything I like there, so as it is for publication. (Litir dar dáta 4 Eanáir 1854 chuig Windele, ARÉ 4 B 14.)

> I will be in the Academy in a few days as I will look after the Lismore . . . (Litir dar dáta 9 Feabhra 1854 chuig Windele, ARÉ 4 B 14.)

Malairt ghlan mheon an Dálaigh a bhí ag an gComhrach agus ag an Acadamh. Áit a raibh seisean ag iarraidh léann agus litríocht na Gaeilge a fhoilsiú is a chraobhscaoileadh ar bhonn saor daonlathach, bhí siad sin á choinneáil chucu féin mar shealúchas pearsanta:

> I am very sorry you have not been more successful at Lismore . . . from the 100 (?) lines you collated it appears that the Academy copy is not a copy of the Book of Lismore at all being so full of Curry's interpolations. I will certainly bring the affair before Dr. Todd and the Academy at its next meeting . . . (Litir dar dáta 10 Deireadh Fómhair 1855 chuig Windele, ARÉ 4 B 15.)

Sa mhullach air sin ar fad, níorbh fhéidir athscríobh a bhí déanta ag an gComhrach ar Leabhar Mhic Cárthaigh Riabhaigh – ARÉ 23 H 5 – a thrust, i dtuairim an Dálaigh:

> I am working hard at the collation . . . Mr. Curry's transcript of the Book of Lismore has independent of the mice and rat holes, its errors also, but a great many of these I attribute to the inaccuracy of Mr. Curry and not to any fault in the original book. I met one glaring one where three words were left out at the very time which (sic) Dr. Todd happened to walk in where I was sitting and I called his attention to it, but Dr. Todd said it must be in the original else Curry would not have made the mistake . . . if Curry had made this mistake which he has been doing all his lifetime for the Academy is not worth a kick in the chin. (Litir dar dáta 30 Meitheamh 1855 ón Dálach chuig Windele, ARÉ 4 B 15.)[42]

Thug an Dálach le tuiscint do Windele go raibh sé féin sásta cuid mhór de shaothar an Agallaimh a ghlacadh chuige féin. Go deimhin, bhí an obair tosaithe cheana féin aige:

> The Agallamh must be published and I would adapt the older copy at the same time taking in the different readings in the notes. (Litir dar dáta 13 Feabhra 1854 chuig Windele, ARÉ 4 B 14.)

An mhí chéanna sin, d'iarr sé cead ar Windele é a fhógairt mar eagarthóir ar théacs an Agallaimh:

> I suppose you would have no objection to be classed among the latter, and also to announce your name as editor of the celebrated Agallamh in our Report. (Litir dar dáta 23 Feabhra 1855 chuig Windele, ARÉ 4 B 15.)

Bhí an cumann siléigeach go maith ina thaobh:

> Nothing has been done about the *Agallamh* as yet and the reason why is because I cannot get a Council Meeting up to do anything . . . (Litir dar dáta 29 Meitheamh 1855 chuig Windele, ARÉ 4 B 15.)

Faoi Lúnasa, bhí Windele á ghríosadh ag an Dálach trína rá leis gurbh é caill na nOisíneach faill na Seandálaithe:

> What do you think our friend the Bear is at just now. He is busy at the British Museum making [a copy] of the Táin from the old vellum one, and will go then to Oxford to copy the one in the Bodleian [i.e. the Agallamh] in order to have them out before the Ossians in order to intercept our prospects . . . (Litir dar dáta 30 Lúnasa 1855, ARÉ 4 B 15.)

Faoi dheireadh na Samhna 1854 bhí Windele fós á bhrostú chun oibre aige, an Dálach á rá leis go raibh sé 'a bit uneasy about the Agallamh but that it is part of another book and as you are not using it you may as well send it . . .' (ARÉ 4 B 14). 'Won't you edit the Agallamh for us . . .' (litir dar dáta 15 Nollaig 1854 chuig Windele, ARÉ 4 B 14). Bliain ina dhiaidh sin bhí an Dálach ag cur in iúl do Windele go raibh an bhunobair déanta ag an Dálach féin:

> Surely my master in Cork will be satisfied now as I send him this day the conclusion of my labours as far as the agallamh is concerned at the Academy . . . I hope my master . . . must have this tract ready as the next book for the Ossians . . . (Litir dar dáta 30 Deireadh Fómhair 1855 ón Dálach chuig Windele, ARÉ 4 B 15.)

Coicís ina dhiaidh sin arís bhí an Dálach bréan den tláithínteacht, é teasaí colgach:

> Now in respect of the Agallamh what in the name of heaven did you keep me the Academy (sic) for three long months if you intended to slinge (?) out of the thing? I have your letters in which you state that as soon as I had the collection made you would get Long to make a fair copy and translation for you . . . Now it seems that all my time there goes for nothing after all the assurances of my master in Cork . . . If you are to edit the book you have no excuse whatsoever now . . . We need not at all be depending on Mr. Cleaver to copy the Bodleian copy . . . I don't think he would sit down 4 hours a day for three months to copy their content and it would take that time. We may yet get him to fill the omissions . . . The Society is now in full operation – healthy and strong – Keep it so and don't let it (focal doiléir) like the old Celts. (Litir dar dáta 10 Samhain 1855, ARÉ 4 B 15.)

Bhí Windele ag tathaint ar an gcumann ó 1856 ar aghaidh, cead a fháil ó Dhiúc Devonshire le cóip den Agallamh a dhéanamh ó Leabhar Mhic Cárthaigh Riabhaigh féin.[43] I gcaisleán na Leasa Móire a bhí an lámhscríbhinn. Seosamh Ó Longáin, scríobhaí Windele, ar ndóigh, a dhéanfadh an obair:

> I wrote you two letters last July which required answers but to which you never replied – and why – I could not tell – but I suppose you must have known it yourself. . . . I can't understand the new arrangement you and the Professor have made . . . As for the Lismore affair and Joe Long I shall not commit the Council by applying to his Grace of Lismore on his behalf – but if you insist upon it you need only write to me and I shall call a meeting of Council and bring the matter before them and if they direct me to make the application I shall do so but not

> until then shall I be the means of putting the Book of Lismore in Joe Long's hands. (Litir dar dáta 1 Samhain 1856 ón Dálach chuig Windele, ARÉ 4 B 16.)

Gairmeadh cruinniú de chomhairle an Chumainn Oisínigh leis an tionscadal a phlé, go háirithe na costais a bhainfeadh le hobair an Longánaigh sa chaisleán. Ba bheag muinín a bhí ag an Dálach as macántacht an Longánaigh agus bhí sé le tuiscint uaidh gur chreid sé go ndéanfadh an Longánach bradaíl ar na lámhscríbhinní:

> I must call a Council meeting next week to submit your proposition about Lismore, to which I am sure they will all agree. But this is no time to collate or copy on account of the shortness of the days and besides I think the Duke would prefer lending us the manuscript than be at the trouble of placing a sentry over Paul (sic)Long! If it can be got and I have no doubt but it can you could get the whole book copied under your (focal doiléir) in Cork. But you should take care to lock up Long and take the key in your pocket unless you could sit beside him and bar the windows strongly with iron, and when you opened the door to let him home you should get him stripped (focal doiléir) and examine every hole and crevice of his old body for fear of mutilating the book or in plain words stealing the (focal doiléir) half of it. (Litir dar dáta 27 Nollaig 1858 ón Dálach chuig Windele, ARÉ 4 B 18.)

Bhí an Dálach sásta scríobh chuig an Diúc thar ceann an chumainn:

> I say again if you consider the thing will succeed dont (sic) spare the project (?) as far as I am concerned; for I give a great deal more than writing a letter to the Duke, to both you and Hewitt. However should I succeed by the hokey he must send down a hog of best stuff . . . (Litir dar dáta 29 Nollaig 1858 ón Dálach chuig Windele, ARÉ 4 B 18.)

Ar 26 Eanáir 1859, scríobh an Dálach chuig Windele agus cóip de litir a bhí le cur chuig an Diúc faoi iamh aige:

> 9 Anglesea St
> Dublin
> Jan 29, 1859
> May it please your Grace,
>
> The Council of the Ossianic Society having determined to publish in the next volume of their Transactions, the very curious Ossianic Tract Agallamh na Seanóiridh (Dialogue of the Sages) of which they possess copies differing from each other materially in (focal doiléir) have directed me to request from your Grace permission to collate these copies with the better accredited one preserved in the ancient vellum MS. entitled 'The Book of Lismore' now in your Grace's Library at Lismore Castle.
>
> The Council are aware that a copy of that volume made some years ago is now deposited in the Library at the Royal Irish Academy . . . (líne iomlán amháin clúdaithe ag an leabharcheangal) pleasure the Council does not ask that the MS. should be removed from its present place of deposit and merely desire that a complacent person approved by them should be allowed permission under the eye and control of such person as may be appointed by your Grace to

compare and correct where necessary the Society's copies therefrom (líne iomlán eile ar a laghad clúdaithe ag an leabharcheangal) intimating your (focal clúdaithe ag an leabharcheangal) at such early day as may suit your Grace's convenience.

I have the honour to be your Grace's most obedient and humble servant.
John O'Daly,
Hon Sect.
Ossianic Society (ARÉ 4 B 19)

Má bhí an cumann le scríobh chuig an Diúc, bhí Windele leis na fiacha a ghlanadh ach, mar ba léir ina dhiaidh sin, bhí Windele barúlach go nglanfaí na fiacha sin ar ball ó chiste an chumainn:

> At our meeting today I laid your letter before the Council and it was agreed to make the application to the Duke, but that the expenses attendant upon the collation or copying of the MS. if leave is granted be borne by you. (Litir dar dáta 24 Eanáir 1859 ón Dálach chuig Windele, ARÉ 4 B 19.)

Foilsiú an ábhair a bhí mar phríoracht ag an Dálach agus ba thábhachtaí leis an tAgallamh a bheith foilsithe ná cruinneas iomlán a bheith bainte amach san athscríobh. Bhí faitíos air go moilleofaí an foilseachán ach an Longanách a bheith i mbun athscríofa sa Lios Mhór:

> I understood from your first communication that Hewitt and yourself were to delay Long's visit to Lismore and twas on that understanding that the Council entertained the proposal at its meeting of Monday . . . If you only wanted to collate the Agallamh the copy which I collated for you with the one in the Academy will answer equally well – but if it did not it would be a great deal easier to make a full copy of the one in the Academy than go to the bother about Lismore. (Litir dar dáta 26 Eanáir 1859 ón Dálach chuig Windele, ARÉ 4 B 19.)

Ar fhaitíos nach raibh sin sách soiléir, scríobh an Dálach chuige arís ar 19 Eanáir 1859, cúig lá ina dhiaidh sin, leis an seamsán céanna:

> If you are relying on the Council to pay Long you may as well drop the matter. Tis true I have one letter of yours to show about your paying Long; I only surmised that you and Hewitt wanted a full copy of the Lismore portion of the book . . . The one in the Academy is a full copy of the Lismore one and to this we have access at all times – therefore even at the risk of a few errors what is all this bother. (Litir dar dáta 29 Eanáir 1859 ón Dálach chuig Windele, ARÉ 4 B 19.)

Faoi 14 Feabhra 1859, bhí cead faighte ón Diúc (ARÉ 4 B 19) agus faoi 23 Feabhra 1859, bhí an Longánach ag treabhadh leis:

> Following the permission given by the Duke of Devonshire on your application in favour of Mr. Joseph Long I have to report that Long availed [of] his two vacations – at Christmas + [E]aster+ devoted a year or more on each occasion to a comparison of a copy in his possession with the original in the Book of Lismore of the Agallamh na Seanoiridhe. (Litir dar dáta 12 Bealtaine 1859 ó Windele chuig an gCumann Oisíneach, ARÉ 4 B 19; Ní Úrdail 2000, 129.)

Bhí cóimheas le déanamh idir ARÉ 23 H 5, an t-athscríobh a rinne an Comhrach in 1839, agus lámhscríbhinn eile nach luaitear. Mar ab iondúil, bhí fuadar faoin Dálach:

> . . . by no means intimate to him (an Comhrach) the selection of a person to superintend it. Let that rest with himself. What a pity Long was not asked to make a free copy of the MS . . . If Long had to go over the same ground that I did in the Academy it will (sic) occupy three months at least and I must say I would copy the book out far quicker than I would collate; and I believe Long would as same (sic). (Litir dar dáta 17 Feabhra 1859 ón Dálach chuig Windele, ARÉ 4 B 19.)

An Longánach a roghnaíodh leis an obair a dhéanamh (litir dar dáta 23 Feabhra 1859 ón Dálach chuig Windele, ARÉ 4 B 19) agus chuir an Dálach an litir aitheantais a bheadh le bronnadh ag an Longánach ar an gComhrach ag triall ar Windele le go gceadódh seisean ar dtús é:

> . . . I now send you the letter of introduction which I have left unsealed in order that you may read it; but be sure to seal it before Mr. Curry gets it . . . What a pity you did not ask permission to copy the whole book in order to make your Cork portion perfect. (Litir dar dáta 24 Feabhra 1859 ón Dálach chuig Windele, ARÉ 4 B 19.)

Is cosúil go raibh broid oibre ar an Longánach agus é i gcaisleán na Leasa Móire agus nár éirigh leis an obair a chur i gcrích go sásúil (litir dar dáta 13 Márta 1859, ARÉ 4 B 19). Dá bharr seo, bhí sé ar ais sa chaisleán ar 26 Aibreán 1859 (litir ó 'Ioseph Ó Longáin' chuig Windele, ARÉ 4 B19). Níor thógtha ar an Dálach é a rá le Windele i litir dar dáta 26 Feabhra 1859 agus Seosamh Ó Longáin i mbun oibre:

> I hope he will tramp off with the Book on his back, which I think he will unless Mr. Curry puts a double sentry on the door and one outside also. (ARÉ 4 B 19)

Ar 9 Bealtaine 1859, scríobh an Dálach chuig Eoghan Ó Conalláin ag fiafraí de:

> Long and the Book of Lismore? Is it brought to Cork yet? (ARÉ 4 B 19)

Bhí drogall ar an gCumann Oisíneach £2 a ghlanadh de chostais an Longánaigh (litir dar dáta 22 Meitheamh 1859 ón Dálach chuig Windele, 22 Meitheamh 1859, ARÉ 4 B 19), £2 a bhí iarrtha ag an Longánach as ucht 'travelling from Cork to Lismore,+ his expenses there' (RIA 4 B 19; Ní Úrdail 2000, 129, n. 36). Ina ghálaí a íocadh an t-airgead:

> I am directed by the Council of the Ossianic Society at its meeting of the 22nd to forward you two pounds sterling of which a one half note is enclosed being the full amount of your claim on behalf of Joseph Long for his trouble in copying the Agallamh from the Book of Lismore and request that you will send me a stamped receipt for same, according to the enclosed form . . .
>
> P.S. You must be very fortunate in getting this sum when *you are informed*

> that we are still £32 in debt and no subs coming to us. (Litir dar dáta 29 Lúnasa 1859 ón Dálach chuig Windele, ARÉ 4 B 19.)
>
> Enclosed you have the other half note for the £2 for Long. (Litir dar dáta 31 Lúnasa 1859 ón Dálach chuig Windele, ARÉ 4 B 19.)
>
> . . . the Ossianic Society shall not be put to any further expense as regards the editing of the Agallamh (adhmháil i lámh an Dálaigh bhí le cóipeáil ag Windele, ARÉ 4 B 19, lch. 573)

Bhí Windele le ceangal faoin gcaoi inar chaith an Cumann Oisíneach (agus an Dálach ach go háirithe) leis féin agus an Longánach agus is mar 'that most illconditioned and foulmouthed vagabond J O'Daly' a chuireann sé síos ar an Dálach i nóta a scríobh sé ar chóip de litir ón Dálach chuig Eoghan Ó Conalláin ar 9 Bealtaine 1859 (ARÉ 4 B 19). Is cinnte nár shíl an Dálach go seolfadh an Conallánach an litir ar aghaidh chuig Windele:

> I am about summoning a Council meeting this week. I would be glad you urged on Mr. Windele the necessity of stating to the meeting all his Ossianic grievances and not be barking or making rules for you and me. And indeed I do not see what grounds of complaint he had unless he wishes to make himself ridiculous by being the only member out of 500 who volunteers to alter the constitution of our Society. (ARÉ 4 B 19)

Ba thrua leis an Dálach a chás féin, go háirithe agus an t-ór seo á bhronnadh as tada ar mhuintir Chorcaí, dar leis:

> From your letter of today one could think that the Society was keeping *me* afloat and all to that. Are you aware that I never got one farthing of the Society's money (altho the largest amount of labour) is thrown on my shoulders [,] no, not one farthing I repeat – but the first éiric was paid in Cork – for which I hope the Society will get ample value – not certainly in such an uneven document as I return by this post (Litir dar dáta 16 Feabhra 1860 ón Dálach chuig Windele, ARÉ 4 B 20.)

Ní raibh de thoradh ar an dua ar fad a bhí caite leis an Agallamh ach drochbhlas agus cantal as cuimse.[44] Ba bheag meas a bhí ag an Dálach ar Sheosamh Ó Longáin agus shíl sé nach raibh cuma ná caoi ar an athscríbhneoireacht a bhí déanta aige i Lios Mhór. De bharr gnó na Leasa Móire trí chéile, bhí amhras ag fás idir an Dálach agus Windele:

> By this post you will get back the MS. It was expected when we agreed to pay Long 2£ out of strained resources [,] We (sic) were to get a plainly written copy of the Agallamh, I mean such as we could hand the printer. Instead of that you sent us a *facsimile* copy or something like it full of contractions, holes, blanks, omissions &c. the best part of which could be filled from the copy which I collected for you at the Royal Irish Academy and until this is done and a fair copy of the tract made there is no use in your expecting me to get a translator for you. Long might as well do this in the first instance, for when the thing is printed the original is of no value. (Litir dar dáta 16 Feabhra 1860 ón Dálach chuig Windele, ARÉ 4 B 20.)

Ba é an scéal céanna é ag foilsiú na Tána. Réamhtheachtaire dó ab ea foilsiú *Imtheacht na Tromdháimhe* mar *Transactions 5*. Gealladh Táin Bó Cuailnge in *Transactions 2* (O'Kearney 1855, 12) agus i ngach *Transactions* a lean é ach níor foilsíodh riamh é; ná níor cuireadh riocht a fhoilsithe air. Ar ndóigh, chuirfí go mór le cáil an chumainn ach é a fhoilsiú. An driogaire, William Hackett, a luadh mar eagarthóir. Fearacht Windele, ba dhuine é Hackett a raibh gradam ársaitheora bainte amach aige sa Mhumhain. Cé go mbíodh Hackett ag scríobh go rialta chuig scríobhaithe i gContae Chorcaí (Ó Conchúir 1982, 9, 78, 87), ní bheadh dóthain cur amach aige ar léann na Gaeilge, ná baol air, le buneagarthóireacht théacsúil a dhéanamh ar théacs chomh hachrannach leis an Táin. Ó tharla gurbh é cur chuige an chumainn ná meitheal fear a chruinniú le téacs a sholáthar ach an chreidiúint ar fad a thabhairt don eagarthóir ainmnithe, is ag soláthar paratéacs agus ní ag soláthar téacs a bheadh Hackett. Ba í an ársaíocht an ghné den léann ba mhó a bhí á cleachtadh ag an am agus bhí seasamh ar leith ag ársaitheoirí áirithe. Cé go gcuirfí le seasamh an chumainn ach daoine dá macasamhail a bheith luaite leis mar eagarthóirí, bhainfeadh míbhuntáiste ollmhór leo sa méid is go mbeadh ar dhaoine eile an chuid ba mheirsiúla den bhunobair a dhéanamh. Níor bheag an obair í sin i gcás na Tána, cuma cén leagan den téacs a d'fhoilseofaí.

Duine ab ea Hackett a chuir spéis ar leith i miotaseolaíocht na hÉireann is na hIndia i dtaobh bó agus muc. Ba seo a mhúscail a chuid spéise i dTáin Bó Cuailnge. D'fhoilsigh sé ailt sna *Transactions of the Kilkenny Archaeological Society* in 1853 ar 'Porcine Legends' (303–310) agus 'Bovine Legends' (311–319) ar tuairimíocht is mó atá iontu, cé nár dhuine saonta é, mar is léir ón amhras a bhí air i dtaobh stairiúlacht na féinne.

De bharr a chuid spéise sa Táin, bhíodh sé ag iarraidh ar roinnt scoláirí Gaeilge ó lár na ndaichidí ar aghaidh, aistriúcháin ar bhloghanna den Táin a sholáthar dó. Ba ar an ábhar aistrithe a chuir Nioclás Ó Cearnaigh ar fail dó ba mhó a bhí meas aige:

> Assuming that Mr. Daly has spoken to you as to my idea of commencing a correspondence with you I take the liberty of addressing you. He gave me some time since your translation of a passage from the Tain Bo Cuailnge. I, at the same time, received translations from other Irish scholars, yours has been deemed by far the best. (Litir dar dáta 30 Samhain 1848 ó Hackett chuig Nioclás Ó Cearnaigh, ARÉ 24 E 20.)[45]

Ar 15 Nollaig 1854, bhí an Dálach ag scríobh chuig Windele ag fiafraí de:

> . . . P.S. Do you think will Mr. Hackett edit the Táin for us. I will make the transcript for him from the best copy known to exist of the work which I have borrowed from the owner – Rev. P. Lambe . . . (ARÉ 4 B 14)

Ní léir anois cén lámhscríbhinn a bhí i seilbh Lambe ach pé ar bith cén lámhscríbhinn í féin, rinne Eoghan Ó Conalláin athscríobh uirthi in 1858.

ARÉ 23 G 28 atá ar chóip an Chonallánaigh agus deirtear i 'Memorandum' i dtús na lámhscríbhinne:

> This volume was transcribed by me in the year 1858 from a paper Manuscript written about A.D. 1660, the property of the late Rev. Patrick Lambe P.P., Newtownhamilton, in the County of Armagh. Royal Irish Academy 1866. Owen Connellan, Professor of the Queeen's University in Ireland.[46]

Ba chosúil ar litir a chuir an Dálach chuig Windele ar 5 Eanáir 1855 go mba é an Conallánach a rogha eagarthóra:

> Did you ever speak to Mr. Hackett about editing the Táin? I am making the copy just now from an excellent one I borrowed from an Armagh priest which the Professor sent the other day – learn from him why he discarded the Society in the way of editing or at least assisting in editing. (ARÉ 4 B 15)

Bhí an Dálach féin sásta athscríobh ar an Táin a sholáthar do Hackett:

> As soon as I have any leisure at all I shall commence copying the Táin and making a translation too which I will send to Mr. Hackett. (Litir dar dáta 17 Eanáir 1855 ón Dálach chuig Windele, ARÉ 4 B 15.)[47]

Ní mór a bhí tarlaithe mí ina dhiaidh sin:

> Nothing has been done to the Táin yet altho (sic) I have the origins but I have not time to make a copy; but tell Mr. Hackett to have his material for the notes ready in the summer . (Litir dar dáta 15 Feabhra 1855 ón Dálach chuig Windele, ARÉ 4 B 15.)

Faoi dheireadh na míosa, bhíothas meáite ar Hackett a bheith mar eagarthóir:

> Mr. Hackett will be put down as ed. of the Táin . . . (Litir dar dáta 23 Feabhra 1855 ón Dálach chuig Windele, ARÉ 4 B 15.)

Faoi Lúnasa 1855, bhíothas i gcleithiúnas an Chearnaigh le haistriúchán ar an Táin a chur ar fáil:

> Therefore I must wage [war?] on the fairy man with his translations of the Táin for Hackett in order to have it ready for the publication of this year. (Litir dar dáta 30 Lúnasa 1855 ón Dálach chuig Windele, ARÉ 4 B 15.)

Pé ní a tharla, ba é an Dálach agus níorbh é an Cearnach a bhí ag déanamh athscríobh ar an Táin faoi Shamhain 1855:

> I am copying the Táin and this will occupy me for a long time yet to come, besides making indexes, correcting and receiving proofs – indeed you could not conceive how my time is occupied at this work. (Litir dar dáta 28 Samhain 1855 ón Dálach chuig Windele, ARÉ 4 B 15.)

I Nollaig na bliana 1855, bhí an Dálach fós ag ceapadh go mbeadh an cumann in ann an Táin a fhoilsiú laistigh de bhliain. Thug an litir le tuiscint go raibh an réamhrá féin dréachtaithe do Hackett:

> The introduction is nearly ready for Mr. Hackett and when he gets it I hope he will lose no time preparing it for the Ossians – we may require it for our next vol., as I really have not time to prepare the poems – the most of which will be coming out in your Agallamh. (Litir dar dáta 26 Nollaig 1855 ón Dálach chuig Windele, ARÉ 4 B 15.)

Ní go maith a réitigh an Cearnach agus Hackett le chéile:

> With regard to Hackett and Kearney affair I have only to say that I have often cautioned him against pilfering the forthcoming vols. . . . With respect to the editing of the Táin. . . . I can't see how all of this will interfere with Mr. Hackett . . . there is no one else to do it . . . Remember that the Táin is the first book to be out. (Litir dar dáta 7 Feabhra 1856 ón Dálach chuig Windele, ARÉ 12 L 12.)

Bhí *The Prophecies of SS. Columbkille, Maeltamlacht, Ultan, Seadhna, Coireall, Bearcan etc.* foilsithe ag an gCearnach an mhí roimhe sin agus is dócha gurbh í an chonspóid a lean é a tharraing amhras eatarthu.

Ar 2 Feabhra 1856, bhí sé á áiteamh ag an Dálach 'Three months is fine time for Mr. Hackett to prepare his Introduction and notes . . .' (litir chuig Windele, ARÉ 4 B 16). Ar 31 Bealtaine 1856, bhí spriocIá Hackett imithe thart agus gan tada curtha ar fail aige. Bhí an milleán á chur aige ar Windele:

> This is the third general epistle I have addressed to you respecting the book which Mr. Hackett was to have for the Fianna lá bealltaine (sic). The Society is at a stand still for it; and had you sent back the MSS. I told you we would have prepared it ourselves. I hope it is ready now at all events and that we will be let to work at once . . . I have written three letters to you on this subject and if I have not an answer to this I will write a psailm mallacht for you and get over it if you can,
>
> Do chara bith dhílis,
> Sean O'Dalaigh (sic) (ARÉ 4 B 16)

Ach faoi 19 Iúil 1856, bhí Hackett imithe ar fán:

> Try and root out Mr. Hackett for us and get him to say his say at once about the Táin. (Litir dar dáta 7 Feabhra 1856 ón Dálach chuig Windele, ARÉ 4 B 16.)

Níorbh é an freagra a bhí ag teastáil a thug Hackett orthu:

> Hackett has at last returned the Tain with word that he could not attend to it. I see no chance now unless I take it up myself instead . . . Dr. O'Donovan says he will give me all the notes he can for the work; and I write merely to ask your opinion as to whether this should come before the poems. (Litir dar dáta 8 Lúnasa 1856 ón Dálach chuig Windele, ARÉ 4 B 16.)

Trí seachtaine ina dhiaidh sin, bhí an Dálach fós ag iarraidh ar Windele Hackett a ghríosadh chun gnímh. Bhí an t-aistriúchán réidh ag an gCearnach agus go deimhin, tá an chuma ar an scéal go raibh réamhrá curtha ar fáil do Hackett chomh maith. (Má bhí, ní léir cé scríobh – an Dálach nó Eoghan Ó Conalláin is dócha):

> I will also send you for Mr. Hackett the Introduction to the Tain with O'K's translation which is determined on the next Ossianic vol. and which being so far prepared Mr. H. will have no difficulty in letting us have it for the printer by 1st of May at the very farthest . . . (Litir dar dáta 30 Eanáir 1856 ón Dálach chuig Windele, ARÉ 4 B 16.)

Phléigh comhairle an chumainn an tsiléig agus iarradh ar Eoghan Ó Conalláin an tionscadal a thógaint ar lámh ach ní raibh toradh ar bith ar an athrú eagarthóra:

> I can't understand the new arrangement you and the Professor have made respecting the editing of the Táin as it was arranged by the Council here that he should edit it, as Mr. Hackett was nearly putting the toirchim suain on the Society by detaining the Introduction . . . (Litir dar dáta 1 Samhain 1856 ón Dálach chuig Windele, ARÉ 4 B 16.)

Ach ní raibh aon mhaith déanta:

> To be sure I was vexed on account of Mr. Hackett's withholding of the Introduction to the Táin and translation which I sent him last February and of this I wrote to him repeatedly at your request. I never could get an answer from him until last Sept. when he returned the tracts . . . (Litir dar dáta 20 Samhain 1856 ón Dálach chuig Windele, ARÉ 4 B 16.)

Rinne an Dálach féin leagan Béarla de Tháin Bó Cuailnge – ARÉ 24 M 39 anois é – ó lámhscríbhinn ar le Denis Henry Kelly é.[48] Tosaíodh an leagan seo roimh 20 Meitheamh 1856 agus críochnaíodh é ar 21 Nollaig 1857. Bhí colafain leis á rá:

> The notes to the foregoing are by Dr. O'Donovan. I copied them from his autograph inserted in Mr. Kelly's book. John O'Daly, Dublin, June 20, 1856

Bhí Eoghan Ó Conalláin (a raibh an tsláinte ag teip air) ag comhordú na heagarthóireachta in 1858 agus ar 24 Feabhra 1859, bhí an Dálach ag scríobh chuig Windele ag rá leis:

> Tell the Professor that the Council will be calling on him immediately for his book, for proofs, i.e. the Introduction to the Táin, as they are determined to clear up all arrears of publication this year. (ARÉ 4 B 19)

Ina theannta sin, bhí D.H. Kelly i mbun aistriúcháin ar an Táin. Rinne an Dálach cóip de aistriúchán Kelly i mBealtaine 1859 (litir dar dáta 24 Bealtaine 1859 ón Dálach chuig Windele, ARÉ 4 B 19) agus chuir ag triall ar Windele é (litir dar dáta 8 Eanáir 1861 ón Dálach chuig Windele, ARÉ 4 B 21). Bhí an Dálach 'just finished copying the trans. of the Táin which I gave the Prof. the other day', Lá Nollag 1857 (litir chuig Windele, ARÉ 4 B 17):

> This morning I went to Professor Connellan who has our copy of the Táin preparing it for the purpose of collation with copies which are in the Book of Leinster in the College Library and the Leabhar na Huidhre in the Library of the

> R.I.A. and copied the extract on the side which I think agrees with yours which I return.
>
> Mr. Connellan thinks he will make the best copy of this copy ever known if he is favoured by the *authorities* to use the above MSS. and he thinks he will.
>
> Mr. Kelly's translation is made from the paper copy which is now in Mr. Connellan's hands . . . (Litir dar dáta 22 Iúil 1858 ón Dálach chuig Windele, ARÉ 4 B 18.)

Léirigh Smith O'Brien spéis i gceist na Tána agus scríobh an Cearnach chuige ar 15 Meán Fómhair 1858, á rá go mbeadh eagarthóir ar ardchaighdeán ag teastáil chun na hoibre:

> Nine in every ten of the modern MSS. have been changed and spoiled; and it requires a close supervision to have them corrected. There is no calculating what mischief may be done by the publication of spurious pieces. It is absurd to publish uninteresting documents while abundance of valuable ones exist. The Táin Bó Cuailnge has long been announced and a lengthened Review of it appeared in the Nation above a year ago, yet it has not seen the light up to this date. This is a very important and interesting document but should be carefully edited or not at all. (LNÉ 1,244/1)

Bhí an t-athscríobh a rinne an Dálach ar athscríobh Kelly fós faoi mhionscrúdú ag scoláirí Chorcaí ar 26 Lúnasa 1861, nuair a scríobh an Dálach chuig Windele ina thaobh:

> . . . don't forget sending me the second vol (sic) of my translation of the Táin which the Professor told me in a hole (sic) some days ago that you have got it from him. I suppose Mr. Hackett is copying it and if he is let him finish it . . . (ARÉ 4 B 21)

Dhá mhí ina dhiadh sin, bhí an Dálach ag áiteamh go bhféadfaí leagan Nua-Ghaeilge den Táin a fhoilsiú:

> I find after all we shall be obliged to print the modern version of the Táin. (Litir dar dáta 5 Deireadh Fómhair 1861, ARÉ 4 B 21.)

Bhunófaí ar leagan páipéir é:

> It seems we have slept on the Táin which we should have published long ago even from the paper MS. But perhaps it is not too late yet . . . (Litir dar dáta 21 Nollaig 1861 ón Dálach chuig Windele, ARÉ 4 B 21.)

Toradh ar an gcaoi inar loic Hackett ar an gcumann é ARÉ 24 M 39, ní foláir.

Bhíodh tóir ag W.B Yeats, Augusta Gregory, Standish James O'Grady (col ceathar Standish Hayes O'Grady) agus scríbhneoirí Angla-Éireannacha eile ar an téacs agus ar na nótaí luachmhara a bhí curtha leis ag Seán Ó Donnabháin, rud a chuir Yeats in iúl i litir chuig Gregory:

> I have suddenly remembered that I once heard that there is a translation of the Tain Bo (sic) in MS. at the Royal Irish Academy, that it was this O Grady used for his Cuchulainn epic.[49] Perhaps you might care to ask him and, if I am right,

> see it on your way to Coole. I remember, I think, hearing that it is sufficient perhaps for literary purposes but not scientific enough for the Academy to publish. It is I have no doubt bad enough in style. It was done I think about 30 or 40 years ago perhaps by O Donovan. (Kelly, Schuchard 1994, 57)

Ghlac Gregory lena chomhairle:

> Yeats has been to the Royal Irish Academy and seen the manuscript translation of the Tain I had heard of . . . A great relief, for I was beginning to feel the want of the great central tale to work at and if I could not have got the Tain (sic) all my work would have been in vain. (Kelly, Schuchard 1994, 57)

'I make my exit' arsa an Dálach i litir dar dáta 17 Eanáir 1861 chuig Windele (ARÉ 4 B 21) agus é chomh dúthuirseach sin den ghnó ar fad go raibh sé ar tí éirí as. Ach fiú i ndeireadh na bliana 1861, bhí an Dálach fós ag iarraidh an Táin a fhoilsiú, in ainneoin do William Smith O'Brien a bheith ag iarraidh é a bhaint dá fhuadar le go bhfágfaí faoi Eoghan Ó Comhraí agus an Cumann Seandálaíoch agus Ceilteach é. Ar ndóigh, níor bheag an gríosadh don Dálach é an Cumann Seandálaíoch agus Ceilteach a bheith i gcomórtas leis:

> I read your letter about the Táin to Smith O'Brien who seems inclined to dissent from the Council if they decided to publish which they ought. (Litir dar dáta 10 Nollaig 1861 ón Dálach chuig Windele, ARÉ 4 B 21.)
>
> I had a long interview with Mr. O'Brien here today and he seems anxious that the Táin should be abandonded and left with the Irish Archaeological and that we should bring out the Agallamh as our next vol . . . (Litir dar dáta 25 Samhain 1861 ón Dálach chuig Windele, ARÉ 4 B 21.)

Faoin am seo bhí cosamar sé bliana curtha amú ag na hOisínigh le heagrán Hackett den Táin. Níorbh aon chabhair í don Dálach – ná d'fhoilsiú na Tána – Smith O'Brien a bheith ina choinne agus ba léir nach raibh sé féin agus an Dálach sásta fanacht i gceann a chéile ina thaobh. Ach bhí eagarthóir ábalta ag O'Brien agus an Cumann Seandálaíoch agus Ceilteach; rud nach raibh ag na hOisínigh agus níorbh ionadh é Smith O'Brien a bheith sásta 'to give way to Curry's edition and give up the idea of printing ours' (litir dar dáta 15 Márta 1862 ón Dálach chuig Windele, ARÉ 4 B 22). Bhí uisce faoi thalamh ar bun dar leis an Dálach:

> Tis strange that I have not a reply to my letter regarding Mr. Hackett's progress with the Táin since I wrote to you; altho in a former letter you gave me to understand that he would have it ready by the middle of this month for the printer.
>
> I write now to inform you that there is no time to be lost in the matter if it is to be printed, as the *Irish Archaeological* are working tooth and nail to shove us off, but I am sure they will not succeed if we stand together.
>
> They went so far as to call a *private* meeting at Eoghan Mór's (dhá fhocal dhoiléire) Smith O'Brien, O'Hanlon, Crowe, Pigot and some others attended – all of them of course condemned the publication of the Táin in our hands. Of

> this meeting I knew nothing whatsoever until it slipped inadvertently from Smith O'Brien the other day; but I told him distinctly that no matter what his views or opinion on the subject may be that the Táin would be published by us – that we had it announced since 1856 and consequently were bound to our members – the major part of whom could not afford to pay a pound or perhaps two for Curry's edition – and that we had the introduction from the Book of Lismore printed. So it was out of the question to interfere with us in this matter.
>
> After this explanation you will tell Mr. Hackett to let me know how far he has progressed as we are now ready to go to press; our liabilities being cleared off all to 23£ (sic) which we expect to come in before our next volume is printed. (Litir dar dáta 25 Aibreán 1862 ón Dálach chuig Windele, ARÉ 4 B 22.)

Ba léir ón bplé a bhí ag Windele le Hackett nach raibh an bhunobair déanta. Ba shin sin:

> Your letter of today settled the Táin Bó Cuailgne question as far as the Ossians are concerned as we can't do more than we have done on the subject.
>
> Connellan lost some time in making his transcript; and so did I in copying Kelly which Mr. Hackett could easily correct . . . if he only had the mind to do so.
>
> I must now give way in the matter. (Litir dar dáta 1 Meitheamh 1862 ón Dálach chuig Windele, ARÉ 4 B 22.)

I dteannta na Tána, chlis ar an gcumann 'Cath Fionn Trá' a fhoilsiú. Gealladh é seo in *Transactions 1* (O'Kearney 1854, 5–6), agus bhíothas fós ag caint ar a fhoilsiú in 1861 (litir dar dáta 8 Eanáir 1861 ón Dálach chuig Windele, ARÉ 4 B 21). Bhí focal misnigh ag an Dálach do Windele ar 22 Nollaig 1853:

> I have also to tell you that I have a facsimile copy of Cath Finn Trágha made by a friend from a vellum MS. in the Bodleian Library, Oxford, made in the XIVth Century. The Ossianic Council met the other day and have resolved on going to press immediately. (ARÉ 4 B 13)

Ba bheag eile a tharla, áfach.

Bhí caint, ar deacair ceal fianaise meabhair cheart a bhaint as, ar eagrán den Dinnseanchas ach níor tharla tada ach oiread:

> I am glad that Mr. Hewitt is determined on the Dinnseanchus. The latter article the Prof. is most anxious to have for himself . . . As for the Ossianic translating they would not be of any use to us without the originals and where would we get these . . . (Litir dar dáta 2 Meitheamh 1854 ón Dálach chuig Windele, ARÉ 4 B 14.)

Ná níor tharla tada i dtaobh 'Cath Chnucha', in ainneoin dhícheall an Dálaigh:

> If you have any additional names for the Ossianic let me have them. . . . You told me some time ago that you had an Ossianic poem on the (focal doiléir) of Castle Knock which you got from Joe Long. I would be glad to have a copy of this, or if you entrusted me with the original it would be carefully returned when I

> copied it. The Battle of Cnoca or Castle Knock will come within the scope of the Ossians. (Litir dar dáta 9 Lúnasa 1854 ón Dálach chuig Windele, ARÉ 4 B 14.)

Windele ba chiontach i dtuairim an Dálaigh:

> What a pity I did not know that you had a copy of Cnoca by Collins which from his (focal doiléir) as a poet and scribe must be accurate indeed before I spent my week of days and nights copying the faulty one at our disposal. (Litir dar dáta 14 Eanáir 1863 ón Dálach chuig Windele, ARÉ 22 B 23.)

Leag sé cuid den mhilleán freisin air i dtaobh nár foilsíodh an leagan de Bhruíon Chaorthainn a bhí ar na bacáin le fada:

> I am sorry you did not tell me long since of your having a translation of the bruighin caorthainn which Mr. Goodman is hammering at so long. Had you done so we would not be waiting for him. (Litir dar dáta 29 Eanáir 1863 ón Dálach chuig Windele, ARÉ 22 B 23.)

Foilsíodh, áfach, Macgníomhartha Finn. Cé gur cosúil go raibh cuid den obair déanta ag an Dálach, téacs é a bheadh thar a chumas agus ba é an Donnabhánach, mar atá ráite cheana, a chuir in eagar é, mar chuid de *Transactions 4, Laoithe Fiannuigheachta:*

> I have a copy of a Fenian tract entitled 'Macghníomhartha Fhinn Mhic Cumhail' copied from Psalter na rann (sic) in the Bodleian Library which I propose preparing myself for the Society. I have also the Battle of Ventry copied from the same . . . (Litir dar dáta 17 Eanáir 1855 ón Dálach chuig Windele, ARÉ 4 B 15.)

D'fhág neamhfhoilsiú na Tána cuisne ag an mbás ar an gCumann Oisíneach. Ní raibh an mhuinín chéanna ag an Dálach as an gCumann Oisíneach riamh ina dhiaidh sin. Bhí cliste ar an tionscadal ba mhó riamh dá chuid agus ina theannta sin bhí na fiacha ag méadú. Tharla seo cé gur ardaigh an bhallraíocht le ceapadh Smith O'Brien mar uachtarán agus níor foilsíodh aon cheo i ndiaidh *Transactions 6* in 1861. Níorbh aon chabhair ach an oiread í siléig na n-eagarthóirí:

> I greatly fear we shall dissolve on next Patrick's day as I see no sign of any book being prepared for publication. Those who gave their names as Editors will not work now . . . (Litir dar dáta 8 Eanáir 1861 ón Dálach chuig Windele, ARÉ 4 B 21.)[50]

Faoi 4 Bealtaine 1862, bhí cúrsaí eagarthóireachta chomh hainnis sin go raibh an Dálach den tuairim go mba chóir eagarthóireacht an Agallaimh a fhágáil faoi Smith O'Brien.[51] Gan amhras tharraingeodh clú O'Brien aird ar an gcumann ach é a bheith mar eagarthóir ar cheann de na foilseacháin. Eagarthóireacht ainmniúil a bheadh i gceist, gan dabht, mar nach duine é O'Brien a bheadh in ann buneagarthóireacht théacsúil a dhéanamh. 'I am still but an aspirant to the honoured title of Gaelic scholar' a dúirt sé féin ar

1 Eanáir 1864 (*Limerick Chronicle*). Ba chosúil gur beag feabhas a bhí tagtha air ó d'fhoilsigh sé litir i dtaobh na teanga sa *Nation* ar 14 Lúnasa 1858:

> As a student of the language I am bound to warn you that the acquirement of it is by no means an easy task, except to those who have been accustomed to hear it spoken from their infancy . . . I have promised the mechanics of Dublin that I will deliver a lecture on Irish literature as soon as I shall have attained some proficiency in the Irish tongue. At present I am like yourself, only a student, and can boast of nothing but my determination to persevere until I shall be fully able to understand the language that was spoken by my forefathers.

Ach bhí an Dálach sásta ach an Brianach a bheith toiltineach:

> I spent last Sunday with Mr. O'Brien at Killiney and if you send me the *Agallamh* he will compare it with Lismore and perhaps translate it too as he is in my opinion quite competent to do so. I mean the copy made by Long. As there is no hope in our hands now for the Tain you may as well let me have the transcripts. (Litir dar dáta 21 Bealtaine 1862 ón Dálach chuig Windele, ARÉ 4 B 22.)

Ar 14 Eanáir 1861, bhí William Smith O'Brien ag moladh don Dálach fiacha an chumainn a ghlanadh (litir chuig Windele, ARÉ 4 B 21) ach ar 30 Eanáir 1861, bhí éadóchas i dtaobh thodhchaí an chumainn á nochtadh ag an Dálach (ARÉ 4 B 21) agus ar 4 Márta 1861, bhí an Dálach in ísle brí ar fad (ARÉ 4 B 21). Standish Hayes O'Grady, Nioclás Ó Cearnaigh, Eoghan Ó Conalláin agus é féin amháin i measc bhaill an Chumainn Oisínigh a chomhlíon na gealltanais a bhí tugtha acu don chumann, dar leis (litir chuig Windele, ARÉ 4 B 21).

Faoi Dheireadh Fómhair 1863 agus gan aon ní foilsithe ag an gcumann le dhá bhliain, bhí a bheannacht á scaoileadh ag an Dálach leis an gcumann sin a raibh obair fir déanta aige thar a cheann (litir dar dáta 12 Deireadh Fómhair 1863 ón Dálach chuig Windele, ARÉ 4 B 2).

Ní in Éirinn amháin a chuir an Cumann Oisíneach an léann chun cinn. Fearacht na bhFíníní bhí gréasán forleathan craobhacha ag an gcumann i measc na ndeoraithe Éireannacha, an chéad ghréasán cultúrtha dá leithéid. I Sasana a bhí an deichiú cuid de na baill ag cur fúthu agus bhí craobhacha ag an gcumann i Nua-Eabhrac, Philadelphia, 'London, Canada West' agus Sydney:

> The Council feels great pleasure in calling attention to the labours of kindred societies formed in America and Australia. One established in Philadelphia under the careful management of a committee of Irishmen (of which we may name two most indefatigable members, John Burton and Patrick O'Murphy, Esqrs.), has sent the sum of fourteen pounds, the subscription of members for copies of our last volume.
>
> The Australian Celtic Association, established in Sydney, has sent seven pounds ten shillings, and the books are on the way.

> It is cheering to find that in these distant regions of the globe, Irishmen do not forget the literature of their native land; and that they exult at the thought of hearing once more the poems and tales so often recited by the Seanchuidhe, or story-teller, at their fathers' firesides. (*Fifth Annual Report,* O'Daly 1859b, ix)
>
> I had a long and interesting letter from Philadelphia today on behalf of the *Ossianics.* A branch Association is to be formed in that town immediately under the superintendence of a Capt. O'Murphy, a wealthy resident if *we only give our assent to the project* and I think we ought but some of our *Protestant Council* are so *thin-skinned* that they fear we would be looked upon as belonging to the intended invasion party there!!! What say you honest Protestant as you are on the subject? For my own part, while we steer clear of polemics and politics in our publications – I did not care what party worked for us. (Litir dar dáta 14 Samhain 1855 ón Dálach chuig Windele, ARÉ 4 B 15.)

Bhí airgead ag teacht in 1857 ó Captain O'Murphy agus an cumann i Philadelphia:

> . . . there is (sic) 71 Dollars on their way from Philadelphia to us. (Litir dar dáta 16 Bealtaine 1857 ón Dálach chuig Windele, ARÉ 4 B 17.)

Ba iad John O'Mahony agus Dáiví Ó Caoimh a bhunaigh craobh Nua Eabhrac, rud a d'fhág sainmheon ní ba pholatúla ag an gcumann thall i Meiriceá ná mar a bhí aige abhus in Éirinn; b'ionann seoladh i Nua Eabhrac don Chumann Oisíneach agus do Bhráithreachas Phoblacht na hÉireann, No. 6 Centre Street (Baylor, Meagher 1997, 264). Bhronn *The History of Ireland,* an leagan den Foras Feasa a d'fhoilsigh sé in 1857, seasamh gradamach ar an Mathúnach san *Irish American,* cúnamh nár bheag don chumann.[52] D'fhoilsigh William Smith O'Brien litir sa pháipéar ar 5 Nollaig 1857 ag moladh go n-iarrfaí ar 'Mr. O'Daly, the bookseller of Anglesea-street, Dublin' Foras Feasa an Mhathúnaigh a dhíol in Éirinn. Ach nuair a chuir an foilsitheoir, P.M. Haverty cóipeanna chuige, cuireadh toirmeasc scaipthe air 'within the British dominions on the grounds that it infringed the copyright of Messers. Hodges and Smith of Dublin, in O'Donovan's edition of *The Annals of the Four Masters*'. Ar rialtas Shasana a leag O'Mahony an milleán ar fad (*Irish American* 19 Nollaig 1857) ach ba é líon an ábhair a bhí sciobtha aige ó leabhar an Donnabhánigh ba shiocair leis i ndáiríre. D'éiligh Hodges and Smith urghaire cúirte le dáileadh an leabhair a chosc, rud a bronnadh orthu.

Foilsíodh ábhar ó *Transactions of the Ossianic Society* in 'Our Gaelic Column' san *Irish American* ar bhonn rialta. Foilsíodh 'Laoidh Thailc Mhic Treoin' ar 12 Nollaig 1853, cuir i gcás, agus a pléadh 'how far it may be justified to ascribe any or all these poems to Ossinn (sic)'. Ach ba bheag moladh a tugadh ann d'fhoilseacháin an Chumainn Oisínigh trí chéile. In eagrán 5 Nollaig 1857, thráchtaigh léirmheastóir dí-ainm (Haverty, b'fhéidir) go dímheasúil ar fhoilseacháin an chumainn: 'We have been accustomed to the 'Agallamh' since a child and we cannot recognise one touch of its simple strength in these verses'. Thacaigh 'Éire go Bráth' ó 'South Gloucester, Canada West' leis ar 6 Márta 1858:

> I have observed with pleasure that you have ventured a frank and very just criticism of the manner in which the publications of the Ossianic Society are issued from the press. There is an evident lack of that fine discrimination and critical awareness so necessary in the editing of such works in order to do them full justice.

D'fhógraítí an Cumann Oisíneach agus foilseacháin an Dálaigh le chéile sa *Phoenix,* foilseachán a bhunaigh baill de chraobh Nua Eabhrac – O'Mahony agus 'Daithbhidh O'Caoimh' ach go háirithe (Baylor, Meagher 1997, 262). Cogadh cathartha Mheiriceá faoi ndear don chumann i Nua Eabhrac titim as a chéile agus ní raibh gníomhach ann sa deireadh ach an Caomhach (Baylor, Meagher 1997, 263).

Bhí an chraobh san Astráil ag gníomhú fresin:

> I suppose you have seen the report of the *Australian Association* in the Nation of last Saturday. We have not sent our books off yet, but do so early next week. (Litir dar dáta 8 Márta 1858 ón Dálach chuig Windele, ARÉ 4 B 18.)

Ach faoi 1859, bhí na craobhacha seo tite as a chéile. Ag trácht ar chomhairle an chumainn a bhí an Dálach nuair a scríobh sé chuig Windele ina thaobh. De bharr 'their narrow mindedness in money matters they had lost all the American and Sydney members whose names go out of the list now. They were asked to pay the freight of the books and they would not do so' (litir dar dáta 29 Eanáir 1859 ón Dálach chuig Windele, ARÉ 4 B 19). Ar 19 Iúil 1856, bhí sé féin ag caint ar dhul ar an mbád bán chuig an gCumann Oisíneach i Meiriceá:

> I don't know if I told you that I am authorized to send an Irish teacher to America at a salary of £100 . . . only that I am too old . . . I would pack up for it. (Litir dar dáta 12 Feabhra 1856 ón Dálach chuig Windele, ARÉ 4 B 16.)[53]

2

Is mó go mór fada an cur amach atá againn ar an bplé a bhí ag an Dálach le John Windele ná ar an bplé a bhí aige le haon duine eile dá lucht aitheantais. Toradh é seo, thar aon ní eile, ar an gcúig chéad seachtó naoi litir a scríobh an Dálach chuig Windele agus a bhfuil teacht orthu i gcomhfhreagras Windele in Acadamh Ríoga na hÉireann.[54]

In Oifig an tSirriam i gCorcaigh a bhí Windele fostaithe. Fearacht na n-ársaitheoirí Protastúnacha trí chéile, ba sa chultúr ábhartha – leabhair, lámhscribhinní, clocha oghaim agus eile – agus ní sa teanga labhartha a bhí a phríomhdhúil. Le ceannach agus dáileadh leabhar a bhain cuid mhór den chomhfhreagras idir an bheirt (e.g. 7 Meitheamh 1854, 9 Meitheamh 1854,

10 Meitheamh 1854, 21 Meitheamh 1854, 10 Iúil 1854, 15 Iúil 1854, 18 Iúil 1854, ARÉ 4 B 14). I dteannta na leabhar, idir shean agus nua, a cheannaíodh sé, bhíodh síniúcháin á gceannach freisin aige (e.g. litir dar dáta 14 Aibreán 1852 ón Dálach chuig Windele, ARÉ 4 B 12). Níor choinnigh an Dálach aon chuntas ceart páipéir ar na fiacha a bhí amuigh air. Ina chloigeann istigh a bhíodh na cuntais, má bhí siad ansin féin:

> You can deduct the *Bolsters* yourself from anything that's coming to me as I kept no a/c of the matter knowing very well that you would not cheat me. (Litir dar dáta 4 Lúnasa 1853, ARÉ 4 B 13.)

Bhíodh ar Windele a chuid airgid féin a chaitheamh le scaipeadh ó dheas a dhéanamh ar fhoilseacháin an Dálaigh. Ba mhinic nár glanadh a chuid fiacha (litir dar dáta 18 Meán Fómhair 1857 ón Dálach chuig Windele ARÉ 4 B 17). Bhí sé chomh sásta céanna foilseacháin phríobháideacha an Dálaigh a scaipeadh le foilseacháin an Chumainn Oisínigh:

> Did you get the few copies I sent you of Black Thomas and do you think would any copies of it be sold in Cork. I only printed 50, and have sent out 20 of them at present. (Litir dar dáta 20 Meitheamh 1853 ón Dálach chuig Windele, ARÉ 4 B 13.)[55]
>
> I sent you 30 copies of Black Thomas . . . (Litir dar dáta 2 Iúil 1853 ón Dálach chuig Windele, ARÉ 4 B 13.)
>
> By tomorrow's or the day after's train I will send you 20 Copies of the Feis . . . (Litir dar dáta 30 Deireadh Fómhair 1856 chuig Windele, ARÉ 4 B 16.)

Mar an gcéanna leis na tréimhseacháin a mbíodh an Dálach mar ghníomhaire acu:

> I have 14 copies of Part 2, 54 Kilkenny Transactions laid by for you . . . (Litir dar dáta 5 Meitheamh 1854 ón Dálach chuig Windele, ARÉ 12 L 12.)
>
> The Professor who is going to Cork on Sunday will bring the rest of the Kilkenny Transactions. . . . (Litir dar dáta 5 Eanáir 1855 ón Dálach chuig Windele, ARÉ 4 B 15.)

Cé go luaitear téarmaí trádála go minic, ní luaitear aon chúiteamh a bheith á fháil ag Windele:

> I take the liberty of sending 50 copies of Donnchadh Ruadh to your care as usual to be distributed among the fraternity in Cork . . . the pamphlet sells for 1/6 altho. (sic) from the quantity of matter it ought to be two shillings and will cost them 1/1 per copy 25 or 24. I suppose Mulcahy will take 25. Tell them to keep them clean in case they could not sell them. (Litir dar dáta 4 Bealtaine 1853 ón Dálach chuig Windele, ARÉ 4 B 13.)
>
> I am sorry that I cannot be as liberal with the trade as I intended . . . all that I can allow is 2d in the 1/- or 25 copies as 24 per £1. (Litir dar dáta 31 Deireadh Fómhair 1846 ón Dálach chuig Windele, ARÉ 4 B 6.)

I litir chuig Windele dar dáta 2 Meán Fómhair 1858, thug an Dálach léargas eile ar an gcur chuige a bhí aige i gcúrsaí gnó (ní luaitear an leabhar a bhí i gceist ach gach seans gurbh é an t-eagrán bradach den *Pious Miscellany* a bhí ag déanamh scime dó):

> The book is entered at stationer's Hale since the 23rd of last July, and I have secured copyright on an edition that appeared since 1808, which was the first that I could trace. As soon as his is ready let me have one and you will find how I will trick (?) him politeness (sic). He offered £12.10 for half the edition which cost me 19£ [,] thinking that I would sacrifice £2.10.0 for him as I did before in the Munster poets, when I was hard up, but now I am not obliged to do it. He got the printer's bill direct from him and not from me; but the man looks upon all the world as bankrupts, and he imagines that by holding up his little tobacco pouch purse, that he will get the bargain. What chance there is of that. I gave my labour for nothing and that ought to satisfy him. Let me have the book soon as it is read, for I am determined to lose the last farthing on the transaction. (ARÉ 4 B 18)

Bhíodh gnó an Dálaigh go mór i gcleithiúnas chóras an phoist, córas a bhí ag bailiú nirt mar chuid den nuachóiriú agus bhíodh sé chomh mór céanna i gcleithiúnas chóras na n-iarnród, comhartha sóirt eile an nuachóirithe. Ar thraein Chorcaí ab iondúil leis na leabhair a chur go Corcaigh agus ní bheadh an Cumann Oisíneach ann mar eagraíocht náisiúnta murach feabhas na n-iarnród:

> By tomorrow's or the day after's train I will send you 20 Copies of the Feis . . . (Litir dar dáta 30 Deireadh Fómhair 1856 ón Dálach chuig Windele, ARÉ 4 B 16.)

Bhíodh cuairteoirí ó Chorcaigh mar theachtairí ag Windele ó uair go chéile, méara na cathrach ina measc:

> His Worship the Mayor of Cork handed me this evening the book which you were so kind as to send for my inspection . . . (Litir dar dáta 4 Meán Fómhair 1846 ón Dálach chuig Windele, ARÉ 12 L 10.)

Bhítí ag iarraidh ar Windele chomh maith bolscaireacht a dhéanamh thar ceann an chumainn:

> I suppose you have seen the Ossianic Report in the Saunders of last Monday of which there were extracts in the Freeman's Journal of Tuesday – Perhaps you would be so kind as to get the Cork Papers to insert it for you . . . (Litir dar dáta 25 Márta 1854 ón Dálach chuig Windele, ARÉ 4 B 14.)

Mar chuid den bholscaireacht, bhíodh air léirmheasanna moltacha ar fhoilseacháin an chumainn a sholáthar do leithéidí an *Irish Quarterly* (e.g. litreacha dar dáta 3 Feabhra 1858, 8 Feabhra 1858 ón Dálach chuig Windele, ARÉ 4 B 18). (Léirmheasanna dí-ainm a d'fhoilsítí ag an am agus is cosúil go soláthraíodh na foilsitheoirí féin iad go minic.)

Bhíodh Windele ag ceartú profaí d'fhoilseacháin phríobháideacha an Dálaigh (litir dar dáta 3 Feabhra 1858 ón Dálach chuig Windele, ARÉ 4 B

18), chomh maith leis an gceartúchán rialta a dhéanadh sé ar phrofaí an Chumainn Oisínigh (e.g. litir dar dáta 11 Feabhra 1860 ón Dálach chuig Windele, ARÉ 4 B 20). Bhíodh air ina theannta sin ar fad an Dálach a choinneáil ar an eolas i dtaobh gach a thiteadh amach cois Laoi:

> There is considerable excitement among certain folk here on account of the reference to the Book of Lismore and Curry has been with me and find (?) out who the purchaser (focal doiléir) Cork was . . . (Litir dar dáta 25 Márta 1854 ón Dálach chuig Windele, ARÉ ARÉ 4 B 14.)

Chuir sé i gcomhairle Windele céard iad na leabhair a d'fhoilseodh sé go príobháideach (e.g. litir dar dáta 20 Meitheamh 1853 ón Dálach chuig Windele, ARÉ 4 B 13) agus is spéisiúil nach ndeachaigh sé ar aghaidh le dhá fhiontar a bhí pléite acu: ceann acu cnuasach Uí Bhruadair, ceann eile leabhar leis an gCearnach a beartaíodh ach nár foilsíodh:

> Kearney has a very peculiar paper on ogham literature written which I am about publishing for him. Did you think any copies of it could be sold in Cork?' . . . (Litir dar dáta 25 Meán Fómhair 1854 ón Dálach chuig Windele, ARÉ 4 B 14.)

Is dealraitheach gur chomharlaigh Windele dó an tionscadal a chur ar athló.

Bhí an bheirt ag achrann le chéile faoi chúrsaí an chumainn in 1854:

> I can perceive from your letter you are about giving cold shoulder to the Ossian, although we are working here might and main without fee or reward and I am inclined to think that you and the professor have simultaneously conspired (focail dhoiléire) as he returned the Feis Tighe Chonain which he took three months ago to translate in the same way that I handed it to him without ever opening the parcel. If we wished that our Society should get on and it is now firmly established, we must all bear our share of the burden and the toil – I have within the last fortnight collected £10 in Dublin . . . besides I have been at about £2 expense in postage . . . I thought I told (sic) not to give books to any but such as have paid. Our prospects are (focal doiléir) if we work, that we will be the only Society in existence by and by. (Litir dar dáta 7 Samhain 1854 ón Dálach chuig Windele, ARÉ 4 B 14.)

B'éigean don Dálach leithscéal (má ba leithscéal é) a ghabháil:

> I know I would kick up a row just as well as if I had drawn my coat after me on a fair green and challenged any one to tread on it. You are a brick after all but don't be tantalizing me by saying in every letter 'your Society' – when you know in your heart and soul that it is as much yours as it is mine, for I have no individual interest whatsoever in the work any farther than I am anxious about preserving as much of those old relics as I can before I die and I think if I don't mistake you are equally so . . . (Litir dar dáta 14 Samhain 1854 ón Dálach chuig Windele, ARÉ 4 B 14.)

Bliain go díreach ina dhiaidh sin bhí an Dálach i mbun leithscéil arís:

> Every word that I wrote is borne out by your letters to which I referred today; but there is no use in our fighting among ourselves; for if we cant (sic) get the

> Bodleian copy we must fall back upon yours; So prepare your notes and illustrations from that copy according as you have opportunity and should the other copy be got they will answer just the same . . . I beg to apologise if I said anything to offend you – believe me that it was not intentional if I did, and therefore 'forgive and forget'.
>
> I say and write a great many queer things when I set about it – I neither spare friend nor foe – but not with a malicious or ill intent you may be sure. (Litir dar dáta 14 Samhain 1855: ón Dálach chuig Windele, ARÉ 4 B 15.)

Bhí Windele i mBaile Átha Cliath thart ar Aibreán 1858 agus thug sé cuairt ar an Dálach:

> I am very glad to hear you are coming to town as it is so long since we have met now and we must have a glass and some chat together. (Litir dar dáta 14 Aibreán 1858: ón Dálach chuig Windele, ARÉ 4 B 18.)

Nuair a thug an Dálach an bóthar go Corcaigh air féin ceithre mhí ina dhiaidh sin, b'éigean dó pardún a iarraidh as ucht a bheith otair mímhúinte i mBlair's Castle agus é ar na cannaí. Oíche shúgach, maidin bhrónach, gan amhras:

> Here I am safe and sound after my boozing at Blair's Castle where I am satisfied I exhibited my self in my proper colours. But matters can't be helped now and I have to make an apology to you and to your kind mistress for my conduct. (Litir dar dáta 25 Lúnasa 1858 ón Dálach chuig Windele, ARÉ 4 B 18.)

Lá i ndiaidh na litreach, chuaigh an Dálach go Corcaigh ar 'excursion' lae (litir dar dáta 26 Lúnasa 1858 ón Dálach chuig Windele, ARÉ 4 B 18). Bheadh dithneas ann air agus scéal faoi rún:

> Don't let any living person know anything of my going up as I must appear *incognito* in Cork for an hour or two. I will tell you all if I chance to meet you; for if I have time I shall call. (Litir dar dáta 26 Lúnasa 1858:ón Dálach chuig Windele, ARÉ 4 B 18.)

Gan trácht in aon chor ar gach a bhain leis an athscríobh ar Leabhar Mhic Cárthaigh Riabhaigh, bhí teannas nár bheag le brath in 1854–5 idir Windele agus an Dálach agus bhíodh 'my master in Cork' á thabhairt go cnáideach ag an Dálach ar Windele go minic (e.g. ar 30 Deireadh Fómhair 1855, ARÉ 4 B 15 agus 10 Samhain 1855, ARÉ 4 B 15). In ainneoin gur bhain Windele leis na 'Paganists' (ar leo a chlaon ársaitheoirí Chorcaí agus an South Munster Society of Antiquities), bhí sé mór le roinnt mhaith 'Christians' chomh maith. Chuir seo agus an tsáinn phearsanta ina raibh an Cearnach ina chuid oibre leis an teannas eatarthu in 1854. An litir a d'fhoilsigh Hitchcock sa *Telegraph* ar 15 Bealtaine 1854 agus freagra an Chearnaigh san *Advocate* ar 26 Aibreán 1854 a chuir an lasair sa bharrach. Briseadh an Cearnach as a phost le Luacháil Griffith (áit a raibh Hitchcock ag obair) tamall ina dhiaidh sin agus rinne an Dálach an dá eachtra a cheangal le chéile:

> . . . that unfortunate O'Kearney is turned out of Griffith's, having got a week's notice to that effect tonight . . . he never had a day's peace in the office since he answered his scurrilous letter . . . (Litir dar dáta 23 Meitheamh 1854 ón Dálach chuig Windele, ARÉ 12 L 12.)

Bhí an Dálach ag iarraidh Windele a stiúradh in aghaidh Hitchcock:

> . . . You should not come to terms with him until he promises you to reinstate Kearney and this he can do very readily through Dr. Smith – who is his right hand man if he only asks him to speak to Mr. Griffith himself or to Mr. Greene the head superintendent as no other functionary in the office could make way for him besides Griffith except for Mr. Greene. (Litir dar dáta 22 Iúil 1854 ón Dálach chuig Windele, ARÉ 4 B 14.)

Bhíothas ag gearradh siar ar fhoireann na Luachála ach níor ghlac an Dálach leis seo mar mhíniú:

> I am in receipt of your favour of this day enclosing the Cock's pressing epistle which I am (?) returning you. He is the greatest and most unblushing villain that could breathe in the breath of life when he says that I had a hand in Kearney's letter . . . I am sure he did not directly use his influence against Kearney . . . but . . . Kearney had not a moment's peace in the office after but Hitchcock stuck (?) his teeth in at every turn, until he was finally expelled on the score of a reduction being made in the staff and Hitchcock himself sees (?) this when he says he 'should not feel surprised if the letters in question were the cause of his dismissal from his place . . . if he [Hitchcock] only asks Dr. Smith (his right hand man) to go to Mr. Griffith or, let Greene, the head superintendent, and speak for Kearney there is no doubt but he would be reinstated. (Litir dar dáta 26 Iúil 1854 ón Dálach chuig Windele, ARÉ 4 B 14.)
>
> I saw a letter from the gentle Cock the other day which he received from Mr. Griffith relative to Kearney and in which he distinctly stated with other reasons that Kearney's services were dispensed with on grounds of minority as senior officers could not be expected to go before those who came in later. (Litir dar dáta 7 Lúnasa 1854 ón Dálach chuig Windele, ARÉ 4 B 14.)

D'éirigh idir Windele agus Hitchcock i dtaobh bhriseadh an Chearnaigh agus scríobh Hitchcock chuig Windele ag iarraidh ar tharla a chur i dtuiscint dó:

> Is it because I could not do an 'impossibilty' for your friend Mr. Nicholas O'Kearney that left off your welcome epistles. (Litir dar dáta 9 Meán Fómhair 1854 ó Hitchcock chuig Windele, ARÉ 12 L 12.)

Má bhí a chion féin á dhéanamh ag Windele thar ceann an Chearnaigh, níor shásaigh a chuid iarrachtaí an Dálach. Thagair an Dálach don chaoi inar éirigh eatarthu tamall ina dhiaidh sin. Is cosúil go raibh Hitchcock ag sá as an Dálach faoin 'O' a bheith curtha lena shloinne aige, rud a ghéaraigh ar an ngráin shaolta a bhí idir an bheirt:

> At the time there was some coolness between you and me . . . this very cock told me of our letters [,] reflecting on me by asking where did I get the 'O'

> and is it true? . . . (Litir dar dáta 24 Samhain 1855 ón Dálach chuig Windele, ARÉ 4 B 15.)

Bhí Windele ar tí briseadh leis an Dálach agus leis an gCumann Oisíneach i tús 1856:

> I think you have the interests of the Society at heart as well as any of us . . . surely you will not flag now to cripple our exertions by withdrawing your aid – if you do you will have my seacht mile (sic) mallacht and I will write more biting satire for you than that of namesake Angus . . . (Litir dar dáta 12 Feabhra 1856 ón Dálach chuig Windele, ARÉ 4 B 16.)

Faoi 1859 bhí 'ill conditioned and foul mouthed vagabond' mar thuairisc ag Windele ar an Dálach (litir dar dáta 24 Bealtaine 1859 ón Dálach chuig Windele ARÉ 4 B 19). Aighneas eile fós, ceann a thit amach eatarthu in 1857, ba bhun leis sin. Ba é an t-airgead údar an oilc: Windele a bhailigh síntiúis an Chumainn Oisínigh i gCorcaigh, rud nárbh éasca a dhéanamh siocair gur chlis ar an gcumann leabhar in aghaidh na bliana a fhoilsiú. Ach bhíodh an Dálach de shíor á ghríosadh lena mbailiú in am agus gan leabhar a bhronnadh ar aon duine nach raibh suas chun dáta lena shíntiús (e.g. litir dar dáta 5 Samhain 1856 ón Dálach chuig Windele, ARÉ 4 B 16). Bhí na baill i gCorcaigh ag tarraingt na gcos i dtuairim an Dálaigh:

> . . . of the 300 members which constitute the Society – not one refuses to pay before the books were delivered but the *Cork members.* (Litir dar dáta 9 Nollaig 1856 ón Dálach chuig Windele, ARÉ 4 B 16.)

Ní mhaireann litir ar bith eatarthu ó 17 Nollaig 1856 go dtí 4 Márta 1857 nuair a sheol an Dálach an litir seo chuig Windele. Tráchtann an litir ar ábhar éigin a bhí faoi iamh ach ní léir cén t-ábhar é féin:

> Having my mind 'made up' respecting the enclosed matter I was resolved never again to trouble you about it. Nor would I only that I chanced on some of your letters this evening. I suppose that this offer has *imperilled* the old acquaintance, but what matter – we must live. (ARÉ 4 B 16)

Seachtain ina dhiaidh sin – ar 11 Márta 1857 – ní raibh aon éiginnteacht faoina raibh faoi thrácht:

> . . . you say you paid the Ossians over and above the amount that you should, and in order to show you that you have not done so I enclose your note which contains your settlement which I request you will send me back again for our meeting on Wednesday when the a/cs will be settled. (ARÉ 4 B 16)

Níorbh fhéidir leis an gcumann a dtuarascáil bhliantúil a fhoilsiú in 1857 de bharr bhille Windele:

> I suppose you have seen our Patrick's Day business in the papers; and that you have guessed why our Annual Report has not appeared.
>
> You may remember when you returned your statement of a/cs the other day

> having told you to return it by next post for the meeting which in your assizes bustle you forgot as our accounts (focal doiléir) may appear audited in the Report let me have that statement as early as you can. (Litir dar dáta 20 Márta 1857 ón Dálach chuig Windele, ARÉ 4 B 17.)

Trí lá ina dhiaidh sin bhí an Dálach ag iarraidh beag is fiú a dhéanamh den ghnó ar fad. Ba é a bhí tarlaithe ná go raibh an cuntas pearsanta a bhí ag Windele i siopa an Dálaigh agus na fiacha a bhailíodh sé don Chumainn Oisínigh measctha trína chéile ag an Dálach:

> I return your statement of a/c . . . You cannot connect my private a/c with that of the Ossianic Society . . . I am determined not to annoy you any more about it. (Litir dar dáta 23 Márta 1857 ón Dálach chuig Windele, ARÉ 4 B 17.)

Rinne Windele airgead a íoc ar 16 Bealtaine 1857 nuair a d'íoc sé 13/7 (litir ón Dálach chuig Windele ARÉ 4 B 17) agus ar 18 Meán Fómhair 1856 nuair a rinne an Dálach tagairt do 'receipt' a bheith faoi iamh. Níor leor a raibh íoctha aige i dtuairim an Dálaigh:

> The book goes by the post and hope you will get it safe. Now if you have a particle of *Conscience* and I fear you have not, pay me the 7/6 balance of your a/c for I will satirise you to the very devil if you do'nt. (Litir dar dáta 18 Meán Fómhair 1857, ARÉ 4 B 17.)

Deich lá ina dhiaidh sin, ar 28 Meán Fómhair 1857, bhí an '7/- you owe myself' á lorg aige ó Windele 'or will I commence the aoir' (ARÉ 4 B 17).

An tátal a bhain Windele as an teannas ar fad idir Baile Átha Cliath agus Corcaigh ná go raibh gá le 'Bardic League [,] Comhluadar na mbárd of the Province of Munster', moladh a phléigh Thomas Swanton leis i litir chuig Windele ar 10 Bealtaine 1858 (ARÉ 4 B 18). Mhol Swanton ceithre ord a bheith ann: 'The Order of Brehons . . . The Order of Druids . . . The Order of Poets . . . The Order of Musicians.' 'The proceedings' ar seisean 'need not be in Irish.' Ní léir gur cuireadh Eisteddfod seo na Mumhan ar bun riamh, áfach.[56]

Mhair an comhfhreagras eatarthu ó 1844 go dtí 1863, ach bhain foirmiúlacht leis sna blianta deiridh a bhain go mór dá thathag. Ar 25 Eanáir 1856, chuir an Dálach litir chuig Windele á rá leis, 'I may not write again to you as I am tired of the world' (ARÉ 4 B 16). Mhair Windele go dtí 1865 ach bhain tubaist éigin dó in 1863 a chuir deireadh leis an gcomhfhreagras:

> I am very sorry for your trouble but I blame the party who took the house over you as much as the landlord or even worse . . . It is evident that you have no time for writing now nor won't for many a long day to come as it will take a considerable time indeed before your things are arranged wherever you (focal doiléir) move to. (Litir dar dáta 22 Meán Fómhair 1863 ón Dálach chuig Windele, ARÉ 4 B23.)

Ní mhaireann ach litir amháin eile a sheol an Dálach chuig Windele. Sheol sé chuig Windele í ar 12 Deireadh Fómhair 1863. Críoch iomchuí a bhí léi:

> I greatly fear we must close the Ossianic. (ARÉ 4 B 23)

Bhí a sheal aige.

Caibidil 8

Na Blianta Déanacha

Cé gur foilsíodh an leabhar deireannach de chuid an Chumainn Oisínigh in 1861, lean an Dálach air go treallúsach mar fhoilsitheoir, mar scríobhaí agus mar reicneoir leabhar go dtí gur cailleadh é in 1878. Le linn dó a bheith i mbun foilseacháin, bhí seasamh áirithe aige i measc lucht léinn agus litríochta sa chathair. Rinne Meiriceánach greanadóireacht de a choimisiúnú in 1858:

> A Yankee has commissioned me to go to any expense to get my likeness engraved for him and to send him the plate, and it is now in progress, but before I send it I will get a few copies run off for myself. Dont (sic) you think *but we will have a pretty picture.* (Litir dar dáta 8 Márta 1858 ón Dálach chuig Windele, ARÉ 4 B 18.)

Dealbhóir agus greanadóir a raibh T. James air a rinne an ghreanadóireacht agus tá teacht air i mbailiúchán phriontaí na Leabharlainne Náisiúnta (Elmes 1975, 156). 'Aois an tan so lvii./ 1857' an mana atá faoin ngreanadóireacht.[1]

Ghlac grianghrafadóir darbh ainm dó O'Neill pictiúr de in 1867. Dúirt sé 'from its *ugly* appearance' gur 'capital likeness' a bhí ann (litir dar dáta 1 Meitheamh 1863 ón Dálach chuig Windele, ARÉ 4 B 23).

Mhair an caidreamh le Cill Chainnigh ar feadh an ama. Bhunaigh An Dr. Robert Cane (1807–58) an Celtic Union sa chathair sin in 1854.[2] In 1853 d'fhoilsigh an Dálach leabhar Cane, *Essay on Irish Ring-Money, and Confederate and Ormonde Coin,* leabhrán scór leathanach a scaipeadh go príobháideach. Náisúnaí eitnea-Chaitliceach go smior ab ea Cane agus bhí a rian sin go tréan ar *The Celt: A Weekly Periodical of Irish National Literature,* iris sheachtainiúil a foilsíodh don chéad uair ar 1 Lúnasa 1857 agus Cane mar eagarthóir air. An caidreamh a bhíodh ag an Dálach le Cane agus cónaí orthu araon sa chathair faoi ndear don Dálach plé a bheith aige leis an gcumann nuabhunaithe, gan amhras. *The Celt: An Irish Catholic National Monthly Magazine* a tugadh air ó Lúnasa 1859 ar aghaidh agus é faoi eagarthóireacht J.T. Campion, dochtúir eile.[3] (Cailleadh Cane ar 17 Lúnasa 1858). Ar mhúnla an *Nation* a tógadh é agus cé nár fógraíodh os ard é, ba léir go raibh an iris úr ag dul i gcomórtas leis an *Dublin University Magazine,* iris Phrotastúnach Thóraí a d'eascair as Coláiste na Tríonóide ó 1833 ar aghaidh.

An Dálach a d'fhoilsigh, cé nach léir aon rian láidir aige ar chineál an ábhair a foilsíodh ann:

> I beg to inform you that the Committee of the Celtic Union have confided in me the publication of their periodical 'The Celt,' a prospectus of which is enclosed . . . All members of the Celtic Union will receive the Book free, in monthly parts, by post. (fógrán, ARÉ 4 B 17, 661)

Dhéanadh Cane an t-ábhar a chur chuig an Dálach i mBaile Átha Cliath – i bhfad anonn sa mhí:

> The Celt is getting in but slowly as yet, and all on account of the editor who will not give in the copy till the end of the month. (Litir dar data 14 Aibreán 1858 ón Dálach chuig Windele, ARÉ 4 B 18.)

Leithéidí Charles Kickham, Charles Beggs, Robert Dwyer Joyce agus William Kenealy – scríbhneoirí náisiúnacha Béarla – a bhíodh ag scríobh don iris agus níor fhoilsigh an iris ábhar Gaeilge ar bith. In eagrán Nollaig 1857, foilsíodh aiste le Charles Kickham ar Edward Walsh (1857, 289–293; 305–8, 321–6; 337–41), aiste a rinne beag is fiú den saothrú a bhí déanta ag Walsh i ngort na Gaeilge. Foilsíodh caoga dán ann idir Lúnasa agus Nollaig 1857. Ní dán Gaeilge ceann ar bith acu. Ach cé nár foilsíodh aon Ghaeilge ann, bhain, mar atá ráite ag Joep Leerssen, 'linguistic particularism,' leis an iris:

> Thus, the magazine *The Celt,* which was published by the Celtic Union in 1857–1858 . . . carried appreciative articles on the sanguinary German nationalist poet, Korner, and discussed Irish-English in the racial terms of 'Celt' and 'Saxon . . .' (Leerssen 1996, 23)

Níor bheag é an tasc foilsitheoireachta a bhí le déanamh aige i bhfoilsiú an *Celt*. Maireann cóipeanna ó Lúnasa go dtí Nollaig 1857, ó Mhárta go Lúnasa 1858 agus ó Lúnasa go Samhain 1859. Bhí gach eagrán acu foilsithe ag 'John O'Daly, 9 Anglesea-street' agus é scaipthe ar bhaill an Aontais Cheiltigh.

Léirigh an *Celt* spéis áirithe i gceisteanna sóisialta an lae. Pléadh roinnt acu seo in alt, 'The Map of Our Journey' le 'Tyrconnell,' a raibh feidhm eagarfhocail leis sa chéad uimhir (1 Lúnasa 1857).[4] Léirigh an t-alt meon coimeádach Cane, meon a bhí ag teacht go hiomlán leis an Malthusachas duairc a bhí i mbarr a réime i Sasana ag an am:

> A committee of the Celtic Union have this day entered upon a seriously responsible mission, and taken upon their shoulders a seriously onerous duty. 'The Celt' will supply matter for the educated, as well as for classes having fewer arguments; hence there may at times appear to be an inequality in the tone . . . Were it possible to try this mock prosperity by the test of bringing up the population of the country to its mark of 1845, would the present position of the

> property of the country bear it? Assuredly no and as population increases, the seeming wealth of the country will diminish with its augmentation, pauperism will increase and embarrassments again arise unless famine and plague, the allies of mal-government, come and seemingly redress the evil . . . The second progress, the educational one is almost as fallacious. It was no doubt a small step in the right direction. But the men who made either . . . sought only to educate them for fit appurtenances to their rulers, materials for soldiers, instruments for taxation, human things who could be all the more valuable to their oppressors if little encumbered with love of faith, less burdened with love of country . . . The Committee find much of hope in their knowledge that famine, plague, government patronage, or government corruption – have failed to de-Irelandise the people, or still the national heart, it still beats with warm and uncorrupted blood, great energies remain. (*The Celt,* iml. 1, uimh. 1, Lúnasa 1857, 1–4)

Ag foilsiú na hirise agus ní á scríobh a bhí an Dálach agus ní féidir ionnanú a dhéanamh idir meon na hirise agus a mheon seisean. Is beag, áfach, atá idir eitneachas náisiúnach an *Celt* agus an meon a léirigh 'Erionnach' (George Sigerson) sa réamhrá a chuir sé in 1860 le *The Poets and Poetry of Munster* (O'Daly 1860) agus ní léir easaontas idir an Dálach agus ceachtar acu. Ar a laghad, níl aon leid tugtha aige nach raibh sé faoi réir ag an gcineál tuairimíochta a léirítear san dá chás.

Bhí lámhscríbhinní filíochta á gcur i dtoll a chéile aige i dtólamh (e.g. ARÉ 24 M 11 in 1859) agus foilsíodh cuid den ábhar seo sa dara huimhir de *Poets and Poetry of Munster.* Cnuasach eile sa tsraith a thosaigh le *Reliques* ab ea é seo agus chuir sé a bhuíochas in iúl do Conor McSweeny mar a bhí déanta cheana aige i leith *Reliques* sé bliana déag roimhe sin. McSweeny a sholáthraigh leagan na díolaime de 'Loch Léin' (O'Daly 1860, 12), leagan a bhí tógtha aige 'from the recital of his mother, an excellent Irish singer' (O'Daly 160, 13).

'Erionnach', George Sigerson, a bhí mar aistritheoir. Ba é a scríobh an réamhrá fada (dhá leathanach is fiche). Maidir leis na téacsanna Gaeilge, 'the Irish and arrangement have been under Mr. O'Daly's care' (O'Daly 1860, xxvii) a dúradh. An Dálach a scríobh formhór na bhfonótaí (e.g. O'Daly 1860, xv). Bhí sé thar a bheith sásta le caighdeán na n-aistriúchán (litir dar dáta 6 Feabhra 1860 chuig Windele, LNÉ 5454). Bhain nóta láidir idé-eolaíoch – frith-Shasanach, frith-Bhéarla, frith-nuaoiseach – leis an réamhrá agus leis na haistriúcháin féin: tugadh sciolladh do 'the inflexible, un-endearing language of the "porker" Saxons' (O'Daly 1860, viii) agus tapaíodh gach uile dheis le saol na tuaithe a mhóradh thar réimeas táir na tionsclaíochta: 'any home labour is better than factories' (O'Daly 1860, xvi). Is í tuairim Vivian Mercier (1994, 22), áfach, nach raibh 'great artistic gifts' ag Sigerson agus ba dheacair gan teacht lena thuairim.

In 1864, d'fhoilsigh J.D. White's Private Press i gCaiseal Mumhan (áit a raibh Maoilre Mac Craith i ndiaidh a iompaithe sa séu haois déag ina easpag Anglacánach), *The Apostacy of Myler Magrath, Archbishop of Cashel: a Poetical Satire Written by the Rev. Eoghan O'Duffy, a Franciscan Friar, about A.D. 1577; Literally Translated from the Original Irish by John O'Daly,* léiriú, gan amhras, ar spéis an Dálaigh i gcúrsaí iompaithe creidimh.[5] Foilseachán neamhghnách de chuid an Dálaigh é sa mhéid is nach dtugtar an bunleagan Gaeilge agus ba thoradh é, is dócha, ar an gcaidreamh a bhí ag an Dálach le John Davis White, cláraitheoir dheoise Chaisil d'Eaglais na hÉireann, i gcaitheamh na mblianta, 'whoever wants a rare book about Ireland should apply to Mr. O'Daly' a dúirt White sa nuachtán a d'fhoilsíodh sé féin, *The Cashel Gazette* (24 Deireadh Fómhair 1868).

Is cosúil gurbh é an Dálach féin a d'fhoilsigh *Collection of Rare Irish Airs, Jiggs, Reels and Country Dances in Vogue Among the Peasantry During the Last Century: Collected from Rare Printed Books and Manuscripts Now Lost or Inaccessible, Written and Published by John O'Daly* in 1866. Ní mhaireann cóip de seo ach tá tagairt dó i gcatalóg Fheis Ceoil 1899 (O'Donoghue 1899). D'fhoilsigh sé chomh maith *The Life of Saint Malachy O'Morgair, Bishop of Down and Connor, Archbishop of Armagh, Patron of these Several Dioceses, and Delegate Apostolic of the Holy See for the Kingdom of Ireland* le John O'Hanlon in 1859; *Dánta Chlainne Domhnaill, A Collection of Poems Written on Different Occasions by the Clare Bards in Honor of the MacDonnells of Kilkee and Killone, in the County of Clare* le Brian O'Looney in 1863 agus *The College Irish Grammar, Compiled Chiefly with a View to Aid the Students of St. Patrick's College, Maynooth and the Catholic University of Ireland, in the Study of the National Language* le Ulick Bourke in 1865.

Ar dháta éigin idir 1860 agus 1876 a d'fhoilsigh sé (faoi bhréagriocht) an chéad leagan cló de Chúirt an Mheán Oíche, *Mediae Noctis Consilium, Auctore Briano Mac-Gilla-Meidhre, de Comitatu Clarensi, in Momonia. A.D. MDCCLXXX. Poema Heroico-Comicum, quo Nihil aut Magis Gracile, aut Poeticum, aut Magis Abundans in Hodierno Hiberniae Idiomati Exolescit. Curtha a g-clodh le Tomás Mhic Lópuis, ag Loch an Chomhlaighr Oghair, MDCCC,* a cuireadh ar an margadh amhail is gurbh in 1800, go gairid i ndiaidh bhás Mherriman féin, a foilsíodh é agus gan lámh ná páirt ag an Dálach sa ghnó.

Bhain tábhacht ar leith le *The Irish Language Miscellany: Being a Selection of Poems by the Munster Bards of the Last Century. Collected and Edited by John O'Daly,* a foilsíodh in 1876. Díolaim thábhachtach ab ea í mar gur foilsíodh gan aistriúcháin í: níor tugadh ach 'a short summary of each' (O'Daly 1876, v):

> . . . we have designedly omitted to append translations, for the double reason, that they would occupy too much space, and that it would be impossible to reproduce in a translation the spirit and force of the originals. Had we now a Mangan or a Walsh, we might be tempted to alter our resolution; but, alas! we have not. (O'Daly 1876, v)

Foilsíodh ann i dteannta na n-amhrán, na rann is na n-agallamh, seanfhocail ón mbéal beo ar chuma a bheadh coitianta i ré na hathbheochana ar ball. Agus foilsíodh ann cuntas ar shloinnte Gaeilge 'selected at random from a work now in course of preparation' (O'Daly 1876, 103). Pé saothar a bhí á ullmhú, áfach, ní fhaca sé solas an lae riamh.

Chuir an cló – cló rómhánach gan sínte fada – in iúl gur ar an gcainteoir Gaeilge a bhí cleachtach ar léamh an Bhéarla (agus dá thoradh sin ar an gcló rómhánach) a bhí an díolaim dírithe. Más ea, ba go drogallach leithscéalach a chuir an Dálach an cló rómhánach i láthair:

> . . . at the urgent request of many friends to Irish literature, we have used Roman instead of the old Irish types, which has entailed upon us much additional labour; and which, most probably, if not generally approved of in the present instance, shall not be used by us again. The use of this type, notwithstanding all our precaution and care, must have caused some orthographical errors to occur occasionally, for which we claim the reader's indulgence; but, on the whole, we fancy that our little work is quite free from these faults as many of its predecessors. (O'Daly 1876, v–vi)

D'fhill sé cuid mhór ar a dhúchas Déiseach agus na 'relics of our ancient bards' (v) á roghnú aige don díolaim seo. Ábhar cráifeach a raibh eolas forleathan air sna Déise is mó atá ann – leithéidí 'Aighneas an Pheacuig leis an m-Bás' (1) agus 'Siosma an Anama leis an gColainn' (16) le Pádraig Denn, é sin agus amhráin ar nós 'Aonach Bhearna na Gaoithe' le 'Tomás an Bhoghrain' (53), 'Eachtra Sheamuis Gray' le 'Donchadh Mhic Namara' agus amhráin le hEoghan Rua (57, 60) agus 'Uilliam Inglis' (71).

Cuireadh modh eagarthóireachta na n-amhrán i láthair sa réamhrá:

> . . . we have given them in the language used by the respective authors, which is this day spoken throughout Munster, abstaining even from making any change in their grammatical construction or phraseology, merely following that well-known, and inestimable rule, 'Caol le Caol' and 'Leathan le Leathan'. (O'Daly 1876, iv–v)

Ba dhuine é an Dálach de bhunaitheoirí Chumann Buan-Choimeádta na Gaeilge in 1877, cé nár bhall gníomhach é. Áiríodh é i measc an 'Provisional Committee' ar réamheolaire don chumann tráth a bhunaithe (miontuairiscí an chumainn do 22 Feabhra 1877, LNÉ Pos 9173; LNÉ 8468i) ach nuair a liostáladh baill an choiste ar bhileog i dtaobh an chumainn go gairid ina dhiaidh sin, d'imigh sé gan a lua (údar nach n-ainmnítear, 1877; miontuairiscí an chumainn do 17 Aibreán 1877, LNÉ Pos 9173; LNÉ 8468i). Ní luaitear é a bheith i láthair ag cruinniú ar bith de chuid an choiste do réir na miontuairiscí (LNÉ Pos 9173).

Rinne Cumann Buan-Choimeádta na Gaeilge athfhoilsiú ar an leagan de *Toruigheacht Dhiarmada agus Ghrainne* a chuir Standish Hayes O'Grady in eagar don Chumann Oisíneach in 1857. Rinne Aontacht na Gaeilge athfhoilsiú in 1880 (Ó Coimín, M. 1880) ar 'Laoidh Oisín ar Thír na n-Óg', an téacs céanna sin a raibh an Dálach chomh doicheallach sin roimhe nuair a foilsíodh de chéaduair é in *Transactions 4, Laoithe Fiannuigheachta*. Téacsanna canónda a bheadh sa dá cheann feasta, an *Toruigheacht* ach go háirithe.

Lean dá spéis san ársaíocht agus d'fhoilsigh sé ailt ghearra agus nótaí óna pheann féin i dtaobh cúrsaí a bhíodh ag déanamh scime do ársaitheoirí na linne. Ní ábhar a bhain leis an nGaeilge é ar an mórgóir: 'Inquisitions of the Latter End of the Seventeenth Century Connected with Kilkenny and Leix Counties', in 'Proceedings and Papers', a foilsíodh sa *Kilkenny and South-East of Ireland Archaeological Society Journal* in 1859; tuairisc i dtaobh 'an ancient official transcript of the grant by patent of land and houses in Inistioge to Sir Charles Wilmott, in the ninth year of James 1', a foilsíodh in 'Proceedings' an *Kilkenny and South-East of Ireland Archaeological Society Journal* in 1861 agus 'a transcript of a patent of King James 1, under the Commission for the Remedy of Defective Titles in Ireland, regranting to Richard Cosby the town of Stradbally and other townslands in Queen's County', a foilsíodh in 'Proceedings' an *Kilkenny and South-East of Ireland Archaeological Society Journal* 1864. D'fhoilsigh sé, áfach, dhá alt ghearra a bhain leis na cúraimí ba neasa dá chroí. In 1868 bhí nóta uaidh sna 'Proceedings' den *Kilkenny and South-East of Ireland Archaeological Society* i dtaobh 'letters of our great Irish scholar, the late John O'Donovan, written by him thirty seven years ago. They were purchased by him at the sale of Dr. O'Donovan's books and mss . . . The letters throw an interesting light on the laborious investigations which resulted in his becoming a living encyclopaedia of Irish historical and topographical lore'. Comhfhreagras i dtaobh logainmneacha a bhí ann. Agus foilsíodh ' "Dubliniensis" Ogygia: her Language and Interpreters' san *Irish Builder* in 1871.

Foilsitheoireacht ar chostas na n-údar féin ab ea cuid áirithe den fhoilsitheoireacht a rinne sé, leithéidí *Genealogical and Historical Records of the Sept Cobhthaigh, Now Collected and Arranged by H. A. Coffey* in 1863, nó an *Irish Literary Periodical Publication* a ndearna John Power dáileadh príobháideach (ar bhonn neamhrialta) air i Londain in 1866. Ceithre eagrán ar fad a foilsíodh.[6] Do réir nós na haimsire, foilsíodh na huimhreacha ar leith ina n-iomláine mar leabhar ann féin freisin.

Athfhoilsitheoireacht ab ea cuid eile dár fhoilsigh sé. In 1871, foilsíodh an ceathrú heagrán de *Self-Instruction In Irish or a Primer of Spelling and Pronunciation with Easy Reading Lessons for Beginners,* ar foilsíodh an chéad eagrán de in 1846. D'athfhoilsigh sé *Reliques* in 1866, an dara heagrán.

Bhí lámhscríbhinní Gaeilge á lorg aige ó na léitheoirí fiú san *Irish Language Miscellany* a foilsíodh in 1876, dhá bhliain roimh a bhás: 'we shall at once inform them whether they are worth the trouble and cost of publication; and if they should decide on parting with them, we shall be happy to obtain them at a fair price' (vi). Dhíol sé 'about fifty manuscripts' le hAcadamh Ríoga na hÉireann in 1869.[7]

Bhíodh catalóg an tsiopa leabhar, *Bibliotheca Hibernica,* á foilsiú go bliantúil aige agus liosta na leabhar ann ag dul i méid ó bhliain go bliain. Agus an Dálach 'ina shean-fhear', tháinig an Craoibhín Aoibhinn air 'i gcoirnéal an tsiopa bhig dhorcha, agus na céadta imleabhar de'n Chumann Oisíneach in a gcárnaibh'na thimcheall, agus iad gan díol' (de hÍde 1937, 15–6).

Fiú agus é ar bhrú éaga, bhí freastal á dhéanamh aige ar a chuid cuistiméirí. Mar seo a scríobh sé ar chárta poist chuig J.F. Gilbert, custaiméir fíorbhuan, ar 20 Aibreán 1878:

> 9 Anglesea St. Dublin. Apl. 20/- 78
>
> Dr. Sir I think I have the book you want, but cant refer to my books just now to see. At all elevts (*leg:* events) I am in a bat (*leg:* bad) way this evening having been prepared for eternirty (sic) by Father O'Hanlon during the eve, ever your truly, John O'Daly (Ó Lochlainn 1939, 135)[8]

D'fhan sé ar an taobh abhus den uaigh ar feadh míosa, ach cailleadh ar 23 Bealtaine 1878 é, (*Calendar of All Grants of Probate and Letters of Administration,* údar nach n-ainmnítear, gan dáta, 566).[9] In ainneoin go ndúirt Meehan a mhalairt san *Irishman* ar 3 Samhain 1849, ní fear bocht a bhí ann. Cláraíodh a eastát mar 'Effects under £600' sa *Calendar of All Grants of Probate and Letters of Administration* (údar nach n-ainmnítear, gan dáta, 566), cáipéis nach bhfuil ann ach eastáit na ndaoine sin arbh fhiú iad a chlárú:

> The Will (with one Codicil) of John O'Daly, late of Anglesea-street Dublin Bookseller Deceased who died 23 May 1878 at same place was proved at the Principal Registry by the oath of Jeffrey Browning of 9 Suffolk-street in said City [,] Solicitor for the sole Executor.[10]

Chuaigh an t-eastát ar sochar don bheirt iníon ón dara pósadh, Elizabeth agus Mary Anne. Níor luadh an chéad chlann beag ná mór. Lean an uacht na gnáthfhoirmlí dlí:

> I John O'Daly of nine Anglesea Street, Dublin . . . I leave and bequeath all my property of every nature and kind soever to my two Daughters Elizabeth O'Daly and Mary Anne O'Daly share and share alike absolutely to be divided between them after my death charged however with the support maintenance and lodging and clothing of their mother Mary Anne in a befitting manner during her life so long as she continues a widow but if she should marry again or my daughters should refuse to support and clothe my wife as above[.] I direct my said daughters to pay to their said mother the sum of thirty pounds in equal shares in lieu of such support maintenance clothing and lodging and I hereby nominate constitute and appoint Jeffrey Browning of Suffolk Street in the City of Dublin Solicitor

> who is the Agent to my said lady sole Executor of this my Will for the purpose of carrying out my hereinbefore expressed intentions. In witness whereof I have hereunto set my hand this fifteenth day of July one thousand eight hundred and seventy three – John O'Daly

In 1878 chuir sé aguisín leis an uacht de bharr gur phós Mary Anne:

> I John O'Daly of nine Anglesea Street in the city of Dublin declare this this to be a codicil of my last Will dated the fifteenth July one thousand and Eight hundred and seventy three. Whereas since my said Will was signed my daughter Mary since has married John Curran and I have given her the sum of one hundred pounds now I hereby declare that said sum of one hundred pounds is to be counted against any monies that my said daughter Mary Anne takes under said Will that is to say that her share is to be lessened by one hundred pounds and whereas under certain circumstances mentioned in said will my wife is to get a sum of Thirty pounds now I hereby lastly declare it to be my will that said sum of thirty pounds is to be incresed to Fifty pounds and I herby lastly declare it to be my will that any money coming to my said daughter Mary Anne under said will or this codicil to be her sole and separate property for her own use and not in any way controlled by or go to her said husband or to be liable to his debts now or hereafter contracted and in all other respects I confirm my said will . . . this seventh day of May one thousand Eight hundred and seventy Eight – John O'Daly . . .

Cuireadh bailchríoch dlithiúil ar ghnótha a shaoil:

> Be it known that on the 19th day of August 1878 the last will and testament with one codicil hereto annexed of John O'Daly late of No 9 Anglesea Street in the City of Dublin Bookseller deceased who died on or above the 23rd day of May 1878 at said place was proved and registerd in the Principal Registry of the said Division . . . (poncaíocht do réir an bhuntéacs; Cartlann Náisiúnta T 18619)

Bhí fógra a bháis in eagrán 23 agus 24 Bealtaine 1878 den *Freeman's Journal:*

> O'Daly – May 23, at his residence, 9 Anglesea-street, Mr. John O'Daly, in his 78th year, deeply regretted by his sorrowing family and friends, R.I.P. Funeral will take place on Saturday morning at 10 o'clock. American and Australian papers please copy.

Ó tharla an fógra a bheith in eagrán an 23ú, is cosúil gur cailleadh é thart ar uair an mheán oíche, sular cuireadh an nuachtán i gcló.
Beagán os cionn seachtaine ina dhiaidh sin, sa *Freeman's Journal* ar 3 Meitheamh 1878, fógraíodh bás a iníne, Elizabeth:

> O'Daly – June 2, at No. 9 Anglesea-street, in the 25th year of her age, Elizabeth O'Daly, daughter of the late John O'Daly, after a long and tedious illness. Internment will take place at Glasnevin Cemetery at half-past 10 o'clock tomorrow. Australian and American papers please copy.

Faoin am ar cailleadh é, bhí an Dálach ligthe i ndearmad. Níor luadh a bhás sa *Nation* ná níor luadh é ag cruinnithe Chomhairle Chumann Buan-

Choimeádta na Gaeilge (Miontuairiscí Chomhairle Chumann Buan-Choimeádta na Gaeilge don bhliain 1878, LNÉ Micreascannán P9173).

Foilsíodh alt cuimhneacháin air san *Irish Builder* ar 1 Lúnasa 1878 (lch. 225). Iris a raibh dearcadh náisiúnach-chultúrtha aige ab ea an *Irish Builder* agus leagadh béim ar leith inti ar ailtireach agus tógáil:

> The Late John O'Daly
>
> We would like to see some movement set on foot to do honour in a judicious manner to this humble and industrious Celtic scholar who has lately passed from our midst. For upwards of thirty years he was a well-known figure in our literary annals, in the character of Celtic scribe, transcriber, translator, author and antiquarian book collector and seller. We have no hesitation in saying that he was a much-neglected man, and too often overlooked and his services ignored by public and literary characters who utilised them. A man who enjoyed the friendship of the late John O'Donovan, Eugene O'Curry, George Petrie and their friends and associates, was one deserving of recognition. He not only rendered useful information to the above, but also worked in harness with them in different directions, as also in conjunction with the late James Clarence Mangan and Edward Walsh, the poets, whose metrical translations from the Irish are well known. Poor John O'Daly! we too, have known you for a space of thirty years, and have not been loth in the distance and unknown to you, to urge your claims upon your countrymen, but we have lived to see you dropping into the grave a neglected though still an honourable man, holding to your profession and your books until the very last. A man who bore his crosses bravely through life is entitled, at least to a Celtic Cross above his grave, as well as few words in memoriam.
>
> C.H.C.

Cuireadh é i 'Grave No. IIE 163' i nGlas Naíon. Ba ann a cuireadh Ellen, a chéad bhean agus ba ann a cuireadh a iníon, Elizabeth. Bhí John, an mac ón dara pósadh, curtha san uaigh seo ó 1861. Bhí beirt pháiste ón gcéad phósadh curtha ann freisin: John eile (ó 1854 agus é trí bliana fichead d'aois) agus Kate (ó 1852 agus í ocht mbliana d'aois) (litir ón 'Dublin Cemeteries Committee). Ní ann atá an dara bean, Mary Anne.

In ainneoin an *Irish Builder,* níor cuireadh leac os a chionn.

Conclúid agus Suimiú

Nuair a rugadh Seán Ó Dálaigh, bhí Napoleon i gceannas na Fraince; faoin uair ar cailleadh in 1878 é, bhí Disraeli mar phríomhaire ar an Ríocht Aontaithe don dara huair agus Charles Stewart Parnell mar chinnire ar Pháirtí Parlaiminteach na hÉireann i dTeach na dTeachtaí. Le linn a óige, bhí an Dálach ina bhall den chumann bíoblóireachta, The Irish Society for Promoting the Education of the Native Irish through the Medium of their Own Tongue, an cumann ba ghníomhaí i mbun mhúineadh na Gaeilge i rith na linne úd; faoin am gur cailleadh é, ba bhall é de Chumann Buan-Choimeádta na Gaeilge, ceann de na cumainn as ar eascair Conradh na Gaeilge agus an nualitríocht a lean é.

É féin a bhunaigh an Cumann Ceilteach (1845) agus an Cumann Oisíneach (1853). Ba iad sin an dá chumann ba thábhachtaí i ngort léann na Gaeilge lena linn. D'oibrigh sé go caoindúthrachtach, gan chúiteamh i gcás na nOisíneach agus ar chúiteamh suarach (nár íocadh go rialta) i gcás na gCeilteach. Ba é féin riarthóir, eagarthóir agus foilsitheoir na gcumann sin. Ní raibh sa mheirse seo ach cuid dár chuir sé i gcrích. B'fhoilsitheoir rafar príobháideach chomh maith é, gan trácht ar an olltábhacht a bhaineann leis an saothar a chuir sé i gcrích mar eagarthóir. Ní amháin gur chuir sé eagar ar roinnt de na díolamaí ba thábhachtaí a foilsíodh sa naoú haois déag, ach chuir sé eagar chomh maith ar an bpriméar, *Féin-Theagasc Gaoidheilge. Self-Instruction in Irish* (1846), ar an gcéad eagrán cló de *Cúirt an Mheán Oíche* (1850) agus ar an dá imleabhar de *Laoithe Fiannuigheachta* a d'fhoilsigh an Cumann Oisíneach (1859, 1861). Ba liosta le háireamh, go litriúil agus go meafarach, ar fhoilsigh sé ó eagarthóirí agus scríbhneoirí eile, ina measc Seán Ó Donnabháin, Nioclás Ó Cearnaigh agus Standish Hayes O'Grady. Ba é a d'fhoilsigh, cuir i gcás, eagráin d'fhilíocht Dhonnchaidh Rua agus Thaidhg Ghaelaigh, chomh maith le *Ríogha Síl Eibhir* (1847), *Leabhar na gCeart* (1847) agus dhá shaothar Laidine a chuir leagan na gCaitliceach Éireannach den stair eaglasta chun tosaigh, *Apalogia pro Hibernia Adversus Cambri Caluminas* (1849) agus *Historiae Catholicae Iberniae* (1850), an péire curtha in eagar ag Matthew Kelly ó Choláiste Mhaigh Nuad.

Mar scríobhaí lámhscríbhinní a thosaigh sé ag saothrú na litríochta. Ina cheantar dúchais, Leic Dhóbhráin sna Déise, a chuaigh sé ina bhun seo de chéaduair agus maireann ar a laghad nócha naoi lámhscríbhinn ar fad a bhfuil rian a láimhe orthu ar chuma éigin. Ina dteannta sin, tá eolas againn ar phéire eile atá imithe ó thuairisc, gan trácht in aon chor ar a raibh de lámhscríbhinní ó dhaoine eile ina sheilbh ó uair go chéile. Ceannaí agus reicneoir lámhscríbhinní a bhí ann chomh maith lena bheith ina reicneoir leabhar (sean agus nua) agus ba reicneoir síniúchán freisin é. Fear mór scríofá litreacha ab ea é agus bhí dul chun cinn na gcumann is na foilsitheoireachta go mór i gcleithiúnas na ngréasán teagmhála a bhunaigh sé mórthimpeall na tíre. In Acadamh Ríoga na hÉireann, maireann cúig chéad seachtó naoi litir a scríobh sé chuig John Windele i gCorcaigh, comhfhreagras fíorluachmhar ar beag an t-adhmad atá bainte as ag scoláirí.

Ní féidir aon chuid ar leith dá ghníomaíocht chultúrtha a dhealú ón gcuid eile agus fiú más fíor do T.F. O'Rahilly (1912–13, 197) nuair a deir sé 'O'Daly, I fear, was not very scrupilous' agus é i mbun cóipeála, ní féidir an saothrú a rinne sé ar lámhscríbhinní a dhealú ón ábhar a chuir sé i gcló. Ar scáth a chéile a mhair an dá chuid dá shaothar scríofa agus bhí na lámhscríbhinní a bhreac sé ó 1843 ar aghaidh (nuair a d'fhill sé ar cheird an scríobhaí), chomh spleách céanna ar an gcló is a bhí a chuid foilseachán ar na lámhscríbhinní. Tugtar clár ábhair agus uimhriú na leathanach ina chuid lámhscríbhinní go rialta (LNÉ G 637, cuir i gcás), rud a fhágann saintréithe leabhair acu go minic. In ARÉ 24 M 39, Táin Bó Cuailnge, lámhscríbhinn a scríobh an Dálach sna dátaí 1856 agus 1857, ní amháin gurb aistriúchán Béarla ar an Táin atá sa lámhscríbhinn (rud a bheadh ag teacht leis an ráchairt a bhí ar a leithéid), ach soláthraítear nótaí ar logainmneacha an téacs i dteannta an aistriúcháin. Leagtar béim ar iontaofacht scolártha na nótaí trína rá gurbh é 'Dr. O'Donovan' a sholáthraigh iad.

Ré ab ea í ina raibh an lámh in uachtar á fáil ag an bhfocal scríofa ar an bhfocal labhartha mar bhunfhoinse eolais. Ba chuid é de bhuntéis Benedict Anderson ina leabhar, *Imagined Communities,* gurbh iad na nuachtáin náisiúnta a chruthaíonn an náisiún agus a mhúnlaíonn tuiscint an duine air féin mar bhall de náisiún samhaltach. Ba chruthú air sin Éire Óg sa tréimhse ina raibh an Dálach gníomhach mar fhoilsitheoir agus mar ghníomhaí cumann. Mar atá áitithe ag Joep Leerssen, is í an bhéim a leag Éire Óg ar nuachtáin, ar dhíolamaí agus ar fhoilseacháin bheagluachacha a dhealaíonn an ghluaiseacht sin amach ó na feachtais Chonallacha inar leagadh béim ar shlógaí áitiúla agus ar phobal áitiúil a mbeadh caidreamh acu díreach san aghaidh ar a chéile. 'O'Connell', a deir sé, 'sought to empower a thousand Irish communities, Young Ireland sought to mobilize a single Irish nation' (2002, 38). Cé gur bheag a d'fhoilsigh an Dálach ó chinnirí Éire Óg (James Duffy a bhíodh mar fhoilsitheoir acu), chuaigh foilseacháin na gluaiseachta sin i gcion air agus dob ionann cur chuige do Éire Óg agus don Dálach cuid mhaith.

Foilsitheoireacht fhorleathan a chuirfí faoi bhráid an tsaoil mhóir a bhí uathu beirt, ábhar léitheoireachta a chur ar fáil do phobal léite a bhí ag méadú bonn ar aon leis an mborradh a bhí ag teacht faoin litearthacht sa Bhéarla agus leis an muinín astu féin a bhí ag borradh i measc na gCaitliceach. Dar le Leerssen go raibh 'Catholic Ireland' le linn na bpéindlithe 'hermetically sealed off from a public forum':

> Gaelic culture was restricted to the ambit of an incomprehensible language, a proscribed religion, a seditious interpretation of the nation's past, with only a very restricted access to public large-scale media or communication. As a result, the social make-up of Catholic Ireland was largely pre-modern, had no official organs, and little proprietary access to large-scale media or to the public sphere to rely on . . . The hallmark of a subaltern culture is that it has no newspaper like the *Times;* its historical memory remains inchoate, uncanonised, informal, a matter of folklore and local communities . . . We can see that this 'folklore' element remains the defining trait as Catholic nationalist Ireland begins to penetrate into the public media: what is published is Minstrelsy, popular poetry, as in the collections of Hardiman and O'Daly, in a quasi-oral idiom which is perpetuated by the Young Irelanders and the poets around the *Nation.* (2001, 214).

Sa Bhéarla amháin a bhí an litearthacht ag fás, áfach, agus is ar shochaí a raibh cúl á thabhairt aici leis an nGaeilge mar mheán labhartha ab éigean don Dálach a chuid foilsitheoireachta a dhíriú. Cé gur sa Ghaeilge a bhí a phríomhspéis féin, is i mBéarla atá gach ar fhoilsigh sé is a chuir sé in eagar, cé is moite de na hamhráin agus na buntéacsanna Gaeilge féin. Ní raibh scóip ann sa chomhthéacs seo d'ábhar cló Gaeilge gan go leor den Bhéarla a bheith tríd, in ainneoin go raibh léamh na Gaeilge ag cuid áirithe dá chuid léitheoirí. Oidhreacht liteartha agus ní cultúr beo ar an mórgóir a bheadh feasta in amhráin agus i bhfilíocht na Gaeilge. Ach dá mba thubaist chultúrtha í sin, chruthófaí margadh lámhscríbhinní, aistriúchán, díolamaí agus foilsitheoireachta a sholáthródh slí bheatha don té a bheadh inniúil ar fhreastal air. Mar fhiontraí, mar eagraí cumann, agus mar reicneoir leabhar, rinne an Dálach freastal ar na héilimh seo ar fad.

Ag féachaint leis an tír a chur i dtuiscint don léitheoir Sasanach a bhí cuid mhór den fhoilsitheoireacht Éireannach leis an linn sin agus ba mar idirghabhálaithe idir an dá chultúr a d'fheidhmíodh cuid mhór de scríbhneoirí na hÉireann ag an am. Idirghabhálaí cultúrtha ab ea an Dálach chomh maith ach idirghabhálaí ab ea é idir an cultúr dúchais agus an léitheoir Éireannach a raibh an cultúr dúchais tréigthe le glúin nó dhó aige. Bhí ábhar na lámhscribhinní agus an chultúir bheo á sholáthar aige don mheánaicme liteartha Chaitliceach, dóibh sin agus ina dteannta do na hÉireannaigh sin ar de shliocht Nua-Ghall iad. Chláraigh baill de na haicmí éagsúla seo sa Chumann Ceilteach agus sa Chumann Oisíneach agus cheannaigh siad táirgí liteartha an Dálaigh. Bhí litearthacht sa Ghaeilge ag cuid acu, é sin nó bhí cur amach éigin acu ar an teanga. Aicme láidir ina measc ab ea lucht léinn agus ársaíochta, áitreabhóirí cathrach agus baile móir ar an mórgóir, baill de shlám cumann go minic. Protastúnaigh ab ea iad i gcásanna áirithe. Bhí tóir ag na Protastúnaigh seo ar chomhthéacs cultúrtha dóibh féin in Éirinn agus iad díocasach dá réir i leith litríocht na Gaeilge agus an cheoil Ghaelaigh.

Mar fhoinsí staire agus ní mar litríocht *per se* a thuigeadh baill na gcumann léinn na téacsanna a d'fhoilsítí agus d'ardaíodh a gcuid díospóireachtaí buncheisteanna a raibh anáil ar ball acu ar léann, ar stair agus ar sheandálaíocht na hÉireann. Leag na 'Christians', léithéidí George Petrie, béim ar shaoithiúlacht luathchríostaí na tíre ach bhain an Dálach leis an bhfreasaicme, iad siúd a chreid gurbh í an ré réamhchríostaí foinse na saoithiúlachta Éireannaí. Chomh maith lena bheith ina dhíospóireacht léinn, ba chath faoi choim é seo idir dúchasóirí Caitliceacha agus Protastúnaigh ar mhian leo aird a dhíriú ar nádúr cros-síolach na sochaí inar mhair siad beo. Ní acu siúd a chreid gur bhain ogham agus na cloigthithe le ré na págántachta a bhí an lá, ach níor léir dóibh le linn na díospóireachta, gur mar sin a bheadh.

Is cóir a rá gur aicmiú garbh go maith é 'Paganists' Caitliceacha agus 'Christians' Protastúnacha. Bhí John Windele, cuir i gcás, ar thaobh na b'Paganists' agus Thomas Moore ar thaobh na 'Christians'. 'Paganist' nach raibh comhairle air ab ea an Dálach. Ba mhinic nach raibh a chuid cainte ag cur le chéile chomh fada is a bhain le leagan amach ar an bhféiniúlacht Éireannach. Cé nach raibh tráth ar bith dá shaol ó theacht in inmhe dó nach raibh sé eolach ar an dá phríomh-fhéiniúlacht in Éirinn, ba mhinic tuiscint eitneachultúrtha Caitlicea-lárnach ar an bhféiniúlacht in uachtar i bparathéacs a chuid scríbhinní.

Sagairt – cinnireacht na gCaitliceach meánaicmeach – an aicme ghairmiúil ba fhlúirsí ar fad i measc bhallraíocht na gcumann. Ó tharla an uaisleacht Chaitliceach a bheith scriosta ag imeachtaí an seachtú haois déag, rinne an ardchléir ionad thar a gceann. I gcás an Chumainn Oisínigh, thóg siad an t-ionad gradamach a bhí ag na galluaisle sna cumainn a bunaíodh roimhe féin. In ainneoin eisceachtaí ar nós Uilleog de Búrca, is féidir a rá nach mar theanga bheo ach mar oidhreacht liteartha a d'fhéach aicme cheannasach na cléire ar an nGaeilge. Frithbheart in aghaidh an nuachóirithe ghallda a bheadh inti, dar leo, frithbheart in aghaidh earráidí sin an Liobrálachais a shéanfaí in imlitir Pius IX, *Quanta cura,* in 1864.

Aicme eile a bhain leis na cumainn ab ea náisiúnaithe cultúrtha Éire Óg agus na Cónaidhme Éireannaí, aicme a tháinig faoi anáil Thomas Davis. Dream ab ea iad a bhí ar bheagán Gaeilge, cé go mba thábhachtach leo í mar shiombal féiniúlachta. Ba shuarach ar fad an méid Gaeilge a foilsíodh sa *Nation*. Ba chuid iad Éire Óg agus an Chónaidhm Éireannach de scaipeadh an Bhéarla; tobar maoithneachais agus siombalachais nár ghá a bheith ag doirteadh allais á foghlaim a bhí sa teanga, dar lena bhformhór mór.

Thomas Davis ba mhó a thug guth do náisiúnachas cultúrtha Herder in Éirinn agus ba é an fear céanna an smaointeoir ba mhó a chuaigh i gcion ar an Dálach. Ní athbheochainteoir teanga a bhí sa Dáibhíseach: aidhmeanna teoranta – an Ghaeilge a chur á múineadh do pháistí na huasaicme i leaba na Fraincise is na Gearmáinise, cuir i gcás – a bhí aige. Dar leis gurbh in iarthar na tíre amháin ba cheart an Ghaeilge a mhúineadh mar go gcothófaí deighilt idir na mionuaisle agus an chuid eile den tsochaí dá múinfí san oirthear í. Aontacht aicmí faoi cheannasaíocht na n-uaisle dúchais a theastaigh uaidh. Ní mar sin a thuig an Dálach an scéal: ní raibh aragóint faoin spéir nár tharraing sé chuige féin le cás na teanga a chraobhscaoileadh is a neartú.

Mar sin féin, laoch de chuid an Dálaigh ab ea an Dáibhíseach agus is cosúil go rabhthas le huachtarántacht an Chumainn Cheiltigh a bhronnadh air tráth a chaillte in 1845. An náisiúnachas cultúrtha a bhí foghlamtha aige ón Dáibhíseach a chuir an saol i dtuiscint don Dálach, rud is léir ó pharathéacs a chuid foilseachán. Chuir sé a mhórmheas ar an Dáibhíseach in iúl san óráid athbheochana teanga a thug sé don Chónaidhm Éireannach agus an Drochshaol i mbuaic a nirt in 1847.

Is beag má luaitear an Drochshaol i bhfoilseacháin ná i litreacha an Dálaigh in aon chor. Bhí seo ag teacht leis an neamhaird a rinne an Chónaidhm Éireannach den tubaiste. Bhíodh síorphlé ar phointí prionsabail ar bun acu lena linn, iad beag beann ar an slad millteanach thart orthu. Níor ghnách le náisiúnaithe na linne sin, ina gcuid scríbhinní, ná ina gcuid cuimhní cinn ina dhiaidh sin, cur síos mothúchánach a dhéanamh ar an Drochshaol: chuir Michael Davitt agus John Mitchel meatacht i leith an phobail stiúgtha mar gur dhiúltaigh siad dul chun troda (Fegan 2002, 17). Is í breith Melissa Fegan (2002, 226) ar an gCónaidhm go raibh sí 'elitist, crassly blind to the physical and mental exhaustion of the people it sought to command'.

D'oibrigh William Smith O'Brien le gean is dúthracht ar son na teanga agus ar son an Chumainn Oisínigh ach go háirithe. Ní amháin gurbh é a bhí mar uachtarán ar na hOisínigh ach d'éirigh leis lámhscríbhinní a chnuasach agus scríobhaithe a ghríosadh agus d'éirigh leis roinnt éigin Gaeilge a fhoghlaim, a bhuíochas sin a dúradh do *Reliques of Irish Jacobite Poetry*. Bhíodh a bhinid in ábhar a dhéanadh móradh ar Bhrianaigh Dhál gCais. O'Brien, William Elliott Hudson agus John Windele, triúr Protastúnach, na comhghleacaithe ba dhíocasaí a bhí ag an Dálach in obair na gcumann trí chéile. William Elliott Hudson an té ba dhíocasaí agus ab fhadaraíonaí ar fad ina measc agus ba é a ghlan fiacha an dá chumann agus a d'íoc costais a mbunaithe.

D'imir a raibh foilsithe roimhe féin ag díolaimeoirí amhrán Gaeilge mórthionchar ar a chuid foilsitheoireachta agus is féidir comparáid thairbheach a dhéanamh idir tionscadail an Dálaigh agus díolamaí James Hogg nó Joseph Ritson in Albain, chomh maith leis an tionchar follasach a d'imir díolamaí an tSuibhnigh agus Hardiman air. Thionscain díolamaí an Dálaigh canóin d'amhráin Mhuimhneacha an ochtú haois déag ar mhair a bheag nó a mhór di go dtí gur tugadh cúl leis an tosaíocht liteartha a bhí bronnta ag an Dálach (agus Edward Walsh) ar Sheán Clárach agus gur móradh Aogán Ó Rathaille mar phríomhfhile na Mumhan (Ó Tuama 1978, 83–184) agus Caoineadh Airt Uí Laoire, saothar nár fhoilsigh an Dálach riamh, mar phríomhaiste aonair an traidisiúin sin. .

Bhí *Irish Minstrelsy or Bardic Remains of Ireland* foilsithe ina dhá imleabhar ag James Hardiman in 1831 agus 'Jacobite Relics' mar chuid den dara himleabhar. Ba thábhachtaí mar fhasach é seo agus ina theannta, *Songs of the Irish* le Conchúr Mac Suibhne ó 1843, ná *Reliques of Irish Poetry* le Charlotte Brooke ó 1789. Ní amháin gur foilsíodh an dá dhíolaim le linn an Dálaigh (bhí aithne phearsanta aige ar an Suibhneach), ach bhronn siad tús áite ar an téacs Gaeilge agus ar dhearcadh eitneachultúrtha i leith na staire. Níorbh é sin leagan amach Brooke, ná baol air. Frithshampla don Dálach ab ea díolaim Hardiman ó thaobh praghais agus cur chuige aistritheora de, áfach. Aon aistritheoir amháin a bhí ag díolamaí an Dálaigh, áit a raibh meitheal ag Hardiman agus foilsíodh *Reliques of Irish Jacobite Poetry* ina shraith bheagluachach ar an gcuma chéanna le *Songs of the Irish*. I bhfoirm leabhair, áfach, a foilsíodh *Poets and Poetry of Munster* (1849) agus *Poets and Poetry of Munster, Second Series* (1860).

Clocha míle ar bhóthar na litríochta Angla-Éireannaí iad na haistriúcháin a rinne Edward Walsh, James Clarence Mangan agus George Sigerson (ar achainí ón Dálach) agus ARÉ 24 M 39, an t-aistriúchán a rinne an Dálach féin ar an Táin. I dteannta na litríochta Angla-Éireannaí, is cloch mhíle i stair an cheoil Ghaelaigh é *Poets and Poetry of Munster* (1849) sa mhéid is gurbh ann ba thúisce a foilsíodh ceol agus focail amhrán in éineacht i ndíolaim Ghaeilge. John Edward Pigot a chóirigh an ceol agus is mó an tábhacht, b'fhéidir, a bhaineann lena chuid cóirithe ceoil ná mar a bhaineann le haistriúcháin an Mhongánaigh. Sa chéad sraith de *Poets and Poetry of Munster* amháin a foilsíodh cóirithe ceoil – sa dara sraith, *Poets and Poetry of Munster, Second Series* (1860), fágadh an ceol i leataobh.

Cóirithe pianó amháin a d'fhoilsigh Pigot in 1849, cóirithe a bhí ag teacht leis an tuiscint ar an gceol a bhí ag an lucht léite sprice. B'éigean fanacht go dtí ré na hathbheochana agus an luach a bronnadh ar an dúchas lena linn sin sula bhfoilseofaí gan chóiriú ionstraime, an ceol a ghabh leis na hamhráin a chantaí i measc na muintire. Ní raibh an comhthéacs go fóill ann as a dtiocfadh leithéid díolaim Eileen Costello, *Amhráin Mhuighe Seola* (1919). 'It was my practice to listen to the whole of the song first, to write down one or two verses, and learn the air on those, paying particular attention to phrasing and tempo' a dúirt Costello i dtaobh a cur chuige sise (réamhrá, gan uimhir leathanaigh). Ní mar sin a bhí ag Pigot: rinne seisean pósadh idir amhráin na díolaime agus foinn a bhí bailithe cheana aige. Ní bhíodh amhránaithe beo mar fhoinsí aige.

Má bhí faoin Dálach oidhreacht amhrán an tSeacaibíteachais a bhronnadh ar ais ar an bpobal ar de iad, ní go maith a d'éirigh leis. Ba iad na bailéid Bhéarla ar mhúnla na mbailéad sa *Nation,* amhráin an chultúir choitinn feasta. D'aithin Thomas Davis go raibh an dá sheánra i gcomórtas le chéile i léirmheas fuarmholtach a scríobh sé sa *Nation* ar *Reliques of Irish Jacobite Poetry* in 1844, léirmheas a léiríonn a dheargaineolaí is a bhí an Dáibhíseach ar éirim na litríochta Gaeilge.

Ag breathnú siar dúinn ar obair na gcumann agus ar scoláireacht chlóite na tréimhse sin, is féidir, i dtéarmaí ginearálta, dhá chur chuige léinn a aithint, cé nach raibh sin soiléir le linn an ama úd. Ar lámh amháin, bhí scoláireacht shistéimeach chórasach ag teacht chun cinn a raibh eagarthóireacht cháiréiseach, cruinnfhocleolaíocht agus cóimheá foinsí barántúla mar bhall acra aici. Seán Ó Donnabháin agus Eoghan Ó Comhraí an bheirt is mó a luaitear léi. Ba mhó go mór an t-oideachas foirmiúil a bhí ar a bhformhór seo ná mar a bhí ar an Dálach.

Ar an lámh eile, bhí an ársaíocht fós tréan. Cur chuige neamhshistéimeach an duine uasail a chuir muinín go minic sa tsamhlaíocht ab ea í seo, cé gur cruinníodh oidhreacht luachmhar (ábhartha agus léannta) dá thoradh. Bhí oideachas foirmiúil ar a bhformhór mór seo chomh maith, gan amhras.

Mhair meas riamh ag an Dálach ar chumas an Donnabhánaigh, meas nach mbíodh ar an gcuma chéanna ag an Donnabhánach air siúd: ba bheag é meas an Donnabhánaigh ar an gCumann Oisíneach ach go háirithe. Agus, ar ndóigh, bhí an Comhrach dubh ina choinne.

Ba mhian leis an Dálach go mbeadh meas ársaitheora air féin. Rinne sé ailt ársaíochta a fhoilsiú sna *Transactions of the Kilkenny Archaeological Society,* an iris ba ghradamaí dá shórt lena linn. Ach chroch sé leis óna óige sna Déise cumas scríobhaí agus cur amach ar an teanga, ar an litríocht agus ar obair an scríobhaí nach raibh ag an Donnabhánach féin óna óige (Ó Muraíle 1997, 54), gan trácht in aon chor ar na hársaitheoirí. Léamh ar an traidisiún ón taobh istigh a fhaighimid i saothar an Dálaigh, ach é dírithe orthu siúd a raibh an traidisiún ceilte orthu.

D'fhág modhanna eagarthóireachta agus foilsitheoireachta na gcumann go mb'éigean tosaíocht a thabhairt i gcónaí do spriocdhátaí foilsitheoireachta thar chruinneas sistéimeach scolártha. D'íoctaí na síntiúis do na cumainn ar choinníoll go bhfaighfí leabhar in aghaidh na bliana. Bhí siad go hiomlán i gcleithiúnas na síntiús a d'íoctaí leo agus i gcás an Chumainn Oisínigh, leagadh béim láidir ar luach a gcuid airgid a bhronnadh ar ais ar na baill. Ach ba é cur chuige foilsitheoireachta na gcumann ná an leabhar a fhógairt agus tosú ina dhiaidh sin ar an bpróiséas eagarthóireachta agus scríbhneoireachta. Ní nach ionadh, ba mhinic moill ar na leabhair agus titim siar dá réir ar shíntiúis agus ar bhallraíocht. Saolré ghearr a bhí i ndán do na cumainn dá bharr sin ar fad. Ach pé plé agus cothú a rinneadh ar léann agus litríocht na Gaeilge i lár an naoú haois déag, is cumainn ar nós an Chumainn Cheiltigh agus an Chumainn Oisínigh a rinne é.

Dá lochtaí agus dá shleamchúisí ar bhealaí áirithe iad roinnt de na téacsanna agus dá mhéid callshaoth a fulaingíodh le téacsanna nár foilsíodh riamh, d'fhág cur chuige an Chumainn Oisínigh rian ar léann na Nua-Ghaeilge. Léirigh na foilseacháin go bhféadfaí an mhodheolaíocht a bhain le téacsanna Sean/Meán-Ghaeilge a chur i gcion ar an gcuma chéanna ar lámhscribhinní na Nua-Ghaeilge. Léirigh siad go bhféadfaí téacsanna spreagúla a sholáthar bunaithe ar lámhscribhinní nár bhain ársaíocht ar leith leo agus go gcaithfí parathéacs a sholáthar do na heagráin sin ar an gcuma chéanna leis na téacsanna ársa sin a foilsíodh faoi choimirce na gcumann léannta eile.

Chuirtí ainm eagarthóra ar leith le téacsanna a d'fhoilsíodh na cumainn léinn, amhail is gurbh é an duine sin a rinne an obair ar fad, ach b'iondúil, i ndáiríre, gur mheitheal scoláirí a sholáthraíodh iad – ba mhinic gurbh é an Dálach féin a rinne an bhunobair ar an téacs a chur in eagar. Ba é an dála céanna é ag gach foilseachán de chuid an Dálaigh. Maidir leis na leabhair a foilsíodh faoi ainm an Dálaigh féin, baineadh cuid mhór den ábhar iontu ó réimse leathan lámhscríbhinní, iad breactha ag scríobhaithe éagsúla ó chéadta éagsúla agus é deacair iad a dhealú ó chéile go minic. Ina theannta sin, tháinig cuid mhór den ábhar a foilsíodh faoi ainm an Dálaigh i *Reliques* agus sa dá shraith de *Poets and Poetry of Munster* ó fhaisnéiseoirí timpeall na tíre, faisnéiseoirí nár tugadh aitheantas dá laghad dóibh i gcorp an leabhair. Agus ina theannta sin aris, ba dheacair i gcás na ndíolamaí an t-aistritheoir, Walsh nó Mangan nó Sigerson, a dhealú ón Dálach féin.

Nil gné seo na hidirthéacsúlachta teoranta do na leabhair a foilsíodh faoina ainm féin. Bhíodh ábhar óna pheann féin á chur aige le scríbhinní na n-údar a bhíodh á bhfoilsiú aige, go fiú Seán Ó Donnabháin féin, ar deacair a chuid a scaradh ó chuid an Dálaigh sa réamhrá a ghabhann le *Kings of the Race of Eibhear, Ríogha Síl Eibhir* (1847), cé nach luaitear ainm an Dálaigh mar chomhúdar don réamhrá beag ná mór. Tá an idirthéacsúlacht seo ag teacht leis an gcur síos atá déanta ag Michel Foucault ar nádúr an leabhair:

> The frontiers of a book are never clear-cut: beyond the title, the first lines and the last full stop, beyond its internal configuration and its autonomous form, it is caught up in a system of references to other books, other texts, other sentences;

> it is a node within an network . . . the book is not simply the object one holds in one's hands . . . its unity is variable and relative. (1974, 23)

Fágann seo ar fad gur deacair a rá le lánchinnteacht gurbh é an Dálach a scríobh aon mhír ar leith de na leabhair ar a raibh sé ainmnithe mar údar. Is mó fós an éiginnteacht nuair a chuirtear san áireamh a bhfuil de lámhscríbhinní agus foinsí imithe ó thuairisc. In *Aisling Ghéar* Bhreandáin Uí Bhuachalla (1996, 528), cuir i gcás, tá an Dálach molta as an tuairisc ar nádúr na haislinge a thug sé uaidh sa chéad sraith de *Poets and Poetry of Munster* (O'Daly 1849, 101). Ach níorbh é an Dálach ach an Mongánach a scríobh agus tá teacht fós ar bhunscríbhinn an Mhongánaigh (Gilbert 90, 2/6; Cartlann Bhardas Átha Cliath).

Is mar shraith a foilsíodh cuid mhór de théacsanna na Gaeilge sna dátaí a lean blianta an Chumainn Oisínigh agus is faoi scáth na gcumann léinn – leithéidí Chumann na Sgríbheann Gaedhilge – a foilsíodh go minic iad. Ach go háirithe, bhí saolré fhada i ndán d'eagrán na nOisíneach den *Toruigheacht* agus d'fhoilsigh Cumann Buan-Choimeádta na Gaeilge eagrán scoile de in 1880 (Ó Murchú 2001, 254–6). Bheadh tosaíocht feasta ag an *Toruigheacht* ar théacsanna uile na Fiannaíochta ar chúrsaí foghlamtha Gaeilge.

Ar nós céad cumann nárbh iad, ba mhinic a bhain polaitíocht ainbhéasach le gnóthaí na gcumann, ach níorbh aon dóithín é an Dálach ag plé le coistí agus mórphearsana na gcumann sin. Ba mhó go mór fada a shásaigh rúnaíocht an Chumainn Oisínigh é ná a sheal mar 'Assistant Secretary' ar an gCumann Ceilteach. Ba de thoradh caitheamh uasal le híseal a bheith ag cinnirí an Chumainn Cheiltigh leis a d'éirigh sé as an gCumann Ceilteach leis an gCumann Oisíneach a bhunú. Rinne sé obair na gcapall sa dá eagraíocht ach bhí comhairle aige ar an gCumann Oisíneach nach raibh riamh aige ar na Ceiltigh. Ba é an Cumann Oisíneach an chéad chumann dá leithéid ar scoláirí Gaeilge agus nach galluaisle a bhí ina bhun. Ina theannta sin, ba ghaire dá chroí (is dá dhúchas Déiseach) an Fhiannaíocht ná ábhar ar nós *Cath Mhuighe Léana* a bhí á chur i gcló ag an gCumann Ceilteach.

Ní fearr duine a thuig tábhacht an chló ná an Dálach féin. Ach i dteannta na hoibre a rinne sé i ngort na foilsitheoireachta, lean sé air le linn na huaire céanna mar scríobhaí. Maireann daichead a seacht lámhscríbhinn ón tréimhse 1844–69 ar fhág an Dálach rian éigin dá lámh orthu agus fiche ceathair lámhscríbhinn arbh é féin amháin a bhreac iad. Is cuid thábhachtach de chnuasach lámhscríbhinní Acadamh Ríoga na hÉireann é Cnuasach an Dálaigh, cnuasach de na lámhscríbhinní a bhí seal ina sheilbh agus ar cheannaigh an tAcadamh in 1869 iad. Tá idir lámhscríbhinní a bhreac sé féin agus lámhscribhinní ó scríobhaithe eile sa chnuasach sin. Cé nach ábhar liteartha atá iontu ar fad, is ábhar ó litríocht na Nua-Ghaeilge atá ina bhformhór mór. Ní bhíodh glanidirdhealú á dhéanamh aige idir lámhscríbhinní agus ábhar cló mar a bheadh inniu. Cuid dá tháirgeadh liteartha ab ea na lámhscríbhinní, iad ag eascairt go minic as obair na foilsitheoireachta. Traidisiún beo ab ea obair an scríobhaí fiú sa ré nuachóirithe a lean an Drochshaol agus fad a mhair traidisiún na lámhscríbhinní bhí ábhar ó fhoinsí cló á bhreacadh iontu ag na scríobhaithe: tá teacht ar chuid mhór den ábhar a chuir an Dálach i gcló i lámhscríbhinní a breacadh lena linn féin, ach go háirithe sna lámhscríbhinní a bhreac Micheál Ó hAnnracháin ó Chill Rois.

Níor bunaíodh institiúid náisiúnta ná cultúrtha ar bith den chineál a bhí ag teacht chun cinn san Eoraip músaem, abair, nó acadamh léinn, de bharr na gcumann. Ní raibh siad buanseasmhach a ndóthain chuige sin. Má thapaigh mírialtacht na síntiús agus beaglíon na mball bás na gcumann, níorbh iad sin na laigí ba mhó a bhain leo, ná níorbh iad an Drochshaol agus drochstaid na tíre amháin ba chionsiocair lena ndul in éag. An laige ba mhó a bhain leo ná an uain a bheith fós le teacht a nascfaí an pholaitíocht phríomhshruthach le cur chun cinn an dúchais. Mar atá léirithe ag Gearóid Ó Tuathaigh (1975), ní rithfeadh sé go brách leis na cainteoirí Gaeilge i measc lucht leanta Dhónaill Uí Chonaill go mba chóir dó sin an cultúr Gaelach ar díobh iad (agus é féin) a shlánú. Má bhí argóintí á gcur chun tosaigh ag an gConallach ar son parlaiminte Éireannaí, ba ar bhonn polaitiúil, bunreachtúil é. Bheadh an naoú haois déag ag dul thar droim nuair a chuirfí éilimh náisiúnacha na hÉireann chun tosaigh ar bhonn eitneachultúrtha. Éilít bheag a bhain leis na cumainn Ghaeilge agus níor éirigh le cumann ar bith acu roimh Chonradh na Gaeilge dul i gcion ar an bpolaitíocht nó ar an bpobal i gcoitinne. Ní mar sin a tuigeadh gnó na polaitíochta (ná na gcumann) roimhe sin.

D'fhág an t-eagrúchán ar fad, dua na foilsitheoireachta (agus na bearta ó chrích) dealramh nár bheag ag an Dálach le ginias an Rómánsachais:

> The real problem was that of the artist cut off from a recognisable function, patron or public and left to cast his soul as a commodity on a blind market, to be bought or not; or to work within a system of patronage which would generally have been economically untenable even if the French revolution had not established its human indignity. The artist therefore stood alone, shouting into the night, uncertain even of an echo. It was only natural that he should turn himself into the genius . . . (Hobsbawn 1962, 261)

Fiontraithe i margadh an náisiúnachais ab ea cuid mhór de lucht Éire Óg agus na Cónaidhme. Bhí £500 in aghaidh na bliana á thuilleamh ag Thomas Davis ón *Nation,* cuir i gcás (Mulvey 2003, 66) agus ba dhuine é an Dálach den iliomad eagraí, iriseoir agus fiontraí cultúrtha a rinne a chuid a thuilleamh ó chumainn pholaitiúla agus léinn i lár an naoú haois déag. Ní amháin go raibh an Cumann Oisíneach i gcomórtas leis an gCumann

Seandálaíoch agus Ceilteach, ach bhí sé i gcomórtas ó thaobh ballraíochta, airgid agus dílseachta de le lear mór cumann a bunaíodh le haidhmeanna náisiúnacha agus polaitiúla a chur i gcrích. Ba i mbailte móra agus cathracha na tíre a bhí a mbunáit acu seo go hiondúil. Bhí ré ag péacadh aníos nuair a bheadh roinnt fóillíochta agus airgid ag cuid mhór den phobal agus ní cóir dearmad a dhéanamh ar an gcaoi inar fheidhmigh na cumainn seo ar fad mar chaitheamh aimsire ag aicme a raibh léamh agus scríobh ar a dtoil acu agus tóir dá réir acu ar ábhar léitheoireachta ar a shon féin.

Ní cumainn iad an Cumann Ceilteach ná an Cumann Oisíneach a raibh aidhmeanna follasacha polaitiúla acu, ach ba chumainn iad ina dhiaidh sin a raibh a gcuid fréamhacha go domhain sa Rómánsachas agus sa náisiúnachas cultúrtha. Níor thráth chun athbheochana é agus ní go maith, cuir i gcás, a chruthaigh an Society for the Promotion and Cultivation of the Irish Language, cumann athbheochana a raibh craobhacha (agus ranganna) aige i Sráid na Mainistreach, Baile Átha Cliath, agus i mBéal Feirste (an chraobh ba threise) in 1858. In ainneoin forógra 'that in its vehement denunciations of "West Britons" matches anything produced in later generations' (Comerford 1998, 66), ba bheag a bhí i ndán don chumann seo. Ach baineann tábhacht leis ina dhiaidh sin mar chodarsnacht le cumainn an Dálaigh agus mar phointe ag a ndealaítear gluaiseachtaí na hársaíochta agus na teanga ó chéile. 'Joseph Onial, President' agus 'Daniel Mac Aleese, Secretary', ó Bhóthar na bhFál, Béal Feirste, daoine nár bhain leis na ciorcail léinn, a shínigh 'Address to the Belfast Branch for the Promotion and Cultivation of the Irish Language by the Young Men of Ulster' a foilsíodh san *Irishman* ar 18 Nollaig 1858. (D'fhoilsigh Smith O'Brien litir sa *Nation* ar 14 Lúnasa 1858, ina ndeir sé nach raibh aithne aige ar ghníomhairí an chumainn nua.) Athbheochan teanga agus ní cur chun cinn na litríochta a bhí uathu:

> Will you, young men of historic Ulster . . . be behind while Munster, Leinster and Connaught, beckon you to advance. It is in your power to make the banks of Lagan, Blackwater and Roe once again resound with the tongue of your fathers . . .

Ní raibh na cúinsí sóisialta agus polaitiúla ann chun go mairfeadh an cumann seo ná aon chumann eile dá leithéid. Mar atá ráite ag R.V. Comerford:

> The story of language revivalism at this time may be taken as an illustration of the impotence of ideology without a supportive social or economic environment. The only social need that revivalism filled at this time was the provision of occasions for fraternisation for a few groups of young men. In the years and decades immediately ahead that need was to be met in a far more attractive way by other movements. (Comerford 1998, 66)

Ina ainneoin seo is gá na blianta thart ar 1858 a aithint mar thréimhse ina raibh dul chun cinn áirithe á dhéanamh i ngort na teanga, dul chun cinn a thóg ar an mbunobair a bhí déanta ag an Dálach agus lucht na gcumann. Tosaíodh ar 'Easy Lessons' Ulick Bourke a fhoilsiú sa *Nation* ar 14 Lúnasa 1858 agus bhí filíocht á foilsiú go seachtainiúil ag an nuachtán céanna (sa chló gaelach). Go deimhin bhí an nuachtán ag maíomh (ar 15 Bealtaine 1858) go raibh aithris á déanamh ag an Dálach air:

> Mr. O'Daly far from admiring his own 'beautiful letters' is now endeavouring to obtain in place of it, letters cut in shape similar to ours; as being more accurate in resemblance to the ancient Irish manuscripts.

Chomh maith leis sin ar fad, ba bheag seachtain nár foilsíodh litir ó leithéidí 'Ollamh Fodhla' (*Nation* ar 24 Aibreán 1858), 'Spailpeen Fanach', agus 'Hibernicus' sa *Nation* i dtaobh chur chun cinn na teanga. 'Gaelic' agus ní 'Celtic' a bhí mar fhocal ar an nGaeilge ar an nuachtán sna dátaí a lean an Drochshaol agus bhí ceangal á dhéanamh ann idir an sainmheon Caitliceach a bhí ag an nuachtán faoi úinéireacht A.M. Sullivan agus an teanga Ghaeilge.

Cé go bhféadfaí foilseacháin an Dálaigh a léamh mar chuid de chruthú 'imagined community' an náisiúin Éireannaigh, ní hiad amhráin na tíre trí chéile a bhí chun tosaigh ina chuid díolamaí, ach amhráin réigiúnda na Mumhan. Ina theannta sin, is ar fhoinsí Muimhneacha, foinsí Déiseacha ach go háirithe, a bunaíodh foilseacháin an Chumainn Oisínigh. Bhí cur amach ar fhilí agus ar amhráin óna óige aige agus aithne phearsanta aige ar Dhonnchadh Rua. Ní haon ionadh mar sin é líon na dtagairtí do na filí Déiseacha i bparathéacs a chuid foilseachán. Fearacht William Carleton, bhí tarraingt téide idir an tír agus an *pays* ina chuid scríbhinní. An teannas céanna idir an tír agus an *pays* faoi ndear don fhile Ultach, Art Bennett, a bheith ag tógáil léasacha ar an Dálach de bharr neamart a bheith déanta aige sna filí Ultacha. Síneadh ar an ómós a thug sé do na filí Déiseacha ab ea filí na Mumhan trí chéile (agus d'Fhiannaíocht na Mumhan chomh maith).

An chéim ar aghaidh ón lámhscríbhinn go dtí an cló a bhí mar phríomhchúram air. Ba chuma cé chomh pearsanta is a bhí cló-eagrán dáin ar bith, bhí sé curtha ar fáil le nuatheicneolaíocht an chló agus é leata ag an margadh i bhfoirm a bhí gan chlaochlú ó chóip go cóip. Ní raibh aon bhunchóip ann don leagan cló. Briseadh eipistéimeolaíoch a bhí anseo. Lena chur i dtéarmaí Walter Benjamin ina aiste, 'The Work of Art in the Age of Mechanical Reproduction'(Ardent 1970, 211–45), dob ionann é agus an 'luan' a ghabh leis an lámhscríbhinn aonair a scriosadh:

> Even the most perfect reproduction of a work of art is lacking in one element: its presence in time and space, its unique existence at the place where it happens to be. This unique existence of the work of art determined the history to which it is subject throughout the time of its existence . . . And what is really

> jeopardised when the historical testimony is affected is the authority of the object. One might subsume the eliminated element in the term 'aura' and go on to say: that which withers in the age of mechanical reproduction is the aura of the work of art. (Benjamin 1992, 214–5)

An Dálach thar aon duine eile faoi ndear do lámhscríbhinní na Gaeilge dul ó 'luan' na lámhscríbhinne go hatáirgeadh meicniúil an chló. Ach níor shocraigh sé riamh ar bhealach seasta leis an lámhscríbhinn a chur i láthair. 'Penny numbers' nó gnáthleabhar, cló gaelach nó cló rómhánach, aistriúcháin a chur ar fáil nó gan a chur ar fáil, a bheith dáiríre nó scigaithriseach (mar a bhí i gcás Chúirt an Mheán Oíche), bhíodh sé de shíor i ngalar na gcás. Agus bhíodh lámhscríbhinní á gcóipeáil ina lámh féin aige i gcomhthreo leis an bhfoilsitheoireacht. Níor rith scriosadh 'luan' an traidisiúin go héasca leis.

Ba mhian leis an t-ábhar a bhí sna lámhscríbhinní a chur i láthair mar ardchultúr ársa gradamach. Cé gur sa Nua-Ghaeilge a bhí a phríomhdhúil, ba mhaith leis gur Nua-Ghaeilge liteartha a bheadh á foilsiú aige. Thiomsaigh sé roinnt bheag ábhair ón mbéal beo ina chuid lámhscríbhinní ach ba bheag é an bunábhar béaloidis a chuir sé i gcló roimh an *Irish Language Miscellany* a foilsíodh in 1876. Bhíothas do réir a chéile ag glacadh leis an mbéaloideas mar choincheap dleathach intleachtach ach fiú in 1856, níor mhian leis gur i nGaeilge chomhaimseartha a dhéanfaí an Fhiannaíocht i *Transactions* an Chumainn Oisínigh a fhoilsiú.

Murach an ghluaiseacht rómánsach, an ghluaiseacht chultúrtha a rinne móradh ar an gcultúr coiteann eitneach agus a shéan an beag ab fhiú a bhí déanta de ag an Eagnaíocht, ní bheadh cumainn, díolamaí ná foilseacháin ann. Bhí an dílseacht don *pays*, náisiúnachas cultúrtha agus coimeádachas polaitiúil nasctha le chéile i scríbhinní agus i bhfoilsitheoireacht an Dálaigh. Má bhí faoi na réabhlóidigh ó Réabhlóid na Fraince ar aghaidh an tsochaí a chruthú as an nua, bhí faoi na náisiúnaithe cultúrtha luachanna seanbhunaithe an dúchais a chaomhnú is a bhuanú. Áit ar dhírigh na réabhlóidigh a n-aird ar fhios na todhchaí, dhírigh na náisiúnaithe cultúrtha ar ghaois na sean. Áit ar dhírigh na réabhlóidigh ar stát cumhachtlárnaithe, dhírigh na náisiúnaithe cultúrtha ar an ngleann inar tógadh iad.

Mar sin, má ghlacaimid leis an easaontas idir Éire Óg agus na Connallaigh mar léiriú ar an idirdhealú atá déanta ag Tönnies agus Habermas idir an sochaí agus an pobal, idir an dearcadh náisiúnta agus an *pietas* áitiúil, idir an comhrá agus an cló, idir an iriseoireacht agus an luaidreán, is féidir a rá go raibh an Dálach mar phearsa poiblí – mar fhoilsitheoir, mar eagraí cumann náisiúnta – ag cruthú sochaí, mar a bhí Éire Óg. Ach is cóir a rá chomh maith gur mhair bundílseacht ann ina theannta sin don phobal agus don *pays.* Dílseacht í seo a bhí ag teacht le dearcadh pobal-lárnach an Chonnallachais.

Thart ar Shráid na Móna (Sráid Anglesea) a bhí a mbuanáras ag cuid mhór de na foilsitheoirí agus reicneoirí leabhar agus is ag uimhir a naoi sa tsráid sin a bhí siopa clúiteach an Dálaigh ó 1850 ar aghaidh. (Roimhe sin bhí sé i mbun gnó ag seoltaí éagsúla sa cheantar céanna.) B'éigean dó brabach a dhéanamh ar a chuid leabhar agus foilseachán príobháideach. Rinne sé cúram a raibh athshliocht air dá chuid ceannaitheoirí mar gur éirigh leis a bheith beo ar a chuid trádála fad a mhair sé i mBaile Átha Cliath (1845–1878). Ó 1844 i leith bhí cuid mhór de chomhlachtaí foilsitheoireachta na cathrach ag titim as a seasamh agus géaraíodh air seo le linn an Drochshaoil – ach d'fhan cloigeann an Dálaigh os cionn uisce. Cé nach bhféadfaí go deo grá na hailpe a chur ina leith, d'éirigh leis gustal beag éigin a chruinniú is a fhágaint le huacht.

Cé go labhraítear ar 'fhoilsitheoir' agus ar 'fhoilsitheoireacht' anseo, is cóir a rá gur minice a baineadh leas as an téarma 'printer' ná as an téarma 'publisher' mar chur síos ar ghnó na foilsitheoireachta in aimsir an Dálaigh. Ba throime i bhfad ualach na hoibre a thit ar an Dálach mar fhoilsitheoir ná an t-ualach a thitfeadh ar aon fhoilsitheoir inniu. Is minic, i gcás fhoilseacháin an Chumainn Oisínigh ach go háirithe, nárbh é an t-údar ainmnithe a rinne an bhunobair théacsúil agus eagarthóireachta, ach gur iarradh ar údar gradamach paratéacs a chur le téacs a bhí curtha in eagar cheana féin ag an Dálach nó dá mhacasamhail. Údar an pharathéacs a d'ainmneofaí mar eagarthóir ar an leathanach teidil. Agus is le linn an chlóchuir a dhéantaí cuid mhór den obair eagarthóireachta, próiséas tuirsiúil ina gcuirtí na focail in ord ina gceann is ina gceann faoi stiúir an fhoilsitheora.

Ba bhall é an Dálach den Chónaidhm Éireannach (i.e. Éire Óg i ndiaidh dó briseadh leis an gConallachas in Eanáir 1847). Ach, in ainneoin gur thug James Stephens (duine dá lucht aitheantais i gCill Chainnigh, gan amhras) cuairt ar shiopa an Dálaigh i mBaile Átha Cliath in 1856 (Ryan 1967, 61), ní gníomhaí polaitiúil a bhí ann. Tá seo soiléir ó litir a chuir John O'Mahony chuig an Dálach thart ar 1856. 'You and I would pull much better on ancient than on modern Irish ground' a dúirt an Mathúnach leis (Ryan 1967, 63).

In *Reliques of Irish Jacobite Poetry* agus sa dá shraith de *Poets and Poetry of Munster,* d'fhoilsigh sé amhráin Sheacaibíteacha a leag béim ar chearta neamh-chomhlánaithe na nGael chun na talún agus na tíre. In ainneoin Shaoirse na gCaitliceach in 1829, mhair na deachúna go dtí 1838 (agus mar chuid den chíos ina dhiaidh sin), forlámhas Protastúnach ar bhardais na gcathracha agus na bpríomhbhailte go dtí 1840 ar a luaithe, an Eaglais Bhunaithe mar eaglais stáit go dtí 1869, córas na nArd-Ghiúiréithe go dtí Acht Rialtais Áitiúil 1898 agus réimeas na dtiarnaí talún go dtí Acht na nEastát Fiachbháite (1849) agus na hachtanna talún a ritheadh idir 1870 agus 1909. Má b'fhíor, mar a chreid Walter Scott, go raibh fórsa an tSeacaibíteachais síolaithe le fada in Albain, thug na hamhráin guth in Éirinn don urú ama a bhí mar chomhartha sóirt ar thuiscint na nGael ar an stair, stair a tuigeadh i dtéarmaí éagóra síoraí. Ba í dleathaíocht chomharbas na ríogachta a bhí i gceist in Albain nuair ba ghluaiseacht eitneareiligiúnda le haidhmeanna scaoilte in Éirinn í. Mar sin féin, d'aithin an Dálach – sa réamhrá a ghabh leis an dara heagrán de *Poets and Poetry of Munster* in 1850 ach go háirithe – gurbh ábhar a bhain le ré a bhí caite tríd is tríd a bhí sna hamhráin Sheacaibíteacha anois agus 'cead ag Gaeil bheith chomh hard le Gaill' ó cuireadh na péindlíthe ar ceal. Mar sin féin, is i gcomhthéacs polaitiúil a chuir sé oidhreacht na n-amhrán i láthair, beag beann ar na téamaí grá a bhi mar bhunús ag amhráin ar nós 'Éamonn an Chnoic'.

D'fhág an díograis chun athbheochana teanga a bhí sa Dálach nach idirghabháil neodrach a bhí ina chuid foilsitheoireachta agus eagrúcháin. Dhealaigh seo amach é ón Donnabhánach, cuir i gcás, a chreid gur bheag a bhí i ndán don Ghaeilge mar theanga phobail (Ó Muraíle 1997, 41). Gníomhaíochtaí ar mhaithe le todhchaí na teanga agus gníomh ar son na canúna Muimhní ach go háirithe ab ea scríbhinní an Dálaigh. Laistigh den Chónaidhm Éireannach a rinne sé nóisean na hathbheochana a chraobhscaoileadh. Bhí seasamh áirithe ag an teanga laistigh den eagraíocht agus ranganna Gaeilge bunaithe do na baill. Léiríonn an óráid athbheochana a thug sé don Chónaidhm, gur chreid sé go bhféadfaí an Ghaeilge a athréimniú arís sna ceantair Bhéarla. Cé go raibh aird dírithe ag Micheál Óg Ó Longáin (chomh fada siar le 1818) ar an ngá a bhí le cur chuige caomhnaithe teanga (Ní Úrdail 2000, 231), ní raibh coincheap an athréimnithe curtha chun cinn ag aon duine roimh an Dálach, ach amháin, b'fhéidir, ag Philip Barron nó Matthew Graham agus Nioclás Ó Cearnaigh. Más saonta linn i bhfianaise na sochtheangeolaíochta inniu an éascaíocht, dar leis, a bhain le teanga a athbheochan, is beag idir an clár de thacaíocht rialtais, de ranganna, scolaíocht agus d'fhoilseacháin a moladh san óráid agus clár na n-iarrachtaí athbheochana ar ball. Agus mhol sé go gcuirfí Gaeilge ar chlasaicí liteartha Bhéarla na hÉireann (*Nation,* 31 Bealtaine 1845), moladh ar chuir an Gúm leagan de i bhfeidhm ina dhiaidh sin.

Chaith an Dálach na blianta idir 1826 nó mar sin agus 1842 mar bhall den Eaglais Bhunaithe agus an tréimhse chéanna sin i mbun bíoblóireachta leis an Irish Society. Ba í iarmhairt a iompaithe agus a aisiompaithe é a bheith idir leac agus losaid agus amhras ag an dá aicme creidimh air. D'aisiompaigh sé ina Chaitliceach in 1842 agus d'éirigh as an bpost cigireachta a bhí aige i gCill Chainnigh leis an Society. Cé gur luadh deacrachtaí diagachta leis an leagan amach Protastúnach ar dhiagacht Ortha Naomh Micheál le linn na conspóide poiblí a músclaíodh nuair a d'eirigh sé as an mbíoblóireacht, ní de bharr na diagachta, ach de bharr easaontas laistigh den Society, a chroch sé a chuid seolta.

Ní cóir a cheapadh dá bharr seo nár le dearbhháitiús a d'iompaigh sé, nó nár thug sé toil a chroí don Phrotastúnachas de chéaduair. Thug an Protastúnachas oiliúint dó i miondealú focal agus in anailísiú téacsanna agus is as an bpósadh idir traidisiún na lámhscríbhinní Déiseacha agus dúil an Irish Society san fhocal clóite a d'fhás an foilsitheoir, an reicneoir leabhar agus an t-eagarthóir arbh é Seán Ó Dálaigh é. Ar eiseamláir leabhar agus leabhrán an Irish Society (a d'fhoilsítí ina n-eagráin bheagluacha sa chló gaelach) a thóg an Dálach a chuid foilseachán féin. Agus ba é an cur amach a bhí aige ar choistí agus ar struchtúr an Irish Society agus ar chúrsaí eagrúcháin i gcoitinne a chuir ar a chumas cumainn a bhunú is a riaradh. Agus ar an leibhéal ba phraiticiúla, ba é an t-ioncam a bhí aige ón Irish Society – £40 sa bhliain in 1834 a lig dó siopa a bhunú agus, go deimhin, a bheith neamhspleách a dhóthain le dul chun doirne leis an gcumann ar ball.

Ó na hársaitheoirí Protastúnacha a thug sé leis an dúil a bhí aige san ársaíocht ábhardha. B'olc leis droch-chaoi a bheith ar Charraig Shlaoda, caisleán mhuintir Mhic Craith i gCurrach na Slaodaí, barúntacht Dhéise lasmuigh den Drom, agus thug sé fogha fíochmhar faoin úinéara de bharr neamart a dhéanamh ann (O'Daly 1860 xxviii; 215, nóta). Bhí sé sásta breith a thabhairt ar fhiúntas aeistéitiúil ailtireachta agus mhol sé teach Thomáis Dhuibh i gCarraig na Siúire, á ra gurbh é 'the most perfect example of Elizabethan architecture to be found in Ireland' (Daly 1853, 479).

Bhí plé mór aige le sagairt agus é i bhfeighil na gcumann Gaeilge agus ba é a bhí mar fhoilsitheoir ag Matthew Kelly agus Uilleog de Búrca ó Choláiste Mhaigh Nuad, beirt de na sagairt ba cheannasaí lena linn i réimse na hintleachtúlachta. Bhí na leasaithe Triontacha agus an t-ultramontánachas á gcur i gcion go tréan ag an Eaglais ó lár an naoú haois déag ar aghaidh, mar chuid de fheachtas na hEaglaise in aghaidh na bíoblóireachta, an chúis lenar chaith an Dálach a dhúthracht i dtús a shaoil. Sa dara leath dá shaol, rinne sé freastal ar na riachtanais léitheoireachta a ghabh le freasfheachtais na hEaglaise Caitlicí trí eagráin de *Pious Miscellany* Thaidhg Ghaelaigh a fhoilsiú in 1858 agus 1868. Ina ainneoin seo, ní go maith a réitigh sé leis na sagairt a bhí mar bhaill de na cumainn léinn, leithéidi Laurence Renehan, uachtarán Choláiste Mhaigh Nuad, agus Matthew Kelly a bhí mar ollamh ann. Ba le linn do Renehan a bheith ina uachtarán ar an gCumann Ceilteach a chaill an Dálach pé misneach a bhí aige as an gcumann sin. Nuair a d'fhoilsigh sé *The Prophecies of SS. Columbkille, Maeltamlacht, Ultan, Seadhna, Coireall, Bearcan etc.* le Nioclás Ó Cearnaigh in 1856, níorbh aon chabhair dó an t-amhras creidimh a lean é. D'eisigh an Cairdinéal Cullen tréadlitir i gcoinne leabhar na dtairngreachtaí in 1866. Go deimhin, is cosúil go leanann roinnt den amhras creidimh i gcónaí é mar go dtugann Elizabeth Shannon-Mangan guth láidir dá drochmheas ar a chuid bíoblóireachta in *James Clarence Mangan: a Biography* (274), leabhar a foilsíodh in 1996.

Lean flosc chun díolamaíochta réigiúnda bunú Chonradh na Gaeilge agus foilsíodh sraith leabhar dá thoradh arbh é *Abhráin Grádh Chúige Connacht* (de hÍde 1893), an ceann b'iomrátaí ina measc. Foilsíodh chomh maith *Filí na Máighe* (Ua Duinnín 1901), *Amhráin Ghaeilge an Iarthair* (Ó Tiománaidhe 1906) agus *Amhráin Mhuighe Seóla* (Costello 1919). I mblianta an tSaorstáit foilsíodh díolamaí réigiúnda Énrí Uí Mhuirgheasa: *Céad de Cheoltaibh Uladh* (1915), *Amhráin na Midhe* (1934a), *Dhá Chéad de Cheoltaibh Uladh* (1934b) agus *Dánta Diaga Uladh* (1936). Bhí díolamaí réigiúnda fós á dtacar agus an fichiú haois ag dul thar droim, leithéidí *Éigse na hIarmhí* (Ó Fágáin 1985), *Dán is Céad ón Leitriúch* (Ó Ruairc 1998) agus *A Hidden Ulster: People, Song and Traditions of Oriel* (Ní Uallacháin 2003).

Bhí díolamaí réigiúnda an Dálaigh imithe i gcion orthu seo ar fad, bíodh sé ina thionchar comhfhiosach nó ná bíodh, rud a d'aithin an Craoibhín sa réamhrá a ghabh le h*Abhráin Grádh Chúige Connacht,* réamhrá a scríobhadh i bhfoirm litreach, litir a cuireadh chuig George Sigerson, aistritheoir *Poets and Poetry of Munster, Second Series* (O'Daly 1860), duine a bhí fós beo in 1893 agus a mhair go dtí 1925 (Breathnach, Ní Mhurchú 1986, 112):

> My Dear Mr. Sigerson,
> Allow me to offer you this slight attempt on my part to do for Connacht what you yourself and the late John O'Daly, following in the footsteps of Edward Walsh, to some extent accomplished for Munster more than thirty years ago. Since that attempt of yours down to the present day, scarcely an effort has been made to preserve what you felt to be one of the most valuable heritages of the Irish race – its Folk Songs. I have, in the following little volume, collected a few of these, the Love-Songs of a single province merely, which I either took down in each county of Connacht from the lips of the Irish-speaking peasantry – a class which is disappearing with most alarming rapidity – or extracted from MSS. in my own possession, or from some lent to me, by different scribes during this century, or which I came upon while examining the piles of modern Gaelic literature that have found their last resting place on the shelves of the Royal Irish Academy . . . It has also given me the opportunity of throwing some of these songs into English verse – such as it is – in doing so I have differed somewhat from yourself, Mangan and Ferguson, and other translators, in endeavoring to reproduce the vowel-rhymes as well as the exact metres of the original poems. (de hÍde 1893, Preface, gan uimhir leathanaigh)

Más faoi anáil *Poets and Poetry of Munster* agus *Poets and Poetry of Munster, Second Series* a tacraíodh *Abhráin Grádh Chúige Connacht,* d'fhág *The Irish Language Miscellany* (O'Daly 1876) a rian féin ar dhíolaim sin an Chraoibhín agus ar na bailiúcháin eile amhrán a tacraíodh le linn na hAthbheochana.

Foilsíodh san *Irish Language Miscellany* amhráin, seanfhocail, burdúin agus dréachtaíní a léirigh an bóthar a shiúlfaí ar ball, ní amháin sna díolamaí réigiúnda amhrán ach i leabhair ar nós *Seanfhocail na Muimhneach* (1926) leis an Seabhac, *Sean-fhocla Chonnacht* le Tomás S. Ó Máille (1948, 1952) agus bailúcháin eile dá macasamhail. Is i dtreise a chuaigh gné an bhéaloidis de na díolamaí réigiúnda le himeacht aimsire agus sa deireadh bhí neamhaird ar fad á dhéanamh de na lámhscríbhinní mar fhoinse. Cuireadh dlús leis an gclaonadh seo nuair a tacraíodh amhráin an iarthair, amhráin a bailíodh ó fhonnadóirí beo agus ar bheag teacht a bhí orthu sna lámhscríbhinní. Solaoid é *Amhráin Chlainne Gaedheal* le Micheál agus Tomás Ó Máille, díolaim a chuireann in iúl sa réamhrá nach bhfuil sa mhéid atá tacartha ann ach 'trian de na hamhráin atá i meabhair na ndaoine ins an gceantar seo' (1905, vii). Cuirtear in iúl sa réamhra chomh maith go mba 'amhráin don tír uilig go léir iad' an t-am ar cumadh iad (1905, vii) agus mar chruthú ar an bpointe sin, b'fhéidir, is mar seo a chuirtear an chéad amhrán sa díolaim, 'Cois Leasa Bhíos go hUaigneach', i láthair:

> Amhrán Muimhneach é seo. Seón Llúid nó Seághan Llóid (John Llyod) ab ainm don fhile. Deir Tomás Ó hAodha gur Seághan Ó hEoinín ab' ainm dó ó cheart. Ba de mhuntir Thuamhumhan (Chontae an Chláir é). Sa bhliadhain 1773 do sgríobh sé an t-amhrán seo do réir Sheághain Uí Dhálaigh (Reliques of Irish Jacobite Poetry.1. 110, mar a bhfuil sé i gcló as lámhsgríbhinn Mhuimhnigh. (1905, 222).

Mhaígh Margaret Hannagan agus Seamus Clandillon, eagarthóirí *An Londubh* (1904), gur cuireadh síos na hamhráin ann 'gan éan-thurnughadh do dhéanamh ortha acht iad do scríobhadh díreach mar a bhíodar againn agus ag na daoinibh do chuaidh romhainn, chomh maith agus do gheobhaimís é dhéanamh' ('Roimhrádh', gan uimhir leathanaigh). Tharraing Hannagan agus Clandillon go láidir ar chanóin an Dálaigh – 'Éamonn an Chnuic', 'Sliabh na mBan', 'Príosún Chluain Meala' 'Róis Geal Dubh', 'Inghean an Fhaoit' ó'n nGleann' (gan uimhreacha leathanaigh) – ach an uair seo ba iad na hamhránaithe agus níorbh iad na lámhscríbhinní a bhronn údarás ar a raibh curtha i gcló. I gcás *Londubh an Chairn* (1927), chuir na heagarthóirí céanna an anáil a bhí ag an Dálach ar an díolaim in iúl le tagairtí iomadúla tríd síos do na leaganacha a chuir seisean i gcló (amhráin 4, 8, 15, 39, 50, 56, gan uimhreacha leathanaigh).

Amhráin an bhéil bheo a bhí mar bhunús mar an gcéanna leis na díolamaí tábhachtacha d'amhráin na nDéise a foilsíodh le linn an fichiú haois: *Ár gCeol Féinig* (Breathnach 1920), *Duanaire Déiseach* (Tóibín 1978) agus *Binneas Thar Meon* (Ó hÓgáin 1994).

Mar dhíolaimeoir agus mar fhoilsitheoir, mar mhúinteoir, mar scríobhaí agus mar scríbhneoir, mar eagraí agus mar athbheochainteoir teanga, d'fhag Seán Ó Dálaigh litríocht na Gaeilge faoina chomaoin. Maireann a rian fós.

Aguisín 1

Stoc Leabhar agus Praghasanna i Siopaí an Dálaigh, Sráid Eoin, Cill Chainnigh

Foinse: fógrán sa *Kilkenny Journal,* 18 Iúil 1838
CHEAP BOOKS,
J. DALY, JOHN STREET
Having received an extensive collection of Books in almost every department of Miscellaneous Literature, which he will sell to the public at unprecedentedly *Low Prices* viz –
Annuals, Best Style of Embossed Binding, *Plates,* 4s. each
Banim's Novels the Nowlans &c., 3 vols., only 8s., Anglo-Irish, 3 vols, 9s.
Barrowe's Tour in Ireland, sells 14s. only 7s. 6d.
Bourienne's Memoirs of Napoleon, 4 vols., sells at 16s, only 12s.
Cooper's Novels, the Spy, Pilot Pioneers, Lionel Lincoln and Last of the Mohicans, each *complete in one vol* sells at 4s 6d, only 3s each
Chamber's Edinburgh Journal vol 1, 2 and 5 *bf, cf* 7s each
Entick's Latin Dictionaries, *best edition,* only 4s each
Goldsmith's Miscellaneous Works, 4 vols, sells at 16s, only 9s
Lambelle''s Secret History of France, 2 vol. 8vo, *Cloth,* sells 26s only 12s
Rodriguez on Christian Perfection, *very scarce,* 2 sets, at 25s *each*
Walker's Dictionaries 2s 6d to 8s 6d each
Wraxall's History France (sic), 6 vol, 8 vo, sells at £3 12 s, only 18s.
Several other works (including School Books) *proportionably* (sic) *cheap*
Book Binding according to Pattern
Kilkenny, July 16, 1838

Stoc Leabhar agus Praghasanna i Siopaí an Dálaigh, Sráid an Rose-Inn, Cill Chainnigh

Foinse: fógrán sa *Kilkenny Journal,* 3 Meitheamh/ 13 Lúnasa 1842
CHEAP BOOK
AND
STATIONARY (SIC) ESTABLISHMENT,
ROSE-INN-STREET, KILKENNY
J. DALY
Anthologia Hibernia, 4 vols, 8 vo. scarce, 12s; Archdall's Monasticon Hibernicum, 4to cf. 17 plates, scarce £2 10s.; Atkinson's Tour in Ireland, 8vo, hf, cf, neat, 5s; Autobiography of A.H. Rowan, 8vo., cloth, new, 5s.; Barrow's Tour in Ireland, 8vo. bds. map and plates, 5s. published at 14s.; Barton's Lectures on the Petrifications, Gems, Chrystals, and sanative quality of Lough Neagh, and the several Counties adjacent to that Lake, particularly Armagh, 4to. hf. hd. plates, 7s. 6d.; Beauties of the Press Newspaper

(suppressed by the Irish Government in 1798) 8vo. Scarce, 7s. 6d.; Biblia Lingua Hibernia vols 2 & 3, 4to. hf. cf. 1602 15s; Boulter's State Letters, 8vo, cf scarce 5s; Bowden's Tour of Ireland, 12 mc. hf. bd. 2s. 6d.; Borlace's Irish Rebellion, fol. cf. scarce, 10s. 6d.; Brooke's Reliques of Irish Poetry, 4to hf. russia, scarce, 10s 6d.; Captain Rock in London, 8vo. bds. port. of Shiel, 3s. 6d.; Campion, Hanmer, Marlborough and Spenser's State of Ireland, fol. 1633, scarce, 10s. 6d., Carr's Stranger in Ireland, 4to. of neat 17 plates, 10s. 6 d.; Cavendish's Public Accounts of Ireland, 8 vo. cf. 2s 6d.; Columbanus ad Hibernos, or the 2nd Letter of C. O'Connor, on the nomination of Bishops to the Irish Sees, 8vo. bds. scarce 3s. 6d; Confessions of Larry Lorrequer, 8vo., cloth, 10s.; Curran's Speeches, 8vo hf. cf. port 8s. 6d.; Curran's Life by O'Regan, 8vo. bds. port 4s. 6d.; Curran's Letters, 8vo, bds, port, 2s; Darcy's Arguments before the House of Commons in Ireland, 1641, 8vo, bds. scarce, 6s.; Davy's Reports, fol, scarce, 5s.; Darthula (a poem of Ossian), 8vo., bd., 2s.; Debates on the Irish Tithe Question, wherein Dr. Butler represents that he has been grossly libeled by the Kilkenny Journal and driven an Exile from his Parish, 8 vo. bds. scarce, 5s.; Dublin Literary Gazette, 4to, bds., 5s, pub. at 21s; Dublin Penny Journal, 4vols., fol., bd, in two, 15s., pub. at 26s.; Dublin Penny Journal, by Gunn and Cameron, 3s. 6d.; Duigenan's Answer to Grattan, 8 vo., bds, 2s.; Donlevy's Irish Cathecism, 8 vo., bd., Paris, 1742, scarce, 10s., 6d.; Fingal, a poem in 6 Cantos, 8 vo., bds, 2s. 6d.; Grace Family – Memoirs of the Family of Grace, by Sheffield Grace, Esq., royal, 8 vo. many portraits and plates (wants four) no two copies are alike, bds, very scarce, £2; Grasagh a boe; or the War-Song of the Graces, 8vo., scarce, 2s. 6d.; Griffith's Tracts, bd., scarce, 3s. 6d.; Gamble's Sketches in Dublin 8 vo. bds., 2s. pub. at 10s. 6d.; Guide to Wicklow, map and plates, bds, 3s., pub. at 5s.; Hall's (Rev. J.) Tour in Ireland, 2 vols, 8 vo, bds, 5s.; pub. at 11 11s. 6d.; Hardiman's Irish Minstrelsy, 2 vols, 8vo., bds, scarce, 30s.; Hardiman's History of Galway, 4to. plates, hf.russia, scarce, 15s., pub. at £2; Hay's Wexford Rebellion, 8 vol., bds, map and Autograph of the Author, 5s.; Herbert's Irish Varieties, 8 vol., bds, 4s., pub. at 12s.; Irish Poems, 4to. hf. bd. 5s.; Irish Hudibras, 8 vo scarce, 2s. 6d.; Ireland's Mirror 1804–5, 2 vols, 8vo, hf., bd., 7s. 6d.; Jackson's Account of the Wexford Rebellion, with other Tracts, 12 mo, bd., 3s.; Keating's History of Ireland, fol. hf .russia, port of Bryan Boroimhe, map and plate of Arms &c., very scarce, 21 10s.; Another Copy, wants part of the preface and plates, 6s.; Another Copy, 8vo. cloth new 6s.; Another Copy, Irish and English 8vo. 5s.; Kelly's Poems 8 vo., 2s.; Kendall's Letters on Ireland, 3 vols, 8 vo. 6s.; pub. at 11 16s.; Lanigan's Ecclesiastical History of Ireland, 4vols, 8vo. bds. scarce, 20s. pub. at £2 12s. 6d. Life of a Soldier in Ireland, 12mo. bds, 2s. 6d. Life of Thomas Reynolds (Kilkea Castle) 2 vols. 8 vo. new, port. 7s. 6d. pub. at £1 11s. 6d.; Lives of the Irish Saints, 12 mo. bd. 2s.; Madden's Reflections and Resolutions for the Gentlemen of Ireland, 8vo. of neat 3s. 6d.; Mason's Survey of Ireland, vol. 3, 8vo. bds. very scarce, 7s. 6d.; Moore's Melodies, 8vo. bd. 4s.; Another Copy, 12 mo. plates, embossed binding, gilt edges, 4s. 6d.; Moore's Works, 2vols. 8vo, bds Philadelphia, 1829, very scarce, 15s.; Byron's Works, uniform with above, 2 vols, bds., 10s. 6d; Mullala's View of Irish Affairs, 2 vols, 8vo., bd., 3s. 6d.; Musgrave's Irish Rebellion, 4to, bds. maps &c., 6s.; Memoirs of the Right Honourable Henry Flood, M.P., port, 8 vo. bds. 5s. at 12s; A Portrait of Flood, 4to, 2s.; Madden's United Irishmen, 2 vols.8vo. just published 21s.; M'Curtin's English-Irish Dictionary, 4to. cf. scarce (wants title) 12s. 6d.; McDermott's History of Ireland, 4vols, 8vo., scarce, 15s. pub. at £2; McNevin's Origin and Progress of United Irishmen, 8vo. scarce 3s. 6d.; McKenna's Political Essays, 8vo., bds. (presented by the Author to Dr. Plunkett). 4s. 6d.; Neilson's Irish Grammar, 8vo bds 7s. 6d.; O'Cavanagh's (Eugene) Irish Grammar, 12mo *bd. scarce* 5s.; O'Brien's Irish Grammar, 8vo *bds., scarce,* 4s. 6d.; O'Connor's History of the Irish Catholics, 8vo. *bds, scarce,* 3s. 6d.; O'Reilly's Irish-English Dictionary, 4to., hf. cf. *scarce,* 20s.; O'Reilly's Chronological Account of 400 Irish Writers, 4to, *bds,* 6s.; Odes of Anacreon, 12 mo, *bds, port. of Moore,* 2s. 6d.; Official State Papers, 8vo *bds* 4s.; Ossians Poems by Shackelton, 2 vols. *in one,* 8vo., *neat,* 5s.Ossian's lesser Poems, 8 vo. *bd.* 3s. 6d.; Ossian's Poems, 8vol., *bds,* 2s. 6d.; Ossian's Poems, 2 vols., 12 mo, *very neatly bound,* 6s.; Ossian's Poems, 24mo, of 2s.; O'Phelan's Epithets on the Tombs in the Cathedral, St. Canice's, fol. *scarce,* 7s. 6d.; Papers concerning the late dispute between the Alderman and Corporation of Dublin, 8vo, *bd,* 2s. 6d.; Parnell's Apology for the Irish Catholics, 8vo, *bds,* 2s.6d.; Political Pamphlets on Ireland, 21 vols. 8vo hf. *russia,* and *cf. binding very scarce,* 3s. 6d. per vol. or sold *separately* at 5s.; Post Chaise Companion through Ireland, 8vo. *plates,* 2s.; Plowden's Historical Reply to *Columbanus; part of C. O'Conor,* 8vo., bds, 5s.; Plowden's Historical Reply to *Columbanus,* No. V. *cf, neat,* 4s.; Phillips Emerald Isle, 4to. cf. neat; *port. of Bryan Boroimhe,* 5s.; Present State of Great Britain and Ireland, thick 80., cf., *port.* of Geo. II., 1s. 6d.; Representation of the state of Ireland, 8vo., cf. 3s. 6d.; Salmon State Trials, fol. cf. 7s. 6d.; Seward's Topography of Ireland, 4c., boards, 4s. 6d.; Seward's Political Transactions of Ireland, 3 vols. 8vo. *bds.*, 10s. 6d. *pub.* at 30s.; Songs of Deirdre, *translated from the Irish,* 8vo., *bds.* 3s. 6d.*pub.* at 10s 6d.; Survey of Kilkenny, by Tighe, 8vo., *bds. very scarce,* 20s.; Survey of Leitrim, 8vo. bds. 2s.; Survey of Kildare, 8vo. *bds, plates,* 2s. 6d.; Survey of Wicklow, 8vo.,bds, 2s.; Sleator's Topography of Ireland, 8 vol. *bd.* 2s. 6d.; Smith's History of the County and City of Cork, 2vols, 8vo., *bds. map and plates,* 7s. 6d.; Smith's History of Waterford, 8vo. *bd.* 3s. 6d.; Sproule's Agriculture, 8 o. *new,* 3s. 6d.; Taylor's Maps of the Roads of Ireland, royal, 8vo. *scarce,* 6s., Teeling's Irish Rebellion 8vo. *new,* 3s. 6d.; Tuckey's Cork Remembrancer, 8vo. *new plates,* 5s.; Transactions of the Gaelic Society, 8vo.,*bds, scarce,* 5s.; Traveller's Guide through Ireland, 12mo, *bd,* 2s 6d.; The Christian Doctrine by Bonaventure O'Hussey (in *Irish Characters*), *Rome,* 1707, 20s.; Vallency's Irish Grammar, 8vo, *scarce,* 12s.; Wakefield's Statistical Account of Ireland, 2 vols, 4to. 20s. *pub. at £4;* Wallace on the Manufactures of Ireland, 8vo. cf. 4s. 6d.; Watkinson's Survey of the South of Ireland, 8vo. cf. plates, 3s.; Ware's Antiquities of Ireland, fol. *scarce, £2*; *Another copy,* 2 vols fol by Harris, £10; Warner's History of Ireland, 4to. cf. 7s. 6d.; Warner's Civil Wars of Ireland, 4to. cf. 7s. 6d.;Wilson's Collection of the resolutions of the Volunteers, 8vo. *bd .plates,* 10s.6d.(cost *the former owner* £1); Young's History of England and Ireland, 2 vols. *bd.* 4s. (*Kilkenny Journal,* 3 Lúnasa 1842, 6 Lúnasa 1842, 13 Lúnasa 1842).

Stoc Leabhar agus Praghasanna Leabhar i Siopa an Dálaigh, Baile Átha Cliath, 1849

Foinse: fógrán ar chúl *Poets and Poetry of Munster* (1849)
John O'Daly Irish Bookseller 7, Bedford Row Dublin
Begs to draw the attention of Irish Students and the public in general, to the following list of Irish books which he has on sale at the affixed prices, many of which can be forwarded by post on receipt of sixpence additional
Self-Instruction in Irish . . . 1s
Reliques of Irish Jacobite Poetry . . . 2s
The Kings of the Race of Eibhear . . . 1s 6d

O'Brien's Irish-English Dictionary 4to . . . 15s
8 vo . . . 12s
O'Reilly's Irish-English Dictionary . . . 25s
Chronological Account of 400 Irish Writers . . . 5s
English-Irish Dictionary . . . 3s 6d
Moore's Melodies, translated by the late E. O'Cavanagh, part 1 . . . 1s
–, translated by Dr. Mac Hale . . . 2s
Homer's Illiad . . . translated by Dr. Mac Hale, 4s
Thomas a' Kempis in Irish . . . 2s 6d
Irish Grammar . . . (Monck Mason's) 1s 6d
. . . (Connellan's) 1s 6d
. . . (O'Brien's) 3s 6d
. . . (Halliday's) 3s 6d
. . . (Vallancey's) 8vo 6s
4to 7s 6d
. . . (Nelson's) *Achill Edition* 3s
. . . (Lynch's) 1s
. . . (O'Donovan's) 16s
Brooke's Reliques of Irish Poetry . . . 4s
Keating's Ireland . . . Irish-English vol 1, 7s 6d
Donlevy's Cathecism, Paris 1742, 6s
–, Duffy's Edition, 2s
Think Well On'T, translated by O'Cavanagh, 1s 6d
Gallagher's Irish Sermons 1s 6d
– translated into English, 1s 6d
Catholic Irish Prayer Book by the Rev. J. Furlong . . . 1s
O'Hussey's Irish Cathecism, Rome 1707, 3s 6d
Connellan's Gospel of St. John, in Irish . . . 5s
Connellan's (T.) Grammatical Introduction to the Irish Language . . . 1s
O'Heerin and O'Dugan's Topographical Poems . . . 2s 6d
Transactions of the Gaelic Society . . . 3s 6d
Walsh's Irish Poular Songs . . . 2s 6d

Stoc Leabhar agus Praghasanna i Siopa an Dálaigh, Baile Átha Cliath, 1858

Foinse: fógrán ar chúl an *Pious Miscellany,* 1858
Self Instruction in Irish: 1/-
Adventures of Donnchadh Ruadh: 1/6
Kings of the Race of Eibhear: 1/6
Poets and Poetry of Munster: 5/0
Tribes of Ireland: 3/0
Brooke's Reliques: 4to. 10/-
8 vo. 7/6

Aguisín 2

Foinsí *Reliques of Irish Jacobite Poetry*

Liostáil ar na héagsúlachtaí idir na foinsí agus an leagan foilsithe

Foinsí Lámhscríbhinne

Baile Átha Cliath

Acadamh Ríoga na hÉireann

ARÉ 23 B 38

I gcás an véarsa de 'An Teangadh Gaoidheilge'/'The Irish Languge' atá ar an gclúdach, tá na difríochtaí seo idir an dá théacs (leagan ARÉ 23 B 38 chun tosaigh, leagan *Reliques* sa dara háit):

Is ise> Is eadh; Dob oilte> Budh oilte; dob aite> budh aite; Budh snuighte> Budh shnuighte; budh shnasda re racaireacht> budh snas-ghluine racaireacht; laoidhthe> laoithe; Ní hianann> Ní h-ionann.

ARÉ 12 E 24

I gcás an véarsa de 'Atá an uireadsan tarcaisne air bheartaibh na binn gaodhailge . . .' atá ar an gclúdach, tá na difríochtaí seo idir an dá théacs (leagan ARÉ 12 E 24 chun tosaigh, leagan *Reliques* sa dara háit):

ba thapa> ba thapadh; racaireacht> racaireachd; Ní h-ionan> Ní h-ionann; namhaide> naimhde.

ARÉ 23 D 8

I gcás an chéad véarsa de 'An Bonnaire Fiadh-Phuic', tá na difríochtaí seo idir an dá théacs (leagan ARÉ 23 D 8 chun tosaigh, leagan *Reliques* sa dara háit):

'Sé> A sé; fiadh-phoic> fiadha-phuic; teorain> teóruinn; milliodh> milleadh; máigh> mágha; ghnáis> ghn'ais.

I gcás an chéad véarsa de 'Mac an Cheanuighe', tá na difríochtaí seo idir an dá théacs (leagan ARÉ 23 D 8 chun tosaigh, leagan *Reliques* sa dara háit):

Aislin> Aisling; leaba> leabadh; 'Teacht> Ag teachd; A cúm ba gheal> A com ba chaol; rabh> raibh; Cheanaidhe> Cheanaighe.

I gcás an chéad véarsa de 'Anfhocain Bhreatain', tá na difríochtaí seo idir an dá théacs (leagan ARÉ 23 D 8 chun tosaigh, leagan *Reliques* sa dara háit):

Eisdidh> Eisdig; sgaipeadh> sgaipe; leoghain> leomhain; laochra> laochradh.

ARÉ 23 I 20

I gcás an chéad véarsa de 'Uaillchumhadh na Mnaoi Alban a ndiaigh a Céile Rígh Séarlus', tá na difríochtaí seo idir an dá théacs (leagan ARÉ 23 I 20 chun tosaigh, leagan *Reliques* sa dara háit):

muibhefid> mhuidheafad; ce he> cia e; ach go mbiadh> beidh; innsint> innsin; sgeul> sgéil; guibhim> guidhim; Dé bhi na gcomhair> Dé na g-comhacht; go dtige> go dtigheadh; gan baoghal> gan bhaoghal; sein> séin; ni bhfuaras fein> ní bh-fuaireas féin; cuaig> chuaidh.

I gcás an chéad véarsa de 'Freagradh air an Mnaoi Albanaicc', tá na difríochtaí seo idir an dá théacs (leagan ARÉ 23 I 20 chun tosaigh, leagan *Reliques* sa dara háit):

Ríogan uasal shuarc so> Ríogain uasail shuairc 's; do chuibhe> do chaoi; truaidh> truadh; guibhim> guidhim; úain> uan; buaichal> buachaill; beodh> beó.

ARÉ 23 A 50

I gcás an chéad véarsa de 'Géibhionn na n-Gaoidheal', tá na difríochtaí seo idir an dá théacs (leagan ARÉ 23 A 50 chun tosaigh, leagan *Reliques* sa dara háit):

Agus> 'S; Agus> 'S; treigiodar> thréigiodar; Seaghan> Seághan.

I gcás an chéad véarsa de 'Bé n-Éirinn Í', tá na difríochtaí seo idir an dá théacs (leagan ARÉ 23 A 50 chun tosaigh, leagan *Reliques* sa dara háit):

pein> péinn; aingeibhion> a n-géibh'; an tseanbhean> an t-seang-bhean; sganradh> sgannradh; gibhe> 'bé; ói> í.

I gcás an chéad véarsa de 'Caoineadh na n-Gaoidheal', tá na difríochtaí seo idir an dá théacs (leagan ARÉ 23 A 50 chun tosaigh, leagan *Reliques* sa dara háit):

fearachoin> feara-choin; seanmhar> séan-mhar; a bfail chrioch> a bh-Fáil-chrích; feile> féile; chum ladhchus> chum laochais; nairm> n-airm; adtacd sios> a d-tráchd síos; an saogal> 'n saogal; Stáin Bee> Seághan Buidhe.

ARÉ 88 C 73h

I gcás an chéad véarsa de 'Uilliam Dall agus an Táiliuir', tá na difríochtaí seo idir an dá théacs (leagan ARÉ 88 C 73h chun tosaigh, leagan *Reliques* sa dara háit):

Is> 'S; chshiúbhail>shiubhaladh; a táim> atáim; a síor leigionn> síor léigion; chuman> chumainn; ghoineadur> ghoineadar; baire> báire.

Coláiste na Tríonóide

CT 1423

I gcás an chéad véarsa de 'Caoineadh na n-Gaoidheal', tá na difríochtaí seo idir an dá théacs (leagan CT 1423 chun tosaigh, leagan *Reliques* sa dara háit):

bhíoch> bhídh; draguin> dragain; ár nairim> Ar n-airm; dá tiagach> dhá d-tigeadh; go leighinda> le h-éifeachd; bhfaigidibh> bh-fáigidhe; tréighthe> tréithe.

Leabharlann Náisiúnta

LNÉ 365

I gcás an chéad véarsa de 'Géibhionn na n-Gaoidheal', tá na difríochtaí seo idir an dá théacs (leagan LNÉ 365 chun tosaigh, leagan *Reliques* sa dara háit):

nam aonfhar> am aonar; Go fhadtuirseach> Go fad-thuirseach; Is é> Do; mo ghné> mo ghnéi; thréigeadar> thréigiodar; 'sa mbailtibh> 'S a mbailte; donas> donus.

Corcaigh

Ollscoil na hÉireann, Corcaigh

Cnuasach Uí Mhurchú 28
I gcás an chéad véarsa de 'Ag taisdiol na Bláirne, lá 's mé ag machtnamh', tá na difríochtaí seo idir an dá théacs (leagan Ollscoil na hÉireann, Corcaigh, Cnuasach Uí Mhurchú 28 chun tosaigh, leagan *Reliques* sa dara háit):
taisdioll> taisdiol; mé machtnamh> me ag machtnamh; bhfearachoin> bh-fearachon; gleo> gleó; neadaig> neadaigh; an tadhal> an t-ál; ó Sacsain> o Shaghsana; ailbhe> Fáilbhe; aimeargan> Amergín; an tslodh> an t-slógh; ba gnathach> ba gnáthach; trasamhuil> treasamhail; a charta sa cradh sa chárna Fanatcly(?)> Dá g-carta, dá g-cárna's dá g-cáible ag fanatics; an grasguir> Grásgair; chealagach> chealgaig; mailighthe> mhallaighthe.
(Tá an litir 'F' curtha roimh an bhfocal 'ailbhe' ag lámh eile – Séamas Goodman, is dócha.)
I gcás an chéad véarsa de 'Súil-chabhartadh Éirionn', tá na difríochtaí seo idir an dá théacs (leagan Ollscoil na hÉireann, Corcaigh, Cnuasach Uí Mhurchú 28 chun tosaigh, leagan *Reliques* sa dara háit):
aréir> a néi; damharcus> D'amharcas; béub>béith; ba geanamhuil> Ba gheanamhail; snuadh chruit> snuadh-dhreach; fuiniomhuil> fuineamhuil; bhí ionnuil a haistir> ba inghealta taisdiol; ; is druidion> Ag druidim; sas> As; nár bhruingiol> nach bruinngheall; dár geiniomh> Do geineadh.
I gcás an chéad véarsa de 'Géibhionn na n-Gaoidheal', tá na difríochtaí seo idir an dá théacs (leagan Ollscoil na hÉireann, Corcaigh, Cnuasach Uí Mhurchú 28 chun tosaigh, leagan *Reliques* sa dara háit):
fadtuirseach> fadthuirseach; claon bearta ghangaid an tsaogal so> clé-bheartaibh ganguide an t-saoguil; mo ghné> mo ghnéi; do chráig> do chrádhaig; mur> mar; galla phuic chlaona> galla phuic chlaonadh; sa> 'S a; fasaigheág> fásuidheag; is an donus gach lae orain dá dorta le chéile> 'S an donus le chéile dá dhorta gach lae orruinn; o ceanglaig> O ceangladh.

Maigh Nuad

Ollscoil na hÉireann, Maigh Nuad

Cnuasach Uí Mhurchú 6
I gcás an chéad véarsa de 'Súil-chabhartadh Éirionn', tá na difríochtaí seo idir an dá théacs (leagan Ollscoil na hÉireann, Maigh Nuad, Cnuasach Uí Mhurchú 6 chun tosaigh, leagan *Reliques* sa dara háit):
anéidh> a nei; go hatuirseach> go fad-thuirseach; aseadh damharcas> D'amharcas; nuaidh dhriuch> snuadh-dhreach; bhí iomal> ba inghealta.
I gcás an chéad véarsa de 'Diothiaitriughadh Gall', tá na difríochtaí seo idir an dá théacs (leagan Ollscoil na hÉireann, Maigh Nuad, Cnuasach Uí Mhurchú 6 chun tosaigh, leagan *Reliques* sa dara háit):
bhfáiltioch> fháilteach; bhfairsing> fhairsing; treasamhail> treasamhuil; sdá gcradha> dá g-cárna; tá noch daibhi> An táin noch d'aibig.
I gcás an chéad véarsa de 'Filleadh Rígh Séarlus', tá na difríochtaí seo idir an dá théacs

(leagan Ollscoil na hÉireann, Maigh Nuad, Cnuasach Uí Mhurch 6 chun tosaigh, leagan *Reliques* sa dara háit):

asiobhal> ag siubhal; attúis> A dtús; angaortha> a n-gaortha; ceodh> ceó; leam> le'm; mbuclaibh> búclaoi; a tubhairt> Ag tabhairt; ciuisbhuidhe> ciúmhais-bhuidhe; na bhfonnsuighe> Na fúnsaidhe.

Bíonn 'th' ag an lámhscríbhinn áit a bhfuil 'h-' ag *Reliques* e.g. véarsa 2: theifiochd> h-éifiochd.

Bíonn teacht in *Reliques* ar litreacha atá fágtha ar lár sa lámhscríbhinn e.g. véarsa 2: asaigheachd> ársaigheachd.

Aguisín 3

Foinsí *Poets and Poetry of Munster*

Liostáil ar na héagsúlachtaí idir na foinsí agus an leagan foilsithe

Foinsí Leabhar

Irish Popular Songs

'An Rós Geal Dubh/Rois Geal Dubh': éagsúlachtaí idir an dá théacs (leagan *Irish Popular Songs* chun tosaigh, leagan *Poets and Poetry of Munster* sa dara háit):
O'ndé go niú>ó nae go'niugh; amuigh>'muich; go h-inealta>go h-imiollta; go léimfuin>do léimeas; Cé gur mór í an mhuir>cia gur mór an sruith; Gan am dhiaidh mar ghile gréine>'S gan do ghile gréine am dhéig-si.
'Bán-Chnoic Éireann O!/Bán Chnuic Aoibhin Eirionn': éagsúlachtaí idir an dá théacs (leagan *Irish Popular Songs* chun tosaigh, leagan *Poets and Poetry of Munster* sa dara háit):
beanacht>beannachd;na h-Eirionn>na h-Eireann; Bán-chnuic aoibhinn Éirionn>Bán-chnoic Eireann; Chum a mairion>'S chum a mairionn; Eibhir>Eibhear; A m-bán-chnuic>Ar bhán-chnoic; An áit ion ar b'aoibhinn binn ghuth éan> An áit úd'nar b'aoibhinn bínn-ghuith éan; ag cuimhne>ag caoine; Sé mo chás; a gcéin> Is é mo chás; i g-céin>i g-céin.
'A Raibh Tú ag an g-Carraig': éagsúlachtaí idir an dá théacs (leagan *Irish Popular Songs* chun tosaigh, leagan *Poets and Poetry of Munster* sa dara háit):
An raibh>A raibh; Nó a bh-faca; A bh-feacadh; gile, finne agus sgéimh na mná>gile, 'gus finne 'gus sgéimh na mná; Nó a bh-faca tú an t-ubhal ba cúbhartha is ba mhillse bláth>A bh-feacadh tú'n t-abhall ba chúbhradh 's ba mhillse bláth; Nó a bh-faca tú mo bhalantíne nó a bh-fuil sí d'a claoidh mar táim>A bh-feacadh tú mo *Valentine,* no a bh-fuil sí dá chlaoidh mar 'táim?

Foinsí Lámhscríbhinne

Baile Átha Cliath

Acadamh Ríoga na hÉireann

ARÉ 23 B 36
'Ol-dán Sheághain Ui Thuama': éagsúlachtaí idir an dá théacs (leagan ARÉ 23 B 36 chun tosaigh, leagan *Poets and Poetry of Munster* sa dara háit):
dhioghlan>dhíolas; leann>liún; is chuirean>'S chuirios; mo bhuidhean>mo bhuidhin; rangcais>ran-gáis; am Chuideachta>Am chuidiochtadh.
'Freagradh Aindriais Mheic Craith air Sheághan Ua Thuama': éagsúlachtaí idir an dá théacs (leagan ARÉ 23 B 36 chun tosaigh, leagan *Poets and Poetry of Munster* sa dara háit):
dhioghlann>dhiolas; lann>liún; do chuidachta>do chuidiochtadh.
'Teacht na n-Géana Fiadhaine': éagsúlachtaí idir an dá théacs (leagan ARÉ 23 B 36 chun tosaigh, leagan *Poets and Poetry of Munster* sa dara háit):

Fanaig is eistigh dá fhithcid is caogad>Fanaidh go n-éistiom a ceathair ar chaogad; is>'S; go reighfig>réighteadh; ar ghaodhalaibh>air Ghaoidheilibh; Eibhir>Éibhear; lasfa>lasfadh; na spéartha>na spéarthadh; a gcall-phort>'S go caladh-phort.

'Bínn Lisín Aorach an Bhrogha': éagsúlachtaí idir an dá théacs (leagan ARÉ 23 B 36 chun tosaigh, leagan *Poets and Poetry of Munster* sa dara háit):

meighreach>meadhrach; dá ndeaghsa>dá rabhas-sa; aegharach>aorach; aig cantuinn>Ag cantainn; abhann>abhan; taidhbhseach>Taidhbhsioch; linn>líng; le greann>le fonn; ?> Más teinn libh-si; Ba>Ta; dlúith>luath.

ARÉ 23 C 8

Is beag idir leaganacha ARÉ 23 C 8 (cé is moite de 'Aisling an Athar Pádruic Ui Bhrian' agus 'An Abhainn Laoi') agus leaganacha Uí Mhurchú 6, Ollscoil na hÉireann, Maigh Nuad.

'Cuisle na hÉigse': éagsúlachtaí idir an dá théacs (leagan ARÉ 23 C 8 chun tosaigh, leagan *Poets and Poetry of Munster* sa dara háit):

eirgse> éirgidh; ag innsin sgéil> Ag insint sgéal; ar cuaird> ar cuairt.

'Léir-ruathar Whigionna': éagsúlachtaí idir an dá théacs (leagan ARÉ 23 C 8 chun tosaigh, leagan *Poets and Poetry of Munster* sa dara háit):

den fhuirinn> de'n fhuirion; sba> Ba.

'Aisling Chonchúbhair Ui Riordáin' (leagan lth. 265 den lámhscríbhinn): éagsúlachtaí idir an dá théacs (leagan ARÉ 23 C 8 chun tosaigh, leagan *Poets and Poetry of Munster* sa dara háit):

Tráith> Tráth; ráith luirc; Rath Loirc; saoghuil>saoghail; eacharann> acharan; Tarlaidh> Go d-tárlaidh; a ngaortha> a n-gaorthadh; gléada> gleanna; nár chrapuighthe> nár chrapaighthe; dár theaingmhuidh liom> dá bh-feacadh-sa.

'An Seanduine Seoirse': éagsúlachtaí idir an dá théacs (leagan ARÉ 23 C 8 chun tosaigh, leagan *Poets and Poetry of Munster* sa dara háit):

cá rachad>Cá racham; hanóbhar>Hanover; Castle>Cassel; mo>'na; mac máthar>mo shean-athrach; airigthe>airicthe.

'Bínn Lisín Aorach an Bhrogh': éagsúlachtaí idir an dá théacs (leagan ARÉ 23 C 8 chun tosaigh, leagan *Poets and Poetry of Munster* sa dara háit):

da ndeaghfas> dá rabhas-sa;'me ag eisteacht> Ag eisdiocht; binn ghuith> binn-ghuth; ag cantuin> Ag cantainn; ar ghéaguibh> ar ghéagadh; cois abhann> cois abhan; taidhbhseach> Taidhbhsioch; linn> líng; a rinnce> Ag raince; san ngaortha> sa n-gaortha.

'Inghíon Ui Ghearailt' le Domhnall na Buile: éagsúlachtaí idir an dá théacs (leagan ARÉ 23 C 8 chun tosaigh, leagan *Poets and Poetry of Munster* sa dara háit):

taisteas> teasdas; ag fáighibh eoil> ag fáidhibh iuil; is ní fhaicim> Ní fhaicim; ag taistial> ag taisdiol: lachannta> lachanta; ealadh> aladh.

'Aisling Eadbhaird do Noglaich': éagsúlachtaí idir an dá théacs (leagan ARÉ 23 C 8 chun tosaigh, leagan *Poets and Poetry of Munster* sa dara háit):

taisdiol> ag taisdiol; is>'s; leam thaobh> le m'thaoibh; go banamhuil> Go barramhuil.

Tá leaganacha ARÉ 23 C 8 agus *Poets and Poetry of Munster* de 'Aisling an Athar Pádruic Ui Bhrian', agus 'An Abhainn Laoi' an-éagsúil ó chéile.

ARÉ 23 D 8

'Réaltan Chille Cainnich': éagsúlachtaí idir an dá théacs (leagan ARÉ 23 D 8 chun tosaigh, leagan *Poets and Poetry of Munster* sa dara háit):

Taid> Atáid; ag imeacht> ag imtheacht; suthuimh> soithimh; túirlint> túirling; mungaibh> mongaibh; don Bhrúnach> don mBrúnach; gaol> gaodhal; ó Chill Chainnigh> o Chill-Chainnich.

'An Abhainn Laoi': éagsúlachtaí idir an dá théacs (leagan ARÉ 23 D 8 chun tosaigh, leagan *Poets and Poetry of Munster* sa dara háit):

chaoimh-chrotach> chaomh-chrotach; Úr-leughanta> Ur-léighionta; líonmhur> líonmhar; laoigh> laoi; Bhúr saothar> Ba shaothar; i n'intleacht> a n-inntleacht; lúb-shruthach> lúb-shrothach; glae-chriostail mhín> glé-chriostal mín;'r bith d'fhíor-uisge> ar bith fíor-uisge; séun> séan; Do bhéidir> Do b'fhéidir.

ARÉ 23 D 35

'Cuisle na hÉigse': éagsúlachtaí idir an dá théacs (leagan ARÉ 23 D 35 chun tosaigh, leagan *Poets and Poetry of Munster* sa dara háit):

éirge>éirgidh; a neadhchruit>a n-éag-chruith; air cuaird>ar cuairt.

'Móirín Ni Chuillionnáin' le Seán Ó Tuama: éagsúlachtaí idir an dá théacs (leagan ARÉ 23 D 35 chun tosaigh, leagan *Poets and Poetry of Munster* sa dara háit):

mhodhuil>mhóir-mhín; si>As í; cair>cáigh; mar or sios>mar ór buidhe; ag fas>ag fás.

'Léir-ruathar Whigionna': éagsúlachtaí idir an dá théacs (leagan ARÉ 23 D 35 chun tosaigh, leagan *Poets and Poetry of Munster* sa dara háit):

den fhuirinn>de'n fhuirion; sba>Ba; cluithenirt>cluithche-neirt.

'Bínn Lisín Aorach an Bhrogha': éagsúlachtaí idir an dá théacs (leagan ARÉ 23 D 35 chun tosaigh, leagan *Poets and Poetry of Munster* sa dara háit):

da ndeachsa>dá rabhas-sa; air beinn>ar bhínn;'sme ag eisteacht le beinnghuth >Ag eisdiocht le bínn-ghuth; ag cantuinn>Ag cantainn; sa leinn>san líng; ag ringce>ag raince; san>sa; sul na béal>súl na béil.

'Inghíon Ui Ghearailt' le Domhnall na Buile: éagsúlachtaí idir an dá théacs (leagan ARÉ 23 D 35 chun tosaigh, leagan *Poets and Poetry of Munster* sa dara háit):

Ata lille>Atá lile; dfuil ghearuilt>d'fhuil Ghearailt; a teasdas>teasdas; ag fághaibh eoghain>ag fáidhibh iuil; is ni>Ní; a dtus n tsamhruidh>a d-túis an t-samhradh; eala>aladh.

ARÉ 23 E 12

'Róisín Dubh' (leagan lth. 211): éagsúlachtaí idir an dá théacs (leagan ARÉ 23 E 12 chun tosaigh, leagan *Poets and Poetry of Munster* sa dara háit):

Mairg>Is mairg; Is bocht>'S nach bocht; reubadh>raobadh; Tamuidne>Támaoid; a Róisín Dhuibh>A Róisín Dubh.

'Gile na Gile': éagsúlachtaí idir an dá théacs (leagan ARÉ 23 E 12 chun tosaigh, leagan *Poets and Poetry of Munster* sa dara háit):

do choncas air slíghe>do chonarc ar slíghe; na>a; Deirge finne agus luisne>Deirge's finne a fionnadh; gríos gruadhna>gríos gruadh'nadh.

'Bán-Chnoic Eireann O!': éagsúlachtaí idir an dá théacs (leagan ARÉ 23 E 12 chun tosaigh, leagan *Poets and Poetry of Munster* sa dara háit):

beannacht>beannachd; na heirionn>na h-Eireann; maireann>mairionn; Eimhir>Eibhear; inn ar>'nar; Se>Is é.

'An Bhláth-Bhruingioll': éagsúlachtaí idir an dá théacs (leagan ARÉ 23 E 12 chun tosaigh, leagan *Poets and Poetry of Munster* sa dara háit):

blaith bruindeal>bláth-bhruingioll; bheusach>bhéasach; Deas miochair> Bláth-mhiochair; béul-tana na rós> béal-chruith do chéas mé; blaith-thiugh>bláth-tiubh; air dhaol dath> ar daol-dhaith; bláth tuigse>bláth-thuigseach; dar n-doith>go feór.

'Réaltan Chille Cainnich': éagsúlachtaí idir an dá théacs (leagan ARÉ 23 E 12 chun tosaigh, leagan *Poets and Poetry of Munster* sa dara háit):
Táid>Atáid; air>ar; Tá'n eclips>Tá'n t-Eclips; fiuracht>fiúntar; Ta'n ghrian> Tá Phoebus; na cuige> na cóige; go féilbhir>go soithimh; féur>féar; air ar>ar ár; gaol>gaodhal.
'Inghíon Ui Ghearailt' le hAogán Ó Rathaille (leagan lth. 178): éagsúlachtaí idir an dá théacs (leagan ARÉ 23 E 12 chun tosaigh, leagan *Poets and Poetry of Munster* sa dara háit):
Trem chleibh-se> Tré m' chréachtadh; do mhill mé> do mheíll mé; Gan bhreugadh> Gan bhréagnadh; Air threun-mhuir no air talamh> Ar tréanmhuir, ar talamh; Níor léun liom a taisce chois inse gan stór>Níor léan liom a bheith farat cois Inse, gan stór.
'Suirghe Pheadair Ui Dhoirnín': éagsúlachtaí idir an dá théacs (leagan ARÉ 23 E 12 chun tosaigh, leagan *Poets and Poetry of Munster* sa dara háit):
Infhir na g-ciabh>Aingir chiuin na g-ciabh; astar>aisdior; Áit nach d-tigeann ar ndiaigh> Mar nár thig'nár n-diaigh; no aon neach fa chion buaidhroimh>'Ná neach ar bith faoi chion a m-buairiomh; Beidh mise dhuit mar sgiath chosanta gach cian> Beidheadh mé dhuit am sgiaith/Chosantadh ann gach gliaidh; A's inuirfidh(?) dhuit mar bhiadh an torc-alla 'sa fiagh 's déanfad> Mharbhfainn dhuit mar bhiadh,/an torc-alladh 'gus an fiadh,/'S dhéanfain.
'Sebéal Ní Bhriain': éagsúlachtaí idir an dá théacs (leagan ARÉ 23 E 12 chun tosaigh, leagan *Poets and Poetry of Munster* sa dara háit):
ghleiogiol>ghleigil; A aoin lasair>A aon-lasair; A bheil>A béal; saim>sámh.
'Bínn Lisín Aorach an Bhrogha': éagsúlachtaí idir an dá théacs (leagan ARÉ 23 E 12 chun tosaigh, leagan *Poets and Poetry of Munster* sa dara háit):
de d-teithinn-se leam fein> dá rabhas-sa liom féin; Fa thaobh lisin aedharaich an bhrógha> Ar bhínn lisín aorach an Bhroghadh; chois abhainn> cois abhan; bidh breac suilbhreach 'sa linn ud fa reim> An'Breac Taidhbhrioch' san líng faoi réim;'se ringce le haedhar> Ag raince sa n-gaortha le fonn; Mas tinn dhoibh a radharc> Más teinn libh-se radharc; leighios dluth>leigheas luath; eug>éag; dhul>dul.
'Róis Gheal Dubh' (leagan lth. 285): éagsúlachtaí idir an dá théacs (leagan ARÉ 23 E 12 chun tosaigh, leagan *Poets and Poetry of Munster* sa dara háit):
do ghlac> do thug: o n-dé> ó nae; ó chiumhais an tsléibhe>Ar imoll sléibh; amuigh>'muich; go h-éadrom> go h-iniollta; go d-tug mé a léim é> do léimeas; mór an mhuir> mór an sruith;'s gan mo dhéigh mar gile gréine>is gan do ghile gréine am dhéigh-si.
'Eamann an Chnoic'(leagan lth. 283): éagsúlachtaí idir an dá théacs (leagan ARÉ 23 E 12 chun tosaigh, leagan *Poets and Poetry of Munster* sa dara háit):
Cia súd> Cia h-é; amuigh>amuich; a bh-fuil>'Na bh-fuil; a ghuth>a ghuith; Aig reubadh mo dhoruis dúntadh>Ag raobadh mo dhorais dúnta; Eadhmond>Eamonn; báighte>báidhte; a s gleanta>'s gleanntadh; Mas tú Eádhmond an chnoic atá báighte fuar fliuch/Atá aig síor-chur mo chodla múghadh orm,/Buain diot a bh-fuil ort agus sín síos le m ais/Agus béidhmoidne seal ar n-duiseacht>A laogh dhil 's a chuid,/Cread dhéanfainn-si dhuit/Mun a g-cuirfinn ort beinn da m'ghúnadh,/'S go bh-fuil puúghdar go tiugh,/Dá shíor-shéide riot,/'S go m-beadhmaois a raon múchda!
'Aisling an Athar Pádruic Ui Bhrian': éagsúlachtaí idir an dá théacs (leagan ARÉ 23 E 12 chun tosaigh, leagan *Poets and Poetry of Munster* sa dara háit):
a's>'s; Do fheall>Do thál mo bhrónsa>mo bhrón í!
'Slán chum Pádraic Sáirseul': éagsúlachtaí idir an dá théacs (leagan ARÉ 23 E 12 chun tosaigh, leagan *Poets and Poetry of Munster* sa dara háit):

A Phátraic Sairseal! slán go d-tigeadh tu>A Phádraic Sáirséal slán go d-tí tú!; O chuadh tu 'na Fraince 's do champaigh>O chuadar do 'n Fhrainc's do champaidhe; Ag deanadh>Ag déanamh; na righthibh>na Ríghthe; d'faig>d'fhág; gaedhail>Gaoidheil.
'A Raibh Tú ag an g-Carraig' (leagan lth. 205): éagsúlachtaí idir an dá théacs (leagan ARÉ 23 E 12 chun tosaigh, leagan *Poets and Poetry of Munster* sa dara háit):
An raibh tu ar an g-carrraig, no bh-faca >A raibh tu ag an g-Carraig 's a bh-feacadh; Nó an bh-faca>A bh-feacadh; finne>'gus finne;'n t-úbhall ba mhillse 's ba chumhra bláth>'n t-abhall ba chúbhradh 's ba mhillse bláth; No'n bh-faca tu mo bhalentíne no'n bh-fuil sí'ga claoidheadh mar táim >A bh-feacadh tú mo *Valentine,* no a bh-fuil sí dá claoidh' mar 'taim.
Tá leaganacha ARÉ 23 E 12 agus *Poets and Poetry of Munster* de 'An Chúil-fhionn' agus 'An Draonán Donn' an-éagsúil ó chéile.

ARÉ 23 G 21
'Cuisle na hÉigse': éagsúlachtaí idir an dá théacs (leagan ARÉ 23 G 21 chun tosaigh, leagan *Poets and Poetry of Munster* sa dara háit):
eirge>éirgidh; suas>suas?; ag innsin>ag ínsint; ar cuaird>ar cuairt.
'Moirín Ní Chuillionnáin': éagsúlachtaí idir an dá théacs (leagan ARÉ 23 G 21 chun tosaigh, leagan *Poets and Poetry of Munster* sa dara háit):
a roduigheacht> ag roduigheacht; seolfaidhe>seolfuidhe; modhuil>moir-mhín; sí> As í; craoibhfholt>craobh-fhoilt; mar or sios>mar ór buidhe; toirsidhe>toirsighibh.
'Léir-ruathar Whiggiona': éagsúlachtaí idir an dá théacs (leagan ARÉ 23 G 21 chun tosaigh, leagan *Poets and Poetry of Munster* sa dara háit):
sba churrannta>Ba churanata; cluithe-nirt>cluithche-neirt.
'Aisling Chonchúbhair Ui Riordáin': éagsúlachtaí idir an dá théacs (leagan ARÉ 23 G 21 chun tosaigh, leagan *Poets and Poetry of Munster* sa dara háit):
Tráith> tráth; am thiomchallaibh> Am thímchiollaibh; acharann>acharan; a ngaortha>a n-gaorthadh; gléada>gleanna; bhreághtha>bhreághthadh; dár theangmhuidh liom> dá bh-feacadh-sa.
'Bínn Lisín Aorach an Bhrogha': éagsúlachtaí idir an dá théacs (leagan ARÉ 23 G 21 chun tosaigh, leagan *Poets and Poetry of Munster* sa dara háit):
dá ndeachsa>da rabhas-sa; ag cantuinn>cantainn; ar gheagaibh>ar gheagadh; linn>líng; ringce>raince.
'Inghíon Ui Ghearailt' le Domhnall na Buile: éagsúlachtaí idir an dá théacs (leagan ARÉ 23 G 21 chun tosaigh, leagan *Poets and Poetry of Munster* sa dara háit):
Ghearailt>Ghearuilt; Is ni>Ní; ruin>rún;an tsamhruidh>an t-samhradh.

ARÉ 23 I 20
'Aisling Chonchúbhair Ui Shúilliobháin': éagsúlachtaí idir an dá théacs (leagan ARÉ 23 I 20 chun tosaigh, leagan *Poets and Poetry of Munster* sa dara háit):
Tríom easlaing> Tré m'aisling; araor> a raoir; mi am shuain> me'm shuan; tsamh> támh; Riogan na gcuach mbain> ríoguin na g-cuach m-bán; laoitis>litis; na heátha> Na h-aghtha; ní bheadh fios> ní'l fhios.
'Freagradh Dhonnchadh Ui Shúiollabháin air Chonchúbhar Ua Shúilliobháin': éagsúlachtaí idir an dá théacs (leagan ARÉ 23 I 20 chun tosaigh, leagan *Poets and Poetry of Munster* sa dara háit):
An gealthan chruth cinn cfhailce> An gealthan-chruith chaoin-chailce; do dhearcuis> do dhearcais; leabhar bhláith> leabhar-bhláth.

ARÉ 23 I 48

'Sighile Ni Ghadharadh': éagsúlachtaí idir an dá théacs (leagan ARÉ 23 I 48 chun tosaigh, leagan *Poets and Poetry of Munster* sa dara háit):

ane> a néi; dearach>déarach;go haodhrach>go h-aorach; am thiompall>am thímchioll; a pleiriocht> ag pléiriocht; an alle>Alladh; ba chlaoinaigh>ba chlaoine; do rithis>do ruithios; do dhruidis na comhar>do dhruidios'na cóir; go millis>go milis; a niomuil a beol>a n-iomall a beoil; le taithneamh>le tathniomh; le hoige>na h-óige; le bine mo lodlain>le binneacht a glórtha.

'An Páisdín Fionn': éagsúlachtaí idir an dá théacs (leagan ARÉ 23 I 48 chun tosaigh, leagan *Poets and Poetry of Munster* sa dara háit):

Tá>Atá; reilfhion>réaltan; do chráig>do chrádhaigh; mo chroídh>mo chroidhe; le héigian taithneamh>le h-eigiois taithnimh; dfhág me sealad gan slainte>A n-géibhionn galair gur fhág me!; bachalach>bachallach; dlaoith>dlaoi; iona>'Na; creathach>crathach; fáineach>fáingioch; gne na hallan a snámh air linn>Gne na h-alan a snamh ar líng> iona headan geanabhuil naireach>'Na h-éadan geanamhail náireach.

ARÉ 24 L 16

'Toirdealbach Láidir': éagsúlachtaí idir an dá théacs (leagan ARÉ 24 L 16 chun tosaigh, leagan *Poets and Poetry of Munster* sa dara háit):

beirghidhean>beirdhean; bainne>bainge; ím>im; tighean tu>teighir; margadh>marga; Ceannach>ceanach; luathphingine>luadh pinghine; dhuibhe> d'uibhe.

ARÉ 23 M 8

'Aisling an Athar Pádruic Ui Bhrian': éagsúlachtaí idir an dá théacs (leagan ARÉ 23 M 8 chun tosaigh, leagan *Poets and Poetry of Munster* sa dara háit):

Toigfaig> Tógfadh; aituirse>atuirse; air>ar; a dimthig>d'imthigh.

Maigh Nuad

Ollscoil na hÉireann, Maigh Nuad

Ó Murchú 6

'Cuisle na hÉigse': éagsúlachtaí idir an dá théacs (leagan Uí Mhurchú 6, Ollscoil na hÉireann, Maigh Nuad chun tosaigh, leagan *Poets and Poetry of Munster* sa dara háit). Níl líne an churfá ('S Éire mo chroidhe'tá m'intinn ort!') sa lámhscríbhinn:

éigsi> éigse; eirge> éirgidh; ag insin> Ag insint; ar cuaird> ar cuairt.

'Freagra ar an m-Béith': éagsúlachtaí idir an dá théacs (leagan Uí Mhurchú 6, Ollscoil na hÉireann, Maigh Nuad chun tosaigh, leagan *Poets and Poetry of Munster* sa dara háit): air ainngir bhig chaigh > Ar t-aingir cois Máigh; an bharran tais bhláith> An bharr-tais bhláith.

'Léir-ruathar Whiggiona': éagsúlachtaí idir an dá théacs (leagan Uí Mhurchú 6, Ollscoil na hÉireann, Maigh Nuad chun tosaigh, leagan *Poets and Poetry of Munster* sa dara háit): sba curranta> Ba churanta; cluithe nirt> cluithche-neirt; nach tuightear> Ná tuigthear; is>'s.

'An Bhláth-Bhruingioll': éagsúlachtaí idir an dá théacs (leagan Uí Mhurchú 6, Ollscoil na hÉireann, Maigh Nuad chun tosaigh, leagan *Poets and Poetry of Munster* sa dara háit): Sí> As í; an bhláith bhruinngiol> an bhláth-bhruingioll; bhéusach> bhéasach; bhláith mhiocar bheul tannuidhe> Bhláth-mhiocair bhéaltanna; tearna> tréine; blaith shnuite> bláth-shnuidhte; go feoir> go feór.

'Inghion Ui Ghearailt': éagsúlachtaí idir an dá théacs (leagan Uí Mhurchú 6, Ollscoil na hÉireann, Maigh Nuad chun tosaigh, leagan *Poets and Poetry of Munster* sa dara háit): suineantha teasdas > soinneanda a teasdas; fáidhibh eóil> sáidhibh iuil; anninnialltacht pearsain> A n-inniolltacht pearsan; masglach> masgalach; bláith> Bláth; an tsamhruidh> an t-samhradh; lachannta> lachanta; eala> aladh; og> óg.
'An Seanduine Seoirse': éagsúlachtaí idir an dá théacs (leagan Uí Mhurchú 6, Ollscoil na hÉireann, Maigh Nuad chun tosaigh, leagan *Poets and Poetry of Munster* sa dara háit): Is ró dhian sgreadas> Is ro-dhian do sgreadan; an seanduine so> an sean-duine; cá rachfad> cá racham; hanóbhar> Hanover; ina>'na; ná fód mac máthar> Ná fód mo shean-athrach.
'Aisling Chonchúbhair Ui Ríordáin': éagsúlachtaí idir an dá théacs (leagan Uí Mhurchú 6, Ollscoil na hÉireann, Maigh Nuad chun tosaigh, leagan *Poets and Poetry of Munster* sa dara háit):
Tráith> Tráth; ráth luirc; Rath Loirc; achrann> acharan; a ngaortha> a n-gaorthadh; gléada gluis> gleanna glais; ba bhreághtha> Ba bhreághthadh; dár theaingmhuidh liom> dá bh-feacadh-sa.
'Binn Lisín Aorach an Bhrogha': éagsúlachtaí idir an dá théacs (leagan Uí Mhurchú 6, Ollscoil na hÉireann, Maigh Nuad chun tosaigh, leagan *Poets and Poetry of Munster* sa dara háit):
dá ndeachasa(?)> dá rabhas-sa; smé aig éisteacht> Ag eisdiocht; ar ghéagaibh> ar ghéagadh; sa leinn> sa líng; ag rinngce> ag raince; is más> Más; radharc súl nna mbéal> radharc súl na béil.
'Aisling an Athar Pádruic Ui Bhriain': éagsúlachtaí idir an dá théacs (leagan Uí Mhurchú 6, Ollscoil na hÉireann, Maigh Nuad chun tosaigh, leagan *Poets and Poetry of Munster* sa dara háit):
An aisling rinneas air Móirín/ tógfaidsi tuirse agus brón díbh> Tógfadh sé atuirse's brón díbh/ An aisling do chonarc air Mhóirín; mar chaill sise a céile mo leoghan groidhe> Ó d'imthigh a céile mo bhron í!

Aguisín 4

Léacht a thug Seán Ó Dálaigh don Chónaidhm Éireannach (Irish Confederation), 8 Samhain 1847 (LNÉ G 416)

Language and Means Suggested for its Revival

Mr. Chairman and Gentlemen,

I much regret that the subject which I am going to treat of this evening has not fallen into abler and better hands than mine to do it that justice which it deserves but, Sir, I find myself totally inadequate for the task which I have now to perform. A national language Sir, is a proud feature of a nation, and the revival of that language will necessarily involve a veneration for monuments, then memorials and mementoes of Antiquity which are native in origin and in character – it is, Sir, the only living monument of nationhood itself. In fact if Ireland is to be a distinct nation she necessarily must have distinct elements of nationhood, and it is therefore that I am so urgent in my advocacy of the language which I lisped in my cradle, and in which the heroic deeds of our proud ancestry is written and recorded.

The attempt to describe beauties peculiar to this language would be a task more than adequate to my slender capacity but, should I succeed in the attempt, perhaps gentlemen may accuse me of partiality and blind zeal for the honour of my native tongue.

The Irish being an original language, is in great measure an imitation of nature; therefore its sounds must be more aid to the sense than those of any borrowed or artificial tongue. It is therefore more peculiarily adapted to the descriptions of the soft, tender, plaintive and elegiac mind, more than any language in the world, as our songs and elegies doth fully testify and to confirm what I now state, I need only refer you to the alphabet itself which consists of but seventeen letters five of which are vowels. Such a proportion of vowels must be attended with a harmony and softness not to be found in other languages in which the proportion of vowels to the consonants is much less. It must otherwise be observed that of the twelve consonants of this language eight or nine in most of the inflections are altogether *mute,* the effect of the aspiration is so often annexed, being either to deprive them of their power, or to render that power more vocal, soft and mellow. This peculiar circumstance attributes so much to the euphoria and harmony of the language, that if it were written as it is sounded when properly and gracefully pronounced the number of its vowels would be found probably equal to its consonants which retain their natural power, and to guard against any inconvenience that might arise from so great a proportion of vowels, the Irish language has made admirable provision by a general rule which seldom or never allows two vowels to be pronounced (except in diphthongs) without interposing a consonant: there is either an elision of one of the vowels or of two or three auxiliary or servile letters provided for the purpose; one or other naturally steps in and fills the *hiatus.*

But, Mr. Chairman there is an undeserved reproach cast upon our language as well as upon ourselves by those who inconsiderately accuse us of a wild wantonness in the pronunciation of the English tongue, which awkwardness they attribute to the vicious habit, necessarily contrasted by pronouncing a barbarous jargon such as the Irish tongue i*n their estimate,* is supposed to be. The intermixture of Irish and English, so common throughout most parts of Ireland, has been the original cause of this seeming defect in the English accent of the generality of Irishmen, and more particularly in those who, like myself, are reared in the Irish-speaking districts where little or no English at all have (sic) ever been spoken by the peasantry, but I for one, am not ashamed of it. This defect in pronunciation is very improperly denominated 'the Irish Brogue,' with which, in all appearance, the natives of this country are no more affected, than those of any other nation who endeavour to imitate the English Cockney Accent, for which the Irish organs of articulation were never framed or fitted; and in order to prove that the defect so contemptuously laid to the charge of Irishmen and the barbarity of their language, is utterly untrue, I shall content myself with the following extract from the pen of as great an Irishman as ever lived, who, perhaps, although not thoroughly conversant with his native tongue, felt its superior power over the 'dismal jargon' forced upon us by the Stranger and that man was Thomas Davis. And now, gentlemen, that he is gone, let us respect his Memory and esteem him as our own, and proudly point to him as the Chaucer of Irish poetry, and in the long role (sic) of Irish worthies, remarkable for genius, talent and creative power, let us never fail to emblazon in brilliant characters his melodious name. If you refer to his 'Historical Essays' published in the 'Library of Ireland' and this is a book so full of thought, so full of nationality, that it should be a textbook for every student of Irish history, and its wholesome precepts and wise counsels engraven on their hearts, and taught their children as the best legacy a dying parent could bequeath a son whom he would be anxious to instruct in the solemn duties which he owes to his country. In the essay on the Irish language in this book you will find the following passages.

'The language which grows up with a people is conformed to their organs, descriptive of their climate, constitution and manners, mingled inseparably with their history, and their soil, fitted beyond any other language to express their prevalent thoughts in the most natural and efficient way.'

'To impose another language on such a people is to send their history adrift among the accidents of translation – 'tis to tear their identity from all places – 'tis to distribute arbitrary signs for picturesque and suggestive names – 'tis to cut off the entail of feeling and separate the people from their forefathers by a deep gulph (sic) – 'tis to corrupt their very organs and abridge their powers of expression.'

'The language of a nation's youth is the only easy and full speech for its manhood and for its age. And when the language of its cradle goes, itself craves a tomb!'

'A people without a language of its own is only half a nation. A nation should govern its language more than its territories – 'tis a surer barrier and more important frontier, than forests or river.'

Now, Mr. Chairman, had the writer of these sublime and soul stirring thoughts been spared to us, we might in our own day, hope to see our language restored and that to its pristine purity – Now, Sir, having said so much on the beauty and elegance of my native tongue, you will permit me to come to the 'Old Ireland' part of my subject. No doubt you are all aware that the English invasion was accomplished through the agency of Diarmuid Mac Murchadh, King of Leinster and history informs us that a batch of Anglo Norman adventurers with sword in hand ready to execute vengeance upon the unfortunate Irish landed in Bannow-bay in the County of Wexford, I believe in the month of May 1169 and pillaged the country and slew the natives wherever they could lay hold of them and carried on their successful depredation until the year 1367, when the first effort to annihilate the Irish language was attempted by an Act passed in a parliament held in the City of the Confederates in the reign of Edward the 3rd, and before Lionel, Duke of Clarence who was the King's servant here at the time, or you may call him lord lieutenant if you please. In that parliament it was found necessary to enact a law for the purpose of preventing the English who were here coming over to the habits and customs of the Irish, of adopting the Irish language and habit, and the following extract will be sufficient to prove to you how strictly they were determined to put it in force.

'It is ordained and established that every Englishman do use the English language and be named by an English name, leaving off entirely the manner of naming used by the Irish; and that every Englishman use the English custom, fashion, mode of riding and apparel, according to his estate; and if any English or *Irish* living among the English, *use the English language among themselves contrary to this ordinance,* and therefore be attainted, his lands and tenements if he have any, shall be seized into the hands of his immediate lord until he shall come to one of the places of our lord, the King, and find sufficient surety to adopt and use the English language and then he shall have restitution of his said lands' By this statute which is commonly called 'the Black Act of Kilkenny' Clergymen were also deprived of their Benefices, which was (sic) handed over to their Ordinaries until such time as they learned the English language: But this law only referred to those who resided within the Pale, and it must be a severe law to the Irish dwelling there, for if strictly enforced, and I have no doubt but it was, all their revenue fell into the hands of their immediate lords. The ancient natives were universally prejudiced against the dialect of the colonists; insomuch as any of them known (sic) to speak what they termed 'Glafarnach Gall' i.e. *Foreign Jargon,* seldom escaped a reproachful name, hence the tribe of *Mac Diarmuid* in the County of Roscommon were nicknamed *'Diarmuid na nGall'* which is as much as to say, *Darby the Saxon.*

To show the cupidity of the English and the desperate attempt they made in order to smother us and make us English in name as well as in language, an Act was passed in a Parliament held at *Trym,* on Wednesday after the feast of St. Laurence the Martyr in the fifth year of the reign of Edward the fourth, before Thomas, Earl of Desmond, Deputy to George, Duke of Clarence, the King's servant in Ireland for the year 1465; which compelled all Irishmen dwelling in the Counties of Dublin, Myeth, Oriel (Louth) and Kildare, to go appareled like Englishmen and wear their beards after the English manner, swear allegiance and take English surnames. This is called 'Rott. Parliament,' but as I am not acquainted with the technicalities of the law, I cannot well understand that term, unless it means *a rotten parliament,* and if it does, it certainly was not the last we had, of the kind, but I hope the time is now come when there is an end to them by sending all rotten members about their business. Well Sir, with this rotten parliament it was 'ordeyned' and Established by authority of the said *rotten parliament* mind, 'that every Irishman that dwell betwixt or amongst Englishmen in the County of Dublin, Myeth (Meeth) Uriell (Louth) and Kildare shall go like to one Englishman in apparel and shaving of his beard above the mouth, and shall be within one year the Liegeman of the King in the hands of the Lieutenant or Deputie, or such as he will assign to receive this Oath for the Multitude that is to be sworn, and shall take to him an English surname of one town, as Sutton, Chester, Trym, Corke, Kinsale or colour, as White, Blacke, Browne; or arte or Science, as *Smith* or *Carpenter;* or office as *Cooke, Butler,* and that he and his issue shall use this name, under pain of forfeiting his good yearly life (sic) the premises (?) be done to be levied two times by the year to the King's wars according to the discretion of the Lieutenant of the King, or his Deputy. Now Sir, I think we have reason to be grateful to this parliament for compelling us to take such respectable names, but the wonder is they did not include *Tinker, Sweep* in the catalogue. Another *rotten parliament* was held in the reign of Henry the 8th, which enacted the following *beautiful* statute,

'And be it enacted by Authority, that every person, or persons, the king's true subjects inhabiting this land of Ireland or what estate condition, or degree he or they be, or shall be to the uttermost of their power, cunning and knowledge shall use and speak commonly the English tongue and language and that every Irish person and persons, having childe or children, shall endeavour themselfe to cause and procure his said childe and children to use and speake the English tongue and language and according to his and their abilities, cunning and power, shall bring up and keep his said childe and children in such places where they shall or may have occasion to learn the English tongue and language under said condition.

Perhaps, Mr. Chairman, it is unnecessary to dwell further on these 'Black Acts', it is now nearly seven hundred years since Ireland was nominally united to Britain, and perhaps feels that she is but nominally united still. The state may be politically one indeed but union of heart and community of feeling are still in abeyance. And is there not a cause? Can no reasons be assigned for such a state of things ? Some would reply, many, but you were aware that its now upwards of four hundred years since your language was proscribed and that there has never been a single Irish school taught under the sanction of the reigning power nor an Irish book printed at their expense nor does it encourage or support even one up to the present moment. Sir, Irishmen are proverbial for beginning at the wrong end of any thing they undertake to perform but I hope and trust that the Irish Confederation have not begun at the wrong end. At the close of the last century the Irish language found more dangerous enemies in the sons of the Irish than in the blackest Act of Parliament ever invented. I mean the hedge schoolmasters, I myself am a living witness to the vile attempt made by this strange crop of beings to put down the language that I am almost ashamed to declare it. Such was their anxiety perhaps more for the sake of fashion than even a prejudice against their native tongue that they used to prepare a small piece of square timber about an inch long which they tied to the pupil's neck by a string when leaving the hedge school in the afternoon and the parents at home would be instructed by the master to put a notch in the piece of square timber which they called a "Tally" for every Irish word spoken by the pupil at home and for which he was punished on his return to the school next day.

This system tended more effectually to its destruction than all the Acts of Parliament ever put into operation and with them may be classed other and more daring Spirits whose ability and enterprise enabled them to emerge from their native glen, with *mottled shanks* often quitting a blazing turf fire, would blush with affected wonderment when Irish sounds would invade their "ears polite"[1]

It has been asserted, and that in my hearing that the Irish language is not adapted to commercial pursuits and that it would not be politic to perpetuate it but let it *die out.* Now Sir, is it not the heights of absurdity to suppose that the Irish, which is an original language, not depending upon any other, would not be capable of having the affairs of the Nation to whom it belongs transacted through its medium. How is it that France and Belgium, which happen much nearer (sic) to England than Ireland, and Greece and other countries transact their affairs without the aid of the English tongue? And in the name of reason is that man found who dare assert that the Irish is not capable of the same? Sir we don't want the English or their 'dismal tongue' here at all, let them stay at home till we send for them, we can manage our affairs very well without them. We want this country for our own starving population. I recollect a circumstance which frequently recurred in the County Tipperary, during the Potato digging and harvest seasons and the same rule might be extended to English strollers who make periodic visits here with a view to destroy our trade and famish our artisans. During the seasons above referred to large numbers of Kerrymen flock into the Town of Clonmel and hire themselves considerably under the natives, else they would not be employed; this destroys the speculation and hopes of the native labourer [sic] who assemble together and visits [sic] the Farmers houses at night where these Kerrymen are employed and the method they adopt to recognise them from others who may be sleeping in the same room with them is by making them pronounce the word *gabhar* (a goat) and then when they ascertain how many Kerrymen are there, they warn them to desist and if they don't upon their second visit they cut off their right ear and should this not frighten them, they pay a third visit, when they cut off the other ear, thus leaving the poor Kerryman budge homewards without his ears. This, Sir, is no fable, I have seen it with my eyes, and think this rule applies equally well to the Englishman who comes to our shores to destroy our trade and commerce to the detriment of our native artisans. But, Sir, if admitting that it were necessary for us to carry on a mercantile intercourse with England, could we not like the other nations send a *Paddy* Grant or Paddy *Murphy* an Ambassador or interpreter and I am sure he would learn her dignity a little Irish, and probably would give a lesson or two to her man *John*.

The British Crown, and the British Constitution and the English tongue, may have many charms, but in the whole combined, there is no one which can amuse away, or beguile a people from the language which their mothers gave them. They have not been able to do so for the last three or four hundred years, why should they expect to do it hereafter ? Sir, could I but secure the attention of the meeting a little farther and I would entreat them to take this subject into their most serious consideration, there is not a single point of rational enquiry not engrossing the public mind that is to be compared to it, it comes before us with all that is solemn and affecting in an imperative duty neglected and neglected for more than three centuries of misrule!

To revive the language and make it general is not so difficult as one would suppose at first glance. Let there be a respectful memorial presented to the Commissioners of National Education to have Irish classes in their schools throughout the country and this once established, we might have some hopes of part of the labour being done. This, along with the classes already formed in the *Clubs* would go very far towards remedying the evil, but I do not say that it will accomplish it. If our gentry took up the subject warmly, or as they ought, they would procure Irish-speaking nurses for their children and this would go farther than even the national school or Confederate Club classes. To aid in this labour the Archaeological and Celtic Society are in active operation exploring the hidden treasures of the country – preserving your history and instead of being subject to decay as hitherto, leaving them on record to rising generations. The College of Maynooth, too is not idle – an edition of Donleavy's catechism a book which was very scarce, and sold for 6 or 7 shillings is now published under its authority and at the low prices of one shilling.

But with respect to the teaching of the language in Confederate Clubs, Alphabet boards containing the letters of the Irish Alphabet in the Roman and Irish character in parallel columns to be used in teaching the Alphabet and syllable boards of two or three letters to succeed these.

The Elementary Books to proceed gradually with "Spelling and Reading Lessons" composed of the most familiar objects which catches (sic) the eye and the Reading Lessons to comprise Familiar Dialogues or such other phrases as would be supposed the learner would pick up realist (sic). Then a small Grammar might be prepared and I don't know of any that would answer the purpose better than a reprint of Haliday's.

My next lecture will be on Modern Irish Bards but let it not be understood that I mean the rhymers of the day. I mean no such thing but the men who sung in sorrowful strain the unhappy fate of their suffering country.

Alas poor Ireland and that you are poor and hungry and starved every thing about you plainly indicates. You never fulfilled the epithet 'Eire na Seanbhrog (sic)' till this very moment. Your musical instruments that were wont to make glad the hearts of the hearers and animate the souls of your heroes to deeds of victory, are now fallen and (focal doiléir), and can only bring forth sighs and tears. But how can you escape your bonds or raise yourself to life when the cup (?) of Envy is uplifted by the basest motives to hew (?) down thy mighty men who are endeavoring to work out thy salvation.[2]

And, Gentlemen, why should I not feel a natural pride in discharging this my duty when I see the true descendant of that great Monarch who fell on your plain and under whose victorious standard your brave Fathers bled and conquered and drove the infidel Dane from your Shores, and under whose fostering care the Temples of the living God Majestically reared their towers to the high Heavens sitting among you this evening.[3]

This lecture was delivered by me on Monday evening, Nov. 8th 1847. John Daly
Seaghan Ua Dalaigh

Bibleagrafaíocht

Cartlanna agus Leabharlanna

Acadamh Ríoga na hÉireann
American Catholic Research Centre, Washington
An Chartlann Náisiúnta
An Leabharlann Náisiúnta, Baile Átha Cliath
An Oifig Ghinealais, Leabharlann Náisiúnta na hÉireann
Cnuasach Whitley Stokes, Leabharlannn Ollscoil Londain
Cartlann an Irish Church Mission, Baile Átha Cliath
Cartlann Bhardas Átha Cliath
Cartlann Choláiste Chiaráin, Cill Chainnigh
Cartlann Dheoise Phort Láirge agus na Leasa Móire
Cartlann na bProinsiasach, Baile Átha Cliath
Cartlann Roinn Bhéaloideas Éireann, Coláiste na hOllscoile, Baile Átha Cliath
Leabharlann an Ruiséalaigh, Ollscoil na hÉireann, Maigh Nuad
Leabharlann Boole, Ollscoil na hÉireann, Corcaigh
Leabharlann Choláiste na Rinne
Leabharlann Choiste Ionadaíochta na hEaglaise
Leabharlann Eoin Pól II, Ollscoil na hÉireann, Maigh Nuad
Leabharlann Gilbert, Baile Átha Cliath
Leabharlann Marsh, Baile Átha Cliath
Leabharlann na Breataine, Londain
Leabharlann Institiúid Teicneolaíochta Phort Láirge
Leabharlann John Ryland, Ollscoil Mhanchain
Leabharlann na Cliarscoile, Coláiste Phádraig, Ceatharlach
Leabharlann Ollscoil Cambridge
Leabharlann Phoiblí Loch Garman
Leabharlann Scoil an Léinn Cheiltigh, Institiúid Ard Léinn Bhaile Átha Cliath
Ollscoil na hÉireann, Baile Átha Cliath
Seomra na Lámhscríbhinní, An Leabharlann Náisiúnta, Baile Átha Cliath
Seomra na Luathleabhar, Coláiste na Tríonóide
Seomra na Luathleabhar, Ollscoil Luimnigh
Taisce Cheol Dúchais Éireann, Baile Átha Cliath

1

Lámhscríbhinní Gaeilge arbh é Seán Ó Dálaigh a Scríobh/ a Scríobh Cuid Éigin Díobh (cé is Moite de na Cnuasaigh Litreacha)

v: véarsa
c: ceathrú

sa chás go gcuirtear cló iodálach ar ainm scríobhaí is ionann sin is a rá gur san fhoirm sin a bhí an t-ainm e.g. *Seaan Ó Dálaigh;*
sa chás *nach* gcuirtear cló iodálach ar ainm scríobhaí (e.g. Seán Ó Dálaigh),
is ionann sin is a rá nach raibh ainm an scríobhaí leis an lámhscríbhinn ach gur aithníodh cé bhí i gceist;
sa chás go gcuirtear cló iodálach ar fhrása is ionann sin is a rá gur baineadh an frása as an lámhscríbhinn.

Aberystwyth
Leabharlann Náisiúnta na Breataine Bige (LNBB)
LNBB 5330B (O'Grady 17) Cúirt an Mheán Oíche
Scríobhaí: *John O'Daly*
Log inar scríobh Seán Ó Dálaigh: ní chuirtear seo in iúl
Dáta(í): 1852
Colafain/Notitiae: 54. *Fóircheann mar fuaras a leabhar an ughdair fein .i. Brian Merryman ag seo nídh nach féidir le aon duine eile a rádh acht liomsa amháin mar is agam atá an leabhar ceadna. Sgriobhtha le Anntoine O Humhair chum usáide an tAithir Tomas Cnoc an tan fá aois don Tighearna . . . 1848.*
197. *I copied this poem from a large MS. now in the possession of J.E. Pigot Esq., Leeson St. Dublin . . . John O Daly Dublin Dat. 1852.*
Líon lch.: 50
Sonraí: Ó Riain, 1968. A 19, 33–4

An Rinn
Coláiste na Rinne (CR)
CR 1 Filíocht
Scríobhaithe: *Seaghan Ó Dala, A. O Suilamhain, Donochadh Ulf*
Log inar scríobh Seán Ó Dálaigh: Eochaill
Dáta(í): 9 Márta 1829
Colafain/Notitiae:
Líon lch.: 400
Uimhreacha na lch./mír a scríobh Seán Ó Dálaigh: 305–400
Sonraí: Nic Dhonnchadha. 2005, 116–7
Trí lámhscríbhinn ceangailte le chéile.

Baile Átha Cliath
Acadamh Ríoga na hÉireann (ARÉ)
ARÉ 24 L 6 Véarsaíocht Chráifeach
Scríobhaithe: *Eoghan Ó Caoimh, Seán Ó'Conaill;* Seán Ó'Dálaigh
Log inar scríobh Seán Ó Dálaigh: ní chuirtear seo in iúl
Dáta(í): 1679 (Ó Caoimh), 1852 (Ó Dálaigh)
Colafain/Notitiae:
Líon lch.: 68
Uimhreacha na lch./mír a scríobh Seán Ó Dálaigh: fordhuilleog
Iar-úinéir(í): Cnuasach an Dálaigh
Sonraí: O'Rahilly, Mulchrone et al., 1926–70, 45–7
Ls ón 17/18ú haois.

ARÉ 23 M 28 Filíocht
Scríobhaithe: Eoghan Ó Caoimh, Seán Ó Dálaigh
Log inar scríobh Seán Ó Dálaigh: ní chuirtear seo in iúl
Dátaí: 1684–1707
Colafain/Notitiae:
Líon lch.: 30
Uimhreacha na lch./mír a scríobh Seán Ó Dálaigh: 287
Iar-úinéir(í): Piaras Móinseul, Seán Ó Dálaigh, leabharlann Dhiúc Laighean, W.E. Hudson
Sonraí: O'Rahilly, Mulchrone et al., 1926–70, 66–7
Cuid den lámhscríbhinn chéanna tráth ab ea ARÉ 23 M 28 agus ARÉ 23 M 34, ach deich lámhscríbhinn déanta ó shin den bhunlámhscríbhinn, 23 M 25 go 23 M 34. Seán Ó Dálaigh a rinne an ls a roinnt agus a dheisigh an lámhscríbhinn féin.

ARÉ 23 M 32 Scéalta
Scríobhaithe: Eoghan Ó Caoimh, Seán Ó Dálaigh
Log inar scríobh Seán Ó Dálaigh: ní chuirtear seo in iúl
Dátaí: 1684–1707
Colafain/Notitiae:
Líon lch.: 34
Uimhreacha na lch./mír a scríobh Seán Ó Dálaigh: 287, 555
Iar-úinéir(í): Piaras Móinseul, Seán Ó Dálaigh, leabharlann Dhiúc Laighean, Tiomnacht Hudson
Sonraí: O'Rahilly, Mulchrone et al., 1926–70, 70–1
Cuid den lámhscríbhinn chéanna tráth ab ea ARÉ 23 M 28 agus ARÉ 23 M 34, ach deich lámhscríbhinn déanta ó shin den bhunlámhscríbhinn, 23 M 25 go 23 M 34; Seán Ó Dálaigh a rinne an ls a roinnt agus a dheisigh an lámhscríbhinn féin.

ARÉ 23 K 46 Ilchineálach
Scríobhaithe: *Amhlaoibh Ó Súilleabháin; Eoghan Caomhánach; Seághan Ó Dáladh/ John Daly*
Log inar scríobh Seán Ó Dálaigh: *Láighireadhting/ John Daly, Lickoran*
Dáta (Ó Dálaigh): 1824
Colafain/Notitiae:
Líon lch.: 148
Uimhreacha na lch./mír a scríobh Seán Ó Dálaigh: 128, 129, 148
Iar-úinéir(í): Cnuasach Hodges and Smith, 188
Sonraí: O'Rahilly, Mulchrone et al., 1926–70, 120–2
Trí lámhscríbhinn ar leith

ARÉ 23 L 6 Ilchineálach
Scríobhaí: *Seaghán Ó Dála/Seaghán Ó Deala/John Dealy*
Log inar scríobh Seán Ó Dálaigh: *Licfheabhráin*
Dátaí: 1826, 1827
Colafain/Notitiae: 47. *Gidhbheadh duine a mbeith an leabhar so aige taréis mo bháis iaruim air son Dé na n-uile chómhacht air guidhe go laethamhuil air m'anam mar do fuaras morán triblóide da sgríobh. Seaghan Ó Deala*
Líon lch.: 351

Iar-úinéirí: Seán Ó Dálaigh, Sir Wm. Betham
Sonraí: O'Rahilly, Mulchrone et al., 1926–70, 310–15
nóta gealltanais (21 Márta 1828) ag geallúint go n-íocfar £2–5-6 le John O'Daly
Gnéithe den ls. seo pléite in Breatnach 2004, 159–61.

ARÉ 24 L 1 Filíocht Nua-aoiseach (ó Cho. an Chláir ar an gcuid is mó de)
Scríobhaí: *Seaan Ó Dálaigh*
Log inar scríobh Seán Ó Dálaigh: ní chuirtear seo in iúl
Dáta (Ó Dálaigh): 1862
Colafain/Notitiae 1. *Foircheann mar fuaras a leabhar le Antoine Ó hÚmhair o Inis tSiomoin noch adeir gurab e leabhar an ughdair féin e, ní nach creidim acht is iontuigthe liom go rin Antoine O hUmhair réamhráidhte an leabhar so o leabhar an ughdair .i. Brian Mhic Giolla-meidhre. Baile Atha Cliath Lughnasa an fithcheamhadh la, mile, ocht gcéad agus do ar sheasgait. Seaan O'Dálaigh.*
Líon lch.: 274 (192 bán)
Iar-úinéir(í): J.J. Mac Sweeney; Cnuasach an Dálaigh
Sonraí: O'Rahilly, Mulchrone et al., 1926–70, 342–4

ARÉ 24 L 2 Ilchineálach
Scríobhaithe: a) *Seaan O'Dálaigh*
b) *Seaan O'Dálaigh,* scríobhaí Muimhneach éigin
Log inar scríobh Seán Ó Dálaigh: *Baile-atha-Cliath*
Dáta(í): Bealtaine 1852
Colafain/Notitiae 1. *Arna sgríobh riomsa Seaan Ó'Dálaigh, Baile-atha-Cliath, Bealltaine 1852*
Líon lch.: 68
Iar-úinéir(í): Cnuasach an Dálaigh
Sonraí: O'Rahilly, Mulchrone et al., 1926–70, 344–9
Litriú ar nós *guig, dheanfaig, tiucfaig* ag an scríobhaí Muimhneach anaithnid.

ARÉ 24 L 3 Filíocht Fhiannaíochta
Scríobhaí: *Seaan Ó Dálaigh*
Log inar scríobh Seán Ó Dálaigh: ní chuirtear seo in iúl
Dáta(í): ní fios
Colafain/Notitiae:
Líon lch.: 54
Iar-úinéir(í): Cnuasach an Dálaigh
Sonraí: O'Rahilly, Mulchrone et al., 1926–70, 349–50

ARÉ 24 L 9 Eochhairsgiath an Aifrinn
Scríobhaithe: *Seaán Ua Dálaigh, Patrick Lamb P.P, Creggan Loura*
Log inar scríobh Seán Ó Dálaigh: *9 Anglesea Street, Dublin*
Dáta: 1846 (Ó Dálaigh); 1849 (Lamb)
Colafain/Notitiae: fordhuilleog: *Eochair Sgiath an Aithfrinn re Seathramhan Ceitinn Sagart agus Dochtúir diadhachta ar na sgríobhadh riomsa a mBaile Atha Cliath 'san mbliadhain d'aois ár Slánaightheora 1846. Seáán Ua Dhálaigh*

1r *Do tharrangas an sgribhin so as an leabhar do sgriobh an t-úghdar féin .i. Seathrámhan Céitin sagart agus Doctúir diadhachta noch do chómhnaigh ag Tiobraid . . . Leanas sgriobh an Doctura an gach an fhocal agus pungc. . S. O Dála 1846.*

22 r *Eochair Sgiath an Aithfrinn re Seathramhan Ceitinn . . . agus ar na aithsgríobh liom-sa as leabhar an úghdair fein go dian dithchiollach gan cur gan claonadh gan mailis gan soinseadhail litre na púnc ar bith . . . Seághan Ó Dála;*

220 *m: Mr. John O'Daly 9 Anglesea Street, Dublin wrote the 17th Chap. of this work & from the beginning of the work until the half of page 41 & 1 wrote all the rest, dated June 24th . Patrick Lamb P.P. Creggan Loura*

Líon lch.: 200

Uimhreacha na lch./mír a scríobh Seán Ó Dálaigh: 1–43, 178–200; féach colafan, 220*m*

Iar-úinéir(í): Patrick Lamb; Cnuasach an Dálaigh

Sonraí: O'Rahilly, Mulchrone et al., 1926–70, 359–60

ARÉ 23 E 14 Véarsaíocht

Scríobhaí: *Seán Ó'Dála*

Log inar scríobh Seán Ó Dálaigh: BÁC

Dáta: Bealtaine 1846

Colafain/Notitiae 9. *I copied the above poem as well as those which are to follow from an old folio MS. which appears to be the joint production of David O Brodar and John Murphy of Rahineach. The following note is at the foot of this poem in Murphy's handwriting: 'Et Seaan Ó Murchúghadh na Rahaoineach a cCarraig na bhFear a mbaruntacht Mhuscgraoidhe a ccontae Chorcuidhe do thosanuig an leabhar so sgríobh an cheud lá do December 1724 ? do chuir dá cheangal a cCorcaigh í Satharn Cásga 1726' . . . In every letter and contraction I have adhered faithfully to the copy before me. John O'Daly, Dublin. May 1846.*

124 *Ar na chriochniúghadh go dílis as leabhar an Athar Eoghuin Uí Chaoimh (A.D. 1684) riumsa Seaghan ó Dálaigh a mBaile Ath Cliath. A.D. anois 1846. Iarruim guidhe gach leághthora ar m'anam ar son mo shaothair, agus atá na phrain orm farior.*

188 *Ar na sgríobh as leabhar Eoghain Uí Chaoimh liomsa Seaghan ó Dála a mBaile Ath Cliath, agus m'ionadh dúthchais Fearnán a bparoiste Modeilge a cconntae mar a rugadh me in Feabhradh 1801*

Líon lch.: 258

Iar-úinéir(í): William Elliott Hudson

Sonraí: O'Rahilly, Mulchrone et al., 1926–70, 364–73

ARÉ 3 K 2 Eachtra Chonaill Ghulbain

Scríobhaí: *Seádhan Ó Deala*

Log inar scríobh Seán Ó Dálaigh: ní chuirtear seo in iúl

Dáta(í): *June 23rd 1825*

Colafain/Notitiae:

Líon lch.: 114

Iar-úinéir(í): Patrick Finn

Sonraí: O'Rahilly, Mulchrone et al., 1926–70, 461

ARÉ 24 L 16 Filíocht

Scríobhaí: *Seaán Ua Dála*

Log inar scríobh Seán Ó Dálaigh: ní chuirtear seo in iúl

Dáta(í): *Ianuair 6mhadh la, 1849*

Colafain/Notitiae: 63i. *John Power of Clashmore, County Waterford, died an treas lá do'n mhí déanach do'n tSamhradh 1754*
Líon lch.: 82
Iar-úinéir(í): Cnuasach an Dálaigh
Sonraí: O'Rahilly, Mulchrone et al., 1926–70, 461–3

ARÉ 24 K 52 Filíocht nua-aoiseach
Scríobhaí: *Seán Ó Dála*
Log inar scríobh Seán Ó Dálaigh: ní chuirtear seo in iúl
Dáta(í): ní fios
Colafain/Notitiae:
Líon lch.: 28
Iar-úinéir(í): Charles MacCarthy
Sonraí: O'Rahilly, Mulchrone et al., 1926–70, 464

ARÉ 23 O 43 Véarsaíocht; tairngreachtaí
Scríobhaí: *Seághan Ua Dála/ John Daly*
Dáta(í):1845
Log inar scríobh Seán Ó Dálaigh: BÁC
Colafain/Notitiae: 148: *Mise Seághan buidhe dorchadh Ua Dála*
Líon lch.: 36
Sonraí: O'Rahilly, Mulchrone et al., 1926–70, 465–6
Is cosúil gur baineadh an lámhscríbhinn seo as lámhscríbhinn ba mhó ná í.

ARÉ 23 B 24 Beatha Naomh Máirghréad
Scríobhaí: *Séaghan Ua Dálaigh*
Log inar scríobh Seán Ó Dálaigh: ní chuirtear seo in iúl
Colafain/Notitiae: *Gurab í sin Beatha agus Martradh Máirgréad naomhtha air na sgriobh as an leabhar sgriobhtha le Uillliam Ambrós eigin a cCeapa Chuinn no an aice san mbliadhain 1798, sgriobhtha anois le Seaghan Ua Dala 1845*
Líon lch.: 24
Dáta(í):1845
Sonraí: O'Rahilly, Mulchrone et al., 1926–70, 819–20

ARÉ 23 B 14 Ilchineálach
Scríobhaithe:a) *Seághan Ó Dála,* b) *Padraig Cundun*
Log inar scríobh Seán Ó Dálaigh: Eochaill
Dáta(í): a) 1829; b) 1825
Colafain/Notitiae: tús. *feithmheoir Gaoidheilge aig Eochuill*
Líon lch.: 252
Uimhreacha na lch./mír a scríobh Seán Ó Dálaigh: 1–115
Iar-úinéir(í): Cnuasach Hodges and Smith
Sonraí: O'Rahilly, Mulchrone et al., 1926–70, 826–31

ARÉ 23 I 41 Tóraíocht Shaidhbhe
Scríobhaithe:*Pat Ma Carthy* (sic), Seán Ó Dálaigh
Log inar scríobh Seán Ó Dálaigh: 11 Anglesea St, BÁC
Dáta(í): 1732

Colafain/Notitiae: nóta leis an bhfordhuilleog. *Presented to Thos (?) Geraghty by his friend John O'Daly*
Líon lch.: 26
Uimhreacha na lch./mír a scríobh Seán Ó Dálaigh: 7–10
Iar-úinéir(í): Thos (?) Geraghty, Seán Ó Dálaigh, Cnuasach Hodges and Smith
Sonraí: O'Rahilly, Mulchrone et al., 1926–70, 1139
Ls ón 18 haois; lch. 7–10 scríofa ag Ó Dálaigh le lacuna a líonadh.

ARÉ 23 B 5 Véarsaíocht
Scríobhaithe: *Tomás Ó Conchubhair,* Seán Ó Dálaigh
Log inar scríobh Seán Ó Dálaigh: ní chuirtear seo in iúl
Dáta(í):1828 (Ó Conchubhair)
Colafain/Notitiae:
Líon lch.: 234
Uimhreacha na lch./mír a scríobh Seán Ó Dálaigh: 1a, 2
Iar-úinéir(í): *Tomás Ua Cineide san nGrianan,* Tiomnacht Hudson
Sonraí: O'Rahilly, Mulchrone et al., 1926–70, 1154–6

ARÉ 23 E 5 Prós
Scríobhaithe: Seán Ó Dálaigh, Nioclás Ó Cearnaigh
Log inar scríobh Seán Ó Dálaigh: ní chuirtear seo in iúl
Líon lch.: 108
Uimhreacha na lch./mír a scríobh Seán Ó Dálaigh: an téacs féin (nótaí, réamhrá, aistriúchán le Nioclás Ó Cearnaigh)
Dáta(í): Feabhra 1847
Colafain/Notitiae:
Iar-úinéir(í): Tiomnacht Hudson
Sonraí: O'Rahilly, Mulchrone et al., 1926–70, 1524–5
Is cosúil go raibh na scríobhaithe ag obair i bpáirt.

ARÉ 23 N 9 Amhráin
Scríobhaí: *Seáán Ua Dhálaigh* (?), *Micheál Ua Mongáin*(?)
Log inar scríobh Seán Ó Dálaigh: ní chuirtear seo in iúl
Colafain/Notitiae: 88i. *Crioch re Micheál Ua Mongáin*
Líon lch.: 148
Uimhreacha na lch./mír a scríobh Seán Ó Dálaigh: éiginnteacht i dtaobh a bhfuil den lámhscríbhinn ó lámh an Dálaigh; nótaí agus athruithe ó lámh an Dálaigh tríd síos
Dáta(í): 1845
Iar-úinéir(í): Seán Ó Dálaigh, Tiomnacht Hudson
Sonraí: O'Rahilly, Mulchrone et al., 1926–70, 1731–8
Ó Comhraí agus Purton den tuairim go mba é an Dálach a scríobh; amhras ina thaobh seo curtha in iúl i gcatalóg ARÉ 'handwriting is unlike his usual script' (Mulchrone, 1958, 1731); an Dálach a bhreac 'clár an leabhair' agus ba leis féin an lámhscríbhinn tráth.

ARÉ 24 B 33 Ilchineálach
Scríobhaithe*: Paul Long, Padruig Ó Conuill, Padruig Ó Conuill, Nicholais Róbéirt, Seághan Ua Dála, David Barry, Pattruig Ó Dála, Seaghan Ó Donocha, Seamus Ó Suilliobhain*

Log inar scríobh Seán Ó Dálaigh: ní chuirtear seo in iúl
Dáta (Ó Dálaigh): 1845
Colafain/Notitiae:
Líon lch.: 608
Uimhreacha na lch./mír a scríobh Seán Ó Dálaigh: 135–156, 243, 285
Iar-úinéir(í): William Hackett, E. Hackett, John Windele
Sonraí: O'Rahilly, Mulchrone et al., 1926–70, 1872–82
Cnuasach blúirí.

ARÉ 24 M 2 Filíocht; Fiannaíocht ar an gcuid is mó de
Scríobhaithe: *Seaghan Ó Dálaigh/John O'Daly, Staindis Aodh Ó Gráda,* lámh eile (Nioclás Ó Cearnaigh?)
Log inar scríobh Seán Ó Dálaigh: ní chuirtear seo in iúl
Dáta(Ó Dálaigh): 1855
Colafain/Notitiae:
Líon lch.: 290
Uimhreacha na lch./mír a scríobh Seán Ó Dálaigh: 66*i*, 76*i*, 151*i*, [282]*i*,
Iar-úinéir(í): Cnuasach an Dálaigh
Sonraí: O'Rahilly, Mulchrone et al., 1926–70, 1900–4

ARÉ 24 M 5 Amhráin
Scríobhaí: *Seághan Ó Dálaigh*
Log inar scríobh Seán Ó Dálaigh: BÁC
Dáta(í): Bealtaine 1851–7
Colafain/Notitiae: 3: *Leabhar Abhrán cnuasaighthe riomsa a príomhleabhraibh na n-úghdar féin, agus as iomad sean-leabhraibh eile nach féidir d'fhághail anois. Seághan Ó Dálaigh. Baile-Atha-Cliath, Bealltaine 1851.*
Líon lch.: 186
Iar-úinéir(í): Cnuasach an Dálaigh
Sonraí: O'Rahilly, Mulchrone et al., 1926–70, 1911–15

ARÉ 24 M 11 Filíocht
Scríobhaí: *John O'Daly*
Log inar scríobh Seán Ó Dálaigh: BÁC
Dáta(í): 1859
Colafain/Notitiae:
Líon lch.: 38
Iar-úinéir(í): Cnuasach an Dálaigh
Sonraí: O'Rahilly, Mulchrone et al., 1926–70, 1917–20

ARÉ 12 F 3 Filíocht
Scríobhaithe: *Micheal Mac Carrtha,* Seán Ó Dálaigh, *Tadhg O'Muirighthe, Páttraig O'Heifearnáin, J.S. Gleeson*
Log inar scríobh Seán Ó Dálaigh: ní chuirtear seo in iúl
Dáta(í): ní fios
Colafain/Notitiae:
Líon lch.: 48
Uimhreacha na lch./mír a scríobh Seán Ó Dálaigh: 19–20, 21–2

Iar-úinéir(í): Cnuasach an Dálaigh
Sonraí: O'Rahilly, Mulchrone et al., 1926–70, 1936–8
Blúirí a bhailigh Seán Ó Dálaigh.

ARÉ 24 M 37 Imeacht na Tromdháimhe
Scríobhaí: Seán Ó Dálaigh
Log inar scríobh Seán Ó Dálaigh: ní chuirtear seo in iúl
Dáta(í): ní fios
Colafain/Notitiae:
Líon lch.: 114
Iar-úinéir(í): Cnuasach an Dálaigh
Sonraí: O'Rahilly, Mulchrone et al., 1926–70, 1991–2

ARÉ 24 M 43 Filíocht
Scríobhaí: *Seaan Ó Dalaigh*
Log inar scríobh Seán Ó Dálaigh: BÁC
Líon lch.: 97
Dáta(í): *Oct. 1848*–51
Colafain/Notitiae:
Iar-úinéir(í): Cnuasach an Dálaigh
Sonraí: O'Rahilly, Mulchrone et al., 1926–70, 1992–8

ARÉ 23 H 34 Filíocht
Scríobhaithe: *Daniel Malone, M.Loftus, P.J. Knight, Nioclas Ua Cearnaich, 'Spailpin Fanach', Seághan Ua Dála, William Elliot Hudson, Arthur Bennett, Micheál Óg Ó Longáin*
Log inar scríobh Seán Ó Dálaigh: Cill Chainnigh, 1844
Dáta(í): 1844
Colafain/Notitiae:
Líon lch.: 226
Uimhreacha na lch./mír a scríobh Seán Ó Dálaigh: 150–3; slip
Iar-úinéir(í): James Hardiman
Sonraí: O'Rahilly, Mulchrone et al., 1926–70, 2176–82
Cnuasach blúirí.

ARÉ 3 C 10 Filíocht
Scríobhaí: *Seaan Ó Dálaigh*
Log inar scríobh Seán Ó Dálaigh: BÁC
Dáta(í): 1851
Colafain/Notitiae: 29. *Seaan Ó Dálaigh, BÁC*
118. *Críoch mar fuaras a leabhar do sgríbh Sean Ó Dreada o Charraic Tuathail don Athair Sean Ó Murchaghadh, easpog Corcuidhe 1820*
Líon lch.: 118
Sonraí: O'Rahilly, Mulchrone et al., 1926–70, 2362–66

ARÉ 24 L 22 Ilchineálach
Scríobhaithe: *Mártain Ua Griobhtha,* Arthur Bennett, *Séamus Cheorais Uí Phice na Carcarach, Miochal Mhac Carrthadh, Cormac Ó Fithchiolla, Eóghan Tóibín, J. O'Daly, Micheál Ó Mongáin ó Charrig a Colltaidh*

Log inar scríobh Seán Ó Dálaigh: BÁC
Dáta(í): Deireadh Fómhair 1851
Colafain/Notitiae:
Líon lch.: 388
Uimhreacha na lch./mír a scríobh Seán Ó Dálaigh: fo. 142, 143
Iar-úinéir(í): Cnuasach an Dálaigh
Sonraí: O'Rahilly, Mulchrone et al., 1926–70, 2411–24
Cnuasach blúirí.

ARÉ 24 M 39 Táin Bó Cuailnge (Aistriúchán)
Scríobhaí: *Seághan O Dálaigh, John O'Daly*
Log inar scríobh Seán Ó Dálaigh: BÁC
Dáta(í): tosaíodh roimh 20 Meitheamh 1856; críochnaíodh 21 Nollaig 1857
Colafain/Notitiae: 24 *The notes to the foregoing are by Dr. O'Donovan. I copied them from his autograph inserted in Mr. Kelly's book. John O'Daly, Dublin, June 20, 1856*
212: *The combat of Ferdia was transferred from a different copy to that in Táin, J O'Daly.*
Líon lch.: 762
Iar-úinéir(í): Cnuasach an Dálaigh
Sonraí: O'Rahilly, Mulchrone et al., 1926–70, 2561–2
Lámhscríbhinn le Kelly mar bhunleagan. Nótaí ann le Seán Ó Donnabháin; nótaí ar logainmneacha ann scríofa ag an Dálach ach Ó Donnabháin mar fhoinse acu (*notitia:* lch. 24); an taobh dheis den leathanach bán tríd síos.

ARÉ 12 F 1 Filíocht
Scríobhaí: *Seaghan Ua Dálaigh*
Log inar scríobh Seán Ó Dálaigh: ní chuirtear seo in iúl
Dáta(í): ní fios
Colafain/Notitiae:
Líon lch.: 32
Iar-úinéir(í): ls de chuid an Dálaigh
Sonraí: O'Rahilly, Mulchrone et al., 1926–70, 2595–6

ARÉ 12 F 2 Filíocht
Scríobhaí: *Seán Ó Dálaigh*
Log inar scríobh Seán Ó Dálaigh: ní chuirtear seo in iúl
Dáta(í): ní fios
Colafain/Notitiae:
Líon lch.: 24
Iar-úinéir(í): ls de chuid an Dálaigh
Sonraí: O'Rahilly, Mulchrone et al., 1926–70, 2596

ARÉ 12 F 4 Filíocht
Scríobhaithe: *John O'Daly, James Gleeson*
Log inar scríobh Seán Ó Dálaigh: ní chuirtear seo in iúl
Dáta(í): ní fios
Colafain/Notitiae:
Líon lch.: 46
Uimhreacha na lch./mír a scríobh Seán Ó Dálaigh: 1–34

Iar-úinéir(í): ls de chuid an Dálaigh
Sonraí: O'Rahilly, Mulchrone et al., 1926–70, 2597–8
Ábhar a rinne an Dálach a athscríobh do William Smith O'Brien; ábhar a chuir James Gleeson chuig Seán Ó Dálaigh.

ARÉ 12 F 5 Filíocht
Scríobhaithe: Seán Ó Dálaigh
Log inar scríobh Seán Ó Dálaigh: ní chuirtear seo in iúl
Dáta(í): ní fios
Colafain/Notitiae:
Líon lch.: 30
Iar-úinéir(í): lámhscríbhinn de chuid an Dálaigh
Sonraí: O'Rahilly, Mulchrone et al., 1926–70, 2598–9

ARÉ 12 F 6 Ilchineálach: filíocht ar an gcuid is mó de
Scríobhaí: *Seaghan Ó Dálaigh,* lámh eile
Log inar scríobh Seán Ó Dálaigh: BÁC
Dáta(í): 1848
Colafain/Notitiae:
Líon lch.: 56
Uimhreacha na lch./mír a scríobh Seán Ó Dálaigh: é ar fad ach amháin 1–6, 51–2
Iar-úinéir(í): lámhscríbhinn de chuid an Dálaigh
Sonraí: O'Rahilly, Mulchrone et al., 1926–70, 2599–2601

ARÉ 12 F 9 Filíocht
Scríobhaí: *Seán Ó Dálaigh*
Log inar scríobh Seán Ó Dálaigh: ní chuirtear seo in iúl
Dáta(í): *Nov. 1848*
Colafain/Notitiae:
Líon lch.: 20
Iar-úinéir(í): lámhscríbhinn de chuid an Dálaigh
Sonraí: O'Rahilly, Mulchrone et al., 1926–70, 2604–5

ARÉ 12 F 11 Filíocht
Scríobhaí: Seán Ó Dálaigh:
Log inar scríobh Seán Ó Dálaigh: ní chuirtear seo in iúl
Dáta(í): ní fios ach c. 1845–61[1]
Colafain/Notitiae:
Líon lch.: 12
Iar-úinéir(í): lámhscríbhinn de chuid an Dálaigh
Sonraí: O'Rahilly, Mulchrone et al., 1926–70, 2606

ARÉ 12 F 14 Filíocht
Scríobhaí: Seán Ó Dálaigh:-
Log inar scríobh Seán Ó Dálaigh: ní chuirtear seo in iúl
Dáta(í): ní fios
Colafain/Notitiae:
Líon lch.: 6

Iar-úinéir(í): lámhscríbhinn de chuid an Dálaigh
Sonraí: O'Rahilly, Mulchrone et al., 1926–70, 2608

ARÉ 12 F 18 Filíocht
Scríobhaí: *Seághan Ó Dálaigh:-*
Log inar scríobh Seán Ó Dálaigh: BÁC
Dáta(í): 1845–7
Colafain/Notitiae:
Líon lch.: 52
Iar-úinéir(í): lámhscríbhinn de chuid an Dálaigh
Sonraí: O'Rahilly, Mulchrone et al., 1926–70, 2611–2
Clár an ábhair clóscríofa.

ARÉ 12 E 24 Ilchineálach: amhráin ar an gcuid is mó de
Scríobhaithe: *John O'Daly,* [Nioclás Ó Cearnaigh], *Arthur Bennett, Revd. Patrick Lamb*
Loganna inar scríobh Seán Ó Dálaigh: Cill Chainnigh; BÁC (1845)
Dáta(í): 1845 (Ó Dálaigh); 1844 (Bennett, Lamb)
Colafain/Notitiae: lch. teidil. *A Miscellaneous collection of Irish fragments by John Daly 1845*
Líon lch.: 376
Sonraí: O'Rahilly, Mulchrone et al., 1926–70, 2624–33
Ábhar a cuireadh chuig Seán Ó Dálaigh é an t-ábhar le scríobhaithe eile.

ARÉ 23 L 48 Ilchineálach: amhráin ar an gcuid is mó de
Scríobhaí: *John O'Daly*
Log inar scríobh Seán Ó Dálaigh: ní chuirtear seo in iúl
Dáta(í): ní fios
Colafain/Notitiae:
Líon lch.: 80
Iar-úinéir(í): Mary E. Byrne
Sonraí: O'Rahilly, Mulchrone et al., 1926–70, 2668–9

ARÉ 23 M 47 Ilchineálach
Scríobhaithe: a)*Seamus Ó Caoluidhe,*
b)*Aindrias Mac Cruitín,*
c) *Seághan Ó Conuill,*
d) lámh eile
e)*Uillam Ó Haedha;* lámha éagsúla
Dobhnal Ó Núnáin, John O'Daly
Log inar scríobh Seán Ó Dálaigh: ní fios
Dáta(í): 1734, 1776, 1789
Colafain/Notitiae:
Líon lch.: 436
Uimhreacha na lch./mír a scríobh Seán Ó Dálaigh: 93ff
Iar-úinéir(í):- Tomás Ó Brosnachaidhin, Seaghan Ó Riagáin, Cnuasach Hodges and Smith
Sonraí: O'Rahilly, Mulchrone et al., 1926–70, 2791–99
Lámhscríbhinn ón 18 haois; lámhscríbhinn chumaisc

ARÉ 24 M 3 Annála Inse Faithleann
Scríobhaí: gan síniúchán; lámh Sheáin Ui Dálaigh is dóichí
Log inar scríobh Seán Ó Dálaigh: ní chuirtear seo in iúl
Dáta(í): *December 12th 1818*
Colafain/Notitiae: fo. 38. *Here Dr. O'Conor's printed copy ends*
fo. 93v. *Cetera daunt in originale*
Líon lch.: 246
Iar-úinéir(í): Cnuasach an Dálaigh
Sonraí: O'Rahilly, Mulchrone et al., 1926–70, 2809
Éiginnteacht i dtaobh an scríobhaí (Ó Conchúir 1982, 336, n. 83).

ARÉ 24 M 13 Ilchineálach
Scríobhaí: a),b) *John Daly*
Log inar scríobh Seán Ó Dálaigh: 25, Anglesea Street, BÁC
Dáta(í): 1847
Colafain/Notitiae:
Líon lch.: 252
Uimhreacha na lch./mír a scríobh Seán Ó Dálaigh: an lámhscríbhinn ar fad ach amháin nótaí le Seán Ó Donnabháin
Iar-úinéir(í): 'O'Reilly MSS'; Cnuasach an Dálaigh
Sonraí: O'Rahilly, Mulchrone et al., 1926–70, 2822–3
Roinn b): dréacht ó lámh an Dálaigh de théacs *Tribes of Ireland* maille le haistriúchán; cuid mhór nótaí le Seán Ó Donnabháin ina theannta i roinn b.

ARÉ 12 O 17 Páipéir W.E. Hudson
Scríobhaithe: Seán Ó Dálaigh, lámha éagsúla
Log inar scríobh Seán Ó Dálaigh: ní chuirtear seo in iúl
Dáta(í): 1517–1888
Colafain/Notitiae:
Líon lch.: bosca ábhair
Uimhreacha na lch./mír a scríobh Seán Ó Dálaigh: 4 ff i roinn 2
Iar-úinéir(í): W.E. Hudson
Sonraí: O'Rahilly, Mulchrone et al., 1926–70, 3078–9

ARÉ 24 C 43 Ilchineálach
Scríobhaí: *Seaghan Ó Dála*
Log inar scríobh Seán Ó Dálaigh: *a Lic-abhráin a pparáiste Shléibhe gCuadha/ feithmheoir Gaodhailge ag Eochaill, 1828*
Dáta(í): 1827–8
Colafain/Notitiae:
Líon lch.: 145
Iar-úinéir(í): William Meara, Lagenstown (Co. Thiobraid Árann), Edmund Prendergast (?), D. Fitzgerald, Alfred Nutt, R.A.S. Macalister
Sonraí: O'Rahilly, Mulchrone et al., 1926–70, 3155–59

ARÉ 24 C 56 Ilchineálach

Scríobhaithe: *Patrick Deleay of Shippool, John O'Daly, Tomás Ó Conchubhair, Edmund Copley, Michael O'Connor, Kate Connor, Sean O Domhnaill, Patrick Foley, David O'Brien, William Doyle (?), John Walsh, Simon Deiseach, Seann Ó Morradh,* lámha éagsúla
Log inar scríobh Seán Ó Dálaigh: ní chuirtear seo in iúl
Dáta(í): July 30 1866
Colafain/Notitiae: 416. *Copied the above from a ms. belonging to Brian O'Looney. July 30 1866. John O'Daly.*
Líon lch.: 506
Uimhreacha na lch./mír a scríobh Seán Ó Dálaigh: 136, 399*m*, 400-[417], 614–627(?), 630–632, 634, [635], 644-[657], 690–692
Iar-úinéir(í): D. Fitzgerald, Dr. Macalister, Alfred Nutt
Sonraí: O'Rahilly, Mulchrone et al., 1926–70, 3195–3210
Bailúchán blúirí.

ARÉ 12 O 7 Páipéir Windele agus Croker
Scríobhaithe: *Eugene O'Curry, John O'Daly, Peattair Ó Longain, James Sullivan, James Hunt, R. O'Shea*
Log inar scríobh Seán Ó Dálaigh: ní chuirtear seo in iúl
Dáta(í): ní fios
Colafain/Notitiae:
Líon lch.: 586
Uimhreacha na lch./mír a scríobh Seán Ó Dálaigh: [26], 75
Iar-úinéir(í): John Windele, Thomas Crofton Croker
Sonraí: O'Rahilly, Mulchrone et al., 1926–70, 3470–9
Bailúchán blúirí.

ARÉ 23 O 77 Filíocht nua-aoiseach
Scríobhaithe: *Seághan Ó Dálaigh, Patrick Lamb, Pádruic Ua Cearbhaill, Stoinndis Aodh Ó Gráda, S. Mc Sigir*
Log inar scríobh Seán Ó Dálaigh: ní chuirtear seo in iúl
Dáta(í): 1848
Colafain/Notitiae: clúdach cúil. *Do cheanuigheas an leabhar só ó Sheághan Uí Dala cúpla bliaghan súl ár cailleadh é ? cé go g-cáintear Seaghan bocht, ní raib fear díobh, air m'eolas is mó do ghradhuig an Ghaoidhilge ná é, ná 's mó shaothruig chun clú d'fhaghail di a measg uasal is ísioll. Pádhruig* (sloinne scriosta)
Líon lch.: 235
Uimhreacha na lch./mír a scríobh Seán Ó Dálaigh: an lámhscríbhinn ar fad cé is moite de litir de chuid Lamb agus óráid de chuid Uí Chearbhaill
Iar-úinéir(í): E.J. Gwynn
Sonraí: O'Rahilly, Mulchrone et al., 1926–70, 3558–78

ARÉ 23 O 83 Filíocht nua-aoiseach; Tóraíocht Chalmfhir
Scríobhaithe: *Conchubhar O Mullain, Amhlaibh O Suilabhain, John O'Daly*
Log inar scríobh Seán Ó Dálaigh: ní chuirtear seo in iúl
Dáta(í): ní fios
Colafain/Notitiae:
Líon lch.: 144

Uimhreacha na lch./mír a scríobh Seán Ó Dálaigh: 73, 82–6, 94–5, 123–4, 140 (ar lch. a d'fhág Amhlaoibh Ó Súilleabháin bán)
Iar-úinéir(í): Tomás Ó Muirgheasa
Sonraí: O'Rahilly, Mulchrone et al., 1926–70, 3592–6
Dhá lámhscríbhinn ceangailte le chéile; Amhlaoibh Ó Súilleabháin agus Seán Ó Dálaigh a scríobh an dara lámhscríbhinn.

ARÉ 24 P 61 Blúirí; Cúirt an Mheán Oíche
Scríobhaí: a) Seán Ó Dálaigh, b,c) Ioseph Ó Longáin, d) Owen Connellan
Log inar scríobh Seán Ó Dálaigh: ní chuirtear seo in iúl
Dáta(í): ní fios
Colafain/Notitiae:
Líon lch.: 21
Iar-úinéir(í): McEnery Mss.
Sonraí: O'Rahilly, Mulchrone et al., 1926–70, 3666–8
Ó lámh an Dálaigh atá Cúirt an Mheán Oíche.

Leabharlann Chathair Bhaile Átha Cliath: Cnuasach Gilbert
Gilbert 90 *Poets and Poetry of Munster*
Scríobhaithe: Seán Ó Dálaigh, James Clarence Mangan, Litreacha, Gearrthóga Nuachtán
Log inar scríobh Seán Ó Dálaigh: BÁC
Dáta(í): ní fios
Colafain/Notitiae:
Líon lch.: 51
Uimhreacha na lch./mír a scríobh Seán Ó Dálaigh: litreacha go Mangan
Sonraí: Hayes 1965, 607
Aiste ar fhoirm na haislinge le James Clarence Mangan ar foilsíodh leagan de (gan ainm an údair) in *Poets and Poetry of Munster* (lch.101); litreacha chuig Mangan ó Sheán Ó Dálaigh i dtaobh a chuid lámhscríbhinní; gearrthóga ón *Nation*.

Leabharlann Náisiúnta na hÉireann (LNÉ)
LNÉ G 389 Litreacha agus téacsanna amhrán
Scríobhaithe: Mórán scríobhaithe, Seán Ó Dálaigh
Log inar scríobh Seán Ó Dálaigh: ní chuirtear seo in iúl
Dáta(í):ní chuirtear seo in iúl
Colafain/Notitiae:
Líon lch.: 394
Uimhreacha na lch./mír a scríobh Seán Ó Dálaigh:17–8, 63(?), 93–5, 305–6, 387–93
Iar-úinéir(í): Seán Ó Dálaigh, Muiris Ó hIcí, Séamas Ó Casaide
Sonraí: Ní Shéaghdha 1961–90, fascúl 9, 18–28

LNÉ G 416 Léacht a thug Seán Ó Dálaigh
Scríobhaí: *Seaghan Ua Dálaigh:*
Log inar scríobh Seán Ó Dálaigh: BÁC
Dáta(í): léacht a thug Seán Ó Dálaigh ar 8 Samhain 1847
Colafain/Notitiae: *This lecture was delivered by me on Monday evening Nov. 8th 1847, John O'Daly/Seaghan Ua Dalaigh*

Líon lch.: 12
Iar-úinéir(í): Seán Ó Dálaigh
Sonraí: Ní Shéaghdha 1961–90, fascúl 9, 61

LNÉ G 514 Ilchineálach
Scríobhaí: Seán Ó Dálaigh
Log inar scríobh Seán Ó Dálaigh: ní chuirtear seo in iúl
Dáta(í): ní fios
Colafain/Notitiae:
Líon lch.: 31
Sonraí: Ó Macháin, 1990, 30–1

LNÉ G 581 *Féin-theagasg Gaoidheilge* (tríú heag.)
Scríobhaí: Seán Ó Dálaigh
Log inar scríobh Seán Ó Dálaigh: BÁC
Dáta(í): 1852
Colafain/Notitiae: leathanach teidil. *Féin-theagasg Gaoidheilge/ Self-Instruction in Irish . . . by John O'Daly/ third edition enlarged and improved . . . Dublin/ James M'Glashan, 50 Upper Sackville St./ 1852*
Líon lch.: 32
Sonraí: Ó Macháin, 1990, 109–10

LNÉ G 587 Sleachta as leabhar oiris
Scríobhaithe: Seán Ó Dálaigh
Log inar scríobh Seán Ó Dálaigh: BÁC
Dáta(í): ní fios
Colafain/Notitiae:
Líon lch.: 22
Sonraí: Ó Macháin, 1990, 114–5

LNÉ G 637 Filíocht; scéalta
Scríobhaithe: *Pádraig Ó Finn, Seaghan Ó Domhnuill, Pádraig Ó Hara, Seaghan Uí Dhalaigh*
Log inar scríobh Seán Ó Dálaigh: ní chuirtear seo in iúl
Dáta(í): ní fios
Colafain/Notitiae:
Líon lch.: 150
Uimhreacha na lch./mír a scríobh Seán Ó Dálaigh: clár ábhair, uimhriú na lch.
Sonraí: Ní Shéaghdha 1961–90, fascúl 12, 15–7
Cnuasach blúirí.

LNÉ G 640 Foras Feasa ar Éirinn
Scríobhaithe: *Seaghan Ó Duibhidhir, John O'Daly*
Log inar scríobh Seán Ó Dálaigh: BÁC
Dáta(í): Ó Duibhidhir, 1837; Seán Ó Dálaigh 1860

Colafain/Notitiae: *I copied the pedigree at the other side from a copy of Keating made by Owen O'Keeffe mentioned in the introduction to my first vol of the Munster Poets 1723 in which he brings the pedigree down from Keating's time, 1629, to be his own, consequently the collection in this vol, which is now in the hands of Mr. Kelly of Castle Kelly is an invaluable acquisition to Irish Literature, John O'Daly. Dublin Febr. 15 1860.*
Líon lch.: 418
Uimhreacha na lch./mír a scríobh Seán Ó Dálaigh:lch. 4, nótaí le Seán Ó Dálaigh (téacs le Seaghan Ó Duibhidhir), mioncheartúcháin ar 342, 358, 359, 366; ginealaigh na Mathúnach (gan uimhreacha leathanach)
Iar-úinéir(í): John O'Mahony
Sonraí: Ní Shéaghdha 1961–90, fascúl 12, 18–19; O'Mahony 1857, réamhrá

LNÉ 636 Liosta ceannaitheoirí leabhar
Scríobhaí: Seán Ó Dálaigh
Log inar scríobh Seán Ó Dálaigh: ní chuirtear seo in iúl
Dáta(í): 1869
Colafain/Notitiae:
Líon lch.: 39
Iar-úinéir(í): Séan Ó Dálaigh
Sonraí: Hayes 1965, 606
Ceannaitheoirí: Leabharlann J.H. Todd

LNÉ 2261 Litreacha ó Edward Walsh agus John Keegan chuig an Dálach
Scríobhaithe: Edward Walsh, John Keegan, C.P. Meehan, *Seaghan O'Dálaigh*
Log inar scríobh Seán Ó Dálaigh: ní chuirtear seo in iúl
Dáta(í): 1843–46
Colafain/Notitiae: *The following letters are by John Keegan author of the beautiful Poems 'Caoch the Piper' and 'Holly and Ivy' and many others/J. O'Daly/Seaghan O'Dálaigh*
Líon lch.: 42 litir
Iar-úinéir(í): Séan Ó Dálaigh, Patrick Traynor
Sonraí: Hayes 1970, 797; Delaney 1997
Ceannaitheoirí: Leabharlann J.H. Todd
Nóta scriofa ag C.P. Meehan (?) faoi bhun nóta an Dálaigh (thuas): 'Irish scholar and bookseller, Anglesea St., Dublin.'

LNÉ 3978 Ábhar clóscríofa: amhráin agus gearrthóga nuachtán
Scríobhaí: gearrthóga a bhailigh Seán Ó Dálaigh
Log inar scríobh Seán Ó Dálaigh: BÁC
Dáta(í): 1843–55
Colafain/Notitiae:
Líon lch: 181 (10 leathanach bán)
Uimhreacha na lch./mír a scríobh Seán Ó Dálaigh: nótaí agus ceann amháin de na téacsanna
Iar-úinéir(í): Seán Ó Dálaigh
Sonraí: Hayes, 1965, 606
Nóta ann le Conor McSweeney; beagán ábhair ann ó dháta i ndiaidh bhás an Dálaigh (c.1893); suimiú ar an ábhar in LNÉ 5454.

LNÉ 5455 Ábhar clóscríofa; gearrthóga nuachtán
Scríobhaí: gearrthóga a bhailigh Seán Ó Dálaigh faoin gconspóid i gCill Chainnigh (1843) i dtaobh an Irish Society
Log inar scríobh Seán Ó Dálaigh: ní fios
Dáta(í): ní fios
Colafain/Notitiae: *Kilkenny Moderator's Comment J. Daly*
Líon lch.: 72 (8 bán)
Uimhreacha na lch./mír a scríobh Seán Ó Dálaigh
Iar-úinéir(í): Seamus Ó Casaide, An Cúnta George Noble Plunkett
Sonraí: Hayes, 1965, 566
Ticéad ann a thugann airde agus meáchan an Dálaigh.

LNÉ 7348 Ceol amhrán
Scríobhaithe: Seán Ó Dálaigh, Standish Hayes O'Grady, nótaí ceoil ó lámh eile
Log inar scríobh Seán Ó Dálaigh: ní fios
Dáta(í): ní fios
Colafain/Notitiae:
Líon lch.: 191 (20 lch. clóscríofa)
Uimhreacha na lch./mír a scríobh Seán Ó Dálaigh: clár an ábhair nó cuid de (?)
Iar-úinéir(í): An Cúnta George Noble Plunkett
Sonraí: Hayes 1965, 607
Nótaí teanga le S.H. O'Grady; roinnt de na hamhráin ó fhoinsí clóscríofa.

Ollscoil na hÉireann, Baile Átha Cliath: Lámhscríbhinní Uí Lochlainn
Ó Lochlainn 6 Prós, filíocht, seanchainteanna, nótaí gramadaí
Scríobhaí: Seán Ó Dálaigh
Log inar scríobh Seán Ó Dálaigh: BÁC
Dáta(í): 1847
Colafain/Notitiae: lch. 1 *Biadh an Ghaoidhealg fa meas mor An Athcliath na bhfleasg bhfionól/ Ó Mailig*
Líon lch.: 77
Uimhreacha na lch./mír a scríobh Seán Ó Dálaigh:
Iar-úinéir(í): An Cumann Ceilteach
Sonraí: Hayes 1965, 606
Deich leathanach bán.

Ó Lochlainn 10 Litir-leabhar an Chumainn Cheiltigh: admhálacha ar shíntiúis, comhfhreagras an chumainn etc.
Scríobhaí: Seán Ó Dálaigh
Log inar scríobh Seán Ó Dálaigh: BÁC
Dáta(í): 1847–50
Iar-úinéir(í): An Cumann Ceilteach
Sonraí: Hayes 1965, 606
Daichead a haon litir ar fad.

Ó Lochlainn 12 Litreacha chuig J.F. Gilbert
Scríobhaithe: comhfhreagraithe Gilbert
Log inar scríobh Seán Ó Dálaigh: BÁC

Dáta(í): 20 Aibreán 1878

Colafain/Notitiae (téacs chárta poist): *9 Anglesea St. Dublin. Apl. 20/-78*

Dr. Sir I think I have the book you want, but cant refer to my books just now to see. At all elevts (leg: events) I am in a bat (leg: bad) way this evening having been prepared for eternirty (sic) by Father O'Hanlon during the eve, ever your truly, John O'Daly

Líon lch.: gan uimhriú

Uimhreacha na lch./mír a scríobh Seán Ó Dálaigh: gan uimhriú

Iar-úinéir(í): J.F. Gilbert

Sonraí: Ó Lochlainn 1939, 135

Litreacha, cárta poist agus leathanaigh scaoilte greamaithe i gcóipleabhar.

Ollscoil na hÉireann, Baile Átha Cliath: Lámhscríbhinní an Fheirtéirigh

Feirtéar 25 Scéalta, filíocht

Scríobhaithe: *Uilliam Ó hAodha; Seán Ó Dálaigh, Dónall Mac Cáib, James Gleeson*

Log inar scríobh Seán Ó Dálaigh: BÁC

Dáta(í): 1816 (Ó hAodha); 1866 (Ó Dálaigh)

Colafain/Notitiae: lch. 54. *Mise Seaghan O'Dalaigh do sgribh é so an chéad lá de Januair san mbliaghain mdccclxvi (1866) agus m'aois la fheil brighde ag teacht sé bliaghna trí fithchitt (66)*

Líon lch.: 250

Uimhreacha na lch./mír a scríobh Seán Ó Dálaigh: 51–54

Iar-úinéir(í): An tAthair Dáibhí Ó Mathúna

Sonraí: Ó Conchúir 1982, 82

Uilliam Ó hAodha, Cros na Bearaice a scríobh an bhunlámhscríbhinn.

Béal Feirste

Coláiste Mhaolmhaodhóig, Béal Feirste: Lámhscríbhinní Uí Laifeartaigh

CM C Cath Fhochairte Bríde, aistriúchán air, ábhar eile

Scríobhaithe: Bryan Geraghty, *John O'Daly*

Log inar scríobh Seán Ó Dálaigh: BÁC

Dáta(í): 1845 (Geraghty); 1877 (Ó Dálaigh)

Colafain/Notitiae: *Written by the late Bryan Geraghty of No. 8 Anglesea St. Dublin 1845 John O'Daly Ath Cliath mdccclxxvii*

Líon lch.: 201

Uimhreacha na lch./mír a scríobh Seán Ó Dálaigh: gan uimhir

Iar-úinéir(í): An tAthair Seamas Ó Leafartaigh

Sonraí: Mac Neill 1906, 1

Liostáltar an lámhscríbhinn mar 'Coláiste Mhaolmhadhóig 1' sa Leabharlann Náisiúnta, áit a bhfuil fótóchóip de.

Leabharlann Phoiblí Bhéal Feirste (LPBF)

LPBF 34 Fiannaíocht (Cath Cnuca)

Scríobhaithe: a) Donnchadha Mac Cléirigh, b) Risteard Ó Catháin, c) scríobhaí gan ainm,d) *Seaghan Ua Dalaigh*

Log inar scríobh Seán Ó Dálaigh: BÁC

Dáta: 1848

Colafain/Notitiae lch.30: *Finit le Seaghan Ua Dálaigh a mBaile Atha Cliath Duibhlinn lá féile Pattraic Naomhtha A.D. mdcccxlviii 1848*

Líon lch.: 119
Uimhreacha na lch./mír a scríobh Seán Ó Dálaigh: 80 ? deireadh (roinnt nótaí le hÓ Comhraí)
Iar-úinéir(í): Roibeard Mac Ádaimh
Sonraí: Ó Buachalla, 1962, 34; Dempsey, M. 1918. *Manuscripts of Belfast Museum* (clóscríofa); catalóg na leabharlainne (clóscríofa)
Cláraithe mar Chnuasach Bryson-Mac Adam 30 chomh maith

Cambridge
Ollscoil Cambridge
Add. 6514 Cúirt an Mheán Oíche etc.
Scríobhaí: Standish Hayes O'Grady, Seán Ó Dálaigh
Log inar scríobh Seán Ó Dálaigh: 9 Anglesea St., BÁC
Dáta(í): 1853–4, 1855 (?)
Colafain/Notitiae:
Líon lch.: 34
Uimhreacha na lch./mír a scríobh Seán Ó Dálaigh: 30. litir agus profaí (gan dáta) chuig O'Grady
Sonraí de Brún, Herbert 1986, 29

Cardiff
Leabharlann Phoiblí Cardiff (C)
C 2395 Filíocht
Scríobhaithe: *Seaghan Ua Dalaigh,* Eoghan Ó Comhraí
Log inar scríobh Seán Ó Dálaigh: ní chuirtear seo in iúl
Dáta(í): 1848
Colafain/Notitiae: 75. *From a MS. written by Owen O'Keefe A.D. 1684 Seaghan Ua Dalaigh./* 85. *Per me Eugenius Keefe 16th Die Martii 1684*
Líon lch.: 239
Uimhreacha na lch./mír a scríobh Seán Ó Dálaigh: an t-iomlán cé is moite de nótaí le hEoghan Ó Comhraí
Sonraí: Ó Riain, 1968, 61–6

Cill Chainnigh
Coláiste Chiaráin, Cill Chainnigh (CC)
CC 1 Duanaire Diaga
Scríobhaithe: Eoghan Ó Comhraí, *Seán Ua Dálaigh*
Log inar scríobh Seán Ó Dálaigh: ní chuirtear seo in iúl
Dáta(í): 1848
Colafain/Notitiae: *Do cheartaigheas an dán so le cean do fuaras [s]an leabhar do sgriobhadh le Seaghan Ó Cuinneagáin, file Muimhneach, san mbliadhain 1737. Seán Ua Dálaigh 1848*
Líon lch.: 643
Uimhreacha na lch./mír a scríobh Seán Ó Dálaigh: 138–175
Iar-úinéir(í): An tAthair Mathghamhain Ó Caolaí (Matthew Kelly)
Sonraí Ó Fiannachta 1978, 47–9

Corcaigh

Ollscoil na hÉireann, Corcaigh: Cnuasach an Phaoraigh

Corcaigh 89 Searcleannán Chríost

Scríobhaí: *Seán Ó Dálaigh*

Log inar scríobh Seán Ó Dálaigh: *sráid Anglesea a mBaile Atha Cliath*

Dáta(í): *Abraon 1852*

Colafain/Notitiae: lch. an teidil: *Sgriobhtha liomsa, Seaan Ó Dálaigh, a sráid anglesea a mBaile-ath-Cliath, 1852. Iarraim guidhe an léightheóra air m'anam*

deireadh caibidil 25: *Críoch do'n chead chuid do'n leabharsa (Tomas a Cempis) le Seáan Ua Dálaigh a sráid Ainglesea a mBaile Atha Cliath Duibhlinne Abraon 1852*

Líon lch.: 144

Sonraí: Ní Dhonnchadha, 1943, 318

Corcaigh 93 Eochairsgiath an Aifrinn

Scríobhaí: *John O'Daly*, Seán Pléimeann

Log inar scríobh Seán Ó Dálaigh: *9, Anglesea St., Dublin*

Dáta(í): *Sept. 12, 1861*

Colafain/Notitiae: 43. *I think the last ending of the Preface an interpolation; but nevertheless it is a good one. J O'D.*

96: *Compare and collate the 7th Chap. opposite with the authentic copies, as I fear it is greatly interpolated by pedants who consider themselves superior to the learned author, Dr. Keating John O'Daly 9, Anglesea St., Dublin. Sept. 12, 1861.*

cúl: *the English translation is in the handwriting of John Fleming. P. Power.*

Líon lch.: 545

Líon lch. le Seán Ó Dálaigh: cóip iomlán le Seán Ó Dálaigh; aistriúchán agus nótaí le Seán Pléimeann

Sonraí: Ní Dhonnchadha, 1943, 323

Cnuasach lámhscríbhinní: an chóip déanta ag Seán Ó Dálaigh lena fhoilsiú ag *Fuirionn Dhuchtúir Céitinn.*

Ollscoil na hÉireann, Corcaigh: Cnuasach Uí Mhurchú

Ó Murchú 5 Ginealach

Scríobhaithe: *Seághan Ua Laoghaire, Tomas Mac Cartha, Padrig O Dunlea, Seán Ó Conaill, Séamus de Róiste, Tomás Mac Geathagáin, Seán Ó Dála, Seamus Maconmara, Dáibhidh O Finusaidh*

Log inar scríobh Seán Ó Dálaigh: ní chuirtear seo in iúl

Dáta(í): ní chuirtear seo in iúl

Colafain/Notitiae: *Geinealach Uí Dhálaigh; a MS. of Pedigrees made in continuation of Keating by Father Owen O'Keefe P.P. of Doneraile 1723, now in possession of D.H. Kelly in Castlekelly, Mount Talbot*

Líon lch.: 1

Iar-úinéir(í): Cnuasach Uí Mhurchú

Sonraí: Ní Dhonnchadha, 1943 18; Ó Conchúir 1991, 15–23.

Ó Murchú 7 Filíocht

Scríobhaí: *S O'D*

Log inar scríobh Seán Ó Dálaigh: ní chuirtear seo in iúl

Dáta(í): 1853

Colafain/Notitiae: 27.9 *Uilliam Ó Móráin, the author of these and several other poems that are now lost was a classical teacher, a native of Sliavgua in the County Waterford where he constantly resided. He flourished about 1760. J. Daly*
Líon lch.: 86
Iar-úinéir(í): Cnuasach Uí Mhurchú
Sonraí: Ní Dhonnchadha, 1943 27; Ó Conchúir 1991, 25–8.

Ó Murchú 12 Oidhe Chlainne Lir
Scríobhaí: *Seághan Ua Dála,* James Goodman,
Log inar scríobh Seán Ó Dálaigh: Cill Chainnigh
Dáta(í): 1844
Colafain/Notitiae: 50. *Críoch re Seághan Ua Dála, leabhar-reiceoir a gCill Chuiních*
Líon lch.: 50
Uimhreacha na lch./mír a scríobh Seán Ó Dálaigh: gach rud ach amháin roinnt ceartúchán a rinne James Goodman; aistriúchán go Béarla ag Seán Ó Dálaigh
Iar-úinéir(í): *S. Gudmann* (?)
Sonraí: Ní Dhonnchadha, 1943,147; Ó Conchúir 1991, 34–5

Ó Murchú 28 Filíocht na Mumhan
Scríobhaithe: *Tadhg Mac Cárrtha, Seaghan Mac Clanacgh, Seághan Ua Dála/ Seán Ó Dála, Miachael O Suilliobhain,* beirt gan ainm, James Goodman
Log inar scríobh Seán Ó Dálaigh: Cill Chainnigh
Dáta(í): *September 1844; October, 1844*
Colafain/Notitiae: 1. *Fileadh fáigheamhuil fíor-fhoghlamthadh ba é an Tadhg Mac Cárthadh so, agus do chomhnaidh a gconntae Thiobraid árainn nó luimne, achd ní fios dam cá ham. Tá'n sagart diaidha ionar sgríbh sé na laoithe seo dhó, tar éis bháis a dtimchioll triochadh bliaghan. Seághan Ua Dála, Cill Chainich, october, 1844*
Líon lch.: 232
Uimhreacha na lch./mír a scríobh Seán Ó Dálaigh: 159–66
Iar-úinéir(í): James Goodman(?)'; Cnuasach Uí Mhurchú
Sonraí: Ní Dhonnchadha, 1943, 82; Ó Conchúir 1991, 63–70
Cnuasach a rinne an tAthair Seán Ó Riain, An Teampall Uachtarach, Co. Thiobraid Árann agus ábhar a chuir Micheál Ó Súilleabháin chuig Seán Ó Dálaigh is mó atá ann.

Ó Murchú 42 Deargruathar Chonaill Chearnaigh
Scríobhaí: *Seaghan Ua Dálaigh*
Log inar scríobh Seán Ó Dálaigh: BÁC
Dáta(í): 1845
Colafain/Notitiae: 1. *Críochnaighthe le Seaghan buidhe, dorcha, Ua Dala/ fear gan fáith a namharc ban/ a léightheoir dhil na lean mo shligh si,/ no is baoghal duit choidhche a bheith gan rath/ Seaghan Ua Dálaigh. Baile Atha Cliath. 1845*
Líon lch.: 48
Iar-úinéir(í): *S. Gudmann* (?)
Sonraí: Ní Dhonnchadha, 1943,147; Ó Conchúir 1991, 103

Ó Murchú 47 Iomarbhá na bhFilí

Scríobhaí: ní fios cé scríobh an lámhscríbhinn; scríbhneoireacht le *Seán Ó Dála* ar dhá lch. cláir i dtosach na lámhscríbhinne
Log inar scríobh Seán Ó Dálaigh: BÁC
Dáta(í): 1847
Colafain/Notitiae:
Líon lch.: 194
Líon lch. le Seán Ó Dálaigh: '*Ughdair san leabhar*'.i. clár an ábhair (faoi dhó)
Iar-úinéir(í): *S. Gudmann* (?)
Sonraí: Ní Dhonnchadha, 1943, 152; Ó Conchúir 1991, 110–11

Ó Murchú 52 Filíocht na Mumhan
Scríobhaí: *Seághan Ua Dála/J. Daly*
Log inar scríobh Seán Ó Dálaigh: BÁC
Dáta(í): 1845 (32); 1845 (32, 60); 1846 (54, 102)
Colafain/Notitiae: 5.
Le Seaghan Ua Dáladh
Fear dubh dána borb
Cé ná luaidhtear leis deaghshláinte
atá gan smáil gan dochar
Atá go síothach le cáirde
atá gan sgáith roimh namhoid,
an bís gídh táim dá náiriomh
Go bhfáisge an diabhal le gad iad
100.
Mise Seághan Dubh Buidhe O Dála
Fear gan sgáith, gan eagla
Sgriobhas gonuig seo na ráidhte
Rinn ár mbáird do chanadh dhúinn 1846 S O'D
Líon lch.: 110
Sonraí: Ní Dhonnchadha, 1943, 172; Ó Conchúir 1991, 122–6
Dhá lámhscríbhinn ceangailte le chéile.

Ollscoil na hÉireann, Corcaigh: Cnuasach Thorna
T. xiv Scéalta
Scríobhaí: *a,b) Seaghan Ó Dála*
Log inar scríobh Seán Ó Dálaigh: *(feithmheoir) Gaoidheilge ag Eochuill*
Dáta(í): a) *December 9th 1828; December 12th 1828*
b) 1825
Colafain/Notitiae: a) *48. Críoch le Seaghan Ó Dála feithmheoir Gaoidheilge ag Eochuill. December 9th 1828*
b)63*i. gonadh i sin bruigheinn bheag na Halmhuinne go nuige sin. le Seaghan Ó Dála aig Eochuill December 12th 1828*
c) 90. *Críochnaighthe le Seaghan Ó Dáladh January 25th 1825*
d) 90m *Sgriobhtha aig Seaghan Ó Dághladh an Cúigiúmhadh lá fithchead do January 1825 is an dara bliadhain air fithchid dam aois féin chum lae fheil Bríghde 1825. John Daly*
Líon lch.: 124
Iar-úinéir(í): *Seumas Goodman,* Torna
Sonraí: de Brún, iml. 1, 54–6

Dhá lámhscríbhinn ceangailte le chéile.

T. lviii Eoghan Ó Dubhthaigh; Giolla an Amaráin
Scríobhaí: a), b), c), d) *Seán Ó Dálaigh*
Log inar scríobh Seán Ó Dálaigh: ní chuirtear seo in iúl
Dáta(í): a) 1846; c) 1874
Colafain/Notitiae: a) 20i *I copied this from a MS written by a John Cunningham in 1737. John Daly 1846.*
c) 13i *Críoch mar fuaireas an leabhar do sgribh O Hatharnaigh a gconntae Phortláirge, a dtimcheall 1818, no mar sin. Tá an leabhar céadna anois ag Seaghan Fleiming a gClúain Aodh láimh le Carraig na Siúire, 1874, John O'Daly*
d) 14 *Crioch mar do fuaras an leabhar do sgribh*
Líon lch.: 67
Iar-úinéir(í): LSS Uí Mhurchú, Torna
Sonraí: de Brún, iml. 1, 150–1
Ceithre lámhscríbhinn neamhspleácha.

T. lix Cúntóirí Sheáin Uí Dhálaigh
Scríobhaithe: litreacha
1) M.M. Graham chuig *Nicholas O Kearney*
2) *Nioclás Ua Ceárnaich* chuig *Seån O'Dálaigh*
3) *Peter Hayes* chuig Seán Ó Dálaigh
4) *Michael Kirby, Iffane, Listowel*
5) *P. Toomy, Dungarvan* chuig Seán Ó Dálaigh
6) *J. Gleeson, Boherbuy, Barry's Lane, Limerick* chuig Seán Ó Dálaigh
7) *Eugene O Cavanagh No. 1, Cornmarket, Wexford* chuig Seán Ó Dálaigh
8) *James Mac Gradey, Independent Office, Wexford* chuig Seán Ó Dálaigh
9) Rev. *Thomas Boyle, Evrigham, Hayton, York, England* chuig Seán Ó Dálaigh
10) *Patrick Forhan, Dingle* chuig Seán Ó Dálaigh; Seán Ó Dálaigh chuig *Patrick Forhan; Pádruig de Lonndre, Cionn Trágha* chuig James Goodman
11) *Catherine Hamit Passy, 1 Cumberland Terrace, Regent's Park, London* chuig Seán Ó Dálaigh
12) Dán, *The Irish Language,* síniú leis, 'I.G.'
13) *J.E. Pigot, 11, Upper Leeson St.* chuig Seán Ó Dálaigh
14) *Micheál Mc Cárrtha, Doire na nUbhal,* Co. Chorcaí chuig Seán Ó Dálaigh
15) *Standish Hayes O'Grady, Rugby* agus *Monkstown, Cork* chuig Seán Ó Dálaigh
16) James Goodman, Skibbereen chuig Seán Ó Dálaigh
17) William Mackesy, Glebe House, Castletown, Kilpatrick, Navan chuig Seán Ó Dálaigh
18) G.H. Kirk, Clogher Head chuig Seán Ó Dálaigh
19) *Thomas Geraghty, Sec., Gaelic Literary Institute, 2, Parliament Street* chuig Seán Ó Dálaigh;
20) *Thomas Swanton, Cranliath, Ballidahob, Near Skibereen* chuig Seán Ó Dálaigh
Log inar scríobh Seán Ó Dálaigh: BÁC (nótaí breactha ar litreacha áirithe)
Dáta(í): 1844–1856
Colafain/Notitiae:
Líon lch.: cnuasach litreacha
Iar-úinéir(í): Seán Ó Dálaigh, LSS Uí Mhurchú; James Goodman; Torna

Sonraí: de Brún, iml. 1, 151–161

T. lixi Seán na Ráithíneach
Scríobhaí: *J O'D*
Log inar scríobh Seán Ó Dálaigh: ní chuirtear seo in iúl
Dáta(í): ní fios
Colafain/Notitiae: Bb. *My collection of his manuscript remains contains some excellent pieces written at the age of twenty-six and this year I finished a copy of Dr. Keating's 'Forus Feasa ar Éirinn' which I still have*
Líon lch.: 22
Iar-úinéir(í): Dúbhglas de hÍde, Torna
Sonraí: de Brún, iml. 1, 162–4

T.lxii Ilchineálach
Scríobhaithe:a) *Seaghan o Dala,* lámh eile
b) *Tomás ua Conchubhair*
c) Tomás Ó Conchubhair
Log inar scríobh Seán Ó Dálaigh: ní chuirtear seo in iúl
Dáta(í): ní fios
Colafain/Notitiae: a) 3*i. Deire mur fuaras, Seaghan o Dala*
Líon lch.: 232
Uimhreacha na lch./mír a scríobh Seán Ó Dálaigh: a) [1]-8
Iar-úinéir(í):Torna
Sonraí: de Brún, iml. 1, 164–9
Cnuasach páipéar a bhain le Seán Ó Dálaigh.

Gaillimh
Ollscoill na hÉireann Gaillimh: Cnuasach an Chraoibhín (D. de hÍde)
de hÍde 16 Scéalta, Filíocht
Scríobhaíthe: *Seághan Ó Daladh,* Tomás Mágh Geothagáin, Uilliam de hAodha, Micheál Ua Deabhfadh, lámh eile
Log inar scríobh Seán Ó Dálaigh: ní chuirtear seo in iúl
Dáta(í): ní fios
Colafain/Notitiae: lch. 58. *Sin re Sheaghan Ó Daladh gan teannta buird na binnse gan fonn staona na stopa. gach neach do léighfis na linnte seo am dhiaigh guidheac an tathar an mac agus an spriod naomh ann aon dia glor na bhflathus do thabhart do ainm an grafadoréadh is duinn go leir má sé toil mo shlanuightheoradh*
Líon lch.: 278
Uimhreacha na lch./mír a scríobh Seán Ó Dálaigh: 1–58
Iar-úinéir(í): Dúbhghlas de hÍde
Sonraí: de Búrca 1926–27, 398
Lámhscríbhinní éagsúla ceangailte le chéile.

de hÍde 42 Filíocht
Scríobhaíthe: *Seághan O Dálaigh,* Mark Prendergast, Nicholas O'Donnell, James Molloy, Una Young
Log inar scríobh Seán Ó Dálaigh: BÁC
Dáta(í): Feabhra 1864 (Ó Dálaigh)

Colafain/Notitiae: lch. 42. *Seághan O Dálaigh Feb 1864*
Líon lch.: 394 (59 bán)
Uimhreacha na lch./mír a scríobh Seán Ó Dálaigh: 77–90, 95–170, 199–247
Iar-úinéir(í): Seán Ó Dálaigh, Dúbhghlas de hÍde
Sonraí: de Búrca 1926–27, 1012
Blúirí lámhscríbhinní.

de hÍde 47 Filíocht
Scríobhaí: Seán Ó Dálaigh
Log inar scríobh Seán Ó Dálaigh: BÁC
Dáta(í): ní fios
Colafain/Notitiae:
Líon lch.: 40
Iar-úinéir(í): Dúbhghlas de hÍde
Sonraí: de Búrca 1926–27, 1156

Maigh Nuad
Ollscoil na hÉireann, Maigh Nuad
Ls Uí Chomhraí 3 B 35 Foclóir
Scríobhaithe: *John O'Dalaigh,* Amhlaoibh Ó Súilleabháin
Log inar scríobh Seán Ó Dálaigh: ní chuirtear seo in iúl
Dáta(í): ní fios
Colafain/Notitiae: clúdach. *Irish Vocabulary or Foclóir Gaoidheilge John O'Dálaigh* (lámh Amhlaoibh Uí Shúilleabháin)
Líon lch.: 44
Uimhreacha na lch./mír a scríobh Seán Ó Dálaigh: é ar fad ach amháin an clúdach
Sonraí: Ó Fiannachta 1965–73; fascúl 5, 112
Tús foclóra; focail neamhchoitianta.

C 73 Iarlaisí
Scríobhaithe(roinn k): *Tomás Mac Calpuidh, John Cain, Daniel Kelly, Seaghain Dhála*
Log inar scríobh Seán Ó Dálaigh: ní chuirtear seo in iúl
Dáta(í): ní fios
Colafain/Notitiae: roinn k, 21. *Ag so gearghearán truaighmheileach, cruadhchuiseach iargnodhach Seaghain Dhála do láthair .i. Seamus suaircbheasach*
do Nogla
Líon lch.: 16 lch.–stua atá fuaite le chéile agus dhá dhuilleog
Uimhreacha na lch./mír a scríobh Seán Ó Dálaigh: 21
Sonraí: Ó Fiannachta 1965–73, fascúl 5, 135–42
Tús barántais.

Paris
Bibliothèque Nationale
Fonds Celtique et Basque 4 Fiannaíocht
Scríobhaithe: Seán Ó Dálaigh agus lámha eile
Log inar scríobh Seán Ó Dálaigh: ní chuirtear seo in iúl
Dáta(í): 1817, 1824

Colafain/Notitiae: *Aig sin agad a léitheoir críoch ar an mbruighin chaorthuinn le luadhas lámha agus le droich ghléas gan teannta Boird na Binnse aig an laighirradhting a ccontae phortlairgeadh a cuigiudhaigh la déag de December 1824 Seaghan Ó Daladh*
54 Deire no Crioch le Seaghan Ó Dalaigh
Líon lch.: 120
Uimhreacha na lch./mír a scríobh Seán Ó Dálaigh: 1–54
Sonraí: Omont. 1890, 405–6

Port Láirge
Coláiste Eoin, Port Láirge
CE 16 Ábhar Spioradálta; Eachtra Thoirlibh Mhic Stairn
Scríobhaithe: *Pattruig Den, John Hurnane, Seadhan Mac Gairilt gCeapach ain, Thomas Keeffe, Seadhan Mac Gairilt, Seádhan Ó Deala*
Log inar scríobh Seán Ó Dálaigh: ní chuirtear seo in iúl
Dáta(í): 25 Feabhra 1800 go 13 Lúnasa 1865
Colafain/Notitiae:
Líon lch.: 260
Uimhreacha na lch./mír a scríobh Seán Ó Dálaigh: scribleáil agus síniúchán ag a dheireadh
Iar-úinéir(í): Pádraig Den
Sonraí: Ó Fiannachta 1978, 18–21

Ls atá imithe ar fán
Prós agus filíocht–cuntas cruinn in easnamh
Scríobhaí: Seán Ó Dálaigh
Log inar scríobh Seán Ó Dálaigh: ní fios
Dáta(í):1827–8
Colafain/Notitiae:
Líon lch.: ?
Iar-úinéir(í): ceann de chnuasach a bhronn Patrick Terry ar an mBoston Philo-Celtic Society
Sonraí: *Irish Echo,* Eanáir 1887; de Brún, 1988: 323

Scríobhaithe: Seán Ó Dálaigh, Seán Ó Muiríosa
Log inar scríobh Seán Ó Dálaigh: ?
Dáta(í):?
Colafain/Notitiae:
Líon lch.: ?
Iar-úinéir(í): Seán Ó Dálaigh
Sonraí: Ó Macháin 1997, 95, n. 22; –, www.isos.dias.ie: 'Other associations with O'Daly among the lost or inaccessible manuscripts of Morrissey include joint scribal participation, ownership by O'Daly of a Morrissey manuscript, and the inclusion of an 1853 O'Daly sales-catalogue in a manuscript. In the present collection, *ms* 12, pp. 1–60, 64–5, derive from an O'Daly publication.'

A.I. Hist. Soc 1 Chronicum Scotorum
Scríobhaí: Micheál Mac Peattair Ó Longáin, Laurence Shea, Seaghan Da
Log inar scríobh Seán Ó Dálaigh: ní chuirtear seo in iúl

Dáta: 1711
Colafain/Notitiae:
Líon lch.: 106
Iar-úinéir(í): American Irish Historical Society
Sonraí: de Brún 1989, 82; Ó Conchúir 1982, 88, 279, n. 608
Ainm Labhráis Uí Shéaghdha in ogham chomh maith leis an bhfoirm *Laurence Shea.*
Micheál Mac Peattair Ó Longáin a bhreac an lámhscríbhinn ach is é an Dálach atá i gceist leis an síniúchán, 'Seaghan Da', is dócha. Tá an lámhscríbhinn féin ar iarraidh ach tá cóip di ar mhicreascannán (LNÉ pos 6566).

2

Litreacha an Dálaigh

2a

Tagairtí foilsithe do litreacha an Dálaigh/ do litreacha a seoladh chuige

Baylor, R.H. agus Meagher, T.J. 1997. *The New York Irish,* 263
Ní Úrdail, M. 2000. *The Scribe in Eighteenth- and Nineteenth-Century Ireland: Motivations and Mileu,* Munster: Nodus Publikationen, lgh. 112, 126
Ó Buachalla, B. 1965. 'Peadar Ó Doirnín agus Lucht Scríte a Bheatha', *Studia Hibernica* 5, lgh. 123–54
Ó Concheannain, T. 1971–2. 'Slán Chum Pádraic Sáirséal', *Éigse* 14, lgh. 218–219, 222
Ó Conchubhair, B. 1982. *Scríobhaithe Chorcaí,* BÁC: Clóchomhar, lch 178
–, 1991. *Clár Lámhscríbhinní Gaeilge Choláiste Ollscoile Chorcaí: Cnuasach Uí Mhurchú,* BÁC: Institiúid Ard-Léinn BÁC
Ó Dufaigh, S. agus Ó Doibhlin, D. 1989. *Nioclás Ó Cearnaigh: Beatha agus Saothar,* BÁC: Clóchomhar, lgh. 40–48
Ó Lochlainn, C. 1939. 'John O'Daly, Irish Scholar and Bookseller', *Irish Book Lover* 26, uimh 6, lch. 135
–, 1943. 'John O'Daly and the Celtic Society', *Irish Book Lover* 29, uimh 1, lgh. 12–15
Walsh, E. 1883. *Irish Popular Songs with English Metrical Translations, and Introductory Remarks and Notes by Edward Walsh,* dara heag., BÁC: Gill, lgh. 33–38

2b

Litreacha i mBailiúcháin Lámhscríbhinní

Log scríofa na litreacha ná Baile Átha Cliath ach amháin sa chás go gcuirtear a mhalairt in iúl. Gach litir i mBéarla ach amháin sa chás go gcuirtear sin in iúl.

Baile Átha Cliath
Acadamh Ríoga na hÉireann:[2]

Comhfhreagras John Widele: Lámhscríbhinní 4 B 5 – 4 B 23:

Lámhscríbhinn 4 B 5

Seolaí: John Windele

23 Lúnasa 1844 Log a Scríofa: Cill Chainnigh
23 Bealtaine 1845 Log a Scríofa: Cill Chainnigh
2 Meitheamh 1845 Log a Scríofa: Cill Chainnigh
3 Meán Fómhair 1845
8 Meán Fómhair 1845
12 Meán Fómhair 1845
20 Deireadh Fómhair 1845

Lámhscríbhinn 4 B 6

Seolaí: John Windele

8 Bealtaine 1845
13 Bealtaine 1845
19 Bealtaine 1845
5 Meitheamh 1845
16 Iúil 1846
21 Iúil 1846
27 Iúil 1846
4 Lúnasa 1846
8 Lúnasa 1846
14 Méan Fómhair 1846
18 Meán Fómhair 1846
22 Meán Fómhair 1846
29 Meán Fómhair 1846
8 Deireadh Fómhair 1846
20 Deireadh Fómhair 1846
26 Deireadh Fómhair 1846,
31 Deireadh Fómhair 1846
2 Samhain 1846 (téacs i nGaeilge)
'The Anniversary of the Gunpowder Plot 1846'
7 Samhain 1846
9 Samhain 1846
10 Samhain 1846
12 Samhain 1846
24 Samhain 1846
28 Nollaig 1846
31 Nollaig 1846
7 Eanáir 1847
14 Eanáir 1847
dáta doiléir
23 Eanáir 1847
26 Eanáir 1847
30 Eanáir 1847
13 Feabhra 1847
18 Feabhra 1847
17 Márta 1847
23 Márta 1847

29 Márta 1847
9 Aibreán 1847
15 Aibreán 1847
20 Aibreán 1847
17 Bealtaine 1847
28 Bealtaine 1847

Lámhscríbhinn: 4 B 7

Seolaí: John Windele

15 Meitheamh 1847
20 Iúil 1847
23 Iúil 1847
28 Iúil 1847
1 Lúnasa 1847
12 Lúnasa 1847
19 Lúnasa 1847
25 Lúnasa 1847
2 Meán Fómhair 1847
8 Meán Fómhair 1847
16 Meán Fomhair 1847
6 Deireadh Fómhair 1847
7 Deireadh Fómhair 1847
25 Deireadh Fómhair 1847
29 Deireadh Fómhair 1847
6 Samhain 1847
13 Samhain 1847
27 Samhain 1847
4 Nollaig 1847
28 Nollaig 1847
3 Eanáir 1848
12 Eanáir 1848
15 Eanáir 1848
24 Eanáir 1848
10 Feabhra 1848
10 Márta 1848
22 Márta 1848
27 Márta 1848
29 Aibreán 1848
16 Meitheamh 1848
21 Meitheamh 1848

Lámhscríbhinn: 4 B 8

Seolaí: John Windele

23 Meán Fómhair 1848

29 Meán Fómhair 1848
26 Deireadh Fómhair 1848
28 Deireadh Fómhair 1848
2 Samhain 1848
7 Samhain 1848
22 Samhain 1848
23 Samhain 1848
11 Nollaig 1848
16 Nollaig 1848
21 Nollaig 1848
11 Eanáir 1849
16 Eanáir 1849
17 Eanáir 1849
16 Feabhra 1849
8 Márta 1849
13 Márta 1849
29 Márta 1849
7 Aibreán 1849
14 Aibreán 1849
25 Aibreán 1849
28 Aibreán 1849
4 Bealtaine 1849
8 Bealtaine 1849
11 Bealtaine 1849
18 Bealtaine 1849
22 Bealtaine 1849
25 Bealtaine 1849
28 Bealtaine 1849
9 Meitheamh 1849
14 Meitheamh 1849

Lámhscríbhinn: 4 B 9

Seolaí: John Windele

5 Iúil 1849
11 Iúil 1849
23 Iúil 1849
25 Iúil 1849
28 Iúil 1849
9 Lúnasa 1849
22 Lúnasa 1849
27 Meán Fómhair 1849
6 Deireadh Fómhair 1849
2 Samhain 1849
8 Samhain 1849
16 Samhain 1849
7 Nollaig 1849

11 Nollaig 1849
18 Nollaig 1849
31 Nollaig 1849
8 Eanáir 1850
16 Eanáir 1850
7 Feabhra 1850
14 Feabhra 1850
15 Feabhra 1850
23 Feabhra 1850
21 Márta 1850
3 Aibreán 1850
10 Aibreán 1850
16 Aibreán 1850
19 Aibreán 1850
26 Aibreán 1850
7 Bealtaine 1850
31 Bealtaine 1850
1 Meitheamh 1850
8 Meitheamh 1850
21 Meitheamh 1850

Lámhscríbhinn: 4 B 10

Seolaí: John Windele

11 Iúil 1850
22 Iúil 1850
24 Iúil 1850
26 Iúil 1850
30 Iúil 1850
31 Iúil 1850
1 Lúnasa 1850
10 Lúnasa 1850
13 Lúnasa 1850
16 Lúnasa 1850
27 Lúnasa 1850
30 Lúnasa 1850
13 Meán Fómhair 1850
19 Meán Fómhair 1850
1 Deireadh Fómhair 1850
14 Deireadh Fómhair 1850
17 Deireadh Fómhair 1850
24 Deireadh Fómhair 1850
29 Deireadh Fómhair 1850
12 Samhain 1850
16 Samhain 1850
21 Samhain 1850
25 Samhain 1850

27 Samhain 1850
12 Nollaig 1850
18 Nollaig 1850
3 Eanáir 1851
8 Eanáir 1851
13 Eanáir 1851
18 Eanáir 1851
25 Eanáir 1851
1 Feabhra 1851
5 Márta 1851
31 Márta 1851

Lámhscríbhinn: 4 B 11

Seolaí: John Windele

6 Aibreán 1851
9 Aibreán 1851
16 Aibreán 1851
19 Aibreán 1851
26 Aibreán 1851
1 Bealtaine 1851
3 Bealtaine 1851
6 Bealtaine 1851
29 Bealtaine 1851
30 Bealtaine 1851
31 Bealtaine 1851
14 Meitheamh 1851
21 Meitheamh 1851
10 Iúil 1851
14 Iúil 1851
19 Iúil 1851
22 Iúil 1851
7 Lúnasa 1851
15 Lúnasa 1851
8 Meán Fómhair 1851
17 Meán Fómhair 1851
22 Meán Fómhair 1851
27 Deireadh Fómhair 1851
31 Deireadh Fómhair 1851
13 Samhain 1851
20 Samhain 1851
26 Samhain 1851
28 Samhain 1851
2 Nollaig 1851
7 Nollaig 1851
22 Nollaig 1851
27 Nollaig 1851

Lámhscríbhinn: 4 B 12

Seolaí: John Windele

2 Eanáir 1852
23 Eanáir 1852
26 Eanáir 1852
2 Feabhra 1852
5 Feabhra 1852
26 Feabhra 1852
1 Márta 1852
3 Márta 1852
8 Márta 1852
27 Márta 1852
1 Aibreán 1852
13 Aibreán 1852
14 Aibreán 1852
16 Aibreán 1852
19 Aibreán 1852
28 Aibreán 1852
29 Aibreán 1852
20 Bealtaine 1852
28 Bealtaine 1852
3 Meitheamh 1852
5 Meitheamh 1852
15 Meitheamh 1852
20 Meitheamh 1852
22 Meitheamh 1852
28 Meitheamh 1852
29 Meitheamh 1852
8 Iúil 1852
17 Iúil 1852
20 Iúil 1852
21 Iúil 1852
3 Lúnasa 1852
5 Lúnasa 1852
gan dáta
28 Lúnasa 1852
14 Meán Fómhair 1852
15 Meán Fómhair 1852
18 Meán Fómhair 1852
11 Deireadh Fómhair 1852
16 Deireadh Fómhair 1852
5 Samhain 1852
9 Samhain 1852
11 Samhain 1852
16 Samhain 1852

Lámhscríbhinn: 4 B 13

Seolaí: John Windele

7 Aibreán 1853
14 Aibreán 1853
4 Bealtaine 1853
1 Meitheamh 1853
8 Meitheamh 1853
10 Meitheamh 1853
14 Meitheamh 1853
20 Meitheamh 1853
24 Meitheamh 1853
29 Meitheamh 1853
2 Iúil 1853
6 Iúil 1853
15 Iúil 1853
29 Iúil 1853
4 Lúnasa 1853
8 Meán Fómhair 1853
6 Deireadh Fómhair 1853
gan dáta
22 Samhain 1853
29 Samhain 1853
15 Nollaig 1853

Lámhscríbhinn: 4 B 14

Seolaí: John Windele

4 Eanáir 1854
15 Eanáir 1854
20 Eanáir 1854
30 Eanáir 1854
1 Feabhra 1854
4 Feabhra 1854
7 Feabhra 1854
9 Feabhra 1854
13 Feabhra 1854
16 Feabhra 1854
24 Feabhra 1854
26 Feabhra 1854
2 Márta 1854
8 Márta 1854
25 Márta 1854
6 Aibreán 1854
24 Aibreán 1854
27 Aibreán 1854

28 Aibreán 1854
2 Bealtaine 1854n
6 Bealtaine 1854
20 Bealtaine 1854
26 Bealtaine 1854
27 Bealtaine 1854
2 Meitheamh 1854
7 Meitheamh 1854
9 Meitheamh 1854
10 Meitheamh 1854
21 Meitheamh 1854
10 Iúil 1854
15 Iúil 1854
18 Iúil 1854
22 Iúil 1854
26 Iúil 1854
1 Lúnasa 1854
3 Lúnasa 1854
7 Lúnasa 1854
9 Lúnasa 1854
13 Lúnasa 1854
17 Lúnasa 1854
28 Lúnasa 1854
13 Meán Fómhair 1854
21 Meán Fómhair 1854
25 Meán Fómhair 1854
29 Meán Fómhair 1854
5 Deireadh Fómhair 1854
10 Deireadh Fómhair 1854
17 Deireadh Fómhair 1854
28 Deireadh Fómhair 1854
30 Deireadh Fómhair 1854
3 Samhain 1854
7 Samhain 1854
14 Samhain 1854
21 Samhain 1854
29 Samhain 1854
15 Nollaig 1854

Lámhscríbhinn: 4 B 15

Seolaí: John Windele

5 Eanáir 1855
17 Eanáir 1855
5 Feabhra 1855
15 Feabhra 1855
20 Feabhra 1855

23 Feabhra 1855
19 Márta 1855
31 Márta 1855
14 Aibreán 1855
21 Aibreán 1855
27 Aibreán 1855
19 Meitheamh 1855
23 Meitheamh 1855
27 Meitheamh 1855
29 Meitheamh 1855
30 Meitheamh 1855
12 Iúil 1855
24 Iúil 1855
3 Lúnasa 1855
10 Lúnasa 1855
16 Lúnasa 1855
20 Lúnasa 1855
23 Lúnasa 1855
30 Lúnasa 1855
18 Meán Fómhair 1855
25 Meán Fómhair 1855
10 Deireadh Fómhair 1855
13 Deireadh Fómhair 1855
30 Deireadh Fómhair 1855
10 Samhain 1855
14 Samhain 1855
16 Samhain 1855
17 Samhain 1855
22 Samhain 1855
24 Samhain 1855
28 Samhain 1855
26 Nollaig 1855

Lámhscríbhinn: 4 B 16

Seolaí: John Windele

16 Eanáir 1856
25 Eanáir 1856 (síniúchán Gaeilge, 'Sg O'Dálaidh' leis an litir)
30 Eanáir 1856
2 Feabhra 1856
12 Feabhra 1856
16 Feabhra 1856
19 Feabhra 1856
1 Márta 1856
7 Márta 1856
2 Aibreán 1856
5 Aibreán 1856

7 Aibreán 1856
11 Aibreán 1856
15 Aibreán 1856
25 Aibreán 1856
29 Aibreán 1856
7 Bealtaine 1856
11 Bealtaine 1856
31 Bealtaine 1856 (síniúchán Gaeilge, 'Do charadh bith dhilis/ Sean O'Dálaigh' leis an litir)
7 Meitheamh 1856
7 Iúil 1856 (an chéad dá leathanach stractha)
15 Iúil 1856
19 Iúil 1856
8 Lúnasa 1856
1 Samhain 1856
5 Samhain 1856
20 Samhain 1856
24 Samhain 1856
9 Nollaig 1856
16 Nollaig 1856
17 Nollaig 1856

Lámhscríbhinn: 4 B 17

Seolaí: John Windele

4 Márta 1857
7 Márta 1857
11 Márta 1857
20 Márta 1857
23 Márta 1857
24 Márta 1857
16 Bealtaine 1857
18 Meán Fómhair 1857
28 Meán Fómhair 1857
1 Deireadh Fómhair 1857
27 Deireadh Fómhair 1857
11 Samhain 1857
12 Nollaig 1857
15 Nollaig 1857
19 Nollaig 1857
'Christmas Day' 1857

Lámhscríbhinn: 4 B 18

Seolaí: John Windele

1 Eanáir 1858

6 Eanáir 1858
17 Eanáir 1858
22 Eanáir 1858
27 Eanáir 1858
29 Eanáir 1858
3 Feabhra 1858
6 Feabhra 1858
23 Feabhra 1858
2 Márta 1858
8 Márta 1858
23 Márta 1858
1 Aibreán 1858
14 Aibreán 1858
14 Meitheamh 1858
12 Iúil 1858
22 Iúil 1858
23 Iúil 1858
25 Lúnasa 1858
26 Lúnasa 1858
31 Lúnasa 1858
2 Meán Fomhair 1858
8 Meán Fomhair 1858
20 Deireadh Fómhair 1858
27 Deireadh Fómhair 1858
11 Samhain 1858
17 Samhain 1858
20 Samhain 1858
27 Nollaig 1858
29 Nollaig 1858

Lámhscríbhinn: 4 B 19

Seolaí: John Windele

20 Eanáir 1859
24 Eanáir 1859
26 Eanáir 1859
29 Eanáir 1859
14 Feabhra 1859
17 Feabhra 1859
23 Feabhra 1859
24 Feabhra 1859
26 Feabhra 1859
1 Márta 1859
8 Márta 1859
12 Márta 1859
'April, 1859'–fógra clóscríofa ó chisteoir an Chumainn Oisínigh agus nóta i lámh an Dálaigh curtha leis

9 Bealtaine 1859 (Seolaí: Eoghan Ó Conalláin; cóip a rinne Windele)
13 Bealtaine 1859
24 Bealtaine 1859
14 Meitheamh 1859
22 Meitheamh 1859
13 Iúil 1859
28 Iúil 1859
30 Iúil 1859
15 Lúnasa 1859
29 Lúnasa 1859
31 Lúnasa 1859
1 Meán Fómhair 1859
21 Meán Fómhair 1859
7 Samhain 1859
8 Deireadh Fómhair 1859
13 Deireadh Fómhair 1859
2 Nollaig 1859
16 Nollaig 1859
31 Nollaig 1859

Lámhscríbhinn: 4 B 20

Seolaí: John Windele

4 Eanáir 1860
7 Eanáir 1860
1 Feabhra 1860
11 Feabhra 1860
16 Feabhra 1860
23 Feabhra 1860
6 Meitheamh 1860
1 Meán Fómhair 1860
22 Meán Fómhair 1860
27 Meán Fómhair 1860
29 Meán Fómhair 1860
31 Deireadh Fómhair 1860

Lámhscríbhinn: 4 B 21

Seolaí: John Windele

8 Eanáir 1861
14 Eanáir 1861
17 Eanáir 1861
30 Eanáir 1861
4 Márta 1861
9 Márta 1861
12 Márta 1861

26 Lúnasa 1861
16 Meán Fómhair 1861
28 Meán Fómhair 1861
2 Deireadh Fómhair 1861
5 Deireadh Fómhair 1861
21 Deireadh Fómhair 1861
12 Samhain 1861
21 Samhain 1861
25 Samhain 1861
10 Nollaig 1861
16 Nollaig 1861
19 Nollaig 1861

Lámhscríbhinn: 4 B 22

Seolaí: John Windele

11 Eanáir 1862
22 Eanáir 1862
18 Feabhra 1862
25 Feabhra 1862
28 Feabhra 1862
15 Márta 1862
25 Aibreán 1862
1 Bealtaine 1862
21 Bealtaine 1862
24 Bealtaine 1862
5 Meitheamh 1862
8 Meitheamh 1862
14 Meitheamh 1862
26 Meitheamh1862
4 Meán Fómhair 1862
2 Deireadh Fómhair 1862
4 Deireadh Fómhair 1862
7 Deireadh Fómhair 1862
9 Deireadh Fómhair 1862
11 Deireadh Fómhair 1862
13 Deireadh Fómhair 1862
18 Deireadh Fómhair 1862
23 Deireadh Fómhair 1862
22 Nollaig 1862

Lámhscríbhinn: 4 B 23

Seolaí: John Windele

2 Eanáir 1863
5 Eanáir 1863

8 Eanáir 1863
10 Eanáir 1863
14 Eanáir 1863
29 Eanáir 1863
22 Aibreán 1863
30 Aibreán 1863
21 Bealtaine 1863
27 Bealtaine 1863
1 Meitheamh 1863
3 Iúil 1863
13 Lúnasa 1863
22 Meán Fómhair 1863
12 Deireadh Fómhair 1863

Lámhscríbhinn 12 L 10 - 12 L 12

Seolaí: John Windele

2 Deireadh Fómhair 1845
14 Deireadh Fómhair 1845
27 Deireadh Fómhair 1845
24 Samhain 1845
18 Aibreán 1846
27 Aibreán 1846
2 Bealtaine 1846
19 Bealtaine 1846
12 Meitheamh 1846
4 Meán Fómhair 1846
24 Samhain 1846
26 Samhain 1846
5 Nollaig 1846
25 Nollaig 1846
11 Eanáir 1847
14 Eanáir 1847
25 Meitheamh 1847
29 Meitheamh 1847
10 Iúil 1847

Lámhscríbhinn 12 L 11

Seolaí: John Windele

12 Feabhra 1848
24 Deireadh Fómhair 1849
26 Nollaig 1850

Lámhscríbhinn 12 L 12

Seolaí: John Windele

20 Aibreán 1854
26 Nollaig 1853
20 Aibreán 1854
5 Meitheamh 1854
23 Meitheamh 1854
4 Deireadh Fómhair 1855
7 Feabhra 1856

Lámhscríbhinn 12 M 12

Seolaí: John Windele

7 Nollaig 1849
10 Nollaig 1851

Lámhscríbhinn 3 C 6

Seolaí: William Elliot Hudson

25 Feabhra 1846

Lámhscríbhinn 23 C 26

Seolaí: Thomas Swanton

2 Samhain 1846

Lámhscríbhinn: 23 H 34

Seolaí: Eagarthóir an Nation

8 Samhain 1844 (Log a Scríofa: Cill Chainnigh)

Leabharlann Chathair Bhaile Átha Cliath: Cnuasach Gilbert

Lámhscríbhinn Gilbert 90: Comhfhreagras a Bhaineann le James Clarence Mangan

Níl ainm an tseolaí tugtha in aon chás.

29 Aibreán 1876
27 Deireadh Fómhair 1874
30 Deireadh Fómhair 1874
27 Samhain 1874
3 Nollaig 1874
7 Nollaig 1874
22 Feabhra 1875
11 Lúnasa 1875

Leabharlann Náisiúnta na hÉireann

Lámhscríbhinn G 389

Seolaithe: Eagarthóir an 'Nation

John Smith

7 Bealtaine 1845 (Log a Scríofa: Cill Chainnigh)
gan dáta

Lámhscríbhinn 446

Seolaí: William Smith O'Brien

30 Márta 1858

Lámhscríbhinn 5454[3]

Seolaí: James Goodman (?)[4]

31 Nollaig 1852
6 Aibreán 1853
16 Meitheamh 1853
27 Meán Fómhair 1853
25 Deireadh Fómhair 1853
8 Samhain 1853
12 Nollaig 1853
23 Nollaig 1853
2 Eanáir 1854
23 Feabhra 1854
10 Lúnasa 1854
23 Meán Fómhair 1854
19 Deireadh Fómhair 1854
21 Nollaig 1854
25 Lúnasa 1855
6 Feabhra 1860

Lámhscríbhinn 5941

Seolaí: J.H. Todd

10 Meán Fómhair 1846

Ollscoil na hÉireann, Baile Átha Cliath

Ó Lochlainn 10, litirleabhar an Chumainn Cheiltigh

22 Meán Fómhair 1847 Seolaí: E.D. Cleaver
24 Meán Fómhair 1847 Seolaí: John Blachford

24 Meán Fómhair 1847 Seolaí: James Goodman
24 Meán Fómhair 1847 Seolaí: Revd. Philip Moore
30 Meán Fómhair 1847 Seolaí: Edward M. Gleeson
1 Deireadh Fómhair 1847 Seolaí: Revd. Alexander Cape
1 Deireadh Fómhair 1847 Seolaí: Revd. Philip Moore
1 Deireadh Fómhair 1847 Seolaí: James Goodman
8 Deireadh Fómhair 1847 Seolaí: Patrick J. Morgin
12 Deireadh Fómhair 1847 Seolaí: M. McDevitt
12 Deireadh Fómhair 1847 Seolaí: Robert Cane
13 Deireadh Fómhair 1847 Seolaí: Alexander Armstrong
14 Deireadh Fómhair 1847 Seolaí: Revd. Matthew Brennan
15 Deireadh Fómhair 1847 Seolaí: Robert Cane
16 Deireadh Fómhair 1847 Seolaí: P.J. Horgin
18 Deireadh Fómhair 1847 Seolaí: Revd. Matthew Brennan
18 Deireadh Fómhair 1847 Seolaí: C.W. Townsend
21 Deireadh Fómhair 1847 Seolaí: Revd. Justin McCarthy
23 Deireadh Fómhair 1847 Seolaí: C.W. Townsend
23 Deireadh Fómhair 1847 Seolaí: Bartholomew Daly
23 Deireadh Fómhair 1847 Seolaí: Richard Bowden
23 Deireadh Fómhair 1847 Seolaí: Revd. J.E, Finnegan
24 Deireadh Fómhair 1847 Seolaí: John Fleming
25 Deireadh Fómhair 1847 Seolaí: John Locket
26 Deireadh Fómhair 1847 Seolaí: Patrick Tobin
30 Deireadh Fómhair 1847 Seolaí: Patrick Byrne
30 Deireadh Fómhair 1847 Seolaí: Revd. J. Hyland
1 Samhain 1847 Seolaí: Revd. P. Byrne
1 Samhain 1847 Seolaí: Thomas Quinn
4 Samhain 1847 Seolaí: Thomas Swanton
11 Samhain 1847 Seolaí: Abraham Abile (?)
13 Samhain 1847 Seolaí: Thomas Hewitt
13 Samhain 1847 Seolaí: Lord? (níl an teideal iomlán tugtha)
23 Samhain 1847 Seolaí: Thomas Swanton
20 Eanáir 1849 Seolaí: M.F. McCarthy

Roinn Bhéaloideas Éireann, Ollscoil na hÉireann, Baile Átha Cliath

Comhfhreagras Primm, Bosca 4, Lámhscríbhinn: Páipéir Primm

Seolaí: JGA Primm

3 Bealtaine 1867

Cambridge
Ollscoil Cambridge

Add. 6514

Seolaí: Standish Hayes O'Grady

'Thursday' (i.e. gan dáta)[5]

Dún Éideann

Leabharlann Náisiúnta na hAlban

Lámhscríbhinn 50.2.1

Seolaí: J.F. Campbell

13 Samhain 1860
14 Samhain 1861

Londain

Leabharlann na Breataine

Lámhscríbhinn 011902.g.10

Seolaí: ní luaitear ainm i gceachtar den dá chás

28 Feabhra 1876
7 Márta 1876

Washington

American Catholic Research Centre

Bosca 1, Fillteán 13, Mír 39

Seolaí: John O'Mahony

13 Bealtine 1874

2C

Litreacha Nuachtán

Kilkenny Journal

Ceannteideal: 'Controversial Correspondence/To the Editor of the *Kilkenny Journal*'
Dáta Foilsithe: 28 Eanáir 1843
Dáta a Scríofa: 20 Eanáir 1843
Log a Scríofa: Cill Chainnigh
Seolaí: Eagarthóir an nuachtáin
Re. ag míniú go bhfuil faoin Dálach an comhfhreagras idir é féin agus C.B. Stevenson á chur faoi bhráid an phobail

Ceannteideal: 'No. 1'
Dáta Foilsithe: 28 Eanáir 1843

Dáta a Scríofa: 20 Eanáir 1843
Log a Scríofa: Cill Chainnigh
Seolaí: C.B. Stevenson
Re. na cúiseanna a bhí ag an Dálach le héirí as an Anglacánachas; freagra ar C.B. Stevenson

Ceannteideal: 'No. 2'
Dáta Foilsithe: 28 Eanáir 1843
Dáta a Scríofa: 20 Eanáir 1843
Log a Scríofa: Cill Chainnigh
Seolaí: C.B. Stevenson
Re. na cúiseanna a bhí ag an Dálach le héirí as an Anglacánachas; freagra ar C.B. Stevenson

Ceannteideal: 'No. 3'
Dáta Foilsithe: 28 Eanáir 1843
Dáta a Scríofa: 26 Eanáir 1843
Log a Scríofa: Cill Chainnigh
Seolaí: Eagarthóir
Re. 'Returns' agus obair an Irish Society

Ceannteideal: 'No. 4'
Dáta Foilsithe: 28 Eanáir 1843
Dáta a Scríofa: 21 Eanáir 1843
Log a Scríofa: Cill Chainnigh
Seolaí: C.B. Stevenson
Re. 'Returns' agus obair an Irish Society

Ceannteideal: 'To the Rev. CB Stevenson, rector of Callan'
Dáta Foilsithe: 15 Feabhra 1843
Dáta a Scríofa: 10 Feabhra 1843
Log a Scríofa: Cill Chainnigh
Seolaí: Rev. CB Stevenson
Re. 'Returns' agus obair an Irish Society
(An litir foilsithe laistigh de eagarfhocal an nuachtáin)

Ceannteideal: 'The Irish Society and its Defenders' (eagarfhocal)
Dáta Foilsithe: 16 Feabhra 1843
Dáta a Scríofa: 15 Feabhra 1843
Log a Scríofa: Cill Chainnigh
Seolaí: Eagarthóir
Re. 'Returns' agus obair an Irish Society
(An litir foilsithe laistigh de eagarfhocal an nuachtáin. An litir chéanna sa *Kilkenny Moderator* ar 22 Feabhra 1843.)

Ceannteideal: 'To the Editor of the *Kilkenny Journal*'
Dáta Foilsithe: 18 Feabhra 1843
Dáta a Scríofa: 16 Feabhra 1843

Log a Scríofa: Cill Chainnigh
Seolaí: Eagarthóir
Re. 'Returns' agus obair an Irish Society

Ceannteideal: 'Irish Society: To the Editor of the *Kilkenny Journal*'
Dáta Foilsithe: 25 Feabhra 1843
Dáta a Scríofa: 22 Feabhra 1843
Log a Scríofa: 8 Duke Street, Baile Átha Cliath
Seolaí: Eagarthóir
Re. 'Returns' agus obair an Irish Society

Ceannteideal: 'To the Editor of the *Kilkenny Journal*'
Dáta Foilsithe: 8 Márta 1843
Dáta a Scríofa: 28 Feabhra 1843
Log a Scríofa: Cill Chainnigh
Seolaí: Eagarthóir
Re. 'Returns' agus obair an Irish Society

Ceannteideal: 'To the Editor of the *Kilkenny Journal*'
Dáta Foilsithe: 8 Márta 1843
Dáta a Scríofa: 28 Feabhra 1843
Log a Scríofa: Cill Chainnigh
Seolaí: Eagarthóir
Re. 'Returns' agus obair an Irish Society

Ceannteideal: 'Irish Society–the Rev. Messers. Madden and Foot'
Dáta Foilsithe: 15 Márta 1843
Dáta a Scríofa: 9 Márta 1843
Log a Scríofa: Cill Chainnigh
Seolaí: Eagarthóir
Re. 'Returns' agus obair an Irish Society

Ceannteideal: 'More Confessions from the Culprits of the Irish Society The Rev. Mr. Bell'
Dáta Foilsithe: 18 Márta 1843
Dáta a Scríofa: 11 Márta 1843
Log a Scríofa: Cill Chainnigh
Seolaí: Eagarthóir
Re. 'Returns' agus obair an Irish Society

Ceannteideal: 'Irish Society–to the Editor of the *Kilkenny Journal*'
Dáta Foilsithe: 1 Aibreán 1843
Dáta a Scríofa: 28 Márta 1843
Log a Scríofa: Cill Chainnigh
Seolaí: Eagarthóir
Re. múinteoirí a sholáthar mar fhinnéithe i dtaobh 'returns' agus obair an Irish Society

Ceannteideal: 'The Irish Celtic Society'

Dáta a Scríofa: Bealtaine 1845
Log a Scríofa: BÁC
Seolaí: Eagarthóir
Alt bunaithe litir ar litir ón Dálach ag fógairt bhunú an Chumainn Cheiltigh

Kilkenny Moderator
Dáta Foilsithe: 28 Feabhra 1843
Seolaí: Eagarthóir[6]

Dáta Foilsithe: 22 Feabhra 1843
Dáta a Scríofa:–
Log a Scríofa: Cill Chainnigh
Seolaí: Eagarthóir an nuachtáin
Re. 'Returns' agus obair an Irish Society

Dáta Foilsithe: 22 Feabhra 1843
Dáta a Scríofa:–
Log a Scríofa: Cill Chainnigh
Seolaí: Eagarthóir an nuachtáin
Re. 'Returns' agus obair an Irish Society

Dáta Foilsithe: 4 Márta 1843
Dáta a Scríofa:–
Log a Scríofa: Cill Chainnigh
Seolaí: Eagarthóir an nuachtáin
Re. 'Returns' agus obair an Irish Society

Nation
Ceannteideal: 'The Irish Language'
Dáta Foilsithe: níor foilsíodh
Dáta a Scríofa: c. 26 Aibreán 1845
Log a Scríofa: Cill Chainnigh
Seolaí: Eagarthóir
Re. proposal' faighte ag an *Nation* ó Mr. Daly of Kilkenny' le 'Hibernian-Celtic Society' a bhunú (níor foilsíodh an litir ach rinneadh tagairt dó in alt sa *Nation* dar dáta 26 Aibreán 1845)–bheadh 10s. sa bhliain mar shíntiús agus gheobhadh na baill ar 'the 1st of every month an octavo part, containing forty pages of "the Transactions of the Hibernian Celtic Society" '–trí chéad ball ag teastáil leis an gcumann a chur ar a bhonnaibh

Ceannteideal: 'The Irish Language'
Dáta Foilsithe: 17 Lúnasa 1844
Dáta a Scríofa: 14 Lúnasa 1844
Log a Scríofa: Cill Chainnigh
Seolaí: Eagarthóir
Re. buíochas a ghabháil le 'Clare Mountaineer' a raibh litir uaidh sa *Nation* ar 10 Lúnasa 1844–figiúirí díolacháin *Reliques of Irish Jacobite Poetry*

Ceannteideal: 'To the Editor of the Nation'
Dáta Foilsithe: 31 Bealtaine 1845
Dáta a Scríofa: Bealtaine 1845
Log a Scríofa: BÁC
Seolaí: Eagarthóir
Re. 'Hiberno-Celtic Society' a bhunú–bheadh 10s.sa bhliain mar shíntiús

Ceannteideal: 'To the Editor of the Nation'
Dáta Foilsithe: 6 Meán Fómhair 1845
Dáta a Scríofa: Bealtaine 1845
Log a Scríofa: Cill Chainnigh
Seolaí: Eagarthóir
Re. litir an Dálaigh ag fógairt bhunú an Chumainn Cheiltigh; an litir sa *Kilkenny Journal* dar dáta 6 Meán Fómhair 1845

Ceannteideal: 'To the Editor of the Nation'
Dáta Foilsithe: 13 Meán Fómhair 1845
Dáta a Scríofa: Bealtaine 1845
Log a Scríofa: Cill Chainnigh
Seolaí: Eagarthóir
Re. litir an Dálaigh ag fógairt bhunú an Chumainn Cheiltigh

3

Lámhscríbhinní Eile a Ceadaíodh

Baile Átha Cliath

Acadamh Ríoga na hÉireann

12 M 10 Léirmheas ar *Tribes of Ireland*
12 N 10 Litreacha Sheáin Uí Dhonnabháin chuig James Hardiman
12 Q 12 Aistriúcháin Bhéarla ar *Poets and Poetry of Munster, First Series* agus *Poets and Poetry of Munster, Second Series*
12 W 30 'Brian Geraghty Sale Catalogue, 29 February 1848'
3 C 6 Litreacha chuig Seán Ó Dálaigh ó James Clarence Mangan
23 H 40 'Irish Alliance Subscription Book'
23 H 43 'Minutes of the Irish Confederation'
23 H 44 'Minutes of the Irish Confederation'
23 H 62 'Irish Confederation Subscription Book'
23 H 63 'Irish Confederation Income Book'
24 O 20 lámhscríbhinn cheoil Pigot
24 O 21 lámhscríbhinn cheoil Pigot
24 O 22 lámhscríbhinn cheoil Pigot
24 C 21 Cnuasach O'Brien

An Chartlann Náisiúnta
Convict Reference File O 16/2/05, cuid a dó, 'William Smith O'Brien Petitions',

1A/52/78, 'Catalogue of Convert Rolls, Index: Munster; "Conversions", 'Youghal Church of Ireland Records'
T 18619 uacht agus aguisín uachta an Dálaigh

Leabharlann Choiste Ionadaíochta na hEaglaise
'Parish Registry Youghal, Commencing 1815'

Leabharlann Náisiúnta na hÉireann
138 Lámhscríbhinn James Clarence Mangan
G 389 Litreacha Nioclá is Uí Chearnaigh etc.1843–51 chuig Seán Ó Dálaigh
G 428 Cnuasach Uí Chasaide
441 'Smith O'Brien Papers': Comhfhreagras le Charles Gavan Duffy faoin Irish Confederation etc.
446 'Smith O'Brien Papers': Comhfhreagras le Charles Gavan Duffy, Nioclás Ó Cearnaigh, John Edward Pigot, Seán Ó Dálaigh.
de Búrca A. 1926–7. clár lámhscríofa de lámhscríbhinní an Chraoibhín
819 Miontuairiscí an Chumainn Cheiltigh
G1244/1 'Correspondence of William Smith O'Brien etc. Relating to Irish Philology'
3038 'Miscellaneous Autograph Letters', litreacha de chuid Sheáin Uí Dhonnabháin ina measc
5454 'Critical Notices Evidently Bound for John O'Daly', ls de chuid Shéamais Uí Chasaide
5552 Ní Dhonnchadha, M.E. 1943: clár clóscríofa de lámhscríbhinní Choláiste Ollscoile Chorcaí
8010 Comhfhreagras an Chumainn Cheiltigh 1845–54
8468(i) 'Society for the Preservation of the Irish Language'
P 9173 Miontuairiscí Chomhairle Chumann Buan-Choimeádta na Gaeilge don bhliain 1878 (Micreascannán)
9633 'John Mansfield Papers'
Parish Index Civil to Catholic (údar nach n-ainmnítear, gan dáta)
'Tithe Applotment Books 1834: P 29/20, Modeligo; P 29/21 Lickorin; P 29/22 Seskinane'
Bunachar Sonraí Leabharlann Náisiúnta na hÉireann ar Luacháil Griffith 1854: Déise lasmuigh den Drom

Coláiste na hOllscoile, BÁC:
Ó Lochlainn, C. 1964. 'Ó Lochlainn Mss. Description by Colm Ó Lochlainn', Lss. Uí Lochlainn 1–5, clóscríofa

Cill Chainnigh
Coláiste Chiaráin
'Carrigan Notebooks', iml. 1

Maigh Nuad
Ollscoil na hÉireann, Maigh Nuad
C 63: Aistriúcháin litriúla a rinne Eoghan Ó Comhraí ar dhánta Gaeilge ar ar chuir James Clarence Mangan foirm na filíochta.

Manchain
Leabharlann John Ryland
John Ryland, Irish 20

4

Nuachtáin agus Tréimhseacháin Chomhaimseartha a Ceadaíodh

Cashel Gazette
Claidheamh Solais
Dublin Chronicle
Dublin University Magazine
Evening Telegraph
Fáinne An Lae
Father Mathew Record
Finn's Leinster Journal
Freeman's Journal
Herald
Irish American
Irish Literary Inquirer
Irishman
Irish People (Nua Eabhrac)
Irish Quarterly Review
Irish Times
Irish University Magazine
Irisleabhar na Gaeilge
Kilkenny Journal
Kilkenny Moderator
Limerick Chronicle
Monitor
Munster News
Nation
Notes and Queries
Penny Journal
Pilot
Southern Reporter and Cork Daily Commercial Courier
Studies
Tablet
United Irishman
Vindicator

5

Leabhareolas Sheáin Uí Dhálaigh

Scríbhinní agus Foilseacháin an Dálaigh

Daly, J. 1844a). *Reliques of Irish Jacobite Poetry,* sé uimhir déag, Cill Chainnigh: John Daly

–, 1844b). *Reliques of Irish Jacobite Poetry with Biographical Sketches of the Authors, Interlinear Literal Translations and Historical Illustrative Notes by John Daly Together with Metrical Versions by Edward Walsh,* dhá chuid, BÁC: SJ Machen (cuid a haon), John Cumming (cuid a dó)

O'Daly, J. 1844. *Reliques of Irish Jacobite Poetry with Metrical Translations by Edward Walsh/ Biographical Sketches of the Authors and Interlinear Translations by John O'Daly,* Cill Chainnigh: John O'Daly

Daly, J. 1846a). *Féin-Theagasc Gaoidheilge. Self-Instruction in Irish or the Rudiments of that Language Brought within the Comprehension of the English Reader without the Aid of a Teacher,* BÁC: John O'Daly

–, 1846b). *Self-Instruction in Irish or the Rudiments of that Language Brought within the Comprehension of the English Reader without the Aid of a Teacher . . .* /Sold here, BÁC: John O'Daly (réamheolaire)

Eagarthóir nach n-ainmnítear, 1846. *The Celtic Atheneum or Irish Historical and Literary Society Prospectus,* BÁC: Celtic Society

Daly, J. 1847. *The Kings of the Race of Eibhear, Ríogha Síl Eibhir, A Chronological Poem by John O'Dugan with a Translation by Michael Kearney, A.D 1635 Edited by John Daly,* BÁC: John Daly

O'Donovan, J. 1847. *Leabhar na gCeart, or the Book of Rights, Now for the First Time Edited with Translations and Notes (from the Book of Lecan),* BÁC: Celtic Society

O'Daly, J. 1848a). *Féin-Theagasc Gaoidheilge. Self-Instruction in Irish, Second Edition, Enlarged,* BÁC: Le Messurier

– eag., 1848b). *Specimen: Selections from the Bardic Remains of Munster with Translations by James Clarence Mangan,* BÁC: John O'Daly[7]

Kelly, M. eag., 1849. *Apalogia pro Hibernia Adversus Cambri Caluminas sive Fabularum et Famosorum Libellorum Silvestri Giraldi Cambrensis sub Vocabalus Topographiae, sive de Mirabulus Hiberniae et Historiae Vaticinalis, sive Expugnationis Ejusdem Insulae Refutatio Auctore Stephano Vito Societatis Jesu, Hiberno, Clonmellinisensi Nunc Primum Edita Cura Matthaei Kelly, in Collegio S. Patricii apud Maynooth, Professoris, etc. Dublinii apud Johannem O'Daly, Via Vulgo Dicta Bedford Row, No. 7, 1849,* BÁC: Celtic Society

O'Daly, J. eag., 1849. *The Poets and Poetry of Munster: a Selection of Irish Songs by the Poets of the Last Century with Poetical Translations by the Late James Clarence Mangan Now for the First Time Published, with the Original Music, and Biographical Sketches of the Authors by John O'Daly, Editor of 'Reliques of Irish Jacobite Poetry', 'The Kings of the Race of Eibhear;' Author of 'Self-Instruction in Irish' and Assistant Secretary to the Celtic Society,* BÁC: John O'Daly

Údar nach n-ainmnítear. 1849. *The Celtic Society or Irish Literary and Historical Association* (réamheolaire), BÁC: Celtic Society

Kelly, M. eag., 1850. *Historiae Catholicae Iberniae Compendium Domino Phillipo Austriaco, Hispaniarum, Indiarum, Aliorum Regnorum atque Multarum Ditonum Regi Catholico Monarchaeque Potentissim, Dicatum apud Johannem O'Daly Dublinni,* BÁC: John O'Daly

Eagarthóir nach n-ainmnítear eag., gan dáta. *Mediae Noctis Consilium, Auctore Briano Mac-Gilla-Meidhre, de Comitatu Clarensi, in Momonia. A.D. MDCCLXXX. Poema Heroico-Comicum, quo Nihil aut Magis Gracile, aut Poeticum, aut Magis Abundans in Hodierno Hiberniae Idiomati Exolescit. Curtha a g-clodh le Tomás Mhic Lópuis, ag Loch an Chomhlaighr Oghair, MDCCC,* BÁC: John O'Daly

O'Daly, J, eag., 1850. *The Poets and Poetry of Munster: a Selection of Irish Songs by the Poets of the Last Century with Poetical Translations by the Late James Clarence Mangan Now for the First Time Published, with the Original Music, and Biographical Sketches of the Authors by John O'Daly,* dara heag., BÁC: John O'Daly

Údar nach n-ainmnítear. 1850[?]. *The Celtic Atheneum or Irish Historical and Literary Society Prospectus,* BÁC: Celtic Society.[8]

O'Daly, J. eag., 1851. *The Poets and Poetry of Munster: a Selection of Irish Songs by the Poets of the Last Century. with Poetical Translations by the Late James Clarence Mangan Now for the First Time Published, with the Original Music, and Biographical Sketches of the Authors by John O'Daly, Third Edition,* BÁC: John O'Daly[9]

O'Donovan, J. eag., 1851. *The Tribes and Territories of Ancient Ossory; Comprising Portions of O'Heerin's and O'Dugan's Topographical Poems which Relate to the Families of that District Enlarged from the Transactions of the Kilkenny Archaeological Society for the Year 1850 by John O'Donovan, LL.D., M.R.I.A.,* BÁC: John O'Daly

–, eag., 1852. *The Tribes of Ireland: a Satire by Aenghus O'Daly. with Poetical Translations by the Late James Clarence Mangan; Together with a Historical Account of the Family of O'Daly and an Introduction to the History of Satire by John O'Donovan.* BÁC: John O'Daly

Cane, R. 1853. *Essay on Irish Ring-Money, and Confederate and Ormonde Coin,* BÁC: J. O'Daly

Daly, J.1853. *John Mac Craith/ Flann Butler: Panegyric on Thomas Butler, the Tenth Earl of Ormonde Now for the First Time Translated from the Original Irish Manuscript, by John O'Daly; the Notes by John O'Donovan, Reprinted from the Transactions of the Kilkenny Archæological Society,* BÁC: John O'Daly

O'Daly, J. 1853a). *Féin-Theagasc Gaoidheilge Self-Instruction in Irish or the Rudiments of that Language Brought Within the Comprehension of the English Reader without the Aid of a Teacher, Third Edition Improved and Enlarged,* BÁC: J. McGlashan

–, 1853b). 'Original Irish Poetry. Panegyric on Thomas Butler, the Tenth Earl of Ormonde, Contributed by Mr. John O'Daly; the Notes by John O'Donovan, Esq. Ll.D.', *Transactions of the Kilkenny Archaeological Society* 1 *(1849–51),* lgh. 470–85

–, eag., 1853c). *Transactions of the Kilkenny Archaeological Society* 1 *(1849–51),* BÁC: John O'Daly

O'Grady, S.H. eag., 1853. *Adventures of Donnchadh Ruadh Mac Con-Mara, A Slave of Adversity. Written by Himself. Now for the First Time Edited, from an Original Irish Manuscript, with Metrical Translation Notes and a Biographical Sketch of the Author by S. Hayes,* BÁC: John O'Daly

O'Kearney N., eag., 1854. *Cath Gabhra or the Battle of Gabhra: Garristown in the County of Dublin, Fought A.D. 283, for the First Time Edited from an Original Irish Manuscript with Introduction, Literal Translation, and Notes. Transactions of the Ossianic Society for the Year 1853, vol. 1. Printed for the Ossianic Society by John O'Daly.* BÁC: Ossianic Society

–, eag., 1855. *Feis Tithe Chonain Chinn-Shléibhe or the Festivities at the House of Conan of Ceann-Sléibhe in the County of Clare, Transactions of the Ossianic Society for the Year 1854, vol. 2,* BÁC: Ossianic Society

O'Daly, J. 1855a). 'An Irish Poem on the Origins of Armorial Bearings', in 'Proceedings', *Transactions of the Kilkenny Archaeological Society 2 (1852–3),* BÁC: John O'Daly, lgh. 378–80

–, 1855b). 'Inauguration of Cathal Crobhdhearg O'Conor, King of Connaught Translated by Mr. John O'Daly with Notes by John O'Donovan Esq., Ll.D., M.R.I.A.', *Transactions of the Kilkenny Archaeological Society 2 (1852–53),* lgh. 335–47

–, 1855c). 'Ogham Inscriptions: Evidence of their Antiquity', *Ulster Journal of Archaeology* 3, an chéad sraith, lgh. 9–13

–, 1855d). 'The Arms of the Tribes of Israel', *Transactions of the Kilkenny Archaeological Society 2* (1852–53), lgh. 378–80

Bourke, U. J. 1856. *The College Irish Grammar, Compiled Chiefly with a View to Aid the Students of St. Patrick's College, Maynooth and the Catholic University of Ireland, in the Study of the National Language,* BÁC: John O'Daly

Browne, E. G. K. 1856. *History of the Tractarian Movement,* BÁC: James Duffy, John O'Daly, Charles Dolman March agus Beattie Margey

O'Byrne, D. 1856. *The History of The Queen's County: Containing an Historical and Traditional Account of its Foundries, Duns, Pillar-stones, Raths, Cists, Sacred Edifices, Castles, and other Antiquities: an Historical and Traditional Account of the Round Tower of Timahoe, and the Origin and Use of Round Towers in General: Together with a History of the Ancient Septs of the County, Namely the O'Moores, O'Dunns, O'Kellys, O'Gormans, O'Lawlors, O'Byrnes, O'Dempseys, Fitzpatricks, O'Duffys, O'Brennans, O'Delaneys and Mac Evoys, with Other Illustrious Families of Irish Origin; an Account of Some Noble Families of Engligh* (sic) *Extraction,* BÁC: John. O'Daly

O'Daly, J. 1856. 'On Tulachs as Places of Sepulture', *Proceedings and Transactions of the South-East of Ireland Archaeological Society 3* (1854–55), lgh 87–95

O'Kearney, N. 1856. *The Prophecies of SS. Columbkille, Maeltamlacht, Ultan, Seadhna, Coireall, Bearcan etc. Together with the Prophetic Collectanea, or the Gleanings of Several Writers who Have Preserved Portions of the Now Lost Prophecies of our Saints, with Literal Translations and Notes,* BÁC: John O'Daly

Beggs, C. 1857. *The First Steps to Irish Liberty,* BÁC: John O'Daly

–, 1857. *The Military Resources of Ireland,* BÁC: John O'Daly, John F. Fowler

Campion, J.T., Cane, R. eag., 1857–9. *The Celt: A Weekly Periodical of Irish National Literature,* BÁC: John O'Daly/Committee of the Celtic Union

O'Grady, S.H. eag., 1857. *Toruigheacht Dhiarmada agus Ghrainne; or, the Pursuit After Diarmuid O'Duibhne, and Grainne the Daughter of Cormac mac Airt, King of Ireland in the Third Century, Transactions of the Ossianic Society.for the Year 1855, vol. 3 Printed for the Society by John O'Daly,* BÁC: Ossianic Society

O'Daly, J. 1858a). 'Eachdra agus Imtheachta Bhodaigh an Chota Lachna', *Nation,* N.S. 10, 171, 186, lgh. 203, 219[10]

–, 1858b). 'Is Léun liom Leaghadh na bhFlatha. Ar Leagadh na nGaodhal a gCogadh Rígh Uilliam A.D. 1690' *Nation,* N.S. 9, lch. 683

–, 1858c) *Timothy O'Sullivan's (Commonly Called Tadhg Gaolach) Pious Miscellany, Containing Also a Collection of Poems on Religious Subjects, by Aenghus O'Daly the Divine, Tadhg Mac Daire Mac Brody, John Hore; Together with Patrick Denn's Appendix.* BÁC: John O'Daly

–, 1858d). 'Truagh an Tamharcasa a Eire' *Nation,* N.S. 11, lch. 827

–, *1859a).* 'Inquisitions of the Latter End of the Seventeenth Century Connected with Kilkenny and Leix Counties', in 'Proceedings and Papers', *Kilkenny and South-East of Ireland Archaeological Society Journal* 2, Second Series, *cuid 2, lgh. 442–3*

–, eag., 1859b*). Laoithe Fiannuigheachta; or Fenian Poems, Transactions of the Ossianic Society for the Year 1856, vol. 4. Printed for the Society by John O'Daly,* BÁC: Ossianic Society

O'Hanlon J. 1859. *The Life of Saint Malachy O'Morgair, Bishop of Down and Connor, Archbishop of Armagh, Patron of these Several Dioceses, and Delegate Apostolic of the Holy See for the Kingdom of Ireland,* BÁC: John O'Daly

Connellan, O. eag., 1860. *Imtheacht na Tromdháimhe or the Proceedings of the Great Bardic Institution, Transactions of the Ossianic Society for the Year 1857, vol. 5, Printed for the Society by John O'Daly,* BÁC: Ossianic Society

O'Daly, J. eag., 1860. *The Poets and Poetry of Munster: a Selection of Irish Songs by the Poets of the Last Century. with Metrical Translations, by Erionnach, Second Series,* BÁC: J O'Daly

O'Brien, W. S. 1861. *Correspondence between John Martin and William Smith O'Brien Relative to a French Invasion,* BÁC: John O'Daly

O'Daly, J. 1861a). O'Daly, J eag., *Laoithe Fiannuigheachta or Fenian Poems, Second Series, Transactions of the Ossianic Society for the Year 1858, vol. 6,* BÁC: John O'Daly/Ossianic Society

–, 1861b). 'Seilg Sléibhe na mBan', *Laoithe Fiannuigheachta or Fenian Poems, Transactions of the Ossianic Society for the Year 1858, volume 6, second series,*, lgh. 126–21, BÁC: John O'Daly/Ossianic Society

–, 1861c). Tuairisc ó 'John O'Daly' i dtaobh 'an ancient official transcript of the grant by patent of land and houses in Inistioge to Sir Charles Wilmott, in the ninth year of James 1', in 'Proceedings', *Kilkenny and South-East of Ireland Archaeological Society Journal 3, Second Series,* cuid 2, lch. 216

Coffey, H. A 1863. *Genealogical and Historical Records of the Sept Cobhthaigh, Now Coffey Collected and Arranged by H. A. Coffey,* BÁC: John O'Daly

O'Looney B. 1863. *Dánta Chlainne Domhnaill, A Collection of Poems Written on Different Occasions by the Clare Bards in Honor of the MacDonnells of Kilkee and Killone, in the County of Clare,* BÁC: John O'Daly

O'Daly, J. 1864a). Nóta ó 'John O'Daly' sna 'Proceedings' i dtaobh 'a transcript of a patent of King James 1, under the Commission for the Remedy of Defective Titles in Ireland, regranting to Richard Cosby the town of Stradbally and other townslands in Queen's County', *Kilkenny and South-East of Ireland Archaeological Society Journal, Second Series,* 4, cuid 1, lch. 185

–, eag., 1864b). *The Apostacy of Myler Magrath, Archbishop of Cashel: a Poetical Satire Written by the Rev. Eoghan O'Duffy, a Franciscan Friar, about A.D. 1577; Literally Translated from the Original Irish by John O'Daly,* Caiseal Mumhan: J.D. White's Private Press

O'Donovan, J. eag., 1852 [1864]. *The Tribes of Ireland: a Satire by Aenghus O'Daly. with Poetical Translations by the Late James Clarence Mangan; Together with a Historical Account of the Family of O'Daly and an Introduction to the History of Satire by John O'Donovan,* dara heag., BÁC: John O'Daly

Bourke, U. J. 1865. *The College Irish Grammar, Compiled Chiefly with a View to Aid the Students of St. Patrick's College, Maynooth and the Catholic University of Ireland, in the Study of the National Language,* Londain, Dún Éideann: William and Routledge

Power, J. eag., 1865/6. *Irish Literary Inquirer,* 17 7 1865, 23 9 1865, 16 12 1865, 16 4 1866 (tréimhseachán)

O'Daly, J, eag., 1866a). *Collection of Rare Irish Airs, Jiggs, Reels and Country Dances in Vogue Among the Peasantry During the Last Century: Collected from Rare Printed Books and Manuscripts Now Lost or Inaccessible, Written and Published by John O'Daly, Dublin,* BÁC: John O'Daly[11]

–, eag., agus Edward Walsh. 1866b). *Reliques of Irish Jacobite Poetry with Metrical Translations by the Late Edward Walsh,* an dara heag., BÁC: John O'Daly

–, 1868a). Nóta ó 'John O'Daly, Anglesea-Street Dublin' sna 'Proceedings' i dtaobh 'letters of our great Irish scholar, the late John O'Donovan, written by him thirty seven years ago. They were purchased by him at the sale of Dr. O'Donovan's books and MSS . . . The letters throw an interesting light on the laborious investigations which resulted in his becoming a living encyclopaedia of Irish historical and topographical lore', *Kilkenny and South-East of Ireland Archaeological Society 3, Second Series,* cuid 2, lch. 216

– eag., 1868b). *The Pious Miscellany, and Other Poems by Tadhg Gaolach or Timothy O'Sullivan; Now for the First Time Collected,* BÁC: John O'Daly

–, 1871a). '"Dubliniensis" Ogygia: her Language and Interpreters', *Irish Builder* 13, Uimh. 285, lgh. 276–77

–, 1871b). *Self-Instruction in Irish or a Primer of Spelling and Pronunciation with Easy Reading Lessons for Beginners,* an ceathrú heag., BÁC: John O'Daly

–, 1876. *The Irish Language Miscellany: Being a Selection of Poems by the Munster Bards of the Last Century. Collected and Edited by John O'Daly.* BÁC: John O'Daly

–, 1879. *Mediae Noctis Consilium., a Heroic Comic Poem in Irish Gaelic.* atheag., BÁC: Gill

Ó Coimín, M. 1880. *Laoidh Oisín air Tír na nÓg, The Lay of Oisin on the Land of Youth, Carefully Revised and Edited with Copious Biography by Members of the Council of the Society for the Preservation of the Irish Language by Micheal Cuiimin,* BÁC: Chamney/Gaelic Union Publications

O'Grady, S.H. eag., 1880. *Tóruigheacht Dhiarmada agus Ghrainne; the Pursuit of Diarmuid, and Grainne, Published for the Society for the Preservation of the Irish Language,* cuid a haon, BÁC: M.H. Gill

O'Grady, S.H. eag., 1881. *Tóruigheacht Dhiarmada agus Ghrainne; the Pursuit of Diarmuid, and Grainne, Published for the Society for the Preservation of the Irish Language,* cuid a dó, BÁC: M.H. Gill

Meehan, C.P. eag., 1883. *The Poets and Poetry of Munster, a Selection of Irish Songs by the Poets of the Last Century with Poetical Translations by the Late James Clarence Mangan and the Original Music; Biographical Sketches of the Authors and Irish Text Revised by W.M. Hennessy, M.R.I.A. Edited by C.P. Meehan, Third Edition,* ceathrú heag., BÁC: James Duffy[12]

O'Duffy, R.J. 1884. *Tóruigheacht Dhiarmuda agus Ghráinne, New and Enlarged Edition, Re-edited for the Society for the Preservation of the Irish Language with Notes, Vocabulary and a Completed Translation by Richard J. O'Duffy,* cuid a haon, BÁC: Gill and Sons

Eagarthóir nach n-ainmnítear. 1893. *Mediae Noctis Consilium. Cúirt an Mheadhoin Oidhche le Brian Mac Gialla Meidhre, an Dara Clódh de'n Leabhrán so,* BÁC: Cló-Chumann[13]

Meehan, C.P. eag., 1901. *The Poets and Poetry of Munster a Selection of Irish Songs by the Poets of the Last Century with Poetical Translations by the Late James Clarence Mangan and the Original Music; Biographical Sketches of the Authors and Irish Text Revised by W.M. Hennessy, M.R.I.A. Edited by C.P. Meehan, Fourth Edition,* BÁC: James Duffy[14]

Meehan, C.P. eag., [1905?]. *The Poets and Poetry of Munster a Selection of Irish Songs by the Poets of the Last Century with Poetical Translations by the Late James Clarence Mangan and the Original Music; Biographical Sketches of the Authors and Irish Text Revised by W.M. Hennessy, M.R.I.A. Edited by C.P. Meehan, Fifth Edition.*, BÁC: James Duffy[15]

Meehan, C.P. eag., 1925. *The Poets and Poetry of Munster a Selection of Irish Songs by the Poets of the Last Century with Poetical Translations by the Late James Clarence Mangan and the Original Music; Biographical Sketches of the Authors and Irish Text Revised by W.M. Hennessy, M.R.I.A. to which Are Prefixed the Fragment of an Unfinished Autobiography of Mangan and a Memoir of the Poet's Life by Rev. C.P. Meehan, with a New Introduction by John P. Dalton, Fourth Edition.*, BÁC: James Duffy[16]

O'Daly, J., eag., 1976. *The Poets and Poetry of Munster a Selection of Irish Songs by the Poets of the Last Century with Poetical Translations by the Late James Clarence Mangan and the Original Music; Biographical Sketches of the Authors and Irish Text Revised by W.M. Hennessy, M.R.I.A. Edited by C.P. Meehan, Fifth Edition*, Nua-Eabhrac: AMS Press[17]

O'Donovan, J. eag., 1976. *The Tribes of Ireland: a Satire by Aenghus O'Daly. with Poetical Translations by the Late James Clarence Mangan; Together with a Historical Account of the Family of O'Daly and an Introduction to the History of Satire by John O'Donovan.* Corcaigh: Tower Books[18]

Meehan, C.P. eag., 1997. *The Poets and Poetry of Munster a Selection of Irish Songs by the Poets of the Last Century with Poetical Translations by the Late James Clarence Mangan and the Original Music; Biographical Sketches of the Authors and Irish Text;* Poole: Woodstock[19]

Ó Coimín, M., gan dáta. *Laoidh Oisín ar Tír na nÓg, Micheál Ó Cuimín do Scríobh, Seán Ó Dálaigh do Chuir i n-Eagar agus D'aistrigh; The Lay of Oisin on the Land of Youth, by Michael Cuiimin, Edited and Translated by John O'Daly,* BÁC: Education Company of Ireland

6

Foilseacháin na gCumann Léinn

6a

Foilseacháin an Chumainn Cheiltigh

Údar nach n-ainmnítear. 1846. *The Celtic Atheneum or Irish Historical and Literary Society Prospectus,* BÁC: Celtic Society

O'Donovan, J. 1847 eag., *Leabhar na g-Ceart, The Book of Rights,* BÁC: Celtic Society

Eagarthóir nach n-ainmnítear, 1848. *The Testament of Cathaeir Mor, Specimen,* BÁC: Celtic Society

Kelly M. 1848–1851. eag., *Cambrensis Eversus, seu Potius Historica Fides in Rebus Hibernicis Giraldo Cambrensi Abrogata: in quo Plerasque Justi Historici Dotes Desiderari, Plerosque Naevos Inesse, óstendit Gratianus Lucius, Hibernus, qui Etiam Aliquot Res Memorabiles Hibernicas Veteris et Novae Memoriae Passim e Re Nata huic Operi Inseruit: Impress An. 1662,* trí iml., BÁC: Celtic Society,

O'Donovan, J. eag., 1849. *Miscellany of the Celtic Society,* BÁC: Celtic Society

Údar nach n-ainmnítear. 1849. *The Celtic Society or Irish Literary and Historical Association* (réamheolaire), BÁC: Celtic Society

–, 1850? *The Celtic Atheneum or Irish Historical and Literary Society Prospectus,* BÁC: Celtic Society.[20]

O'Curry, E. eag., 1855. *Cath Mhuighe Léana, Battle of Magh Leana; Together with Tochmarc Momera or the Courtship of Momera,* BÁC: Celtic Society

6b

Foilseacháin an Chumainn Oisínigh

O'Kearney, N. eag, 1854. *Cath Gabhra or the Battle of Gabhra: Garristown in the County of Dublin, Fought A.D. 283, for the First Time Edited from an Original Irish Manuscript with Introduction, Literal Translation, and Notes. Transactions of the Ossianic Society for the Year 1853, vol. 1. Printed for the Ossianic Society by John O'Daly.* BÁC: Ossianic Society

O'Kearney, N. eag., 1855. *Feis Tighe Chonain Chinn-Shléibhe or the Festivities at the House of Conan of Ceann-Sléibhe in the County of Clare,* BÁC: *Transactions of the Ossianic Society for the Year 1854, vol. 2,* BÁC: Ossianic Society

O'Grady, S.H. eag., 1857. *Toruigheacht Dhiarmada agus Ghrainne; or, the Pursuit after Diarmuid O'Duibhne, and Grainne the Daughter of Cormac mac Airt, King of Ireland in the Third Century, Transactions of the Ossianic Society.for the Year 1855, vol. 3 Printed for the Society by John O'Daly,* BÁC: Ossianic Society

O'Daly, J. eag., 1859. *Laoithe Fiannuigheachta; or Fenian Poems, Transactions of the Ossianic Society for the Year 1856, vol. 4. Printed for the Society by John O'Daly,* BÁC: Ossianic Society

Connellan, O. eag., 1860. *Imtheacht na Tromdháimhe or the Proceedings of the Great Bardic Institution, Transactions of the Ossianic Society for the Year 1857, vol. 5. Printed for the Society by John O'Daly,* BÁC: Ossianic Society

O'Daly, J. eag., 1861. *Laoithe Fiannuigheachta or Fenian Poems, Second Series, Transactions of the Ossianic Society for the Year 1858, vol. 6,* BÁC: John O'Daly don Chumann Oisíneach

7

Catalóga Leabhardhíolacháin an Dálaigh

O'Daly, J. eag., *An Seanchuidhe, No. 1, May 1850*[21]

–, *An Seanchuidhe, No. II, 1850*

–, *No. IV* **(sic)** *Nov. 1852*[22]

–, *No V Nov. 1852*

–, *No. VI April 1853*
–, *No. VII 1854*[23]
–, *No. VIII Random Catalogue, Oct. 1854*[24]
–, *No. 1X Catalogue, April 1855*
–, *No. X, Catalogue 1855*
–, *No. XI, Catalogue Feb. 1856*
–, *No. XII, Catalogue May 1856*
–, *No. XIII, Catalogue Aug. 1856*
–, *No. 14* **(sic)** *Jan. 1857*
–, *No. 15 Catalogue April 1857*
–, *No. 16 Catalogue Sept. 1857*
–, *No. 17 Catalogue Nov. 1858*
–, *No. 18 Bibliotheca Hibernica, May 1859*
–, *No. 19 Bibliotheca Hibernica, Oct. 1859*
–, *No. 20 Bibliotheca Hibernica, May 1860*
–, *No. 21 Bibliotheca Hibernica, November 1860*[25]
–, *No. 22 Bibliotheca Hibernica, March 1861*
–, *No. 23 Bibliotheca Hibernica, October 1861*
–, *No. 24 Bibliotheca Hibernica, June 1862*
–, *No. 25 Bibliotheca Hibernica, October 1862*
–, *No. 26 Bibliotheca Hibernica, April 1863*
–, *No. 27 Bibliotheca Hibernica, Oct. 1863*
–, *No. 28 Bibliotheca Hibernica, Feb. 1864*
–, *No. 29, Bibliotheca Hibernica, Sept. 1864*
–, *No. 30 Bibliotheca Hibernica, 1865*
–, *No. 31 Bibliotheca Hibernica, Oct. 1865*
–, *No. 32 Bibliotheca Hibernica, April 1866*
–, *No. 34 Bibliotheca Hibernica, 1867*
–, *No. 35 Bibliotheca Hibernica, 1867*
– *No. 39 Bibliotheca Hibernica, 1870*
–, *No. 41 Bibliotheca Hibernica, 1872*
–, *No. 42 Bibliotheca Hibernica, 1873*
–, *No. 44 Bibliotheca Hibernica, 1874*
–, *No. 45 Bibliotheca Hibernica, 1876*
– *Bibliotheca Hibernica, 1876*
–, *No. 46 Bibliotheca Hibernica 1877*[26]

Catalóg Cheant Iarbháis

Fleming, J. eag., 1878. *Catalogue of Books and Manuscripts on Irish History and Antiquities, Poetry and Music, Topography, Philology, Rare Tracts, Maps and Autographs, Collected by the Late John O'Daly, Bookseller, No. 9, Anglesea Street, Together with Miscellaneous, Standard and Illustrated Works, with Various Effects on Another Account, to be Sold by Auction by John Fleming Jones at his Literary and General Salesrooms, No. 8 D'Olier Street, on Monday 19th August, and Five Following Days at One O'Clock,* BÁC

Fógra Tráchtála

O'Daly, J. eag., gan dáta, *The Irish Literary Enquirer or, Notes on Authors, Books, and Printing in Ireland, Biographical and Bibliographical Notices of Rare Books, Memoranda and Printing in Ireland, Biographical Notes of Irish Writers, & c. Conducted by John Power. Printed by J.G. Hotten . . . London to Be Obtained of John O'Daly Dublin; and at Messrs. Smith and Son's Bookstalls at All the Principal Railway Stations in Ireland*

8

Léirmheasanna ar *Poets and Poetry of Munster*

Mac Craith, M. 1926. *Studies,* 15, uimh. 60, lch. 677

Údar nach n-ainmnítear. *Nation* iml. 7, uimh. 10, 3 Samhain 1849 (fógra agus léirmheas), lch. 155

–, *Irishman,* im1.1, uimh. 44, 3 Samhain 1849, lch. 698

–, *Press,* iml. 1, uimh. 113, 7 Samhain 1849, lch. 3

–, *Kilkenny Moderator,* uimh. 5504, 17 Samhain 1849, lch. 2

–, *Dublin Review* 28 (Londain), uimh. 56, Meitheamh 1850, lgh. 517–20

–, *Dublin University Magazine* 36 (Londain), uimh. 211, Iúil 1850, lgh. 53–8

–, *Tablet* 11, uimh. 552, 9 Samhain 1850, lgh. 714–5

–, *Irish Quarterly Review* 26, Iúil 1857, lgh. 313–7

9

Foilseacháin de Chuid an Irish Society a Ceadaíodh

Irish Society. 1821a). *A Sermon Preached in St. Anne's Church, Dublin, on Sunday, the 27th of May, 1821, in Aid of the Irish Society, for Promoting the Education of the Native Irish, through the Medium of their Own Language, by the Rev. Robert Daly,* BÁC: Irish Society for Promoting the Education of the Native Irish, through the Medium of their Own Language/ Goodwin, Son & Nethercott

–, 1854 *An Duanaire Diadha: A Selection of Psalms and Hymns, for the Use of Irish-Speaking Congregations,* BÁC: Irish Society for Promoting the Education of the Native Irish through the Medium of their Own Language/ Goodwin, Son & Nethercott

–, 1844. *An Irish and English Spelling Book for the Use of Schools and Persons in the Irish Parts of the Country,* an seachtú heag. déag, BÁC: Goodwin, Son and Nethercot

–, 1852. *An Irish and English Spelling Book; for the Use of Schools and Persons in the Irish Parts of the Country,* fiche tríú heag., BÁC: Irish Society for Promoting the Education of the Native Irish through the Medium of their Own Language/ Mission Press

–, 1833a). *Irish Society for Promoting the Education of the Native Irish Through the Medium of their own Language, Quarterly Extracts, &C.*, BÁC: Irish Society for Promoting the Education of the Native Irish through the Medium of their Own Language/ Goodwin, Son & Nethercot

–, 1821b) [?] *Office Bearers of the Irish Society for Promoting the Education of the Native Irish, through the Medium of their own Language. Irish Society for Promoting the Education of the Native Irish Through the Medium of their Own Language,* BÁC: Irish Society for Promoting the Education of the Native Irish, through the Medium of their Own Language

–, 1833b). *Quarterly Extracts, Irish Society for Promoting the Education of the Native Irish Through the Medium of their Own Language,* BÁC: Irish Society for Promoting the Education of the Native Irish through the Medium of their Own Language/M. Goodwin & Co

–, 1829. *The Eleventh Report of the Irish Society for Promoting the Education of the Native Irish Through the Medium of their Own Language for the Year Ending 17th March 1829; with an Appendix,* BÁC: Irish Society for Promoting the Education of the Native Irish through the Medium of their Own Language/ Goodwin

–, 1833c). *The Report of the Irish Society, for Promoting the Education of the Native Irish Through the Medium of their Own Language,* BÁC: Irish Society For Promoting The Education of the Native Irish through the Medium of their Own Language

–, 1828. *The Tenth Report of the Irish Society for Promoting the Education of the Native Irish Through the Medium of their Own Language,* BÁC: Irish Society for Promoting the Education of the Native Irish, through the Medium of their Own Language/ Goodwin, Son & Nethercott

Mason, MHJ. 1829. *Reasons and Authorities and Facts Afforded by the History of the Irish Society Respecting the Duty of Employing the Irish Language as a more General Medium for Conveying Scriptural Instruction to the Native Peasantry of Ireland,* BÁC: M. Goodwin

10

Bibleagrafaíocht Ábhair Phríomha

Aird, J.1782–1801. *Aird's Selection of Scotch, English, Irish and Foreign Airs Adapted for the Fife, Violin or German Flute,* Glascú: J. McFadyen

–, 1800. *Aird's Selection of Scotch, English, Irish and Foreign Airs Adapted for the Fife, Violin or German Flute,* Glascú: A. McGoun

Barron, P. F. 1835. *The Harp of Erin, a Collection of Irish Songs with Translations,* BÁC: J.S. Folds

Bassett, G.H. 1884. *Kilkenny City and County Guide and Directory,* BÁC: Bassett

Bourke, U. J. 1860. *Easy lessons, or, Self-instruction in Irish Reprinted and Revised from the Gaelic Department of The Nation,* BÁC: John Mullany

–, 1866. *Easy Lessons: Self-instruction in Irish,* ceathrú heag., Londain: Williams & Norgate

–,1877. *Easy Lessons: Or, Self-instruction in Irish,* seachtú heag., BÁC: M. H. Gill & Son

–, 1896. *Easy Lessons: Or, Self-instruction in Irish,* Nua-Eabhrac: P. J. Kennedy

Beaufort, D.A. 1797. *A New Map of Ireland Civil and Ecclesiastical,* dara heag., Londain: W. Faden, D. Debrett, James Edwards

Brooke, C. 1789. *Reliques of Irish Poetry Consisting of Heroic Poems, Odes, Elegies,*

and Songs, Translated into English Verse with Notes Explanatory and Historical and the Originals in Irish Characters, to Which is Subjoined an Irish Tale, BÁC: J. Christie

–, 1816. *Reliques of Irish Poetry Consisting of Heroic Poems, Odes, Elegies, and Songs Translated into English Verse with Notes Explanatory and Historical and the Originals in Irish Characters to which is Subjoined an Irish Tale by Miss Brooke; to which is Prefixed a Memoir of her Life and Writings by Aaron Crossly Semour,* BÁC: J. Christie

Buckley, J. 1912. 'John O'Daly, a Bit of Autobiography', *Waterford and South-East Of Ireland Archaeological Society Journal* 15, lgh. 177–180

Bunting, E. 1796. *A General Collection of the Ancient Irish Music Containing a Variety of Admired Airs Never before Published and Also the Compositions of Conolan and Carolan Collected from the Harpers &c in the Different Provinces of Ireland and Adapted for the Piano-Forte, with a Prefatory Introduction by Edward Bunting,* Londain: Preston

–, 1840. *The Ancient Music of Ireland Arranged for Piano Forte to which Is Prefixed a Discussion on the Irish Harp and Harpers Including an Account of the Old Melodies of Ireland,* BÁC: Hodges and Smith

–, 1969. *The Ancient Music of Ireland,* BÁC: Walton's

Chuto, J. eag., 2002. *The Collected Works of James Clarence Mangan: Prose 1832–1839,* BÁC: Irish Academic Presss

Clarke-Crosthwaite, J. 1844. *The Book of Obits and Martyrology of the Cathedral Church of the Holy Trinity, Commonly Called Christ Church,* Dublin, BÁC: Irish Archaeological Society

Commissioners of Public Instruction, Ireland. 1835. *First Report of the Commissioners of Public Instruction, Ireland,* House of Commons Parliamentary Papers, Cmd. 45, 46, iml. 33

Connellan, O. 1830. *The Gospel According to St. John, in Irish, with an Interlined English Translation: and a Grammatical Praxis on the Gospel According to St. Matthew, in Irish: Accompanied with a Short Introduction to Irish Pronunciation; and an Appendix Consisting of Familiar Conversations,* BÁC: R.M. Tims

–, 1834. *A Dissertation on Irish Grammar, Comprising a Critique on the Latest Grammar of that Language, Published by Henry Joseph Monck Mason,* BÁC: Richard Milliken and Son

Connellan, T. 1829. *An Duanaire (Fiannaigheacht, Danta agus Ranna) le'r Tteanga Mhin Bhinn Mhilis a Léigheadh, A Selection of Irish Poems and Moral Epigrams; Collected from Ancient Manuscripts and Oral Tradition; for the Use of Schools and Learners of the Irish Language, Corrected and Improved by Thaddeus Connellan,* BÁC: Thaddeus Connellan

–, 1829. *An Duanaire, Fonna Seanma, Dánta agus Ranna, le'r Tteanga Mhin Bhinn Mhilis a Léigheadh, A Selection of Irish Melodies and Moral Epigrams; Collected from Ancient Manuscripts and Oral Tradition; for the Use of Schools and Learners of the Irish Language, Corrected and Improved by Thaddeus Connellan,* BÁC: Thaddeus Connellan

Conran, M. 1846. *The National Music of Ireland, Containing the History of the Irish Bards, the National Melodies, the Harp, and Other Instruments of Erin,* BÁC: James Duffy, Londain: J. Johnson

Crowe, J. O'B. 1854. *The Catholic University and the Irish Language,* BÁC: James Duffy

Davis, T. 1846. *The Songs of Ireland,* BÁC: J. Duffy

–, 1914. *Essays, Literary and Historical,* Dún Dealgan: Dundalgan Press

–, 1988. 'Our National Language' in Storey eag., 1988, lgh. 45–50

Denn, P. eag., 1858. *Timothy O'Sullivan's Commonly Called Taidhag Gaodhalach's Pious Miscellany Enlarged, Improved and Corrected with an Appendix of Other Religious Compositions in Irish and Recommended to all Devout Catholics as a Work of Great Merit,* Corcaigh: Daniel Mulcahy

Dewar, D. 1800. *On the Progress and Plan of a Gaelic Dictionary; on the Character of the Highlander,* Londain [?]: Highland Society of London [?]

Drummond, W.H. 1852. *Ancient Irish Minstrelsy,* BÁC: Hodges and Smith

Feehan, J. 1997. *The O'Carroll Diaries: Diary for the Year 1846 of the Rev. Thomas O'Carroll; Profile of Priests; Diary for the Years 1862–64 of Rev. James O'Carroll,* An Bóthar Leathan: foilsithe go príobháideach

Fitzgerald, P. 1861a). *A Narrative of the Proceedings of the Confederates of '48 from the Suspension of the Habeas Corpus Act, to the Final Dispersion at Ballingarry,* BÁC: John F. Fowler

–, 1861b). *An Irish Sermon on the Passion of Our Lord,* BÁC: John F. Fowler

–, 1861c). *Personal Recollections of the Insurrection at Ballingarry in 1848,* BÁC: John F. Fowler

–, 1868. *Narrative of Proceedings of Confederates, '48, from the Habeus Corpus Act to their Final Disposition at Ballingarry, by the Rev. Philip Fitzgerald,* BÁC: Duffy

Fitzsimons, E. eag., 1814. *Irish Minstrelsy: A Selection of Original Melodies of Erin with Characteristc Words,* iml. 1, Londain: Goulding

– eag., 1816. *Irish Minstrelsy: A Selection of Original Melodies of Erin with Characteristic Words,* iml. 2, Londain: Goulding

Flanagan, J. 1843. *A Discourse on the Round Towers of Ireland, in which the Errors of the Various Writers on that Subject Are Detected and Confuted, and the True Causes of so Many Differences Among the Learned, on the Question of their Use and History Are Demonstrated. By John Flanagan, Kilkennny. Presented by the Author for Thomas Kelly, 1843,* Cill Chainnigh: ní luaitear foilsitheoir

Fleming, J. 1897. 'Life of Donnchadh Ruadh MacConmara' in Ó Flannghaile, T. eag., 1897

Foley, D. 1849. *Missionary Tour through the South and the West of Ireland Undertaken for the Irish Society.* BÁC: ní luaitear foilsitheoir

Foot, S.C. 1842. *The United Church of England and Ireland Catholic: Being a Defence of that Ancient Branch of the Universal Church of Christ against the Assaults of 'Peter Dens', 'One of the Roman Catholic Curates of Ballyhale',* BÁC: Dixon, Hardy and Sons

–, 1898. 'Tithe Riots in Ireland, Part of a Letter Describing the Affray at Carrickshock in 1831 from Rev. Simon C. Foot, Rector and Vicar of Knocktopher to Robert B. Close Esq., Newtownpark, Blackrock', *Irish Builder* 11, uimh. 922, lgh. 73–4

Furlong, J. 1842. *Compánach an Chríosdaigh nó Tiomsúghdh Urnaíghibh Cráibhtheacha Oireamhnach chun gach Dualgas do Bhainis le Creideamh do Chomhlíonadh le Jonathan Furlong, Sagart Catoilice,* BÁC: Tegg and Co.

Gibson, E. 1695. *Camden's Brittania,* Londain: A. Swalle

Gleeson, T. agus údair eile, 1894a). *Edward Walsh the Irish Poet and Translator, Poetry and Legendary Ballads of the South of Ireland, a Biographical Sketch with Poetry,* Corcaigh: Cork Historical and Archaeological Society

– 1894b). 'Edward Walsh, the Irish Poet and Translator, a Biographical Sketch with Poetry' in O'Siodhacháin 1983, lgh. 8–14

Goodman, J. 1855. nóta ag freagairt O'Daly, J. 1856. 'On Tulachs as Places of Sepulture', in 'Proceedings and Transactions', *Transactions of the Kilkenny Archaeological Society 2* (1854–55) 14, lgh 18–6

Gordon, J. 1847. *Some Account of the Reasons of my Conversion to the Catholic Church / by a Late Clergyman of the Anglican Communion; in Letters to a Friend* Londain: James Burns

Graves, J. 1851a). 'On the Age of Ogham Writing 1', *Transactions of the Kilkenny Archaeological Society,* lgh. 305–7

–, 1851b). 'On the Age of Ogham Writing 3', *Transactions of the Kilkenny Archaeological Society,* lgh. 312–7

Griffith, R. 1854. *Valuation of the Several Tenements in the Counties of Armagh, Carlow, Cavan, Dublin, Kildare, Kilkenny, Longford, Louth, Meath, Monaghan, Westmeath, Wexford, Wicklow and King's and Queen's Counties,* 16 iml., BÁC: Her Majesty's Stationery Office

Hackett, W. 1853. 'Folklore 1: Porcine Legends,' *Transactions of the Kilkenny Archaeological Society,* lgh. 303–10.

–, 1853. 'Folklore 2: Bovine Legends', *Transactions of the Kilkenny Archaeological Society,* lgh. 311–19

Haliday, W. 1811. *Forus Feasa air Éirinn: mar a Nochtar Priomhdhála na hInnse ó Pharthalon go Gabhaltus Gall,* BÁC: Sean Barluaidh

Hardiman, J. 1831. *Irish Minstrelsy or, Bardic Remains of Ireland with English Poetical Translations,* dhá iml, Londain: Joseph Robbins

Henderson, J. 1847. *The Flowers of Irish Melody, A Selection of Irish Popular Songs, Arranged for the Voice, Flute, Violin and &c.,* Béal Feirste: John Henderson

Hogg, J. 1819. *The Jacobite Relics of Scotland, Being the Songs, Airs and Legends of the Adherents to the House of Stuart, Collected and Illustrated by James Hogg,* dhá iml., Dún Éideann: William Blackwood

Hore, H.F. 1859. 'The Munster Bards', *Ulster Journal of Archaeology* 7, lgh. 93–115

–, 1861. 'The Old Bards of Ulster', *Ulster Journal of Archaeology* 9, lgh. 79–94

Hume, A. 1864. *Results of the Irish Census of 1861, with Special Reference to the Condition of the Church of Ireland,* Londain: London School of Economics

Kennedy, P. 1859. *Fictions of Our Forefathers, Fion mac Cumhail and his Warriors,* BÁC: McGlashan, agus Gill, James Duffy, Patrick Kennedy; Londain: Burns and Lambert

Kelly, Thomas, [183-?]. *The History of Andrew Dunn, an Irish Catholic,* Londain: Religious Tract Society, BÁC: J. Nisbet,

–, *The Conversion to the Catholic Faith and Edifying Death of Andrew Dunn,* ceathrú heag., BÁC: Catholic Truth Society

Kickham, C. 1857. 'Edward Walsh', *Celt,* uimh. 19, iml. 1, 289–293; uimh. 20, iml. 2 305–8, uimh. 21, iml. 1, 321–6; uimh. 22, im1.1, 337–41

Lanigan, J. 1822. *Ecclesiastical History of Ireland,* ceithre himleabhar, BÁC: Hodges and M'Arthur

Ledwich, E. 1804. *The Antiquities of Ireland, with Additions and Corrections to which is Added a Collection of Miscellaneous Antiquities,* an dara heag., BÁC: J. Jones, (an chéad eag. 1790)

Leland, T. 1773. *The History of Ireland: from the Invasion of Henry II; with a Preliminary Discourse on the Antient State of that Kingdom,* BÁC: R. Moncrieffe

Lewis, S. 1837. *A Topographical Dictionary of Ireland, Comprising the Several Counties, Cities, Boroughs, Corporate, Market, and Post Towns, Parishes and Villages; with Historical and Statistical Descriptions,* dhá iml., Londain: S. Lewis

Macalister, R.A.S. 1950. *The Book of Mac Cárthaigh Riabhach, otherwise the Book of Lismore,* BÁC: Oifig an tSoláthair

Mangan, J.C. 1849. 'Lays of Many Lands', *Dublin University Magazine,* iml. xxxiii, 91–101

M'Cormick, J. 1843. *The Black History of Ireland,* ceathrú heag., dhá iml, BÁC: James M'Cormick

– 1846. *Selection of Irish National Poetry from the Landing of the Milesians to the Present Time,* BÁC: James McCormick

McGrath, M. eag., 1936. *Cinnlae Amhlaoibh Uí Shúileabháin, Part 3,* Londain: Cumann na Sgríbheann Gaedhilge

MacMahon, J.D. 1855. nóta ag freagairt O'Daly, J. 1856. 'On Tulachs as Places of Sepulture', in 'Proceedings and Transactions', *Transactions of the Kilkenny Archaeological Society 2* (1854–55) 14, lgh 182–5

Macpherson, P. 1760. *Fragments of Ancient Poetry, Collected in the Highlands of Scotland, and Translated from the Galic or Erse Language,* Dún Éideann: G. Hamilton and J. Balfour

McSweeny, C. 1843. *Songs of the Irish,* sraith sheacht n-uimhir, BÁC: S.J. Machen

–, 1844. *Self-Instruction in Irish, Part I. Consisting of Exercises in Spelling and Pronunciation, Chiefly Designed for the Youth of Ireland,* BÁC: 'Printed for the Compiler'

Madden, R.R. 1866. *Exposure of Literary Frauds and Forgeries Concocted in Ireland: Spurious Predictions Designated Prophecies of St. Columbkille etc.* BÁC: John F. Fowler

Madden, S. 1842. *Memoir of the Life of the Late Rev. Peter Roe, A.M., Rector of Odogh, and Minister of St. Mary's, Kilkenny: with Copious Extracts from his Correspondence, Diaries, and Other Remains,* BÁC: W. Curry

Mangan, J. 1840. 'The Woman of the Three Cows', *Vindicator* 2, uimh. 141, lch. 4

–, 'An Elegy on the Tironian and Tirconnellian Princes Buried at Rome', *Vindicator.*3, uimh.260, lch. 4

–, 'The Lamentation of MacLiag for Kincora' *Irish Penny Journal,* lgh. 220–1

–, 'Kathleen Ny-Houlihan', *Irish Penny Journal,* lgh. 228–9

Moloney, C. 2000. *The Irish Music Manuscripts of Edward Bunting (1773–1843),* BÁC: Taisce Cheoil Dúchais Éireann

Montgomery, H.R. eag., 1846. *Specimens of the Early Native Poetry of Ireland,* BÁC: James McGlashan

Monteith, A. H. 1847. *A Course of Lessons in the Italian Language: Intended for the Use of Persons Studying the Language without a Master,* BÁC, Londain: W. Kent & Co., BÁC: James M'Glashan; Glascú: Murray & Son

Nash, D.W. 1854. 'On the Irish Ogham Inscriptions', *Ulster Journal of Archaeology* 2, an chéad sraith, lgh. 60–6

Neal, J agus W. eag., 1724. *A Collection of the Most Celebrated Irish Tunes, Proper for the Violin, German Flute and Hautboy,* BÁC: John and William Neal

O'Brennan, M.A. 1855. *Ancient Ireland: her Milesian Chiefs, her Kings and Princes–her Great Men, her Struggles for Liberty, her Apostle St. Patrick–her Religion,* BÁC: ní luaitear foilsitheoir

–, 1855. *The Celtic Race: their Descent, the Country Whence they Migrated; their Route,* Londain: ní luaitear foilsitheoir

–, 1856. *An Essay on Ireland: Being Two Extempore Lectures Delivered in the Theatre of the Mechanics' Institute, Dublin, May, 1856 for the Benefit of the Irish Speaking Society,* BÁC: ní luaitear foilsitheoir

–, 1859. *Irish Made Easy; or, a Practical Irish Grammar by the Author of 'O'Brennan's Ireland.'* Londain: ní luaitear foilsitheoir

O'Brien, J. 1768. *Focalóir Gaoidhilge-Sax-bhéarla, or an Irish-English Dictionary: Whereof the Irish Part Hath Been Compiled not Only from Various Irish Vocabularies, Particularly that of Mr. Edward Lhuyd; but also from a Great Variety of the Best Irish Manuscripts Now Extant,* Páras: N. F. Valleyre

Ó Cearbhaill, P. eag., 2000. *Labhrás Ó Cadhla: Amhráin ó Shliabh gCua,* BÁC: RTÉ

O'Cavanagh, E. 1849. *Moore's Melodies Literally Translated into the Irish Language by Eugene O'Cavanagh, G.T.B., Late Professor in the Ollamh Fodla Society, Dublin,* BÁC: Gill

Ó Conuill, M. 1837. *Dánta Diaga Aistrithe o Hags-bhéurla go Gaodhailge agus Tuille Cúmtha gCanmhúin Mhúimhin le Sráid-a- mhuilinn a gConthao Chorchuidhe,* Corcaigh: W. Morton

O'Curry, E. 1858. 'Transactions of the Ossianiac Society (vol III) for the year 1855', *Tablet,* 30 Eanáir 1858, lch. 74

O'Donovan, J. eag., 1841. *The Circuit of Ireland by Muircheartach MacNeill, Prince of Aileach; a Poem Written in the Year DCCCCXLII by Cormacan Eigeas with a Translation and Notes by John O'Donovan,* BÁC: Irish Archaeological Society

–, 1843. *The Tribes and Customs of Hy-Many, Commonly Called O'Kelly's Country. Now First Published with a Translation and Notes and a Map of Hy-Many, by J. O'Donovan.* BÁC: Irish Archaelogical Society

–, 1844. *The Genealogies, Tribes and Customs of Hy-Fiachrach, Commonly Called O'Dowda Country. Now First Published from the Book of Lecan, in the Library of the Royal Irish Academy, and from the Genealogical Manuscript of Duald MacFirbis, in the Library of Lord Roden; with a Translation and Notes, and a Map of Hy-Fiachrach, by John O'Donovan.* BÁC: Irish Archaelogical Society

O'Farrell, P. 1810. *O'Farrell's Pocket Companion for the Irish or Union Pipes Being a Grand Selection of Favourite Tunes both Scottish and Irish, Adapted for the Pipes, Flute, Flagolet and Violin, Some of which Were Never before Published, with some Favourites Duetts for the above Instruments,* Londain: Goulding

O'Flaherty, R. 1685. *Ogygia, Seu, Rerum Hibernicarum Chronologia: Ex Pervetustis Monumentis Fideliter inter se Collatis Eruta, aque Sacris ac Prophanis Literis Primarum Orbis Gentium tam Genealogicis, quam Chronologicis Susflaminata Præsidiis: Liber Primus: Ab Universali Diluvio, ad Annum Virginei Partus 428: In Tres Partes Distinctus . . .: Quibus Accedit, Regum Hiberniæ Christianorum ab Anno 428 ad Annum 1022, Aliorumque Eventuum Inde ad Jam Regnantem Carolum 2. Brevis Chronologica Tabula: Deinde Carmen Chronographicum Summam Omnium a Diluvio ad Præsens Tempus Complectens: Postremo Catalogus Regum in Britannia Scotorum, ex Hiberniæ Monumentis,* Londain: R. Everingham

O'Flaherty, R. 1793. *Ogygia: or, A chronological Account of Irish Events: Collected from Very Ancient Documents, Faithfully Compared with Each Other, and Supported by the Genealogical and Chronological Aid of the Sacred and Prophane Writings of the First Nations of the Globe,* BÁC: W. M'Kenzie

–, 1775. *The Ogygia Vindicated: against the Objections of Sir George Mac Kenzie, (A Posthumous Work),* BÁC: G. Faulkner

Ó Flannghaile, T. eag., 1897. *Eachtra Ghiolla an Amarain (sic) and Other Poems Edited by Red Donough Macnamara,* BÁC: Sealy, Byers and Walker

O'Halloran, S. 1778, *A General History of Ireland, from the Earliest Accounts to the Close of the Twelfth Century,* dhá iml., BÁC: Hoey and Wilson

O'Kearney, N. 1855. 'Folklore No, 1', *Transactions of the Kilkenny Archaeological Society* 2 (1852–53), lch. 38

O'Mahony, J. 1857. *The History of Ireland from the Earliest Times to the English Invasion by the Reverend Geoffrey Keating, D.D. / Translated from the Original Gaelic and Copiously Annotated by John O'Mahony with a Map Showing the Location of the Ancient Clans, and a Topographical Index,* Nua-Eabhrac: P.M. Haverty

O'Reilly, E. 1820. *Irish Writers,* iml. 1, BÁC: Iberno-Celtic Society

O'Siodhacháin, D. 1983. *Edward Walsh the Irish Poet and Translator, Poetry and Legendary Ballads of the South of Ireland, a Biographical Sketch with Poetry,* athchló, Corcaigh: Cló Duanaire

O'Sullivan, D.J. eag., 1930a). *The Bunting Collection of Irish Folk Music and Songs,* cuid 2, Londain: Irish Folk Song Society

–, 1930b). 'Eamonn an Chnuic' in O'Sullivan eag., 1930, 36–49

Percy, T. 1766. *Reliques of Ancient English, Consisting of Old Heroic Ballads, Songs, and Other Pieces of Our Earlier Poets Chiefly of the Lyric Kind, Together with a Few of a Late Date,* BÁC: P. Wilson agus E. Watts

Petrie, G. 1845. *The Ecclesiastical Architecture of Ireland, Anterior to the Anglo-Norman Invasion, Comprising an Essay on the Origin of and Use of the Round Towers of Ireland, which Obtained the Gold Medal and Prize of the Royal Irish Academy,* BÁC: Hodges and Smith

Power, J. eag., 1866. *Irish Literary Inquirer or Notes on Authors, Books and Printing in Ireland Conducted by John Power formerly of Bellvue, Youghal, First Series, Part 1,* Londain (dáileadh príobháideach)

Primm, J. G.A. 1849. 'Giants Graves No. II', *Journal Of the Kilkenny and South-East Of Ireland Archaeological Society* 1, lgh. 14–22

Ritson, J. 1794. *Scotish Songs,* dhá iml., Londain: J. Johnson, J. Egerton

Rutherford, D. 1756. *Rutherford's Compleat Collection of 200 Country Dances with the Newest Figures and Directions to each Tune by Mr. Rose for the Violin, Flute and Hautboy,* Londain: David Rutherford

Savage, M.W. 1845. *The Falcon Family,* Londain: Chapman and Hall

Scott, W. 1802. *The Border Minstrelsy,* im1.1 agus 2, Kelso: James Ballantyne

–, 1803. *The Border Minstrelsy,* im1.1 agus 2, Kelso: James Ballantyne

Shaw Mason, W. 1814. *A Statistical Account, or Parochial Survey of Ireland Drawn up from the Communications of the Clergy by William Shaw Mason,* BÁC: J. Cummings agus N. Mahon

Shearman, T. 1839. *The New Commercial Directory for the Cities of Waterford and Kilkenny and the Towns of Clonmel, Carlow and Carrick-on-Suir,* Cill Chainnigh: F. Kinder and Son

Smith, RA. eag., 1825. *Irish Minstrelsy: a Selection from the Vocal Melodies of Ireland, Ancient and Modern Arranged for the Piano-Forte by R.A. Smith,* Dún Éideann: Purdie

Todd, J.H. 1855, 1869. *Liber Hymnorum or Book of the Hymns of the Ancient Church Of Ireland,* dhá iml, BÁC: Irish Archaeological and Celtic Society

Trant, T. 1862. *Reply to Father Fitzgerald's Pamphlet, Entitled 'His Personal Recollections of the Insurrection at Ballingarry in July 1848* '*with Remarks on Irish Constabulary and Hints to All Officials,* BÁC: McGlashan

Údar di-ainm, gan dáta, *Calendar of all Grants of Probate and Letters of Administration Made in the Principal Registry and the Several District Registries of the Probate and Matrimonial Division of the High Court of Justices Ireland from the 1st January 1878, until the 31st December, 1878, both Days Inclusive Wills and Administrations,* BÁC: Her Majesty's Stationery Office

–, gan dáta. *Society for the Preservation of the Irish Language,* BÁC: Society for the Preservation of the Irish Language

–, [1817?]. *The Darkness Of Superstition Receding Before the Light of Revelation: An Authentic Narrative of the Recent Conversion of Twelve Roman Catholics, Named Hart, in the Province of Connaught, through Reading The Irish Testament/ by a Clergyman of the Established Church in Ireland* Londain: Baptist Irish Society/ Arding and Merrett

–, 1825. *Reliques of Irish Poetry Consisting of Heroic Poems, Songs, Elegies, and Songs, Translated into English Verse with Notes Explanatory and &c. of the Most Approved Ancient and Modern Bards Collected by an Eminent Irish Scholar,* BÁC: T. Courtney

–, *1858. 'Robert Cane',* Irish Quarterly Review *8, lgh. 1005–96*[27]

–, 1877. *Society for the Preservation of the Irish Language: Council and Officers. Rules. Means to be Used. Local Associations, Reports & c.* BÁC: Society for the Preservation of the Irish Language

–, 1824. *The Encyclical Letter of Pope Leo the XII: to his Venerable Brethren the Patriarchs, Primates and Archbishops of the Catholic Church with an English Translation of the Same to Which Are Annexed Pastoral Instructions by the Roman Catholic Archbishops and Bishops to the Clergy and Laity of their Communion Throughout Ireland,* BÁC: Richard Coyne

Walker, J.C. 1786. *Historical Memoirs of the Irish Bards. Interspersed with Anecdotes and Occasional Observations on, the Music of Ireland. also, an Historical and Descriptive Account of the Musical Instruments of the Ancient Irish. and an Appendix, Containing Several Biographical and Other Papers, with Select Irish Melodies.* BÁC: Joseph C Walker agus Luke White

Walsh, E. 1847. *Irish Popular Songs with English Metrical Translations, and Introductory Remarks and Notes by Edward Walsh,* BÁC: McGlashan

–, 1883. *Irish Popular Songs with English Metrical Translations, and Introductory Remarks and Notes by Edward Walsh,* dara heag., BÁC: Gill

–, 1883. *Irish Popular Songs with English Metrical Translations, and Introductory Remarks and Notes by Edward Walsh,* dara heag., BÁC: M.H. Gill, Londain: W.H. Smith

–, 1987. *Irish Popular Songs with English Metrical Translations,* BÁC: European Micropublishing Services

White, P.F. 1852. *The Emerald Wreath,* BÁC: J. McGlashan

–, 1854. *National Irish Melodies as Introduced in the Author's Lectures and Illustrations of National Minstrels,* BÁC: I & E. MacDonnell

–, 1861. *Connla or the Irish Princess, an Opera and an Essay on Poetic and Musical Tastes with Suggestions on the Art of Singing,* BÁC: James McGlashen

Williams, M.J. 1994. *Ancient National Airs of Gwent and Morangwg, Collected and Arranged by Maria Jane Williams,* Cardiff: Welsh Folk-Song Society, macasamhail eag. 1844

Wilson, C. 1789. *Poems Translated from the Irish Language into the English,* Londain: ní fios cé d'fhoilsigh

Windele, J. 1851a) 'On the Age of Ogham Writing 2', *Transactions of the Kilkenny Archaeological Society,* lgh. 307–11

–, 1851b). 'On the Age of Ogham Writing 4', *Transactions of the Kilkenny Archaeological Society,* lgh. 317–21

'W. J. B'. 1845–1846. *The Conversion Of The Men Of Oxford, Cambridge, and other Colleges in England to the One, Holy, Catholic, and Apostolic Church,* dara heag., BÁC: W. J. Battersby

11

Bibleagrafaíocht Ábhair Thagartha

11a

Foclóirí

DIL *Dictionary of the Irish Language: Compact Edition,* BÁC: Acadamh Ríoga na hÉireann, 1990

FGB *Foclóir Gaeilge-Béarla,* BÁC: Gúm, 1977

MacLeod, N. 1853. *A Dictionary of the Gaelic Language,* dhá iml., Glascú: Dewar Daniel

OED: *The Shorter Oxford English Dictionary,* Oxford: Oxford University Press, 1973

11b

Tráchtais

Ní Dhonnchadha, M.E. 1943. 'Clár Clóscríofa de Lámhscríbhinní Choláiste Ollscoile Chorcaí' (tráchtas neamhfhoilsithe M.A., Ollscoil na hÉireann, Corcaigh)

Sommerville-Woodward, R. 1988. "'Language Without a Mouth': the Development of an Irish Language Consciousness c. 1800–1878" (tráchtas neamhfhoilsithe Ph.D., Ollscoil na hÉireann, Baile Átha Cliath)

11c

Bibleagrafaíocht: Leabhair Threorach

Best, R.I. 1913. *Bibliography of Irish Philology and of Printed Irish Literature,* BÁC: His Majesty's Stationery Office

Black, R. 1992. 'Four O'Daly Manuscripts', *Éigse* 26, lgh. 43–79

Buttimer, C. 1989. *Catalogue of Irish Manuscripts in the University of Wisconsin-Madison,* BÁC: Institiúid Ard-Léinn BÁC

Byrne, M.E. 1928. *Catalogue of Irish Manuscripts in the Royal Irish Academy,* fascúl 3, BÁC: Acadamh Ríoga na hÉireann

Chuto, J. 1996. *James Clarence Mangan: a Bibliography,* BÁC: Irish Academic Press

de Brún, P. 1967. *Clár Lámhscríbhinní Gaeilge Choláiste Ollscoile Chorcaí: Cnuasach Thorna,* BÁC: Cló Bhréanainn

–, 1969. 'Lámhscríbhinní Thorna–addenda', *Éigse* 13, lgh. 50–1

–, 1988. *Lámhscríbhinní Gaeilge: Treoirliosta,* BÁC: Institiúid Ard-Léinn BÁC

– agus Herbert, M. 1986. *Irish Manuscripts in Cambridge Libraries,* Cambridge: Cambridge University Press

Dempsey, M. 1918. *Manuscripts of Belfast Museum* (clóscríofa)

Fitzpatrick, E. 1998. *The Catalogue of Manuscripts in the Royal Irish Academy: A Brief Introduction,* BÁC: Acadamh Ríoga na hÉireann

Flower, R. 1926. *Catalogue of Irish Manuscripts in the British Museum,* iml. 2, Londain: Trustees of the British Museum

– agus Dillon, M. 1953. *Catalogue of Irish Manuscripts in the British Museum,* iml. 3, Londain: Trustees of the British Museum

Hayes, R.J. 1965. *Manuscript Sources for the History of Irish Civilisation,* iml. 1–3, Massachusetts: Hall

–, 1970. *Manuscript Sources for the History of Irish Civilisation,* iml. 4–14, Massachusetts: Hall

Hyde, D., O'Donoghue, D.J. 1918. *Catalogue of Books and Manuscripts Comprising the Library of the Late Sir John Gilbert,* BÁC: Brown and Nolan

Mac Craith, N. eag., 2005. *Comóradh Céad Bliain Iolscoil na Mumhan .i. Coláiste na Rinne 1905–2005,* An Rinn: Coláiste na Rinne

Mackechnie, J. 1973. *Catalogue of Gaelic Manuscripts in Great Britain and Ireland, Volume One: Notes on Manuscripts/Index of Initia,* Boston: G.K. Hall

– *Catalogue of Gaelic Manuscripts in Great Britain and Ireland, Volume Two: Index to Notes and Manuscripts,* Boston: G.K. Hall

Mac Lysaght, E. 1944. 'Manuscripts in the Possession of Torna', *Analecta Hibernica 15,* lgh. 376–7

Mac Néill, E. 1906. 'The O'Laverty Manuscripts' in *Irisleabhar na Gaedhilge* 16, lch. 1

Nic Dhonnchadha, A. 2005. 'Leabharlann Choláiste na Rinne' in Mac Craith eag., 2005, 116- 9

Ní Mhurchú, M. agus Breathnach, D. 1999. *Beathaisnéis 1782–1881.* BÁC: Clóchomhar

–, 2001. *1560–1781: Beathaisnéis,* BÁC: Clóchomhar

Ní Shéaghdha N. 1961–90. *Catalogue of Irish Manuscripts in the National Library of Ireland,* fascúil 1–10, BÁC: Institiúid Ard-Léinn BÁC

–, 1990. *Catalogue of Irish Manuscripts in the National Library of Ireland,* fascúl 12, BÁC: Institiúid Ard-Léinn BÁC

– agus Ó Macháin, P. 1996. *Catalogue of Irish Manuscripts in the National Library of Ireland,* fascúl 13, BÁC: Institiúid Ard-Léinn BÁC

Ó Buachalla, B. 1962. *Clár na Lámhscríbhinní Gaeilge i Leabharlainn Phoiblí Bhéal Feirste,* BÁC: Clóchomhar

ÓConchúir, B. 1991. *Clár Lámhscríbhinní Gaeilge Choláiste Ollscoile Chorcaí: Cnuasach Uí Mhurchú,* BÁC: Institiúid Ard-Léinn BÁC

Ó Cuív, B. 2001. *Catalogue of Irish Manuscripts in the Bodleian Library at Oxford and Oxford College Libraries,* BÁC: Institiúid Ard-Léinn BÁC

Ó Fiannachta, P. 1915–73. *Lámhscríbhinní Gaeilge Choláiste Phádraig, Má Nuad,* fascúil 2–8, Maigh Nuad: Sagart

–, 1980. *Lámhscríbhinní Gaeilge Choláiste Phádraig, Má Nuad,* fascúil 1, Maigh Nuad: Sagart (athchló)

–, 1978. *Clár Lámhscríbhinní Gaeilge: Leabharlanna na Cléire agus Mionchnuasaigh,* fascúl 1. BÁC: Institiúid Ard-Léinn BÁC

– agus Walsh, P. 1943. *Catalogue of Irish Manuscripts in Maynooth College Library,* Magh Nuadhat: Cuallacht Choilm Cille

O'Grady; S.H. 1926. *Catalogue of Irish Manuscripts in the British Museum,* iml. 1, Londain: British Museum

O'Grady, S.H. agus Dillon,M. 1953. *Catalogue of Irish Manuscripts in the British Museum,* iml. 1, Londain: British Museum

Ó Macháin, P. 1990. *Catalogue of Irish Manuscripts in the National Library of Ireland,* fascúl 11, BÁC: Institiúid Ard-Léinn BÁC

–, 1991. *Catalogue of Irish Manuscripts in Mount Melleray Abbey, County Waterford.* BÁC: Institiúid Ard-Léinn BÁC

–, 1997. 'Additions to the Collection of Irish Manuscripts at Mount Melleray Abbey', *Éigse* 30, lgh. 92–108

Omont, H. 1890. 'Bibliotheque Nationale, Mss. Celtique et Basques', *Revue Celtique* 11, lgh. 401–2

O'Rahilly, T.F., Mulchrone, K. et al. 1926–70. *Catalogue of Irish Manuscripts in the Royal Irish Academy,* fascúil 1–26, innéacs 1–2, BÁC: Acadamh Ríoga na hÉireann

Ó Riain, P. 1968. *Clár na Lámhscríbhinní Gaeilge sa Bhreatain Bhig,* BÁC: Cló Bhréanainn

11d

Leabhair Thagartha

Belchem, J. agus Price R., eag., 1994. *A Dictionary of Nineteenth Century History,* Londain: Penguin

Bradley, J. 2000. *Irish Historic Towns Atlas: Kilkenny,* BÁC: Acadamh Ríoga na hÉireann

Brainse Logainmneacha 1991. *Liostaí Logainmneacha: Contae Phort Láirge,* BÁC: Rialtas na hÉireann

Breathnach, D.agus Ní Mhurchú, M. 1986. *Beathaisnéis 1882–1982:* BÁC: Clóchomhar

–, 1990. *Beathaisnéis a Dó 1882–1982,* BÁC: Clóchomhar

–, 1992. *Beathaisnéis a Trí 1882–1982,* BÁC: Clóchomhar

Connolly, S.J. eag., 1998. *The Oxford Companion to Irish History,* Oxford: Oxford University Press

Deane, S. 1991. *The Field Day Anthology of Irish Writing,* Doire: Field Day Publications

Eagarthóir nach n-ainmnítear. 1982. *The Weekday Missal: Weekday Masses for the Proper of Seasons, Ordinary Time, the Proper of Saints, Occasional Masses, Masses for The Dead, Complete with Readings in One Volume: Texts Approved for Use in England & Wales, Scotland, Ireland, South Africa,* Londain: Collins

Fleischmann, A. eag., 1998. *Sources of Irish Traditional Music,* dhá iml., Nua-Eabhrac agus Londain: Garland

Gore, C. eag., 1994. *The Scottish Fiddle Music Index,* Musselburgh: Amaising Publishing

Leslie, J.B. 1933. *Ossory Clergy and Parishes, Being an Account of the Clergy of the Church of Ireland in the Diocese of Ossory from the Earliest Period with Historical Notices of the Several Parishes, Churches, etc.,* Inis Ceithleann: R.H. Ritchie

Ó Conchúir, B. 1982. *Scríobhaithe Chorcaí 1700–1850,* BÁC: Clóchomhar

O'Donovan D.J. 1912. *The Poets of Ireland: a Biographical Dictionary with Bibliographical Particulars,* BÁC: Paternoster Steam Press

Ó hÓgáin, É. 1990. 'Scríobhaithe Lámhscríbhinní Gaeilge i gCill Chainnigh 1700-1870' in Nolan, W., Whelan K. .eag., 1990, lgh. 405–36

Ó Súilleabháin, E. 1992. 'Scríobhaithe Phort Láirge' in Nolan, W., Power, T. eag., 1992, lgh. 265–308

Thorne, J.O. agus Collocutt, T.C. eag., 1984. *Chambers Biographical Dictionary,* Dún Éideann: Chambers

Vallely, F. 1999. *The Companion to Irish Traditional Music,* Corcaigh: Cló Ollscoile Chorcaí

11e

Suímh Idirlín

www.isos.dias.ie
www.newadvent.org/cathen/

12

Bibleagrafaíocht Ábhair Thánaistigh

Anderson, B. 1983. *Imagined Communities: Reflections on the Origins and Spread of Nationalism,* Londain: Verso

Alspach, R.K. 1959. *Irish Poetry from the English Invasion to 1798,* Penn: Penn University Press

Ardent, H.eag., 1992. *Illuminations,* Londain: Fontana Press

Bain, P agus Shaw, P. eag., 1998. *Blackletter: Type and National Identity,* Nua-Eabhrac: Princeton Architectural Press

Bayor, R.H. agus Meagher, T.J. 1997. *The New York Irish,* Baltimore agus Londain: John Hopkins University Press

Beckett, J.C. 1981. *The Making of Modern Ireland 1603–1923,* Londain: Faber

Benjiman, W. 1936. 'The Work of Art in the Age of Mechanical Reproduction', in Ardent 1992, lgh. 211–44

Benson, C. 1990. 'Printers and Booksellers in Dublin 1800–1850' in Myers R., Harris, M. eag., 1990, lgh. 47–59

Berlin, I. 1979. *Against the Current: Essays in the History of Ideas,* Londain: Hogarth Press

–, 1996. *The Sense of Reality,* Londain: Chatto and Windus

–, 2000. *Three Critics of the Enlightenment: Vico, Hamann, Herder,* Londain: Pimlico

–, 2001. *The Roots of Romanticism,* Londain: Chatto and Windus

Binéid, D. 2003. *Searc na Suadh: Gnéithe de Fhilíocht Dháibhí Uí Bhruadair,* BÁC: Clóchomhar

Blacker, W. agus Wallace, R.H. 1994. *The Formation of the Orange Order 1795–1798: The Edited Papers of Colonel William Blacker and Colonel Robert H. Wallace,* Béal Feirste: Education Committee of the Grand Orange Lodge of Ireland

Bloom, H. 1994. *The Western Canon,* Londain: Macmillan

Bowen, D. 1978. *The Protestant Crusade in Ireland,* BÁC: Gill and Macmillan

Breathnach, P. 1920. *Ár gCeol Féinig,* BÁC: Brún agus Ó Nualláin

Breathnach, P. 1938. 'The Book of Lecan in Ormond?', *Irish Book Lover* 26, uimh. 3, lch. 62

Breatnach, P.A. 1987. 'Oral and Written Transmission of Poetry in the Eighteenth Century', *Eighteenth Century Ireland/Iris an Dá Chultúr,* lgh. 57–65

–, 'Togha na hEigse 1700–1800', *Éigse* 34, lgh. 141–65

Brown, S.J. agus Miller, D.W. eag., 2000. *Piety and Power in Ireland 1760–1960: Essays in Honour of Emmet Larkin,* Béal Feirste: Institiúid an Léinn Éireannaigh

Brown, S.J. 2000. 'The New Reformation Movement in the Church of Ireland, 1801–29' in Brown, Miller eag., 2000

Bruen, M.C., agus Ó hÓgáin, D. 1996. *An Mangaire Súgach,* BÁC: Coiscéim

Buttimer, N. 1989. 'Manuscript and Book in Pre-Famine Ireland', *Scéala Scoil an Léinn Cheiltigh* 5, Institiúid Ard-Léinn BÁC, lch. 23

–, 1996. 'A Stone on the Cairn: The Great Famine in Later Gaelic Manuscripts' in Morash, Hayes eag., 1996, lgh. 93–109

Campbell, J.N. 1933. *Highland Songs of the Forty Five,* Dún Éideann: John Grant

Cannon, J. 1997. *The Oxford Companion to British History,* Oxford: Oxford University Press

Coleman, J. 1897. 'A South East County Archaeologist, John Davis White of Cashel', *Journal of the Waterford and South-East of Ireland Archaeological Society* 3, lgh. 29–33

–, 1901. 'Two Memorable Irish Booksellers' *Journal of the Waterford and South-East of Ireland Archaeological Society* 7, lgh. 51–3

–, 1924. 'John O'Daly, Irish Publisher and Scholar', *Irish Book Lover* 14, uimh. 5, lgh. 65–7

Comerford, R.V. 1979. *Charles J. Kickham: A Study in Irish Nationalism and Literature,* BÁC: Wolfhound Press

–, 1989. 'Nation, Nationalism and the Irish Language' in Hachey, McCaffrey eag., 1989, lgh. 20–41

–, 1998. *The Fenians in Context: Irish Politics and Society 1848–82,* dara heag., BÁC: Wolfhound Press

–, 2003. *Inventing the Nation (Ireland),* Londain:Hodder Headline Group

Connolly, P. eag., 1982. *Literature and the Changing Ireland,* Gerrards Cross: Colin Smyth

Connolly, S.J. 1985. *Religion and Society in Nineteenth-Century* Ireland, Dún Dealgan: Dundalgan Press

Cooper, D. 2002. *The Petrie Collection of the Ancient Music of Ireland,* Corcaigh: Cló Ollscoile Chorcaí

Corish, P. 1995. *Maynooth College 1795–1995,* BÁC: Gill and Macmillan

Costello, E. 1919. *Amhráin Mhuighe Seóla,* Londain: Irish Folk Song Society

Crone, J. 1937. *A Concise Dictionary of Irish Biography,* BÁC: Preas an Talbódaigh
Cronin, M. 1996. *Translating Ireland: Translation, Languages, Cultures,* Corcaigh: Cló Ollscoile Chorcaí
Cullen, L.M. 1980. 'The Social Bases of Irish Cultural Nationalism', in Mitchinson 1980, lgh. 91–106
Cunningham, B. 2000. *The World of Geoffrey Keating,* BÁC: Four Courts Press
Daly, D. 1974. *The Young Douglas Hyde: The Dawn of the Irish Revolution and Renaissance 1874–1893,* BÁC: Irish University Press
Davis, R. 1988. *The Young Ireland Movement,* BÁC: Gill and Macmillan
–, 1989. *William Smith O'Brien: Ireland–1848–Tasmania,* BÁC: Gill and Macmillan
–, 1998. *Revolutionary Imperialist: William Smith O'Brien 1803–1864,* BÁC: Lilliput Press
Deane, S. 1986. *A Short History of Irish Literature,* Londain: Hutchinson
–, 1997. *Strange Country,* Oxford: Clarendon Press
de Brún, P., 1970. 'A Lament in Irish for John Stafford' *Past* 8, lgh. 43–5
–, 1972a). 'An Scoláire Bán', *Journal of the Kerry Archaeological and Historical Society 5,* lgh. 77–85
–, 1972b). 'Forógra do Ghaelaibh' *Studia Hibernica* 12, lgh. 145–68
–, eag., 1972. *Filíocht Sheáin Uí Bhraonáin,* BÁC: Cló Bhréanainn
–, 1977–8. 'An Irish class of 1845', *Éigse* 17, cuid 2, lch. 214
–, 1978/9. 'Lámhscríbhinní Gaeilge i Ros Cré', *Éigse* 17, lgh. 215–19
– 1983b). 'The Irish Society's Bible Teachers, 1818–27', *Éigse* 19, lgh. 281–332,
–, 1983c). 'Scriptural Instruction in Irish: A controversy of 1830–31' in de Brún, P. et al. eag., 1983, lgh. 134–159
–, 1984. 'The Irish Society's Bible Teachers, 1818–27', *Éigse* 20, lgh. 34–93
–, 1986. 'The Irish Society's Bible Teachers, 1818–27', *Éigse* 21, lgh. 72–103
–, 1987. 'The Irish Society's Bible Teachers, 1818–27', *Éigse* 22, lgh. 54–107
– 1989. 'Bíoblóir á Chosaint Féin', *Éigse* 23, lgh. 80–2
–, 1990. 'The Irish Society's Bible Teachers, 1818–27', *Éigse* 24, lgh. 71–120
–, 1991. 'The Irish Society's Bible Teachers, 1818–27' *Éigse* 25, lgh.113–149
– agus Ó Coileáin, S., Ó Riain, P., eag., 1983a). *Folia Gadelica,* Corcaigh: Cló Ollscoile Chorcaí
de hÍde, D. (An Craoibhín Aoibhinn). 1893. *Abhráin Grádh Chúige Connacht,* Londain: T. Fisher Unwin
–, 1897. 'A Memorial Preface by Professor Douglas Hyde, LL.D, D.Litt (An Craoibhín)' in Sigerson, G. 1897, lgh. v-xxii
–, 1925. 'George Sigerson', *Studies* 14, lgh. 2–18
–, 1937. *Mise agus an Connradh,* BÁC: Oifig an tSoláthair
–, 1986. 'Unpublished Songs of Ireland' in Ó Conaire eag., 1986, lgh. 66–73
Delaney, G. 1964. 'Patrick Kennedy', *Past 7,* lgh. 9–88
–, 1983. 'Patrick Kennedy, Folklorist. A Preliminary Assessment', *Past 14,* lgh. 49–66
Delaney, T. eag., 1997. *John Keegan: Selected Works,* Ráth Oisín: Galmoy Press
Devine, T. 1999. *The Scottish Nation 1700–2000,* Londain: Penguin Books
Dillon, M. 1962, eag., *Lebor na Cert, the Book of Rights,* Londain: Irish Texts Society
Dix, E.R. McC, 1928. 'Kilkenny Printing in the Nineteenth Century', *Irish Book Lover,* iml. 26, uimh. 4,5,6, lgh. 89–109
Donaldson, W. 1988. *The Jacobite Song: Political Myth and National Identity,* Aberdeen: Aberdeen University Press

Donnelly, J.S. agus Miller, KA, eag., 1999. *Irish Popular Culture 1650–1850,* BÁC: Irish Academic Press

Dooley, T. 2003. *The Greatest of the Fenians: John Devoy and Ireland,* BÁC: Wolfhound Press

Duffy, E. 1992. *The Stripping of the Altars: Traditional Religion in England 1400–1580,* New Haven: Yale University Press

Duffy, S. 1990. 'Antiquarianism and the Gaelic Revival in County Louth in the Pre-Famine Era', *County Louth Archaeological and Historical Journal* 21, uimh. 4, lgh. 343–68

Dunne, T. 2001. '"Tá Gaedhil bhocht cráidhte": Memory, Tradition and the Politics of the Poor in Gaelic Poetry and Song' in Geary eag., 2001, lgh. 93–111

Eagarthóir nach n-ainmnítear, eag., 1843. *The Spirit of the Nation by the Writers of the Nation Newspaper,* BÁC: James Duffy

Feehan, J. 2005. 'Forgotten by History: The Life and Times of John Lanigan, D.D., D.C.L., D.S.S., Priest, Professor and Historian', *Irisleabhar Staire Thiobraid Árann,* lgh. 42–60

Fegan, M. 2002. *Literature and the Irish Famine 1845–1991,* Oxford: Clarendon Press

Fitzgerald, G. 1984. 'Estimate for Baronies of Minimum Level of Irish-speaking among Successive Decennial Cohorts: 1771–1781 to 1861–1871', *Proceedings of the Royal Irish Academy,* iml. 84c, lgh. 117–155

Fleischmann, A. eag., 1952.a) *Music in Ireland: a Symposium,* Corcaigh: Cló Ollscoile Chorcaí

–, 1952b). 'Historical Survey' in Fleischmann eag., 1952, lgh. 1–9

– 1952c). eag., 'Manuscript Irish Music in R.I.A. Library', in Fleischmann eag., 1952, lgh. 322–32

Flood, W.G. 1903. 'Mangan and the Melodies in the *Poets and Poetry of Munster', Herald,* 2 Bealtaine 1903

–, 1999. 'Edward Walsh' in *Catholic Encyclopedia 1912,* iml. 15, Nua-Eabhrac: Robert Appleton, http://www.newadvent.org/cathen/

Foster, M. 1992. *Inside their World: an Archival Exhibition Focusing on the Lives of Three Nineteenth Century Cork Gentleman, Richard Dowden (Rd), Thomas Hewitt and William Coppinger,* Corcaigh: Cork Archives Institute

Foster, R.F. 1988. *Modern Ireland 1600–1972,* Londain: Allen Lane

–, 2001. *The Irish Story: Telling Tales and Making it up in Ireland.* Londain: Allen Lane

Foucault, M. 1974. *The Archaeology of Knowledge,* Londain: Tavistock

Geary, L.M. eag., 2001. *Rebellion and Remembrance in Modern Ireland,* BÁC: Four Courts Press

Gillespie, R. eag., 2004. *The Remaking of Modern Ireland: Beckett Prizes in Irish History,* BÁC: Four Courts Press

Glenny, M. 1999. *The Balkans 1804–1999,* Londain: Granta

Graves, J. 1855. 'Rare Book on the Round Towers of Kerry', *Notes and Queries,* iml. 12, an tríú sraith, gan uimhir, lth. 345

Gray, J. 1995. *Berlin,* Londain: Fontana

Greene, D. 1972. 'The Foundation of the Gaelic League' in Ó Tuama eag., 1972, lgh. 9–19

Griffin-Wilson, M. 2001. 'The Wedding Poem as Performance: '*Cuirfead Cluain ar Chrobhaing Ghealghall*' in Riggs eag., 2001, lgh. 72–102

Groom, N. 2002. *The Forger's Shadow: How Forgery Changed the Course of Literature,* Londain: Picador

Haass, S. 1985. 'Victorian Poetry Anthologies: Their Role and Success in the Nineteenth Century Book Market' in *Publishing History* 17, lgh. 51–64

Hachey, T.E. agus McCaffrey, L.J. 1989. *Perspectives on Irish Nationalism,* Kentucky: University of Kentucky

Hannagan, M. agus Clandillon, S. 1904. *An Londubh: Dhá Amhrán Déag iar n-a g-cur le Chéile ag Maighréad Ní Annagáin agus Séamus Clainndiolúin,* BÁC: Connradh na Gaedhilge

–, 1927. *Londubh an Chairn: Being Songs of the Irish Gaels in Staff and Sol-fa, with English Metrical Translations,* BÁC: Carnegie United Kingdom Trust

Hardt, H. agus Splichal, S. eag., 2000. *Ferdinand Tonnies on Public Opinion: Selections and Analyses,* Lanmham: Rowan and Lichfield

Hennessy, W. M. 1873, eag., 'The Battle of Cnucha', *Revue Cetique* 2, lgh. 86–93

Herder, J.G. 1778/79. *Stimmen der Völker in Liedern,* dhá iml., Leipzig: P. Reclam jun

–, 1941. *Hochzeitslieder: für vierstimmigen gemischten Chor und Klavier: nach Texten aus Herders Stimmen der Völker: opus 53 /von Hermann,* Reutter Mainz: B. Schott's Sohne

Hickey, P. 2002. *Famine in West Cork: The Mizen Penninsula, Land and People,* Corcaigh: Mercier

Hill, J.R. 1980. 'The Intelligentsia and Irish Nationalism in the 1840s', *Studia Hibernica* 20, lgh. 74–108

Hitchcock, R. 1852a). 'Gleanings from Country Church-Yards', *Transactions of the Kilkenny Archaeological Society* 2 (1852–53), lgh. 127–132

–, 1853a). 'Flanagan on the Round Towers of Ireland', *Notes and Queries* iml. 138, an chéad sraith, lch. 584

–, 1853b). 'Notes on the Round Towers of the County of Kerry', *Transactions of the Kilkenny Archaeological Society* 2 (1852–53), lgh. 242–53

–, 1855a). 'Round Towers of Kerry', *Notes and Queries,* iml. 12, an tríú sraith, gan uimhir, lgh. 345–6

–, 1855b). The Castles of Corkguiny, County of Kerry. No. 2', *Transactions of the Kilkenny Archaeological Society* 2 (1854–55), lgh. 384–96

Hobsbawn, E. 1962. *The Age of Revolution: Europe 1789–1848,* Londain: Weidenfeld and Nicolson

Holzapfel, R.P. 1969. *James Clarence Mangan: A Check of Printed and Other Sources,* BÁC: Scepter

Hughes, A.1996. 'The Word for "Catholic" and "Protestant" in Gaelic Dialects: The Historical Import', *Scéala Scoil an Léinn Éireannaigh 9*, lch. 15

Huizinga, J. 1959a). *Men and Ideas,* Nua-Eabhrac: Meridian Books

–, 1959b) 'The Task of Cultural History' in Huizinga 1959, lgh. 17–76

Hutchison, W.G. 1896(?). *The Poetry of the Celtic Races and Other Studies,* Londain: Walter Scott

Iggers G.G. agus von Moltke, K. eag., 1983. *Ranke: The Theory and Practice of History,* Nua-Eabhrac: Irvington

Jackson, A. 1999. *Ireland: 1798–1998,* Oxford: Blackwell

J.D.1853. 'Flanagan on the Round Towers of Ireland', *Notes and Queries* iml. 40. an chéad sraith, lch. 19

Joynt, M. 1936. *Feis Tighe Chonáin,* BÁC: Oifig an tSoláthair

Karadzic, V.S. 1824. *Kleine Serbische Grammatik,* Leipzig, Berlin: G. Reimer

–, 1833. *Narodne srpske pjesme,* ceithre iml., Lipisci: U stampariji Brejtkopfa i Ersla

–, 1932. *Biblija ili celo Sveto Pismo Staroga i Novoga Zavjeta,* Beograd: British and Foreign Bible Society 1932, (athchló ar eag. 1922)

Kearney, H. 1997. 'Contested Ideas of Nationhood 1800–1995', *The Irish Review* 20, lgh. 1–22

–, 1989. *The British Isles: A History of Four Nations,* Cambridge: Cambridge University Press

Kearns, G. 2001. 'Time and Some Citizenship: Nationalism and Thomas Davis', *Bullán* 5,uimh. 2, lgh. 24–54

Kelly G.A. 1968. *Johann Gottlieb Fichte, Addresses to the German Nation,* Nua-Eabhrac: Harper Torch Books

–, 1968. 'Johann Gottlieb Fichte, Thirteenth Address' in Kelly, G.A. 1968. lgh. 190–91,193–94,197–98.

Kelly, J. 1998. *Henry Flood.* BÁC: Four Courts Press

Kelly, J. agus Schuchard, R. 1994. *The Collected Letters of W.B. Yeats, Volume 3: 1901–1904,* Oxford: Oxford University Press

Kiely, B. 1994. *The Connerys: The Making of a Waterford Legend,* BÁC: Geography Publications

Kiely, M.B. agus Nolan, W. 1992. 'Politics, Land and Rural Conflict in County Waterford c. 1830–45' in Nolan, W., Power, T. eag., 1992, lgh. 459–94

Lalor, B. eag., 2003. *The Encyclopedia of Ireland,* BÁC: Gill and Macmillan

Larkin, E. 1980. *The Making of the Catholic Church in Ireland 1850–1860,* Chapel Hill: University of North Carolina Press

Leerssen, J. 1996. *Remembrance and Imagination: Patterns in the Historical and Literary Representation of Ireland in the Nineteenth Century,* Corcaigh: Cló Ollscoile Chorcaí

–, 2001. 'Monument and Trauma: Varieties of Remembrance' in McBride eag., 2001, lgh. 204–222

–, 2002. *Hidden Ireland, Public Sphere,* Gaillimh: Arlen House

Leslie, J.B. 1933. *Ossory Clergy and Parishes: Being an Account of the Clergy of the Church of Ireland in the Diocese of Ossory, from the Earliest Period, with Historical Notes of the Several Parish Churches &c.,* Inis Ceithleann: Fermanagh Times

Lloyd, D. 1987. *Nationalism and Minor Literature: James Clarence Mangan and the Emergence of Irish Cultural Nationalism,* Berkeley: University of California Press

Long, G. 1996. *Books Beyond the Pale: Aspects of the Provincial Book Trade in Ireland Before 1850,* BÁC: Rare Books Group of the Library Association of Ireland

Love W.D. 1962. 'Charles O'Conor of Belangare and Thomas Leland's "Philosophical" History of Ireland', *Irish Historical Studies* 23, uimh. 49, lgh. 1–25

Lowenthal, D. 1998. *The Heritage Crusade and the Spoils of History,* Cambridge: Cambridge University Press

McAdoo, H. 1939. 'As Ait Leam Stáid-Bhean Sciamhach' *Éigse* 1, lgh. 80–4

McBride, I. eag., 2001. *History and Memory in Modern Ireland,* Cambridge: Cambridge University Press

MacCarthy, A. 2000. *James Clarence Mangan, Edward Walsh and Nineteenth Century Literature in English,* Lampeter: Edward Mellen Press

McCarthy, D. eag., 1861. *Collections on Irish Church History from the Manuscripts of the Late V. Rev. Laurence F. Renehan D.D., President of Maynooth College,* BÁC: C.M. Warren

McCormack, W.J. 1994. *From Burke to Beckett: Ascendency, Tradition and Betrayal in Irish Literary History.* Corcaigh: Cló Ollscoile Chorcaí

– eag., 1999. *The Blackwell Companion to Modern Irish Culture,* Oxford: Blackwell

Mac Craith, M. 2002. 'Charles Wilson (c. 1756–1808): Réamhtheachtaire Charlotte Brooke', *Eighteenth Century Ireland/Iris an Dá Chultúr* 17, lgh. 57–78

McGrath, K. 1949. 'The Writers of the Nation', *Irish Historical Studies* 6, uimh. 23, lgh. 189–223

McGrath, T. 2004. *The Pastoral and Education Letters of Bishop James Doyle of Kildare and Leighlin, 1786–1834,* BÁC: Four Courts Press

MacMahon, P. 1978. 'James Clarence Mangan: The Irish Language and the Strange Case of *The Tribes of Ireland*', *Irish University Review* 8, uimh. 2, lch. 220

Mac Peaircín, L. 2002. 'William Smith O'Brien, an Scoláire Gaeilge', *North Munster Antiquarian Journal* 42, lgh. 89–112

Marnane, D.G. 2001. 'John Davis White's *Sixty Years in Cashel*', *Irisleabhar Staire Thiobraid Árann,* lgh. 57–82

–, 2002. 'John Davis White's *Sixty Years in Cashel*' (Part 2), *Irisleabhar Staire Thiobraid Árann,* lgh. 199–226

–, 2003. 'John Davis White's *Sixty Years in Cashel*', *Irisleabhar Staire Thiobraid Árann,* lgh. 121–40

Maxwell, C. 1946. *A History of Trinity College, Dublin, 1591–1892,* BÁC: University Press, Trinity College

Mercier, V., 1994. *Modern Irish Literature: Sources and Founders,* Oxford: Clarendon Press

Meyer, K. 1909. *Primer of Irish Metrics,* BÁC: School of Irish Learning agus Hodges Figgis, Londain: David Nutt

Mirsky, L. 1998. 'The Crystaline Plant' in Bain, P. agus Shaw, P. eag., 1998, lgh. 6–9

Mitchinson, R. eag., 1980. *The Roots of Nationalism,* Dún Éideann: John Donald

Moore, T. 1875. *Moore's Poetical Works Complete in One Volume,* Londain: London Publishing Company

Morash, C. 1999. 'The Nation' in McCormack eag., 1999, lch. 425

Morash C. agus Hayes R. eag., 1996. *'Fearful Realities': New Perspectives on the Famine,* BÁC: Irish Academic Press

Morley, V. 2005. *Washington i gCeannas a Ríochta: Cogadh Mheiriceá i Litriocht na Gaeilge,* BÁC: Coiscéim

Mulvey, H.F. 2003. *Thomas Davis: A Biographical Study,* Washington: Catholic University of America Press

Murphy, M. 1979. 'The Ballad Singer and the Role of the Seditious Ballad in Nineteenth Century Ireland: Dublin Castle's View', *Ulster Folk Life,* iml. 25, lgh. 79–102

Murray, D. 2000. *Romanticism, Nationalism and Irish Antiquarian Societies,* Maigh Nuad: Ollscoil na hÉireann Maigh Nuad

Myers, R. agus Harris M. eag., 1990. *Spreading the Word: The Distribution Networks of Print 1550–1850,* Winchester: Saint. Paul's Bibliographies

Nagy, J.F. 1985. *The Wisdom of the Outlaw,* Londain: University of California Press

Ní Bhroiméil, U. 2003. *Building Irish Identity in America,* BÁC: Four Courts Press

Nic Craith, M. 1993. *Malartú Teanga: an Ghaeilge i gCorcaigh sa Naoú hAois Déag,* Bremen: Cumann Eorpach Léann na hÉireann

Nic Éinrí, Ú. 2001. *An Cantaire Siúlach: Tadhg Gaelach,* An Daingean: Sagart

Nic Eoin, M. 1998. *B'Ait Leo Bean: Gnéithe den Idé-eolaíocht Inscne i dTraidisiún Liteartha na Gaeilge,* BÁC: Clóchomhar

–, 2003. 'Jacobite Poetry' in Lalor B. eag., 2003, lgh. 562–3

Ní Dhonnchadha, E. 1953. *Tomás Ó Conchubhair agus a Chuid Filidheachta,* BÁC: Oifig an tSoláthair

Ní Mhuiríosa, M. 1974. 'Séamus Mac Cruitín', *Mount St. Joseph, Ennistymon, 1974,* lch. 69:

Ní Shéaghdha, N. 1967. *Tóruigheacht Dhiarmada agus Ghráinne,* BÁC: Cumann na Sgríbheann Gaedhlge

Ní Uallacháin, P. 2003. *A Hidden Ulster: People, Song and Traditions of Oriel,* BÁC: Four Courts Press

Ní Úrdail, M. 2000. *The Scribe in Eighteenth- and Nineteenth-Century Ireland: Motivations and Milieu,* Munster: Nodus Publikationen

Nolan, W. agus Whelan, K. eag., 1990. *Kilkenny: History and Society: Interdisciplinary Essays on the History of An Irish County.* BÁC: Geography Publications

–, 1998. 'The Irish Confederation in County Tipperary in 1848' *Irisleabhar Staire Thiobraid Árann,* lgh. 2–18

–, agus Power, T. eag., 1992. *Waterford: History and Society: Interdisciplinary Essays on the History of an Irish County,* BÁC: Geography Publications

O'Brien, C.C. 1992. *The Great Melody: a Thematic Biography of Edmund Burke,* Londain: Sinclair-Stevenson

O'Brien-Moran, J. 1999. 'William Elliot Hudson' in Vallely, F. 1999, lch. 192

Ó Broin, L. 1971. *An Maidíneach,* BÁC: Clóchomhar

Ó Buachalla, B. 1965. 'Peadar Ó Doirnín agus Lucht Scríte a Bheatha', *Studia Hibernica* 5, lgh. 123–54

–, 1968. *I mBéal Feirste Cois Cuain,* BÁC: Clóchomhar

–, 1992. 'Irish Jacobite Poetry', *Irish Review* 12, lgh. 40–50

–, 1996. *Aisling Ghéar,* BÁC: Clóchomhar

–, 1998. *An Caoine agus an Chaointeoireacht,* BÁC: Cois Life

O'Byrne, E. 1981. *The Convert Rolls,* BÁC: Coimisiún Lámhscríbhinní na hÉireann

Ó Casaide, S. féach Ua Casaide, S.

Ó Ciardha, E. 2002. *Ireland and the Jacobite Cause: a Fatal Attachment,* BÁC: Four Courts Press

Ó Ciosáin, N. 1996. 'Printing in Irish and Ó Súilleabháin's *Pious Miscellany'* in Long 1996, lgh. 87–100

–, 1997 *Print and Popular Culture 1750–1850,* Hampshire: Palgrave

Ó Conaire, B. eag., 1986. *Language, Lore and Lyrics: Essays and Lyrics,* BÁC: Irish Academic Press

Ó Concheannain, T. 1971–2. 'Slán Chum Pádraic Sáirséal', *Éigse* 14, lgh. 215–236

Ó Conchúir, B. 'Faighreadh File san 18ú hAois Déag' in Ó hUiginn, R. eag., 2004, lgh. 216–35

O'Connell, F.W. ('Conall Cearnach') 1909. *The Midnight Court by Bryan Macnamara, Edited for the Use of Schools and Annotated,* BAC: Maunsell

O'Daly, E.E. 1937. *History of the O'Dalys: The Story of the Ancient Irish Sept, the Race of Dalach of Corca Adaim,* New Haven: The Tuttle

O'Daly, J. 1899. *Eochair Mhuinte na Gaodhailge/Key to the Study of Gaelic with Exercises and VocabularyPrepared for the Study of the Gaelic Scholars of America by John O'Daly Lecturer on the Celtic Languages, Literature and Archaeology to the Boston Gaelic League. In Three Parts, Part 1. Orthography,*: Boston: Boston Gaelic School[28]

O'Donoghue, D.J. 1896. *The Life of William Carleton: Being his Autobiography and Letters; and an Account of his Life and Writings from the Point at which his Autobiography Breaks off,* dhá iml., Londain: Downey

–, 1897. *The Life and Writings of James Clarence Mangan,* Dún Éideann: Geddes

–, 1899. *Feis Ceoil. Catalogue of the Musical Loan Exhibition Held in Connection with the Above Festival in the National Library and the National Museum, Kildare Street . . . During the Week in May 15th-20th* 1899, BÁC: Office of the Feis Ceoil

–, eag., 1903. *Poems of James Clarence Mangan (many Hitherto Uncollected) Centenary Edition,* BÁC: O'Donoghue and Co., Londain: A.H. Bullen

–, 1911, 'Midnight Court', *The Irish Book Lover 2,* iml. III, 31

– eag., 1914. *Essays Literary and Historical by Thomas Davis,* Dún Dealgan: Dundalgan Press

Ó Drisceoil, P. eag., 1993. *Culture in Ireland–Regions: Identity and Power,* Béal Feirste: Institiúid an Léinn Éireannaigh

–, 2000. *Ar Scaradh Gabhail: An Fhéiniúlacht in Cín Lae Amhlaoibh Uí Shúilleabháin,* BÁC: Clóchomhar

– 2003. 'Dúchas Sheáin Uí Dhálaigh', *Linn Bhuí* 7, lgh. 87–99

–, 2004. 'Blianta Déanach Sheáin Uí Dhálaigh (c.1862–1878)', *Linn Bhuí* 8, lgh. 1–11

–, 2006. 'Conchúr Mac Suibhne agus Léann na Gaeilge', *Ossory, Laois and Leinster,* iml. 2, lgh. 123–39

–, 2006. 'An tAontas Ceilteach', *Ossory, Laois and Leinster,* iml. 2, lgh. 207–11

Ó Dufaigh, S. agus Ó Doibhlin, D. 1989. *Nioclás Ó Cearnaigh: Beatha agus Saothar,* BÁC: Clóchomhar

O'Flanagan, M.1929. *Letters Containing Information Relative to the Antiquities of the County of Waterford, Collected During the Progress of the Ordnance Survey in 1841,* Bré: ní luaitear foilsitheoir

Ó Foghludha, R. ('Fiachra Éilgeach') 1912. 'Cogar don Léaghthóir' in Sterne 1912, lgh. vii-1x

–, 1929. *Tadhg Gaedhlach,* BÁC: C.S. Ó Fallamhain

–, 1932. *Pádraig Phiarais Cundún 1777–1856,* BÁC: Foilseacháin Rialtais

–, 1934. *Seán Clárach: a Shaothar Fileata agus Scéal a Bheathadh,* BÁC: Gúm

–, eag., 1945. *Mil na hÉigse,* BÁC: Brún agus Ó Nualláin

–, 1952. *Éigse na Máighe,* BÁC: Oifig an tSoláthair

Ó Gráda, C. 1999. *Black '47 and Beyond: The Great Irish Famine in History, Economy and Memory,* Oxford: Clarendon

Ó hAilín, T. 1968. 'The Irish Society agus Tadhg Ó Coinnialláin' *Studia Hibernica 8,* lgh. 60–78

Ó Háinle, C. 1978. *Promhadh Pinn,* Maigh Nuad: Sagart

–, 1982. 'Towards the Revival: Some Translations of Irish Poetry: 1789–1897' in Connolly eag., 1982, lgh. 37–57

O'Halloran, C. 1989. 'Irish Re-Creations of the Gaelic Past: the Challenge of Macpherson's Ossian', *Past and Present 124,* lgh. 69–95

Ó Ríordáin, J.J. 2005. *A Tragic Troubador: Life and Collected Works of Folklorist, Poet and Translator Edward Walsh (1805–1850),* Luimneach: John J. Ó Ríordáin

Ó hÓgáin, D. 1982. *An File: Staidéar ar Osnádurthacht na Filíochta sa Traidisiún Gaelach,* BÁC: Gúm

Ó hUaithne, D. 1968 eag., 1968. *Cúirt an Mheán Oíche,* BÁC: Cumann Merriman

Ó hUiginn, R. eag., 1997 *Scoláirí Gaeilge: Léachtaí Cholm Cille XXVII,* Maigh Nuad: Sagart

– eag., 1999. *Foinn agus Fonnadóirí: Léachtaí Cholm Cille XXIX,* Maigh Nuad: Sagart

– eag., 2004. *Oidhreacht na Lámhscríbhinní: Léachtaí Cholm Cille XXXIV,* Maigh Nuad: Sagart

O'Laverty, J. 1878–1895. *An Historical Account of the Diocese of Down and Connor, Ancient and Modern,* cúig iml., BÁC: Duffy

O'Leary, P. 2004. *Gaelic Prose in the Irish Free State, 1922–1939,* BÁC: Preas Choláiste Ollscoile Bhaile Átha Cliath

Ó Lochlainn, C. 1939. 'John O'Daly, Irish Scholar and Bookseller', *Irish Book Lover* 26, uimh. 6, lch. 135

–, 1943. 'John O'Daly and the Celtic Society', *Irish Book Lover* 1, lgh. 12–5

Ó Lúing, S.1989. 'William Smith O'Brien and the Irish Language' in Davis 1989, lgh. 66–8

Ó Macháin, P. agus Overlander, T.F. 2000. 'Michael Cavanagh of Cappoquin, 1822–1900', *Decies 56,* lgh. 97–122

Ó Madagáin, B. 1974. *An Ghaeilge i Luimneach,* BÁC: Clóchomhar

–, 'Coibhneas na Filíochta leis an gCeol, 1700–1900' in Riggs, P. et al. 2000, lgh. 83–105

Ó Máille, M. agus T. 1905. *Amhráin Chlainne Gaedheal,* BÁC: Connradh na Gaedhilge

Ó Milléadha, P. 1936. 'Seanchas Sliabh gCua', *Béaloideas* 6, uimh. 1, lgh. 169–256

Ó Muireadaigh, L. 1940. 'O'Kearney, O'Daly and Bennett', *Éigse* 2, lgh. 79–83

Ó Muirgheasa, E. 1915. *Céad de Cheoltaibh Uladh,* BÁC: Mac Giolla

Ó Muirithe, D. 1991. '"Tho Not In Full Stile Compleat": Jacobite Songs From Gaelic Manuscript Sources', *Eighteenth-Century Ireland/Iris an Dá Chultúr 6:* lgh. 93–103

–, 1999. 'Of English Fayre I am Scarce Indeed' in Ó hUiginn eag., 1999, lgh. 138–160

Ó Muraíle, N. 1997: 'Seán Ó Donnabháin, "An Cúigiú Máistir"', in Ó hUiginn eag., 1997, lgh. 11–79

Ó Murchú, L.P. 1982. *Cúirt an Mheon-Oíche le Brian Merríman,* BÁC: Clóchomhar

Ó Murchú, M. 2001. *Cumann Buan-Choimeádta na Gaeilge,* BÁC: Cois Life

Ó Néill, E. 2001. *The Golden Vale of Ivowen: Between Slievnamon and Suir,* BÁC: Geography Publications

O'Neill, F. 1913. *Irish Minstrels and Musicians with Numerous Dissertations on Related Subjects,* Chicago: Regan Printing House

O'Rahilly, T.F. 1912–13. 'Cuirt an Mheadhon Oidhche', *Gadelica 1,* lgh. 190–203

O'Sullivan, D. 1942. "Thaddaeus Connellan and his Books', *Éigse* 3, cuid 4, lgh. 278–304

–, 1961. *Irish Folk Music and Song,* BÁC: Comhartha na dTrí gCoinneal

O'Sullivan, T.F. 1944. *The Young Irelanders,* Trá Lí: Kerryman

Ó Tuama, S. 1968. 'An Réamhrá' in Ó hUaithne 1968, lgh. 7–16

–, 1972. *The Gaelic League Idea,* Corcaigh: Mercier

–, 1978. *Filí faoi Sceimhle: Seán Ó Ríordáin agus Aogán Ó Rathaille:* BÁC: Gúm

Ó Tuathaigh, G. 1975. 'Gaelic Ireland, Popular Politics and Daniel O'Connell', *Journal of the Galway Archaelogical and Historical Society* 35, lgh. 21–34.

Outhwaite, W. eag., 1996. *The Habermas Reader,* Oxford: Polity Press

Owens, G. 2001. 'Popular Mobilisation and the Rising of 1848' in Geary eag., 2001, lgh. 51–63

Pinkerton, W. 1855. 'Down and Antrim Ghost Stories of the Seventeenth Century', *Ulster Journal of Archaeology* 3, an chéad sraith., lgh 325–36

Power, J. 1866. *Irish Literary Periodical Publication,* Londain (dáileadh príobháideach)

Power, J. eag., 2001a). *The Sliabh gCua Annual 2001,* Sliabh gCua: Coiste na hirise

–, 2001b). 'Touraneena National School 1859–1947' in Power, J. eag., 2001, lgh. 21–5

Power, N. 1886. 'Memoir of the Rev. Matthew Kelly, Professor of Maynooth College and Canon of Ossory', *Transactions of the Ossory Archaeological Society* 3, cuid 2, lgh. 123–43

Power, P. 1904–5. 'Irish MSS. in Waterford', *Irisleabhar na Gaeilge* 14, lgh. 647–9, 692–4, 707–9, lth. 728–9

–, 1907. *The Place Names of Decies,* Londain: D. Nutt

–, 1952. *The Place Names of Decies,* Corcaigh: Cló Ollscoile Chorcaí

–, 1913. 'John O'Daly's Birthplace', *Journal of the Waterford and South-East of Ireland Archaeological Society* 16, lch. 196

–, 1937. *Waterford and Lismore: a Compendious History of the United Dioceses,* Corcaigh: Cló Ollscoile Chorcaí

–, 1952. *The Place Names of Decies,* dara heag., Corcaigh: Cló Ollscoile Chorcaí

Rafroidi, P. 1980. *Irish Literature in English, the Romantic Period, 1789–1850,* Gerrards Cross: Colin Smythe

Redmond, G. O'C. 1912. 'Fitzgeralds of Farnane', *Journal of the Waterford and South-East of Ireland Archaeological Society* 15, lgh. 167–75

Riggs, P. et al. 2000. *Saoi na hÉigse: Aistí in Ómós do Sheán Ó Tuama,* BÁC: Clóchomhar

–, eag., 2001. *Dáibhí Ó Bruadair: His Historical and Literary Context,* Londain: Cumann na Sgríbheann Gaeilge

Ryan, D. 1939. *The Sword of Light: From the Four Masters to Douglas Hyde,* Londain: Arthur Baker

–, 1967. *The Fenian Chief,* BÁC: Gill and Son

Shannon-Mangan, E. 1996. *James Clarence Mangan: a Biography,* BÁC: Irish Academic Press

Shaw, P. agus Bain, P., 1998. 'Blackletter vs. Roman: Type as Ideological Surrogate' in Bain, P. agus Shaw, P. eag., 1998, lgh. 10–15

Sloan, R. 2000. *William Smith O'Brien and the Young Ireland Rebellion of 1848,* BÁC: Four Courts Press

Smith, A.D. 1971. *Theories of Nationalism,* Londain: Duckworth

Smyth, W.J. agus Whelan, K. eag., 1988. *Common Ground: Essays on the Historical Geography of Ireland: Presented to T. Jones Hughes,* Corcaigh: Cló Ollscoile Chorcaí, lgh. 253–277

Sommerville-Woodward, R. 2004. 'The Dublin Ossianic Society 1853–1863' in Gillespie, R. eag., 2004, lgh. 138–163

St. Clair, W. 2004. *The Reading Nation in the Romantic Period,* Cambridge: Cambridge University Press

Sterne, L.C. Sterne, 1912. *Cúirt an Mheadhon Oidhche,* BÁC: Hodges Figgis

Storey, M. eag., 1988. *Poetry and Ireland Since 1800: A Source Book,* Londain: Routledge

Thuente, M.H. 1994. *The Harp Re-Strung,* Syracuse: Syracuse University Press

'Torna' (Ó Donnchadha, T.) 1902. *Seanfhocail na Mumhan* BÁC: Connradh na Gaeidhilge

–, 1912 'An tAthair Eoghan Ó Caoimh: a Bheatha agus a Shaothar', *Gadelica* 1, lgh. 3–9, 101–11, 163–70, 251–260

–, 1939–40. 'Congantóirí Sheáin Uí Dhálaigh', *Éigse* 1 (1939–40), lgh. 96–102, 173–182, 258–264;

–, 1940. 'Congantóirí Sheáin Uí Dhálaigh' *Éigse* 2 (1940) lgh. 15–23, 96–106, 213–23, 274–7

–, 1941–2. 'Congantóirí Sheáin Uí Dhálaigh' *Éigse* 3 (1941–2) lgh. 8–20, 117–119, 193–199, 257–60

–, 1943–4. 'Congantóirí Sheáin Uí Dhálaigh', *Éigse* 4 (1943–4) lgh. 24–32

–, 1940d). 'Duan ar Bhás Dhomhnaill Uí Chonaill' in Ua Riain, E. 1940, lgh. 93–6

Trevor-Roper, H.R. 1969. *The Romantic Movement and the Study of History,* Londain: Athlone Press

Tyers, P. 2003. *Sliabh gCua m'Óige,* An Daingean: Sagart

Ua Casaide, S. 1911a). 'The Midnight Court or Brian Merriman, his Life and his Poems and its Editions', *Irish Book Lover* 3, lgh. 33–5

1911b). 'Fictitious Dates: John O'Daly's Fictitiously Dated Editions of Brian Merriman's "The Midnight Court" ', *Irish Book Lover* 3, lch. 13

–, 1918. 'Another Dictionary Maker', *Irish Book Lover* 9, lch. 74–5

–, 1921. nóta ar lss. le Uilliam Ó Móráin 'which were in possession of Doctor John O'Connor of Wisconsin, U.S.A: where are they now?' *Irish Book Lover* 23, lgh. 35–6

–, 1927. 'Bibliography of Bunting's Printed Collection', *Journal of the Irish Folk Song Society* 22–23, lgh. 18–28

–, 1929. 'The Irish Language' (athfhoilsiú ar alt ón *Nation,* Aibreán 1, 1843), *Irish Book Lover* 27, lgh. 21–2

–, 1930. 'Peadar Ó Doirnín', *Irish Book Lover* 28, lgh. 170–1

–, 1931. 'Irish Speaking Booksellers in Dublin', *Irish Book Lover* 19, lch. 111

–, 1932. athfhriotal ó *Poets and Poetry of Munster* i dtaobh Pheadair Uí Dhoirnín, *Irish Book Lover* 20, lgh. 52–4

–, 1933. 'Eoghan Caomhánach', *Irish Book Lover* 21, lgh. 66–7

–, 1934. 'Irish Professors in the Eighteenth Century', *Irish Book Lover* 22, lch. 65

–, 1939. 'Waterford Printing, 1821–1900', *Irish Book Lover* 26, lgh. 128–133

–, 1939. 'John O Daly, Irish Scholar and Bookseller', *Irish Book Lover* 26, lch. 135

–, 1940. 'Irish Scholars in 1853', *Irish Book Lover* 27, lgh. 256–258

–, 1941. 'Beatha Chríosd a poem in Irish, by John MacSolly, the Mss. of Which Was Offered for Sale by John O'Daly in 1842', *Irish Book Lover* 28, lch. 44

–, 1941. 'James Clarence Mangan and His County Meath Relatives, New Light on the Poet's Circumstances', *Father Mathew Record,* Meitheamh 1941, lgh. 4–5

–, 1943. 'John O'Daly and the Celtic Society', *Irish Book Lover* 29, uimh. 1, lgh. 12–4

Ua Duinnín, P. 1901. *Amhráin Eoghain Ruaidh Uí Shúilleabháin,* BÁC: Connradh na Gaedhilge

Ua Riain, E., eag., 1940. *Féilsgríbhinn Eoin Mhic Néill,* BÁC, Comhartha na dTrí gCoinneal

Údar nach n-ainmnítear, 1853. 'The Ogham Inscriptions' in 'Antiquarian Notes and Queries', *Ulster Journal of Archaeology* 1, an chéad sraith, lch. 306

–, 1854. 'Reviews: Transactions of the Kilkenny Archaeological Society 1852', *Ulster Journal of Archaeology* 2, an chéad sraith, lgh. 195–99

–, 1857. 'Proceedings, January Meeting', *Transactions of the Kilkenny Archaeological Society* 1 (1856–7), lgh. 241–55

–, 1871. *Bibliotheca Hewittiana: Catalogue of the Extensive Choice and Valuable Library of the Late Thos. Hewitt Which Will be Sold by Auction by Messrs. H. Lewis and Son on Wednesday, 12th April 1871,* BÁC: H. Lewis and Son.

–, 1878. 'Late John O'Daly. The Celtic Scholar', *Irish Builder* 20, uimh. 285, lch. 225

– 1912. 'Gossip: on James Buckley's Article on John Daly's Letter in the *Waterford Archaeological Journal', Irish Book Lover* 4, lch. 68

– 1940. 'Sí an Teanga Ghaedhilge is Greanta Cló' in 'Ceist, Freagra, Eólas agus Aighneas', *Éigse* 2, lch. 289

Uí Ógáin, R. 1999. *Faoi Rothaí na Gréine: Amhráin as Conamara a Bhailigh Máirtín Ó Cadhain,* BÁC: Coiscéim

von Ranke, L. 1983a). 'On the Character of Historical Science' in Iggers G.G. agus von Moltke, K. eag., 1983, lgh. 33–46

von Ranke, L. 1983b). 'Preface to History of France' in Iggers G.G. agus von Moltke, K. eag., 1983, lgh. 147–50

Warnock, M. 2000. *Memoir,* Londain: Duckswort h

Welch, R. 1988. *Changing States: Transformations in Modern Irish Writing,* Londain: Routledge

–, 1996. *The Oxford Companion to Irish Literature,* Oxford: Oxford University Press

Whelan, K. 1988. 'Regional Impact of Irish Catholicism' in Smyth agus Whelan eag., 1988, lgh. 253–77

–, 1993. 'The Bases of Regionalism' in Ó Drisceoil, P., 1993. lgh.5–63

–, 1999. 'An Underground Gentry? Catholic Middlemen in Eighteenth Century Ireland' in Donnelly, JS, Miller, KA, eag., 1999, lgh. 118–172

Willberg, H.P. 'Fraktur and Nationalism' in Bain, P. agus Shaw, P. eag., 1998, lgh. 40–49

Windele, J. 1853. 'Ancient Irish Ogham Inscription', *Ulster Journal of Archaeology* 1, an chéad sraith, lgh. 43–52

Windisch, E. 1880 eag., *Irische Texte,* Leipzig: Heizil

Withers, C. 1988. *Gaelic Scotland–The Transformation of a Cultural Region,* Londain: Routledge

Woodworth, D. *A Short History of the GPA-Bolton Library, Cashel:* Caiseal Mumhan: Tentmaker Publications

Yates, N. 2006. *The Religious Condition of Ireland,* Oxford: Oxford University Press

X.H. 1856. gan teideal, *Notes and Queries* iml. 30, an dara sraith, lch. 79

Nótaí

Caibidil 1

1. Chuir sé é féin in iúl ar an gcaoi chéanna sa réamhrá a ghabhann le *The Kings of the Race of Eibhear* (O'Daly 1847, 7).
2. Is leis an dáta seo a ghlacann Colm Ó Lochlainn (1943, 14).
3. Tá cuntas ar Windele in Cahill 1994, 55–6.
4. Seans maith gurbh ó chuntas O'Reilly (1820) a thóg an Dálach a chuid tuairiscí ar na filí de mhuintir Dhálaigh, nó roinnt mhaith acu.
5. Bhí seisear sealbhóir talún sa cheantar sin in 1854 a raibh 'Daly' mar shloinne orthu do réir Luacháil Griffith–Mary, a raibh tríocha dó péirse aici i mBroe, Leic Dhobhráin, Mary eile (nó an duine céanna) a raibh ceathrú amháin agus trí phéirse déag aici in Ladhar Aitinn, Peter a raibh ceithre acra, dhá cheathrú agus dhá phéirse fichead aige in Áth Mheáin agus Jeremiah a raibh acra agus aon cheathrú agus tríocha cúig phéirse aige in Áth Mheáin, Patrick a raibh deich n-acra agus naoi bpéirse aige san Doire Uachtarach, Maigh Dheilge, agus Patrick eile (nó an duine céanna) a raibh teach agus gairdín aige i dTuar an Fhíona (Griffith, 1854).

   Cláraíodh Pat Daly a raibh seacht n-acra aige agus James Daly a raibh deich n-acra aige i nDoire Uachtarach, Maigh Deilge, i Leabhar Cionroinnte na nDeachúna 1834 do Mhaigh Deilge (LNÉ Tithe Applotment Books 1834 29/20, Modeligo) dar dáta 25 Meán Fómhair 1864. Níor claraíodh Dálach ar bith i Leabhar Cionroinnte na nDeachúna 1834 i bhFearnan ná i bparóiste Leic Dhobhráin trí chéile (LNÉ Tithe Applotment Books 1834 29/21, Lickorin) ná i bparóiste Sheisceannáin (LNÉ Tithe Applotment Books 1834 29/22, Seskinane). Tá 'Patrick Daly' ó Thuar an Fhíona, fear gan talamh, ar liosta na 'O Dalaighs (sic) Resident on County Waterford Lands in the Year 1853' a foilsíodh i Meiriceá in 1937 mar chuid de stair na nDálach (Daly, 316).

   I Ladhar Aitinn, baile fearainn i bparóiste sibhialta Leic Dhobhráin a bhreac an Dálach lámhscríbhinní 23 K 46 agus 23 L 6 san Acadamh Ríoga. Bhí Mary Daly áirithe ina cónaí ann nuair a rinneadh Luacháil Griffith (Griffith 1854), pé acu a raibh gaol eatarthu nó nach raibh.

   Ainmníodh Iarla Huntingdon, Thomas Murray, Nicholas Walsh agus Patrick Walsh mar thiarnaí talún i bhFearnán Íochtarach i Luacháil Griffith (Griffith 1854); John Keefe a ainmníodh mar thiarna talún i bhFearnán Uachtarach.
6. Miníonn Kevin Whelan an téarma Francach *pays* mar 'regions with a distinct environment and way of life which are self-conscious about that distinctiveness' (Whelan 1993, 11).
7. Comhrá 17 Lúnasa 2002 le Seán Walsh (ar leis an talamh ar a bhfuil Srutháinín Dálaigh) agus lena dheartháir, an tAthair Michael Walsh, ag Éigse Shliabh gCua mar ar deineadh comóradh i dTuar an Fhíona ar an Dálach; comhrá le Pascal Power agus David Hourican.
8. Seans gur mhair gaolta leis in áit éigin sa cheantar i ndiaidh imeachta dó: bhíodh cuairt á tabhairt abhaile go Leic Dhobhráin aige go fiú tríocha bliain i ndiaidh a imeachta.

Maireann cuntas ar chuairt a thug sé ar an gceantar i Lúnasa 1858 agus é 'under medical treatment'. Bhí súil aige teacht chuige féin i gCeapach Choinn (litir dar dáta 12 Iúil 1858 ón Dálach chuig Windele, ARÉ 4 B 18) ach níor éirigh leis dul ann:

. . . no chance of seeing sweet Cappoquinn as yet as I am suffering by a terrible malady called Psycofus (sic) which I got at a barber's shop where I went to shave. (Litir dar dáta 23 Iúil 1858 chuig Windele, ARÉ 4 B 18.)

Nuair a bhain sé an fód dúchais amach sa deireadh chaith sé an tsaoire ar fad ar na stártha–ar chomhairle dochtúra, más fíor:

I was not sober during the week I spent in Waterford and what must you think of the Dr. who told me it was the only hope for my life–in my tour to Belfast after my return from Cork I only took one or two glasses for I did not relish the stuff. (Litir dar dáta 11 Samhain 1858 ón Dálach chuig Windele, ARÉ 4 B 18.)

9. 'Bhí cor sa bhóthar idir Béal na Molt agus Sráid an Mhuilinn, tamaillín siar ó Mhuileann an Choirce, agus os a chionn in airde bhí carraig. Cathaoir na Baidhbhe a thugtaí ar an gcarraig sin mar bhíodh sí le feiscint ann istoíche, clóca mór bán uirthi agus í ag cíoradh a cuid gruaige' (Tyers 2003, 113).

10. Le paróiste Caitliceach Mhaigh Deilge agus Tuar an Fhíona a bhaineann sé do réir an *Parish Index Civil to Catholic* sa Leabharlan Náisiúnta (údar nach n-ainmnítear, gan dáta).

11. Bhailigh Pádraig Ó Milléadha cuid mhaith béaloidis ar Mháire Ní Dhonagáin i gceantar Shliabh gCua (Ó Milléadha 1936, 192- 3). Bhain beirt bhanfhile eile, Eibhlín Dáltún agus Máire Ní Miléada (sic) leis an gceantar céanna sin (Ó Milléadha 1936, 194–6).

12. Tá cuntas ar Sheán Ó Muiríosa in Tyers (2003, 205–6).

13. Maireann litir dar dáta Samhain 1846 ann ón Muiríosach ar freagra í ar litir a chuir an Dálach chuige ar 12 Deireadh Fómhair 1846. Bhí trí scilling curtha chuig an Dálach aige 'for 2 of your elementary books, as you mentioned which was to Contain Instructions for reading the Irish &c, one for myself and another for a friend of mine, who is to join with me in Sending for the works which you are to publish' (Ní Sheaghadha, Ó Macháin 1990. 96). Nil teacht faoi láthair ar lámhscríbhinn (lámhscríbhinn 96) a raibh an Dálach agus Seán Ó Muiríosa mar scríobhaithe aige (Ní Sheaghadha, Ó Macháin 1997, 95 n. 22).

14. In 1801–10 ba é seo líon na gcainteoirí Gaeilge: barúntacht Dhéise laistigh den Drom 98%, barúntacht Chois Abha Móire agus Cois Bhríde 89%, barúntacht Ghleann na hUidhre 91%, barúntacht an Triain Mheánaigh 92%, barúntacht Uachtar Tíre 97%.

15. Míreanna de lámhscríbhinní ina bhfuil ábhar eile ceangailte dhá cheann acu seo.

16. Trí lámhscríbhinn é ó cheart agus ba é an Dálach a bhreac nócha sé leathanach den cheithre chéad atá ann: Amhlaoibh Ó Súilleabháin agus Donnchadh Ulf a bhreac an chuid eile.

17. Luann John Power in alt ar stair scoil Thuar an Fhíona múinteoir a raibh 'Tomás 'a Laidin' Ó Caoimh air a bheith suas le linn an Dálaigh, cé nach soláthraíonn sé aon fhianaise ina leith (Power 2001b). Is é seo an Tomás Ó Caoimh céanna atá luaite ag Seán Pléimeann ina measc siúd a bhí i mbun 'scoil Laidne' an cheantair (Fleming 1897, 5). Luaitear ina theannta sin é i dtuairisc (a taifeadadh in 1948) leis an amhránaí, Labhrás Ó Cadhla ar mhúinteoirí Shliabh gCua le linn Dhonncha Rua. Deir sé go raibh Donncha Rua 'mar chúntóir aige Tomás Ó Caoimh na Laidine' nuair 'a chuireadh as an choláiste é' agus gurbh i mBaile na Giolcaí i bParóiste Leic Dhobhráin a bhí an scoil. Deir sé go raibh scoil sa

cheantar ag Tomás Ó Lonargáin chomh maith agus go raibh an file, Máire Ni Dhonnagáin mar chúntóir aige agus scoil eile fós ag an bhfile Uilliam Ó Móráin sa Chnoc Buí (Ó Cearbhaill eag., 2000, 15). Thart ar an mbliain 1740, áfach, a thriall Donncha Rua ar Bhaile na Giolcaí (Ní Mhurchú, Breathnach 1999, 62) do réir an tseanchais, i bhfad sular rugadh an Dálach.

Do réir Lewis 1837, 'about 60 children are educated in a private school' i Leic Dhobhráin thart ar 1837 agus 'about 220 children are educated in a school partly supported by R.C. clergyman; and about 60 are taught in two private schools' i bparóiste Mhaigh Deilge.

18. Tá cuntas ar an gCaomhánach in Breathnach, Ní Mhurchú (1986, 19–20) agus go háirithe in Ó Macháin, Overlander (2000, 97–122).

19. Ní luaitear an Dálach ar Rollaí na nIompaitheach, na 'Convert Rolls' (Cartlann Náisiúnta 1A/52/78; O'Byrne 1981). Níor choinnigh Eaglais na hÉireann in Eochaill tuairisc ar dhaoine a d'iompaigh ach amháin idir 1789 agus 1791 ('Conversions' in 'Youghal Church of Ireland Records', Cartlann Náisiúnta).

20. Táim buíoch don Dr. Mary Harris, Roinn na Staire, Ollscoil Náisiunta na hEireann, Gaillimh, a thug an tagairt seo dom.

21. Thugtaí 'The Irish Society For Promoting the Scriptural Education and Religious Instruction of the Irish-Speaking Population Chiefly through the Medium of their Own Language' nó 'The Irish Society for Promoting the Education of the Native Irish in their Own Language' air anois is arís chomh maith. Ba mhinic a thugtaí na teidil seo air san *Quarterly Extract* a d'fhoilsíodh an cumann.

22. Bunaíodh cumainn eile dá shórt in 1812 agus 1818, an bhliain chéanna inar bunaíodh an Irish Society (Withers 1984, 137).

23. Is i nDún an Rí a bhí cónaí ar an Tiarna Farnham, príomhshoiscéalaí na linne.

24. In ainneoin gur cuireadh míchlú ar ball ar obair na gcumann bíoblóireachta, tá roinnt áirithe fianaise sa bhéaloideas a thabharfadh le fios nach raibh doicheall mar atá ráite rompu. I dtaifead a tógadh in 1934 ó 'Brigid Heafy . . . age 66 years' i gCill Úird i mbarúntacht Chundúnaigh is Ghiobúnaigh, gar do bharúntacht Dhéise lasmuigh den Drom, tráchtar go ceanúil ar mhúinteoir Protastúnach darbh ainm Madden, 'one of the finest Gaelic Scholars in his time' (Cnuasach Bhéaloideas Éireann 52, 106).

Tagann cuntas moltach eile ar an mbíoblóireacht ó Chois Fharraige:

Bhí na sagairt is Caitlicigh eile na háite in aghaidh na ndaoine a bhíodh ag tógáil an tsúip. Ní thugadh an sagart faoistin ná comaoineach dhóibh seo a bhíodh ag tarraingt ann. Scéal fada é scéal na 'soupers' ach tá a fhios againn [an]seo ar aon chaoi gur daoine carthanacha grádiaúla a bhí iontu agus gur iomdha duine a choinnigh siad ó dhul a chodladh ina throscadh. (Uí Ógáin 1999, 88; Cnuasach Bhéaloideas Éireann 811:328–9).

25. An Dálach féin a sholáthraigh an cuntas seo.

26. *Feithmeoir: a watchman, guardian, overseer* (DIL).

27. Luaitear beirt deartháir leis, Maurice agus James in *Tribes of Ireland* (O'Donovan 1852, 5, 74, fonóta).

28. Bhain codanna de chontaetha na Mí, na hIarmhí, an Chábháin, Muineacháin, Ard Macha, Lú agus an Dúin le ceantar Dhún an Rí den Irish Society (de Brún 1983b, 321).

29. In ainneoin go mba cheann de rialacha an chumainn é go mbeadh a gcuid 'schoolmasters' in ann 'to instruct their pupils to translate Irish into English' (de

Brún 1983b, 316), áfach, d'ordaigh an cumann do Halloran duine a fhostú, cé nach raibh aige ach Gaeilge amháin (de Brún 1983b, 138).

30. Mar 'an assemblage of the uneducated Irish Peasantry in the house of an Irish master on Sabbaths, and Holy-days, and when labour of the day is over, to learn not history, geography, writing or accounts, but to read the word of God in the only language they comprehend: the Master neither attempting to comment, or explain, but leaving the word of God to effect its own work' a sainmhíníodh cur chuige scoileannna an Irish Society (de Brún 1983b, 282).
31. Is ionann sa chás seo 'Sagsanach' agus 'Anglacánach', díreach mar is ionann an dá cheann i nGaeilge na Mumhan trí chéile (Hughes 1996, 15).
32. Bhí an cumann thar a bheith gníomhach i gceantar Dhún an Rí (Mason 1838, 21–4).
33. 'That portion of the extensive district which immediately adjoins the town of Youghal is known among the natives as the 'Barony' (O'Daly 1850b, 3). Chaith Donnchadh Rua seal ag múineadh scoile sa Bharúntacht agus ba ann a casadh air Máire Ní Ógáin (Fleming 1897, 10). Seans gurbh é plé Dhonnchaidh leis an gceantar ba shiocair leis an spéis a chuir an Dálach ann.
34. Ina leabhar clúiteach *Acts and Monuments* thráchtaigh James Foxe ar 'the incompatability of popery and printing . . . How many presses there be in the world, so many blockhouses there be against the high castle of St. Angelo, so that either the pope must abolish knowledge and printing, or else printing must at length root him out' (Duffy 1992, 77)
35. In 1833 thairg Ó Coinnialláin leabhráin phraiticiúla i nGaeilge i dtaobh áirimh, geograife, suirbhéireachta, garraíadóireachta, feirmeoireachta, luibheolais etc. a chur ar fáil, ach shíl an Irish Society agus Henry Monck Mason gur túisce a léifeadh daoine na leabhráin sin ná na Scrioptúir féin. Deir Ó hAilín: 'Ceann de bhunrialacha an Irish Society ab ea gan aon leabhar eile a thabhairt don "enquiring peasantry" ach an Bíobla Gaelach agus bunleabhair teagaisc agus gan "nóta ná gluais" a bheith le fáil sa Bhíobla san'. (Ní Mhurchú, Breathnach 1999, 32).
36. Loisceadh cuid mhór de thaifid Eaglais na hÉireann sna Ceithre Chúirt in 1922, rud a fhágann gur deacair rianta a leanúint.
37. Ní go maith a d'éirigh leis an Dálach i dTulach an Iarainn do réir a thuairisce féin (*Kilkenny Journal*, 18 Márta 1843).

Caibidil 2

1. Tá cuntas ar Foot in Leslie (1933, 315).
2. Rinne William Carrigan liostáil ar na 'Kilkenny Schools Eighty Years Ago' in *The History and Antiquities of the Diocese of Ossory* a foilsíodh in 1905 (iml. 3, Aguisín). Ina theannta sin tá mionliostáil cháiréiseach déanta san *Irish Historic Towns Atlas: Kilkenny* ar gach scoil a bhfuil teacht ar thagairt dó i bhfoinsí nuachtáin (Bradley 2000). Tá liostáil déanta sa dá cheann ar mhórán scoileanna príobháideacha sa chathair in aimsir an Dálaigh, cuid mhór acu nár mhair ach ar feadh achair ghearr. Cé nach luaitear na 'Wesleyans' le haon scoil acu, níl aon chúis nach bhféadfadh ceann nó dhó de na scoileanna príobháideacha sin a bhfuil an focal 'Protestant' leo a bheith dírithe ar na 'Wesleyans'. Mar sin féin, ní deirtear sin. Ar ndóigh is 'school there for teaching Irish to the Wesleyans' a deirtear a bheith aige, rud a thugann le tuiscint nach scoil lánaimseartha a bhí inti. Tuairimíonn Pádraig de Brún gur ag tagairt don scoil seo a bhí an tOir. Tenison Cuffe i miontuairiscí an Irish Society dar dáta 30 Aibreán 1830 nuair a

rinne sé tagairt don Dálach mar 'a trustworthy person and keeps a school in his intervals of inspection' agus is dócha go bhfuil an ceart aige (de Brún 1986, 73).

3. Bhí an 'Church of England Society's office' agus an 'Church of England meeting house' ag William Street agus is ann, is dócha, a bhí Society House (Bradley 2000, 25).

4. Duine a bhí tagtha aduaidh ó cheantar Dhún an Rí ab ea Winning (Mason 1838, 21).

5. Foot, S.C. 1842: *The United Church of England and Ireland Catholic: Being a Defence of that Ancient Branch of the Universal Church of Christ against the Assaults of 'Peter Dens', One of the Catholic Curates of Ballyhale,* BÁC: Dixon, Hardy and Sons.

6. Charles Kendal Bushe (1767–1843), óráidaí agus polaiteoir (Breathnach, Ní Mhurchú 1990, 27).

7. Figiúiri tinrimh an Society, iad a bheith ina ranganna bréige agus airgead nach raibh tuillte acu a bheith íoctha le múinteoirí an chumainn a bhíodh faoi thrácht ag Walsh (Ó Buachalla 1968, 104–112, 161, 182).

8. Ba nós le Caitlicigh 'Baile Héil' a thabhairt ar an áit arbh nós le hAnglacánaigh 'Cnoc an Tóchair' a thabhairt air.

9. Foilsíodh litreacha sa dá pháipéar ach ba sa *Journal* is mó a deineadh iad a fhoilsiú. I dteannta Foot agus 'Peter Dens', bhí daoine eile ar nós 'Lime Tree' agus Déan Challainn, C.B Stevenson, a chuir a ladar isteach sa chonspóid ó uair go céile.

10. Foot, S.C. 1842. *The United Church of England and Ireland Catholic: Being a Defence of that Ancient Branch of the Universal Church of Christ against the Assaults of 'Peter Dens, 'One of the Roman Catholic Curates of Ballyhale',* BÁC: Dixon, Hardy and Sons

11. Ainm cleite a bhí in 'Peter Dens'–an tOirmheanach James Darcy, curáideach i mBaile Héil a bhí ann ó cheart (litir ó Dean C.B. Stevenson, *Kilkenny Journal,* 18 Bealtaine 1842; Foot 1842, 95).

12. Eaglais Shasana a bheith ann ó aimsir na n-aspal nó gan a bheith, Naomh Pádraig a bheith tagtha ón Róimh nó gan a bheith, Naomh Pádraig a bheith aineolach ar Phurgadóir, an gaol a bhí ag creideamh le dea-oibreacha agus go leor eile.

13. Nuair a cuireadh litir chuig 'the Reverend the Catholic Rector of Knocktopher' b'éigean don 'Assistant Secretary' in Ard-oifig an Phoist i Londain idirghabháil a dhéanamh mar go raibh Foot agus an sagart paróiste beirt ag áiteamh gur chucu a scríobhadh agus bhí muintir oifig an phoist idir dhá chomhairle dá bharr (Foot 1842, 93–5). Bhí an litir tugtha ag oifig an phoist i gCnoc an Tóchair don sagart paróiste ach rialaigh an ceanncheathrú i Londain gurbh é Foot an té ar a raibh sé le bronnadh (Foot 1842, 95).

14. Tá cuntas ar an Déan Charles Butler Stevenson in Leslie 1933, 215. Ba é an tríú duine as a chéile é de mhuintir Stevenson a ceapadh mar reachtaire ar Challainn do réir an chuntais: coirnéad marcshlua ab ea é agus throid se ag cath Waterloo. Ceapadh mar reachtaire é in 1831.

15. Chuirtí spéis nár bheag ina leithéid ar an dá thaobh de chlaí an reiligiuin (e.g. *Kilkenny Journal,* 11 Eanáir 1843). Sa bhliain 1817(?) d'fhoilsigh an Baptist Irish Society *The Darkness Of Superstition Receding Before The Light Of Revelation: An Authentic Narrative Of The Recent Conversion Of Twelve Roman Catholics, Named Hart, In The Province Of Connaught, Through Reading The Irish Testament / By A Clergyman Of The Established Church In Ireland.* Am éigin sna 1830í d'eisigh an Religious Tract Society agus an Catholic Truth Society ar a laghad ceithre heagrán de *The History of Andrew Dunn, an Irish Catholic London* le Thomas Kelly (arbh é *The Conversion to the Catholic Faith and Edifying Death of Andrew Dunn* a

bhí mar theideal air sa deireadh). Bhí an-spéis ag an dá thaobh sa Tractarian Movement in Oxford agus foilsíodh ar a laghad dhá eagrán de *The Conversion Of The Men Of Oxford, Cambridge, And Other Colleges In England To The One, Holy, Catholic, And Apostolic Church,* scríofa, is cosúil, ag an bhfoilsitheoir, W. J. Battersby.

16. Cuireadh móiréis agus easpa cúirtéise i leith Stevenson sa *Kilkenny Journal* (4 Feabhra 1843):

It is worthy of remark that in a former letter Mr. Stevenson in the commencement of it, where the word 'Sir' or 'Dear Sir' is generally used, addresses his opponent as 'Daly', just in the way a master would a servant. . he should not wonder at his antagonist retorting rather sharply . . .

Thagair eagarfhocal sa *Kilkenny Journal* ar 18 Márta 1843 don bhealach achasánach ina raibh an Society ag caitheamh leis an Dálach:

Mr. Daly used to figure as John Daly, *Esq.* though the simple 'Daly' without even a 'Mr.' is now considered good enough for him by the same party who used to honour him with the title of 'Esquire' . . .

17. Déantar Ortha Naomh Micheál a chomóradh ar 9 Meán Fómhair do réir phortús na hEaglaise Caitlicí (Údar nach n-ainmnítear 1982, 1338).
18. Tá cuntas ar Meehan in Welch (1996, 362).
19. Thomas Moriarity, iar-Chaitliceach a chuaigh leis an Irish Society de bharr an 'Ventry Mission'. D'fhoilsigh Foot litir sa *Kilkenny Moderator* ar 27 Deireadh Fómhair 1841 ag tathant ar an bpobal dul go Cnoc an Tóchair lena chloisint i mbun seanmóireachta. 'The Kerry Ranter' a thugadh an *Journal* air.
20. Bhí cruinnithe aige freisin sna bailte beaga máguaird agus bhí Caitlicigh an cheantair misnithe go mór dá bharr. Bhí priontaí den Athair Maitiú á bhfógairt ar díol sa *Kilkenny Journal* go ceann i bhfad i ndiaidh an chruinnithe.
21. 'Cum an tAthair Ro Onoruighthe Tiobóid Matha Asbal na Measarrdhachd' 'Seaghan Ó Duibhinn nó Seán Ó Duinn (1815–92) ó Gharraí Ricín an té a cheap, (*Kilkenny Journal*, 4 Feabhra 1843). 'Feibh agus Slante Duitse Asbal na Meassarr Dhachd agus Cead Mile Failte go Porraisde Muileanahaun' (sic) a bhí mar thús le hinscríbhinn an mheirge (*Kilkenny Journal,* 22 Feabhra 1843). Dúradh go raibh sé scríofa ag 'one of the natives', Ó Duinn arís, is dócha. Rinne an tAthair Maitiú leithscéal nuair d'iarr an Déan Stevenson air bualadh leis agus é i gCallainn (*Kilkenny Journal,* 11 Eanáir 1843).
22. '. . . at the sixth meeting of the committee, held in Waterford, on the 23rd day of Feb. 1836, it was resolved that Mr. Patrick Mc Tighe be appointed inspector to the Knocktopher district (which is the very district in question) at a yearly salary of Ten Pounds . . . that Mr. John Daly be appointed Inspector to the Kilkenny District alone at the yearly salary of Twenty Pounds . . . What now becomes of Mr. Daly's assertion 'I brought in a report of 4 schools '&c. &c. when it appears that he was not at that time the Inspector of the district. So much for the truth of the first part of Mr. Daly's first 'fact' . . . We turn, Sir, to the authentic returns handed in to the Secretary by the above-mentioned Inspector, Mr. Mc Tighe . . . and we find that they exactly and accurately tally with the printed Report which Mr. Daly has called into question . . .' (*Kilkenny Moderator* 22 Feabhra 1843)
23. Richard Graves, Wilberforce Caulfield, Robert Butler, John L. Draper, A. Bettesworth Perry, Samuel Madden an seisear eile a shínigh i dteannta Foot.
24. '. . . a balance of 81 scholars over and above' a dúirt an Dálach a bheith i gceist, ní 83 mar a dúirt Madden, (*Kilkenny Journal,* 18 Feabhra 1843).

25. Tugann Madden 15 Feabhra 1843 mar dháta do litir an Dálaigh dar dáta 18 Feabhra 1843.

26. '. . . he was not even Inspector of the District the Returns of which he pronounced fictitious . . . The Committee finding that in the second period referred to by Mr. Daly to prove his assertion, he *was not* Inspector of the District at the time; considered his conviction so clear, that they properly declared their determination to take no further notice of any accusation urged by him' (*Kilkenny Moderator,* 8 Márta 1843).

27. '. . . the Rev. Robert Bell sent him a pound with a letter which he purposes publishing from him next Saturday' a dúirt an Dálach (*Kilkenny Journal*, 15 Márta 1843). Is mar fhógrán, mar sin, a foilsíodh é. Warden Flood an té atá i gceist. D'fhoilsigh sé beathaisnéis Henry Flood (Kelly 1998, 429, 431).

28. Mar ghaisneas reitriciúil, lig údar na litreach air féin go raibh faoi idirghabháil a dhéanamh idir an Irish Society agus an Dálach.

29. Tá cuntas ar Flood in Connolly 1998, 201.

30. e.g. '. . . the convulsions of an expiring body which waste the remaining strength they were meant to invigorate, and hasten on its dreadful dissolution . . . a perfect Tower of Babel–a standing monument of human presumption and folly . . . and now, that its wound is incurable, and that no balsam on earth will be able to restore it' (*Kilkenny Moderator*, 4 Márta 1843; *Kilkenny Journal*, 8 Márta 1843).

31. Ba mhó a bhí eagarthóir an *Moderator* ag dul i gcochall le heagarthóir an *Journal* ('our contemporary') ná ag lochtú an Dálaigh. An tacaíocht a bhí tugtha ag an *Journal* don Dálach ábhar an ailt.

32. Bhí scoil i bparóiste Naomh Pádraig ag duine a raibh Healy air (Bradley 2000, 23).

33. Do réir an eagarfhocail go raibh £5,471 mar chaiteachas acu don bhliain dár críoch 17 Márta 1840. Tháinig £3,423 de seo ó Londain.

34. 'Whether Mr. Daly resigned or was dismissed is wholly beside the matter in dispute. His dismissal or his resignation cannot alter facts or figures, with which neither event has any connection . . . Mr. Daly . . . though in a humbler sphere of life, stands as high in public estimation as any of 'the twelve'; and though the Secretary and Co. may regard the attempt to injure a man, whose daily bread depends in a great measure upon his good character as consistent with religion and the sacred office of its ministers, it certainly does not square with our notions of Christianity . . . how will they explain the alterations made in the returns of Mr. Daly as Inspector General which differ from the printed returns?' (*Kilkenny Journal*, 4 Feabhra 1843)

35. 16 Feabhra 1843 dáta na litreach, cé gur ar 15 Feabhra 1843 a foilsíodh é.

36. Litir inar áitigh sé nach raibh sé láthaireach ag cruinniú an chumainn ag ar eisíodh an ráiteas a bhí sa *Kilkenny Moderator* ar 22 Feabhra 1843, ach gur réitigh sé lena raibh ann.

37. Is cosúil gur chreid an Dálach go raibh lámh ag an Irish Society i scríobh na n-eagarfhocal fúthu féin sa *Kilkenny Moderator.* Féach mar thacaíocht lena thuairim *Moderator* 4 Márta 1843.

38. Sa *Kilkenny Moderator* dar dáta 8 Márta 1843 a d'fhoilsigh Foot an litir atá faoi thrácht ag an Dálach anseo.

39. Ba mhinic Monck Mason á lochtú sa *Kilkenny Journal*. 'Monkey Mason' a thug 'Peter Dens' air sa pháipéar ar 26 Márta 1842.

40. Is coir a rá go mbíodh an Irish Society á cháineadh ag an *Journal* i bhfad roimh chointinn an Dálaigh.

41. Rinne siad athfhoilsiú ar an litir ón gcúigear múinteoir de chuid an chumainn a d'admhaigh go raibh na figiúirí tinrimh bréagnaithe agus bhain siad tátal as: Thus one of the two principal charges brought by Mr. Daly against the Society is fully established, namely the returns were *fabricated*. The Rev. Messers Foot and Madden, indeed, had already confirmed this, for they declared that 'the inspectors and masters were *in collusion* in making false returns. The other charge that the printed returns are still more false than those of the Inspectors has also been established by the admission of those reverend gentlemen. (*Kilkenny Journal,* 18 Márta 1843.
Sa *Kilkenny Journal*, 15 Márta 1843 a céadfhoilsíodh litir an chúigir.

42. Bhí seo curtha in iúl freisin sa *Moderator* ar 22 Márta 1843 nuair a rinneadh tagairt do 'Peter Dens of Ballyhale and other patrons of Mr. Daly's'.

43. '. . . returns, together with receipts and periodical rolls . . . declare, under the handwriting of those teachers, that scholars were produced by them . . . I shall (the Lord allowing me) attend on Thursday next, the 23rd int. at the office of the Mayor of Kilkenny, at the hour of one o'clock with these documents. Let Mr. Daly meet me there, with those five teachers . . . Do you, Sir, yourself and the Rev. Mr. Darcy, of Ballyhale, their spiritual adviser attend and then and there let those men solemnly take oath, in the presence of the Omniscient God, that the names affixed to each periodical roll, inspection return and receipt were not written by them respectively' (*Kilkenny Journal,* 18 Márta 1843).

44. Lean an litir air le cuntas ar chás dícheíleachais 'which just occurred in the town of Lismore' inar cuireadh duine a bhain le ceann de na cumainn bhíoblóireachta ar a thriail. Dar leis an Dálach 'the incident . . . cannot but throw a great deal of light on the happy results arising from Bible reading to the teachers of "the Superintendent of the Clonmel District"'. Rinneadh athfhriotal iomlán ar chuntas na trialach sa *Waterford Chronicle* a chur i gcorp na litreach.
Bhain an triail le John Fahy, 'a quotidian letter-carrier, and a "chosen vessel" by no means of Malthusian propensities, selected by the Rev. Gentlemen who constitute the chapter of the ancient Cathedral for the propagation of Gospel light among the poor benighted heathens of Lismore' agus 'a respectable-looking woman, whom he had perverted at the early age of fifteen', chomh maith le beirt bhan a bhí pósta leis ('a wife at either side of him') duine acu Mary Fahy, 'so little of a Venus that if Helen was like her the Walls of Troy would still be standing', an duine eile 'rather a dashing looking woman resembling anything but "Patience on a Monument"'.

45. 'The above, Sir, is a specimen of the operations of the Irish Society under the "Superintendent of the Clonmel district' who sallies forth with a statement of facts against me, which convicts himself before public (sic). Is the Irish Society then a humbug? Who can any longer deny that the people are not 'anxious to know something of the word of God'!!! . . .' (*Kilkenny Journal,* 18 Márta 1843)

46. 'Peter Dens' a bhí i gceist, ar ndóigh.

47. '. . . we would pledge our word of honour that 'Peter Dens' is not the author of the letter in question for we saw Mr. Daly engaged in writing it. We might go further, and that we are satisfied 'Peter Dens' had no connexion either directly or indirectly with any letter that ever appeared in our columns on this subject. But the evidence furnished of 'the style' upon which the writer in the *Moderator* pretends to rely is what settles the point beyond question. There are

faults and mannerisms in the style of Mr. Daly's letters which it is impossible the author of the letters signed 'Peter Dens' would commit. The *Moderator* ought to know, as Mr. Foot knows by bitter experience that 'Peter Dens' could produce something better if he wished to take up the subject. Without any disparagement of Mr. Daly, who shews no inconsiderable ability for his opportunities, we are bold to affirm that no two writers can differ more widely in their style than he and Peter Dens . . . The attack upon Peter Dens is as wanton and malignant as it is unprovoked . . . We repeat that there is not even an excuse for this atrocious and diabolical libel upon the character of a highly respectable Clergyman' (*Kilkenny Journal*, 1 Aibreán 1843).

48. 'Like every other craven cock he crows long and loud in the absence of his opponents. And Mr. Denroche, not content with the exhibition in the Mayor's Office, publishes a leader containing a libel on Peter Dens, another on Mr. Daly and an impudent attack upon ourselves, concluding with a flourish of kettle-drums upon the mock-triumph of the Irish Society' (*Kilkenny Journal,* 1 Aibreán 1843).

49. £40 sa bhliain in 1834 (*Kilkenny Moderator,*4 Márta 1843), £30 sa bhliain ar 25 Bealtaine 1836 (*Kilkenny Moderator* 4 Márta 1843) an t-ioncam a bhí aige.

50. Bhí fothionónta aige ann i ndiaidh dó Cill Chainnigh a fhágáil–fothionónta a raibh doicheall air an cíos a íoc, ar fhianaise litir dar dáta 17 Márta 1847 ón Dálach chuig John Windele:

I have been in some little trouble these days on account of a tenant I left in my house in Kilkenny who absconded last March leaving me minus 29£ (one year's rent) on the 20th inst. However I have had securities for him, and I hope I will not be as badly off as I apprehend. (ARÉ 4 B 6)

Is deacair a dhéanamh amach ó Luacháil Griffith a deineadh i gCill Chainnigh in 1849 cén teach a bhí i gceist. Uimhir 9 i Sráid an Rose-Inn an t-aon siopa sa tsráid i Luacháil Griffith (Griffith 1854, Kilkenny).

In *Kilkenny City and County Guide and Directory* le G.H. Bassett (1884), tá fógrán do 'Bookseller, Fancy Stationer and Newsagent' darbh ainm R.W.M. Grindley a raibh siopa leabhar aige 'opposite Canal Walk 'sa chathair (1884, 100). Ní liostáiltear aon siopa leabhar eile sa tsráid. Ar ndóigh, bhí an chathair fágtha ag an Dálach le dhá scór bliain faoin am sin. Mar sin féin d'fhéadfadh gnó na leabhar a bheith ar bun fós ar an láthair chéanna.

51. Féach aguisín 'Praghasanna agus Stoc Leabhar i Siopa an Dálaigh'.

52. Is cóir a rá gur bhain sé earraíocht as *The Antiquities of Ireland* le Edward Ledwich níos faide anonn sna fonótaí (Daly 1844b, 102).

53. Bhí caidreamh ag an Dálach le duine amháin ar a laghad de Phrotastúnaigh Chill Chainnigh i ndiaidh dó an chathair a fhágaint. Ba é sin an t-ársaitheoir clúiteach, John Primm. Maireann litir dar dáta 3 Bealtaine 1867 a scríobh sé chuig Primm:

Could there be any chance of getting a set of the plates to the Kilkenny Theatricals in the old book shops in Kilkenny? Either of the Douglases may have them and I would stand a fair price for them just now . . . (Cnuasach JGA Primm, Roinn Bhéaloideas Éireann)

Seans gurbh é Primm a chuir chuige an *Kilkenny Private Theatricals with Introductory Observations on other Private Theatres in Ireland Before it Was Opened* a bhí ar díol ag an Dálach in *Bibliotheca Hibernica* 1876 (O'Daly 1876, 35).

Ba ó mhuintir Douglas a cheannaigh an Dálach an siopa i Sráid an Rose-Inn (*Kilkenny Journal,* 11 Bealtaine 1842).

54. Ní bheadh dílseacht do Éire Óg agus do na huaisle ag teacht salach ar a chéile–bhí ról na n-uaisle in Éirinn i gceist go minic ag Thomas Davis.

55. Iarradh air i litir a chuir cléireach na cathrach chuige ar 11 Samhain 1848 éirí as an gceapachán:

I am directed by Mr. Walton the Town Clerk to request of you to send a written resignation of the assessorship that you were appointed to when here . . . (LNÉ G 389)

'One who sits as assistant or advisor to a judge or magistrate' agus 'One who assesses taxes, one who assesses income or property for taxation' an dá bhrí a bhí ag an bhfocal 'Assessor' do réir an *Oxford English Dictionary.* Ní léir cé acu ciall den fhocal atá i gceist.

Caibidil 3

1. In ARÉ 12 E 24 tá téacs, 'Marbh-chaoine an Athair Nioclàis Mac Sitheadh, noch do crochadh le feall a cCluain Meala' ('Do chualadh geoin ag sluaighte air thaobh cnoic'). Lámhscríbhinn a bhreac an Dálach í seo. Deir an Dálach gurbh é Liam Dall a chum ach tá nóta sa lámhscríbhinn ón lámh chéanna á rá gurbh é Seán Cundún ó Chill Dairbhre a chum. Tá caoineadh ar an Athair Mac Sithigh in ARÉ 24 P 51 freisin, lámhscríbhinn a tharraing ábhar ó *Reliques.*

2. Bheadh impleachtaí dlí (nach luafaí) ag an gcur chuige idirghníomhach seo: is ag an Dálach a bheadh seilbh na maoine intleachta a ghabhfadh leis na leaganacha de na hamhráin a chuirfí ar fáil dó agus a d'fhoilseódh sé i *Reliques* agus sna díolaimí a leanfadh é.

3. 'Hamiltonian Pertaining to James Hamilton (1769–1856) or to his system of teaching languages' (OED).

4. An véarsa deiridh de 'An Bonnaire Fiadh-Phuic'–'A sé do leónaidh mo chumas . . .' atá faoi thrácht aige.

5. Fágadh an t-amhrán seo ar lár san eagrán i bhfoirm leabhair de *Reliques of Irish Jacobite Poetry* a d'fhoilsigh an Dálach féin i gCill Chainnigh in 1844 ach fágadh ann é san eagrán i bhfoirm leabhair a foilsíodh i mBaile Átha Cliath an bhliain chéanna, eagrán a raibh beirt i mbun a fhoilsithe, SJ Machen (cuid a haon) agus John Cumming (cuid a dó).

6. Ar mhaithe le soiléireacht, tugtar teidil an Dálaigh ar na hamhráin sna tagairtí anseo do na lámhscríbhinní, cé nach gnách do na teidil sin a bheith sna lámhscríbhinní féin, ar ndóigh.

7. 'Fonn' an focal a bhíodh ag an Dálach; 'guth' an focal a bhíodh ag Hardiman.

8. M'Cormick J. 1843. *The Black History of Ireland,* ceathrú heagrán, dhá iml, BÁC: James M'Cormick; féach: Ó Dufaigh, Ó Doibhlin (1989 60–61) mar a bhfuil cuntas ar chineál an fhoilseacháin seo agus ar an meas a bhí ag Nioclás Ó Cearnaigh air.

9. Ar ndóigh is ar theideal *Reliques of Ancient English Poetry* a d'fhoilsigh Thomas Percy in 1766 a bhunaigh Brooke a teideal sise!

10. É sin ráite, áfach, bhí dearadh mar a bhí ar *Reliques of Irish Poetry* (1825) coitianta ag an am–bhí dearadh an *Irish and English Spelling Book,* cuir i gcás, mórán ar an dul céanna leis chomh fada is a bhain le teideal, fotheideal, athfhriotal agus sonraí foilsithe ar an leathanach tosaigh.

11. Is léir meirg a bheith ar an Dálach chuig Hardiman agus é ag cur míchruinnis i leith chuntas Hardiman ar Sheán Clárach:

Mr. Hardiman in his 'Irish Minstrelsy', Vol. II p. 116, states that our poet 'was born in the year 1691, in O'Keeffe Country near Charleville' . . . It now remains to be seen, how far Mr. Hardiman's account is correct; as 'O'Keeffe's Country' or Cuilinn Uí Chaoimh is twenty-two miles from Charleville, and lies to the north-west of Millstreet, and south-west and west of Newmarket. In its greatest extent it includes the Williamstown mountains, and 'Claragh' the mountain alluded to by Mr. Hardiman, lies within an English mile of Millstreet, and consequently, the same distance as O'Keeffe Country, from Charleville . . . By these remarks I do not mean to impugn Mr. Hardiman's statement; my object is, to try and bring the real history of this great and good man before the public. (Daly 1844b), 4)

12. Níorbh é an chéad leabhar é a raibh trácht ann sa teideal ar 'Jacobite relics'. Bhí an téarma i dteideal an leabhair, *The Jacobite Relics of Scotland, Being the Songs, Airs and Legends of the Adherents to the House of Stuart* chomh fada siar le 1819 ag James Hogg in Albain ach is dócha gurbh ó *Irish Minstrelsy* Hardiman a thóg an Dálach na téarmaí 'bardic remains' agus 'jacobite relics' araon.

13. Gérard Genette a cheap an téarma 'paratext' mar chur síos ar 'all typographical material which, while not forming part of a text, surrounds it: title, page numbers, chapter headings, blurb, illustrations, footnotes etc' (Leerssen 1996, 242). Leagann Leerssen an-bhéim ar an tábhacht a bhain le paratheács i litríocht na hÉireann sa naoú haois déag (Leerssen 1996, passim).

14. Ó tharla gur chuig William Smith O'Brien an litir, tá sé le tuiscint uaidh gur dócha gur le taobh na Cónaidhme Éireannaí de Ghluaiseacht na hAisghairme a chlaon an Suibhneach.

15. Ba ann a chuir sé *Songs of the Irish* i dtoll a chéile do réir nóta i lámh an tSuibhnigh atá breactha ar leathanach a haon den aon chóip amháin den tsraith a mhaireann, chomh fada agus is léir (lch. 1). Is i Leabharlann Whitley Stokes, Ollscoil Londain, atá teacht air.

16. D'éirigh chomh maith sin leis gur cuireadh tuilleadh leis in 1844 agus foilsíodh leagan méadaithe in 1845–agus ceol ina theannta an uair seo, díreach mar a bheadh ag an Dálach in 1849 le *The Poets and Poetry of Munster* (Welch 1996, 532–3).

17. Bhíodh bileoga bailéad á ndíol go forleathan. Níor áiríodh líon na ndaoine a thug 'ballad singer'orthu féin ach amháin i ndaonáirimh 1851 agus 1861, dátaí i ndiaidh dhíothú an chultúir choitinn le linn an Drochshaoil, ach ansin féin bhí 83 duine a thug 'ballad singer' orthu féin i ndaonáireamh 1851 (Murphy 1979, 85).

18. Ní cosúil gur cuireadh mórán acu i gcló, á gcanadh amháin a bhítí agus bhíodh lionrith orthu siúd i measc na n-údarás nár thuig iad:

    Police magistrates and local tories unable to translate the ballads suspected that the most seditious sentiments were conveyed in Irish. Some correspondents went to great trouble to get a translation of the offending ballad. (Murphy 1979, 95)

19. Ar fhianaise dhaonáireamh 1841 bhí '47% of the population over five years of age' in ann léamh, 45% faoin tuath, 64% sna ceantair uirbeacha (Ó Ciosáin 1997, 36, 38–9).

20. Níorbh ionann cló an dá chlúdach ach thairis sin ba bheag a bhí eatarthu. Bhí véarsa le Donncha Caoch Ó Mathúna ar an dá chlúdach. 'An Teangadh Gaoidheilge'/'The Irish Languge' a tugadh ar an véarsa ar eagrán Bhaile Átha Cliath.

21. Ní mar sin a d'fhéach an Hibernian Bible Society ar an gceist. Dar leo siúd go mba chóir an Ghaeilge a mhúineadh dóibh siúd a bhí neamhliteartha sa Bhéarla

agus sa Ghaeilge araon. Mar thoradh ar sin d'fhéadfaí léamh an Bhéarla a mhúineadh do chainteoirí Gaeilge a bhí inniúil ar Ghaeilge a léamh agus scaipfí ar an gcaoi sin labhairt an Bhéarla (Ó hAilín 1968, 63).

22. Níorbh é an Dálach amháin a bhí dall ag an am sin ar dheacrachtaí foghlama an aosaigh: shíl Tadhg Ó Coinnialláin go mba leor dhá mhí ag cainteoir dúchais le léamh na Gaeilge a shealbhú (Ó hAilín 1968,73).

23. Ba dhócha gurbh é Eugene O'Cavanagh, comhfhreagraí de chuid an Dálaigh (Torna 1939–40, 178–9), a rinne na haistriúcháin. Rinne sé cuid mhór aistriúchán ar fhilíocht Thomas Moore (Ní Mhurchú, Breathnach, 1999, 97–122).

24. Ní léir aon leabhar a bheith ar díol i siopa an Dálaigh a mbeadh teacht ann go díreach ar smaointeachas Herder.

25. Foilsíodh eagrán de leabhar Percy i mBaile Átha Cliath an bhliain i ndiaidh a fhoilsithe i Sasana (Percy 1766).

26. Ní cosúil teacht a bheith anois ar leabhar Wilson.

27. Ba bheag, cuir i gcás, a bhí idir leagan amach polaitiúil réamhrá *Reliques* agus oráid a thug Fichte sa bhliain 1806:

    The first, original, and truly natural boundaries of states are beyond doubt their internal boundaries. Those who speak the same language are joined to each other by a multitude of invisible bonds by nature herself, long before any human art begins; they understand each other and have the power of continuing to make themselves understood more and more clearly; they belong together and are by nature one and an inseparable whole. Such a whole, if it wishes to absorb and mingle with itself any other people of different descent and language, cannot do so without itself becoming confused, in the beginning at any rate, and violently disturbing the even progress of its culture. From this internal boundary, which is drawn by the spiritual nature of man himself, the marking of the external boundary by dwelling place results as a consequence; and in the natural view of things it is not because men dwell between certain mountains and rivers that they are a people, but, on the contrary, men dwell together and, if their luck has so arranged it, are protected by rivers and mountains-because they were a people already by a law of nature which is much higher. (Kelly 1968. 19091, 19394, 19798).

28. Ba bhall é Walker de Acadamh Ríoga na hÉireann agus de Acadamh Aeistéitiúil na hIodáile agus rinne sé an Cearbhallánach a mhóradh mar dhuine a rinne an dá thraidisiún a phósadh.

29. I LNÉ G 389 is mó atá an t-ábhair.

30. Foilsithe freisin in Ó Muireadaigh (1940, 82–3); Ó Muirgheasa. (1915, 93).

31. Ní léir teideal an amhráin a bhí i gceist ach is cosúil gurbh é 'Gluaisfidh mise go much amárach fá bhruach na trágha gan fhios liom féin' atá níos faide anonn in ARÉ 12 E 24 agus aistriúchán ina theannta.

32. Níor chóir a bheith ró-ghéar ar Graham ó tharla é a bheith 'entirely infatuated with the French-bred lady to whom he has been married some time since . . .' (ARÉ 12 E 24; Ó Buachalla 1965, 140).

33. Bhí seal caite ag Lambe mar mhúinteoir don Irish Society in Ard Mhacha (de Brún 1983b, 287) agus mhair an claonadh ann léamh na Gaeilge a chur chun cinn.

34. Cigire leis an Irish Society i nDurlas ab ea Hanly (de Brún 1983b, 323).

35. Ba é seo an 'Rev. Philip Fitzgerald, P.P.' a d'fhoilsigh (sa chló gaelach) *An Irish Sermon on the Passion of Our Lord* in 1861 (Fitzgerald 1861b). Bhí cur amach nár

bheag aige ar theanga agus litríocht na Gaeilge agus tá seans maith ann go raibh Gaeilge ó dhúchas aige. 'I am old enough to remember when many would be found who would be ashamed to learn it, or, having learned it, would be ashamed to acknowledge it' a dúirt sé sa réamhrá a ghabh leis an seanmóir (Fitzgerald 1861, iv) agus is féidir glacadh leis gur ag cur síos ar staid na teanga i Laitean in iarthar Thiobraid Árann agus é ag fás aníos ann a bhí sé.

Gaeilge a linne féin a bhí aige san *Irish Sermon on the Passion of Our Lord:*

The Irish scholar will probably condemn some words which I have adopted, as more in conformity with the usage of the present time than with the language of authors, whom many do not understand; preferring with Saint Augustine rather to be censured by the learned than misunderstood by the people. (1861a, v)

Ina ainneoin seo, ní cosúil gur seanmóir é a tugadh riamh: aiste liteartha é go príomha agus cheartaigh Eoghan Ó Comhraí roimh ré é (Fitzgerald 1861a, iv). Rinne Fitzgerald eadráin ar mhaithe le síocháin i mBaile an Gharraí le linn eachtraí 1848 (Fitzgerald 1861b; Fitzgerald, 1868). Bhí an sagart paróiste 'of weak mind' agus bhí Fitzgerald ag feidhmiú mar shagart paróiste (Fitzgerald 1861b, 114). Méadaíodh ar a laochas féin san dara cuntas. Scríobh Thomas Trant a bhí i gceannas ar na póilíní cuntas a d'fhéach le cuntas an Ghearaltaigh a bhréagnú (Trant 1862) .

Tá cuntas spleodrach ar Fitzgerald i ndialanna na ndeartháireacha Carroll, beirt shagart a bhí suas lena linn (Feehan 1997): is cosúil go raibh sagairt eile na deoise go mór in éad le Fitzgerald mar gur bronnadh dochtúireacht sa diagacht air sa Róimh. (Feehan 1997, 75–6, 115).

36. Cuireann Ua Casaide nóta isteach á rá 'Extracts from the foregoing notices quoted on covers as part 1st of the Irish Songs, June 12th, 1844'.
37. Níor foilsíodh aon léirmheas ar *Reliques* san *Edinburgh Review* in 1844.
38. 'We must reject most of this week's contributions' a dúradh sa *Nation* ar 8 Nollaig 1844.
39. I gcás Brooke, bhí na dánta Gaeilge i gcúl an leabhair 'as vouchers for the fidelity of my translation, as far as two idioms so widely different would allow' (Brooke 1789, cxxxiii). Bhí faitíos uirthi go gcuirfí brionnú ina leith, mar a tharla i gcás Macpherson, ní foláir.
40. Ba mhinic nach mbíodh ráitis an Dáibhísigh i dtaobh na Gaeilge ag teacht lena chéile (Davis 1987, 236–7) agus b'fhearr leis gan iomarca béime a chur ar an eitneachas mar go maolódh seo ar aontacht aicmí na tíre: 'Davis . . . retained too much of the citizenship focus of 1798 to be a clearly ethnic nationalist' (Kearns 2001, 45). Faoin am ar thiomsaigh an Dálach *Reliques* is féidir a rá gur chreid an Dáibhíseach nár chóir an Ghaeilge a chur i gcion ar oirthear na hÉireann ar eagla go spreagfaí frithghníomh a mhúchfadh an Ghaeilge: 'might extinguish it altogether' (Davis 1987, 237). Teanga thánaisteach a bheadh inti ach teanga a mbeadh gradam agus stádas siombalach ag roinnt léi: 'the wings of song, the soil of their genius, and a mark and guard of nationality' (Davis 1914, 102–3). Bhí seo ag teacht le cineál na filíochta a d'fhoilsítí sa *Nation,* filíocht Bhéarla a dhéanadh an Ghaeilge a mholadh go haer–i mBéarla. Go deimhin ba chuid nár bheag é an *Nation* den scaipeadh a rinne an pholaitíocht ar an mBéarla.
41. Ba as Tír Eoghain do Mac Grady do réir na litreach (1 Nollaig 1849, T. lix).
42. Féach Ní Mhurchú, Breathnach (1999, 25, 26), Ó Madagáin (1974 42–2, 64), Ua Casaide (1933, 66–7) agus Black (1992, 59) mar a bhfuil cuntais ar an

gCaomhánach. Iar-bhíoblóir ab ea é. Mar 'Professor and Subsecretary to the Ollamh Fodhla Society' a cuireadh síos air (Duncan 1932, 2162). 'Maighisdir Gaoilge' a thug an Dálach air in Ollscoil na hÉireann, Corcaigh, Ó Murchú 28. (Edward O'Reilly a bhunaigh an t'Ollamh Fodhlean Society', ar tugadh an t'Ollamh Fodhla Society' agus an t'Ollamh Fodhladh Society' freisin air.)
Maireann cóip de réamheolaire dá chuid aistriúchán ar Thomas Moore in ARÉ 12 M 12 (lch. 26), cé nach cosúil go maireann an leabhar féin:
Prospectus of Moore's Melodies in the Irish Language
Shortly will be published by Subscription
In Irish Translation of Moore's Melodies
by Eugene O'Cavanagh
Translator of 'Think Well On't–Gahan's Sermons &c. and formerly Professor of the Irish Language
In the Ollamh Fodhladh Society, Dublin.
Ar an leathanach thall den réamheolaire bhí 'Testimonials of Clergymen'.
Bhí Patrick Forham ag fiafraí den Dálach 'whether Kavanagh's translation of the Melodies was worth perusal; how many songs in the first number, what is its price?' i litir dar dáta 6 Feabhra 1849 (Ollscoil na hÉireann, Corcaigh, Cnuasach Thorna T. xiv; Torna 1940, 18)
Deir Pádraig de Brún (1972, 148, nóta) gur foilsíodh na haistriúcháin ar 16 Nollaig 1848 agus go bhfuair sé bás ar 3 Eanáir 1849.
Tá gearrthóg in LNÉ 3978 ón *Freeman's Journal* gan dáta ach é istigh le hábhar ó 1852 a dheineann léirmheas ar leabhar den teideal, *Moore's Melodies Metrically Translated into the Irish Language by Eugene O'Cavanagh, G.T.B., Late Professor in the Ollamh Fodla Society, Dublin Dublin: Printed at the University Press and Published by John O'Daly, 7 Bedford Row* ar cosúil gur atheisiúint é ar aistriúcháin an Chaomhánaigh ón mbliain 1849. Níl sé ráite i gcorp an léirmheasa, áfach, gur atheisiúint é. Mar sin féin tá an chuma ar an gcaoi ina bhfuil an leabhar curtha i láthair sa léirmheas gur atheisiúint a bhí ann, sa mhéid is go mba iad muintir Gill a d'fhoilsigh eagrán 1849.

43. Ba é seo an Patrick Frederick White (1799?-1875) a d'fhoilsigh alt fada faoin teideal 'The Minstrelsy of Ancient Ireland taken from White's *Illustrated Lectures on Irish Minstrelsy'* sa *Wexford Independent* ar 10 Eanáir 1844. Bhí fógra bladhmannach uaidh sa pháipéar céanna ar 7 Feabhra 1844 ag fógairt bhunú 'Wexford Musical Academy/ under noble and distinguished patronage/ Mr. White/ (Illustrator of National Miscellany, lecturer at her Majesty's Concert Rooms, London etc. etc.). Bhí fógrán eile ann ar 27 Márta 1844 faoi 'Mr. White/ Having completed his arrangements in London and Paris will forthwith return to Wexford for the Purpose of *Opening his Academy'* agus fógrán eile fós uaidh ann ar 29 Aibreán 1844. In 1852 d'fhoilsigh J.Mc Glashen (le forduilleog uaithne) *The Emerald Wreath/ By the Author of the 'Boudoir Melodies' etc.* le White. Seans gur eagrán níos luaithe de seo a bhí faoi thrácht anseo mar go bhfuil caibidil san *Emerald Wreath* ar 'Irish bardic reminiscences' agus 'Language and Music of Ancient Ireland.' Ni léir teacht a bheith anois ar *The Bards and Music of Ireland.* In 1854 chlóbhuail E. MacDonnell (le clúdach uaithne) *White's Songs of the Emerald Wreath/National Irish Melodies/ as Introduced in the Author's Celebrated Lectures and Illustrations of National Minstrels.* Nótaí an cheoil a bhí i gceist le 'illustration.' In 1861 d'fhoilsigh sé *Connla or the Irish Princess, an Opera and an Essay on Poetic and Musical Tastes with Suggestions on the Art of Singing,* Baile Átha Cliath: James McGlashen.

Léachtóir gairmiúil ab ea é agus thagair James Mac Grady sa litir chuig an Dálach ar 17 Eanáir 1844 do 'Mr. White, who has been giving lectures on the poetry and music of Ireland, in England and America, as well as at home . . . Mr. Shinkivan . . . told us that one night on which he attended a lecture given by White in London, the house was overflowing with a highly fashionable audience, including a great number of ladies . . . (LNÉ G 389)

44. Más fior go mba é *Reliques* faoi ndear don Bhrianach dul le Gaeilge, is féidir an lámhscríbhinn ARÉ 24 B 7 (inar chóipeáil an Brianach ábhar a bhí tiomsaithe ag Standish Hayes O'Grady) agus ARÉ 24 C 19 a bhfuil síniú an Bhrianaigh leis agus a bhí ina sheilbh agus ARÉ 24 B 9 ar leis tráth é, a léamh mar lámhscríbhinní a bhí mar thoradh ar aithris an Bhrianaigh ar an Dálach.

45. Ní ghabhann ainm an tSuibhnigh leis an léirmheas ach tá nóta i lámh an Dálaigh in LNÉ 3978 á rá gurbh é a scríobh.

46. Ní léir cérbh é an 'Mountaineer.' Bhíodh an focal 'Mountaineer.' in úsáid ag Charles Gavan Duffy mar chur síos ar na hantoiscigh a bhí, dar leis, i measc lucht Éire Óg: 'the sole security against the Confederation being drawn into the extreme course of the 'Mountaineers' is to take the boldest course compatible . . .' (Duffy chuig William Smith O'Brien, Eanáir 1848; 'Smith O'Brien Papers', LNÉ 441).

B'fhéidir sa chás seo, áfach, gur téarma é a chuireann in iúl gur cúlra bundúchasach Gaelach a bhí ag an té a scríobh chuig an *Nation*.

47. 'An Duanaire', air na thíomsúgadh as mórán leabhar le Micheál Úa Hannracháin, Cill Rois, Iarthar Túadhmhúmhan, Aois Críost 1856' teideal na lámhscríbhinne.

Is dócha gur chuig an Dálach a scríobhadh litir (i mBéarla) dar dáta 20 Feabhra 1862 atá ar fhordhuilleog na lámhscríbhinne. Cheannaigh Acadamh Ríoga na hÉireann an lámhscríbhinn ón Dálach in 1869.

48. Bhíodh véarsaí foirmliúla á gcur ag a chéile ag an Dálach agus 'Eoin Ó Shée' ó 'Rosse Nuadh', Ros Mhic Thriúin in 1843–4 (LNÉ G 389).

49. Bhíodh Gaeilge á cur ag an gCearnach agus ag an Dálach araon ar roinnt de bhailéid Bhéarla Éire Óg agus bhíodh na haistriúcháin seo á bplé acu lena chéile (LNÉ G 389, Ó Dufaigh, Ó Doibhlin 1989. 40–42). Ba í tuairim an Chearnaigh i dtaobh leagan an Dálaigh de 'The Songs of the Nation' le Edward Walsh 'that the translation is a good one, but I cannot help remarking that I fear that it is not done according to the rules of Irish prosody, which, as I said on a former occasion, is the most difficult thing imaginable . . .' (LNÉ G 389, Ó Dufaigh, Ó Doibhlin 1989. 41–42)

50. Tá cur síos ar an saothrú a rinne sé ar lámhscríbhinní in Ó Conchúir 1982.

51. Seo é an fonóta atá in *Reliques:*

Tailc mac Treoin, the celebrated hero who pursued Niamh nuadh-Chrothach into Ireland, and gave battle to Fionn mac Cúmhail, and the Irish heroes, under whose protection Niamh placed herself. In this engagement Tailc slew the most renowned of the *Fenians,* but was afterwards slain by Osgur in single combat, after five days' and five nights' severe fight, as may be seen by the following stanza:-

Feadh chúig n-oidhche, feadh chúig lá,
Bhí an dís nár thláith ag gleic,
Air dhíth bídh, 's ar bheagán suain,
Gur thuit Tailc le buaidh mo mheic.
For five long days and tedious nights,

Both heroes contest dire maintained, -
Their weary limbs not eas'd by rest,
Or fainting frames by food sustain'd.
Transactions of the Gaelic Society, Dub. 1808

52. ''s d'imthigh' (Daly 1844b), 10) leagan an Dálaigh
53. 'le cian an mhágha' (Daly 1844b), 10) leagan an Dálaigh.
54. 'mo chóraidh' (Daly 1844b), 10) leagan an Dálaigh.
55. 'an-shóigh' (Daly 1844b), 10) leagan an Dálaigh.
56. ''S tá mo bhróga-sa brisde' (Daly 1844b), 12) leagan an Dálaigh.
57. 'Siollairídhe treun' (Daly 1844b), 12) leagan an Dálaigh.
58. 'Aisling faon do dhearcas féin air/ leabadh 's mé go lag-bhrigheach' (Daly 1844b), 12) leagan an Dálaigh
59. 'A súile glas, a chúl tiubh, casda' (Daly 1844b), 14) leagan an Dálaigh
60. 'A beól bo bhinn, a ceól bo chaoin, 's/ Ró-shearc linn an cailín' (Daly 1844b, 14) leagan an Dálaigh.
61. 'babharia', 'bhien-na', 'leópold', 'Montemar' (Daly 1844b, 22) leaganacha an Dálaigh
62. 'mo ghile m'fhear' (Daly 1844b), 26) leagan an Dálaigh
63. 'Seothó thoil' (Daly 1844b), 80) leagan an Dálaigh.
64. Dáta éigin i ndiaidh 22 Bealtaine 1846 atá i gceist mar go bhfuil litir dar dáta dó é sin ag rá 'I have none of your "Jacobite Reliks", therefore send them'.
65. Is dócha gurbh é seo a bhí mar fhoinse ag Nioclás Ó Cearnaigh nuair a chuir sé an t-amhrán i leith 'Máire Ní Eifearnáin' in ARÉ 23 E 12. Deir Máirín Nic Eoin (1998, 267) go raibh an Cearnach ag iarraidh 'cuma na hársaíochta a chur ar an amhrán', arbh amhrán tíre ó cheart é.
66. Tá cuntas ar Thomás Mac Geathagáin/Thomas Gahagan in Ó Madagáin (1974, 71–4).
67. James Flyn a bhí ar scríobhaí ARÉ 12 F 43. Amhráin a chum 'Cathan Ua Duinniin' atá ann. In 1841 a breacadh é.
68. 'Shane Bui' a bhí mar theideal ar an leagan Béarla (O'Daly 1844b, 97). Níor foilsíodh an tagairt do gheanmnaíocht mar dhea Eilíse, cé go raibh stair fhada ag an téama seo sa Ghaeilge.(e.g. 'An Síogaí Rómhánach' (O'Rahilly 1977, 21, línte 83–4).
69. 'Aisling air Éire' an t-amhrán atá i gceist, is cosúil.
70. Foilsíodh leagan le Mangan de 'Dán-mholadh na Gaoidheilge' san *Irish University Magazine,* Eanáir 1849. Foilsíodh arís é in eagrán 1883 de *The Poets and Poetry of Munster* (Meehan 1883, xxvii-xxx). Ar an lomaistriúchán in *Reliques* a bhunaigh Mangan a leagan seisean gan dabht.
71. Tá plé déanta ar ghnéithe de ARÉ 23 D 8 in Breatnach 1987 (65).
'Kilhile', Coill Choill i mbarúntacht Shíol Bhrain atá i gceist is dócha. Tá an áit seo i bparóiste sibhialta Naomh Séamas agus Dhún Bróithe.
Táim buíoch de Chonchúr Ó Crualaoich ó Oifig na Logainmneacha a thug an tagairt dom.
72. Déantar liostáil ar na hathruithe a chuir an Dálach i gcion ar fhoinsí lámhscríbhinne in 'Aguisíní'.
73. Bhí an fógrán seo ag Fitzgibbon i *Finn's Leinster Journal* dar dáta 8–11 Samhain 1786:
Philip Fitzgibbon, Kilkenny, Classics Teacher, and Professor of Book Keeping and Mathematics, these sixteen years past (with the approbation of his employers in his private and public capacity) has opened school in John Street. He teaches

English Grammar and Geography, the Use of the Globe and Maps, both plain and spherical, and to find the Bearing and Distance of Places by Multiplication and Division of Tabular Numbers, of his own formation in one Page.

N.B. He also teaches the Irish language gramatically, with its Derivatives and Compounds.

Tá dán in ARÉ 23 F 22 curtha i leith 'Philip Gibbons.' Deir Ó Muirithe (1999, 140) gur rugadh Fitzgibbon i gCill Chainnigh.

Le bás Fitzgibbon 'this (an foclóir), with many other manuscripts, all in Irish, he has willed to the Rev. Mr. O'Donnell' a dúirt an *Dublin Chronicle* i dtaobh Fitzgibbon ar 5 Aibreán 1792. Tá an chuma ar an liosta focal in ord aibítre in ARÉ 23 D 8 gur ceanglaíodh leis an lámhscríbhinn é am éigin agus ó tharla 'index of some hard old Irish words' agus–neamhspleách air sin–liosta focal in ord aibítre a bheith mar chuid den lámhscríbhinn, tá seans ann go mbaineann ARÉ 23 D 8 ar chuma éigin leis an bhfoclóir a fágadh le huacht ag an Athair O'Donnell. Ach ó tharla go ndúirt an *Dublin Chronicle* go raibh 'about four hundred quarto pages' san fhoclóir agus go raibh sé 'completed except the letter S, and that he appears to have forgot', is dócha gur fearr a áiteamh go bhfuil an foclóir iomlán in easnamh orainn inniu ach a rá freisin go bhféadfadh dul amú a bheith ar an *Dublin Chronicle!*

Tá cuntas ar O'Donnell sna 'Carrigan Notebooks', iml. 1, St. John's Parish (Coláiste Chiaráin, Cill Chainnigh) ach ní luaitear aon phlé a bheith aige leis an nGaeilge. Bhí sé mar shagart paróiste i bparóiste Naomh Eoin i gcathair Chill Chainnigh.

74. B'fhéidir gurbh ar chúiseanna polaitiúla a d'fhág an Dálach ar lár an fonn ceoil a ghabh leis an amhrán do réir ARÉ 23 D 8, 'Princess Royal'.

75. Is léir go raibh spéis ar leith ag an Dálach i saothar na Súilleabhánach, Conchúr agus Donncha. Féach an litir a chuir an tAthair Maitiú Ó hArgáin chuig an Dálach ar 9 Márta 1844 ag soláthar eolais dó ina dtaobh (Ó Conchúir 1982, 178)

76. D'áirigh Walsh na Súilleabhánaigh i measc fhilí tábhachtacha an ochtú haois déag:

Denis and Conor O'Sullivan, brothers, authors of many excellent political and amatory songs were . . . natives of Kerry. (LNÉ 2261; Walsh 1883, 28)

77. Tá dhá lámh eile i dteannta an tSúilleabhánaigh sa lámhscríbhinn mar atá anois: 'John McCarthy' (1755) agus Taig Mac Ceártheigh (1771). I Londain, áit a raibh roinnt scoláirí Gaeilge ag na dátaí seo, a bhí an duine deireanach a luadh.

78. Luaitear an dáta 1846 ar leathanach 22 agus leathanach 133*m* den lámhscríbhinn.

79. Leagann an lámhscríbhinn dán eile, ar 'Fheargus Fhionfholtach' chomh maith ('A fhearira mhir channusac do mhaithibh chrúdh ghluin'). Tá an dán sin sáinnithe i measc shraith dhánta Fiannaíochta agus is féidir glacadh leis gurbh é Fearghus Finnbhéil, file na Féinne, atá i gceist (Ó hÓgáin 1982, 49).

80. Bhí 'Eoghan Mac Domhnaill' nó 'Owen McDonnell', scríobhaí a bhreac cuid de G487 sa Leabharlann Náisiúnta thart ar 1837, beo sna dátaí seo chomh maith.

81. Lámhscríbhinní eile de chuid an tSúilleabhánaigh iad LNÉ G 188, LNÉ 234 agus Ollscoil na hÉireann, Corcaigh, Ó Murchú 18.

82. Ar ndóigh is leabhar urnaí Protastúnach, nó Bíobla, a bheadh i gceist tharla gur in 1830 a clúdaíodh é.

83. Tá 'Annsúd do chonarc an aingir chiúin óg' mar chéad líne de leagan den amhrán a bhreac an Dálach féin in ARÉ 24 M 5. 'A Éigse an Aitis' atá ag an Duinníneach air (Ua Duinnín 1901, 49). Cuirtear i leith Liam Dall go minic é.

Cuireadh an t-údaracht i leith Liam Dall in Ollscoil na hÉireann, Maigh Nuad, Ó Murchú 6, lámhscríbhinn ar a raibh eolas ag an Dálach. Cuireadh i leith Liam Dall freisin é in lámhscríbhinní 7 agus 9 den chnuasach céanna agus in R 69 agus DR 4 sa leabharlann chéanna (Ó Fiannachta 1965–73, Fascúl 7, 155).

84. Tá 'Bí: Pitch, resin' in FGB.
Tugann DIL 'pitch' mar mhíniú ar 'bí' ach 'Common 'bígh' *glue or Birdlime'* freisin.

85. Duine eile a bhí i Londain é seo a bhfuil cuntas air in Ní Mhurchú, Breathnach (1999, 95–6).

86. De na leabhair ar ar tharraing sé, is cosúil nach raibh ach Haliday agus foclóir O'Brien ar díol sa siopa aige (*Kilkenny Journal*, 3 Lúnasa 1842, 6 Lúnasa 1842, 13 Lúnasa 1842).

87. Léirionn an cuntas ar Eoghan Rua mar 'itinerant potato-digger' a raibh 'bold enmity to the Saxon' aige cleithiúnas an *Hidden Ireland* ar chur síos an Dálaigh ar Eoghan Rua

88. Bhí sé seo tugtha ag an Dálach do Conor McSweeny dá dhíolaim, *Songs of the Irish:*
'Móirín ní Loineacháin' a bhí in uimhir a sé:
Among many other contributions which shall in due time see the light, I have been favoured with the following little melody by Mr. Daly of Kilkenny, who states that he copied it from a peasant, whose name I regret he did not mention, as, next to the authors, the preservers of these precious gems are entitled to public consideration; and in the name of the public I would extend it to them, by connecting their names with every song preserved from oblivion by their industry (McSweeny 1843, 41).

89. Tá cuntas tugtha ar Dhonnchadh Caoch in *Claidheamh Solais,* Aibreán 1908. Rinneadh tagairt don fhile in O'Reilly 1820 (ccxxx) agus Meyer 1909 (36).

90. Tá tuairisc ar shaothar an scríobhaí agus ar log scríofa na lámhscríbhinne in de Brún 1970, 43.

Caibidil 4

1. Tá cuntas ar Windele in Ní Mhurchú, Breathnach (1999, 164–5).

2. 'O'Daly' ab iondúil a bheith mar shloinne air i mBaile Átha Cliath agus ní raibh leagan ar bith eile in úsáid aige ó 1847 ar aghaidh:
I am determined never again to write my name without an 'O' as there is a mania abroad just now in these matters. (Litir dar dáta 27 Márta 1847, ARÉ 4 B 6.)

3. Tá cuntas ar Duffy in Deane (1991, 1300).

4. Choinnigh sé an teach i gCill Chainnigh ar feadh achair, go dtí go raibh an léas caite, is dócha (Litir dar dáta 17 Márta 1847 chuig Windele, ARÉ 4 B 6.).

5. Tá cuntas ar Todd in Ní Mhurchú, Breathnach, (1999, 152–55).

6. Ba é seo Denis Henry Kelly tiarna talún ó Castlekelly, Béal Átha Gártha i gceantar Bhéal Átha na Sluaighe. (Ní Mhurchú, Breathnach 1999, 111/2; Ó Muraíle 1997, 66).

7. *The Book of Obits and Martyrology of the Cathedral Church of the Holy Trinity, Commonly Called Christ Church, Dublin* in 1844 (a chuir John Clarke Crosthwaite in eagar) cuir i gcás.
An tuiscint a bhí ag Eaglais na hÉireann uirthi féin mar chomharba Phádraig a bhí mar chomthéacs ag an spéis a léirigh an cumann i naoimh na luatheaglaise Éireannaí.

8. Tá cuntas ar an gCearnach in Ní Mhurchú, Breathnach (1999, 85–7) agus ar Graham in Breathnach, Ní Mhurchú (1986, 32–3) agus orthu beirt in Ó Dufaigh, Ó Doibhlin (1989, 7–82).
9. Tá cuntais ar Cane in Comerford (1979, 44, 46) agus in O'Sullivan (1944, 303).
10. Tá cuntas ar an gCeallach in Ní Mhurchú, Breathnach (1999, 52–3), Corish (1995, 461) agus go háirithe in Power (1886, 123–43).
11. Cé gur dhiúltaigh sé do bhallraíocht ar an gcomhairle ar dtús (litir dar dáta 19 Nollaig 1845 chuig an Dálach, LNÉ 8018), bhí sé ar na daoine ba mhó a rinne freastal ar na cruinnithe.
12. Bhí an Dálach ag téisclim faoi choinne an Foras Feasa a fhoilsiú. (Litir dar dáta 12 Meitheamh 1846 ón Dálach chuig Windele, ARÉ 12 L 10.)
13. Renehan, William Mounsel, Sir Samuel Ferguson, Rev. Charles Graves, Sir William Wilde, W.E. Hudson agus M.F. McCarthy na baill.
14. An Irish Archaeological and Celtic Society, comharba an Chumainn Cheiltigh a d'fhoilsigh 'The Topographical Poems of O'Dubhagan' a pléadh ar 4 Feabhra 1846 (miontuairiscí an Chumainn Cheiltigh, 4 Feabhra 1846, LNÉ 819).
15. Deir Myles Dillon, an té a chuir eagar ar an gcéad eagrán eile de Leabhar na gCeart, go bhfuil 'manifest defects' ar eagrán an Donnabhánaigh ach nach bhfuil sárú a chuid eolais ar logainmneacha le fáil (Dillon 1962, xx-xxi).
16. Ba mhinic creathán ina lámh. In 1859 scríobh sé chuig Windele ina thaobh:

    In a short time I will not be able to write to you and my hand is trembling very much for which I cannot account but I shall hold on while I can and when like an old jaded horse I am disabled some one else will rise to take my place. (Litir dar dáta 13 Iúil 1859, ARÉ 4 B 19.)
17. Tá cuntas ar Swanton in Ní Mhurchú, Breathnach (1999, 150–2).
18. Tá cuntas ar Betham in Ní Mhurchú, Breathnach (1999, 18).
19. Tá gach seans ann nárbh fhéidir le Betham é a chur ar fáil: dhiúltaigh an tAcadamh páipéar dá chuid a chuir a chuid teoiricí i dtaobh fhoinsí oirthearacha shéadchomharthaí na tíre a chur i gcló sna *Transactions* agus d'éirigh sé as comhairle an Acadaimh in 1839, cé go raibh sé ar ais ar an gcomhairle in 1843. Eite Petrie a bhí anois in uachtar ann agus bhí lucht na dteoiricí oirthearacha cloíte cuid mhaith, Betham ina measc. (Leerssen 1996, 127–133).
20. Tá cuntas ar an Mathúnach, bunaitheoir na bhFíníní, in Ní Mhurchú, Breathnach (1999, 119–21) agus Ryan 1967, 362.
21. Tá gearrthóg nuachtáin in LNÉ 3987 i dtaobh William Lane Joynt a bheith mar chathaoirleach ar chruinniú den Chumann Ceilteach i Luimneach ar dháta nach bhfuil soiléir.
22. Tá cuntas ar Renehan in Ní Mhurchú, Breathnach (1999, 147–49) agus in Corish (1995, 481).
23. Sa chuntas ar na hÉireannaigh Óga is fairsinge a léadh i mblianta an tSaorstáit, an leabhar bolscaireachta, *The Young Irelanders* le Thomas F. O'Sullivan, cuireadh W.E. Hudson i láthair mar bhunaitheoir an Chumainn Cheiltigh agus rinneadh neamhaird iomlán de ról an Dálaigh (O'Sullivan 1944, 327).
24. Chosain Windele léamh Matthew Horgan ar an bhfocal:

    Mr. Horgan had formed the words 'Sagi Dari' while Dr. Graves had combined the same characters into the single Latanized name *Sagittari* . . . Dr. Graves altogether denies that we possess any such word in the Irish language as *Sagi*, cognate with sage, and meaning wise, wizard priest . . . If we had not this word in its forms of *Sag*, *Sagi*, *Saoi*, and *Saoidh*, I admit its rejection from the inscription would have been justified . . . The denial that *Sagi* is not the root of

Sagart or cognate with the Latin *Sagax*, or the Hebrew *Sagad*, which admits of being translated 'to adore' being founded on the assurance that no such word belongs to the Irish language, is of course met by my reference to it in its place in O'Reilly's dictionary (Windele 1851a), 308–11)

25. Tá cuntas ar Lanigan in Feehan (2005, 43–60).
26. Ní raibh an Dálach gan meas a bheith ar Petrie aige. Ar 20 Deireadh Fómhair 1845 dúirt sé go raibh Petrie le moladh 'for the exertion he has made in preserving material' ach go raibh a lán leaganacha lochtacha aige ina dhiaidh sin e.g. 'For instance the word síth or síth bhéinn he calls a round tower when every Irish scholar knows it has no connection with the word 'Tower', (ARÉ 4 B 5).
27. 'In a recent book *Citizenship and Nationhood in France and Germany* Rogers Brubaker contrasts the way in which the French define citizenship (ius soli - the law of the soil) according to which those born on French territory are regarded as French, with the German definition which demands familial descent (ius sanguinis - the law of blood). Brubaker sees French citizenship as civic, German nationhood as tribal. The distinction is not merely an academic one since it affects the legal status of immigrants. French national identity encourages acculturation, so that, for example, M. Balladur born of Romanian parents, could be accepted as completely French and able to aspire to the Presidency of France. In contrast German national identity, with its emphasis upon German blood, makes it difficult if not impossible for third or fourth generation Turkish immigrants fully fluent in the German language to become German citizens, whereas ethnic Germans, emigrating from Russia and non German speaking, run into no such difficulties'. (Kearney 1997, 1)
28. Foilsíodh leabhar in ainm an chumainn in 1879, áfach: *A Contemporary History of Affairs in Ireland, from 1641 to 1652: Now for the First Time Published with an Appendix of Original Letters and Documents,* le John T. Gilbert.

Caibidil 5

1. Ní i gcónaí a bhíodh eolas aige ar a raibh foilsithe cheana agus d'iarr sé ar Windele leabhar éigin a bhí ag 'Mulcahy the booksellers' a iniúchadh faoi choim féachaint 'whether it contains any thing else beside Keating'. (Litir dar dáta 5 Meitheamh 1845 chuig Windele, ARÉ 4 B 6.)
2. Maireann cóip de i Leabharlann na Breataine (Seilfmharc 1509/121). Má foilsíodh an chuid eile den tsraith, ní léir go maireann aon chóip de.
3. Bhí McGlashan i gcomhar leis an Dálach i bhfoilsiú *Féin-Theagasc Gaoidheilge* (eagrán 1853) agus *Reliques of Irish Jacobite Poetry* (1844b).
4. Foilsíodh fiche míle cóip den *Spelling Book,* ach ní léir a phraghas, má bhí praghas seasta ar bith air.
5. Thug sé sásamh ar leith dó mac leis a bheith fostaithe aige mar chúntóir don dara heagrán de *Féin-Theagasc Gaoidheilge.* John, a bhí cúig bliana déag ag an am, a bhi i gceist, is dócha:

   . . . it will extend to 72 pp and will have a dozen or more of songs at end . . . put together by a boy of my own whom I bound to that trade on the 22nd of last May. (Litir dar dáta 14 Meán Fómhair 1846 chuig Windele, ARÉ 4 B 6.)
6. Chuir sé na téarmaí trádála in iúl do Windele:

   Do you think a 100 copies would do for Cork (sic). The allowance to the trade will be 25 per cent off 25 copies as 24, and the price of the book will be a shilling. (Litir dar dáta 8 Deireadh Fómhair 1846 chuig Windele, ARÉ 4 B 6.)

7. Maireann tuairisc ó John Devoy a cheannaigh eagrán 1853 ach ar chlis air Gaeilge a fhoghlaim uaidh–bíodh a locht sin air féin nó ar an leabhar (Dooley 2003, 28–9).
8. Tá an focal 'aspect' os cionn an fhocail 'nature' sa lámhscríbhinn.
9. Glacann Torna leis gur chuig an Dálach é, ach ní dócha go raibh an ceart aige (Torna 1939–43, 257–8).
10. Is cur síos ceann de na fonótaí, cuir i gcás, ar 'Cloch Labhrais, a remarkable rock near Bunmahon, in the County of Waterford. This rock . . . could once speak good Irish' (O'Donovan 1852, 17), seanchas Dhéiseach den chineál a mbíodh spéis ag an Dálach ann.
11. Tá na lúibíní cearnacha thart ar an bhfocal 'their' sa leagan cló.
12. An focal 'Stacks' scriosta amach.
13. Bhí leagan den dán in ARÉ F V 3.
14. An véarsa dar tús 'Cinél Fhogartaigh, na fir/ Fuigheall easgaine a's éitigh' an véarsa atá i gceist.
15. O'Grady, S.H. eag., 1853. *Adventures Of Donnchadh Ruadh Mac Con-Mara. a Slave of Adversity. Written by himself. Now for the First Time Edited, from an Original Irish Manuscript, with Metrical Translation Notes and a Biographical Sketch of the Author by S. Hayes* a bhí faoi thrácht sa litir.
16. Ghabh buntáistí móra spioradálta agus pearsanta le Beatha Naomh Máirghréad a athscríobh nó a léamh do réir an scéil féin. Seans gurbh é sin faoi ndear dó cóipeáil a dhéanamh air. Scéal é atá thar a bheith coitianta i lámhscríbhinní na nDéise.
17. Tá aird tarraingthe ag Margo Griffin-Wilson ar an tábhacht a bhaineann leis an Dálach mar fhoinse do théacsanna dhánta Uí Bhruadair, go háirithe an dá lámhscríbhinn ARÉ 23 E 14 agus ARÉ 24 M 43 (2001, 73, nóta).
18. Tá cur síos ar Kearney agus ar an lámhscríbhinn in Cunnigham (2000, 7 etc.).
19. Roibeard Mac Ádhaimh a d'fhoilsigh an *Ulster Journal of Archaeology* agus a rinne eagarthóireacht air. Ba é seo faoi ndear don Dálach alt a sholáthar don iris áirithe sin, is dócha.
20. Mulcahy, an reicneoir leabhar i gCorcaigh, a bhí i gceist aige le 'Mul'.
21. Ní léir cén 'Flynn' atá i gceist. Tá tagairt eile dó i litir dar dáta 15 Nollaig 1857 ón Dálach chuig Windele (ARÉ 4 B 17) agus é le tuiscint uaidh gur i gCorcaigh a bhí 'O'Flynn' ina chónaí. Tá fógra clóscríofa ón 'Anchorite Club' i gCorcaigh–a mba bhall de Windele–in ARÉ (lch. 729) chuig 'Rev. Mr. O'Flynn', más é an 'Flynn' céanna é. .
22. Tá an chuma ar an litir gur scríobhadh cuid de ar maidin agus an dara cuid i gcaitheamh an tráthnóna.
23. Seans go raibh lámh éigin ag Smith O'Brien sa ghnó freisin mar tá cros curtha aige le 'Duan na m-Breith le Donchadh mór ó Daladh (sic)' in 'A Catalogue of Irish MSS. Possessed by Mr. B. O'Looney', (gan dáta, LNÉ 1,244/1) á rá 'In my opinion the piece marked + would deserve a place in Mr. O'Daly's 'Pious Miscellany'.
24. Ábhar do na scoileanna Caitliceacha ba mhó a bhíodh á fhoilsiú ag Mulcahy, ábhar a raibh margadh cinnte ann lena aghaidh. Is i gCorcaigh ba mhinice a foilsíodh an *Pious Miscellany.* Foilsíodh ann é in 1817, 1821, 1822, 1827, 1838 agus 1841 (Nic Éinrí 2001, 364). J. Connor, Charles Dillon agus comhlacht Geary a d'fhoilsigh.
25. Tugadh ainm an chlódóra ar eagrán Mulcahy (Pattison, Jolly, Baile Átha Cliath) ach níor tugadh ainm clódóra ar eagrán an Dálaigh.

26. Ba i gCluain Meala agus ní i gCorcaigh a foilsíodh filíocht Denn: *Leavar Beag na Rosaries* in 1818.

27. *Compánach an Chríosdaigh nó Tiomsúghdh Urnaíghibh Cráibhtheacha Oireamhnach chun gach Dualgas do Bhainis le Creideamh do Chomhlíonadh le Jonathan Furlong, Sagart Catoilice* a foilsíodh in 1842 agus arís in 1844, atá i gceist.

28. Bhí James Duffy, an príomhfhoilsitheoir Caitliceach sa chathair, mar chomhfhoilsitheoir aige.

29. Ticcfa cleireac cáid gan onn
Ac cosg dáil deogha téimhon;
A shamal ré fria retgla,
Fert in oidi altroma (O'Kearney 1856, 33)

30. Is cosúil go maireann anáil éigin ó na *Prophecies* i gcónaí. Chraol Ciarán Ó Fatharta ó Raidió na Gaeltachta, clár i Samhain 1999 faoi chúrsaí tairngreachtaí inar tharraing roinnt acu siúd a cuireadh faoi agallamh ar ábhar a bhfuil teacht air sna *Prophecies.* Ar ndóigh ba dheacair foinsí an abhair a bhí sa chlár a dhearbhú ó tharla gur tharraing an Cearnach ar fhoinsí éagsúla eile i dteannta a chuid samhlaíochta.

31. Leahy a roghnaíodh ar deireadh.

32. Ach cé gur fíor seo, is cóir a rá freisin go mba bhall den Chumann Oisíneach é Patrick Leahy agus é ina easpag ar ball, cé nár bhall gníomhach é. Léiriú ar ghlacadh a bheith ag an leibhéal ab airde san eaglais le ballraíocht sa chumann.

33. Bhí díolaim de sheanscéalta Gaeilge á cur i dtoll a chéile ag an gCearnach d'fhoilsitheoir i Londain. Má foilsíodh é, ní léir teacht a bheith anois air.

34. In 1866, foilsíodh an ceathrú heagrán de *Easy Lessons: Self-instruction in Irish* i Londain (Williams & Norgate) agus sa bhliain 1896, foilsíodh *Easy Lessons: or, Self-instruction in Irish* i Nua Eabhrac (P. J. Kennedy). Bunaíodh an leabhair ar na ceachtanna Gaeilge le Bourke a foilsíodh sa *Nation* idir Lúnasa 1858 agus Iúil 1860.

35. Hitchcock, R. 1852. 'Gleanings from Country Church-yards', *Transactions of the Kilkenny Archaeological Society,* iml. 2 (1852–53), lth. 127–32
–, 1853b). 'Notes on the Round Towers of the County of Kerry', *Transactions of the Kilkenny Archaeological Society,* iml. 2 (1852–53), lth. 242–53;
–, 1855. The Castles of Corkguiny, County of Kerry. No. 1', *Transactions of the Kilkenny Archaeological Society,* iml. 2 (1854–55), lth. 345–56;
–, 1855. The Castles of Corkguiny, County of Kerry. No. 2', *Transactions of the Kilkenny Archaeological Society,* iml. 2 (1854–55), lth. 384–96

36. D'fhoilsigh 'John Flanagan, Irishtown, Kilkenny' (O'Flanagan 1843, 23), má bhí a leithéid ann, *A Discourse on the Round Towers of Ireland, in which the Errors of the Various Writers on that Subject are Detected and Confuted, and the True Causes of so Many Differences among the Learned, on the Question of their Use and History Are Demonstrated* in 1843. Mhaígh sé gur simné cistine a bhí sa chloigteach ag Ardeaglais Chainnigh.
Cé go ndúradh gur i gCill Chainnigh a foilsíodh an leabhar, ní léir aon rian a bheith ag an Dálach air. Tá gearrchuntas ar an leabhar in Dix 1928, 101. Ní cheistíonn seisean Cill Chainnigh mar áit fhoilsithe.
Bhítí go minic ag déanamh ábhar aoire de ghnó na gcloigthithe, mar a thuig 'X.H.' in *Notes and Queries* ar 26 Iúil 1856, cuir i gcás:
The best theory I have heard, as to the origin of the round towers, was one current in the famine years, when all kinds of useless labour were devised for

the employment of the poor. It was simply this–there was a Board of Works in those days.

37. Bhíodh tóir mhór ar chatalóga an Dálaigh:

The last catalogue proved wonderful. I have just sold about £20 worth out of it. (Litir dar dáta 31 Márta 1855 ón Dálach chuig Windele, ARÉ 4 B 15.)

I was never so busy in my life as I am these days–selling entirely (?) out of catalogues (sic) . . . (Litir dar dáta 8 Deireadh Fómhair 1859 ón Dálach chuig Windele, ARÉ 4 B 19.)

38. *NOTES AND QUERIES A Medium of Inter-communication for Literary Men, Artists, Antiquarians, Genealogists etc./Every Saturday.* 'George Bell no. 186 Fleet Street', a d'fhoilsigh. Foilsíodh i dtosach é in 1849.

Tá réamheolaire ina thaobh in ARÉ 4 B 11. Dúradh ina thaobh sa réamheolaire, 'Those who meet with facts worthy of preservation may record them in its columns, while those who are pursuing literary enquiries may through this medium, ask for information on points which have baffled their own individual researches.

39. Cásaíodh a bris lena bhean chéile sna *Transactions of the Kilkenny Archaeological Society* agus moladh Hitchcock as a dhíograis i leith obair an chumainn (Údar nach n-ainmnítear 1857, 242):

Amongst those whom the hand of death has removed from amongst us the Society has deep cause to lament the loss of Richard Hitchock, Esq., one of its earliest Members, and most useful and enthusiastic supporters. When you are told that, owing to his exertions, the list of Members has been increased by over 100 names; that his able assistance in correcting the proof sheets of the "Journal" was ungrudgingly and unsparingly afforded to the Secretaries; and that on several occasions he had presented engravings to illustrate the Journal, - but a very feeble expression will have been given of the sense entertained by your Committee of the untiring exertions made by Mr. Hitchcock to advance the interests of the Society. Warm in his friendships, characterized by principles the most honourable and strictly upright, he will long be regretted by his personal friends: whilst those whose pursuits were congenial to his own will retain a vivid impression of the disinterested zeal for the advancement of Irish archaeology by which he was actuated. In the abstruse department of our ancient Ogham monuments his exertions were indefatigable: he devoted himself to the collection and registering of such monuments, noting accurately their situations, and making fac-similes of the inscriptions wherever discovered. Professor Graves has already publicly expressed the high sense entertained by him of Mr. Hitchcock's labours in this field: indeed, his name must ever be associated with those of Professor Graves and Mr. Windele in connexion with the study of this most difficult branch of Irish antiquities. Of the extreme accuracy and untiring diligence which were the ruling features of his mind, several papers on topographical subjects, chiefly connected with his native and beloved county of Kerry, which from time to time he communicated to the Society, afford ample proof; and even in his last illness he found time for a short but interesting communication, which has been printed in the November part of the 'Journal'. (Údar nach n-ainmnítear 1857, 242)

The Rev. James Graves laid on the table a large folio volume, containing the newspaper reports of the Society's Proceedings, from its formation in February, 1849, to the end of the year 1853. These reports had been collected, arranged, and bound by the late Mr. Richard Hitchcock, and were now, in pursuance of his expressed intentions, presented to the Society by his widow. In consequence of the smallness of their funds, the earlier volumes of the Society's publications comprised merely a selection of the matters brought before the various Meetings, full reports of which were alone afforded by the local newspaper press. This greatly enhanced the value of the present donation. The destination of this volume by the lamented compiler afforded another strong proof of the deep interest which he took in everything connected with this Society. (Údar nach n-ainmnítear 1857, 244)

Caibidil 6

1. Cuireadh cúig chóiriú breise leis an dara heagrán.
2. Foilsíodh, áfach, san ochtú haois déag an ceol a ghabh le 'Pléaráca na Ruarcach' le hAodh Mac Gabhráin de bharr cháil an Chearbhallánaigh (Vallely 1999, 56).
3. Ó Edward Walsh a fuair an Dálach a chuid eolais ar Gandsey (litir nach bhfuil mar dháta leis ach 'Sunday night', LNÉ 2261).
4. Ar mhúnla thiomnú *Irish Popular Songs* Edward Walsh a tógadh an tiomnú.
5. Deir Ellen Shannon-Mangan (1996, 434) gur mar 'preface' a scríobhadh an aiste seo agus tugann sí an "Supressed 'Mangan Preface' "air, ach is ar éigean más fíor di ó tharla gur seo a thús: 'And now, having brought our introductionary labours to a conclusion . . .' Deir Shannon-Mangan go raibh an sliocht 'suppressed no doubt by O'Daly because it seemed inappropriate to him' (1996, 404), ach ó tharla gur foilsíodh i gcorplár na díolaime é, ní féidir leis seo a bheith ceart (O'Daly 1849, 101).
6. 'The first peculiarity likely to strike the reader is the remarkable sameness pervading those Irish pieces which assume a narrative form. The poet usually wanders forth of a summer evening over moor and mountain, mournfully meditating on the wrongs and sufferings of his native land, until at length, sad and weary, he lies down to repose in some flowery vale, or on the slope of some green and lonely hill-side. He sleeps, and, in a dream beholds a lady of more than mortal beauty, who approaches and accosts him. Her person is described with a minuteness of detail bordering upon tediousness . . . The enraptured poet enquires whether she be one of the heroines of ancient story–Semiramis, Helen or Medea–or one of the illustrious women of his own country–Deirdre, Blathnaid or Cearuit, or some Banshee, like Aoibheall, Cliona or Aine, and the answer he receives is that she is none of those eminent personages but Eire, once a queen and now a slave . . .' (O'Daly 1849, 101)
7. Tá aird tarraingte ag Úna Nic Éinrí ar bhotún sa chuntas ar Liam Inglis: 'bhí breall air [an Dálach], áfach, nuair a scríobh sé go raibh Uilliam English sa Chlochar i Sr. Brunswick, Corcaigh . . . mar gur i ndiaidh a bháis a bhog na hAibhistínigh amach ó Sheamlas an Éisc (2003, 27).
8. In LNÉ G 389 maireann litir gan dáta a chuir Michael Smith chuig John Smith agus a cuireadh ar aghaidh, is cosúil, chuig an Dálach. Chuir an Dálach nóta leis an litir á rá 'admitted James Clarence Mangan, the poet to the Long Lane Hospital, Dublin, 13th of June, 1849. Died on 20th of same month/ John O'Daly' agus tá teastas ina theannta a thugann le fios gur i 'Prospect Catholic Cemetery' a cuireadh é.
9. Foilsíodh réamheolaire, *Specimen: Selections from the Bardic Remains of Munster with Translations by James Clarence Mangan* in 1848 roimh bhás don Mhongánach áfach.

10. Ceithre líne atá i véarsaí an Dálaigh agus ocht gcinn atá i véarsaí Walsh agus tá líne fhada amháin ag an Dálach áit a bhfuil dhá líne ag Walsh don téacs céanna, áfach.
11. Bhí Walsh go mór faoi anáil Hardiman:
    It is fit to state that I have copied into this little work some of the songs which Mr. Hardiman has left untranslated in the 'Minstrelsy' and also that I have selected from manuscripts some songs which I subsequently found had been already used by Mr. Hardiman. (Walsh 1847, 32)
12. 'The Woman of the Three Cows', (*Vindicator* iml.2, uimh. 141, 2 Meán Fómhair 1840, 4); 'An Elegy on the Tironian and Tirconnellian Princes Buried at Rome', (*Vindicator,* iml. 3, uimh.260, 23 Deireadh Fómhair 1841, 4); 'The Lamentation of MacLiag for Kincora' (*Irish Penny Journal,* 29 Eanáir 1841, 220–1) agus 'Kathleen Ny-Houlihan' (*Irish Penny Journal,* 16 Eanáir 1841, 228–9) na dánta a bhí i gceist.
13. Ní hionann é agus ceachtar den dá leagan atá in *Poets and Poetry of Munster.*
14. 'I am old enough to remember when many would be found who would be ashamed to learn it, or, having learned it, would be ashamed to acknowledge it' a dúirt sé i dtaobh na Gaeilge (Fitzgerald 1861, iv).
15. Tá cuid den lámhscríbhinn fágtha bán amhail is go raibh sé i gceist aige, b'fhéidir, na téacsanna a bhreacadh, ach nár bhreac.
16. Dunnaman/Dún na mBeann i bparóiste Chromadh, Contae Luimnigh, an áit atá i gceist. Táim buíoch do Phádraig Ó Cearbhaill, Oifig na Logainmneacha, a shoiléirigh an tagairt dom. Féach freisin Bruen, Ó hÓgáin (1996, 5, n.2).
17. Deir an Dálach (LNÉ 389) gur 'Laurencetown, Kilfinnen, Kilmallock' a bhí mar sheoladh ag an Domhnallach.
18. Tá cur síos ar an bplé a bhí ag an gCaomhánach leis an Dálach in Ó Madagáin (1974, 43–4).
19. Chomh maith lena bheith ina chomhfhreagraí ag an Dálach, bhí an Caomhánach ag bailiú amhrán do 'Mr. Crumbelton of Marston' agus maireann 'list of fifty-nine songs' a bhí á lorg aige dó (ARÉ 24 C 26).
20. Leagan an Chárthaigh i dtosach:
    Sin agad, a líog, mo dhíth fád thaobh go lag
    Sagart bo chaoin a ndlighe Mhic Dé sbo bheacht
    Faruire groidhe d'fhuil Chaoimh ba thréine a ttreas
    Fear seanachuis fíor do sgríobh ar Ghaodhalaibh seal. (Tórna 1940b, 217)
    Leagan *Poets and Poetry of Munster*
    Sin agad, a líc, mo dhith! fá d'thaobh go lag!
    Sagart bo chaoin, 's a ndlighe mhic Dé ba bheacht;
    Farraire groidhe d'fhuil Chaoimh ba thréine a d-treas,
    Fear seanchadh a sgríobh go fíor ar Ghaodhalaibh seal. (O'Daly 1849, 38)
21. 1848 an dáta is minice a fheictear in ábhar na lámhscríbhinne, ámh.
22. Bhí leaganacha ann de 'Éamann an Chnoic', den 'Rós Geal Dubh', 'An Chúilionn', 'An Raibh Tú ag an g-Carraig', 'Seán Buí', 'Cuisle na hÉigse', 'An Brannda', 'Síle Ní Ghadhra.' 'Móirín Ní Loinneacháin' atá sa lámhscríbhinn ar an leagan de 'Móirín Ní Chuileannáin' atá in *Poets and Poetry of Munster* ('Moirin Ni Chuillionnain', O'Daly 1849, 116). Is ann freisin atá an cuntas ar chúlra 'Slán Chum Pátraic Sáirséul' a foilsíodh sa dara heagrán (O'Daly 1850, 270–1).
23. Tá gearrchuntas ar Shéamas Ó Dálaigh in Ó Madagáin (1974, 38).
24. Déantar liostáil ar na hathruithe a chuir an Dálach i gcion ar fhoinsí lámhscríbhinne san Aguisín: Foinsí *Poets and Poetry of Munster.*

Do réir ord na díolaime is iad na hamhráin in ARÉ 23 E 12 atá freisin in *Poets and Poetry of Munster* ná leaganacha de: 'Gile na Gile'; 'Ban-Chnoic Eireann O!'; 'An Bhláth-Bhruingioll'; 'Réaltan Chille Cainnich'; 'Inghíon Ui Ghearailt' le hAogán Ó Rathaille (dhá leagan); 'Suirghe Pheadair Ui Dhoirnín'; 'An Chúilfhionn' (dhá leagan)'; 'Sebéal Ní Bhriain'; 'Bínn Lisín Aorach an Bhrogha'; 'Róis Gheal Dubh' (dhá leagan)'; 'Róisín Dubh' (dhá leagan); 'Eamann an Chnoic' (trí leagan); 'An Draonán Donn' (dhá leagan); 'Aisling an Athar Pádruic Ui Bhrian'; 'Slán chum Pádraic Sáirseul'; 'A Raibh Tú ag an g-Carraig' (dhá leagan).

Gabhann tráchtaireacht phróis le 'Róisín Dubh' (leagan lth. 211 den lámhscríbinn) agus 'Éamann an Chnoic' (leagan lth. 283) ach níor bhain an Dálach aon earraíocht as.

25. Do réir ord na díolaime, leaganacha de: 'Móirín Ni Chuillionnáin' le Seán Ó Tuama; 'Léir-ruathar Whigionna'; 'Bínn Lisín Aorach an Bhrogha;' 'Inghíon Ui Ghearailt' le Domhnall na Buile atá as a chéile ann. 'Cuisle na hÉigse' agus leagan foghraíochta de 'Róisin Dubh' an dá cheann eile. Tá an dara leagan de 'Móirín Ni Chuillionnáin' le Seán Ó Tuama ann chomh maith.
26. Nil an t-amhrán seo i measc amhráin Thaidhg Ghaelaigh in Nic Éinrí (2001).
27. Tá 'Sláinte Rígh Séarlus' chomh maith ann agus tá an t-amhrán céanna i lámhscríbhinn eile dá chuid, ARÉ 24 P 29. Ach ó tharla gur ó Hardiman a thóg an Dálach leagan *Poets and Poetry of Munster* (O'Daly 1849, 147), ní bhaineann sin le hábhar anseo.
28. Do réir ord na díolaime, leaganacha de: 'Cuisle na hÉigse', 'Léir-ruathar Whigionna'; 'Aisling Chonchúbhair Ui Riordáin' (dhá leagan); 'An Seanduine Seoirse'; 'Bínn Lisín Aorach an Bhrogha', 'Inghíon Ui Ghearailt' le Domhnall na Buile; 'Aisling Eadbhaird do Noglaich', 'Aisling an Athar Pádruic Ui Bhrian' (atá curtha i leith Sheáin Chláraigh); 'An Abhainn Laoi'.
29. Do réir ord na díolaime, leaganacha de: 'Cuisle na hÉigse', 'Léir-ruathar Whiggiona'; 'Moirín Ní Chuillionnáin', 'Aisling Chonchúbhair Ui Riordáin'; 'Bínn Lisín Aorach an Bhrogha', 'Inghíon Ui Ghearailt' le Domhnall na Buile. Is iad 'Cuisle na hÉigse'; 'Aisling Chonchúbhair Ui Riordáin', 'Bínn Lisín Aorach an Bhrogha', 'Inghíon Ui Ghearailt' le Domhnall na Buile, na hamhráin atá le fáil in Ó Murchú 6, (Ollscoil na hÉireann, Maigh Nuad) freisin.
30. Do réir ord na díolaime, leaganacha de: 'Léir-ruathar Whigionna', 'Bínn Lisín Aorach an Bhrogha', 'Inghíon Ui Ghearailt' le Domhnall na Buile agus 'Bínn Lisín Aorach an Bhrogha'.
31. Do réir ord na díolaime, leaganacha de: 'Aisling Chonchúbhair Ui Riordáin', 'Sláinte Righ Séarlus', 'Inghíon Ui Ghearailt' le Domhnall na Buile; 'Bínn Lisín Aorach an Bhrogha', 'Aisling Eadbhaird do Noglaich'. 'Aisling Eadbhaird do Noglaich' an ceann nach bhfuil in Ó Murchú 6.
32. Do réir ord na díolaime, leaganacha de: 'Ol-dán Sheághain Ui Thuama', 'Freagradh Aindriais Mheic Craith air Sheághan Ua Thuama' (sic); 'Teacht na n-Géana Fiadhaine', 'Bínn Lisín Aorach an Bhrogha'. Tá siad ar fad gar dá chéile sa lámhscríbhinn. Tá cuid den lámhscríbhinn seo doiléir.
33. Ní insíonn sé dúinn cé uathu a fuair sé na ranna.
34. Ag dul i gcoinne nósmhaireacht an *Nation* a bhí an Dálach in 1844 san iarracht a rinne sé le téacs Gaeilge an amhráin a fhoilsiú ann.
35. Deir sé chomh maith gur 'at page 64 of our "Reliques"' atá teacht ar 'An Síoda ata ad Bhalluit a Bhuachaill' (O'Daly 1849, 223) agus go bhfuair sé 'An Seabhac Siúbhail' 'in Hardiman's Irish Minstrelsy vol. 1, p.238' (O'Daly 1849, 231) agus

go bhfuair sé 'Air Eire ní 'neósfainn cia h-í' (O'Daly 1849, 266), 'at p. 132 of a volume of "Irish Popular Songs" edited by Mr. Edward Walsh' agus go bhfuil sé faoi chomaoin ag McGlashan as ucht théacs 'A Raibh Tú ag an g-Carraig' a sholáthar (O'Daly 1850, 287). Cuireann Walsh in iúl gurbh é an Dálach a sholáthraigh dó an leagan de atá in *Irish Popular Songs* (1847, 266).

36. Ní cosúil go bhfuil aon lámhscríbhinn a bhí tráth i seilbh Betham agus a thagann leis an dáta seo in Acadamh Ríoga na hÉireann.

37. Míníonn seo, is dócha, caoineadh ar an Athair Ó Síthigh a bheith in easnamh sa díolaim, in ainneoin gur gheall sé caoineadh air a fhoilsiú chomh fada siar le *Reliques of Irish Jacobite Poetry* (Daly 1844, ii) agus go raibh téacsanna feiliúnacha caointe ar an sagart aige in ARÉ 12 E 24 (atá curtha ag an Dálach i leith Liam Dall) in ARÉ 12 E 24 agus ARÉ 24 P 51.

38. Áitíonn Neil Buttimer (1996, 102) go raibh 'the events of the day . . . uppermost in the speaker's mind' sa léacht a thug an Dálach don Chónaidhm ar 8 Samhain 1847 (LNÉ G 416); (féach Aguisíní) agus tarraingíonn sé aird ar an abairt, 'Alas poor Ireland and that you are poor and hungry and starved every thing about you plainly indicates' mar chruthúnas ar an méid sin. Píosa reitrice a thagann ag fíordheireadh an léachta í an abairt seo agus is deacair tátal a bhaint as. Caithfear a rá, áfach, gur dócha gur ag trácht ar an gcultúr dúchais a bheith imithe i léig agus don chluas bhodhar a bheith á tabhairt do theactaireacht chothaitheach chultúrtha chinnirí na Cónaidhme atáthar, rud atá le tuiscint ón méid a leanann an abairt thuas:

You never fulfilled the epithet 'Eire na Seanbhrog (sic)' till this very moment. Your musical instruments that were wont to make glad the hearts of the hearers and animate the souls of your heroes to deeds of victory, are now fallen and (focal doiléir), and can only bring forth sighs and tears. But how can you escape your bonds or raise yourself to life when the cup (?) of Envy is uplifted by the basest motives to hew (?) down thy mighty men who are endeavoring to work out thy salvation.

39. Mhair an Cúndúnach ó 1777 go 1857 (Ní Mhurchú, Breathnach 1999, 35). Tugann Risteárd Ó Foghludha 1823 mar dháta don amhrán (1932, 15) ach ní deir sé cá bhfuair sé an dáta.

40. Ba as 'Shanagolden, in the county of Limerick' do athair an Mhongánaigh (O'Daly 1849, xiii). Ba as Baile an Fhantaigh don Mhangaire Súgach (Bruen, Ó hÓgáin 1996, 5) agus ba as Cromadh do Sheán Ó Tuama. 'Newcastle, in the county of Limerick' a thugann an Dálach mar áit bhreithe do Liam Inglis (O'Daly 1849, 27). Cé nach luaitear áit bhreithe Thaidhg Ghaelaigh sa díolaim, deir Risteard Ó Foghludha gur rugadh i dTuar na Fola, Contae Luimnigh é (1929, 9), cé gur leis na Déise is mó a bhain sé. Ó 'Bruff, or its vicinity' a tháinig Brian Ó Flatharta (O'Daly 1849, 36, 247; Ó Madagáin 1974, 38) agus 'schoolmaster at Ballygaddy, in the county of Limerick, about 1778' ab ea Muiris Ó Gríofa (O'Daly 1849, 37). Ní raibh aon eolas ag an Dálach i dtaobh an Robartaigh, 'We cannot trace the history of George Roberts . . .' (O'Daly 1849, 180). Tagraíonn Robin Flower (1926 iml. 2, 179), áfach, do nóta a scríobh Eoghan Caomhánach in 1825 a luann 'Joe Roberts', ó Phailís Chaonraí, Contae Luimní i measc na bhfear léinn a casadh air le linn a óige. Is dócha gurbh é an duine céanna é.

41. Seán Clárach, 'having been born at the foot of *Clarach* mountain, near Milstreet (O'Daly 1849, 36), Conchúr agus Donnchadh Ó Súilleabháin, 'both of Cillín, or, as they style it, "Cillín cam-rannach an Chrónáin", in the parish of

Whitechurch, near Blarney' (O'Daly 1849, 36); bhain Seán Ó Cuinneagáin leis an gceantar 'near Castletownroche' (O'Daly 1849, 37); 'a native of Castlelyons' ab ea Uilliam Rua Ó Coitir (O'Daly 1849, 37); ba as Cóbh do Thomás Ó Coitir (O'Daly 1849, 37); bhí Éadbhard de Nógla 'also of Cork' (O'Daly 1849, 37); rugadh Eoghan Ó Caoimh 'at Glenville, in the county of Cork' (O'Daly 1849, 38) agus Seán na Ráithíneach Ó Murchú 'at Rathaoinneach, county of Cork' (O'Daly 1849, 39). Níl cuntas ar Phádraig Phiarais Cundún i measc na mbeathaisnéisí ach tugadh cuntas air mar réamhrá le 'Aisling Phádruic Cúndún'. Mar 'a native of the barony of Imokelly, county of Cork' a cuireadh i láthair é. Ní tugtar cuntas beathaisnéiseach ar bith ar Eoghan an Mhéirin Mac Cárthaig: 'ag Cloichreodh a tháinig Eoghan ar an saol' (Ó Foghludha 1945, 86), is cosúil.

42. 'Natives of Clare' ab ea Aindrias agus Aodh Buí Mac Cruitín (O'Daly 1849, 36) agus Séamas Mac Consaidín 'of Ath na g-Caorach, in the county of Clare' (O'Daly 1849, 36), chomh maith le Séamas Ó Dálaigh 'a native of the parish of Inagh, county of Clare' (O'Daly 1849, 37), cé gur chaith sé cuid dá shaol, ar a laghad, in aice le Cromadh agus go bhfuil sé curtha i reilig Mhungairit (Ó Madagáin 1974, 38).

43. Ar *Irish Writers* (O'Reilly 1820) a bhunaigh sé an cuntas ar Aogán Ó Rathaille, á rá gur rugadh i gContae an Chabháin é ach gur cuireadh go Ciarraí é 'for the facilities it afforded of communicating a knowledge of the classics' (O'Daly 1849, 22). Ba as Sliabh Luachra do Eoghan Rua, gan amhras.

44. D'fhoilsigh sé cuid mhaith ábhair Dhéisigh, áfach, i *Poets and Poetry of Munster, Second Series* in 1860, tráth a raibh ábhar ó bhéaloideas na nDéise ag teacht chun tosaigh ina shaothar. Bhí cuid mhór ábhair Dhéisigh san *Irish Language Miscellany* a d'fhoilsigh sé in 1876.

45. Tá 'Aoir Dhochtuir Whaley' a foilsíodh in *Tribes of Ireland* (1852) ann chomh maith, rud a chiallaíonn gur breacadh an lámhscríbhinn i ndiaidh an dáta sin.

46. An chéad ghrúpa ná 'Suirghe Pheadair Ui Dhoirnín', 'Réigh-chnoc Mná Sighe', 'Aisling Phádruic Cúndún', An Chúil-fhionn', agus 'An Brannda', 'An Páisdín Fionn', 'Aisling Chonchubhair Ui Riordain' agus 'Bán-Chnoic Eireann O!', an dara grúpa ná 'An Bheith', 'An Freagra ar an m-Beith', 'Inghion Ui Ghearailt', 'An Abhain Laoi', 'Aisling Chonchúbhair Ui Shúilliobháin', 'Freagradh Dhonnchadh Ui Shúillobháin air Chonchúbhar Ua Shúilliobháin (sic)', 'Aisling Eadbhaird do Noglaich', 'Seághan Buidhe', Aisling an Athar Pádruic Ui Bhriain' agus 'An Seanduine Seoirse'. Agus tá amhráin chomónta eile thall is abhus sa lámhscríbhinn chomh maith ('Róis Gheal Dubh', 'Gile na Gile').

'Réigh-chnoc Mná Duibhe' atá ar 'Réigh-chnoc Mná Sighe' sa chlár ábhair a thagann i dtús *Poets and Poetry of Munster* (1849).

47. Tá ábhar in Ó Murchú 63 (Ollscoil na hÉireann, Corcaigh) chomh maith ó 'leabhair mar *Transactions of the Gaelic Society of Dublin* (1808) agus J. Hardiman, *Irish Minstrelsy* I-II (London 1831); luann sé *Irish Writers* (1820) le E. O'Reilly mar fhoinse eolais i gcuid de na nótaí aige ar na filí (Ó Murchú 1991, 154–5). Na hamhráin nach raibh chomh coitianta sna lámhscríbhinní le déantúis fhilí aitheanta ba mhó ba dhíol spéise ag scríobhaí Ó Murchú 63 (Ollscoil na hÉireann, Corcaigh), Dónall Mac Consaidín.

Ní cóir, mar sin, a cheapadh gur ag athscríobh ar mhaithe lena bheith ag athscríobh a bhí leithéidí Mhic Chonsaidín. Ba thábhachtach leo na lámhscríbhinní a bhreac siad agus bhí siad sa tóir ar ábhar a bhí spéisiúil, dar leo, cuma cá raibh teacht air.

48. Ar ndóigh ní aistriúcháin bharántúla a sholáthraigh an Mongánach.

49. Ní léir aon bhaint a bheith ag na comhfhreagraithe éagsúla timpeall na tíre leis an gCónaidhm Éireannach. Sna bailte móra ba threise a bhí an Chónaidhm agus ba lucht tuaithe iad cuid mhór de na comhfhreagraithe.

50. Ghabh fonótaí le leagan an Mhathúnaigh inar chuir sé a mhíshástacht le leagan an amhráin in *Poets and Poetry of Munster* in iúl. Ní raibh sé sásta leis an bhfocal 'marchuigheacht' a bhí i leagan *Poets and Poetry of Munster* nuair a bhí 'rídireacht' sa bhunleagan a sholáthraigh sé féin. Bhí 'Is mór é m'eagla go bh-fuil do mhuintir a bh-fuarán liom,/ Mar nár liugheas 's nár sgreadas nuair chonarc an fhuil uasal' i *Poets and Poetry.* 'Is mór é m'eagla go bh-fuil do mhuintir a bh-fuarán liom,/ Mar do liúghas 's do screadas/ Nuair chonnaic 'n fhuil uasal' atá i leagan an Mhathúnaigh. Bhí an Mathúnach suite de gurbh é a leagan féin an ceann údarásach: 'the context shows that the reason she dreaded the anger of the bridegroom's kindred was because he looked back towards her in consequence of the screams, and then gave his assailants an opportunity for dealing him his death wound.'

51. Níor foilsíodh an aisling ná an t-agallamh beirte sa díolaim.

52. A leithéid seo a bhíodh sna litreacha a chuireadh Forham chuig an Dálach: Tho' I send you the Gabhain Geal Bán, still, I think I have made better attempts, viz., 'A Mháire sa Mhuirnín' and 'Má's ag imtheacht duit'. (Litir dar dáta 5 Eanáir 1849, Torna, 1940a, 263.)

53. 'An Súisín Bán' ('Do rainig liom anir air mhusgailt don lá . . .') an t-amhrán a bhí i gceist agus maireann an chóip den amhrán a scríobh 'Tomas ach Muireadhthirta (?), January 14th 1848'. Forham a scríobh an teideal (Ollscoil na hÉireann, Corcaigh, Cnuasach Thorna T. lix; Torna 1940, 96). Is dócha gurbh é seo Thomas Moriarity, 'The Kerry Ranter', a bhí gníomhach mar sheanamóirí Protastúnach i gCill Chainnigh le linn don Dálach a bheith ag obair ann leis an Irish Society (*Kilkenny Moderator* ar 27 Deireadh Fómhair 1841).

54. Scríobhaí agus bailitheoir iomráiteach ceoil a bhí mar ollamh i gColáiste na Tríonóide ina dhiaidh sin ab ea Goodman, ach a bhí mar mhac léinn ann sna dátaí seo (Breathnach, Ní Mhurchú 1990, 41–2). Ba bhall den Chumann Ceilteach é (litir dar dáta, 24 Meán Fómhair 1847, Ó Lochlainn 10) agus sholáthraigh sé ábhar don Dálach in 1853 (Litir dar dáta 20 Nollaig 1853 ó Goodman chuig an Dálach, Ollscoil na hÉireann, Corcaigh, Cnuasach Thorna T. lix; Torna 1943–4, 26). 1851 atá mar dháta don litir seo ag Torna ach is fearr an seans gur 1853 é–níl an dáta soiléir.

55. Luaitear Éamann an Chnoic freisin in ARÉ 12 E 24, lámhscríbhinn de chuid an Dálaigh ach ní ar an gcuntas seo atá cuntas na díolaime bunaithe.

56. Sholáthraigh sé aistriúchán ar 'Aisling Phádruic Cúndún' ('Maidion 's me am aonar cois taobh coille duille ghlaise') a mhaireann (Ollscoil na hÉireann, Corcaigh, Cnuasach Thorna T. lix; Torna 1940, 22) ach níl aon ghaol aige le leagan an Mhongánaigh.

57. Maireann leagan de 'Bruach na Cairge Báine' ('Shiar cois abhan gan bhréig, gan dobhat') sna 'Windele and Croker Papers' (ARÉ 12 O 7) a deir 'sent by James Hunt of Clonakilty to Windele'. Seans gur chuir Windele ar aghaidh chuig an Dálach é.

58. Tá cuntas ar Blacker in Maxwell (1946, 257–80).

59. 'Tigernach Mac Morris' atá ar Pigot san úrscéal, carachtar a bhíonn de shíor ag fiach i ndiaidh na gealaí. I measc rudaí eile, creideann sé gur goideadh

Stonehenge ó mhuintir na hÉireann agus tá feachtas ar bun aige lena fháil ar ais. Ní cosúil go bhfuil aon duine de na carachtair san úrscéal bunaithe ar an Dálach.

60. Is le Cúige Mumhan agus le Cúige Connacht is mó a bhaineann an cnuasach agus tháinig cuid mhór de ó lámhscríbhinní eile (ó William Forde ach go háirithe), cé gur bhailigh sé roinnt ó cheoltóirí beo chomh maith. Tá foinn a bhailigh sé i gContae Ros Comáin in ARÉ 24 O 22, cuir i gcás.

61. Bhí faoi Bunting na téacsanna Gaeilge a fhoilsiú i dteannta an cheoil ach níor éirigh leis iad a fhoilsiú riamh (Vallely 1999, 7).

62. Bhí cur amach ag an Dálach ar obair Farrell agus bhíodh leas á bhaint aige as le foinn a aithint (Daly 1853, 473).

63. Bhíodh Smith agus Edward Fitzsimons ag obair as lámha a chéile agus is dócha go raibh Fitzsimons mar chomhúdar, cé nach bhfuil sin fógraithe. Fitzsimons a bhí mar eagarthóir ar:

1814. iml. 1, *Irish Minstrelsy: A Selection of Original Melodies of Erin with Characteristc Words,* Londain: Goulding

– 1816. iml. 2, *Irish Minstrelsy: A Selection of Original Melodies of Erin with Characteristc Words,* Londain: Goulding

Smith a rinne an ceol a choiriú don dá imleabhar.

Caibidil 7

1. Duine de Rianaigh Éamann an Chnoic, ab ea Ryan (O'Daly 1849, 219). Cuireann na ceannlitreacha in iúl gur Chaipisíneach ab ea O'Flynn. Rugadh in 1807 é agus baisteadh 'John' mar ainm air. Cuireadh 'Laurence' lena ainm nuair a glacadh isteach san Ord é. I bhFrascati na hIodáile ar 15 Nollaig 1830 a tharla sé seo. Chuaigh sé chun cónaithe i gCill Chainnigh in 1836 agus b'ann a chaith sé an chuid ba mhó dá shaol. Bhí se mar Ghairdian ann idir 1853 agus 1855. Bhí seoladh aige ag '24 Black-hall street, Dublin' in 1857 (O'Grady 1867, 7). Cailleadh i gCorcaigh é ar 14 Iúil 1864 agus cuireadh ann é i Reilig Sheosaimh (taifead i gCartlann na bProinsiasach, Baile Átha Cliath).

2. Tá mé buíoch don Dr. Liam Mac Peaircín a chuir an litir seo ar mo shúile dom.

3. Cuir i gcás é seo san *Irishman* 17 Iúil 1858:

Mr. Smith O'Brien passed through Dungarvan on July 6 on a tour through Munster, in search of Irish manuscripts.

4. M.A. O'Brennan údar

1855. *Ancient Ireland: her Milesian Chiefs, her Kings and Princes–her Great Men, her Struggles for Liberty, her Apostle St. Patrick–her Religion,* BÁC: ní luaitear foilsitheoir

1855. *The Celtic Race: their Descent, the Country Whence they Migrated; their Route,* Londain: ní luaitear foilsitheoir

1856. *An Essay on Ireland: Being Two Extempore Lectures delivered in the Theatre of the Mechanics' Institute, Dublin, May, 1856 .for the Benefit of the Irish Speaking Society,* BÁC: ní luaitear foilsitheoir

1859. *Irish Made Easy; or, a Practical Irish Grammar by the Author of 'O'Brennan's Ireland.'* Londain: ní luaitear foilsitheoir

Bhí sé mar phríomhoide ar an 'Collegiate Seminary', Sráid Bhagóid, Baile Átha Cliath (leathanigh teidil na leabhar).

5. In 1853, thug Swanton an t-eiteachas do Windele nuair a d'iarr sé air a bheith gníomhach sa Chumann Oisíneach. Dúirt sé go raibh a chuid déanta aige 'in the way of supporting such ancient Irish societies' (Hickey 2002, 313).

6. Chuir an Donnabhánach an tuiscint a bhí aige ar na fianna i láthair mar chuid den 'Letter Addressed by Dr. John O'Donovan to the President of the Ossianic Society' a ghabhann le *Transactions 4*; tugann sé ginealach na féinne mar dhaoine a mhair, mar a bhíodh na ginealaigh sin sna lámhscríbhinní.

7. Ball den Chumann Oisíneach ón mbliain 1854 ar aghaidh (O'Kearney 1855, 212) ab ea Patrick Kennedy, scríbhneoir agus béaloideasóir a raibh siopa leabhar agus comhlacht foilsitheoireachta aige ar Shráid na Móna gar do shiopa an Dálaigh. Tá cuntais air ag James G. Delaney in 1964, 'Patrick Kennedy', *The Past 7,* lgh. 9–88 agus 1983, 'Patrick Kennedy, Folklorist. A Preliminary Assessment', *The Past 14,* lgh. 49–66).

   Duine fadcheannach ab ea an Cinnéideach a raibh an-chur amach aige ar mhargadh na leabhar agus ar an gcultúr coiteann agus bhunaigh sé an leabhar ar shleachta as na scéalta agus achoimrí dá chuid féin orthu, an t-iomlán curtha in oiriúint do mhargadh na leabhar. Ní rófhada ó bhradaíl liteartha é *Fictions of our Forefathers.* Is léir gur thuig sé go mbeadh díol ar a leithéid ach é a bheith i mBéarla.

8. 'John Mullany, 47, Fleet-street' an clódóir a bhí ag an gcumann in 1853 (O'Kearney 1853, leathanach teidil). Foilsitheoir agus scríbhneoir ab ea Mullany chomh maith, léiriú eile ar an easpa speisialtóireachta i réimse na leabhar.

9. Ba mhinic nach ndéantaí idirdhealú idir na focail 'printer' agus 'publisher' ag an am.

10. Cuireadh 'Caoidh Oisin i n-Diaigh na Feinne' leis an teács, rud a chuir faid de sheasca trí leathanach leis (O'Grady 1857, 230–293).

11. Cuireadh greanadóireacht adhmaid de Hudson i gcruth seanadóra rómhánaigh ar leathanach teidil *Transactions 4, Laoithe Fiannuigheachta.* Bhí sé bunaithe ar ghrianghraf (O'Daly 1859, xx). Bhí an ghreanadóireacht adhmaid seo in *Transactions 5* agus *Transactions 6* freisin.

12. Ag tagairt don dúil mhallaithe san ól a bhí ag an gCearnach, ábhar a mbíonn trácht air go mion is go minic i litreacha an Dálaigh (e.g. litir dar dáta 31 Bealtaine 1856 chuig Windele, ARÉ 4 B 16), a bhí sé agus é ag trácht ar 'his old manner:'

   . . . . Unfortunately Kearney is still on the seachrán . . . (Litir dar dáta 5 Eanáir 1855 ón Dálach chuig Windele, ARÉ 4 B 15.)

13. Tá teacht ar litir eile ar an dul céanna a scríobh Farrell ar 15 Meán Fómhair 1852 in ARÉ 3 C 8.

14. Ba mhó go mór meas é an Dálaigh ar scoláireacht an Donnabhánaigh ná ar scoláireacht an Chomhraigh:

   They (i.e. an Cumann Ceilteach) never will make an author of Curry. (Litir dar dáta 6 Deireadh Fómhair 1853 ón Dálach chuig Windele, ARÉ 4 B 13.)

   Curry does not appear to know anything for in every note almost he says 'unknown to the editor.' This surprises me most as he has O'Donovan at his elbow. (Litir dar dáta 2 Márta 1854 ón Dálach chuig Windele, ARÉ 4 B 14.)

15. Eoghan Ó Conalláin an Corcaíoch atá faoi thrácht, is dócha.

16. Cé go mbíodh an Cearnach á ghearradh aige go minic, is cóir a rá go mbíodh an Dálach go dícheallach ag iarraidh an Cearnach a chur ar bhóthar a leasa. Cuir i gcás, tá mórán litreacha uaidh ag lorg postanna don Chearnach, a mba dheacair dó post ar bith a choinneáil:

   O'Kearney has got temporary employment for last week and this, and perhaps longer from Dr. Madden at a pound a week in his office.' (Litir dar dáta 5 Feabhra 1855 chuig Windele, ARÉ 4 B 15.)

I am acquainted with the Hon. L.A. Ellis, Lady Dover's son, who is aid (sic) de camp to his Excellency, the Lord Lieutenant . . . I have no doubt he will ask the Lord Lieutenant to appoint O'K, as it is in his hands . . . Dr. Madden I think has some one else in view. (Litir dar dáta 21 Aibreán 1855 chuig Windele, ARÉ 4 B 15.)

I am the person who got him £5 a week ago for writing a sort of a poem of 125 stanzas on the famine of 47 so I fear we must after all get rid of him altogether; and if he does not pull agreeably with us. . . . (Litir dar dáta 19 Meitheamh 1855 chuig Windele, ARÉ 4 B 15.)

17. Is i gCorcaigh a bhí cónaí orthu beirt.

18. Mar a tharla, ba é Yeats ba mhó a bhain ábhar as *The Festivities at the House of Conan of Ceann-Sleibhe in the County of Clare.* Tharraing sé ábhar as do *Fairy and Folktales of the Irish Peasantry* (Welch 1996, 185).

19. Seo é 'stanza 5, p. 260':
Ní fhaicim aco maighdion óg,
ná bean phósda na aontughadh,
re a m-biaidhis ag ceilt dobróin,
acht uileo na g-clog ar siubhal.
Seo iad 'stanzas 3. 4. p. 264':
Uch! a Fhinn, tar féin a's Osgar,
a bh-fochair cléire Phádraig,
fágfam ar dhith ceann iad uile,
a's cosgfam na cluig buile ó ghárthaibh.
Do righnis féin, a Osgair, go minic,
gníomh re cumas láimhnirt,
nach n-deunann cléirigh na leabhar,
ná Dia na bh-flaitheas, ná Pádraig.

20. Bhí an *Tablet* á fhoilsiú i mBaile Átha Cliath sna dátaí seo.

21. Cé gur fhoilsigh an Dálach ábhar le Kelly agus go raibh comhoibriú eatarthu sna cumainn Ghaeilge, bheifí ag súil le teannas eatarthu mar gur chlaon Kelly leis an gciall a bhain Petrie as na cloigthithe (Leerssen 1996, 134) ach gur bhain an Dálach leis na 'paganists'.

22. Níl dáta na litreach seo–2 Márta 1858–ag teacht leis an ábhar atá ann.

23. Mac leis an mBrianach ab ea Edward.

24. Chuir sé freisin in aghaidh na bhFíníní ar an mbonn gur rúincheilg é. Is féidir glacadh leis go raibh an Dálach ar aon fhocal leis, in ainneoin na bhFíníní a bheith bunaithe ag John O'Mahony, an fear a bhí tráth ina bhall gníomhach den Chumann Ceilteach (litir dar dáta 14 Meán Fómhair 1845 ó John O'Mahony chuig an Dálach, LNÉ 8010) agus seanaithne a bheith ag an Dálach ar James Stephens (Ryan 1967, 59, 61, 74, 81).

Bunaíodh na Fíníní in Éirinn an lá céanna is a d'éirigh an Grádach as an uachtaránacht, Lá le Pádraig 1858 (Davis 1998, 341). Níor baisteadh an cumann úr go hoifigiúil ag an am. Tháinig an teideal 'the Fenians' ó John O'Mahony i Meiriceá agus ó tharla spéis mhór a bheith ag an Mathúnach i litríocht na Gaeilge is féidir glacadh le tuairim R.V. Comerford (1998, 9) gur faoi anáil an Chumainn Oisínigh a baisteadh 'na Fíníní' ar an ngluaiseacht úr. Deir Comerford gur in 1859 a tharla seo. Deir Baylor agus Meagher (1997, 264), 'in the case of O'Mahony the ancient *Fianna* of literature clearly served as a model for the nascent Fenian organisation. In the first issue [den *Phoenix*], O'Mahony discoursed on the *Fianna:* 'the principal duties of the Fenian Order in Ireland, called *Fiann na h-Eirenn* in our vernacular were, to defend the country'. (264).

Ní raibh comhbhallraíocht shuntasach ag cinnireacht na bhFíníní agus an Chumainn Oisínigh agus ba bheag spéis a léirigh na Fíníní sa Ghaeilge. Ní raibh James Stephens, John O'Mahony ná Charles Kickham, cuir i gcás, i measc bhallraíocht an Chumainn Oisínigh.

Ní raibh 'The O'Donoghue M.P.', príomh-pholaiteoir náisiúnach bunreachtúil na linne ina bhall ach an oiread.

25. Tugtar blas den phlé feodach a bhíodh ag an Luanach le 'uilliam mac an ghabhainn Uí Bhriain/ Ceann-triath na heirionn (sic)' i litir Ghaeilge a chuir sé chuig an mBrianach ar 4 Aibreán 1855:

A thriath ónóraidh,

Gabhaim cead ag t'onóir agas ag do dheagh-oineach an leitir-sí cur chugad a n-doith go bhfuilir féin agus gach deagh uasal do bhuidhean oirdhearc do thígh go maith an bhur sláinte mar as guidhe 'sis gnaoi liom-sa sibh uile do bheith do shíor . . . (LNÉ 1,244/1).

Le 'O, Honourable Chief' a thosaíonn litir eile uaidh sa lámhscríbhinn chéanna.

26. Tá an dealramh ar an scéal nach maireann an lámhscríbhinn áirithe seo.

Ba 'chum usáide an tAithir Tomas Cnoc an tan fá aois don Tighearna . . . 1848' a rinne Antóin Ó hÍomhair ó Shráid na Cathrach cóip (nach maireann) de Chúirt an Mheán Oíche. Maireann, áfach, cóip de lámhscríbhinn an Íomharaigh a rinne Seán Ó Dálaigh: LNBB 5330B (O'Grady 17). Gach seans go raibh Hill ina phátrún ag roinnt scríobhaithe.

Ag trácht di ar Shéamus Mac Cruitín in *Mount St. Joseph, Ennistymon,* (1974, 69), bhí sé seo le rá ag Máirín Ní Mhuiríosa:

Bhí duine amháin eile a rinne iarracht chun Séamus a chur ar bhóthar a leasa, b'shin é an t-Athair Ó an Chnoic (Hill), curáideach i Sráid na Cathrach. Theastaigh uaidh siúd Séamus a chur ag múineadh sa scoil Náisiúnta sa pharóiste agus uime sin, cuireadh go Coláiste i mBaile Átha Cliath é chun traenáil a fháil. Ní fada an t-achar a d'fhan sé ansin ámh.

Scríbhinní a bhain le Liam Ó Luana a bhí mar fhoinse aici. 1814/15 - 1870 na dátaí don Chruitíneach. agus mhúin sé i mbunscoil na Máighe, paróiste Shráid na Cathrach ó 1851–1858.

Táim buíoch don Dr. Eilís Ní Dheá as ucht a cuid cabhrach ina leith seo. Uaithi a fuair mé an tagairt do alt an Mhuiríosaigh agus dátaí beatha agus múinteoireachta an Chruitínigh.

27. I dteannta na Fiannaíochta, bhí sa lámhscríbhinn dánta le Tadhg Mac Dáire, Seathrún Céitinn, Donnchadha Mór Ó Dálaigh agus 'Iargnúadh air bhás chSeaghain Mc Gearailt do marbhadh a bhfeall' le Daibhí Mac Gearailt, caoineadh ar an Athair Tadhg Ó Briain agus sliocht dar tús 'Smuainigh páis Críost.'

Bhí na scéalta Fiannaíochta seo ann: 'Tóruidheacht tSaidhbhe Inighion Eoghain Óig', 'Achtra Lomnochtáin Sléibhe Riffe', 'Agallamh na Seanóireach', 'Caithréim Fhinn Mhac Cumhail', 'Agallamh Phádraig agus Oisín', 'Iomarbhádh na Seilge', 'Laoidhe Dheirg Mac Droithchill', 'Laoi an Duirrainn', 'Sgéaluigheacht na Truagh nó Tóiteán Tighe Fhinn mhic Cumhail', 'Sgéaluígheacht Chaoilte d'Osgar', 'Laoidhe Thailc Mhic Treóin', 'Seilg Shliabh Grot et Sliabh Guillinn', 'Laoidhe Mhaghnuis Mac Rígh Lochlainn', 'Comhrac Chiorrioll et Goill Mc Mórrna', 'Comhrac na Féinne agus Mac Ríogh na Sorcha', 'Comhrac Mhaghnuis Mac Rígh Lochlann le Fiannaibh Éirionn',

'Achtra Cloinne Rígh na hIorruaithe', 'Cath Fionn-Tragha', 'Cath Chnucha', 'Bruighean Chaorthain', 'Feis Teadha Chonáin Chinn tSléibhe', 'Tóruidheacht Dhiarmoda et Gráinne', 'Cath Gabhara', 'Tuarasgbháil Chatha Gabhra maille le hOisín mac Fhinn'. Tá ábhar ann nach Fiannaíocht é: 'Breisleach Mhuighe Muirtheimhne', 'Óidhe Chloinn Uisneach', 'Cath Mhoighe Mhucraime,' 'Deargruathar Chonnaill Cearrnach' agus 'Agallamh Éimhire le Connaill Ceárrnach'.

28. Luaitear 'T. Kelly, William St., Limerick' ar fhordhuilleog na lámhscríbhinne, á thabhairt le fios gur bhain an lámhscríbhinn le Luimneach tráth. Seans maith mar sin gurbh ionann an scríobhaí agus 'Mr. Geoghan', múinteoir Gaeilge a fuair ardmholadh ó Smith O'Brien in óráid a thug sé mar 'Inspector General of the Munster Confederate Clubs' don 'Sarsfield Club' i Luimneach ar 11 Eanáir 1848. Bhí Gaeilge á múineadh ag Geoghan do bhaill an chlub (*Limerick Chronicle,* 12 Eanáir 1848).

29. Rinne O'Reilly athscríobh ar Imeacht na Tromdháimhe in ARÉ 23 Q 2.

30. Bhí ARÉ 24 L 31 i seilbh an Athar Patrick Lambe, is cosúil, agus tá ábhar óna lámh ann. Tá 'Agalluidh Oisin agus Phadruic' ann chomh maith le Bruighean Bheag na hAlmhuine. Is dócha gurbh í seo an lámhscríbhinn atá i gceist. 'Patt mcGahan' ó 'Dunguille' i bparóiste Fhotharta i gContae Lú an scriobhaí.

Maidir le caint an Chonallánaigh i dtaobh 'my good friend John Windele, Esq., of Blair's Castle, Cork, the Members of the Ossianic Society are indebted for the production of this volume', bhí Windele mar phátrún (in 1843) ar ARÉ 24 B 32 (gan síniúchán scríobhaí, ach a mheastar a bheith ó chlann Mhichíl Uí Longáin) a bhfuil Imeacht na Tromdháimhe agus Táin Bó Cuailnge ann agus ar leagan de Imeacht na Tromdháimhe agus den Táin a sholáthraigh an scríobhaí, Peadar Ó Longáin dó in 1843 freisin (ARÉ 24 B 1).

Maidir le 'the copy taken from the Book of Mac Carthy Riagh', tá nóta i leagan ARÉ 24 M 31 de Imeacht na Tromdháimhe (a rinne Pól Ó Longáin) a deir gur bunaíodh leagan na lámhscríbhinne sin ar athleagan lochtach a rinne 'Ned Mahony' ó athleagan eile de Leabhar Mhic Cárthaigh Riabhaigh! Ní fios an é ARÉ 24 M 31 a bhí mar fhoinse sa chás seo.

31. Níor mhéadaigh meas an Dálaigh ar an gConallánach nuair a cuireadh déchéileachas ina leith os comhair cúirte:

Nach é an buachaill sleamhain é Eoghan O'Coinghiolláin
Go sábhála Dia mná Corcaidhe air a deirimse. . . . . (litir gan dáta chuig Windele, ARÉ 4 B 13)

32. Nuair a d'éirigh an Conallánach as an gcisteoireacht, níor toghadh aon duine mar chomharba air. 'The Hibernian Bank, Castle-street, Dublin' a luaitear mar chisteoir in 1861 (O'Daly 1861a, liosta oifigeach an chumainn).

33. I litir dar dáta 2 Eanáir 1863, ón Dálach chuig Windele dúradh go raibh Hore sásta Cath Chnucha a chur in eagar (ARÉ 4 B 23). Bhí sé ar na staraithe ba mhó a rinne stair an Oirdheiscirt a scríobh. Ceapadh Hore mar nach raibh O'Mahony sásta an obair a dheanamh ar thada (litir dar dáta 2 Eanáir 1863, ARÉ 4 B 23).

34. Ní le linn ré an chló, mar atá le tuiscint ó Leerssen, a tugadh tosaíocht don pharathéacs i litríocht na hÉireann–ba thréith í a chroch scríbhneoirí an naoú haois déag leo ón tráchtaireacht raidhsiúil fhorleathan a bhíonn sna lámhscríbhinní Gaeilge i ngach ré ar na téacsanna atá breactha iontu.

35. 'John Windele's name occurs frequently in the manuscript material of Seosamh Ó Longáin. Indeed he emerges from the manuscripts as a most loyal patron who provided Ó Longáin with financial support, paper and ink. Eight volumes were

produced for Windele from 1841 to 1862–some of these in collaboration with other scribes, including Windele himself.' (Ní Úrdail 2000, 125)

36. Is é seo an 'Thomas Hewitt, Esq. of Summerhill House, Cork' céanna atá luaite ag Eoghan Ó Conalláin in *Transactions 5, Imtheacht na Tromdháimhe* (Connellan 1860 xxxiii-xxxv). Tá cuntais air i Foster (1992) agus Údar nach n-ainmnítear (1871).

37. Tá an lámhscríbhinn seo i Chatsworth, mar a bhfuil cónaí ar Dhiúc Devonshire ó 1930 (Ní Úrdail 2000, 189).
Deirtear in G 176 go mba as 'Middle Hill, Broadway, Worcester' i Sasana do Phillips.

38. Tá cuntas ar an bplé a bhí aige leis na pátrúin seo agus le pátrúin nárbh iad i Ní Úrdail (2000, 125–9).

39. I litir atá ceangailte in G 176 a scríobh Seosamh Ó Longáin, 'Cork, Feby. 12th 1849' tráchtann sé ar 'a large portion of the very original Book of Lismore in this city . . . extracted from the original M.S. when it was in Cork.' Is é seo, is dócha, foinse na spéise a léirigh Windele ann.

40. Tá cur síos ar Dhonnchadh Ó Floinn in Ó Conchúir (1982, 69–77).

41. ARÉ 23 H 5 an chóip de Leabhar Mhic Cárthaigh Riabhaigh a rinne an Comhrach. Rinne an Donnabhánach cóimheas air agus rinne sé roinnt mhaith nótaí imeallacha a scríobh air.
Tá cóip eile de Leabhar Mhic Cárthaigh Riabhaigh ag an Acadamh (ARÉ 23 C 6). Cóip í a rinne Edward O'Reilly agus a bhfuil an dáta 1821 air. Ba chuid é de Chnuasach Hodges Smith a cheannaigh an tAcadamh in 1843.
Tá ábhar ó Leabhar Mhic Cárthaigh Riabhaigh in ARÉ 12 M 12 freisin. Lámhscríbhinn ilchineálach de chuid Windele í seo.

42. Níorbh é seo breithiúnas oibiachtúil R.A.S. Macalister sa réamhrá a chuir sé leis an macasamhail a d'fhoilsigh sé den lámhscríbhinn do Choimisiún na Lámhscríbhinní. Ag trácht dó ar an athscríobh a rinne an Comhrach don Acadamh, bhí seo le rá aige:
The task was entrusted to O'Curry and was accomplished by him with great care and skill . . . his work was carefully checked by John O'Donovan. (1950, ix)

43. Le Colonel Currey, gníomhaire an Diúic a bhítí ag plé.

44. Sa bhliain 1868, rinne Seosamh Ó Longáin cuid mhór ábhair ón leabhar a athscríobh thar ceann an Acadaimh (ARÉ 23 H 6).

45. Bhí plé leanúnach eatarthu ar adhradh bó agus ar lorg leanúnach na págántachta in Éirinn. Ba mhó an fonn a bhí ar an gCearnach teoiricí Hackett a shásamh ar neamhchead don fhírinne ná léas a chaitheamh ar an miotaseolaíocht. Tá an comhfhreagras eatarthu ceangailte anois in ARÉ 24 E 20.

46. Tá leagan de Táin Bó Cuailnge freisin ó lámh Art Bennett, comhghleacaí Lambe (LNÉ G 636).

47. Seans gurbh é seo ARÉ 24 M 39.

48. Denis Henry Kelly tiarna talún ó Castlekelly, Béal Átha Ghártha i gceantar Bhéal Átha na Sluaighe an té atá i gceist. Ba é a bhailigh formhór na lámhscríbhinní atá anois sa John Ryland Library, Manchain (Ní Mhurchú, Breathnach, 1999 111–2). Ba ón Dálach a cheannaigh Kelly Ryl. 64 - 'Laurence Morrisey's Book' in 1854 (Nic Éinrí 2001, 110).
'John O'Daly's translation of the *Táin* for the Royal Irish Academy remained a basic text' (Foster 2001, 12).

49. *O'Grady 1892.*

50. Goodman (Cath Fionn Trá), Windele (Agallamh na Seanorach), Hackett (Táin Bó Cuailnge), O'Mahony (Cath Chnucha), Eoghan Ó Conalláin (Saltar na Rann) agus J.R. Joly ('A Memorial on the Dalcassian Race') a bhí in ainm is a bheith ag cur téacsanna in eagar ag an bpointe seo.
Abhcóide agus LL.D. ab ea Joly. Bhí cónaí air i Rath Maoinis. Bhí sé ina bhall den Chumann Oisíneach (O'Daly 1861, xi; Connellan 1860, 331). Ní dócha go raibh aon scil sa Ghaeilge aige ach ní cosúil go raibh aon ábhar Gaeilge sa téacs a bhí beartaithe aige. Cuireadh síos air mar 'A Memorial on the Dalcassian Race, and the Division of Thomond at the Invasion of the English A.D. 1172; to which is attached a Short Essay on the Feni or Standing Militia of Ireland; also Remarks on some of the Laws and Customs of the Scoti or Antient Irish, by the late Chevalier O'Gorman . . .' (O'Daly 1861, xi)
Ar iarratas ó O'Brien gan dabht a iarradh ar Joly é a chur in eagar, tharla dúspéis ag O'Brien in ábhar ar bith a rinne Brianaigh Dhál gCais a mhóradh.

51. Níorbh aon chabhair do shláinte an Dálaigh iad na deacrachtaí seo:
When I complained of my health I did not mean that I was in that state that I wanted to send for the priest, but that I was suffering from general debility and weakness. (Litir dar dáta 28 Feabhra 1862 ón Dálach chuig Windele, ARÉ 4 B 22.)

52. Ar LNÉ G 640, lámhscríbhinn a bhreac 'Seaghan Ó Duibhir Feathard Sraid na Riasga bliadhain an tighearna 1837' a bhunaigh an Mathúnach an t-aistriúchán ar Foras Feasa ar Éirinn a d'fhoilsigh sé i Nua Eabhrac in 1857 (O'Mahony 1857, réamhrá). Is spéisiúil go bhfuil 'Geinealch Uí Mhaithgamhna Aoibh Fionnlua', 'Geinealach Uí Mhaithgamhna Cairbre' agus 'Geinealach Mhic Mathghamhna Corca Bhaisgin' sa lámhscríbhinn ó lámh an Dálaigh, léiriú ar an gcomhoibriú leanúnach a bhí eatarthu.

53. Bhíodh a shúil ag an Dálach ó thráth go chéile ar dheiseanna lasmuigh den fhoilsitheoireacht. Bhí Coláistí na Banríona crosta ar Chaitlicigh ó Shionad Dhurlas Éile in 1850 ach mar sin féin bhí an Dálach i láthair ag scrúdú don ollúntacht Ghaeilge in Ollscoil na Banríona, Gaillimh, a tionóladh in 1856. Sheas Nioclás Ó Cearnaigh agus 'O'Driscol from Cork' an scrúdú chomh maith:
. . . never so busy in life as yesterday today and tomorrow. An examination in the Castle from 10 in the Morning till 5 in the evening for the Irish Professorship of Galway. Candidates. (sic) Crowe from Belfast [,] O'Kearney, O'Driscol from Cork and your humble servt. Where is Conn of the 100 Battles? I think the chances are for OK and Crowe–I went more for the fun of the thing . . . I forget telling you that Graves [,] Todd and O'Donovan are the judges for the Candidates. (Litir dar dáta 29 Aibreán 1856 ón Dálach chuig Windele, ARÉ 4 B 16.).
Pé brí cén dóchas a bhí aige bhí sé ceilte go maith aige:
No account of the Professor as yet–but I believe it will be known in a day or two. I have no hopes at all events as I went there for the mere fun of the thing; and if you saw our examination papers, mind I can lend you mine, you would deny that there was no fun at all to be had there. (Litir dar dáta 7 Bealtaine 1856 ón Dálach chuig Windele, ARÉ 4 B 16.)
John O'Beirne Crowe a roghnaíodh:
I hear the Crowe of Belfast has got the Professorship so that 'Paddy from Cork' had his journey for nothing. (Litir dar dáta 11 Bealtaine 1856 ón Dálach chuig Windele, ARÉ 4 B 16.)

54. Ag teacht le nósmhaireacht na linne, comhfhreagras foirmeálta go maith a bhí ann. Is le 'Mr. Dear Sir' a thosaíodh an Dálach a chuid litreacha fad a mhair an comhfhreagras eatarthu.

Níor fhág seo nach bhféadfaidís cúraimí pearsanta a phlé ó uair go chéile. Cuir i gcás, in ainneoin dó a bheith cáilithe mar chló-eagraí, níor bhall é mac leis (John óg, b'fhéidir) den cheardchumann a bhain lena cheird agus ghoill sé ar an athair an mac a bheith dífhostaithe dá thairbhe sin. Bhíodh sé ag tathaint ar Windele 'sit' (post) a fháil dó i gCorcaigh:

Could you get a Sit for that son of mine on one of the Cork papers. He is a first rate compositor but will not be employed here as he is not a Society man. (Litir dar dáta 8 Meitheamh 1862 ón Dálach chuig Windele, ARÉ 4 B 22.)

55. Daly, J.1853. *John Mac Craith/ Flann Butler: Panegyric on Thomas Butler, the Tenth Earl of Ormonde Now for the First Time Translated from the Original Irish Manuscript, by John O'Daly; the Notes by John O'Donovan, Reprinted from the Transactions of the Kilkenny Archæological Society,* BÁC: John O'Daly

56. Tá ábhar le Windele a bhain leis an Eisteddfod ceangailte in ARÉ 4 B 20 (lgh. 491–496).

Caibidil 8

1. Mar 'stipple and line image on sheet 2.2 x 2 cm.' a chuirtear síos air i mbunachar sonraí na leabharlainne.

2. Pearsa ardghradamach i saol polaitiúil agus cultúrtha Chill Chainnigh ab ea é Cane, ball den Chónaidhm Éireannach, ar cuireadh príosún gan chúiseamh air in 1848. Bhí sé ina mhéara ar an gcathair in 1845 agus 1849 (taifid Chomhairle Chathair Chill Chainnigh). Bhí sé mar chathaoirleach ar an Kilkenny Archaeological Society ar feadh tréimhse freisin (*Transactions of the Kilkenny Archaeological Society,* iml. 2, 1852–3, 199). Dochtúir leighis ab ea é a mbíodh uaisle an cheantair ag tarraingt air agus bhí sé go maith as dá bharr sin (Comerford 1979, 44). Chomh maith lena bheith ina rúnaí ar an gCumann Ceilteach sa chathair (miontuairiscí an Chumainn Cheiltigh, 28 Eanáir 1846, LNÉ 819), is cosúil gur ghlac sé páirt sa rang Gaeilge a chuir Seán Ó Donnabháin ar bun san Acadamh Ríoga in 1845 (de Brún 1977–8. 214). Cuireann R.V. Comerford síos air mar 'a fixed point in the shifting network of mostly impoverished former leaders of Young Ireland' (1979, 44). Bhí sé pósta ar Phrotastúnach (Comerford 1998, 45).

3. Faoi na hainmneacha cleite 'Carolan' agus 'Kilkenny Man' a bhíodh Campion ag scríobh don iris. Cane agus Campion a chuir a gcuid ainmneacha leis an 'Prospectus' don iris a cuireadh leis an gcéad eagrán (1 Lúnasa 1857):

Men loving Ireland and everything Irish, have long felt the need of a cheap, periodic, home literature.

The Management Committee of the 'Celtic Union' have resolved to issue such a work, and keeping its editorship under their own care, promise it shall be: Irish, Celtic, Catholic and Progressive.

A respectable number of contributors have been secured for its pages. Every Irishman holding a fit pen shall be welcome to its aid; but neither favour, affection or fear shall win a place in its columns for loose mediocre or valueless writing.

Its mission will be a lofty one, to stir up past memories, to develop existing energies and resources and to direct the national heart to pulsate with pride and hope for the future.

'The Celt' will have a wide field for its labours. In its pages will be found matter relating to the antiquities and traditions of the country, repeopling its old castles, stirring up the ashes of its raths and cairns, popularising its olden history, and making trite its past memories, wherever they are found worthy of record as deeds of virtue or examples of olden times . . .
We have said it shall be 'Irish, Celtic, Catholic and Progressive.' It shall be Irish in all its tendencies; Celtic in proud memories of the past; Catholic in its deep respect and attachment to the old faith; progressive as a guide to the future . . .
It is contemplated to publish it in uncovered penny weekly numbers–monthly parts with cover, at 5d.–and bound as a volume annually at 6d . . .
All literary communications, in reference to 'the Celt' to be advanced to the President,
Robert Cane, M.D.
William-street, Kilkenny
or to the Local Honorary Secretary,
John T. Campion
John's-bridge, Kilkenny
In 1859 thosaigh 'a journeyman printer named O'Kelly' (Power 1866, 23) á fhoilsiú. D'éirigh leis dhá uimhir a fhoilsiú (Power1866, 23).

4. Tharla sloinne Conallach, Ó Catháin, a bheith aige, is féidir glacadh leis gurbh ionann 'Tyrconnell' agus Robert Cane.
5. Foilsíodh cuntas ar White in Coleman (1897, 29–33) agus tráchtar freisin air i Woodworth (1994, 12). Tá dírbheathaisnéis dá chuid, *Sixty Years in Cashel* curtha i gcló ag D.G. Marnane (2001, 57–82; 2002, 199–226; 2003, 121–40)
6. Ailt léannta liteartha ar mhúnla *Notes and Queries* a foilsíodh ann, leithéidí 'On the Necessity of Accuracy in Quotation' (17 Iúil 1865, lgh 122–3); 'De Burgo's "Hibernia Dominicana"' (23 Meán Fómhair 1865, lch 15); 'Waterford Clerical Authors' (16 Nollaig 1865, lth 27–9) agus 'Early Irish Periodicals' (16 Aibreán 1866, lch 41).
7. An 'O'Daly Collection' a tugtar anois orthu seo agus ar lámhscríbhinní eile 'sold by O'Daly to the Academy from time to time' (Fitzpatrick 1988, gan uimhir leathanaigh), chomh maith leo siúd arbh é féin a bhreac. 'John O'Daly/ Sold his Mss to RIA 1869 for £250/ died 1872' a deir nóta lámhscríofa ar eagrán an Acadaimh de *Reliques.*
8. Tá cuntas ar Gilbert in Hyde, O'Donoghue (1918, iii-xv).
Is é an tAthair John O'Hanlon an staraí ar fhoilsigh an Dálach *Life of Saint Malachy O'Morgair* leis in 1859, atá i gceist. Ba chóidiútar i séipéal Mhichíl agus Eoin i bparóiste an Dálaigh é O'Hanlon (Ó Macháin, Delaney 2005, 5). Ba bhall é, fearacht an Dálaigh, de 'Provisional Committee' Chumann Buan-Choimeádta na Gaeilge (Údar gan ainm, gan dáta, *Society for the Preservation of the Irish Language*). Ba bhall freisin é de Acadamh Ríoga na hÉireann (LNÉ Pos 9173).
9. Tá cóip den chalandar seo sa Chartlann Naisiúnta.
10. Bhí uachtanna á gcur i dtaisce sa Phríomh-Chlárlann i mBaile Átha Cliath ó 1858 ar aghaidh, ach loisceadh iad nuair a pléascadh na Ceithre Chúirt in 1922. Ar ámharaí an tsaoil, áfach, ní amháin gur cláraíodh an uacht sa *Calendar,* ach maireann cóip pheannaire dlíodóra de i gcomhad T 18619 na Cartlainne Náisiúnta.

Agusín 4

1. Scriosadh amach an t-alt seo trí líne a tharraingt tríd, ach fágadh inléite é.
2. Scriosadh amach an t-alt seo trí líne a tharraingt tríd, ach fágadh inléite é.
3. William Smith O Brien atá i gceist.

Bibleagrafaíocht

1. Tá na dátaí seo curtha léi ag Ó Concheanainn (1971–2, 232).
2. Ní luaitear ainm an tseolaí in aon chás ach os cuid é gach litir sa liosta seo de chomhfhreagras John Windele in Acadamh Ríoga na hÉireann, is féidir glacadh leis gur chuige a scríobhadh na litreacha ar fad ach amháin litir dar dáta 9 Bealtaine 1859, 4 B 19 arbh é Eoghan Ó Conalláin an seolaí.
3. Ní bunchóipeanna de na litreacha seo atá i lámhscríbhinn LNÉ 5454 ach cóipeanna neamhiomlána a rinne Seamas Ua Casaide. Deir an Casaideach gur 'Ó Dálaigh letters lent to me by An tAth. Maolmuire Ó Rónáin' iad. Bhí na litreacha ar ball i seilbh chlann Vincent Grogan, S.C.
4. Seamas Ua Casaide den tuairim gur chuig Goodman an tsraith litreacha in LNÉ 5454 mar gur thosaigh gach ceann acu le 'Rev & Dr. Sir.' Féach Breathnach, Ní Mhurchú 1990, 41–43 mar a bhfuil cuntas ar Goodman.
5. Seans maith gur leathanaigh ó *Cath Mhuighe Léana, Battle of Magh Leana ; together with Tochmarc Momera or the Courtship of Momera* a d'fhoilsigh an Cumann Ceilteach in 1855 a bhí á gcur aige chuig Eoghan Ó Comhraí. Mar sin, 1855 an *terminus ante quem* don litir.
6. Níl teacht ar an eagrán seo den *Kilkenny Moderator* sna sraitheanna den nuachtán sin atá sa Leabharlann Náisiúnta, i Músaem na Breataine ná i dTeach Rothe, Cill Chainnigh, agus ní cosúil go bhfuil teacht anois air, cé go bhfuil tagairt dó in LNÉ 5455.
7. Paimfléad seacht leathanach ar fhad.
8. Ní cosúil go bhfuil teacht air seo ach i Leabharlann na Breataine.
9. Níl aon difríocht idir a leagan a eisíodh in 1851 agus leagan 1850, mar sin ní 'third edition' ó cheart é.
10. Athfhoilsithe, *Féin-Theagasc Gaoidheilge,* ceathrú heag., 1871
11. Ní cosúil go maireann cóip de seo, tagairt dó in O'Donoghue 1899.
12. Is é seo an ceathrú heag. cheart
13. 1780 tugtha ar an leathanach teidil mar dháta foilsithe.
14. Níl de dhifríocht idir seo agus eisiúint 1883 ach na focail 'fourth edition'.
15. Níl de dhifríocht idir seo agus eisiúint 1901 ach na focail 'fifth edition'.
16. Is cosúil gur thug an foilsitheoir 'fourth edition' ar an eisiúint seo mar gur fhéach sé ar eisiúintí 1901 agus 1905 mar athchló ar eisiúint1883.
17. Macasamhail de eisiúint 1905 [?].
18. Macasamhail.
19. Macasamhail d'eagrán 1883. Réamhrá le John Kelly.
20. Ní cosúil teacht a bheith ar seo ach i Leabharlann na Breataine.
21. *John O'Daly's Catalogue of Old Books Chiefly Relating to the History of Ireland, Now on Sale at 7, Bedford-Row, Dublin; for Ready Money at the Prices Affixed*
22. *Catalogue of New and Second-Hand Books, Containing Some Scarce and Curious Articles Relating to the History and Antiquities of Ireland, Now on Sale for Ready Money by John O'Daly, Irish Bookseller and Publisher, 9 Anglesea-Street, Dublin*

23. *Catalogue of New and Second-hand Books, Autograph Letters, Pamphlets, &c., now on Sale for Ready Money by John O'Daly, 9 Anglesea-Street, Dublin, Agent for the 'Kilkenny and South-east of Ireland Archaeological Journal' and the 'Ulster Journal of Archaeology*
24. *No. VII, 1854 Catalogue of New and Second-hand Books, Autograph Letters, Pamphlets, &c., now on Sale*
25. *Catalogue of New and Second-hand Books, Manuscripts, Privately-printed Books, Irish Music*
26. Ní léir go maireann *An Seanchuidhe* 3 nó *Catalogue 3* ná *Bibliotheca Hibernica* 33, 36, 37, 38, 40, 43 in aon chnuasach poiblí
27. Léirmheasanna ar Cane 1858 agus *The Celt: Published by a Committee of the Celtic Society*
28. Níorbh é Seán Ó Dálaigh an staidéir seo a scríobh an leabhar seo ach is díol spéise é gurbh é seo an leagan dá ainm is dá shloinne a roghnaigh 'P.J. Daly, the President and Founder of the Philo-Celtic society' (Ní Bhroiméil 2003, 43) nuair a chuir sé an tsraith i gcló.

Innéacs